SV

Wolfgang Koeppen
Werke

Herausgegeben von
Hans-Ulrich Treichel

Band 13

Wolfgang Koeppen
Feuilletons, Kritiken, Berichte (1923-1948)

Herausgegeben von
Jörg Döring

Suhrkamp Verlag

Erste Auflage 2024
Originalausgabe
© Suhrkamp Verlag AG, Berlin, 2024
Alle Rechte vorbehalten.
Wir behalten uns auch eine Nutzung des Werks
für Text und Data Mining
im Sinne von § 44b UrhG vor.
Umschlaggestaltung: Hermann Michels und Regina Göllner
Umschlagfoto: Nomi Baumgartl
Satz: Satz-Offizin Hümmer GmbH, Waldbüttelbrunn
Druck und Bindung: Pustet, Regensburg
Printed in Germany
ISBN 978-3-518-41813-0

www.suhrkamp.de

Feuilletons, Kritiken, Berichte
(1923-1948)

Abteilung I:
Reportagen, Feuilletons

[Nr. 1]
Mode und Expressionismus

Dies Bild, dies Stück ist modern! Man schreit: »Dies ist die neueste, die modernste Richtung!« Man macht Reklame für sie. Alle die, die selbst modern sind, die mit der Zeit gehen, beachten nur noch diese Kunstrichtung. Alle zeitgemäßen Maler, Schriftsteller und sonstigen Künstler arbeiten nur noch im modernen Stil und haben das stolze Bewußtsein für sich: »Wir sind auf der Höhe.« Alles staunt und opfert ihnen, solang sie Mode sind.

Kunst und Mode, oft werden sie zusammen genannt, und sind doch sehr verschiedene Begriffe. Kunst ist ein Bedürfnis. Mode ist eine Eitelkeit oder ein Geschäft. Das Ziel des wirklichen Künstlers ist das in seiner Seele gereifte Werk. Das Ziel des Künstlers, der modern sein will, ist der materielle Lohn und die augenblickliche Anerkennung für die mehr oder minder künstlerische Verarbeitung äußerer Einflüsse.

In der Großstadt, in engen, von hohen Häusern beschatteten Straßen, beim Anblick scheinbar wild durcheinander rennender Menschen, rasender Autos mit grellen, in der Ferne gespenstisch aussehenden Lichtkegeln oder im Angesicht des Meeres, der kahlen Wüste oder eines steilen Felsens empfand der Künstler etwas Überwältigendes, die Natur oder das Chaos wirkte auf ihn, sprach mit Stimmen zu ihm, die er mit seinen Mitteln nicht fassen konnte. Aber es drängte ihn, ein Werk zu schaffen. Dies Gefühl, das er empfand, zu formen, zu einem Bild, zu einer Dichtung – und er formte. Das Werk, das das Bild einer seelischen Empfindung war, fiel auf. Den neuen Stil nannte man Expressionismus. Geschäftstüchtige Künstler malten schleunigst grüne Gesichter, schiefe Häuser oder schrieben wirres Zeug, stellten diese Kunstwerke als neuestes, allerneuestes Expressionistisches aus – und brachten durch ihre Schmiereien bei dem ernsten Kunstbeobachter die ganze Richtung in Verruf. Der Krieg und die Nachkriegszeit brachten Überwältigendes, mörderische Schlachten, hungernde und frierende Menschen, Revolution, daneben geiles Wohlleben, Schatten taumelten im narkotischen Rausch. Diese Ereignisse konnten die Künstler nicht realistisch fassen, sie empfanden sie unglaubhaft, phantastisch verzerrt. Sie rangen nach Erlösung in ihren Werken, und das Werk wurde expressionistisch. Nicht, weil jenes erste Werk Erfolg hatte und der Stil Mode war, sondern es lag in der Zeit, die ein nervöses Chaos war. Das hatte schon der erste Expressionist gefühlt, und eine Zeit fühlt nicht einer. Ein Kunstwerk ist ein symbolisches Bild der Zeit, aber nicht der Mode. Eine Kunst kann unbewußt eine Mode bringen, aber eine Mode kann keine Kunst werden.

Durch Umwälzungen kamen viele zu Geld. Ohne jedes Verständnis kauften sie Kunst, – denn es gehört sich so. Natürlich kauften sie das Modernste. Schlau nützten Kunstspekulanten die Lage. Sie malten noch schiefere Häuser und schrieben noch wirrere Bücher – und die meisten Kunstsachverständigen beachteten den Expressionismus nicht mehr. Das ist ein Unrecht gegen die wirklichen Künstler. Man muß die Werke, die um der Mode willen entstanden, von denen scheiden, die entstehen mußten. Hier wird man viel ernstes Ringen und eine tiefe seelische Kunst finden.

Erstdruck/Druckgeschichte:
ED: *Greifswalder Zeitung* v. 6. November 1923.
ND: *Nach der Heimat gefragt*, S. 15 f.
Gezeichnet: Von Wolfgang Köppen, Greifswald
Belegstück im Nachlass.

Anmerkungen:
In der autobiographischen Reminiszenz »Eine schöne Zeit der Not« schreibt Koeppen 1974: »Ich veröffentliche von der Schulbank in unserer Stadtzeitung einen Aufsatz über den poetischen Expressionismus und wurde meinem Deutschlehrer unheimlich.« In: *GW* 5/310.

[Nr. 2]
Ein Heizer wird toll

Diese unglaubliche Geschichte geschah auf einem Dampfer, der mit Papierholz beladen von Nordfinnland nach einem holländischen Hafen fuhr. Das Schiff gehörte einer deutschen Reederei, und seine Verhältnisse waren die normalen, eben so wie sie auf deutschen Schiffen sind: man schuftet für das Bankkonto des Reeders, die Besatzung ist mit Recht verbittert, und jeder läßt seinen Ärger auf den Schwächeren los, d. h. der Schiffsjunge steckt die Prügel ein, und die Offiziere sind die großen Herrn.

Ungefähr zwölf Stunden von Uleaborg entfernt, stampfte der Dampfer einsam durch die Nacht. Das Wetter war trübe und kalt, schwere, breite Wellen schlugen vorn vor das Schiff, so daß es von Wellenberg zu Wellental rollte und seine Maschine vor Anstrengung keuchte. Bis auf das unheimliche Knarren der hochgeschichteten Decklast, die jeden Weg versperrte und einen eiligen Verkehr von Bug zum Heck nur unter Lebensgefahr gestattete, herrschte Stille an Bord. Der größte Teil der Mannschaft hatte keinen Wachdienst und schlief, von Arbeit erschöpft, in der stickigen Luft des Logis. Bis plötzlich die eiserne Tür dieses Verschlages aufgerissen wurde, der Rudergänger wie rasend hereinstürzte, brüllte und die Schlafenden rüttelte, so daß sie taumelnd aus den Kojen sprangen und schlafbenommen fluchten, was los sei!

Und der Rudergänger berichtete schnaufend: »Ich stand am Rad, hielt den Kurs und döste dabei schläfrig vor mich hin, bis ich aus der Maschine einen unterdrückten gurgelnden Schrei zu hören glaubte, dann huschte einer durch die Kombüse in die Offizierskajüten, wo dann schnell Schläge und Schreie ertönten. Nun kam der Alte, der hinter mir im Kartenhaus eingeschlafen war, auf die Brücke und horchte mit mir. Da kam katzenschnell, Schaum vorm Mund, der bucklige Wilm die Treppe rauf und schlug mit einem Eisen auf den Alten ein! Wilm ist toll geworden und hat die Maschinisten, die Steuerleute und den Alten umgebracht!«

Wilm war Heizer auf dem Dampfer. Von Geburt bucklig, durch Leben und Arbeit alt, verdreckt, ein schäbiger Anblick geworden, war er dieses Schiffes, wie jedes Schiffes, wie jeder Hafenschenke und jedes Heuerbüros Zielscheibe aller faulen Witze. Mit den Jahren schien er stumm darüber geworden, steckte alles ein und dachte sich: »Der Mensch ist schlecht!« Aber hinter diesem maskenhaft starren, häßlichen Äußeren brannte ein unerhört starkes Verlangen nach Liebe; auch war sein Charakter im Grund ein gütiger. Auf diesem Schiff hatte er nun zum erstenmal fast einen Freund gefunden. Es war der Kochjunge, der ihn beobachtet hatte wie er ächzend die Winde drehte, an der die zu entleerenden zentnerschweren Aschenkübel hingen; und der Junge, dem es selbst sehr dreckig auf dem Dampfer ging, half ihm bei dieser Arbeit. Und Wilm, der zunächst einen neuen Spott gefürchtet hatte, schließlich sich aber von der ehrlich-kameradschaftlichen Hilfsbereitschaft überzeugte, glaubte fast an ein Wunder.

Später saßen die Beiden des öfteren in einer Arbeitspause zusammen auf Deck und starrten in die Weite. Wilm wäre für den Jungen durchs Feuer gegangen. Er liebte ihn, nicht nur so, wie man einen endlich gefundenen treuen Freund liebt, sondern er begehrte ihn auch, denn hübsch war der Junge, und unbefriedigt und stark des Buckligen Trieb. Aber er wußte auch, daß dieses Verlangen ein völlig hoffnungsloses sei und ihm nur das bißchen Freundschaft kosten könne, so unterdrückte er es, und der Junge wußte nichts von dem. Aber wenn die machtbesessenen Offiziere ihn schurigelten, so empfand dies der Heizer Wilm stärker als jede ihm selbst zugefügte Demütigung. Und so, zutiefst aufgelockert in seinen Gefühlen und Trieben, kam ihm der Gedanke, sich an den ihm zunächst stehenden Machthabern dieser Welt zu rächen! So war es gekommen, daß er jetzt im Morgengrauen des Nordens auf der Kommandobrücke seines Schiffes stand und ein blutbeflecktes Eisen in seiner Hand hielt.

Die so stürmisch geweckte Mannschaft war an Deck gekommen und umlagerte lauernd die Brücke. Keiner wußte recht, was zu tun sei. Die Situation war eben verrückt. Wilm schaute sie an, lächelte gütig und schmerzlich, stieg hinab und ging unter sie, wo er bebend bekannte:

»Ihr müßt mich verstehen: seit dreißig Jahren bin ich der elendste, freudenloseste Sklave auf aller Herren Schiffe. Im Roten Meer, in Brasilien, in Indien stand ich vor den flammenden Türen der Feuer. Wo die Glut am gewaltigsten wütet, wo andere besinnungslos zu Boden sanken, wurde mir diese Gnade nicht. In China holte sich mein Schiff einmal eine Seuche, ich pflegte die Kranken und Sterbenden, um selbst zu sterben, und ich blieb gesund. Ich schuftete weiter, getreten, von Spott zerrissen. Jedes Schiff wurde mir zum Fegefeuer, jeder Hafen zur Hölle. Nun habe ich sie niedergeschlagen, den Kapitän, die Steuerleute, die Maschinisten, alle, die auch euch brüllend demütigten. Euch gehört das Schiff, euch die Ladung, ihr könnt fahren, wohin ihr wollt, und wenn ihr arbeitet, so arbeitet ihr für euch.« Ehe die Verblüfften ihn hindern konnten, hatte er ihre stumme Reihe durchbrochen und sich in die See gestürzt.

Verstört und wie hilflos standen die Seeleute da. Regen kam und fiel über sie, aber sie achteten nicht drauf. Schließlich erkannten sie, daß nach den heute noch gültigen Gesetzen dieser Welt Schiff und Ladung dem Reeder gehörten; und hinter dem steht die Macht, gegen die Wenige wenig tun können. So steuerten sie das Schiff in den nächsten Hafen, wo sie das Geschehene meldeten.

Erstdruck/Druckgeschichte:
ED: *Rote Fahne* Nr. 14 v. 17. Januar 1928.
ND[1]: *GW* 3/101-103.
ND[2]: *Phantasieroß*, S. 25-27 (Fassung erster Hand).
Gezeichnet: Wolfgang Koeppen
Belegstück des ED, Autograph (Fassung erster Hand mit Textvarianten) und Typoskript (mit Textvarianten) im Nachlass.
Anmerkungen:
Im Gespräch mit M. Reich-Ranicki 1985: »Worüber haben Sie denn für die *Rote Fahne* geschrieben?« Koeppen: »Ich habe einmal über eine Schiffsreise geschrieben, die ich gemacht hatte. Dann über Kartoffelernten in Pommern [...]« M. Reich-Ranicki: »Man könnte sagen: Reportagen.« Koeppen: »Ja, Reportagen, wenn auch nicht sachliche, sondern solche mit poetischer Verbrämung.« (*WKW* 16/549)
Im Gespräch mit G. Müller-Waldeck 1990: »Ich wollte reisen und begab mich nach Stettin an die paritätische Heuerstelle, und das dauerte eine ganze Zeit, bis ich das kriegte, und ich mußte dann noch zu einer ärztlichen Untersuchung und war auf dem Dampfer ›Griebe‹ der junge Schiffskoch. Es war noch ein alter da. Als der sah, daß ich kochen konnte, legte der sich in die Koje und kümmerte sich nicht mehr um die Sache. Ich kann nicht sagen, daß ich befriedigt war dadurch. Es war anstrengend für mich und zum Teil schwierig. Ich sah auch gleich, daß dies nicht meine Lebensart sein

würde – spielte allerdings mit dem Gedanken, nach Hamburg zu gehen und dort zu versuchen, ein Schiff zu bekommen, das nach Japan fahren würde. Dieser Versuch scheiterte aber sehr bald [...]«
Müller-Waldeck: »Hatten Sie guten Kontakt zu den Seeleuten?«
Koeppen: »Ja, zunächst nicht. Aber nach einiger Zeit sogar sehr guten zu der Mannschaft. Nachdem die Geschichte mit den Pellkartoffeln vergessen worden war und ich jemanden hatte, der Kartoffeln schälen konnte. Und auch wenn irgendein Sonderwunsch in der Verpflegung war, ich bemühte mich, den zu erfüllen [...] Zu dem Kapitän und den Offizieren, denen ich ihr Essen servieren mußte, war es nicht sehr gut. Dann hatte der Kapitän auf die erste Reise, die ich machte, zwei seiner Töchter mitgenommen. Die waren so sechzehn-, siebzehnjährig. Waren ganz hübsch, aber zu mir waren sie unerhört hochnäsig – aus der Situation, und ich habe ihnen das auch vergolten irgendwie, soweit es möglich war. – Ich entsinne mich an eine herrliche Nacht. Das war Sommer, die Mitternachtssonne in Stockholm, das war schön. Eigentlich wollten zwei Matrosen mit mir in ein Puff gehen, aber ich hatte dazu keine Lust, wußte eigentlich auch gar nicht genau, was das ist, und hab mich so in Stockholm rumgetrieben eine Nacht – und es war wunderbar. Und ich war derjenige, der unbesoffen wieder auf das Schiff kam, die anderen kamen alle restlos besoffen.« (*WKW* 16/666-68) Koeppen hat dieser Schiffsreise auch einen literarischen Text gewidmet: »Auf der Reede von Haukipudas«. In: *Phantasieroß*, S. 52-57.
schuftet: im Autograph »schuftete«
sind die großen Herrn: im Autograph »waren die großen Herren. Erwähnenswert als besonders wär höchstens, daß die zwei Frauen, die Töchter des Kapitäns, hochnäsige, pralle Bourgeoisdirnen, wegen der guten Jahreszeit die Reise mitmachten.«
Wilm: im Autograph »Jochen«
war sein Charakter im Grund ein gütiger: im Typoskript »war sein Charakter – und dies war der schmerzlichste Hohn des Schicksals – im Urgrund ein gütiger!«
Ihr müßt mich verstehen: im Typoskript »Genossen, ihr müsst mich verstehen«
gegen die Wenige wenig tun können: im Typoskript »gegen die We-

nige wenig tun können. Die Seeleute wussten, dass sie diese Macht gemeinsam mit allen Genossen des Werktags stürzen müssen!«
Editorischer Bericht:
Ärger: im ED »Aerger«
Äußeren: im ED »Aeußeren«

[Nr. 3]
Kartoffelbuddler in Pommern

Wir waren an fünfzig auf dem Lastauto, Männer, Frauen und Kinder. Wir hatten uns im Morgengrauen vor der Stadt versammelt und fuhren nun nach Wackerow, um gegen Akkordlohn die Kartoffeln des Rittergutsbesitzers von B. aus der Erde zu holen. Wir waren alle arme, schlechtgenährte, lumpengehüllte Leute, denn nur wer keine Arbeit findet in den kleinen pommerschen Städten, wen bitterste Not treibt, nur der geht aufs Land Kartoffeln sammeln hinter dem Pflug; was eine schwere, schlechtbezahlte Arbeit ist, und wo man geachtet wird wie ein schäbiger Hund. So standen wir stumm auf dem ruckenden Wagen, einige Alte versuchten zu schlafen und nur die ganz Jungen wagten mal einen Scherz und einen leisen Pfiff.

Auf dem Acker, den weit das gelbe, verwelkte Kartoffelkraut bedeckte, empfing uns der Administrator zu Pferde und seine beiden Assistenten, Studenten aus Greifswald, die das Schwert der Bismarck-Jugend kennzeichnete. »Achtung, Leute«, rief der Administrator und blähte sich wie ein General vor der Parade, während sein Gaul durch andere Blähungen uns seine Verachtung bewies, und »Achtung, Leute« echoten dienststeifrig die beiden Studenten. Der Berittene sagte uns dann in markigen Worten, die offenbar dem Stahlhelmwörterbuch entstammten, allerlei Überflüssiges über unsere Arbeit, die, eine Dienstpflicht zur Ernährung des Vaterlandes, eigentlich umsonst getan werden müßte; auch sagte er, daß der eine Student die vollen Kiepen wiegen und zählen würde, der andere aber aufzupassen hätte, daß jede, auch die kleinste Kartoffel gesammelt würde, und endlich bemerkte er noch im Namen des Gutsherrn, daß das Singen von revolutionären Liedern, wie es leider bei der Getreideernte vorgekommen wäre, strengstens verboten sei. Hierauf pfiff Franz, der 15jährige Schlingel, die ersten Takte der Internationale, so daß der Gewaltige fast aus dem Sattel fiel. Auf die Frage, wer da gepfiffen, standen wir stumm wie eine feindliche Mauer um ihn – und dann ging's an die Arbeit.

Wenn der Pflug die Erde aufgerissen hat, so liegen wohl die größten Kartoffeln frei auf den frischen Schollen, aber die Menge der kleinen und zu Knollen geballten ist doch noch fest von lehmiger Erde umgeben. Der Sammler hat also nicht nur einfach einzusammeln, sondern er muß mit seinen Händen und der Hacke aus den Erdklumpen die Früchte herausbuddeln. So knieten wir also in den Furchen, vor uns brummte der Motorpflug, dessen Eisen knirschend die Erde umschaufelte, und wir zerwühlten die aufgeworfenen Klumpen, warfen was wir fanden in die vor uns stehenden Kiepen, rutschten weiter vorwärts, und bald schmerzten die Knie, Rückgrat und Hände. Wir arbeiteten in einem mörderischen Tempo. Der Akkord trieb uns. Jeder rechnete, daß diese Kiepe voll ein Brot, die folgenden ein Hemd und weitere vielleicht die so notwendigen Stiefel oder die Miete ermöglichen würden. Jüngere Frauen und Männer, Pommern, die schon oft Landarbeit verrichtet, kamen ganz gut vorwärts, andere, aus Städten hierher Verschlagene, die Alten und die mißbrauchten, um ihre Jugend betrogenen Kinder blieben zurück. Da die Furchen lang und wir alle am selben Ende angefangen, konnte man gut den Stand dieses Arbeitsrennens feststellen. Ganz hinten rackerte ein altes Frauchen, deren Hungerrente ihr kein stilles Alter gestattet, und man sah nur allzu deutlich, wie schwer es ihr wurde. Und da erlaubte sich der Aufpasserstudent, den niemand beachtete, der aber eine Gelegenheit suchte sich in Ansehen zu setzen und seine Macht zu zeigen, der erlaubte sich, indem er hinter ihr, der Schwächsten, Widerstandslosesten von uns allen, Kartoffeln aus der Furche stieß, sie anzubrüllen, ihre Arbeit eine Sauerei zu nennen und sie zur gründlichen Nachlese an den Anfang der Furche zurückzuschicken. Wir anderen duckten uns da wie gepeitscht und hatten alle eine grimme Wut im Blick. Drei Burschen sprangen auf, man dachte, sie wollten dem Brüllaffen an die Kehle, der wich jäh zurück, aber sie stürzten sich mit ihren Hacken nur auf die Arbeit der Alten. Im Nu war ihre Kiepe voll und sie wieder in unseren Reihen; ihre Nachbarn links und rechts halfen ihr dann weiter. Der Student aber wagte nicht mehr uns nahe zu kommen. Mit seinem Kommilitonen blieb er bei den Säcken.

Um 12 Uhr ist Mittagspause. Wir Tagelöhner bekamen keine Verpflegung, mußten unser Essen mitbringen. Es wurde nicht viel aus alten Zeitungen gewickelt: meist trocken Brot. Wir aßen es im Chausseegraben. Viele sprachen von ihrer täglichen Not, die Alten verbittert, die Jungen voller Haß und Kampfwillen. Einer las aus der kommunistischen Zeitung vor. Derweile fuhren im Jagdwagen die, die heute noch herrschen, an uns vorbei. Wohlgenährt, wohlgekleidet der Besitzer, sein Weib, seine Kinder, auf dem Bock der Kutscher in der Livree seiner Knechtschaft, so warfen sie den Staub der Straße über uns und unser kärgliches Mahl.

Dann knieten wir wieder, rutschten die langen Furchen lang, durchsuchten den Acker, füllten und leerten unsere Kiepen und berechneten, wozu unser Lohn reichen würde, mit schmerzendem Rücken, wundgescheuerten Knien, aufgerissenen Händen den endlosen Nachmittag lang.

Am späten Abend kam der Administrator wieder angeritten. Er sah befriedigt die Reihe der gefüllten Säcke und nickte gnädig: »Morgen wiederkommen, Leute.« Dann ratterte der Lastwagen uns wieder in die Stadt. Wir waren hundemüde, aber jetzt sangen wir doch, vorbeifahrend an Herrenhäusern und Arbeiterkaten, die Lieder unserer revolutionären Überzeugung.

Erstdruck/Druckgeschichte:
ED: *Rote Fahne* Nr. 231 v. 30. September 1928.
ND[1]: *GW* 5/13-15.
ND[2]: *Nach der Heimat gefragt*, S. 10f.
Gezeichnet: Wolfgang Koeppen
Belegstück des ED, Autograph (Titel: »Kartoffelbuddeln«, mit Textvarianten) und Typoskript (Titel: »Kartoffelbuddeln«, mit Textvarianten) im Nachlass.
Anmerkungen:
Männer, Frauen und Kinder: im Autograph »um 30 Männer und Frauen und ca. 20 Kinder«
Kartoffeln: im Typoskript »Kartoffel«
bei der Getreideernte: im Autograph »während der Getreideernte«
aus dem Sattel: im Autograph »vom Gaul«
Derweile fuhren im Jagdwagen die, die heute noch herrschen, an uns vorbei: vgl. *Ein Anfang, ein Ende* (GW 3/277-295): »Und ich setzte mich hin und schrieb im Herrenhaus einen Bericht, eine Reportage *Kartoffelbuddeln* und kniete mich, an einer hübschen Schreibmaschine mit Intarsien, in den Acker, hockte unter den Arbeitslosen, windete mich am Boden unter den Augen des Gutsherrn, über mir im Jagdwagen, mit den blankgestriegelten Füchsen, von gutem Hafer ernährt, und unterschrieb es und sandte vier engbeschriebene Seiten an die Redaktion der *Roten Fahne* in Berlin, an die Feuilletonredaktion, denn ich wollte ein Schriftsteller sein.« Vgl. auch *Eine schöne Zeit der Not* (GW 5/310-321): »In den Ferien reportierte ich auf pommerschern Acker die Armut der Landarbeiter. Es war ein literarischer, kein politischer Versuch,

aber in Berlin druckte mich die *Rote Fahne*, und die Schule drohte, den Verfasser zu relegieren.«
die Lieder unserer revolutionären Überzeugung: im Typoskript »unsere, die Lieder unseres revolutionären Glaubens«
Editorischer Bericht:
Überflüssiges: im ED »Ueberflüssiges«
Überzeugung: im ED »Ueberzeugung«

[Nr. 4]
Berlin – zwei Schritte abseits.
Sehnsucht nach Kinoromantik führt
eine Jugend zusammen

Unnötig ist es, zu sagen, daß die Potsdamer Straße eine große und angesehene Geschäftsstraße ist. Dasselbe gilt, in etwas beschränkterem Maße, auch von der Hauptstraße des sehr bürgerlichen Schöneberg. Dennoch werden beide, die Potsdamer an ihrem Ende, die Hauptstraße an ihrem Anfang, eine Strecke lang sehr eigenartig »unterweltlich«. Das Licht der Laternen brennt matter. Der Läden werden weniger. Kaum jedes dritte Haus zeigt ein erleuchtetes Schaufenster. Dafür ist fast in jedem irgendein Ausschank zu finden. Große Bierhallen, Rauch erfüllte Destillen liegen neben rosa erleuchteten Barräumen, Eiskonditoreien, Kinos und zahllosen Hotelpensionen. Das geht so von der Bülowstraße bis hinunter zum Schlafsaal der Heilsarmee in der Hauptstraße.

Das erste der Gegend den Charakter und die besondere Atmosphäre gebende Zentrum ist der Sportpalast. Von der Front der Straße zurückgezogen, ist er jeden Abend grau, dunkel und geheimnisvoll, auch wenn die Scheinwerfer ihr Licht über die Kassenbuden in seinen Vorgarten werfen.

Und immer, und nicht nur zu Zeiten politischer Versammlungen, ist er von jungen Burschen und doppelten Polizeiposten umlagert.

Interessanter noch aber ist der Platz, der weiter unten liegt, am Ende der Potsdamer, am Beginn der Hauptstraße. Er hat keinen Namen und ist nur zufällig, weil viele Straßen sich hier kreuzen, ein Platz geworden. Drei Dinge geben ihm, der ausgeliefert war den Launen vieler Häuserbauer, ein Gesicht: eine Reihe von Herrenkonfektionsgeschäften, der Vergnügungspark an der Ecke der Grunewaldstraße und viel junges Volk, das ihn am Abend in Begleitung vieler Fahrräder bevölkert. Ursprung und Anziehungs- wie Mittelpunkt dieses Rendevouzplatzes ist natürlich der Vergnügungspark.

Die ideale Räuberbraut

Berlin besitzt viele Rummelplätze. Auf einem aus irgendeinem Grunde unbebauten Grundstück sind schnell ein paar Buden errichtet. Im Osten, im Norden, am Wedding kann man sie finden. Abends besuchen die Anwohner sie. Es ist ihr Lunapark, ihre billige Amüsierstätte. Der Platz in Schöneberg wird nicht von den Anwohnern besucht. Er steht in keinem guten Ruf. Er ist tabu. Eltern verbieten ihren Kindern, ihn zu besuchen. Die Kinder aber schleichen sich heimlich hin, denn dieser Platz ist ihr eigenstes Abenteuer, die romantische Kulisse ihrer Pubertätssehnsüchte, ein Tom-Mix-und-Harry-Piel-Naturschutzpark, den sie (in Opposition gegen jegliche Autorität) besuchen, nicht, um sich zu amüsieren, sondern, um sich kühn und verworfen zu fühlen. Eines der kleinen Kinos rings um den Platz spielte vor wenigen Monaten den Drei-Groschen-Oper-Film unter dem Titel *Der Bandenführer von London*. Es war ein Bombenerfolg; und jeder Junge ist seitdem ein Mackie Messer und jedes Mädchen eine Polly Peachum und Seeräuberjenny in einer Person.

Diesen Trieben kommen die Unternehmen des Platzes mit Dunkelheit und vielen Verbotstafeln entgegen. Es ist nicht leicht, ein Held der Unterwelt, noch weniger leicht, seine Braut zu sein. Es ist zwar kühn für Jungen wie Mädchen, auf dem weit in die Höhe und Tiefe schwingenden Krinolinenkarussell zu stehen, weil die überall sichtbar hängende Tafel »Stehen während der Fahrt polizeilich strengstens verboten« niemandem zu sitzen erlaubt, aber es genügt nicht. Die Jungens tragen, um sich in Ansehen zu setzen, rote, weil die Brust freilassende Hemden, verwegene Hüte, Abzeichen der radikalen Parteien, Stulpenstiefel oder kurze bayerische Lederhosen und schlagen den Lukas, ziehen den Expander, fordern die dicken Berufsringer heraus, pfeifen die Mädchen mit garantiert echtem Louispfiff, hauen sich gegenseitig die Nasen kaputt und sprechen beiläufig von großen Dingern, die sie drehen wollen. Den Mädchen bleiben außer Apachentüchern nur die Schlagfertigkeit des Mundwerks und die Luftschaukeln. Am besten ist, beides zu vereinen. Zwei und zwei steigen sie immer in die schwebenden Kähne, die sie bedrohlich hoch treiben, und rufen dann, fast mit dem Kopf zur Erde stehend, allerlei Herausforderungen in die Schar der unten emporblickenden Bewunderer. Eine bestimmte Anzahl Hochschwünge sind das Examen, das ein Mädchen bestehen muß, um mit in eine Bude genommen zu werden. Hier zeigt sich das Kind im Schöneberger Gangster.

Arme ehrliche Artisten

»Moto Fred, der künstliche Mensch«, die Schau »Männliche Kraft und plastische, weibliche Körperschönheit«, »Pariser Haremsnächte und die Wunder der Hypnose« sind zu besuchen. Am vollsten aber ist es bei den Ringern und im Zirkus. Der Zirkus ist sehr klein; zwei Reihen Bänke um eine ungeräumige Manege. Nach sechs Paraden, die den ernsten Clown und Direktor zu langen Reden über den Ernst der Zeit und die Not, die die Artisten auf die Rummelplätze treibt, veranlassen, füllt sich das Zelt mit sechzig Personen, die Kopf für Kopf zwanzig Pfennig bezahlt haben. Dann beginnt die Vorstellung, die über eine Stunde dauert. Der ernste Clown hat nicht zu viel versprochen. Im spärlichen Licht von zwei Glühbirnen zeigt sich die letzte Generation einer als Beruf aussterbenden Zirkusreiterfamilie. Zehn Personen, vier Pferde und ein Esel machen den Zirkus. Man kann sich ausrechnen, wie viel an Brot oder Hafer da auf jeden kommt. Aber die Arbeit der Leute ist gut. Sie ist anständiger als es auf diesem Platz zu erwarten war, und angesichts der wie ein Handwerk gelernten und sehr soliden Manegearbeit vergißt die Jugend ihr übersteigertes Sensationsverlangen und freut sich ganz naiv über die Tiere, die Kunst der kleinen Seiltänzerin und die Späße der Clowns. Die Jugend auf den Bänken hat ihre Kinoillusionen vergessen. Die in allen andern Buden üblichen Zwischenrufe unterbleiben. Und die Pferde beweisen, daß diese Jugendlichen vom Rummelplatz verirrte Kinder sind und besser, als sie selber es wahr haben wollen.

Cliquenjugend?

Seitdem man, nach vielen Raubzügen, Einbrüchen und anderen Verbrechen, den Jugend-Ring-Verein Santa Fé entdeckt hat, spricht man, wenn Jugendliche sich nicht nur zum Wandern oder zum politischen Krach zusammenschließen, sondern verworfen tun, von Cliquenjugend. Man meint damit eine Art von kriminellem Wandervogel. Und es heißt, daß der südwestliche Treffpunkt dieser über ganz Berlin verteilten, miteinander befreundeten und verfeindeten Organisationen dieser Rummelplatz an der Ecke der Potsdamer und Grunewald-Straße sei. Eine Annahme, die, wie es scheint, auch von der Polizei geteilt wird, die ja kürzlich auf dem Platz und der Umgegend eine nächtliche Razzia nach den jugendlichen Mariendorfer Mördern veranstaltete. Im allgemeinen dürften aber die geheimnisvollen, in keinem Vereinsregister eingetragenen Bünde, die, man merkt das an gewissen Gesten, Pfiffen, Abzeichen und sonstigen Erkennungsmitteln, es zweifellos gibt, durchaus harmloser Natur sein.

Der Platz ist der Brunnen vor dem Tor, der häßlich und hart lebenden Straßen. Müde Lehrjungen und Mädchen, Arbeitsburschen, Arbeitslose und schwer geplagte Schüler suchen hier für ein paar Abendstunden dem Trott ihres bürgerlichen Tages zu entfliehen. Die bunten Lichtwellen der Karussells, der sehnsuchtsvolle Klang der Leierkästen, der Geruch von Schmalzgebackenem, das Dunkel um die verhangenen Buden, der Dunst aus dem Zirkusstall, der Anblick der Genossen, die wie Kinohelden schreiten (verwickelt in Todfeindschaften, Blutsfreundschaften, tollen Leidenschaften) geben ihnen das Gefühl einer anderen, dem Tom-Mix- oder Harry-Piel-Ideal angenäherten Welt. Aber wenn um zehn der Park geschlossen wird, der riesige Rausschmeißer, »der Oberbulle« in Tätigkeit tritt, gehen die meisten, brave Schöneberger Kinder, nach Haus ins Bett.

Und übrig bleibt die kleine, vielleicht wirklich kriminelle Gruppe. Sie belebt noch lange die Straße, besucht die Eisläden, die Pufferstuben, die Destillen, verständigt sich mit Älteren, hat Geld und gibt Geld aus, bis sie schließlich, zu mitternächtlicher Stunde, im Dunkel des Bülowbogens verschwindet.

Erstdruck/Druckgeschichte:
ED: *Berliner Börsen-Courier* v. 12. Juni 1932, S. 5.
ND: *GW* 5/21-24.
Gezeichnet: W. Koe.
Belegstück im Nachlass.

Editorischer Bericht:
Polly Peachum: im ED »Polly Peachem«
Lukas: im ED »Luckas«
Älteren: im ED »Aelteren«
dem Tom-Mix- oder Harry-Piel-Ideal: im ED »dem Tom Mix oder Harry Piel Ideal«

[Nr. 5]
Wieder Kurort Berlin

Der Park, in welchem sich seit kurzem wieder die Brunnentrinker Berlins am frühen Morgen versammeln, ist nicht weniger grün und blühender und von frischer Luft durchweht als der Kurpark irgend eines berühmten Bades. Mit dem Gesang der Vögel um die Wette spielt die Promenadenkapelle, und auf den kiesbestreuten Wegen wandeln, das Glas in der Hand und in bedächtigen Schlucken ihr Wasser trinkend, die Kurgäste.

Und vollkommen wäre die Illusion, einen schönen Morgen in Homburg, in Wildungen oder in Karlsbad zu erleben, wenn nicht die Tiere wären und die Schenke mit den vielen Flaschen, statt des sprudelnden Brunnenquells. Diese sagen einem, daß man sich in Berlin und im Zoo befindet. Aber ist das ein Nachteil? Schöpft man das Wasser auch nicht direkt von der Quelle, so hat man doch die Auswahl unter allen Heilwassern der Welt. Und der Anblick der Tiere ist eine sehr angenehme Zugabe zu einer oft nicht angenehmen Kur. Dem See-Elefanten zuzusehen, ein Reh zu füttern oder ein Zebra – das kann für den der Tiere entwöhnten Großstädter besonders beglückend sein. So bietet sich jeden Morgen mitten in Berlin das Bild eines Badeortes. Der Berliner weiß den Kurpark vor seiner Haustür zu schätzen.

Erstdruck/Druckgeschichte:
ED: *Berliner Börsen-Courier* v. 21. Juni 1932, S. 5.
Gezeichnet: -n.
Belegstück im Nachlass.

[Nr. 6]
Sensation vor den Toren Berlins

Draußen in der Jungfernheide, weit hinter dem Bahnhof Beusselstraße, umgeben von Schrebergärten, Lagerwiesen, verlassenen Fabriken und peripheren, rotzieglig niedrig gebauten Gasthöfen mit abendlichem Schwof, erhebt sich die Bahn. Auf hohem, allseitig offenem und Wind durchzogenem Bodengerüst ruht ein Kessel, ein großer Topf, der, gewaltig in dieser Landschaft vor der Stadt, aussieht wie das Kinderkino eines Riesen, wie jedes Kino, in welches man die Papierstreifen mit den Silhouetten legte, die sich bewegten, wenn man das Ganze in schnelle Umdrehung versetzte.

Der Kessel in der Jungfernheide aber dreht sich nicht. Er steht, und manchmal füllt er sich mit Menschen, die zu Fuß, zu Rad, im Auto, Autobus oder Kremserwagen kommen, das Stundenrennen der Steher zu sehen.

An solchen Tagen ist es vor den Toren der Bahn wie auf einem Jahrmarkt. Zahllose fliegende Händler rufen ihre Waren aus. Limonadenstände, Eiswagen, Zigarettenbuden, Reklamefahrzeuge aller Art bilden die bunte Szene, auf der es wimmelt von Rennsachverständigen und Jungen, die noch kein Geld für die Karte haben. Zehn Hände drängen sich, die Tür des vorfahrenden Taxis zu öffnen. Die Namen Tietz, Kroschel, Sawall schwirren durch die Luft und erregte Dispute beginnen, die im Innenraum, wenn jeder seine Groschen endlich zusammen hat, fortgesetzt werden.

Das Rennen beginnt. Die Schrittmacher begeben sich auf die Bahn. Vermummten Götzen gleich, in schwarzen Asbestanzügen und mit Sturzhelmen versehen, hocken sie auf ihren sehr lang gebauten Motorrädern, aus deren vorne liegendem Auspuff später die Flammen schlagen werden, und blicken ernst und heroisch. Laut knattern ihre Motore, und in immer schnellere Fahrt kommend, schrauben sie sich die schräge Wand empor. Dann läßt man auch die Rennfahrer auf die Bahn. Ihre Gehilfen stoßen sie in das Rennen. In leichte, bunte Trikots bekleidet, wirken sie im Gegensatz zu den ernsten Schrittmachern lustig und fast ein wenig zerbrechlich. Und unten am Fuße der Wand, schwanken sie auf ihren zierlichen Rädern wie Kinder. Bis ihr Schrittmacher sie überholt. Das ist der Moment des Aufpassens. Jetzt heißt es Anschluß finden an die Rolle hinter dem Motor und mehr noch, den Anschluß nicht verlieren.

Das Jagen geht los. Der Schrittmacher zieht seinen Fahrer in die Höhe. Der Fahrer ist kein spielendes, schwankendes Kind mehr. Er ist nur noch ein gebeugter Rücken und strampelnde Beine. Sein Gesicht ist nicht zu sehen. Sein Gesicht hat der Schrittmacher. Er muß für ihn denken. Die Verantwortung lastet auf ihm. Der Fahrer kann nicht mehr tun, als in die Pedale seine Kraft stoßen. Die Paare fahren Seite an Seite. Eine Runde, zwei Runden. Die Kräfte sind gleichwertig. Wenn sie vorbeiheulen, weht mit dem Zug ihrer Fahrt Heugeruch herauf von der Wiese im Tal der Bahn. Dämmerschatten fallen. Die Wolken am Himmel werden milde in ihren Farben: weiß, blau und rosa. Scharf stechen die Masten vieler Hochspannungsleitungen in den Horizont. Da verliert die Fünf ihren Schrittmacher. Der fährt ihr davon. Er überschätzte ihre Kräfte. Hilflos pendelt die Verlassene, nur noch vom Wind ihrer Geschwindigkeit gehalten, die Wand hinunter, und die Eins macht das Rennen.

Da schreien die Galerie und die Tribünen! Viele Sympathien hatte die Fünf, und ihr Schrittmacher wird böse beschimpft. Er versucht zu erklären, seine Schuldlosigkeit zu beweisen. In der Fahrt, die er macht, um vielleicht seinen Fahrer zu fangen, hebt er den Arm, nickt mit dem Kopf, zuckt die Schultern, gefährdet sein Leben, ist ein rührend gutmütiger Teufel auf feuerspeiender Maschine (rot glühen schon Teile seiner Maschine), und es ist vergeblich! Die Menge verzeiht ihm nicht, und wäre er Gladiator im Circus Maximus, die Daumen würden nach unten sich wenden und seinen Tod fordern. So kommt er mit dem Leben davon, aber noch im Beifall der Ehrenrunde, die die siegende Eins fährt, mischt sich das Murren der Anhänger von Nummer Fünf.

Erstdruck/Druckgeschichte:
ED: *Berliner Börsen-Courier* v. 24. Juni 1932, S. 5.
ND: *GW* 5/25-27.
Gezeichnet: W. Koe.
Belegstück im Nachlass.
Editorischer Bericht:
lastet auf ihm: im ED »lastet auf ihn«

[Nr. 7]
Im Paradies der Kühle.
Berlin, minus 20 Grad im Juli

Morgens um Drei: Der Hof der großen Kunsteisfabrik steht voll von Wagen. Automobile, Pferdefuhrwerke, Karren, außen weiß lackiert und innen mit Kork gepolstert, warten in der fahlen Helle des Julimorgens, die den Hof so indirekt belichtet, daß die Gebäude, die Schornsteine, die Treppen und Gerüste und die Fahrzeuge und die Männer, die zwischen ihnen arbeiten, schattenlos, kantig, scharf betont in ihren Konturen wirken wie das Bild einer Bühne.

Ununterbrochen wirft ein Paternosterwerk rechteckige Eisblöcke auf eine lange Rampe. Dort nehmen die Männer sie, stoßen sie mit Haken und eisernen Stangen zur Seite, packen sie mit ledergeschützten Händen, werfen sie sich auf die Schulter und tragen sie in die Wagen. Pausenlos und eilig.

Berlin braucht Eis. Der Tag wird warm werden. Um 6 Uhr spätestens wollen die Verbraucher, die Milchhändler, die Fleischer, die Obststände in der Markthalle ihren Eisblock haben. Die Krankenhäuser, die Gaststätten, die Speiseeisfabrikanten warten auch. 7000 Zentner oder 14 000 Barren liefert diese eine Fabrik an einem durchschnittlichen Sommertag. Und das ist noch nicht ihre Höchstleistung. Sie könnte das Doppelte schaffen, wäre nicht auch der Eisverbrauch in der Krise zurückgegangen. Die

Privatkundschaft, die früher auf eine tägliche Lieferung von Haushalteis abonniert war, ist in diesem Jahr häufig fort geblieben.

Die Wasserleitung muß dort den Eisschrank ersetzen. Auch die elektrischen Eismaschinen machen den Fabriken zu schaffen. Doch nicht allzu sehr. Ein größerer Betrieb, z. B. ein Hotel, ist nicht imstande, seinen gesamten Eisbedarf sich selbst zu bereiten. So sind, trotz Krise und trotz neuer Erfindungen, die Eiswerke in den Sommermonaten gut beschäftigt. Der Kaffeehausbesucher fordert ein kaltes Getränk so stürmisch wie die Kinder ihre Eiswaffel. Eis wird überall verlangt; wie wird es hergestellt?

Ein Hundstagswunschtraum ist es, anzunehmen, man brauche von der hochsommerheißen Straße nur durch das Tor der Eisfabrik zu flüchten, um im Paradies der Kühle zu sein. Auch die Produktion von Kälte beginnt mit der Verfeuerung von Kohle, und Backofenhitze ist ein gelinder Ausdruck für die Temperatur im Kesselhaus der Fabrik. Aber schon der nächste, der Maschinenraum, läßt fühlen, daß es in diesem Werk kalt werden wird.

Es riecht nach Ammoniak. Auf den blanken Maschinen liegt Reif. Die Gewinde der Kompressoren sind von Eis umkrustet. Ihre, der Kompressoren, Aufgabe ist es, das Ammoniak-Gas zu verdichten und unter Druck zu bringen. Genügend gepreßt, darf es dann auf dem Dach die Kondensatoren, ein von Wasser berieseltes Röhrensystem, durchlaufen, um auf seine Verflüssigkeitstemperatur abgekühlt zu werden. Die niedergeschlagene Flüssigkeit wird dann einem Druckverminderungsventil zugeleitet, das eine Entspannung in einem Verdampfer hinein bewirkt, von welchem Röhren hinabsteigen in das Bad der Salzsole, dem Ort der eigentlichen Eisbereitung. Der ist ein leerer Saal. Bohlen bedecken seinen Boden. Wenn man sie betritt, friert man an den Füßen. Denn unter den Bohlen fließt, in ständiger Bewegung, vorbei an den Kühlschlangen mit dem Ammoniak, die Sole. Rötliches Salzwasser. Seine Temperatur beträgt minus 5 Grad. Es kann nicht erstarren. Hinten im Raum hat der Boden einen durch seine Breite gehenden Spalt. Über diesem hängt eine elektrisch zu steuernde Rampe. Ihre Aufgabe ist es, die rechteckigen Formen zu tragen, mit destilliertem Wasser zu füllen, und sie hineinzustellen in die Sole. Dort wandern sie, ständig geschüttelt, damit die Luft entweicht und das Eis klar wird, 18 Stunden langsam unter dem Boden des Raumes zu seiner vorderen Seite, wo durch einen neuen Spalt die Rampe sie, die nun voll festem Eis sind, wieder heraushebt, mit kochendem Wasser begießt und die so von der Form sich lösenden Blöcke auf eine Transportbahn wirft. Der Produktionsvorgang ist zu Ende. Es beginnt die Lagerung oder der Verbrauch.

Der Eisfabrik gegenüber steht das Kühlhaus. Viele Stockwerke hoch ist es. In seinen Kellern lagert das Eis: starr, glitzernd, scheinbar endlos im Hintergrund, türmen sich die Barren zu einem wahren Polargebirge. Propeller treiben die eisige Luft in sinnreich angelegten Schächten durch die Etagen des Hauses. Zweck des Baues ist die Lagerung von Waren, die einer bestimmten Temperatur bedürfen, um nicht zu verderben. Es gibt dort Kammern, die auf minus 20 Grad gekühlt sind, andere haben eine Wärme von 3 Grad. Dazwischen liegen Abstufungen. Im größten Raum des Hauses haben die Fleischer ihre Vorratsschränke; bei einer Temperatur von 0 Grad brauchen sie ein Verderben ihrer Ware nicht zu fürchten. In einem Zimmer mit minus 7 Grad hängt lauter Wild. In anderen Abteilungen lagern Käse, Butter, Eier, Geflügel und Gemüse. Der angenehm duftende Obstraum muß auf 2 bis 3 Grad Wärme gehalten werden.

Die Technik macht uns unabhängig vom Wetter und der Jahreszeit. Mit ihrer Hilfe können wir im Sommer Wasser frieren lassen und die Temperatur uns schaffen, die wir brauchen oder lieben. Lukullus, der winters Schnee in Gruben sammeln ließ, sie sorgfältig abdeckte, um im Sommer seinen Freunden den Wein mit Schnee kühlen zu können, würde, wie alle Alten, die das Eis oder den Kühlschnee als das Maß des größten Komforts betrachteten, vor Neid erblassen.

Erstdruck/Druckgeschichte:
ED: *Berliner Börsen-Courier* v. 17. Juli 1932, S. 5.
Gezeichnet: Kn.
Belegstück im Nachlass.
Editorischer Bericht:
Über: im ED »Ueber«

[Nr. 8]
Jedermann ein Sportflieger

Auf dem Flugplatz Tempelhof stehen jeden Tag, von morgens bis abends, zwei gelb und rot lackierte Sporteindecker, die dem Deutschen Luftfahrtverband gehören und dem Publikum für Rundflüge über Berlin zur Verfügung stehen. Neben den großen Maschinen der Lufthansa, die mit vielen Passagieren von London, Paris und Moskau kommen oder dorthin wollen, sehen die beiden Sportflugzeuge sehr klein, sehr zierlich und fast ein wenig zerbrechlich aus, wie kleine Segeljollen neben einem Dampfer. Das mag Ängstliche zu Unrecht schrecken. Die kleinen Maschinen sind tapfer, und wer sich ihnen anvertraut, erlebt mehr die Sensation des Fliegens als der Fahrgast des Verkehrsflugzeuges, der wie im D-Zug in seiner Kabine sitzt.

Für den, der sich zum Rundflug entschlossen hat, sind die Minuten vor dem Start schon die Minuten eines Fliegers. Eine Sturzkappe bekommt der Passagier um den Kopf gelegt und eine Brille vor die Augen, dann hat er hinein zu klettern in den Beobachtersitz vor dem Führer, wird festgeschnallt, und hockt nun, direkt hinter dem Propeller, der eben angeworfen wird und dessen Wind er schon spürt, fertig zur Aufnahme für die Wochenschau: Herr X, der bekannte Kunstflieger in seiner Sportmaschine.

Und dann rollt die kleine Klemm-Argus schon über das Feld, der Luftpolizist senkt die Fahne, der Motor kommt auf Touren, man riecht Benzin und fühlt sich hochgerissen. Das ist das Entscheidende! Man fährt in keinem Luftomnibus: man ist der Höhe und dem Wind in jeder Weise ausgesetzt, man fliegt und hat die Empfindung, an der kreiselnden Kraft des Propellers zu hängen.

Die Flügel der Maschine zittern. Sehr schmal und vom Sitz aus mit den Fingerspitzen gerade noch erreichbar, liegen sie unter dem Rumpf. Neben ihnen fällt der Blick in die Tiefe. In einer Höhe von 1000 Metern schwebt das kleine Flugzeug über Berlin. Ist der Anblick der Stadt aus der Vogelperspektive auch von Luftreisen her bekannt; so ist doch vom offenen Flugzeug aus der Eindruck des unten sich bietenden Bildes ein viel stärkerer. Die Schau und das Verhältnis zu ihr sind direkter. Schon ein leichtes Tiefergehen des Fluges bringt ein deutliches Heraufsteigen der Landschaft, jede Kurve, jedes Schwanken zur Seite eine merkwürdige Verschiebung der Blickebene. Es ist der Flug selbst, der einen bezaubert. Man ist schon Vogel mehr, als Insasse eines Verkehrsmittels. Getragen fühlt man sich von der Luft. Und wenn es wieder abwärts geht und viel zu schnell der Flughafen näherkommt, dann möchte man noch rasch um jeden Turm kreisen und vor der alltäglichen glatten Landung noch einmal so hoch wie möglich emporsteigen.

Erstdruck/Druckgeschichte:
ED: *Berliner Börsen-Courier* v. 5. August 1932, S. 5 (Morgen-Ausgabe).
Gezeichnet: Kn.
Belegstück im Nachlass.
Editorischer Bericht:
Ängstliche: im ED »Aengstliche«
Flügel: im ED »Flügel«
sind: im ED »ist«

[Nr. 9]
Lesewut in Berlin?
Ein Kind der Krise und eine rettende Idee

In alle Straßen der Stadt, besonders in die des Westens, ist seit etwa einem Jahr das Buch eingezogen. Überall erblickt man, oft in Abständen von nur wenigen Häusern, große und kleine Läden, deren Schaufenster voll von Büchern liegen. Ist in Berlin die Lesewut ausgebrochen, denkt man, und weiter, wie ist es möglich, daß all diese Buchhandlungen existieren können, denn wer, du lieber Gott, soll das Geld haben, die vielen Bücher zu kaufen. Sieht man dann genauer hin, entdeckt man, daß es gar keine Bücher, sondern nur die hohen bunten Reklameumschläge sind, die in den Fenstern einander zu übertrumpfen suchen. Die Bücher selbst sind verliehen; und die Buchhandlungen sind Leihbibliotheken.

Eine besondere Art von Leihbibliotheken. Früher gab es nur wenige in Berlin. Ein paar große, die meist von Warenhäusern gehalten wurden; ein paar gute, die alten, soliden Buchhandlungen angeschlossen waren, und ein paar altmodische für die Hausfrau des niederen Mittelstandes, die meistens von alten, etwas verschrobenen Damen in dämmerigen, plüschmöblierten Parterrezimmern verwaltet wurden. Gemeinsam lebten sie alle von der Straße entfernt (die Warenhausbibliothek war im obersten Stock, die der Buchhandlung hinter dem Laden, und die der alten Dame oft auf dem Hof) und forderten außer der Leihgebühr für die Hergabe eines Buches die Hinterlegung einer Pfandsumme. Beides war falsch und nicht der Zeit entsprechend. Das Ei des Kolumbus war es, es dem Leser bequem zu machen, ihn zu locken, ihn zum Buch zu verführen. Das Buch mußte auf der Straße zu sehen und so leicht zu erlangen sein wie die Zigarette im Eckladen. Vor allem durfte kein Pfand verlangt werden. Fünf Mark »totes Kapital« liegen zu haben ist heute vielen unmöglich, besonders denen, die die Muße haben zu lesen – den Erwerbslosen aller Stände und Kreise.

So entstand die »Moderne Leihbücherei«. Sie heißt Bücherei »Modern«, »Record«, »Actuell« und ist sehr von heute. Ein Naiver, der in einer solchen Bibliothek nach einem Band von Goethe fragte, bekam die verächtliche Antwort: Wir führen nur Neuerscheinungen. Und in Leuchtschrift strahlt die Devise des Ladens auf die Straße: Jeder Band ohne Pfand, das Buch des Tages für nur 20 Pfennig, Legitimation genügt.

So kann jeder, der nur irgendwo wohnt, eine polizeiliche Anmeldung und 20 Pfennig besitzt, zum Buch kommen. Er tritt ein in den Laden, setzt sich auf einen Stahlsessel, nennt seinen Namen, bekommt eine Lesekarte und braucht sich dann nicht weiter zu bemühen.

Er braucht z. B. nicht zu wissen, was er lesen will, und ein Katalog bleibt ihm »erspart«.

Er geht die Regale entlang, liest den Titel, blättert, findet einen Satz, der ihm gefällt, und nimmt das Buch.

Welche Bücher gibt es? Alle, die von mehreren verlangt werden. Gute wie schlechte. Das Niveau der einzelnen Bibliothek richtet sich nach dem Geschmack ihrer Leser, ist also leicht unterschieden von dem einer anderen, im Durchschnitt aber dasselbe und gut. Musil gibt es nicht, und Proust gibt es nicht. Aber Huxley ist schon zu bekommen. Und gute Romane jüngerer deutscher Autoren sind sogar ausgesprochene »best sellers«. Kästners *Fabian* ist in allen Bibliotheken in mehreren Exemplaren ständig verliehen und vorbestellt. Daneben wird natürlich auch viel Unterhaltendes, Kriminalromane und ähnliches gelesen. Auffallend groß ist das Interesse für politische Literatur. Bücher, die sich mit den Problemen des Kommunismus oder des Faschismus beschäftigen, sind fast immer verliehen. Der gelesenste Autor der Bibliotheken aber ist Traven. Seine Bücher gehen pausenlos von Hand zu Hand. Das wird allgemein bestätigt. (Um so auffallender ist es, daß Joseph Conrad meist überhaupt nicht vorhanden ist.)

Und wer sind die Leute, die diese modernen Leihbibliotheken leiten und für die Auswahl der Bücher und so auch für eine gewisse Art von Bildung verantwortlich sind? Es sind Angehörige aller Berufe, die versuchen, eine neue Existenz sich zu schaffen. Man findet unter ihnen ehemalige Kaufleute, die in anderen Branchen gescheitert sind, abgebaute Beamte, russische Emigranten, wenig Buchhändler und Angehörige intellektueller und sehr viel Reichswehrsoldaten, die ihre Abfindung in Büchern angelegt haben. Die Beziehungen dieser Bibliotheksbesitzer zum Buch und zur Literatur sind meist geringer Art. Sie beschränken sich darauf, ein Buch sehr allgemein als schön oder spannend zu empfehlen, oder von ihm zu behaupten, daß es gerne gelesen und viel verlangt wird. Es ist keine Seltenheit, daß Bücher in französischer oder englischer Sprache (jede Bibliothek hat sie) von Personen verliehen werden, die nicht mal den Namen des Autors phonetisch richtig lesen können.

Die Moderne Leihbücherei ist ein Kind der Krise.

Der Zwang vieler zu einer neuen, noch möglichen Existenz kommt dem Lesebedürfnis Unbeschäftigter entgegen. Ob diese Bibliotheken dem Buch, der Literatur oder ganz allgemein der Kultur nützen, ist noch sehr in Frage. Vor allem sind sie eine große Konkurrenz der Buchhandlungen.

Eine Konkurrenz, aber keine Gefahr, und falsch ist es, zu behaupten, daß die Bibliotheken den Buchhandlungen die Kunden entführt hätten. Von einer Flucht aus der Buchhandlung in die Leihbücherei kann keine Rede sein. Dem Buchhandel geht es nicht gut. Er leidet unter der Not der Zeit, ohne von ihrem gestiegenen Lesebedürfnis zu profitieren. Aber nie waren die Leser der Büchereien die Kunden der Buchhändler. Die Büchereibesucher sind meist neue Leser, sind Personen, die erst da sie Zeit haben, zu viel Zeit haben, zum Lesen gekommen sind. Und es ist sogar möglich, daß sich so zum Vorteil des Buchhändlers, wenn die Verhältnisse wieder besser werden sollten, eine neue Schicht von Buchkäufern heranbildet. Vorläufig aber sucht der Buchhandel seine alten Kunden zu halten.

Man kann sagen, daß ihm das gelingt, und daß er, überraschenderweise, die Krise nicht schlechter übersteht als irgendein anderes Spezialgeschäft. Ganz fortgeblieben ist eigentlich nur der Kunde, der, was früher keine Seltenheit war, auf einmal für mehrere hundert Mark Bücher kauft. Sonst wird allgemein

versichert, daß gute Bücher gut gehen

und daß ihr Preis, erstaunlicherweise, keine ausschlaggebende Rolle spielt. Teure Bücher (wie etwa Francis Hackett *Heinrich VIII.* und Axel Munthe *Das Buch von San Michele*) werden ausgezeichnet verkauft. Überhaupt ist ein erfreulicher Zug zur Qualität zu konstatieren. Der billige Unterhaltungsroman und der Geschenkband, der einen dummen Inhalt in Leder gebunden präsentierte, sind fast völlig verschwunden. Das am meisten gekaufte Buch des Monats ist der neue Roman von Hans Fallada *Kleiner Mann, was nun.* Daneben finden guten Absatz *Die gefiederte Schlange* von Lawrence, Hemingway *In unserer Zeit*, Traven *Der Schatz der Sierra Madre*, Körber *Eine Frau erlebt den roten Alltag*, Wolff *Die Geschäfte des Herrn Ouvrard*, Speyer *Sommer in Italien*, eine Liste, zusammengestellt nach einer Umfrage bei verschiedenen Buchhändlern, die auf Vollständigkeit keinen Anspruch erhebt, die herrschende Geschmacksrichtung aber ungefähr wiedergibt.

Fragt man nun den Buchhändler nach den Käufern dieser Bücher, erhält man die interessante Antwort, daß es hauptsächlich Geschäftsleute und deren Frauen sind.

Die Angehörigen der freien Berufe, einst die Hauptkunden der Buchhandlungen, spielen nicht mehr diese Rolle.

Das erklärt den Erfolg des Buches von Otto Wolff, beweist aber auch den guten literarischen Geschmack des geschäftstätigen, gehobenen Bürgertums. Besonders eine jüngere Generation von Bankleuten und Kaufleuten ist es, die Bücher wie den Lawrence oder den neuen Plivier oder auch Scholtis *Ostwind* kauft. Der Student dagegen, von dem man früher behauptete, er spare sich die Reclambände vom Munde ab, fällt als Käufer von Büchern fast ganz aus. Er hat entweder kein Geld und benutzt die Bibliotheken oder, ein leider nicht seltener Fall, er ist über die Grenzen seines Fachs hinaus literarisch völlig desinteressiert.

Das Antiquariat war stets ein besonderer Zweig des Buchhandels, und heute zeigt sich, daß der Handel mit alten Büchern besonders schwer unter einer schlechten Zeit zu leiden hat. Sein Hauptgeschäft war die Bibliophilie. Wer hat heute noch Geld für diese ebenso schöne wie teure Leidenschaft? Auf den großen Auktionen geht manch schönes Stück unter dem Preis weg und ins Ausland. Und ein seltenes Ereignis ist es geworden, daß ein Bücherfreund ohne etwas Bestimmtes zu wollen und nur um zu schauen und vielleicht etwas zu finden, ein Antiquariat betritt. Die meisten Kunden, die hereinkommen, wollen sogar verkaufen. Sie bringen ihre Bibliothek in Armlasten zum Antiquar zurück, um sich Brot dafür zu kaufen, und traurig müssen sie hören, wie wenig ihre Schätze heute wert sind. Niemand kann von einem Lager schöner alter Bücher leben, und die Zeit zwingt auch den besten Antiquar, sich dem Althandel mit Neuerscheinungen zuzuwenden. Viele Kunden z. B. versuchen, den Fallada im Antiquariat gut erhalten und zum halben Preis zu kaufen. Und so bezieht sich das Schild »Ankauf von Büchern« im Fenster des Antiquars notgedrungen nur noch auf moderne Romane oder aktuelle Schriften.

Und gar nicht gut geht es dem Bücherkarren.

Seine Kunden sind wirklich in die vielen Bibliotheken abgewandert. Der Freund des Geschäfts ist der Zufall. Die Händler leben von der Hoffnung auf Weihnachten und auf das Glück, daß einer der Passanten gerade das Buch, das er seit langem besitzen will, auf dem Karren liegen sieht. Im übrigen hat der unglückliche Besitzer eines Bücherwagens alle Hände voll zu tun, die vielen, die ihm ein Buch verkaufen wollen, abzuwehren. Einer aber von der Zunft der fliegenden Bouquinisten macht gute Geschäfte. Er hat seinen Betrieb modernisiert. Sein Wagen ist kein Handkarren mehr, sondern ein 2 Pferdekräfte starker Motorlieferwagen. Mit diesem fährt er durch Berlin, hält, wo er ein Geschäft vermutet, setzt sich einen Zylinder auf und spricht wie ein Jahrmarktschreier die Vorübergehenden an. Begnadet mit dem Witz des Ausrufers, gelingt es ihm, das Publikum zum Kauf seiner meist minderwertigen Bücher zu verlocken.

So ist das Buch, das noch zu Goethes Zeiten auf Märkten und Messen marktschreierisch vertrieben wurde, später aber in die stillen und vornehmen Buchhandlungen sich zurückzog, in unserer Zeit wieder auf die Straße gekommen.

Erstdruck/Druckgeschichte:
ED: *Berliner Börsen-Courier* v. 7. August 1932, S. 6.
ND: *GW* 5/28-33.

Gezeichnet: Kn.
Belegstück im Nachlass.
Editorischer Bericht:
Überall: im ED »Ueberall«

[Nr. 10]
    Sechzig Tauben ohne Engagement.
    Zirkus auf dem Wittenbergplatz

Gegen sechs Uhr am Nachmittag, als der Strom des Verkehrs auf dem Wittenbergplatz ein besonders reger war, traten ein Mann und ein Junge aus der eilenden Menge zur Seite. Sie hatten eine große Kiste und verschiedene Geräte, wie Reifen, Seile und kleine Leitern bei sich. In der Mitte des Platzes blieben sie stehen, setzten die Kiste nieder und ordneten drum herum die Geräte zu dem Rund einer improvisierten Arena. Denn klappte der Deckel der Kiste auf, und eine Schar weißer Tauben flog in die Höhe.

Brieftauben waren es nicht; sie kamen wieder nach kurzem Flug und bauten auf Stangen und Leitern das Bild einer Pyramide. Sie sollten aber auch nicht an die Hausfrau verkauft werden. Es waren keine gewöhnlichen Tauben, es waren Artisten, waren Mitglieder der größten Taubentruppe der Welt. Ihr Besitzer war mit ihnen von einem Quartier im Norden der Stadt in der U-Bahn zum Wittenbergplatz gefahren. Es war für ihn die Fahrt in den Goldenen Westen. Der Traum von einem Amerika-Engagement war ausgeträumt und dieser Platz in Berlin die letzte Hoffnung.

Neugierige sammelten sich an, ein Publikum bildete sich, und der Mann sprach: »Die Tauben, die Sie hier sehen, sind ein kleiner Teil meiner berühmten, einzig in der Welt dastehenden Taubengruppe, die ich in vielen großen Theatern gezeigt habe. Jetzt sind wir seit Monaten ohne Engagement! Sechzig Tauben sind ohne Engagement! Sechzig Tauben hungern! Es fehlt an Futter! Ich werde mir erlauben, Ihnen in Gemeinschaft mit dem deutschen Rastelli (Handbewegung zum Jungen hin) die Künste meiner Tauben zu zeigen.«

Und dann zeigt er sie. Die Tauben fliegen Reigen, bauen Gruppen, flattern durch Reifen, besetzen die Gondeln einer Luftschaukel oder hocken auf Stangen und Leitern, die der zehnjährige »deutsche Rastelli« auf seiner sorgenvollen Kinderstirn balanciert.

Das Ganze ist als Dressurakt gar nicht schlecht, aber hier, inmitten des Verkehrs, doch mehr ein Appell an unser Mitleid als eine Vorführung. Sechzig Tauben ohne Engagement! Die hundert Löwen des Kapitän Schneider fallen uns ein. Auch sie, bekannte, gutbezahlte Artisten und Filmdarsteller, wurden arbeitslos, und es kamen Nachrichten von dem Zusammenbruch des Zirkus, die so zu verstehen waren: ein abgebauter König der Tiere bittet um eine milde Gabe.

Eine furchtbare Zeit, in der selbst die Tiere, die was können und ein Handwerk gelernt haben, am Hungertuch nagen. Sicher bereuen sie es, sich mit dem Menschen eingelassen zu haben und hereingefallen zu sein auf seine schönen Reden vom Wert des Fleißes und dem Lohn der Arbeit. In der Freiheit des Dschungels und der Wüste wird ein ganz ungebildeter Löwe noch immer sein Auskommen finden, und eine Taube, die nie gelernt hat, Reigen zu fliegen, würde auch heute noch im Walde ernährt werden nach der Verheißung der Bibel. Aber am Wittenbergplatz? Was bleibt ihnen da anderes zu tun übrig, dem Löwen und der Taube, als die Pfote hinzuhalten oder den Flügel: einen Groschen, der Herr, bitte.

Erstdruck/Druckgeschichte:
ED: *Berliner Börsen-Courier* v. 11. August 1932, S. 3.
ND: *GW* 5/34f.
Gezeichnet: Kn.
Belegstück im Nachlass.

[Nr. 11]
Faradayweg, Nr. 4.
Villa, Fabrik oder Kloster

Von draußen gesehen ist das Haus Faradayweg 4 eine Villa, eine mehrgeschossige, gutbürgerliche, von einem Garten umgebene Wohnvilla im Stil des Jahres 1912. Kein hoher Schornstein, kein Lärm und kein zischender Dampf verraten, daß in der Villa Maschinen stehen, und wäre das kleine Schild an der Pforte nicht, »Kaiser-Wilhelm-Institut für physikalische Chemie«, der Besucher würde achtlos vorübergehen.

Näher der Bestimmung des Hauses als der harmlose Anblick der Fassade bringt einen schon der kleine Hof vor dem Portal. Dort ist ein Rondell errichtet, und in seiner Mitte wächst eine Linde, die Haber-Linde, von Schülern und Freunden ihrem Meister geweiht, dem großen Chemiker, dem Erfinder des Haber-Bosch-Verfahrens, dem Direktor des Instituts. Und um diese Linde herum liegt schon ein leichter chemischer Geruch in der Luft, der stärker wird, wenn man das Haus und seine Räume betritt.

Das erste, das auffällt, ist ein roter Zettel auf dem Schwarzen Brett gleich neben der Tür. Die Akkumulatoren sind zu erden, heißt es da, und weiter wird sehr eindringlich vor der Lebensgefahr gewarnt, die dem Leichtsinnigen droht, der das Erden vergißt. Diese Mahnung wirkt um so absonderlicher, als der Gang, in welchem sie hängt, sehr friedlich ist. Ältere und jüngere Herren wandern ihn auf und ab, unterhalten sich und scherzen: stille Lernende blicken in ein Buch, und hin und wieder geht in einem weißen Kittel ein Mädchen vorüber. Hinter der großen Flügeltür aber arbeiten die Maschinen. Der Besucher öffnet die Tür, und überrascht sieht er sich von surrenden Dynamos umgeben. Der Saal gleicht der Halle eines Elektrizitätswerkes. Die Gasreservoire, die Hauskraftmaschinen, die Pumpen, die Schalttafeln und die Batterien der Elektromotoren geben ihm sein Gesicht. Von diesem Raum aus, der das Herz des Hauses ist, führt eine Tür und führen dann Stufen hinab in das vom eigentlichen Bau abgetrennte und halb unter der Erde liegende Hochspannungs- und Röntgenhaus.

Das Wort Lebensgefahr und der bekannte rote Blitz sind nun überall zu sehen. Vor jeder Tür und vor jedem Gitter hängt eine Warnung. Man könnte Angst bekommen, wenn man nicht – zwischen Kupferschienen und Kugeln auf enormen Porzellan-Isolatoren, komisch geschwungenen gläsernen Gleichrichtern, gewichtigen Transformatoren der Parade der braunen zylindrischen Kondensatoren, die wie altmodische Badeöfen aussehen, einem Gewirr von Hebel- und Zugschaltern, Drähten und Meßinstrumenten – wenn man nicht zwischen diesem, wie man doch immer wieder erfährt, lebensgefährlichen Chaos einen jungen Herrn auf einem Schemel würde sitzen und frühstücken sehen.

»Fürchten Sie sich nicht?« ihn zu fragen, wäre lächerlich. Er ist sechsundzwanzig Jahre alt, das Essen schmeckt ihm ausgezeichnet, und er ist froh, seine Doktorarbeit auf dem noch sehr unerforschten Gebiet der Atomphysik machen zu dürfen. Mit einer Spannung von mehreren 100 000 Volt in der Leitung, die er zu seinen Versuchen braucht, arbeitet er mit dem Gleichmut eines Mannes, der sich seinen Tee bereitet.

So sieht es wenigstens aus. In Wirklichkeit hat er sich vor der Gefahr gesichert. Erstens schützen ihn die Isolatoren, zweitens dient ihm ein Netz von Erdleitungen sozusagen als Notbremse, und drittens hat er sich Stühle und Bänke als Barrieren der Erinnerung in den Weg gestellt. Das ist allgemeine Institutsübung. Im Eifer der Arbeit könnte die Gefahr vergessen und eine vielleicht tödliche Handreichung getan werden, wenn das künstliche Hindernis nicht den Fehlgriff hemmen würde.

Hinter dem Hochspannungslaboratorium liegen die Kammern für die Röntgenstrukturuntersuchungen. Wahre venezianische Bleiverließe! Im Boden ruhen Würfel aus Blei. Die Decke, die Türen und die Wände sind dick mit Blei gepanzert. Kein Strahl kann die schwarzen Kammern verlassen und draußen Unheil stiften. Und hier in diesen Kammern wird das Bild schon mehr chemisch als physikalisch. Zu den Schaltern, Drähten und Meßinstrumenten für die Elektrizität gesellen sich die Retorten, die Röhren, die Flaschen, die Gasleitungen und die Pumpen. Der nächste Raum aber ist die Werkstätte eines modernen Alchimisten.

Kein Blei, aber dicke Wollvorhänge sperren dem Tageslicht den Zutritt. Die Kammer liegt im Dämmerlicht von verschiedenen bläulichen, roten, grünen und gelben Flämmchen, die unter den Glaskolben und Röhren einer phantastisch zusammengestellten und ungeheuer zerbrechlichen Apparatur brennen. Nur in der hintersten Ecke des Laboratoriums leuchtet abgeblendet und schwach eine elektrische Birne über einem Tisch, an dem ein Mann gespannt auf Vorgänge achtet, die dem Besucher unsichtbar bleiben. Er merkt nur, wie der stille Mann am Tisch von Zeit zu Zeit einen Schalter bewegt, es knackt dann, irgendwo knistert ein Funke, und die Luft im Zimmer wird noch ozongesättigter, als sie es schon ist.

Der Besucher wird von Ehrfurcht befallen; er sagt sich, dieser Mann und seine zu einem Vorgang voller Geheimnis geformten Schlangen aus Glas sind die Keimzelle der Fabrik der Zukunft. Und wenn der Mann am Tisch fertig ist, die Flammen verlöschen läßt und die Deckenbeleuchtung einschaltet, dann wird der Gast ein wenig enttäuscht sein, zu hören, daß kein Gold gemacht und kein Lebenselixier gefunden, sondern daß nur die Rechnung einer ganz abstrakten Formel überprüft wurde.

Immerhin könnte auch der Freund der Alchimisten und des Mittelalters auf seine Kosten kommen. In einem anderen Raum des Instituts experimentiert man mit einem Stoff, der von Natur aus fest ist, beim Schütteln aber flüssig wird. Und diesen Stoff müssen die Jesuiten vor langer Zeit gekannt haben; das Tränenwunder berühmter Heiligenbilder würde so seine wissenschaftliche Erklärung finden. Aber auch dieses, zufällige, Ergebnis ist mehr theoretisch als praktisch. Das Haus Faradayweg 4 dient der Forschung. Der reinen Forschung! Ausschließlich die theoretische Seite der Naturwissenschaften wird hier gepflegt. Und selbst die Doktoranden, die hier neben den Assistenten und den wissenschaftlichen Gästen des Geheimrats arbeiten, sind schon Forscher, wenn auch sehr junge noch, zu nennen. Das Institut bildet im Gegensatz zur Technischen Hochschule keine Ingenieure, Techniker oder Chemiker für die Praxis. Die meisten seiner Schüler werden Universitätslehrer. Einige gehen zwar in die Industrie, aber auch dort sind sie nur in den Versuchslaboratorien tätig.

Das Haus ist also ein Paradies für junge Gelehrte. Die Atmosphäre in ihm hat etwas von einem Kloster. Jenseits der Mauern und des Gartens liegt die Straße, das stille Dorf Dahlem und ein wenig weiter Berlin und die Gegenwart. In den Arbeitszellen des Hauses aber befindet sich vielleicht die Zukunft – wenigstens soweit sie physikalisch-chemisch ist.

Ein Japaner, der schon längere Zeit im Institut arbeitet, erzählte, daß er Berlin gar nicht kennt. Er hat die Stadt nur am Tage seiner Ankunft gesehen. Vom Morgen bis zum Abend steht er in seinem Laboratorium oder studiert in der Bibliothek. Zum Essen geht er die paar Schritt hinüber in das Harnack-Haus, das Berliner Gelehrtenhotel. Dort kann er sich ausruhen, kann baden, Sport treiben, die *Times* lesen und nach einer angenehm verbrachten Stunde sich ohne Umweg wieder seiner Tätigkeit zuwenden. Dieser Japaner behauptet, ein wahrhaft akademisches Leben zu führen, akademisch im Sinne des Tao und der Griechen wie auch des Rationalismus der Moderne.

Im Sommer wird hinter dem Institut, in der Pause zwischen zwei Experimenten, Tennis gespielt. Im Winter gehen der Geheimrat und seine Schüler den vor Regen und Sturm geschützten Erholungsgang von der Linde zur Glasbläserei entlang. Sieht man sie so in Gesprächen vorbeipromenieren an der Schlosserei, dem Dynamosaal, dem Röntgenhaus und seinen Bleikammern, während in den Laboratorien einer ihrer Kollegen vielleicht einem neuen Weltgesetz auf der Spur ist, verstärkt sich der Eindruck, in einem Kloster und unter Mönchen zu sein.

Von der Straße aber und über die Hecken des Zaunes betrachtet, ist das Haus eine stille, vornehme Wohnvilla im Stil von 1912.

Erstdruck/Druckgeschichte:
ED: *Berliner Börsen-Courier* v. 30. Oktober 1932, S. 13 (Morgen-Ausgabe).
ND[1]: *GW* 5/41-45
ND[2]: *Eulenspiegels Wege* 79-82
Gezeichnet: Kn.
Belegstück im Nachlass.

Editorischer Bericht:
Das Haus Faradayweg 4: im ED »Das Haus Fardagweg 4«

[Nr. 12]
Momentbilder vom Streik

Die Überraschung war groß und unangenehm. Man war zur gewohnten Stunde aus dem Haus gegangen, wollte zur Untergrundbahn, zur Straßenbahn, zur Autobusstation – und stand vor einem Streikposten.

»Wie komme ich in mein Büro, wie zu meiner Arbeit?« fragten sich die Vielen, und die meisten fragten auch noch den Schupo. Der meinte »Stadtbahn«. Und die war überfüllt, wenn man regennaß und abgehetzt auf dem Bahnsteig stand.

*

Relativ günstig war die Lage der Fahrradbesitzer. Sie eilten von ihrer Haltestelle nach Hause, holten das schon für den Winterschlaf verpackte Rad vom Boden oder aus dem Keller, pumpten die Reifen auf und fuhren los.

Die Autobesitzer, die Einzigen, die der ganze Streik eigentlich nichts angeht, konnten sich wieder einmal fühlen! Ihr Telephon läutete und läutete. »Lieber Freund, Sie fahren doch in die Stadt; könnten Sie mich da nicht bis zum Potsdamer Platz ...?« Der Autobesitzer wußte bis heute gar nicht, wieviele liebe Freunde er hat.

*

Die Nutznießer des Streiks aber sind die Taxis. Die Schofföre freuen sich. So gut haben sie seit langem nicht verdient. Die ältesten Wagen sind aus der hintersten Ecke der Garage geholt worden. Die aus dem Straßenbild verschwunden gewesenen elektrischen Droschken mit dem rot-weißen Streifen sieht man wieder in großer Zahl. Ebenso die Pferdedroschken.

Aber der Dienst der Fahrer ist nicht leicht. Sie müssen sehr vorsichtig fahren. Die Straßen sind naß und überfüllt, Auto fährt neben Auto. Dazwischen Motorräder, Fahrräder, Pferdefuhrwerke.

*

Wie sieht Berlin vom Fenster eines Taxis heute aus?

Natürlich hat das Straßenbild sich gewaltig geändert. Aber im Grunde hat man sich einen Verkehrsstreik aufregender gedacht. Wo bleiben die Notomnibusse, die Lastwagen voll von stehenden Passagieren? Man sieht sie nicht. Dafür ein lebensgefährliches Gedränge auf dem Fahrdamm und auf dem Bürgersteig. Besonders schlimm ist es im Norden und Osten. Völkerwanderungen ziehen auf und ab. Wäre der Regen nicht, würde man die Sache mit Humor tragen. Aber in diesem Regen? Man schimpft.

*

In der Usedomer Straße liegt ein Bahnhof der Aboag. Man erwartet ein Aufgebot von Schutzpolizei und die Möglichkeit von Kämpfen. In Wirklichkeit stehen ein Hauptmann und zwei Wachtmeister vor dem Depot. Zwei Streikposten und eine Anzahl junger Leute und Beamte der B. V. G. stehen vor dem Tor. Ein Schild, mit Blaustift geschrieben, hängt an der Klinke: »Hier Streik der B. V. G. gegen Lohnraub. – Das

Streiklokal befindet sich Usedomer Straße 14«. Von Zeit zu Zeit tritt ein Schupo zu der Gruppe um den Streikposten und sagt höflich, daß der Eingang frei bleiben müsse und daß, wer nicht zur B.V.G. gehört, weiter zu gehen habe.

Etwas lebhafter geht es im Streiklokal selbst zu. Es ist überfüllt. Mann steht neben Mann. Fahrer und Schaffner. Die Luft riecht nach Bier, Zigarren und regennassem Zeug. Es wird eifrig diskutiert, die Lage besprochen, wie sie auf den anderen Bahnhöfen ist, wie lange es wohl dauern wird, und ob es zu Unruhen gekommen ist. Die Überraschung ist allgemein, daß die Nationalsozialisten mitstreiken.

*

Aufregender ist schon der »Streikbrecherwagen«. Die Linie 75 und ein Wagen der 58 fahren. Aber sie sind leer. Die Fahrgäste wagen nicht recht, sie zu benutzen. An den Haltestellen stehen Sprechchöre. Sie empfangen den Wagen nicht gerade freundlich. Drohungen schwirren durch die Luft. Die Polizei muß Platz schaffen, denn die Streikposten stellen sich auf die Schienen, um dem Wagen die Weiterfahrt unmöglich zu machen.

Erstdruck/Druckgeschichte:
ED: *Berliner Börsen-Courier* v. 3. November 1932, S. 6.
Nicht gezeichnet. Belegstück im Nachlass.
Anmerkungen:
Aboag: Allgemeine Berliner Omnibus AG. Seit 1928 gemeinsam mit der Großen Berliner Straßenbahn (G.B.S.) und der Gesellschaft für elektrische Hoch- und Untergrundbahnen Berlin (Hochbahngesellschaft) aufgegangen in die Berliner Verkehrs-AG (B.V.G.).
Die Überraschung ist allgemein, daß die Nationalsozialisten mitstreiken: »Neunzehnhundertzweiunddreißig [...] als ich schon bei der Zeitung war, schon beim *Berliner Börsen-Courier*, war der gro-

ße Verkehrsstreik in Berlin, und das interessierte mich so, obwohl ich damals schon fest im Feuilleton saß, daß ich für den lokalen und den politischen Teil Reportagen über diesen Verkehrsstreik geschrieben habe. Ich beobachtete dies, daß es plötzlich eine gemeinsame Front Kommunisten–Nazis gab. Die Nazis hatten sich plötzlich in diesen Verkehrsstreik eingeschaltet. Die SA jedenfalls und machte ganz auf proletarisch und wir sind solidarisch und streiken zusammen und sind auch bereit, eventuell eine Straßenbahn zu demolieren oder sonst etwas zu machen. Während die Sozialdemokraten ganz in die Abwehr gedrängt wurden und fast auf die andere Seite, und so wurden mir diese gespaltenen Verhältnisse etwas klar.« Aus einem Gespräch mit Hans Abich aus dem Jahr 1980 (*WKW* 16/208). Ein weiterer Zeitungstext Koeppens zum B.V.G.-Streik 1932 ist nicht nachweisbar.
Editorischer Bericht:
Überraschung: im ED »Ueberraschung«
wieviele: im ED »wievie«

[Nr. 13]
       Was fehlt dem Fremden?

Sucht der New-Yorker New York in Europa? Dies ist die Frage, die Berlin bedenken sollte, bevor es sich stolz die Stadt mit dem amerikanischen Tempo nennt. Tempo hat der Amerikaner daheim genug. Wenn er nach Europa reist, wünscht er Atmosphäre an Stelle des Betriebs, Tradition und Geschichte sind ihm hier lieber als die modernsten Lichtreklamen. So kommt es, daß viel mehr Fremde nach Paris und, wenn sie überhaupt nach Deutschland fahren, nach Süddeutschland, nach Augsburg, Nürnberg, Würzburg, München, Heidelberg kommen, als nach Berlin.

Und dann ist Berlin nicht in dem Sinn die Hauptstadt Deutschlands, wie Paris es für Frankreich ist. In Frankreich gewesen und Paris nicht gesehen zu haben, erinnert an den Mann, der die Pyramiden in Ägypten übersah. Berlin dagegen ist nicht ein solches Zentrum. Die geschichtliche Entwicklung Deutschlands, die vielen alten Residenzstädte, die Freien und Reichstädte mit ihrer in Jahrtausende zurückgehenden Tradition tragen daran die Schuld. Man kann sich, extrem gesprochen, Deutschland ohne Berlin vorstellen; Frankreich nicht ohne Paris.

Berlin könnte aber in seiner Lebendigkeit und gerade ihretwegen eine unerhört anziehende Stadt sein, wenn diese Lebendigkeit nicht besonders da, wo sie amüsieren und den Gast unterhalten soll, so schrecklich kommerziell totgehetzt würde.

Ja wir haben die größten Cafés, die schönsten Tanzsäle und die echten Gewitter auf den Weinterrassen, aber wir haben nicht das, was man einfach nett nennen möchte. Nett und sympathisch auf eine berlinische Art. Das gibt es aber nicht. Man borgt es sich vom Ausland. Zum Beispiel das französische Restaurant ist in seiner Heimat ein Lokal, in dem man gut ißt, in Berlin die Repräsentation eines ungefälligen Reichtums, der sich zu einer Gesellschaft noch nicht gefunden hat.

Und das Nachtleben? Es ist ein Abendleben. Nach 1 Uhr eine Bar zu besuchen, ist wenig amüsant. Die »Tischdamen« – das Wort wurde in Berlin erfunden – hocken unlustig und zu ernsten Gesprächen versammelt um einen Tisch. Der Gast wird entweder gar nicht beachtet, was schlimm ist, oder er wird von allen zugleich bestürmt, was noch schlimmer ist. Fast jedes Lokal hat sein Reglement. Der Gast hat sich zu fügen und nichts zu wünschen. Man lässt ihm nur unter Widerständen freie Wahl.

Nach 3 Uhr ist es überhaupt zu Ende. Nicht jedermanns Sache ist es, die überfüllten und lauten Frühlokale für die Gastwirtsangestellten zu besuchen. Aus der selten gegebenen Konzession wird dort ein Geschäft gemacht. Ein Mitgliedsbeitrag zu irgendeinem »Musikerverein« berechtigt zum Eintritt. Wäre es nicht angenehmer, wenn den wenigen Cafés, für die es lohnend wäre, gestattet würde, bis zum Morgen auf zu haben? Man will manchmal nicht schlafen, will ein Gespräch zu Ende führen, lesen, Kaffee trinken, Schach spielen. Warum nicht?

Kleinigkeiten sind es, die dem Fremden den Aufenthalt in Berlin lockender erscheinen lassen könnten.

Erstdruck/Druckgeschichte:

ED: *Berliner Börsen-Courier* v. 13. November 1932, S. 10f.

Gezeichnet: -n.

Belegstück im Nachlass.

Anmerkungen:

Teil einer Themenseite zum Thema: »Mehr Fremde für Berlin. Berlin mehr für die Fremden«

Editorischer Bericht:

Ägypten: im ED »Aegypten«

[Nr. 14]
Vom eigenen Stall zum Tattersall. Reiten war gesellschaftliche Repräsentation und wurde Sport

Im Tiergarten und im Grunewald sieht man die Reiter. Allein und in kleinen Trupps reiten sie im Schritt und im Trab über das weiche Geläuf der Reitwege. Die Pferde schnauben freudig die Luft ein, und etwas Staub wirbelt unter ihren Hufen auf. Der graue Waffenrock der Reichswehroffiziere, unterbrochen nur manchmal vom Rot der Generalstabsstreifen, erscheint neben dem zivilen Reitrock aus Cordstoffen, dem schwarzen steifen Hut oder der saloppen Sportmütze, und manche kühne Amazone sieht man im Herrensitz galoppieren. Es herrscht die größte Freiheit im Kostüm. Es gibt freundschaftliche, doch nie devote Begrüßungen. Ein gesunder Sport wird zwanglos getrieben. Das war nicht immer der Fall.

Vor dem Kriege war es in Berlin so, daß nicht nur das Glück dieser Erde, sondern auch ein großer Teil des gesellschaftlichen Lebens sich auf dem Rücken der Pferde abspielte. Ein Pferd zum Reiten, ja mehrere Pferde zum Fahren zu halten, war der Aristokratie und dem gehobenen Bürgertum selbstverständliches Gebot. Die Fassaden der Häuser des alten Westens, rund um den Tiergarten und am Landwehrkanal, zeigen noch heute die breiten hohen Einfahrten und in den Höfen die Ställe. Wer ein Pferd und seinen Unterhalt sich nicht leisten konnte, oder wer nur vorübergehend hier war, mußte sich eins leihen. Die Tattersalls entstanden, und in der Wichmannstraße gab es ein Geschäft, das prächtige Kutschen mit schönen Schimmeln davor und betreßten Bedienten auf dem Bock für die Dauer von mindestens einem Monat vermietete.

Der Tiergarten bot, besonders am Morgen, ein bewegtes Bild gesellschaftlichen Lebens. Dominierend waren die bunten, leuchtenden Uniformen der verschiedenen in Berlin stationierten Regimenter. Gegen sie verblaßte selbst der neueste Londoner Reitdreß des elegantesten Zivilreiters, und nur das schwarze Kleid der Damen vermochte sich, wenn seine Trägerin reizend war, gegen den Glanz des Militärs zu behaupten. Eine Frau in Reithosen und im Herrensitz hätte damals chokiert, *man erwartete von ihr die klassische Haltung der absoluten Dame.*

Den Stil bestimmte der Hof. Man hoffte auf sein Erscheinen. Man erkundigte sich genau nach der Zeit des Kaiserlichen Morgenritts und richtete sich ein, dabei zu sein. Es war eine Ehre, die vorüber trabende Kavalkade grüßen und eine hohe Gunst, sich ihr anschließen zu dürfen. Daneben bildeten sich natürlich andere, weniger offizielle Gruppen. Der wollte mit dem gesehen werden; ein anderer mit anderen sprechen; und auch der Flirt kam, in Grenzen, zu seinem Recht. Derweile fuhren Kutschen und Kaleschen die Alleen entlang; man grüßte auch dort hin und zurück; Reiter begleiteten das Gefährt, und Wagen waren dabei, die ebenso bekannten wie schönen Damen gehörten, die in den Salons nicht empfangen wurden.

An unfreundlichen Tagen traf man sich in der Reitbahn. In der Roonstraße war die des Großen Generalstabes. Dort zugelassen zu sein, war ein Zeugnis, das viele mit Stolz, andere, nicht Aufgenommene mit Neid erfüllte. Einige prominente Schauspieler, die in der Gesellschaft bei weitem nicht ihre heutige Position einnahmen, konnten sich mit einer zweiten Klasse der jeunesse dorée in einem Stall in der Karlstraße treffen.

Nach dem Krieg änderte sich alles. Die Auflösung des Hofes, eine andere Struktur der Gesellschaft, vor allem aber die Verbreitung des Automobils beendeten die Epoche des Pferdes. Der eigene Stall wurde aufgelöst und der Raum zur Garage umgebaut. Die Kutsche ist zur Seltenheit, ein Pferd nur zum Reiten ein unerhörter Luxus, und der Reiter selbst ein Kunde der Tattersalls geworden.

*Nur wenige, besonders passionierte Pferdeliebhaber
halten sich heute noch ihr eigenes Tier,
und selbst die geben es in den meisten Fällen
dem Tattersall in Pension.*

Der Paragraph eins der Geschäftsbedingungen Berliner Tattersalls E.V. lautet: »Der Tattersall nimmt Pferde in Pension, übernimmt deren Zureiten und Einfahren sowie kommissionsweisen Verkauf, verleiht Reitpferde und erteilt Reit- und Fahrunterricht.« Damit ist über das Arbeitsgebiet des Tattersalls alles gesagt. Aber wenig bekannt ist, daß fast jeder Tattersall eine Tribüne und ein Restaurant besitzt, und daß es sehr unterhaltend ist, dem Reitunterricht und der Dressur der Pferde zuzusehen.

Schon im Hof atmet man den warmen Geruch der Ställe. Eine schmale Treppe führt auf die Tribüne. Große Schiebefenster lassen rechts die große, links die kleine Reitbahn sehen.

In der Mitte der großen Bahn dreht sich der erste Stallmeister auf seinem Pferd, und um ihn herum traben im Kreise seine Schüler. Es sind schon Fortgeschrittene. Sie können alle reiten, und, wie es dem Laien scheint, sogar vorzüglich. Man könnte sie ohne Sorge in die Freiheit des Tiergartens entlassen. Sie aber wollen eine Kleinigkeit an ihrer Haltung verbessern, oder eine besondere Gangart, vielleicht sogar die Anfangsgründe der Hohen Schule, die Piaffe, den Spanischen Schritt oder die Pirouette erlernen. Zur Selbstkontrolle und um zu sehen, was der Tadel des Lehrers meint, hängt schräg zur Bahn ein großer Spiegel an einer Wand. Der Reiter sieht sich.

In der kleinen Bahn nimmt eine Dame allein ihre erste Stunde. Der Stallmeister steht hier im Sägemehl des Bodens und hält das Pferd an einem langen Halfter. Mit Zurufen korrigiert er den lässigen Sitz der Anfängerin. Er hat schon viele um sich herum reiten sehen, hat den Staub geschluckt und in seinen hohen blanken Stiefeln sich degradiert im mehligen Sand gedreht, das Pferd achtsam verfolgend, und ist ein Optimist aus Erfahrung geworden. Nach fünf Stunden oder sicher nach zehn, die Begabung entscheidet, darf der Neuling ins Freie, ohne sich zu blamieren.

Im Sattel zu sitzen und durch den morgendlichen Tiergarten zu reiten, ist sicher ein herrlicher Sport, auch wenn er viel vom gesellschaftlichen Glanz der Vorkriegszeit verloren hat. Daß ihn nur wenige ausüben, ist eine Frage des Preises. Die Reitstunden selbst sind gar nicht so teuer, wie es allgemein angenommen wird.

Der Durchschnittspreis für zehn Stunden beträgt ungefähr 35 M, mit Unterricht 50 M.

Teurer ist es schon, ein eigenes Pferd sich zu halten. Die Tattersalls fordern eine Pension von 4 bis 5 M pro Tag, wofür sie sich verpflichten, dem Tier 9 Pfund Hafer, reichlich Häcksel und Stroh, peinlich saubere Pflege und, wenn es gewünscht wird, Bewegung durch Stalljungen zu bieten. Dies die offiziellen Preise, die aber nicht von allen gezahlt werden. Es gibt eine große Zahl von akademischen und anderen Reitervereinen, die beträchtliche Ermäßigungen genießen, und es gibt Studenten, Theaterschüler, bestimmte Berufe, die noch weniger zahlen. Es ist also meistens nicht der Preis, der den Reitlustigen schreckt, sondern die Kosten des notwendigen Anzuges, der Stiefel, der Sporen und des sonstigen Zubehörs. Aber auch von diesen Kosten macht man sich meist übertriebene Vorstellungen.

Kunden des Tattersalls sind die Kreise geblieben, die es schon immer waren, es sei denn, daß sie früher über einen eigenen Stall verfügten. Neue Besucher haben sich leider nicht eingefunden. Die früheren Offiziersfamilien, einige Bank- und Kaufleute sowie Studenten und Studentinnen sind es, die sich Pferde leihen. (Interessant ist, daß von der jungen Generation mehr Frauen als Männer reiten.) Im Frühjahr kommen einige »Sonntagsreiter« hinzu, denen man fromme Pferde für 4,50 M die Stunde gibt. Die Schauspieler sind fast ganz fort geblieben. Als der Film anfing, nahmen viele Bühnenkünstler für die Außenaufnahmen Reitstunden. Das Interesse hat aber sehr nachgelassen.

Die Ställe bemühen sich, ihre Kunden zusammen zu halten. Sie veranstalten Feste, interne Turniere, manchmal auch Bälle, um ein gesellschaftliches Leben zu ermöglichen. Vor allem bemüht man sich, auch die Kinder zum Pferd zu erziehen. Jeder Stall hat seine Kindergruppe, vom einfachen Ponyreiten bis zum zirkusreifen Voltigieren kann man sie in der Bahn arbeiten sehen.

Erstdruck/Druckgeschichte:
ED: *Berliner Börsen-Courier* v. 4. Dezember 1932, S. 11.
Gezeichnet: -en.
Belegstück im Nachlass.
Editorischer Bericht:
Der wollte mit dem: im ED »Der wollte mit Dem«

[Nr. 15]
Ein Bob im Rennen

Erst die Wahl: Holzmaschine oder Stahlmaschine, Seilsteuerung oder Radsteuerung. Und dann entscheide man sich, ob man Alleinfahrer sein oder in eine Mannschaft gehen will.

Der ältere Bob ist der seilgesteuerte aus Holz. Die neuere aus Amerika gekommene und zuerst in der Schweiz probierte Stahlkonstruktion, die fast einem Autochassis auf niederen Kufen gleicht, verdrängt ihn immer mehr. Es heißt, der schwere Eisenschlitten fahre schneller. Das stimmt. Doch ist auf guten, renngerechten, eisglatten Bahnen der Holzbob mindestens gleich schnell und überdies in den Kurven leichter zu regieren. Eine gute Holzmaschine mit einer festen Radsteuerung und einer den Luftraum teilenden Karosserie an der Spitze befriedigt.

Schön ist es, allein zu gleiten, und groß sind die Freuden der einsamen Fahrt über die fallende Straße. Die Mannschaft aber, die Vereinigung mehrerer Energien, ermöglicht erst den Rausch der höchsten Geschwindigkeit und schafft den unsagbaren Reiz des Schlittenrennens. Nicht zu wenig und auch nicht zu viel Fahrer sollen eine Mannschaft bilden. Drei wiegen noch zu leicht, und acht Sitze hintereinander müssen zu stark die Reise stoppen, wenn sie gefährlich wird. Fünf ist die richtige Zahl.

Wunderbare Kameraden müssen die Fünf der Rennmannschaft sein, und müssen sich kennen, so gut wie den Bob und die Bahn. Es ist zu loben, wenn jeder von ihnen im Training das Steuer geführt hat. Nur so kann der, der in der Mitte sitzt, die Beine im Netz hat und ausgeliefert ist dem Steuermann wie dem Bremser, wissen: ich tue das meine, hier zieht es den Schlitten nach links, und ich neige mich rechts.

Ob in der Nacht vor dem Rennen die Mannschaft geschlafen oder getanzt hat, ob einer allein war oder in Gesellschaft spielt keine Rolle. Der Sieg ist nicht eine Frage des Ausgeruhtseins. Sind die Sturzhelme aufgesetzt, die Fahne des Starters gesenkt und der Abstoß gegeben, entscheidet über Glück und Unglück für den Moment der Fahrt einzig und allein das Überwachsein eines nervösen Temperaments.

Wie Ruderer neigen sich die Körper auf und ab. Sie rucken den Schlitten in Fahrt. Die vereiste Bahn glitzert zerschrammt von den Kufen der Vorläufer. Die hellen Wände der seitlichen Schneewälle führen wie Gleise, die einer Unendlichkeit entgegenstreben. Fünfzig, achtzig, neunzig, hundert und mehr Kilometer saust der kleine Bob, schneller als D-Züge fahren, den Berg hinab. Die verschneiten Tannen des Riesengebirges, Masten und Winkende auf und hinter den Wällen verschwimmen zum Schleierbild einer mißglückten Momentaufnahme. Ewig wünscht sich der Schlitten die Gerade!

Und schon fliegt er die Kurvenwand hoch! Jetzt, da es um ihren Kopf geht, hat die Mannschaft sich zu bewähren. Die Brust, der Leib des Lenkers, und nicht nur seine Hände führen das Rad. Das Tempo seines Herzschlages entspricht dem Tempo der Fahrt. Die Männer hinter ihm hocken geduckt, gespannt und seitlich geneigt. Die Hände des Bremsers halten die Eisen und halten das Schicksal und halten den Tod. Vor der Kurve senkte er einmal die aufreißenden Zähne des Bremsenkamms in die Glätte der Bahn und ließ einen Wirbel, einen Regen von sprühendem Frost hinter sich aufsteigen. Täte er das jetzt und mit einem Ruck, der Bob würde einen Salto schlagen, von dem die Telegraphen die Schreckensekunde in die Welt senden würden. So aber kommt er frei, gewinnt wieder die Strecke, die höchste Geschwindigkeit, das Ziel, und ist im Auslauf vielleicht schon der erkannte Sieger, ohne es zu wissen.

Erstdruck/Druckgeschichte:
ED: *Berliner Börsen-Courier* v. 1. Dezember 1932, S. 7 (Morgen-Ausgabe).
ND: *GW* 5/49f.
Gezeichnet: W. Koe
Belegstück im Nachlass.

Anmerkungen:
Erschienen auf der Themenseite: »Ueberall Wintersport«
Editorischer Bericht:
Überwachsein: im ED »Ueberwachsein«

[Nr. 16]
Prinzenbabies aus Wachs

Die meisten Berliner kennen das Schloß Monbijou nur aus der Stadtbahnperspektive, wie sie es durchs Wagenfenster zwischen den Bahnhöfen Friedrichstraße und Börse erblikken. Denn die Besuchsstatistik des Schlosses, das seit fünfzig Jahren als Hohenzollern-Museum eingerichtet ist, besagt, daß seit dieser Zeit täglich nur fünfzehn Besucher, meistens Fremde, diese kulturhistorisch interessanten Schaustelllungen aus den Nachlässen der preußischen Könige und Kurfürsten, die bis auf das Jahr 1529 zurückreichen, betrachten. Es sind hier viele Sammlungen unter einem Dach. An den Schwellen der Säle reichen sich die einstigen Herrscher nach Ablauf ihrer Regierungsstafetten den Szepterstab nach den Gesetzen der Erbfolge; was sie in ihren Privatgemächern hinterlassen haben, ist im Schloß Monbijou aufgestellt worden.

Da liegt etwas abseits, aber in der Nähe der friderizianischen Saalflucht ein interessantes Wachsfigurenkabinett. Die große Säuglings- und Kindersterblichkeit der früheren Jahrhunderte hat vor den Wiegen und Spielzimmern der kleinen Fürstenkinder nicht Halt gemacht. Den Hohenzollernbabies, die ohne glorreiche Laufbahn im zartesten Kindesalter verstorben sind, ist dieses Kabinett geweiht. Da sitzt die einjährige Schwester Friedrichs des Großen, Charlotte Albertine im spitzenbesetzten Hemdchen mit einem turbanartigen

Seidenkäppchen auf dem Pausbackenköpfchen. Auf dem vorgestreckten rechten Strampelbein sitzt ein Papagei. Die kleinen Hände wehren ein Geräusch ab, um den Vogel nicht zu verscheuchen. Vielleicht hat ihr kleiner Bruder, der Prinz Ludwig Karl Wilhelm, der auch früh verstorben ist und deshalb nebenan steht, gerade in der Wiege geweint. Auch die beiden Brüder, Friedrich Ludwig und Friedrich Wilhelm, Prinzen von Oranien und Preußen, sitzen da mit Straußenfedern-Barett auf dem Kopf. Alle Kinder sind in Lebensgröße nach zeitgemäßen Gemälden, die im Raume hängen, in Wachs durch den Plastiker Kuhn nachgebildet worden und tragen die Kleider und Wäsche, die sie bei Lebzeiten getragen haben. Auf Kleidchen und Mänteln ist der Schwarze Adlerorden eingestickt, den der König allen preußischen Prinzen sofort nach ihrer Geburt verliehen hat.

Sie nimmt sich sehr schlicht und putzig aus, diese Kindergesellschaft aus dem achtzehnten Jahrhundert, unter den reitenden und thronenden Bildnissen ihrer Ahnen, die erst nach erstrebtem und erreichtem allerhöchsten Dienstgrade – vom Zeitlichen gesegnet wurden.

Erstdruck/Druckgeschichte:
ED: *Berliner Börsen-Courier* v. 25. Dezember 1932, S. 9.
Gezeichnet: -n.
Belegstück im Nachlass.
Anmerkungen:
Teil einer Weihnachts-Beilage mit dem Titel: »Wir suchten Schätze in Berlin... und wir fanden:«

[Nr. 17]
Dionysos. Gefangen unter der Friedrichstraße
in tausend Fässern

Die südliche Friedrichstraße ist das Filmviertel Berlins. An den Fronten der Häuser hängen die Schilder der Produktionsfirmen und der Verleiher. Daneben sind die Namen vieler anderer Handels- und Industrie-Gesellschaften zu finden, die Gegend macht einen sehr nüchternen, geschäftigen Eindruck, und nichts deutet darauf hin, daß unter einem dieser Bürohäuser der meiste Wein der Reichshauptstadt lagert.

Um in den Keller zu kommen, muß man drei Torwege durchschreiten. Im ersten Hof riecht es nach Benzin, im zweiten nach Holzwolle und Kisten, im dritten aber sieht man schon Bottiche stehen und atmet den süffigen Duft des Weines.

Es gibt Weinkeller, die romantischer sind, erfüllter von der Poesie um den Saft der Reben, der z. B. unter dem barocken Jesuitenkolleg der Universitätsbibliothek Würzburg oder der des Blutgerichts in Königsberg oder ein alter Hanseatenkeller in Lübeck voll von französischen Rotweinen, aber es gibt kaum einen Weinlagerraum, dessen Anblick so gewaltig ist und so überraschend kommt wie der von Kempinski in Berlin. Vor der Pforte zum Paradies liegt noch ein Versandraum, der einem Fabriksaal gleicht, und dann geht es ein paar Stufen hinab, und man steht in der Dämmerung der Rauchschwaden, des Weingeistes vor antiken Säulen. Ihre Kapitäle tragen das Haus und tragen den Bogen des Tors, das in den ersten Keller führt, unter dem noch ein zweiter liegt.

So groß, so weiträumig hat man sich den Lagerplatz nicht gedacht. Ein Tausendliterfaß steht neben dem andern in langen Gassen aufgereiht. Ein ganzes Weindorf existiert unter der Friedrichstadt. Der Wein der ganzen Welt ist hier zu finden. Der vom Rhein, von der Mosel, von der Ahr, von der Hardt, der aus Franken, aus Baden, aus dem Württembergischen, und weiter die schweren Gewächse aus Frankreich, Spanien, Italien, Ungarn und Griechenland. Jeder Trinker fände hier seine Lieblingssorte; alle Kinder des Dionysos wohnen in den vielen Fässern; und phantastisch ist es zu denken, dass nachts ein Spuk erwacht in der trunkenen Atmosphäre dieser Räume, daß ein entzückter Zug von Bacchen, Satyrn, schweifenden Mänaden und Silenen um die Fässer tobt.

Am Tage ist von ihnen nichts zu sehen, da leuchten Glühbirnen von der Decke herab in den Schatten der Bottiche, und durch die langen Gänge schleichen leise in Filzschuhen, als ob sie die ruhenden Räusche nicht wecken wollen, die Küfer, die Hüter dieses Kellers. Manchmal bleiben sie vor einem Faß stehen, klopfen an, stecken einen Zapfen hinein und lassen einen dünnen Strahl gluckernd in ein Gefäß fallen. Die Probe wird gegen das Licht einer Kerze gehalten. Nur diese Beleuchtung zeigt die Trübung und zeigt die Reife an. (Für dreitausend Mark Kerzen braucht alljährlich der Keller.) Entspricht sie den Erwartungen des Küfers, wird der Wein in Flaschen gefüllt, versiegelt, etikettiert und ins Flaschenlager gelegt.

Ob es nicht eine ständige und ungeheure Versuchung für ihn sei, ob er je nüchtern und nicht torkelnd wieder an das Tageslicht komme, fragt man den Mann zwischen den Weinen. Und dann bekommt man die sehr sachliche und gar nicht betrunkene Antwort, daß das erstens Gewohnheitssache sei, und daß er zweitens, wie jeder andere Kellerarbeiter, an der ihm täglich zustehenden einen Flasche genug habe. Ja, der Mann spricht sogar mit einer gewissen Abneigung von den großen Weinproben. Er muß dann zuweilen zweihundert Sorten an einem Tag schmecken, natürlich nicht trinken, und das sei gar nicht erfreulich. Er legt Wert darauf, auf zwei Beinen wieder in die Friedrichstraße zu kommen, und das Lied »Im tiefen Keller sitz ich hier« ist nicht für ihn geschrieben worden.

Aber er ist nicht der einzige Wächter der nassen Schätze. Es gibt da noch einen ganz offiziellen, einen staatlichen sogar, den Zollwächter nämlich. Die meisten der ausländischen Weine lagern unter Zollverschluß in besonderen lattengesperrten Abteilungen. Die Angestellten der Firma dürfen sie nur in Gegenwart eines Zollbeamten betreten. Und so kommt es, daß der Zoll sein richtiges Wächterhaus im Keller hat. Ob dem ernsten Beamten die schwere Luft bekommt? Ob es ihm gut tut, den dunklen Burgunder aus dem Faß in die Flaschen fließen zu sehen? Ob er mal kosten darf, und ob es ihm bekommt? Das sind Fragen, die die Würde der Uniform leider zu fragen verbietet, und wir wollen annehmen, daß der staatliche Wächter ein Tantalos ist oder ein Abstinenzler: in beiden Fällen unserer herzlichen Teilnahme würdig.

Über den Kellern, über Tag sozusagen, in seinem Kontor auf dem Hof thront der Hauptvorstand der Kellerei. Um ihn ist schon gar kein Weinduft mehr, sondern der trockene Geruch von Rechnungen. Vom Handel mit Weinen kann er Bücher erzählen und laute Klagelieder singen. Und wenn man ihn fragt, wer die Millionen Liter unter seinem Schemel trinken soll, rauft er sich mit Recht die Haare. Früher, sagt er, waren die Bordeaux-, die Burgunder-Weine und der Champagner das große Geschäft. Die Offiziere und die Rittergutsbesitzer tranken sie. Heute ist der Umsatz nur in leichten Rhein- und Mosel-Gewächsen zu finden. Und auf den Einwurf, daß der Geschmack sich vielleicht gewandelt habe, erwidert die pessimistische Erfahrung des Fachmanns: nicht der Geschmack, sondern der Geldbeutel ist ein anderer geworden. Der teuerste Wein des Kellers, ein 1921er Abzug der preußischen Domäne Steinberg, kostet zweihundertfünfzig Mark und ist heute kaum zu verkaufen.

Erstdruck/Druckgeschichte:
ED: *Berliner Börsen-Courier* v. 25. Dezember 1933, S. 10.
ND: GW 5/51-53.
Gezeichnet: Wolfgang Koeppen
Belegstück im Nachlass.
Anmerkungen:
Teil einer Weihnachts-Beilage mit dem Titel: »Wir suchten Schätze in Berlin... und wir fanden:«
Editorischer Bericht:
Über: im ED »Ueber«

[Nr. 18]
Gift und Drogen unter Glas. Die Zahnbürste Livingstones und die Apotheke des Chinesen

Im Pharmakologischen Universitätsinstitut in der Dorotheenstraße findet man viele Schätze. Medizinen, Heilkräuter, Gifte, Mixturen, Rezepte kann man da natürlich in Mengen sehen; doch ist das, in kleinerem Maßstabe, auch in einer Apotheke möglich. Der Unterschied ist gar nicht mal allzu groß; Kokain, Morphium, Opium und die andern Rauschgifte zum Beispiel stehen im Institut genau so sicher im Gifttresor verwahrt wie in jeder Apotheke, und wer glaubt, daß da aus dem Vollen gewirtschaftet wird, daß die offenen Behälter mit dem weißen Pulver kübelweise rumstehen, der irrt sich. Wirklich einzigartig, wirklich bemerkenswert und als Schätze im Begriff der Seltenheit und der Kostbarkeit zu bezeichnen sind im Haus nur zwei Sammlungen: die berühmte Giftsammlung des kürzlich verstorbenen Toxikologen Louis

Lewin und die Drogensammlung einer alten chinesischen Apotheke.

Es sind Schätze, die niemand kennt. Wie selten ein nicht wissenschaftlich interessierter Besucher zu ihrem Hüter, dem Direktor des Hauses, kommt, zeigt die Frage der Fahrstuhlführerin, ob man Doktor oder Professor sei, sie könne doch nicht einfach einen Herrn ohne Titel melden. Als das Unglück dann doch geschehen ist, zeigen der Geheimrat und sein Assistent ebenso erstaunt wie liebenswürdig, was an Ungewöhnlichem vorhanden ist.

Die Sammlung Louis Lewin ist die umfassendste Giftsammlung der Welt. Der fanatische Giftforscher hat auf weiten Reisen alles, was es an Gift und Giftgeräten gibt, zusammengeholt. Die Galerie eines großen Saales steht voll davon. In einem Glasschrank lagert ein brauner Klumpen rohes Opium neben einer Reihe zierlicher und schlanker Pfeifen. In Spiritus sieht man Giftschlangen, giftige Fische, giftige Tiere, giftige Käfer. Die unendliche Wandlungsfähigkeit der Natur wird wieder einmal offenbar. Da ist eine Käferlarve (Diamphidia), die ein sehr starkes Blutgift enthält, mit dem die Buschmänner ihre Pfeile vergifteten, tödliche Wunden konnte es verursachen, während es gegessen im Magen völlig wirkungslos blieb, wie auch der später aus der Larve wachsende Käfer keine Spur des Giftes mehr enthält.

Überhaupt sind die Pfeilgifte sehr interessant. Eine ganze Reihe von vergifteten Pfeilen von den verschiedensten Völkerstämmen ruht in einer Lade, neben der ein kräftiger schon vermorschter Zweig eines tropischen Giftbaums steht. Die Giftkenntnis der Wilden ist oft erstaunlich gewesen. Heute sind viele der von ihnen benutzten Säfte durch Zufall oder durch Forschung in die Pharmazie aufgenommen. Ein Beispiel für das Wirken des Zufalls ist die Entdeckung des Strophantins, des schweren Herzgiftes und Herzmittels. Livingstone hatte in einen Koffer mit afrikanischen Seltsamkeiten bei seiner Abreise aus dem Schwarzen Erdteil auch eine Zahnbürste gelegt. Als er sie in London wieder mal benutzte, bekam er die schlimmsten Herzzustände. Ein Apotheker, der hinzugezogen wurde, entdeckte bei der Untersuchung der Pfeilspitzen, die die Bürste berührt hatten, das Strophantin. Ein anderes Pfeilgift ist von Lewin erforscht worden, das Anhalonium Lewinii.

Doch braucht man gar nicht bis nach Afrika zu reisen, um schwere Gifte zu finden. Eins der berühmtesten und schwersten wächst sogar in Deutschland, der Sturmhut, der das furchtbare Akonitin liefert, das schon von Juwenal besungen wurde und das das Gift der Borgias gewesen sein soll. Die Giftsammlung zeigt die Pflanze und ihr Produkt neben vielen bunten Giftpilzen, neben Kanthariden, Haschisch-Hanf und einer Kakteenart, die den Indianern Südamerikas ein Rauschgift liefert.

Die Drogen der chinesischen Apotheke, die der Giftsammlung gegenüber stehen, dienen mehr dem Leben als dem Tod. In geheimnisvollen Porzellankruken, von Tuschzeichen bemalt, ruht da noch manch unentdeckter Schatz. Die alte chinesische Pharmakologie ist noch ziemlich unerforscht. Von vielen der merkwürdig riechenden Mixturen wissen selbst die Professoren nicht, wie sie heißen und welche Wirkung sie haben mögen.

In den Büchern der ehrwürdigen chinesischen Literatur ist viel von Apotheken die Rede. Einen Arzneiladen halten zu dürfen, war, wie in Deutschland auch, eine besondere kaiserliche Gnade, die den Würdigen schnell und sicher reich machte. Es wurden nicht nur Heilmittel gegen die menschlichen Leiden verlangt und gegeben, sondern auch andere, die der Freude dienen sollten. Was bei uns, auch im Mittelalter, Zaubertrank hieß, war in China zur Zeit seiner höchsten Kultur Gegenstand einer durchaus ernsten pharmakologischen Forschung. Und so wäre es möglich, daß wir, wie wir die chinesische Küche entdeckt haben, auch eines Tages die chinesische Medizin zu unserm Wohlbehagen schlucken werden. Der Schatz des Geheimnisses ruht unentziffert in der Dorotheenstraße.

Erstdruck/Druckgeschichte:
ED: *Berliner Börsen-Courier* v. 25. Dezember 1932, S. 10.
ND: G W 5/54-56
Gezeichnet: Wolfgang Koeppen
Belegstück im Nachlass.
Anmerkungen:
Teil einer Weihnachts-Beilage mit dem Titel: »Wir suchten Schätze in Berlin... und wir fanden:«
Editorischer Bericht:
Livingstones: im ED »Livingstone's«
Überhaupt: im ED »Ueberhaupt«

[Nr. 19]
   Der Park von Veitshöchheim

Er liegt im Herzen der bayerischen Barocke, dicht bei Würzburg, der alten Bischofsstadt, im Herzen von Franken.

Seine Bestimmung war immer, ein Lustgarten zu sein. Das mäzenatische Geschlecht der Fürsten von Schönborn, das Generationen hindurch den Krummstab über das Bistum hielt, wünschte nach der Vollendung des prunkvollen Baus der Würzburger Residenz auch ein Sommerschloß außerhalb der Stadtmauern zu besitzen. Die vielen in die Stadt gezogenen Baumeister, Bildhauer, Stukkateure wurden vor eine neue Aufgabe gestellt und bauten das entzückendste Fürstenhaus der Zeit, um das sich dann der weltberühmte Garten breitete.

Er ist ein Muster der Gartenbaukunst für alle Zeiten. Das Raffinement der architektonischen Anlage ist nie übertroffen worden. Ein Irrgarten, aber nach einem strengen Plan angelegt. Man kann sich von den Wegen führen lassen; ein »point de vue« taucht sicher auf und überrascht.

Manchmal wird der Blick von den Alleen weg in die Weite geführt. Das Maintal bietet sich offen dar. Silbern zittert der sanft gewundene Fluß unter dem Schein der Sonne. Lieblich begrenzen ihn die auf und nieder wallenden Berge, auf denen seit Jahrhunderten der fränkische Wein wächst. Die Bischöfe konnten im Sommer schon von der Ernte des Herbstes träumen. Andere Ausblicke aber führen in Grotten und Nischen. Das Rokoko hat einen Reigen von Gestalten antiker Herkunft zeitgemäß verkleidet mit einem neckisch hübschen Jägerhütchen, mit Rüschen und Bändern um den Arm, im Park aufgestellt. Aphrodite als Putte und engagiert für den Hintergrund eines schattigen Naturtheaters. Früher für Schäferspiele, heute vielleicht für den jungen Hofmannsthal.

Und dann ist der dem Pegasus geweihte Teich zu betrachten. Das Pferd der Dichter bäumt sich unter Wasserspielen, die nicht Versailles, aber um so lustiger sind.

Im Park von Veitshöchheim ist die deutsche Landschaft gänzlich unbeschwert und heiter, beinahe wie ein froher Tanz geworden. An einem Frühlingstag sie zu genießen, ist ein Glück. Wenn die Luft schon milde weht, aber noch frisch ist, und Park und Wiese, Fluß und Berg noch den ganzen Reiz des jüngferlich Erwachenden haben. Später im Sommer wird die Lust in diesem schönen Land zu heiß, fast unerträglich, wenn der Garten in tausend Blumen wie in Flammen brennt.

Jetzt aber ist der Marmor der Statuen noch kühl, noch nicht in seinem grauen Weiß doch von der Sonnenglut verbrannt. Noch ist er gut anzufühlen, während im Mittag die Glocken von Würzburg her läuten.

Erstdruck/Druckgeschichte:
ED: *Berliner Börsen-Courier* v. 12. März 1933, S. 6.
ND: *GW* 5/64f.
Gezeichnet: Wolfgang Koeppen.
Belegstück im Nachlass.

[Nr. 20]
Die erste Fahrt nach Werder

Es war noch kühl. Die Schwäne vor dem Havelhof in Potsdam reckten ihren Leib aus dem Wasser und schlugen ihre Flügel zusammen wie Frierende, die sich erwärmen wollen. Vielleicht aber war auch ihr Flügelzusammenschlagen ein Ausdruck der Verwunderung darüber, daß schon und an diesem besonders regnerischen und kühlen Tag ein Dampfer unter Dampf und bunten Flaggenschmuck am Pier lag und bereit war, mit Passagieren in die Werdersche Baumblüte zu fahren.

Hatten die staunenden Schwäne recht und die Fahrgäste, die im hochgeschlagenen Mantel auf Deck promenierten, sich geirrt, und drohte ihnen, die Blüten sehen und einen Rausch sich holen wollten, vielleicht nur ein Schnupfen?

Nein! Die Fahrt strafte die Schwäne Lügen und wurde wider Erwarten schön. Auf dem Wasser schien es sogar wärmer zu werden, und es kann sein, daß die Reisenden dieses kalten Tages stärker das Bild dieser Landschaft in sich aufgenommen haben, als die sicher nachkommenden, die heute vielleicht schon bei strahlendem Sonnenschein den Ausflug machen werden.

Das märkische Land verträgt den Regen, die Wolken und den Wind. Das zurückbleibende Panorama von Potsdam mit den berühmten Türmen und den altersgrünen Kuppeln würde unter einem italienisch blauen Himmel zu Mißverständnissen führen. Von dem Hintergrund der graublauen Wolken aber hebt sich eine Besonderheit charakteristisch ab. Die Natur gab sich hier nie verschwenderisch. Diese Landschaft ist ein Werk des Menschen. Aufs höchste kultiviert mit Sommervillen, Rasenflächen, Gärten und Gemüseäckern an den Ufern ist sie Schritt für Schritt einem eigentlich widerspenstigen Boden abgerungen worden. Die Sonne, eine allzu strahlende Sonne wenigstens, steht in einem gewissen Gegensatz zu ihr, während so die leuchtend weißen Bänke am Flußrand, hinter dem gelben Ried und vor dem tannengrünen Gestrüpp ein Denkmal beinahe sind auf den Willen des Menschen, sich hier wohnlich zu behaupten.

Der Anblick von Werder, das Auftauchen der kleinen Stadt am Fluß und See und zwischen Berg und Tal, ist oft mit fremden Schönheiten verglichen worden; Holland, die Schweiz, ja die oberitalienischen Seen sogar wurden erwähnt. Die Vergleiche hinken, wenn auch der mit einer Breughelschen Landschaft der Wirklichkeit nahe kommt. Werder ist Werder und ist eine im besten Sinne preußisch-märkische Siedlung. Das ist ein geographischer Schönheitsbegriff, den man oft zu Unrecht verschwiegen hat. Werder ist von einer kargen Lieblichkeit, die einmal zur Zeit der Baumblüte, in Farben sich ergeht.

Und »Blühen die Bäume schon« ist die Frage. Die Frage, die, wenn man sie bejaht (und man kann sie bejahen), das stille Werder seltsam verwandelt.

Die Berliner kommen! Sie kommen, um die Blüten zu sehen, um den Frühling, ihren besonderen Berliner Frühling, zu erleben, und sie kommen – um zu trinken. Was der Nockherberg und das Märzenbier für München, ist Werder und der Obstwein für Berlin. Im Frühjahr soll dieser Wein besonders gut sein, er steigt schwer in den Kopf und in die Glieder, und unglaubliche Gerüchte sind über den Rausch, den er bringt, zu hören. Noch sind die Betrunkenen nicht zu sehen, aber die Buden, die ihnen die Gläser vollschenken wollen, stehen bereit, und auch die Strohlager für allzu müde Häupter sind ausgebreitet. Aber, wenn Werder eine Stadt des schönen Rausches ist, wer hat die Treppen zu ihren Höhen errichtet? Wahrlich, es sind Fallen, wie sie nicht tückischer gedacht werden können für einen, der den Kirsch-, den Erdbeer-, den Johannis- und den Stachelbeerwein in vielen Litern zu sich genommen hat. Wird er die Stufen noch zählen können, die er hinunterstürzen wird, ein hilfloses Wrack?

Ein großes Volksfest wird wie jedes Jahr vom Sonntag an in Werder sein, mit Tanz, Musik und Scheibenschießen. Die Menschen werden fröhlich und die Fässer wohl bald leer sein. Dann aber, wenn die Blüte auf ihrem Höhepunkt gelangt ist, wenn besonders die Kirsche rosa blüht, dann wird noch ein stilleres Fest in Werder gefeiert werden. Die Japaner werden hinaus fahren und ihr altes Fest der Kirschblüte feiern. Sie sind die ruhigsten Gäste der Havelstadt, doch nicht ihre schlechtesten.

An dem kalten Tag, der die Schwäne in Potsdam so erschreckte, standen erst einige Bäume im Schmuck. Die anderen aber zeigten stramme Knospen, und der Strahl der Abendsonne, der auf einmal klar und wärmend durch die

Wolken brach, gab die Gewißheit, daß sehr bald, heute schon, der ganze Zauber von Werder sich enthüllen wird, und daß das Fest beginnen kann.

Erstdruck/Druckgeschichte:
ED: *Berliner Börsen-Courier* v. 23. April 1933, S. 5.
ND: *WK* 11-14
Gezeichnet: kn.
Belegstück im Nachlass.
Editorischer Bericht:
Nockherberg: im ED »Nockerlberg«

[Nr. 21]
Berlin schickt Götter in die Welt

Im westlichen Charlottenburg, dicht beim Güterbahnhof, dort wo die Gegend schon ein wenig peripher wird, steht ein rotes Haus und sieht mit seinen stahlgefaßten Fensterscheiben von draußen wie eine Fabrik, wie die Produktionsstätte irgendeines alltäglichen Bedarfsartikels aus. Im Treppengang aber, gleich hinter dem Tor, schmückt ein Fries vom Pergamonaltar die Wand und einer vom Parthenon ist ihm gegenüber zu sehen, während im ersten Raum schon, dessen Tür sich öffnet, ein Theseus mit der Keule in der Hand steht, Myrons Diskuswerfer den Anlauf nimmt, der Doryphoros des Polyklet seinen Speer schwingt, eine Niobe wehklagt und im Hintergrund der schöne, große und biegsam elegante Hermes des Praxiteles sich reckt. Sind wir in einem Museum? Nein. Aber wir sind auch in keiner Fabrik. Wir sind in der Gipsformerei der Berliner Staatlichen Museen.

Die Formerei ist berühmt. Die Welt kauft hier ihre alten Götter. Natürlich nicht nur die Antiken und die Götter, selbstverständlich auch die Ägypter, oder eine Plastik des Mittelalters, oder ein Werk der Moderne, aber doch hauptsächlich die alten Götter. Da ist zum Beispiel das Museum in Detroit. Es möchte einen olympischen Fries oder das Haupt des Perikles haben, die im Original in Berlin stehen. Die Sache spielt sich dann ganz einfach ab. Die Detroiter schreiben einen Brief nach Berlin und bekommen nach einigen Wochen gegen einen guten Scheck ein paar schwere Kisten zugeschickt, in denen schön verpackt der Fries oder das Haupt des Perikles ruhen – in Gips dem Urbild abgeformt. Oder eine Kunstakademie irgendwo in Europa wünscht sich und ihren Schülern den Reiter vom Bamberger Dom. Die Berliner Formerei sendet ihn ihr bereitwilligst und in getreuer Größe, auf Wunsch sogar mit einer schimmernden Alterspatina versehen. (Was Herr Dossena konnte, können wir schon lange.) Die Museen der Provinz, viele des Auslandes und die gesamten deutschen Universitäten sind die ständigen Kunden der Formerei. Aber auch Privatleuten bleibt es unbenommen, sich die Laokoongruppe in den gewiß nicht dafür gebauten Salon zu stellen.

Im Hochparterre der Formerei stehen die großen Plastiken, die berühmten Statuen von Phidias bis Lehmbruck, ruhen die Sphinxe und die gewaltigen Häupter der Pharaonen, die Teile der alten Tempel, Metope und Fries, und alle Denkmäler, die irgendwo bekannt sind. Es ist ja nicht nur der Marmor, der in Gips bis zur verblüffendsten Originaltreue nachgeahmt wird; es ist auch die Bronze, der Eisenguß, die Holzplastik. Einer Madonna von Riemenschneider ist es erst beim Anfassen anzumerken, daß ihr Holz kein Holz ist, so täuschend wurde der Gips hölzern und altmodisch bemalt.

Im ersten Stock des Hauses lagert auf vielen Regalen die kleinere Plastik. Hier gibt es von jedem Kunstwerk einen kleinen Vorrat für den Verkauf. Auf einem Riesentisch steht

wohl an hundertmal der Kopf des Amenophis und der der Nophretete.

Auf einem Gestell daneben ein Dutzendmal die Bronzebüste Friedrich des Großen und etwas weiter in friedlicher Gemeinschaft der preußische Adler und der goldene Falkenkopf aus Hierakonpolis. In Glaskästen und Vitrinen aber ruhen Elfenbeinarbeiten, Gemmen, Medaillons, feine Schnitzereien, verblüffend echt anzusehen und doch aus Gips.

In der zweiten Etage ist dann die Werkstatt. Mehrere Former sind beschäftigt, vom Werk eines lebenden Bildhauers die Stückformen abzunehmen. Stückformen nennt man die einzelnen Teile, die zusammengesetzt die Form ergeben, die dann ausgegossen wird. Man kann nur immer eine Oberfläche vom Original nehmen, z. B. einen Teil des Rückens, denn würde man den ganzen mit seinen Höhen und Tiefen auf einmal nehmen, würde die Form sich nicht lösen, die Arbeit sinnlos sein. Die aus vielen Stückformen zusammengesetzte fertige Form wird vor dem Guß gefirnist und mit Öl ausgerieben, dann gießt man den Gips hinein, und nun beginnt die wichtige Arbeit des Schwenkens. Ein Torso hängt an Stricken in der Luft und wird geschwenkt. Das ist der Hohlguß. Nur die Figur soll sich festigen, aber nicht der Kern sich setzen. Die Kopien würden sonst unsagbar schwer werden. Von der Form befreit, wird der fertige Guß von Bildhauern revidiert und von Malern, wenn nötig, dem Vorbild nach, angestrichen.

Unter dem Dach lagern die gebrauchten Formen. Nur undeutlich geben sie das Bild wieder, das in ihnen entstanden ist und wieder entstehen soll. Ein Museum der Umkehrung, der Schale, die den Kern verloren hat. Es gibt kaum ein Werk der Plastik, das unter diesem Charlottenburger nicht seine Form liegen hat, das hier nicht ohne weiteres vervielfältigt werden könnte.

Erstdruck/Druckgeschichte:
ED: *Berliner Börsen-Courier* v. 14. Mai 1933, S. 5 (Morgen-Ausgabe).
ND: G W 5/66-68.
Gezeichnet: Kpn.
Belegstück im Nachlass.
Anmerkungen:
Dossena: Alceo Dossena (1878-1937), ital. Steinmetz und Bildhauer, der zwischen 1918 und 1928 so perfekt epigonal (im Stil der griechischen und römischen Antike, der Gotik und der Renaissance) arbeitete, dass seine Skulpturen als unbekannte Meisterwerke bedeutender Bildhauer weiterverkauft wurden. Weil er selbst seine Werke nie als solche Originale ausgegeben hatte, wurde er in dem aufsehenerregenden Prozeß 1928, der gegen seinen Kunsthändler Romano Palazzi geführt wurde (der ein für 25 000 Lire gekauftes Grabmal Dossenas als Werk Mino da Fiesoles an das Boston Museum of Fine Arts weiterverkaufte – für sechs Millionen Lire), nie wegen Kunstfälschung angeklagt.
Editorischer Bericht:
Öl: im ED »Oel«
Ägypter: im ED »Aegypter«

[Nr. 22]
Das Saargebiet, vom Zug gesehen

Das Gefühl, über eine Grenze zu fahren, ist immer das Gefühl eines besonderen Ereignisses. Die Behörden der verschiedenen Staaten tun alles, es dem Reisenden deutlich zu machen, daß hier ein Einschnitt, ein Ende und ein Anfang, die Grenze eben ist, daß hier die Heimat aufhört und die Fremde beginnt. Der Zug hält vor kleinen Bahnhöfen in weiter Einsamkeit, Stationen, die er sonst verachtungsvoll dampfend durcheilen würde; Beamte kommen und Beamte gehen, Fragen werden gestellt und beantwortet, der Paß, der Koffer werden untersucht, ja einigen wird in die Brieftasche geguckt, die Uniformen und die Sprachen wechseln, und wenn der Zug dann endlich weiter geht, glaubt der Reisende beinahe, auf den Wiesen ein anderes Grün zu sehen. Solche Grenzen und solche Kontrollen sind klare Angelegenheiten.

Der Vertrag von Versailles hat aber Grenzen geschaffen, die nicht so klar und trennend und deshalb auch nicht so selbstverständlich scheinend sind, sondern verschwommen und ins gänzlich Sinnlose fließend, so daß man, passiert man sie, nicht sicher weiß, ob man zu Hause oder schon im Ausland ist. Im Osten gibt es den Polnischen Korridor, im Westen das Saargebiet.

Die Eisenbahnlinie Frankfurt–Paris führt durch das Saargebiet, einem Land, das seinem Wesen nach deutsch ist, vorläufig aber eine vom Reich losgelöste Sonderexistenz bildet. In Türkismühle gibt es die deutsche Devisenkontrolle; in Namborn die saarländische Paßrevision und den französischen Zoll (das Saargebiet lebt mit Frankreich in einer Zollunion); schließlich, nachdem man alles hinter sich zu haben glaubt, kommt in Forbach die französische Paßuntersuchung.

Hinter Forbach hat sich die Situation wieder geklärt: man ist in Frankreich. Der Zug begibt sich zur Marne, der Zug begibt sich nach Paris, im Abteil sitzen horizontblau uniformierte Soldaten, der Schaffner bittet auf französisch um die Fahrkarten, kein Zweifel ist erlaubt, man ist in einem anderen Land.

Wo aber war man von Türkismühle bis Forbach? In keinem anderen Land, aber auch nicht in Deutschland. Die Beamten, die sich um einen kümmerten, sprachen deutsch wie Deutsche, aber sie trugen das große »S« der Saarhoheit auf ihren Mützen. Der Kellner, der einem in Saarbrücken den billigsten Kognak der Welt verkauft, spricht auch deutsch, aber er will in französischen Franken bezahlt sein. Man ist in einem Zwischenreich mit deutscher Bevölkerung, doch außerdeutschen Gesetzen.

Man weiß, in diesem Land sind Kohlengruben, und dieses Wissen bestätigt der Eindruck vom Zug aus. Der Zug kommt aus dem Rheinhessischen, aus dem Hügelland der Nahe, einer romantischen Landschaft der Weinberge, in das Tal der Blies. Hügelig bleibt das Gesicht der Erde auch jenseits der deutschen Grenze, und wenn es zunächst auch Wein noch ist, der auf den Bergen grünt, so wird doch bald die Erde schwarz, und Schutthalden sind es dann, welche die Höhen bilden. St. Wendel, Ottweiler, Neunkirchen, die Grube König, die Grube Reden, die Grube Friedrichsthal; Sulzbach, die Grube Sulzbach; Dudweiler, die Grube Dudweiler; Saarbrücken, die Grube Gerhard; gen Forbach die Gruben von Klein Rosseln und brennende Hochöfen in Völklingen, Lurbach-Eich-Düdelingen und in der Halberger Hütte. Kohlenberg neben Kohlenberg, über ihnen empor aus ihrem Grund hervor wachsend das Getriebe der Fördertürme, das Mauerwerk der Schornsteine, in ihren Höhen schon verschwindend in der Wolke aus Rauch und Staub, die über allem schwebt. Und neben dem Werk die Siedlungen der im Werk Tätigen. Reihenhäuser, grobe, niedrige Ziegelbauten, in einer brutalen Vernünftigkeit ausgerichtet in den schnurgeraden Straßen. Hinter kleinen Fenstern lugt schüchtern das Weiß von Gardinen hervor, eine heimliche und gänzlich verlorene Frontstellung gegen das Dunkel der Gruben. Arme Gemeinden, Arbeiterdörfer. Im Ort Sulzbach wollte die Jugend nach der mühsamen Schicht unter der Erde ein wenig Sport treiben. Aber eine Wiese oder ein Feld scheint ihr nicht zur Verfügung gestanden zu haben, denn man sieht den Sportplatz Sulzbach auf einer Kohlenhalde errichtet neben den Schienen der Bahn, und das Drahtgitter seines Fußballtores blickt wie die Kulisse einer gespenstischen Inszenierung aus dem Staub hervor.

Die schwere Wolke und der Ruß in der Luft sind auch in den Städten Neunkirchen und Saarbrücken zu finden. Die Gruben liegen vor dem Tor, und die Essen rauchen in der Peripherie. Manchmal hört man das Werk, sein Rattern und sein Getöse und die schrillen Rufe seiner Signalpfeifen. Horchen die Bewohner dieser Städte nicht immer auf den schrecklichen Schrei, der aus den Alarmsignalen aller Werke gellt, wenn die ausgehöhlte Erde unter ihnen in Unruhe gerät, wenn unter Tag das Wetter schlägt, wenn die Arbeitenden der Gemeinde in Gefahr sind? Das Unglück kommt gerne in diese Gegend. In Neunkirchen war es nicht die Grube, sondern das Gas. Die Häuser ohne Dach, mit gebrochenen Sparren sind noch zu sehen, und kaum eines ist da, das nicht einen hellroten neuen Ziegelfleck wie ein aufgesetztes Pflaster trägt.

In den Straßen der Städte herrscht wenig Verkehr. Die Bewohner kommen von der Arbeit, oder sie gehen ihr entgegen. Und dann sind sie müde, und dann haben sie auch kein Geld. Wenn das Saargebiet dem Reichsdeutschen auch billig scheint, so ist es für den, der in französischer Währung verdient, doch teuer. Am Abend sitzen die Arbeiter in den Schenken, die hier besonders kahl und schmucklos sind, und trinken ein dünnes Bier oder den billigen französischen Wein. Sie diskutieren. Das Thema ist Deutschland und die Saar; die Saar und Deutschland. Frankreich spielt in diesen Gesprächen kaum eine Rolle, Frankreich ist die Grenze, während es eine Barriere nach Deutschland hin nur noch bis zum Jahr der Abstimmung, 1935, geben wird.

Erstdruck/Druckgeschichte:
ED: *Berliner Börsen-Courier* v. 1. Juni 1933, S. 2 (Abend-Ausgabe).
ND: *GW* 5/69-71.
Gezeichnet: Wolfgang Koeppen
Belegstück im Nachlass.
Editorischer Bericht:
anderen Land: im ED »andern Land«

[Nr. 23]
Paris in diesem Frühjahr

Der dreißigste Januar; der fünfte März; der Tag der Reichstagseröffnung; die Maifeier; die Hitler-Rede für den Frieden: in Deutschland ist das Frühjahr neunzehnhundertdreiunddreißig ein Frühjahr des politischen Geschehens gewesen. Die Ereignisse, die sich überstürzten, Schlag auf Schlag kamen und atemraubend waren, haben auch den Verträumtesten, Abseitigsten zur Stellungnahme gezwungen, haben die Nation bis zum letzten Mann in einem sehr weitgehend politischen Sinn umgewandelt und aktiviert. Eine Mehrheit begrüßt die Entwicklung der Dinge. Niemand wird leugnen können, daß das Gesicht Deutschlands, des deutschen Landes und der deutschen Städte ein anderes geworden ist. Die Straßen des Nachjanuar sind nicht mehr die des Vorjanuar. Zumindest ist eine starke Bewegtheit zu konstatieren, ein dauernder Strom, eine kräftige Unruhe wider alle Trägheit.

Unruhe herrscht auch in der Welt. Die Interessen der Länder gehen hart gegen einander, bis sie sich in der gemeinsamen großen Krise finden werden. In Deutschland greift man die Arbeitslosigkeit an; in Amerika gibt es die Roosevelt-Aktionen; in Genf kämpft man um die Rüstungen und somit auf lange Sicht um Krieg und Frieden; in London wird die Weltwirtschaftskonferenz sich versammeln; in Asien diktieren die Japaner vor den Toren des alten Pekings ihren Frieden; aus Rußland kommt die Nachricht, daß die Komintern Trotzki aus der Verbannung zurückrufen wollen. Die Historie unserer Zeit ist so eminent, daß sie im Gegensatz vielleicht zu anderen Epochen, auch dem in ihr Lebenden täglich bewußt wird.

In Paris war der Bastillesturm, geschah ein Ereignis, das bis in unsere Tage hinein in allen Ländern Folgen gezeitigt hat. Aber wenn auch in Paris die Bastille gestürmt und die Rechte eines neuen menschlichen Selbstbewußtseins verkündet wurden, so war Paris doch immer eine konservative Stadt. In seinen Gewohnheiten hing man dort stets am Alten, wenn das Herz auch zuweilen für die Zukunft schlug. Paris ist eine Stadt der Überlieferung, der heiligen Tradition. Sie ist wie ein Schneckenkreis gewachsen, ruhig und stetig, und Jahr für Jahr hat sie immer neue Ringe um ihren Kern, die Ile de la Cité, das alte Lutetia, die Heimat der Parisii, gelegt. Es ist vielleicht das Geheimnis dieser Stadt, daß sie niemals zerstörte, was sie in der Vergangenheit begonnen, sondern mit klugem lateinischem Maß von ihrem Ursprung aus weiter gebaut, sich entwickelt hat, das Neue stets so selbstverständlich sich einverleibend, daß es gar keine Gelegenheit hatte, sich feindlich zum Alten zu stellen, daß aus den tausend Stilen, die in Paris wirkten, schließlich das einige Wunder wurde, die Stadt Paris mit ihren Straßen, Plätzen, Bauten vom Jahre einundfünfzig bis heut.

Und so könnte es nur den gänzlich Ununterrichteten überrascht haben, daß diese Stadt, so fest ruhend in ihrer in jedem neuen Tag sich beweisenden Geschichte, die alte, sogar die vom vorigen Jahr (das gilt heut mehr), geblieben ist und für den ersten Blick fast unsichtbar nur die Zeichen unseres politischen Frühjahrs trägt. Das soll nicht heißen, daß die Zeit an Paris vorüberginge, die Zeit ist da und ihre Spuren werden auch einmal Paris werden, aber vorläufig ist noch der Eindruck stärker, daß auf dem Platz Saint Michel noch der alte Brunnen plätschert, aus dem Balzacs armer Dichter Rafael sich am Morgen sein Wasser schöpfte, daß die Glokken von Notre Dame zur Messe läuten, daß im Quartier die alten gestromten Katzen wie zu Villons Zeiten in den Türen schnurren und daß am Quai die Antiquare vor ihren Schätzen sitzen.

Das ist das alte Paris. Aber das alte Paris ist kein stiller Winkel außerhalb der Welt. Es ist zu sehen, wie es in Beziehung steht zur großen Stadt um sich herum und in Beziehung auch zur Welt. Da fällt bei den Bouquinisten auf, daß ihre Zahl kleiner geworden ist als sie vor einem Jahr es noch war. Damals war noch Kasten neben Kasten aufgestellt und lockte mit seinem flatternden Regensegel die Liebhaber alter Bücher. Heute ist kaum jeder dritte Stand besetzt, und die Kunden schmökern nur ein bißchen rum, statt zu kaufen. Man zucke nicht die Achseln und meine: »nun, ein Antiquar ...«, es ist die Krise, die hier deutlich wird, es ist ein Barometer, das nach unten weist. Wenn in Paris die Bouquinisten der Seine-Quais ihre Plätze räumen, dann weiß man, daß in den Vorstädten die Arbeitslosen stehen, daß die Börse schlecht geht, daß die Theater leer sind, daß die Künstler hungern, daß irgendwo etwas gründlich falsch läuft im Zivilisationsgetriebe.

Wenn die Antiquare auch klagen, so werden doch Bücher gekauft. Überraschend viele sogar und mehr als in Deutschland (der alte Vorteil des französischen Buches: es ist broschiert und billig). Die sympathische Sitte, daß der Buchhändler seinen Laden auf die Straße trägt, ihn dort auf Stellagen ausbreitet und ihn nachts und vor Regen durch einen Jahrmarktschirm schützt, erfreut sich weiter der größten Verbreitung. Die Käufer kaufen im Vorübergehen ein Buch. Und was sie kaufen, erinnert wieder an die Zeit. Es sind hauptsächlich Bücher über die Ereignisse in Deutschland. Deutschland ist der Nachbar; der Nachbar, der sich bewegt; der Nachbar, von dem man gerne wissen möchte, was er morgen tun wird. Einige dieser Bücher sind von bewußt negativer Kritik, aber es gibt doch viele, sie sind sogar in der Mehrzahl, die sich um eine sachliche Deutung der deutschen Dinge bemühen. Der große Verleger Grasset ließ verlauten, daß er viel Geld für den Roman eines Deutschen zahlen würde, der schon das Reich unter Hitler schildert.

Es werden Bücher gekauft, und die Schriftsteller leben. Jemandem, der Maurois sprechen wollte, wurde gesagt: »Ja, meist ist der Dichter in seinem Landhaus im Süden, selten in seiner Pariser Wohnung; gestern hielt er einen Vortrag in Holland, und übermorgen reist er schon wieder zu einer Vorlesung nach Amerika.« Ein anderer Schriftsteller weilte in den Kolonien; ein dritter gab gerade sein Buch über Indochina heraus. Die Welt ist auch im Gegenständlichen für den französischen Autor weit, was der deutsche mit einigem Neid zur Kenntnis nehmen wird.

Die Welt der Bücher ist nicht die Welt der Straßen. In den Vierteln des eigentlichen Paris der Pariser geht das Leben seinen Gang. Vielleicht in diesem Jahr etwas karger in seinen Vergnügungen, jedoch bestimmt nicht dürftiger auf dem Küchenzettel (und den Armen bleibt es weiterhin verboten, unter den Brücken zu nächtigen). Auf dem Platz des Vosges, der unter zwei Königen ein Treffpunkt der Eleganz war, spielen wie seit Jahrzehnten schon die blassen Kinder des alten Bastilleviertels, und in der Rue de Lappe dudelt allabendlich die freundliche Musik der Bals Musettes. Nur in den Straßen die hauptsächlich von den Fremden begangen werden, spürt man die Veränderung.

Der Montparnasse, der Montmartre, die Champs-Elysées, die großen Boulevards der Luxusgeschäfte, das Damenparadies der Welt, vom Palais Royal, der Opéra, der Madeleine zur Etoile sind jeder das Revier einer bestimmten Schicht von ausländischen Parisbesuchern. Und es ist noch nicht lange her, da konnte man dort nur Englisch sprechen hören, und der Dollar und das Pfund rollten. Inzwischen ging das Pfund runter und mit ihm die Engländer weg; inzwischen wurde dem Dollar etwas unwohl, und die Amerikaner flüchteten über den Ozean zurück. Die Cafés, die berühmten großen Fremdencafés, sind leer. Vor dem Ritz-Hotel im wunderbar stehenden Viereck des Vêndome-Platzes halten zwar immer noch viele Automobile, aber die Zeichen »US« und »GB« sind selten geworden auf den Nummernschildern, und der Mixer in der Bar, die oft das Reiseziel amerikanischer Herrschaften war, denkt traurig zurück an die Zeiten, da Millionärskinder dort ihre Trinkfestigkeit erprobten. Und auf dem Montparnasse sind viele nett möblierte Studios zu vermieten.

Es heißt: Die Amerikaner sind gegangen, und die Deutschen sind gekommen. Das ist aber nur zum Teil richtig, und im ganzen ist es ein heikles Kapitel. Jedenfalls sind die Gerüchte über eine deutsche Emigration in Paris genau so übertrieben wie die Gerüchte über Deutschland unter diesen Emigranten. Eine wirkliche deutsche Emigration im Sinne der russischen z. B. gibt es in Paris überhaupt nicht. Die Deutschen, die sich zur Zeit dort aufhalten, haben fast alle die Absicht, in die Heimat zurück zu kehren. Ihre Gespräche handeln nicht vom Aufbau ihrer Existenz in Frankreich, sondern von der aus irgendwelchen Gründen für sie besonderen Situation für sie in Deutschland und der Möglichkeit der Rückkehr, der in den meisten Fällen nichts als eine Verwirrung entgegensteht. Ein deutsches Theater, eine deutsche Filmproduktion (soweit es sie nicht schon gab), ein deutsches Kabarett oder gar eine dieser Institutionen mit antideutscher Tendenz ist in Paris nicht zu finden und auch nicht zu erwarten. Die Mehrzahl dieser sogenannten Emigranten lebt sparsam und still auf dem Montparnasse. Als »Fremde« kommen sie nicht in Frage. Ein Dolmetscher, der sich seine Kunden auf dem nächtlichen Montmartre sucht, weinte den Amerikanern nach und verfluchte die Deutschen, die alle nur leben und gar nichts »Interessantes« ansehen wollen; immer wieder hat er sie auf echt berlinisch, auf hamburgisch, auf kölnsch angesprochen, und immer neue Absagen hat er bekommen.

Die Deutschen – es sind viele Künstler unter ihnen – machen in Paris keine deutsche Kunst. Wo es sie, besonders auf dem Theater und im Film, gibt, ist sie aus dem Reich nach Paris gekommen. Daran hat sich nichts geändert: das wertvolle deutsche Werk wird von den Franzosen anerkannt.

Der Film *Liebelei*, der in deutscher Sprache im Studio de L'Etoile läuft, hat zur Zeit den größten Erfolg aller in Paris laufenden Filme. Der Name Schnitzler ist so bekannt, daß das Lichtspiel als ein »chef-d'oeuvre viennois« angekündigt werden kann. In dem Avant-Gardisten-Kino Studio Diamant sieht man den »films d'amateurs«, *Extase*, in dem die in Berlin einst eifrig propagierte Hedy Kiesler eine nicht immer glückliche nacktwandelnde Rolle spielt. Das Stück soll von einem Wiener Mäzen finanziert sein und ist trotz mancher Einwände und der völlig falschen Richtung des Experiments eine interessante Abwechslung der auch Paris herrschenden filmischen Konfektion. Im Corso Opera spielt man, zu Ehren der in Hosen über die Boulevards wandelnden Marlene, zum tausendsten Male den *Blauen Engel*. Das große Kino Impérial Pathé kreiert den neuen Fritz Lang *Das Testament des Dr. Mabuse* in französischer Fassung, einen anfangs in der schnellen Entwicklung der Handlung hinreißend gemachten »Reißer« (im besten Sinne), der später unter der Unlogik des Stoffes leidet. Zusammenfassend läßt sich sagen, dass das Programm der Pariser Kinos uninteressanter ist als das der Berliner. In Paris geht man den Problemen der Zeit – wahrscheinlich weniger aus prinzipieller Angst von ihnen als aus Scheu, sich den Abend zu verderben – noch mehr als bei uns aus dem Wege. Die Ansätze zu einem dialektisch aufklärenden Film, wie sie sich kürzlich in Berlin zeigten, fehlen in Berlin völlig. Der Elan der berühmten Avant-Gardisten hat sich im surrealistischen Experiment erschöpft oder ist, wie im Fall René Clair, in die Kunst des Spielfilms eingegangen.

Dasselbe Bestreben, auszuweichen, eine charmante Sicherheit des Lebensgefühls, die es im Grund nicht mehr gibt, währen zu lassen, zeigt sich auch im Theater. Der neue Raynal, der ein Vorstoß war, ist vom Spielplan der Comédie Française verschwunden. Das Drama der Gegenwart wird in seinen literarischen Stücken bevorzugt. In der Comédie-Champs-Elysées spielt man *Intermezzo*, den neuen Giradoux. Das Atelier zeigt den Zweigschen *Volpone*. Baty inszenierte im Theatre-Montparnasse die Raskolnikow-Geschichte *Crime et Châtiment*. Alles übrige gleitet schon in die Gefilde der heiteren Muse. Charells *Auberge du Cheval Blanc* ist im Mogador noch immer ein gutes Geschäft.

Man spielt also dieselben Stoffe wie vor Jahren schon, und auf den Straßen hört man die alten Lieder in einer neuen Melodie. Die kleinen Läden mit den Grammophon-Automaten, die Tag und Nacht für fünfundzwanzig Centimes die tausend Chansons der Stadt erklingen lassen, sind besucht wie immer. Dem flüchtigen Blick scheint es, als ob die Weltpolitik dieses Frühjahrs Paris umgangen hätte; in der Luft schwimmt das weiche Licht der Impressionisten; in der Metro sitzen Arm in Arm und Wange an Wange die Jungen und die Mädchen; von der Butte Montmartre sieht man nachts die Stadt wie ein Meer von Licht; alles ist für den Fremden »Sous les toits de Paris«, nach wie vor; und doch ist immer noch etwas anderes da, etwas unheimlich Lastendes, und manchmal wird es ausgesprochen, und oft wird es geschrie-

ben, und die Gesichter werden dann ernst, wenn das Wort
»la crise« fällt, wenn die Unruhe und die Bewegung der Welt
in die Sicherheit einer bürgerlichen Stadt fällt.

Erstdruck/Druckgeschichte:
ED: *Berliner Börsen-Courier* v. 4. Juni 1933, S. 13 f. (Morgen-Ausgabe).
ND: *GW* 5/72-78.
Gezeichnet: Wolfgang Koeppen.
Belegstück im Nachlass.
Anmerkungen:
Gerüchte über eine deutsche Emigration: Koeppen äußerte sich
1992 zu dem Vorwurf, er habe die Existenz einer deutschen Emigration in Paris verleugnet: »Der *Berliner Börsen Courier* glaubte, mit
vorsichtiger Anpassung weiterhin erscheinen zu können. Ich reiste
für acht Tage nach Paris. Auf dem Boulevard und in Cafés traf ich
jüdische Kollegen, die ersten Emigranten, die vor Hitler geflohen
waren. Sie hatten ihr Leben und ihre relative Freiheit gerettet, aber
ihre Existenz verloren. Natürlich träumten sie, nach Deutschland
zurückkehren zu können, glaubten nicht an die Dauer des braunen Spuks. Ich berichtete dies in der Zeitung. Der vom Regime eingesetzte kommissarische Chefredakteur rief mich, hatte meinen
Artikel in der Hand und schimpfte: ›Wollen Sie die Juden zurückführen?‹« (Wolfgang Koeppen: *Widerspruch*. In: *DIE ZEIT* v.
21. Februar 1992.) Schon 1985 Koeppen brieflich: »Natürlich liest
sich das nach der Welt-Tragödie idiotisch. Anscheinend habe ich
damals versucht, das Unglaubliche, das sich entwickelte, herunterzuspielen. Ich hatte im Café du Dome das halbe Romanische Café
getroffen, kein Flüchtling wußte, was werden sollte.« (Koeppen an
Klaus Täubert v. 3. Januar 1985. Dem Herausgeber brieflich mitgeteilt durch Klaus Täubert.)
Extase: EKSTASE (ČSR/AUT 1933, R.: Gustav Machatý). Der Film
durfte in NS-Deutschland nur unter Schnittauflagen und mit dem
Zusatz »Dieser Film ist jugendverderbend« erst 1935 gezeigt werden.

Hedy Kiesler: später: Hedy Lamarr (1914-2000), österreichisch-amerikanische Schauspielerin, die 1937 von Louis B. Mayer für MGM in Hollywood unter Vertrag genommen wurde (u. a. ALGIERS, USA 1938, R.: John Cromwell; TORTILLA FLAT, USA 1942, R.: Victor Fleming).
Editorischer Bericht:
Überlieferung: im ED »Ueberlieferung«

[Nr. 24]
Die Lust, in Berlin früh aufzustehen

Die Lust, früh aufzustehen, ist in den Städten keine Lust. In Berlin gar riskiert der, der das berühmte Gold im Munde der Morgenstunde suchen geht, seine Existenz. Der gewöhnliche Berliner schläft bis zu den letzten fünf Minuten vor dem Beginn seiner Arbeit. In den fünf Minuten zwischen Aufstehen und Büro badet er, zieht er sich an, trinkt er Kaffee, liest Zeitung und fährt mit der Untergrund. Wer es anders hält, ist ein Irrer.

Das Unheil, das den Mann bedroht, der früh aufsteht, ist mancher Art. Nicht, daß in Berlin die Morgenluft nicht schön wäre. Sie ist wunderbar, ist klar, frisch und gesund. Auch das Bild der Straße gibt sich jugendlicher. Die Konturen aller Häuser heben sich reiner vom Himmel ab als am Mittag. Die Straßenbahnen bimmeln heller, ja melodischer. Es wäre eine Lust, wenn es nicht eben auffällig, ungewöhnlich und verdächtig wäre.

Fordert man einen Berliner auf, um sieben mit einem zu frühstücken, fragt er erstaunt, warum so spät, und denkt an den Abend. Wird ihm die Morgenstunde unmißverständlich mitgeteilt, spricht er ostentativ vom Nervenarzt. Leute, die hören, man sei in der Morgenfrühe spazieren gegangen, verdächtigen einen der Schlaflosigkeit als Folge eines unsoliden Lebenswandels. Wer vor neun auf der Straße gesehen wird, ist kreditunwürdig. Wo kann er schon hingegangen sein vor Tau und Tag? Doch nur zum Kriminalgericht, zur peinlichen Verhandlung, heimlich und verschwiegen. Oder es muß ein Mann sein, der vor Sorgen nicht schlafen kann. Aber einer, der zu seiner Lust früh aufsteht? Unmöglich.

Der Frühaufsteher ist ein Außenseiter und hat sein Schicksal hinzunehmen. Die Stadt nimmt ihn nicht freundlich, sondern feindlich auf. Wie herrlich, denkt er, wäre es, auf dieser Sonnenterrasse, die nachmittags von Gästen überfüllt ist, zu frühstücken. Aber vor ihrem Eingang hängt zu dieser Stunde eine Kette, und kein Kellner läßt sich sehen. Es gibt in Berlin überhaupt kein Frühstückscafé. Die, die ein Frühstück servieren, tun es erst von 11 Uhr ab. Es gibt einige Lokale, die schon um 8 auf haben, doch in ihnen stehen die Stühle auf den Tischen, und aufreizend tüchtige Frauen hantieren mit scharf riechenden Putzmitteln in gefährlicher Nähe des mißgünstig betrachteten Gastes.

Wer früh aufsteht, muß sich den Anschein eines Reisenden geben, der von der Bahn kommt. Am besten nimmt er einen kleinen Koffer mit auf seinen Morgenweg. Er wird dann mit Nachsicht behandelt. Die Hallen der großen Hotels stehen ihm offen. Dort kann er vorzüglich zwischen Herrschaften, die aus New York angerufen werden, frühstücken. Dort erhält er, von wachen Kellnern bedient, das, was der Mensch als Fundament seines Tages eigentlich brauchen sollte. Er erhält es, solange er den Reisenden spielt. Wehe ihm aber, wenn er aus der Rolle fällt, wehe ihm, wenn er verrät, daß er nebenan in der Budapester Straße wohnt, daß er kein Fremder, sondern nur ein schlichter Mitbürger ist, der nach Haus und in sein Bett gehört!

Wer in Berlin fünfmal früh aufgestanden ist, wird Berliner. Er unterwirft sich dem Gesetz: »Bleibe im Bett und schlafe redlich.«

Erstdruck/Druckgeschichte:
ED: *Berliner Börsen-Courier* v. 11. Juni 1933, S. 5 (Morgen-Ausgabe).
ND: *GW* 5/79f.
Gezeichnet: -n.
Belegstück im Nachlass.

[Nr. 25]
O Alt-Berliner Herrlichkeit. In alten Gassen
alte Droschken

»Jes«, sagte der eben in Berlin angekommene amerikanische Sonderberichterstatter Sam Cowper, als er die Einladung zu einer Droschkenfahrt durch das alte Berlin erhielt. »Jes«, sagte er und stürzte zum Postamt und kabelte seinem New Yorker Blatt: »Erwartet Sensation. Nachtfahrt durch das älteste Berlin. Die Slums der Spree. Die Geheimnisse des Fischerkietz. Wie lebt der deutsche Gangster. Höfe, Schänken und Keller im Viertel Kölln. Was Edgar Wallace entgangen ist. Es riecht nach Modder und nach Laster.« Worauf er zum dritten Male »jes« sagte, einen Revolver einsteckte, seine auch auf ungesatteltem Mustang gebrauchsfähige Schreibmaschine nahm und sich, eine nicht alltägliche aber entschlossene Erscheinung, zur Lindenstraße an der Ecke Beuthstraße begab.

Hier standen am Donnerstag abend die Pferde und warteten. Sie standen in langer Reihe, wie einst in längst vergangenen Tagen, vor ihren schwarz gelackten Droschken erster und zweiter Güte. Sie hatten Blumen im Mähnenhaar und Futtersäcke vorm Maul, doch weder der Duft des Flieders noch der nahrhafte Geruch des Hafers konnten das Gefühl verscheuchen; hier stehen Existenzen, die in eine unverschuldete Notlage geraten sind. Der Pferde Rippen konnte man zählen, und die Kutscher und die Wagen hinter ihnen waren museal anzusehen, auch wenn sie beide sauber gebürstet sich präsentierten. Der ganze plötzlich an der Ecke Linden-Beuthstraße entstandene Droschkensammelplatz konnte der Beginn eines Protestzuges gegen die Zeit sein.

Der imaginäre Herr Cowper war für die Droschke Nummer 30 bestimmt. Das braune Pferd Fritz blickte ihn ohne sonderliches Interesse an. Es war zwölf Jahre alt, für ein Pferd erfahren genug und bereit, auch diese und hoffentlich noch manche andere Fuhre zu fahren. Später fiel es sogar in einen munteren Trab, den man ihm eigentlich nicht zugetraut hatte.

Kaum hatte Cowper im Wagen Platz genommen, als ein netter Junge sich ihm als Führer für die Fahrt zur Verfügung stellte. Er war munter und ohne die Scheu einer falschen Erziehung. Nur daß er so viel wußte, verwirrte den Reporter. Vom Kutschbock herab redete der Junge wie ein Wasserfall und im Verlauf der Fahrt jonglierte er mit Zahlen, Namen, Begebenheiten, Anekdoten, daß einem schwindlig werden konnte. Das war ja nun reizend und wohl auch belehrend. Wo aber blieben die Sensationen, für die Cowper sich gerüstet hatte? Sie blieben aus, und es geschah etwas ganz anderes.

Es geschah, daß der Tag von 1933 unterging, daß Straßenbahnen und Benzingetriebe eine Sage wurden, und daß das Biedermeier (dieses wohl hauptsächlich) sich erhob. Im schaukelnden, von einem Tier (mit dem man reden konnte) gezogenen Gefährt ließ es sich träumen. Man konnte sich verwandeln. Man konnte ein Kavalier am Hofe des großen Friedrich, man konnte aber auch ein Mann sein, der Lessing oder Kleist oder Körner besuchen wollte. Die Dekoration zu dieser Fantasie war kräftig und echt. Die Häuser waren Geschichte, die Kirchen, Winkel, Gassen und Höfe sprachen von vieler Vergangenheit. Und Cowper mußte erfahren, daß dieses Viertel, in welchem, statt der schießenden Gangster, nette Leute, junge Mädchen, alte Frauen und ein paar Katzen zu engen Fenstern hinaus winkten, daß dieses Viertel um das Schloß herum von einer beispiellosen Vornehmheit gewesen ist, daß hier Palais sich an Palais gereiht hat, und daß in der Chronik dieser Häuser all die Namen stehen, welche die preußische Geschichte gemacht haben.

Wer aber wußte, daß Berlin romantisch ist? Romantisch wie Venedig. Die Droschken fahren durch die Gassen wie durch enge Kanäle. Der Hufschlag könnte das Klinkern der Riemen sein. Kleine alte Krugstuben locken. Weinlaub rankt sich um manche schmale Laube. Leierkästen spielen alte Straßenmelodien. Die Moritat erwacht im Lied. Die letzte Waffenschmiede wirft Licht auf Ritterrüstungen und rostige Schwerter. Von der Parochialkirche klingt ein Choral über die Dächer. Der Schatten des Schlosses spiegelt sich im Fluß, der ruhig unter dem dämmerigen Licht der Juninacht liegt.

Cowper kann keine Schauermären, er kann nur eine Idylle nach New York kabeln. Aber auch ein Mittel gegen die Wirtschaftskrise. Im Vorbeifahren an dem Roland vor dem Märkischen Museum hat er gehört, daß in alter Zeit die Berliner Kaufleute Moos auf dem Haupt des Rolands gepflanzt haben. Der Roland soll dann zum Dank die Geschäfte dieser Kaufleute gesegnet haben, und das Fundament für die vornehmen Paläste war gegeben. Nach Cowpers unmaßgeblicher Meinung haben die Kaufleute in der ganzen Welt das Moos wie auch den Roland vergessen.

Erstdruck/Druckgeschichte:
ED: *Berliner Börsen-Courier* v. 16. Juni 1933, S. 9 (Abend-Ausgabe).
ND: *GW* 5/81-83.
Gezeichnet: Kn.
Belegstück im Nachlaß.
Anmerkungen:
Vgl. auch Nr. 264 »Sensationen von Heute: Alte Droschken fahren durch Alt-Berlin« v. 15. Juni 1932 (hier: S. 561 f.).

[Nr. 26]
Die Jugend und die schönen Künste

Alle Zeiten haben es geliebt, die Kunst in der allegorischen Gestalt einer Jugend darzustellen, und meist war es ein Jüngling, der die Fackel trug und in die Zukunft leuchtete. Der junge Mensch sagte man, die junge Kunst hieß es, und immer hat dasselbe Epitithon »Jung« dazu verführt, die junge Kunst als eine Sache der jungen Menschen und die jungen Menschen als die Schöpfer der jungen Kunst hinzustellen. Hier wurde ein biologischer Begriff mit einem artistischen in denselben Topf geworfen. Man übersah, daß eine neue Generation noch keineswegs eine neue künstlerische Epoche bedeutet; man übersah vor allem die Frage, ob Kunst überhaupt eine Angelegenheit der Jugend ist, denn es könnte sehr leicht sein, daß sie als Bedürfnis dem Alter und seiner Muße (die weise macht und fromm) mehr bedeutet und daß sie nur von diesem Alter gefordert und auch angetrieben wird.

Der junge Maler, der junge Dichter, der junge Musiker, sie alle zusammen machen noch keine Jugend. Überdies sind sie irgendwie Vernarrte, besonders Auserwählte, eben Ausübende einer Kunst. Die Frage ist, in welchem Zusammenhang sie zu ihren Altersgenossen stehen, welches Echo sie bei ihnen finden. Es könnte möglich sein, daß die ganze Klasse Fußball spielt, während der eine, der über der Harmonielehre hockt, zunächst mal das schwarze Schaf ist, wenn sein Name später auch vielleicht in Form einer Gedenktafel das Portal der Schule zieren wird. Und sollte es nicht auffallen, daß der Mäzen meist ein Mann mit einem Bart ist, während es doch auf den Rennbahnen und in den Bars junge Herren gibt, deren Scheckbuch gut und gerne die Erstlinge des Genies finanzieren könnte. Ergo bleibt festzustellen, daß der junge Künstler zunächst am einsamsten im Kreise seiner Generation ist.

Aber reden wir nicht von der Ausnahme, dem Künstler, dem schwarzen Schaf, reden wir lieber von dem Durchschnitt der Generation, von der Klasse, die wohl Fußball spielt. Das ist ein schönes Spiel und schließt nicht aus, daß einem auch anderes gefällt, das Drama, die Musik, der Tanz, die Architektur, die Malerei und die Plastik. Und wirklich, das gibt es, die Künste ziehen an und gefallen. Nicht allen, das ist klar, aber doch einer deutlichen Gruppe, die zu den verschiedenen Zeiten von verschiedener Stärke, aber doch immer da war.

Die Kunst kann Glück haben. Es geschieht zuweilen, daß der ganze Idealismus einer Jugend sie zum Gegenstand seines Überschwangs macht. In Deutschland hat es solche Fälle gegeben; Schiller wurde von einer Welle rein jugendlicher Begeisterung emporgetragen, und der Werther verzauberte einmal in gefährlichster Weise die Söhne Europas. Aber man darf nicht vergessen, daß es ja nicht nur das Kunstwerk war, das mitriß und wirkte, sondern und vielleicht am stärksten das Thema, das die Jugend bewegte, das Thema Liebe und das Thema Freiheit.

Von der Jugend, nur weil sie jung ist, hat die Kunst eigentlich wenig zu erwarten. Alle Erfolge, die ihr in den letzten Jahren beschieden, wurden von einer fast durchweg mittleren Altersschicht getragen. Die Kunst hatte es verlernt, das Interesse des jungen Menschen zu wecken. Er hatte sich von ihr zurückgezogen. Seine Ideale waren andere. Die Frage ist, ob sie kunstfeindlich waren.

Das Ideal der Jugend unserer jüngsten Vergangenheit und auch unserer Gegenwart heißt: die Nation. Das war als Forderung eine Macht, die jedes andere Interesse sich unterordnete. Der Kampf ging nicht um die neue Musik. Der Kampf ging nicht um ein neues Drama. Der Kampf wies der Malerei keine neue Richtung. Der Kampf dieser Jugend ging um den Staat. Der Kampf wurde auf der Straße gekämpft und war ganz und gar unkünstlerisch. Die Jugend fühlte sich verpflichtet, fühlte sich der verlorenen Schlacht der Väter verpflichtet, und von ihrer Zeit in einer Weise gefordert, die total war.

Dennoch empfand sie eine Sehnsucht nach dem Schönen. Eine Sehnsucht, die nur (dies ist keine Wertung, sondern eine Feststellung) von dem Hang zum Volkstümlichen verschattet wurde, der in der Richtung einer Entwicklung lag, die zwangsläufig zunächst zu den Quellen zurückführen mußte, die vielleicht verschüttet waren. Man besann sich auf das künstlerische Gut des Volkes, auf das Erbe, das vergessen worden, und der Jugend ist hier manche Wiederbelebung zu danken.

Schon der Wandervogel sang die alten Weisen der Landsknechte und der Buntschuhbauern. Die ersten Gruppen der nationalen Jugendverbände zogen in der Art des Haaß-Berkow mit Mysterienspielen durch das Land. Alte Volkstänze, Volkstrachten, Volksmusik wurden wieder aktuell. Und von hier, von diesem weiten Zurückgreifen aus, wurde ein Aufbau versucht. Man war gegen eine Kunst für die Kunst und für die simultane, allen zugängliche Freude an dem schönen Werk. Man wollte etwas wie einen feierstündlichen Gebrauchswert schaffen. Im gewissen Sinne eine sozialistische Kunst, die nicht nur das Vergnügen einer dünnen Oberschicht von geschmacklich Verfeinerten ist.

Dieser Isolierung der Kunst entgegenzutreten, war auch der Wille einer sogenannten musikalischen Jugendbewegung, die um 1910 etwa in Wickersdorf (das damals eine Hochburg des Ideals vom Wandervogel war) unter August Halm ihren Anfang nahm. Vom mittelalterlichen Volkslied und von der noch sehr im Sozialen verankerten Kunst des 16. und 17. Jahrhunderts ausgehend, hat diese Bewegung zu einer besonderen Entwicklung des linearen Stils in der Musik und in der Moderne bis eigentlich zu Hindemith geführt.

Auch in den anderen Künsten, in den Regionen des Theaters, der Malerei und der Literatur, hat die Jugend, nachdem sie bis zu den ältesten volkhaften Anfängen zurückgegangen, den Anschluß an die künstlerischen Bestrebungen der Gegenwart, ja selbst an die Manifeste der fortschrittlichen Avantgardisten gefunden. Das Beispiel Italiens hat hier die Richtung gewiesen. Dort waren und sind die junge nationale Bewegung des Faschismus und die junge künstlerische des Futurismus immer gemeinsam marschiert, und nur bei uns glaubten bis heute einige Reaktionäre ältester Schule, daß eine Jugend nationalen Charakters sich in übertriebenem Konservatismus gegen alles, was modern ist, in den Künsten zu stellen habe.

Daß das zu ihrem und zu der Kunst Glück durchaus nicht der Fall ist, daß die Jugend sich gegen einen Mißbrauch ihrer Kräfte wehrt, bewies erst vor kurzem eine Kundgebung des Nationalsozialistischen Deutschen Studenten-Bundes im Auditorium Maximum der Berliner Universität, die sich unter der Parole »Jugend kämpft für deutsche Kunst« mit erfreulicher Offenheit gegen jede Reaktion, gegen jeden Stillstand wandte. Da wurde mit Begeisterung und wahrhaft jugendlichem Überschwang für Künstler wie Barlach, Kolbe, Schmidt-Rottluff und Emil Nolde gesprochen und andererseits mit einer Freiheit, wie wir sie schon lange nicht mehr gehört haben, gegen die kleinbürgerlichen Konjunkturritter gewettert, gegen die Banausen im Rauschebart, die, selber ewig verkannt, das Schlagwort vom »Kulturbolschewismus« wie einen Kinderschreck gebrauchen gegen jedes Kunstwerk, das ihren mikrozephalen Geisteshorizont übersteigt. Die Schlußthese dieser Veranstaltung, die Worte: »Für die Wahrheit, für die Gerechtigkeit vor der Leistung und für die Freiheit der deutschen Kunst« lassen hoffen, daß der politische Kampf der Jugend jetzt auch zu einem Kampf für die Freiheit der Kunst wird.

Erstdruck/Druckgeschichte:
ED: *Melos. Zeitschrift für Musik* (Mainz), H. 7, 12. Jg., Juli 1933, S. 233-235.
ND: GW 5/84-87.
Gezeichnet: Wolfgang Koeppen
Belegstück im Nachlass
Anmerkungen:
Kolumnentitel des ED, S. 233: »Junge Kunst nicht immer eine Sache junger Menschen«
Kolumnentitel des ED, S. 234: »Die Sehnsucht nach volksnaher Kunst«
Kolumnentitel des ED, S. 235: »Lebendige Verbindung zwischen Volk und Kunst«
Haaß-Berkow: Gottfried Haaß-Berkow (1888-1957), seit 1919 mit den »Haaß-Berkow-Spielen« Impulsgeber für das Laienspiel innerhalb der deutschen Jugendbewegung. 1933-53 Intendant der Württembergischen Landesbühne Esslingen.

Editorischer Bericht:
Haaß-Berkow: im ED »Hass-Berkow«
geschmacklich Verfeinerten ist: im ED »geschmacklich Verfeinerten«

[Nr. 27]
Masuren, August 1914.
Die Zerstörung der Stadt Ortelsburg, die Russenflucht und der Sieg von Tannenberg

Die Grenze brennt

Am 30. Juli 1914 zog ein Flammenschein die deutsch-russische Grenze entlang. Die Landbewohner, die mit dem Einbringen des Korns auf den Feldern beschäftigt waren, sahen ihn. Die Frauen und die Kinder, die im Dickicht des Waldes die Beeren sammelten, bemerkten ihn erschreckt und flohen hinaus auf die Wiesen, weil sie glaubten, der Wald brennt. In den kleinen Städten, in Willenberg, in Neidenburg, in Angerburg, in Lyck und Lötzen besprach man das Ereignis und konnte es nicht recht begreifen, denn man lebte ja im Frieden. Die Russen hatten gegenüber der deutschen Blockhauslinie ihre Grenzhäuser, die Kordons, in Flammen gesetzt.

Man lebte im Frieden. Der 30. Juli war noch nicht Krieg. Man ging seiner Arbeit nach. Man erntete den Roggen. Man fuhr in die Stadt, das Korn mahlen zu lassen. Man schlug den Baum, die Sägegatter gingen auf und nieder, und der Wasserlauf trieb auch das Rad der Mühle. Das Jägerbataillon »Graf Yorck von Wartenburg« kehrte von einer Übung heim. Am Seeufer spielten Knaben Trapper und Indianer und schlugen mit langem Schilf aufeinander ein. Kein Mensch dachte an einen Krieg, wenn auch die Grenze brannte. Erst am nächsten Tag geschah die offizielle russische Mobilmachung, der am 1. August die deutsche folgte.

Die Stadt Ortelsburg in Masuren war damals im August 1914, als sie von der Narewarmee der Russen zerstört und niedergebrannt wurde und zu einem Trümmerhaufen zusammenfiel im Geschützfeuer der Tannenbergschlacht, eine kleine Handelsstadt von etwa 10 000 Einwohnern. Ihr Schicksal mag in der Folge, als der Krieg weiter ging und im Westen nicht nur die eine Stadt, sondern die Erde brannte, als aus dem Inferno von Tanks und Gas und tausend Feuerschlünden die Namen Verdun, Soissons, St. Quentin, der Argonner Wald und die Somme in unser Bewußtsein sich eingruben, der Beachtung nicht wert erschienen sein. Und doch war die Zeit der Kämpfe in Masuren eine besondere im Verlauf des Krieges. Die Schlachten im Wald- und Seengebiet des Südostens waren die einzigen, die auf dem Boden der Heimat und unmittelbar und jedem einleuchtend um deutsches Land geschlagen wurden. Der Feind stand nicht nur vor dem Tor, er saß im Haus. Das Problem der auf äußerstem Vorposten und nie ohne Gefährdung stehenden deutschen Ordenskolonie Ostpreußens, das im Lauf friedlicher Jahrzehnte vergessen war, wurde im buchstäblichen Sinn brennend aktuell. Hinzu kam zu dem Erlebnis der Bevölkerung, daß es eben die ersten Tage des Krieges waren, in denen so Schreckliches passierte, daß es wirklich wie ein Sturm losbrach und ein Ereignis war, das nicht so schnell begriffen werden konnte.

Gerüchte werden Wahrheit

Erst waren es Gerüchte, die erschreckten. Ostpreußen sollte geräumt und bis zur Weichsel dem Feinde preisgegeben werden. Das Land sei von Spionen überflutet, der Boden unterminiert, alle Bahnhöfe würden bald in die Luft gesprengt werden.

Die ersten Ängstlichen verließen die Stadt. Die Züge, die nach Westen gingen, waren voll, aber es war noch keine Flucht. Die meisten warteten ab. Man hatte ein unbegrenztes Vertrauen zu den deutschen Soldaten und glaubte an keine direkte Gefahr.

Es passierte auch zunächst nichts. Das Jägerbataillon hielt die Blockhauslinie besetzt, ohne in ein Gefecht zu kommen. Erst am 16. August hörte man die ersten Schüsse. Bei Myschinez auf russischem Gebiet kam es zu einem Vorpostengefecht, und am 17. August wurde das deutsche Dorf Montwitz unter Gewehrfeuer gesetzt. Doch erst am 20. überschritt die Spitze der Narewarmee zwischen Flamberg und Friedrichshof die deutsche Grenze. Am selben Tag brannten schon die Dörfer Spalienen und Liebenberg, während die Stadt Ortelsburg von unsern Soldaten, die nach Westen abzogen, restlos geräumt wurde.

Dieser Abmarsch der deutschen Truppen war das Signal für den flüchtenden Aufbruch der zivilen Bevölkerung. Das Gerücht von der Räumung Ostpreußens war nun kein Gerücht mehr. Die Geschehnisse bestätigten es. Willenberg, nur wenig mehr als 20 km von Ortelsburg entfernt, war von den Russen genommen. In der Nacht war im Südosten der Himmel rot vom Flammenschein brennender Dörfer. Am Morgen des 21. August setzte eine Panik ein.

Flucht im Viehwagen und auf der Landstraße

Die Einwohner standen auf dem Bahnsteig. Sie standen wie eine schwarze Mauer und warteten auf den Zug, der sie fortbringen sollte. Jeder Einzelne hatte von seinem Hab und Gut mitgenommen, was er nur schleppen konnte. Man sah Wandspiegel und Uhren und ungeheure Säcke zusammengeschnürter Betten. Ein paar Frauen weinten; ein paar Kinder schrien – und der Zug blieb aus. Der fahrplanmäßige nach Allenstein verkehrte nicht mehr; alle Lokomotiven des Bahnhofs waren allein nach Allenstein abgefahren, aber ein Flüchtlingszug sollte doch noch zusammengestellt werden. Es hieß, es sei der letzte, und endlich kam er und wurde von allen Seiten zugleich bestürmt. Es war eine endlose Reihe von Viehwagen, ein Güterzug, der die lange Schlange seiner Last nur langsam vorwärts schleppen konnte, und doch zu klein war, um eine ganze Stadt zu fassen. Man hockte eng an den Nachbar gepreßt auf den Sachen, die man selbst oder andere mitgebracht hatten; man hockte unbequem, man ließ viel hinter sich und war doch froh, dem Schrecken, der näherkam, zu entkommen.

Als der Zug endlich fuhr, schlich er langsam durch das Land. Und man sah über der Kaserne vor der Stadt eine weiße Fahne wehen, und man sah die Chausseen voll von Wagen, die erst das eigentlich erschütternde Bild der Flucht boten.

Das war nicht die Stadt, das war das Land, das außer Landes ging. Wagen hinter Wagen, bepackt mit Hausrat und mit Säcken voll Korn, mit Schweinekoben und Geflügelkäfigen, gezogen von allen Pferden, die der Bauer hatte und oft von einer Kuh, wenn die und nicht ein Pferd sein Hauptbesitz war. Es waren Leute, die hier wanderten, die kein Geschäft und keine Wohnung, sondern mehr, die eine ganze Existenz, das Haus, den Hof, den Acker und die schon mühsam erarbeitete Ernte hinter sich zu lassen hatten. Es waren auch keine Menschen, die das Reisen gewohnt waren oder die es liebten, denn ihr Wesen war so, daß sie nie das Verlangen gepackt hatte, den engen Bezirk ihrer Heimat auch nur zeitweilig zu verlassen. Sie konnten sich am wenigsten von ihrer Heimat trennen, konnten am schwersten es erfassen, daß sie das eigene gefährdete Leben zu retten hatten und klammerten sich nun an alles, was mitlaufen konnte, an den Hund, an die Katzen, an das noch munter neben dem Wagen trabende Kälbchen, an alle Tiere, die noch den eigentümlichen

Geruch von dem zurückgelassenen Zuhause in ihrem Fell hatten.

Das Ziel der Flüchtlinge war die Weichsel. Alles, was östlich lag von dem Strom, schien unsicher oder gar schon verloren. Daß das Militär sich zurückgezogen hatte und nicht zu sehen war, erschütterte mehr noch als die Tatsache der eigenen Flucht. Die Idee von Tannenberg war, zwar als Gerücht und ins Gigantische gewachsen, überall zu hören. Man will die Riesenheere, die russische Dampfwalze, Ostpreußen überfluten lassen, um sie dann auf einmal vernichtend zu schlagen, hieß es, und um so mehr war man besorgt, über die Weichselbrücken zu kommen. Bischofsburg, Osterode, Deutsch-Eylau waren nur Stationen, Stargard dagegen schon Ruhe und Geborgenheit. Die Brücken über die Weichsel waren die Brücken in eine Burg. Und sie waren auch vom Militär besetzt. Die Posten standen in langen Reihen, und die Züge fuhren wie durch ein Spalier von geschulterten Gewehren.

Die Russen besetzen die Stadt

Währenddem hatten am 22. August die Russen die Stadt besetzt, in der fünfhundert deutsche Bürger zurückgeblieben waren und die Zeit der Besetzung und die Zeit der Schlacht erlebten.

Das Dorf Plohsen brannte. Der Wind trieb den Geruch des Feuers in die Stadt. Die Straßen waren von Menschen leer. Der Unruhe der Flucht war eine gefaßte Erwartung der Zurückgebliebenen gefolgt. Erst als eine Reiterpatrouille durch die Gassen sprengte und sich mit einer anderen traf und durch laute Rufe verständigte, erwachte der wie ausgestorbene stille Ort wieder zu Leben und Lärm. Infanterie folgte den Reitern und lagerte auf dem Markt. Und dann zog gegen Abend Regiment auf Regiment in die Stadt. Die ganze

Nacht hindurch. Als am nächsten Tag, einem Sonntag, die Sonne zu scheinen begann, da schien sie in dieser Stadt auf russisches Militär, das alle Straßen, alle Plätze, die Anlagen und die Gärten besetzt hatte. Lagerfeuer brannten; Tiere, die in den Ställen geblieben, waren dem Eroberer willkommene Beute geworden, und schon begannen die Plünderungen der Häuser, wurden Betten aus den Fenstern geworfen und als Stoff zu schnellen Freudenfeuern verwandt.

Dennoch war das Verhalten der Besatzung gegen die dagebliebene Bevölkerung zunächst freundlich, ja gemütlich, und der Krieg von dieser Seite frisch-fröhlich. Die Russen glaubten gesiegt zu haben. Sie glaubten, in ein reiches Land gekommen zu sein und auf Kosten seiner Bewohner gut leben zu können. Erst als der deutsche Widerstand einsetzte, erst als die Schlacht bei Tannenberg und das Zurückweichen geschlagener russischer Vortruppen begann, wurde die Stimmung der »Sieger« ungnädiger. Der feindliche Stadtkommandant erklärte in der Ahnung kommenden Unheils, er würde die ganze männliche Bevölkerung, soweit sie in seiner Gewalt sei, niedermachen lassen, wenn auch nur ein Schuß auf russisches Militär abgegeben würde. Das Leben vieler deutscher Männer hing diesem Gebot zufolge an dem Zufall, ob eine Kinderpistole wo knallen würde oder nicht.

Gewehrsalven und Brandstiftungen

Je bedrohlicher die Lage der Russen wurde, je schlechter die Nachrichten klangen, die ihre Offiziere von Tannenberg bekamen, um so nervöser wurden sie und um so unerträglicher wurde die Lage für die Deutschen. Es geschah, daß Kolonnen in gestrecktem Galopp über den Markt rasten und mit ungeheurer Heftigkeit ein Gewehrfeuer gegen die Häuser zu beiden Seiten eröffneten, so daß die Kugeln durch die Fenster und die Türen schlugen und jedes Leben im Haus gefährdeten.

Die Deutschen mußten sich in die Keller zurückziehen. Die Frage des ersten Offiziers, der die Stadt betreten und verwundert gemeint hatte, warum denn so viele geflohen seien, beantwortete sich von selbst, als die Brandstiftungen begannen. Die russischen Soldaten handelten systematisch. Es war keine Ausschreitung einzelner, sondern ein befohlener kriegerischer Akt. Aus ihren Kellerluken hervorschauend, sahen die Deutschen sie mit Zelluloidstreifen und Petroleumkannen versehen von Haus zu Haus gehen, und bald standen ganze Straßenzüge in Flammen. Es ereignete sich, daß eine ganze Stadt tagelang brannte. Es geschah, daß der Krieg, der so plötzlich gekommen war, hier sofort ganz der Krieg wurde, wie er in den Geschichtsbüchern zu lesen und auf alten Bildern mit Rauch und Feuersglut zu sehen ist. Die Bewohner, die in der überfallenen Stadt geblieben waren, erlebten einen Vorgang, den sie, ohne überhaupt je darüber nachgedacht zu haben, im 20. Jahrhundert für nicht mehr möglich gehalten hatten. Die Geflohenen hörten hinter der Weichsel mit Angst und Entsetzen von dem Geschehenen und weinten um die Heimat, die zerstört war. Während die anderen Deutschen die Nachricht von dem Schrecken gleichzeitig mit der des Sieges von Tannenberg erhielten und zum ersten Mal den Namen Hindenburg in jubelnder Freude nannten.

Die Schlacht

Um die schon brennende Stadt war die Schlacht gegangen. Die Russen hatten sie wohl erst, und nicht zuletzt durch die von ihnen entfesselte Hitze getrieben, verlassen, und eine deutsche Eskadron der Jäger zu Pferde war schon in den Straßen zu sehen gewesen, aber dann griffen die russischen Kräfte noch einmal von Osten her an. Die direkt von Tannenberg zurückflutenden Truppen sammelten sich vor den Toren in den Dörfern Rohmanen und Lehmanen und rückten gegen die Stadt, in der nur kleine Abteilungen deutscher

Kavallerie und Radfahrsoldaten sich notdürftig hielten, vor. Die Lage schien sehr bedrohlich, bis es deutschen Infanterieregimentern gelang, den russischen Ring zu durchbrechen und zur Entlastung der Besatzung in die Stadt zu gelangen.

Die Bewohner atmeten auf. Das Schlimmste galt als überstanden. Gemeinsam mit den Soldaten versuchte man die Feuer zu löschen. Da setzte gegen Abend die russische Artillerie ein. Sie zielte gegen die großen Häuser. Krachend explodierten Granaten, durchschlugen die Geschosse und setzten in Brand, was bisher verschont geblieben. Und dies war erst die eigentliche Zerstörung. Aus dem Dreißigjährigen-Kriegs-Grauen der von Banden angezündeten Häusern wurde das stählerne Inferno der modernen Materialschlacht.

Das Bombardement, das von deutschen Batterien erwidert wurde, dauerte nicht ganz 24 Stunden. Als am Nachmittag des 30. August die Kanonen zu donnern aufhörten, da war ein Berg von Schutt und Ruinen, wo einst die Stadt gewesen war. Ein Berg, in dem noch Teile sich von stehenden Mauern lösten und kleine Feuer aufzüngelten. Ostpreußen war frei, aber Ostpreußen hatte geblutet.

Freiheit und Wiederaufbau

Die deutschen Soldaten hielten die Stadt. Sie bewachten die Trümmer, sie sammelten die Verwundeten, sie begruben die Toten. In der Luft kreisten die Flieger mit dem Eisernen Kreuz auf den Tragflächen und verfolgten die nun kopflos gewordene Flucht des Russenheeres, dessen Führer, General Samsonow, in der Nähe der Försterei Carolinenhof sich selbst getötet hatte.

Als nach Wochen die ersten der über die Weichsel geflohenen Bewohner in die Heimat zurückkehrten, da sahen sie zwar noch (und sahen es noch jahrelang), daß Ruinen statt Häuser sie erwarteten. Aber sie bemerkten zwischen den Trümmern doch schon den Aufbau und das neue Leben. Die Russen standen in den Straßen, ein graues geschlagenes Heer, und räumten die Mauerbrocken und die verkohlten Balken von dem Pflaster der Stadt, die sie hatten erobern wollen. Das Leben ging weiter. Die Landleute kamen wieder mit ihren kleinen Wagen hinter den zotteligen Pferden und hielten den Markt ab. Baracken wurden zusammengefügt und zu Läden und Schänken. Kommissionen kamen und berechneten den Schaden. Baubüros richteten sich ein. Die Pläne zu einer neuen Stadt wurden entworfen.

Das Leben ging weiter, wenn es auch nicht vorbeiging an der Reihe der Kreuze auf dem Heldenfriedhof, an den Hügeln rings um den Ort, über die ein Schild sagt, hier ruhen vierzig unbekannte Russen, hier Angehörige dieses oder jenes Regiments und hier ein Flieger, der an dieser Stelle abgeschossen wurde. Sind auch die Zeiten gewesen, da man die Pferde verendet im Gehölz fand, da die Schlacht noch mit allen Gewalten ihrer Zerstörung überall zu finden war, so sind die nun von Gärtners Hand gepflegten Gräber doch eine Mahnung an die Jugend, die in Masuren aufwächst, in einem Gebiet, das, wenn auch Tage nur, vom Feind genommen war.

Erstdruck/Druckgeschichte:
ED: *Berliner Börsen-Courier* v. 11. August 1933, S. 5 (Abend-Ausgabe).
ND[1]: *GW* 5/88-95
ND[2]: *WKW* 2/287-294
Nicht gezeichnet.
Belegstück im Nachlass.
Editorischer Bericht:
Ängstlichen: im ED »Aengstlichen«

[Nr. 28]
Neuenkirchen

Neuenkirchen war der kleine Sonntagsausflug. Die Familien gingen nach dem Mittagbrot vor das Steinbecker Tor, um im Dorf, das durch den Tannenwald vor dem scharfen Wind von der nahen See geschützt war, den Nachmittagskaffee zu trinken. Es war eine Sache der Gemächlichkeit. Die Bürger schritten behäbig, von ihren Kindern umspielt. Man kannte sich und grüßte. Die Damen trugen die altmodische Spitzenhaube und den Schal. Ein offener Reifrock französischer Herkunft fiel auf. Man schrieb das Jahr 1780.

Im Grunde war der Weg langweilig und für einen Jungen eine Qual. Die Landschaft war allzubekannt und bot keinen Reiz. Äcker, ein paar Wiesen, flach ausgebreitet bis zum Wald oder dem bei heller Luft sehr fernen Horizont. Der Junge wäre viel lieber am Fluß geblieben bei den Schiffen im Hafen. Sie waren das immer Neue, die Ferne auch und die Romantik. Schon ihr Geruch von Teer, Gewürz und fremden Hölzern war erregend und in ihren höchsten Rahen, über den gerefften Segeln, da zitterten noch die Stürme, war der Hauch von heißen, grünen Inseln, Piratenschrei und Hanseatensage –, wenn man den Blick hatte für die wahre Existenz der Dinge.

Was konnte dagegen der Weg nach Neuenkirchen sein? Ein Anlaß zu Karikaturen, während am Fluß die Bilder waren. Im Dorf verschleierte alles der Staub vom Pfad der Kuhherden in der Gegend des großen Gutes. Zwar war die alte Kirche schön, aber ihr kalkweißer Anstrich brannte im grauen Bild. Und der Tanz im Krug, der von ferne gesehen in den Bewegungen des Reigens malerisch war, wurde zur lähmenden Eintönigkeit der abendlichen Promenade in der Langen Straße, wenn man die Gesichter sah und sie als Träger von

Namen in einer kleinen Stadt erkannte. Warum gab es Sonntage und die Pflicht mit den Eltern zu spazieren?

An einem dieser Sonntage aber ging, während die Gesellschaft im Dorfgasthaus saß, ein Gewitter nieder, und auf dem Heimweg stand gegen Abend über der Stadt, die man mit ihren drei Türmen nun vor sich hatte, und der vom Regen erfrischten Landschaft ein Regenbogen. Und unter der Herrschaft dieses Bogens, der im Schieferrot der Dächer und im glatten Fluß sich widerspiegelte, wie er auch im Nebel, der schon den Wiesen entstieg, wieder vorkam, wandelte sich die Gegend. In ihr lebte auf einmal das Gesetz eines Gemäldes. Nicht mehr gleichgültig und flach lagen die Äcker, sondern geteilt und geordnet durch kleine Bäche, in Streifen und Flächen von immer neuer Farbe und Art. Es war plötzlich eine Landschaft von unerhörter, nie geahnter Großartigkeit, Vielfalt und Weite, die vor dem Hintergrund der alten Stadt sich ausbreitete. Sie war deutsch und war romantisch, und in der friedlichen Ruhe des Abends und verklärt von dem Schein des Regenbogens nach dem weitergezogenen Gewitter war sie doch erfüllt von allen Möglichkeiten der Leidenschaft, des Abenteuers und des Dramas. Eine Ahnung, die bestätigt wurde von den Pferden, die dem Fluß zu weideten und in kurzen Wendungen unruhig trabten. Dem jungen Caspar David Friedrich, der dann das Bild *Pferde vor Greifswald* malte (das ein Begriff der Kunstgeschichte wurde), war das Gesicht einer noch gänzlich unbesungenen Natur aufgegangen.

Erstdruck/Druckgeschichte:
ED: *Berliner Börsen-Courier* v. 22. August 1933, S. 2.
ND[1]: *GW* 5/96f.
ND[2]: *Nach der Heimat gefragt*, S. 12
ND[3]: *Eulenspiegels Wege*, S. 36f.
Gezeichnet: Wolfgang Koeppen.

Belegstück im Nachlass.
Editorischer Bericht:
Äcker: im ED »Aecker«
geteilt: im ED »geetilt«

[Nr. 29]
Die Furchtbarste.
Beim Anblick der Sybillen des Michelangelo

Dem ersten Blick scheint die cumäische Sybille die furchtbarste zu sein unter den Sybillen des Michelangelo in der Sixtinischen Kapelle. Ein Koloß und unheilschwer wie eine bleifarbene Gewitterwolke hockt sie auf ihrer Bank. Die Muskeln ihrer nackten Arme wölben sich schlagbereiten Keulen gleich vor dem unförmig geschwollenen Leib, und dem Schauenden kommt bald die Vision, daß sie sich erheben könnte wie ein Turmgemäuer und mit dem breiten Schicksalbuch in ihren groben Händen zum vernichtenden Wurf ausholen gegen den Vermessenen, der ihre Prophetie begehrt. Aber wenn man sich an die überirdischen Maße gewöhnt hat und weiß, daß sie ruhig bleibt und wie aus Stein gehauen, dann sieht man allmählich, daß das Antlitz, das drohend schien und brutal, das sorgende Gesicht einer Mutter ist, die das karge Brot ihren vielen Kindern schneidet.

Auch die dunkle, abgewandte und halb verschleierte persische Sybille ist nicht die furchtbarste. In Ihrem sinnenden Hineinschauen in das Heft in ihren Händen ist noch die Hoffnung auf ein gutes Schicksal und einen tröstenden Spruch zu finden. Es ist zwar Trauer in der Welt, doch noch kein Untergehen. Von der persischen Sybille geht die Ruhe einer Weisen aus, der man vertrauen kann.

Weniger mythisch versunken als die cumäische und die persische ist die eigentlich helle Erscheinung der lybischen Sybille. Die feinen Züge ihres Gesichts sprechen von einer Klugheit, die schon den Haß verwirft. Wenn eine unter den Schicksalskünderinnen zu helfen und zu lenken bereit ist, dann ist sie es.

Ganz aber wie von Sonnenlicht umflossen, lieblich beinahe und wärmend, bietet sich die delphische Sybille dem Auge an. Sie scheint ohne Fehler zu sein, zart gegliedert, jung, ein Kind fast noch und offenen Blicks den scheuen Blick des Fragenden erwidernd. Und doch ist sie die Furchtbarste der Sybillen!

Sie ist der Sphinx verwandt, bevor sie sich verwandelt und noch das kleine Mädchen ist, das mit dem treuen Hundekopf des Anubis spielt, obwohl sie sehr wohl um den finsteren Bund weiß, der sie mit dem Totengott vereint. Sie ist ein Kind, und sie ist schön. Die Amerikaner sprechen verzückt von ihrem Engelantlitz, das keinem eine Hoffnung bietet. Es macht ihr Spaß zu täuschen und zu trügen aus einer Lust heraus, die durchsichtig ist und klirrend zerbrechlich wie Glas. Ihrem Gesicht verfallen zu sein, bedeutet den Untergang. Das Liebliche verfolgt. Und leicht kann es einem Herrn aus New York passieren, daß ihre Augen ihn schrecken bis in die Untergrundbahn unter den Wolkenkratzern seiner Stadt, wenn er dort nach einem Tag schwerer und nicht Verlust bringender Geschäfte eine Erscheinung sieht, die im Erinnern *ihn* versteinern läßt.

Erstdruck/Druckgeschichte:
ED: *Berliner Börsen-Courier* v. 5. September 1933, S. 5 (Morgen-Ausgabe).
ND: *GW* 5/98 f.
Gezeichnet: Wolfgang Koeppen.

Belegstück im Nachlass.
Editorischer Bericht:
Vermessenen, der ihre Prophetie: im ED: »Vermessenen. der ihre Prophetie«

[Nr. 30]
Die Wiege der Reformation.
Die Lutherstadt Wittenberg zwischen
den Feiern

Der Geist hinter den Andenken

Das Jahr 1933 ist unter anderem das Jahr der 450. Wiederkehr von Martin Luthers Geburtstag. Die evangelische Welt feiert das Jubiläum des deutschen Reformators. Die Städte Eisleben, Eisenach und Wittenberg sind zu Wallfahrtsorten geworden, und unter ihnen ist es besonders das alte Wittenberg, das eine Erinnerungsstätte von nicht nur theologischer, sondern weitestgehend historischer Bedeutung ist.

Vor einigen Tagen beging die Stadt eine Lutherfestwoche. Nach den Berichten muß ein Strom von Fremden sich in ihre schmalen Straßen ergossen und müssen öffentliche Dankgottesdienste, feierliche Umzüge und Spiele die Erinnerung an den großen Mann zu einem Volksfest der Weihe, der Freude und des Lebens gestaltet haben. Jetzt sieht man nur noch die Fahnen von den Kirchtürmen wehen und die Guirlanden vor den Fassaden der Häuser sich ranken. Sonst bietet die Stadt das Gesicht ihres Alltags. Ihres Alltags, der auch von Luther und den Reformatoren nicht zu trennen ist. Überall sieht man das Bild des ersten Protestanten. Jedes dritte Haus hat seinen Andenkenladen mit Postkarten, mit Spruchtellern, Erinnerungstassen und gebrannten

Haussegen. Die Vielheit dieser kleinen Fremdenindustrie erschreckt. Die Straße ist kleinstädtisch-gewerblich und hat nichts von der inneren Größe der engen Mittelaltergassen süddeutscher Städte. Man ist zunächst eigentlich enttäuscht. Die Vorstellung, daß von diesem Ort aus die Welt in heftigste Bewegung gesetzt wurde, fällt schwer. Bis einem der Geist hinter den Andenken offenbar wird.

... daß Gott durch ihn eine große Tat will!

Die Collegienstraße ist die Straße der Reformation. Sie führt vom Lutherhaus zur Schloßkirche und vorbei an dem Melanchthonhaus, an der Stadtkirche, dem Rathaus, den Denkmälern auf dem Markt und der Wohnung des Lukas Cranach.

Im Jahr 1508 zog aus Erfurt kommend der Mönch Martin Luther in das Kloster Augusteum zu Wittenberg ein. Im großen Schlafsaal schlief er mit den Brüdern. 1525 schon aber war das Kloster kein Kloster mehr und kein Mönch in dem Haus, das durch kurfürstliche Gnade Luthers Eigentum geworden und von ihm, der des Papstes Gesetz gebrochen hatte, in Gemeinschaft mit seiner Frau bewohnt wurde. Ein Balken unter der Durchfahrt kündet seine Zuversicht: »Niemand lasse den Glauben daran fahren, daß Gott durch ihn eine große Tat will«, und neben dem Portal hängt sein Wappen mit der Umschrift »Vivit«, er lebt! So schnell war die Tat getan, so entscheidend hatte der neue Geist der jungen Universität seinen Protest gegen die alte Erzmacht Rom geführt, daß durch die Jahrhunderte hindurch, lange die kurze Blütezeit der nun berühmten Schule überdauernd, die Wirkung davon bis in unsere Tage und über sie hinaus geblieben ist.

Die Augen nach Norden gewandt

Die Wirkung war, wir wissen es, im höchsten Sinn politisch. Neben dem Haus Luthers steht engbrüstig das des Humanisten und Lehrers Philipp Melanchthon. In dem Bogen des Fensters in dem Raum, der dem Mann, den seine Zeit den »Lehrer von Deutschland« nannte, als Arbeitszimmer diente, liest man die Schrift: »Ad Boream versus oculis hac sede Melanchthon, Scripta dedit, quac nunc praecipua orbis habit« – Die Augen nach Norden gewandt, schrieb hier Melanchthon die Werke, die der Erdkreis für vorzüglich hält.

Die Augen nach Norden gewandt! Bisher hatte der Süden entschieden. Rom, Italien, alles Land jenseits des Mains. Die Reformation spielte zum ersten Mal die Macht und die Bedeutung des Nordens aus. Wittenberg war keine Stadt der Künste in einer lieblichen Gegend. Man kann sich heute überhaupt nicht vorstellen, dass sie jemals katholisch war, daß einmal Weihrauch in ihren Kirchen brannte. Sie muß schon damals ein Ort des Nordens gewesen sein. Ein Vorposten der Kultur des Willens, der in der Kälte auch und im Nebel des Lebens gestalten wollte. Der Dreißigjährige Krieg, der der Reformation folgte, war in seiner Mobilisierung des Nordens gegen den Süden der deutlichste Ausdruck von diesen symbolischen »die Augen nach Norden gewandt« des klügsten Denkers unter den Reformatoren.

Eine wahrhaft historische Tür

Der 31. Oktober 1517 war der Tag des Thesenanschlags und des Anfangs. Man könnte sagen, eine Fackel wurde in die Welt geworfen an diesem Sonntag, an welchem Luther seine 95 Sätze zur öffentlichen Diskussion stellte.

Hatte er das Echo erwartet, das sie fanden? Wir, wenn wir in diesem Lutherjahr vor dieser wahrhaft historischen Tür stehen, fragen erstaunt, wie von einem solchen Ort eine so gründlich die Welt bewegende Wirkung ausgehen konnte, und wir bedenken nicht die Zeit, die damals war. Nichts spricht heute für die weite Wirkung eines Geschehens auf diesem Platz. Er liegt klein vor der spätgotisch zierlich schlanken Kirche. Ein paar Spaziergänger beachten weder die Tür noch den Bau. Selbst wenn die Bewohner Wittenbergs am Sonntag die Kirche besuchen und durch die Tür in das Gotteshaus gehen, dürfte der Eindruck einer leidenschaftlich angerührten Menge nicht zu erwecken sein.

Damals aber, 1517, wartete Deutschland auf ein Zeichen. Eine innere Unruhe hatte alle erfaßt. Man war hellhörig geworden. Die Schule Wittenberg war ein Ort, der, man wußte eigentlich nicht warum, anzog. Und die Thesentür der Schloßkirche war das Schwarze Brett dieser Schule. Die Studenten vernahmen die Sätze zuerst, und von den Reden der Studenten aus gingen sie wie ein Lauffeuer in die Welt, die sie gierig aufnahm.

Die Schloßkirche ist, wie von ihm beschützt, an das Schloß angelehnt. So ist die Impression des Kämpferischen in der Reformation heute noch zu sehen und zu spüren, wenn man einen Schritt nur um die Kirche herumgeht und von einem weiten verwilderten Rasenfeld aus (auf dem die Jungen Fußball spielen) die wehrhafte Mauer des Schlosses sieht, eine Burg, eine Festung, entschlossen, sich zu behaupten, ein Schutz der Kirche; der ganze Protektionismus Friedrich des Weisen wird offenbar.

Zwei Türme über dem Markt

Zwei Türme erheben sich über dem Markt, auf dem in Erz gegossen Luther und Melanchthon stehen, die Türme der

Stadtkirche. Sie war die eigentliche Predigtkirche Luthers und ist das Heiligtum der Evangelischen; in ihrer Bedeutung für den Protestantismus der Peterskirche gleichzusetzen.

Ihrer Erscheinung nach ist sie auf Kampf gestellt. Auch ihre Mauern tragen den Charakter einer festen Burg und ihre Türme sind wie zwei Wachttürme anzusehen. Eckig sind sie und breit, und wie Wehrgänge ziehen sich die beiden Plattformen um ihre Spitzen. Der nüchterne Sinn, das Leben nüchtern anzupacken, spricht aus der eindrucksvollen Schmucklosigkeit des Baus, der sehr fern ist von allem südlichen Prunk, von Farbenfreude und scheinbar spielerischer Form. Das Evangelium wurde hier verkündet, die deutsche Bibel gelesen, dem Volk das Wort geschenkt; sonst nichts.

Der Maler der neuen Kirche

Dennoch entbehrt der Raum nicht den Schmuck von Bildern. Die Reformation hatte ihren Maler und auf ihre Weise die deutsche Renaissance. Lukas Cranach der Ältere lebte in Wittenberg und war ein Freund und Mitstreiter der Reformatoren. In der Stadtkirche hängen seine Gemälde, ernste, schwere Tafeln: »Das heilige Abendmahl«, »Die Taufe«, »Die Beichte« und die unvergeßlichen Gesichter sind zu erkennen: Luther, Melanchthon, Bugenhagen, die anderen.

Ein Maler in Wittenberg, das sicher keine Stadt der Kunst war. Das Leben Cranachs war ein Dasein voll bürgerlicher Tugenden. Er war ein Hausvater in jedem Sinn. Am Markt ist das Schaufenster einer Apotheke, deren erster Inhaber Cranach war. Sein Portrait erhebt sich dunkel hinter den ausgestellten Arzneien. Neben der Apotheke hatte der Meister noch einen Weinausschank, mehrere Häuser und eine gut besuchte Malschule. Überdies war er mehrere Jahre lang Bürgermeister der Stadt und ein treuer Glaubensstreiter, der freiwillig seinem Kurfürsten in die Gefangenschaft folgte.

Auf der Brücke über dem Strom

Eine Stadt an einem Fluß ist immer erst vom Flußufer aus ganz zu erfassen. Wittenberg liegt nicht direkt an der Elbe. Man muß einen Feldweg gehen über Wiesenniederungen, um zum Wasser und zu der großen Brücke zu kommen. Die große Brücke aber ist der beste Blickpunkt.

Auf einmal, wenn man in der Mitte der Brücke stehen bleibt und sich umdreht, sieht man Wittenberg vor sich liegen. Das Wissen um den Ort gibt dann den eigentlich abstrakten, von dem Heute der Stadt entrückten Eindruck: Wiege der Reformation! Gieblig ziehen die Dächer der Collegienstraße die Linie Lutherhaus – Stadtkirche – Schloßkirche. Die grauweißen Rückwände der anderen Häuser stellen sich gegen den Strom wie eine Mauer. Wie eine schützende, bergende, bewahrende Mauer, nicht aber wie eine enge, das Leben einkapselnde. Der Fluß war ja schon damals da, und mit seinem Lauf wohl ging erst das Gerücht, dann die Nachricht, die Bestätigung und schließlich die Lehre ihren Weg in die Welt, an das Meer, dem Norden zu und dem Westen. Wittenberg war ein Handelsplatz! Und wurde so auch ein günstiger Umschlagplatz für ein Gut, das keine Ware war.

Träge und gelb zieht die Elbe in den Abend. Die Wiesen streuen einen Dunst aus in die Luft, die bald, wie in einen Schleier, die Stadt verschwimmen läßt, während Züge über die Brücke donnern, die hier nicht halten, und während fern in der Richtung von Halle die Feuer über den unendlich in den düsteren Himmel sich reckenden Schornsteinen der chemischen Industrie brennen.

Erstdruck/Druckgeschichte:
ED: *Berliner Börsen-Courier* v. 17. September 1933, S. 9.
Gezeichnet: Nicht gezeichnet.
Belegstück im Nachlass.
Editorischer Bericht:
weitestgehend: im ED »weitgehendst«
Überall: im ED »Ueberall«
Ältere: im ED »Aeltere«

[Nr. 31]
Frühstück am Lehniner Platz

Das Café am Lehniner Platz, von dem hier, ohne es zu nennen, gesprochen werden soll, hat seine Stühle vor ein Heim der Junggesellen gestellt und unterscheidet sich durch Sitten und Gebräuche, die liebenswürdig und ihm eigentümlich sind, von allen anderen Kaffeehäusern des frühen Morgens. Der Eingeweihte möchte kaum mehr woanders frühstücken und liegt die Nacht über schon schlaflos in seinem Bett in der frohen Erwartung, Gewohnheiten, welche ihm lieb geworden sind und die in der freundlichen Regelmäßigkeit ihres Ablaufs eine Garantie gewissermaßen bedeuten für den Bestand der Welt, wiederzufinden.

Da ist zunächst der Wald der Gummibäume zu passieren. Eine Allee dunkelgrüner, lackig glänzender und kühn in die Höhe strebender Zweige, die, in roten, blauen oder gelben Töpfen, von ihren Besitzern, den Bewohnern des Junggesellenhauses, in die Morgensonne getragen und auf dem Pflaster der kleinen Privatstraße mit weichen Wedeln vom Staub und Schlaf der Nacht gereinigt und aus flachen, langschnäbeligen und ebenfalls überaus farbenfreudigen Gießkannen begossen werden. Vor dem Hintergrund des gelblichen Sandsteinbaus nimmt sich dieser kräftig kolorierte Hain à la Liliput wie der Entwurf zu dem Bühnenbild einer Operninszenierung moderner Art aus.

Doch werden hier am frühen Tag nicht nur Gummibäume gepflegt und aufgezogen. Auch Hunde beleben das Bild und manche liebevolle Wartung wird ihnen zuteil. Der draht- und rauhaarige Foxterrier ist es besonders, der sich im spärlichen Schatten der tropischen Gewächse tummelt. Eine Herde von kleinen grauweißen Schafen könnte man meinen, sich in muntern Sprüngen ergehen zu sehen, wenn nicht der Ruf und die Flöte des Hirten fehlen und ersetzt würden durch den vergebens befehlenden Aufruf der Namen, die ihre Herkunft aus nächtlichen Bars nicht verleugnen können: Brandy, Sherry, Whisky und Gin – so und so ähnlich heißen hier die Hunde.

Der wahre Reiz dieser Vorgänge entschleiert sich aber erst eigentlich dem, der aus der Perspektive des Kaffeehauses betrachtet.

Mittlerweile hat nämlich der Kellner, in Hemdsärmeln und höchst privat noch, die kleinen Tische in die Fluchtlinie der Gummibäume vor die noch geschlossenen Spiegelfensterscheiben des Cafés gestellt, gerichtet und gedeckt. Der Junggeselle erlebt sein Weekend jeden Morgen! Der englisch gepflegte Rasen zwischen den Gleisen der Straßenbahn, die der Kellner, wenn er den gewohnten Gast nahen sieht, wie ein Knabe überspringt, um vom Kiosk die Blätter zu holen, die der Herr zu lesen wünscht –, der englisch gepflegte Rasen also läßt wie beiläufig die Illusion von Schloßparklandschaften aufkommen mit Fuchsjagden und reißenden Forellenbächen in der Ferne. Dazu aber und nahe, vom Korbsessel aus mit den Händen zu greifen, das Blattpflanzengrün, die spielenden Hunde und das sorgsam nützliche Tun des Menschen, der Pflanze und Tier hütet und pflegt und die Begrüßung durch die Kaffeehauskatzen.

Sie sind die wahre Morgenfreude und machen den Tag erst schön. Auf Stühlen, die sie kennen, liegen sie schon und erwarten den Mann, der frühstücken will. Zart sind sie und gestromt und eigentlich jedesmal von neuem scheu. Sie behaupten das Feld nicht, sie springen auf, huschen fort, räumen den Platz, wenn der Gast kommt. Räumen ihn in der immer gleichen Absicht, wiederzukommen. Die kleinere kommt schon, wenn die erste Zeitung entfaltet wird, die ältere und größere erst, wenn der Kaffee serviert worden ist. Sie lieben es, Indianer zu spielen, zu schleichen und eine Weile unbeobachtet zu bleiben. Man weiß schon, daß sie da sind, um die Füße kreisen und den Schuh beschnuppern. Aber sie jetzt schon beachten, hieße das Spiel verderben! Erst wenn sie sich recken und strecken und die Pfoten mit scharfen Krallen gegen die Knie legen und leise schnurrend hochzuklettern beginnen, ist es erlaubt, ihnen den Kopf zu kraulen, die flache Hand gegen ihren Schädel zu heben, so daß sie, wie kleine Bullen, kurze und harte Stöße tun und das Vertrauen gewinnen können, das die Vorbedingung ist für den Sprung auf den Schoß und die Teilnahme am Frühstück. Geborgen dann in der festen Burg des Menschenarms, von der Sonne beschienen und einen gesunden Appetit entwickelnd, sind sie ein beruhigendes Beispiel für das Glück im Leben; für ein Glück, das, auf nichts wie Zutrauen gebaut, so sicher zu sein scheint, daß man selbst im Angesicht seiner Hundetodfeinde die besten Bissen sich in Ruhe und mit viel Verständnis aussuchen kann.

Das erinnert mich an den schwarzen ostpreußischen Kater Mucki, der, ein Prachtkerl und ein echter Masure zwar von altem Schrot und Korn, mit der Zunge eines Gourmets begabt war, der den Savarin gelesen haben könnte. Er rührte die Milch erst an, wenn sie genau, aber strichgenau, auf zwanzig Grad Celsius erwärmt war, und kein Fisch wurde von ihm verzehrt, der nicht ein wenig angekocht, so grade ein bißchen halbgar gesiedet war. Und selbst diese ihm zusagenden und für gut befundenen Speisen nahm er erst nach der bekömmlichen gymnastischen Übung eines dreimaligen Springens über den Arm seines geduldig lächelnden Herrn.

Erstdruck/Druckgeschichte:
ED: *Berliner Börsen-Courier* v. 30. September 1933, S. 2.
ND: *GW* 5/102-104.
Gezeichnet: Wolfgang Koeppen.
Belegstück im Nachlass.
Anmerkungen:
Savarin: Jean Anthelme Brillat-Savarin (1755-1826), französischer Schriftsteller und Gastrosoph (*La Physiologie du Goût*, 1826, dt: *Die Physiologie des Geschmacks*).
Editorischer Bericht:
Übung: im ED »Uebung«

[Nr. 32]
Die Hausbibliothek unserer Zeit

Das Buch ist heute ein soziales Gut und sein Besitz allgemein geworden. Die Hausbibliothek ist nicht mehr ein prächtiger Saal in Schlössern oder in Patriziervillen, sondern meist ein Raum oder auch manchmal nur ein Bücherbrett in den bescheiden gewordenen bürgerlichen Wohnungen unserer Tage. Die Hausbibliothek ist eine kleine Bücherei, zusammengestellt nach dem Bedürfnis ihres Besitzers, eine persönliche Mischung von Liebhaberbänden und Gebrauchsschriften, die überall zu finden ist.

Sie unterscheidet sich heute grundsätzlich von der Büchersammlung des Bürgers um die Jahrhundertwende. Damals geschah es noch oft, daß die Bücher im Fransenplüsch des Salons eine Schau in Gold gebundener Rücken waren. Man stellte die »Werke unserer Klassiker« ins Licht, um im Dämmerschein der Nachttischlampe von Gewissensbissen ungestört den Schmöker aus dem Straßenkiosk lesen zu können. Das ernste Buch war für viele, mit Ausnahme des Lexikons vielleicht, nach dem Ende der Schulzeit eine erledigte Angelegenheit. In den Kreisen des Bürgertums diente die Bibliothek der Repräsentation, und dem Arbeiter fehlte sie ganz.

Der Krieg hat der Schaubibliothek im Wert eines Ziermöbels ein Ende bereitet. In den Schweinsledersammlungen der Inflationsgrößen erlebte sie ihre groteske Agonie. Die Nachfolge war sympathischer und ist es geblieben.

Man bekennt sich jetzt zu den Büchern, die man liest, und nicht zu denen, die man zufällig hat oder haben zu müssen glaubt. Für Überflüssiges, für rein äußerlich Prunkendes ist im wörtlichen Sinn kein Platz. Unsere Zeit ist darin ehrlicher geworden. Und unsere Zeit braucht das Buch und liebt es. Es kann einer Kaufmann sein oder Handwerker oder einen akademischen Beruf ausüben, er wird, wenn er auch den Anforderungen des Morgen genügen will, um die Lektüre einer täglich wachsenden Fachbücherei nicht herum kommen. Das Wissen ist viel schneller fließend geworden, als es je war. Keines Menschen Bildung ist heute mit seiner Ausbildung abgeschlossen. Man hat sich zu orientieren, man muß auf dem Laufenden bleiben, die neuen Erkenntnisse auf dem besonderen Gebiet eines Berufs sich zu eigen machen, und man tut dies im Buch. Doch liest der Mediziner nicht nur die Neuerscheinungen auf dem Gebiet der Medizin und der Kaufmann nicht nur die letzten Veröffentlichungen über das Börsenwesen. Der Einzelne steht der totalen Gegenwart und der Gesamtheit ihrer Probleme gegenüber.

Das Interesse an den allgemein erörternden Schriften, darlegenden und aufklärenden Büchern ist ungeheuer. Die Bibliothek ist zum großen Teil eine politische Bibliothek im weitesten Sinn geworden. Druckerzeugnisse über die besonderen Fragen der Gegenwart, die Judenfrage z. b. oder die völkische Idee der Eugenik werden, wie uns die Buchhändler bestätigen, gekauft und diskutiert. Die Philosophie in diesem Sinne ist nicht mehr allein die Sache der Gelehrten, sondern eine Angelegenheit des ganzen Volkes. Man wird dasselbe Buch auf dem Schreibtisch des Professors und in der Hand des Arbeiters finden.

Die schöngeistige Literatur nimmt in der Hausbibliothek des modernen Menschen nicht mehr ganz den dominierenden Rang ein, der ihr einmal gehörte. Es sind nur wenige, begüterte Leser noch, die sich die Neuerscheinungen der bekannten Verlage laufend ins Haus senden lassen. Man hält hier erfreulicherweise eine strenge Auswahl in der Richtung der Qualität. Nur der Roman, den man wirklich als ein besonderes Werk empfindet und liebt, wird gekauft; die übrigen leiht man sich, soweit sie überhaupt interessieren, aus einer der vielen Leihbüchereien.

Zusammenfassend läßt sich behaupten, daß die Hausbibliothek unserer Zeit zwar der Neubauwohnung entsprechend klein, aber doch umfassend, persönlich, nützlich und gut ist.

Erstdruck/Druckgeschichte:
ED: *Berliner Börsen-Courier* v. 24. Oktober 1933, S. 6.
Gezeichnet: -n.
Belegstück im Nachlass.
Editorischer Bericht:
Überflüssiges: im ED »Uebung«
Anmerkungen:
Erschienen in der Rubrik »Umblick und Urteil«.

[Nr. 33]
Habent sua fata ...
Berliner Autos und ihre Schicksale

Am Kanalufer in Charlottenburg liegt eine Zille, gefüllt mit berghoch gestapelten Äpfeln, und der Schiffer flucht lästerlich, weil ihm ein Haltetau ins Wasser gefallen ist. Auf der anderen Seite der Straße, deren Gebäude zum großen Teil von neuen und gebrauchten Automobilen bewohnt werden, geht es vornehmer zu, am feinsten aber in einer langgestreckten Automobilhalle, von deren Front wie ein dynastisches Hauszeichen der Buchstabe N rot in die Gegend hinein leuchtet. Dort hausen nur Luxusmobile, große schöne Wagen mit gepflegten Sonderkarossen, mit glänzendem Lack und spiegelndem Chrom und prominenten Initialen auf dem Wagenschlag. Neu sind sie allerdings nicht mehr, und deshalb haben sie auch alle eine Geschichte. Manchmal eine wildbewegte, manchmal eine aristokratisch gleichmäßige, und demjenigen, der in einem Automobil nicht nur eine Fortbewegungsmaschine, einen Apparat zur Produktion hoher Geschwindigkeiten und zur Vermittlung gesteigerten Reisekomforts erblickt, der sich in den empfindlichen Mechanismus hineinzuleben vermag, erzählen sie sie auch, in der feinen langgestreckten Halle mit dem rotleuchtenden N.

Einem herrlichen Mercedes S begegnen wir gleich am Eingang, einem langgestreckten beigefarbenen Sportwagen, dessen riesige Koffertresore schon von weitem erkennen lassen, daß er weitgereist ist. Dem Grafen A. hat er gehört, als er noch neu war. Jetzt hat ein jüngerer Bruder den Wagen abgelöst, und nun wartet der Pensionierte auf weitere Verwendung, auf einen neuen Herrn, der ihn vor großen Hotels und vornehmen Restaurants, vor Bankgebäuden und Theaterfoyers parkt. Alle diese feinen Häuser hat er schon lange

Zeit nicht mehr gesehen, und dabei braucht er sie zum Existieren so nötig wie Benzin und Öl, Wasser und Gummi.

Sein Nachbar ist ganz anders geartet, anders gebaut, mit anderem Gesicht und anderer Figur. Auch er ein Edelprodukt, ein schön gearbeiteter, gleichsam handgefertigter Wagen, aber nicht so massiv und gigantisch wirkend, zartgliedriger, aber ebenfalls kräftig und hochleistungsfähig: ein Bugatti mit roter Karosserie, bestimmt dazu und imstande, Aufsehen zu erregen, wohin er auch kommt. Sein Schicksal ist wohl das eigenartigste unter allen hier versammelten Wagen.

Er gehört dem Hellseher Jan Erik Hanussen, und jeder, der den Kurfürstendamm kennt, kannte auch diesen koketten, gefallsüchtigen Wagen,

an dessen Steuer ein Mann zu sitzen pflegte, in dessen Kopf sich mystischer Spuk und reale Geschäftigkeit in sonderbarer Mischung verbanden. Ein paar Schritte weiter steht ein besonders feudales Gefährt, ein Vauxhall, französisches Fabrikat, mit eigenartiger Stromlinienkarosse und vielem Luxusbehang, dem alles nachblickte, wenn sein Eigentümer Baron von U. es durch die Straßen steuerte. Von seinem Schicksal ist nur wenig zu erfahren, aber was ihm an interessanten Lebensdaten abzugehen scheint, sucht es durch die Bizarrerie seines Aussehens, durch die sonderbare Form seines Exteriors wettzumachen.

Den kleinen BMW, der nicht weit von ihm neuer Herren wartet, hätte man zwischen den großen Wagen beinahe übersehen. Wenn man aber auch zwischen zwei 100-PS-Mammutautos eingezwängt ist! Dabei ist er in seiner adretten Winzigkeit bildhübsch und kann neben seinen großen Stallgefährten durchaus bestehen. Er ist der Liebling des Verkaufspersonals. Seine beiden Flügelmänner, ein mächtiger, sogar nagelneuer Packard, den kürzlich ein Fabrikant erworben hatte, dessen Lebensgeschichte also erst beginnen soll, und ein monumentaler Stutz, der früher dem Besitzer eines großen Berliner Pelzhauses gehörte, machen natürlich in der Kontrastierung mit dem Baby besonders gute Figur. Neben ihnen sind im Augenblick lauter Württemberger mit dem Dreistern stationiert, kleine fixe Sportwagen und große Reiselimousinen, mit seriösen dunklen Aufbauten und mit grellen Rennbahnfarben. Einen fuhr der Sohn eines Berliner Großbankiers, den anderen ein Fabrikant aus dem Reich, den dritten eine Sportlerin aus Westdeutschland. Zwischen ihnen parkt ein schönes schweres Horchkabriolet.

Sein früherer Besitzer machte gerade in diesen Tagen wieder von sich reden:

der ehemalige Reichsrundfunkkommissar Staatssekretär Bredow, und so färbt auf den Wagen das Schicksal eines vielumstrittenen Mannes ab.

Ein blauer Auburn, den in der Blütezeit Rotterscher Theaterwinter ein vielberedeter Berliner Bühnenleiter fuhr, beschließt die bunte Reihe der schönen Wagen, die alle irgendwie ein kleines oder großes Schicksal haben.

Bei dem einen dauert es lange, beim anderen nur ein paar Wochen oder Tage, bis er wieder mit knirschenden Pneumatiks durch die Kurven heult, bis er wieder Chauffeur und Wagenwäscher, Tankmeister und Garagenpächter, Benzin- und Gummilieferanten in Bewegung setzt, bis er wieder sein stolzes Kühlerzeichen, die geflügelte Kugel oder den Stern im Kreis, das W mit den Schwingen oder die anfragende I überall zeigen darf.

Erstdruck/Druckgeschichte:
ED: *Berliner Börsen-Courier* v. 29. Oktober 1933, S. 6.
ND: *GW* 5/105-107.
Gezeichnet: -n.
Belegstück im Nachlass.
Anmerkungen:
Reichsrundfunkkommissar Staatssekretär Bredow: Hans Bredow (1879-1959), Begründer des deutschen Rundfunks (»Funkstunde« 1923 aus dem Berliner Vox-Haus), seit 1926 »Reichsrundfunkkommissar« und Vorsitzender der Reichs-Rundfunk-Gesellschaft. Als überzeugter Demokrat tritt er am »Tag von Potsdam« am 5. März 1933 von seinen Ämtern zurück. Als er gegen die Verhaftung ehemaliger Mitarbeiter protestiert, inszeniert Goebbels einen Schauprozess. Am 25. Oktober 1933 wird er wegen angeblicher Veruntreuung öffentlicher Gelder zu 16 Monaten Haft verurteilt. Aufhebung des Urteils 1938.
Editorischer Bericht:
Äpfeln: im ED »Aepfeln«

Abteilung IIa:
Kritiken, Berichte zum Theater

[Nr. 34]
Verlängerung der Theaterspielzeit

Ich möchte im Namen vieler Greifswalder Bürger und Studenten nochmals fragen: »Muß unser schönes Theater geschlossen werden?« Ich kenne kleinere Städte, ohne Universität, die ein ständiges Sommertheater haben, wo das Personal auch Freilichtaufführungen mimt. Sollte das nicht auch in einer Stadt der Bildung möglich sein? Sollen alle, die auch im Sommer ein Verlangen nach darstellender Kunst haben, auf mehr oder minder kitschige Filme und Kleinkunstbühnen angewiesen sein? Das kann unmöglich der Wille unserer Direktion sein! Alles ist zu einer Sommerspielzeit vorhanden: das Theater, der Direktor, die Darsteller und sogar die Souffleuse. Nur ein sehr kleiner Teil der Künstler hat ein Engagement, die meisten sind zum mindesten bis zum 15. Juni brotlos. Sollen wir die, die uns im Winter erfreut haben, den Sommer hungern oder an Schmieren gehen lassen? Den Künstlern und Zuschauern gegenüber ist es Pflicht, weiter zu spielen!

Erstdruck/Druckgeschichte:
ED: *Greifswalder Zeitung* v. 4. Mai 1923
ND: *Nach der Heimat gefragt*, S. 15
Gezeichnet: W. K.
Belegstück im Nachlass.
Anmerkungen:
Erschienen in der Rubrik: »Eingesandt. (Für diese Rubrik übernimmt die Redaktion keine Verantwortung.)«
die Souffleuse: Koeppens Mutter Marie arbeitete von 1923 bis zu ihrem Tod 1925 als Souffleuse am Greifswalder Stadttheater.

[Nr. 35]
Englische Gesellschaftskomödie

Der modernen englischen Gesellschaftskomödie erster Meister ist Oscar Wilde. Er war um 1890 der gewandteste witzigste Causeur Londons, dem die Sprache eine geschmeidige Gerte, gleichgut zu streicheln und zu schlagen, war. Er, der Gast stolzer Earls, würdevoller Lords und goldschwerer Millionäre, kannte wie kein anderer die englische Gesellschaft seiner Zeit. Er kannte sie – doch gehörte er nicht zu ihr. Er war ein geduldeter Außenstehender, ein unterhaltender arbiter elegantiarum. Er schien ein Dandy zu sein und war ein Dichter. In geistsprühenden Paradoxen verspottete er seine Umwelt, die exquisite englische Gesellschaft. So war er wie kein anderer berufen, dieser Gesellschaft eingebildete Würde auf die Bühne zu bringen und öffentlich zu belächeln.

Da standen sie nun im Rampenlicht: die Damen in kostbaren Toiletten, die Herren im Frack; tranken Tee, aßen Kakes und Sandwichs, intrigierten gegeneinander und plauderten Wildes geschliffenen Dialog. So waren in rascher Folge *Lady Windermeres Fächer*, *Eine Frau ohne Bedeutung*, *Ein idealer Gatte* und *Bunbury*, das klassische Stück dieser Richtung, entstanden und amüsierten vortrefflich das Publikum, das – zum Teil – über sich selbst lachte. Keinen verletzte ernstlich Wildes Spott, und keiner nahm ihn für Ernst. Das Konversationsstück, die moderne Gesellschaftskomödie war in London heimisch geworden und blieb es auch nach Wildes Sturz.

Nach Wilde kam Bernhard Shaw. Er ist der satirische Kritiker der allgemeinen sozialen Verhältnisse, nicht – wie Wilde – nur der sogenannten »guten Gesellschaft«. In seinen Gesellschaftskomödien erscheint der Müllkutscher neben dem Lord, die Dirne neben der Lady, und der einzige Unterschied ist: Kleidung. Meisterlich verwendet Shaw den leichten, tändelnden Konversationsstil, um den Engländern boshafte Wahrheiten zu sagen, die er ihnen ohne Humor nie würde sagen dürfen. Stücke dieser Art sind: *Frau Warrens Gewerbe*, *Pygmalion*, *Heuchler*, und als letztes und vielleicht bestes: *Zurück zu Methusalem*. In diesen Stücken steht hinter dem witzigen, gewandten Stilisten Shaw der Lebensreformer, der Sozialist.

Andere bedeutende Autoren der modernen englischen Bühne sind: Der kürzlich verstorbene Israel Zangwill, John Galsworthy, Noel Coward, Ashley Dukes, Clifford Bax und Frederick Lonsdale. Über Frederick Lonsdale, den liebenswürdigen Verfasser von *Mrs. Cheneys Ende*, der Matrose und Cowboy war, bevor er Dramatiker wurde, sagt Jack Benvenisti: »Sein Wert liegt in der Feinheit und Kultiviertheit eines Dialogs, wie er nur von wenigen Dramatikern unserer Zeit getroffen wird.«

Und Kultiviertheit, Feinheit, Witz und Geist sind die Wahrzeichen der englischen Gesellschaftskomödie, des Konversationsstückes. Diese Bühnenwerke, die spielend ironisch mit den Dingen und Menschen unserer Zeit scherzen und sie von ihrer komischen Seite betrachten, haben sich die Welt erobert. Überall gespielt, erfreuen sie jedes für feinen Witz und kultivierte Rede empfängliche Publikum. Und wäre es nicht unklug, wenn es sich diesen bunten, funkelnden, frischen Gedanken verschließen würde, nur weil es nicht deutsche sind?

Erstdruck/Druckgeschichte:
ED: *Blätter des Stadttheaters Würzburg 1926/27*, H. 1, S. 9f.
Gezeichnet: Wolfgang Koeppen
Belegstück im Nachlass.

Editorischer Bericht:
Ashley Dukes: im ED »Aschley Dukes«
Frederick Lonsdale: im ED »Frederic Lonsdale«

[Nr. 36]
        Siegfried Jacobsohn

Ist fünfundvierzigjährig am 3. Dezember gestorben. Plötzlich, mitten aus Leben und Tätigkeit gerissen, mußte er das Werk verlassen, das er sich durch die Gaben seines ruhelosen Geistes geschaffen. Den Herausgeber der *Weltbühne* werden seine politischen Freunde und Feinde nicht vergessen, unsere Pflicht ist es, des dramaturgischen Schriftstellers zu gedenken. Dieser Mensch, der schon blutjung revolutionierende Kritiken über das »Theater der Reichshauptstadt« schrieb, war ein Enthusiast voller Theaterwut. Die Bühne liebte er, für sie stritt und siegte er in hitzigen literarischen Fehden. Für Otto Brahm, Max Reinhardt und das Theater der Jungen und Jüngsten war er der mächtige Rufer im Streit. Mit vierundzwanzig Jahren wagte er die Herausgabe der *Schaubühne*, sein Werk. Hier veröffentlichte er zuerst seine dramaturgischen Chroniken, die jetzt in den Bänden des *Jahres der Bühne* gesammelt sind. Arbeitsfreude, Liebe zur Sache und eine unbedingte Bejahung des Theaters zeichneten die ersten Jahrgänge aus und machten die *Schaubühne* zu *der* Theaterzeitschrift. Nach dem Krieg, nach der verlorenen Revolution erschien ihm das Geschehen auf der Bühne im Vergleich zum Drama der Welt klein. Aus der Schaubühne wurde die Weltbühne.

Erstdruck/Druckgeschichte:
ED: *Blätter des Stadttheaters Würzburg* 1926/27, H. 7, S. 5

Nicht gezeichnet.
Korrekturfahne im Nachlass.
Anmerkungen:
Veröffentlicht im Anhang der gebundenen Version des Jahrgangs 1926/27. Die erste Fassung des Heftes 7 musste »auf Veranlassung der Direktion des Stadttheaters wegen der Aufsätze ›Schund‹ von Wolfgang Koeppen (vgl. Nr. 37, S. 133 f.) und ›Über Theaterkritik‹ von [Achim von] Arnim eingestampft werden.«
gestorben: Koeppen 1978 dazu in *Als ich in Würzburg am Theater war*: »Ich schrieb im Programmheft einen Nachruf auf Siegfried Jacobsohn, den ersten Herausgeber der Weltbühne, und einen Artikel gegen das ›Schund- und Schmutzgesetz‹ als einen Versuch der Zensur, und beides wurde auf Betreiben des Stadtrats aus dem Verkehr gezogen und eingestampft. Es war eine schöne Zeit.« (*GW* 5/337). Und im Interview mit Marcel Reich-Ranicki 1994: KOEPPEN: »Ich habe das Heft des Theaters entworfen und Vorschläge für Aufführungen gemacht. Eines dieser Hefte wurde vom Magistrat eingestampft und verboten, weil ich einen Aufsatz über das ›Schund- und Schmutzgesetz‹, das damals aktuell war, geschrieben hatte und über den Tod von Siegfried Jacobsohn, den Herausgeber der *Weltbühne*.« REICH-RANICKI: »Ein Artikel über Jacobsohn war damals verboten?« KOEPPEN: »Er war dem Magistrat der Stadt Würzburg unsympathisch, sagen wir es mal so. Das Verbot wurde nicht weiter begründet. Aber es gab Ärger. Ich war auf der Kippe, rauszufliegen, bin aber nicht rausgeflogen.« (*WKW* 16/545)

[Nr. 37]

Schund

Der Reichstag der deutschen Republik hat uns zu Weihnachten ein neues Gesetz beschert. Das Schmutz- und Schundgesetz, und Leute, die Sinn für Ironie besitzen, bezeichnen diesen Titel als sehr zutreffend. Hinter diesem Gesetz steht in muffiger Luft nicht eine zu schützende Jugend, sondern der Mucker, vor ihm aber der Polizist. Von diesem Polizisten erzählt man sich, wie er einmal amtlich der Vorführung eines vortrefflichen Schauspiels beiwohnen mußte. Er langweilte sich furchtbar, und als er erwachend ein Wort hörte, das ihm nur als feister Witz unter Männern bekannt war, da entrüstete er sich und fand, daß die Leute klüger täten, ihn besser zu bezahlen oder ihm einen neuen Säbel zu kaufen, als ihr Geld für dergleichen »Schweinereien« zu vergeuden. Und er ging hin und forderte den Schmutzparagraphen.

Das Gesetz ist eine bittere Tatsache geworden und bedroht die Freiheit geistiger Arbeit. Vergeblich waren die zahlreichen Proteste ihrer berufenen Vertreter. Wer hört auch im Land der Dichter und Denker auf diejenigen, die Anspruch auf diesen Titel erheben, ohne hundert Jahre beerdigt zu sein und ein anständiges, dem Schutze des Publikums empfohlenes Denkmal zu besitzen? Es gibt nur einige harmlose Leute, die meinen, der entrechtete geistige Arbeiter solle sich doch freuen; denn je mehr Schund und Schmutz unterdrückt würde, je freier könne sich der wahre Geist entfalten.

Man glaube doch nicht, daß nun im Namen dieses Gesetzes die kitschigen Leihbüchereien, die Postkartenserien »Ich hab dich lieb«, die Filme *Ehre Deine Ehe* und *Sündige nicht an Deinem Leib* verschwinden und daß das in Heidelberg verlorene Herz nicht mehr Nationallied sein wird. Diesen dummen Schund und gemeinen Schmutz wird das Gesetz nicht unterdrücken; denn Dummheit ist immer gesetzlich geschützt. Opfer dieses Gesetzes ist allein der wagemutige Geist, der sich außerhalb der auch dem Spießer geläufigen Gedankengänge bewegt, der das Normalschamgefühl verletzt. Früher bekämpfte der Unverstand seine Feinde mit dem famosen Paragraphen 184 des R.St.G.B. und den Paragraphen gegen Gotteslästerung und Aufruhr; doch erforderte dieses Verfahren immerhin eine umständliche Gerichtsverhandlung, die noch dazu unter besonders glücklichen Umständen mit einem Freispruch enden konnte. Das neue Verfahren ist sicherer: man verbietet nicht, man unterdrückt nur. Unvergleichliches Radikalmittel, Werke junger Künstler zu ersticken, die es sich erlauben, unbequeme, neue Ansichten über alte Dinge zu sagen. Die früheren Paragraphen verstießen auch gar zu auffällig gegen den Artikel 118 der Weimarer Verfassung. Das neue Gesetz vermeidet dagegen diesen sichtbaren Anstoß; denn äußern darf der Delinquent seine Meinung ja, nur anderen mitteilen darf er sie nicht. Warum ändert man Artikel 118 nicht einfach so: Jeder geistige Mikrozephale hat das Recht, Worte, Schriften, Drucke, Bilder, deren Sinn ihm unklar ist, zu unterdrücken! Man sei doch ehrlich und legitimiere grundsätzlich die in erschrekkender Häufigkeit von indolenten Raudis hervorgerufenen »Theaterskandale«, und keine Bühne wird es mehr wagen können, »Schmutz- und Schundstücke der genannten Art« zu spielen.

Pfui! Unanständiger Götz, schamlose Stella, gefallenes Gretchen! Die moralische Zeit verachtet Euch! Pfui! Mangelhaft bekleidete Venus, ehebrechender Tristan, blutschändender Sigmund! Hütet Euch: im Parkett wacht die Polizei!

Erstdruck/Druckgeschichte:
ED: *Blätter des Stadttheaters Würzburg* 1926/27, H. 7, S. 60f.
ND[1]: *Die Literatur* 15 (1952), S. 1f.
ND[2]: *GW* 5/11f.
Gezeichnet: Wolfgang Koeppen.
Korrekturfahne im Nachlass.
Anmerkungen:
Vergleiche zur Verbotsgeschichte dieses Textes Anmerkungen zu »Siegfried Jacobsohn«, Nr. 36, S. 132f.
Paragraphen 184 des R.St.G.B.: Strafrechtsparagraph gegen die Verbreitung pornographischer Schriften.

Artikel 118 der Weimarer Verfassung: (1) Jeder Deutsche hat das Recht, innerhalb der Schranken der allgemeinen Gesetze seine Meinung durch Wort, Schrift, Druck, Bild oder in sonstiger Weise frei zu äußern. An diesem Rechte darf ihn kein Arbeits- oder Anstellungsverhältnis hindern, und niemand darf ihn benachteiligen, wenn er von diesem Rechte Gebrauch macht. (2) Eine Zensur findet nicht statt, doch können für Lichtspiele durch Gesetz abweichende Bestimmungen getroffen werden. Auch sind zur Bekämpfung der Schund- und Schmutzliteratur sowie zum Schutze der Jugend bei öffentlichen Schaustellungen und Darbietungen gesetzliche Maßnahmen zulässig (v. 11. August 1919).
Editorischer Bericht:
beschert: im ED »bescheert«

[Nr. 38]
Über die Entstehung der Freilichtspiele

Das große Theater der Griechen, der Spanier, der Elisabethaner, das ganze mittelalterlich-europäische – besonders das deutsche der Mysterienspiele – war in seinem Ursprung ein Freilichtspiel. Über die Naturbühnen der Rokoko-Höfe hinweg hat sich die Tradition bis in unsere Zeit erhalten. Ist auch das Freilichtspiel allgemein von den Aufführungen in festen Theaterhäusern verdrängt worden, und liegt auch sicher die Entwicklung des Theaters auf den Maschinenbühnen dieser festen Häuser, so packt dennoch stets wieder im Licht des Sommers den Theaterspieler und Theaterzuschauer die alte, tief im Blut wurzelnde Sehnsucht, ein Spiel im Freien, in großer Natur zu erleben. Und so, diesem heute besonders starken Verlangen die Erfüllung gebend, entstehen die Freilichtbühnen. Sie haben also meist ihren Ursprung in einem echten, naiv künstlerischen volkhaften Verlangen; meist, aber leider nicht immer, manchmal sind sie heute Geschäft-Sensation. Da ist der Ort X, irgendwo mittelmäßig gelegen, mit mäßigem Fremdenverkehr. Er möchte gerne ein großes Modebad mit allen Schikanen werden, folglich stellt er gewaltsam eine Bühne in die Landschaft, holt sich aus Berlin einen Spielleiter mit Namen und prominente Schauspieler, die dann die Sache »machen«. Und der Erfolg ist da, denn alle Münder brüllen: »Sahen Sie schon die Spiele in X?«, und der snobistische Reisende fährt hin, sie sich anzuschauen, um mitbrüllen zu können. Ein solches auf »Betrieb« gestelltes Unternehmen hat natürlich mit dem wahren, empfindungsentsprungenen Freilichttheater nichts mehr zu tun.

Würzburg ist so glücklich eine Freilichtbühne im ersteren und guten Sinn – naturgegeben – zu besitzen. Da ist die alte schöne Stadt, man geht an den Main, auf die wundersame alte Brücke, sieht über sich den rebenbewachsenen Schloßberg, der die ehrwürdige trutzige Festung Marienberg trägt; man steigt hinauf, geht über Wälle und durch feste Tore, sieht die Stadt, mit ihrem Getriebe versinken und steht dann endlich auf einem Plateau, das ruhig und groß daliegend, einen weiten Blick in das Maintal und in die fränkische Landschaft gewährt. Dies ist die Freilichtbühne auf dem Marienberg. Wohl selten ist ein Ort so geweiht dem Darstellen großer Dichtung wie dieser. Leider wissen die Würzburger noch gar nicht so recht, welch herrliche Freilichtbühne sie besitzen, und so wird der ideale Ort noch viel zu wenig benützt. Im vorigen Sommer wurde dort Leo Weismantels *Pauker von Niklashausen* in eindrucksvoller Weise uraufgeführt. Dieses Jahr hätte der Platz fast kein Spiel gesehen, wenn nicht der Schauspieler Bernhardt, der um die Schönheit dieser Bühne liebend wußte, die Initiative gehabt hätte, dort Schillers *Wilhelm Tell* zu inszenieren.

Aus sich heraus haben die Schauspieler das Wagnis der diesjährigen Spiele unternommen. Ihre mutige Unternehmungslust hat die anerkennende Unterstützung der Stadt, die eine

Garantiesumme zur Verfügung stellte, und des Kilianfestausschusses, der den von ihm gepachteten Platz in dankenswerter Weise kostenlos hergab, gefunden. Hoffentlich wird die Teilnahme des Publikums den Erfolg der Spiele sichern, so daß sie eine ständige Würzburger Sommerveranstaltung werden können. Im kommenden Jahre wollen der Kilianfestausschuß und die Kräfte des Stadttheaters in gemeinsamer Arbeit die Festspiele auf dem Marienberg schaffen.

Erstdruck/Druckgeschichte:
ED: Programmzettel zur Aufführung von Friedrich Schillers *Wilhelm Tell* bei den Freilichtspielen auf der Festung Marienberg. Würzburg, Juli 1927. Werbung am Seitenrand: »Die Pferde stellt der Tattersall Hanck zur Verfügung«.
Gezeichnet: Wolfgang Koeppen
Korrekturfahne mit ausgeführten Korrekturen Koeppens im Nachlass.
Anmerkungen:
der Schauspieler Bernhardt: d.i. Carl Bernhardt (laut Personenverzeichnis im Programmzettel).
Editorischer Bericht:
Über: im ED »Ueber«
Über die Naturbühnen: im ED »Ueber die Naturbühnen«
im ersteren und guten Sinn: im ED »im ersterem und guten Sinn«
gar nicht: im ED »garnicht«
Bernhardt: im ED »Bernhard«
sichern, so daß: im ED »sichern, sodaß«

[Nr. 39]
Zur Aufführung der Medea

Nach Schillers *Wilhelm Tell* sehen wir jetzt auf unserer herrlichen Marienberg-Freilichtbühne Grillparzers *Medea*. Wir erlebten im Schiller des Tell den das Heroische und Ideale erstrebenden und lobpreisenden Dichter, dessen Held Tell aufrecht und stark seinen Weg ging, kämpfend für das Recht und sein Leben wagend für die Befreiung bringende Tat. Bei Franz Grillparzer, der – gleich Schiller – als Dramatiker zu den großen Meistern der deutschen Literatur gehört, werden wir andere, sensiblere, seelische Erregungen spüren. Auch in ihm lebte das Humanitätsideal der Klassiker, aber zwiespältig waren seine Empfindungen, und er glaubte nicht absolut an das gute Ende der Dinge, so konnte er auch nicht in seinen Dichtungen dieses Ideal in einer heroischen Tat siegend glorifizieren. Er konnte sich auch nicht ganz von dem Quietismus der Metternichzeit befreien. Dennoch war er ein Dichter, sogar ein Ekstatiker des Blutes, dessen Werke uns heute noch erschüttern.

Das Trauerspiel *Medea* ist das dritte und stärkste Stück der Trilogie »Das goldene Vließ«, die 1821 mit großem Erfolg in Wien aufgeführt wurde. Durch seine nahen Beziehungen zum Burgtheater beherrschte Grillparzer vollkommen die Technik des Dramatikers und dichtete durchaus bühnenwirksam. Seine Auffassung des gewaltigen Medeastoffes ist, zwar gestützt auf umfangreiche historische Studien, eine eigene, poetische. Fest gefügt ist der szenische Aufbau des Dramas und die wahrhaft bewegte Handlung, treffend sind die agierenden Personen charakterisiert, geistvoll und schön ist die Sprache und ungemein fesselnd die Vereinigung innerlicher und sinnlicher Empfindungen. Wie in anderen Werken Grillparzers ist auch in der *Medea* ein natürliches, naives Glück, gegen ein zu erkämpfendes in Kultur und Ruhm gestellt.

Der erschütternde Inhalt der Tragödie ist kurz skizziert dieser: Die Kolcher-Fürstin Medea hat ihrer Liebe zu dem Griechen Jason, der mit den Argonauten nach Kolchis kam, um das Goldene Vließ zu erringen, Bruder, Vater und Heimat geopfert. Nach einer langen Irrfahrt kamen Medea und Jason mit ihren beiden Knaben nach Griechenland. Die auf ihre Kultur eingebildeten Griechen verachten Medea als Barbarin und mit ihr ihren Gemahl. Tief schmerzt das den stolzen Jason. »Vergessen jenen Hohn, mit der Grieche hinab auf die Barbarin sieht; auf – dich?«, ruft er erbittert. Er flieht mit ihr im Verdacht, seinen Oheim getötet zu haben, vor dem Bann der Amphiktyonen zum König von Korinth. Dieser nimmt ihn und seine Kinder freundschaftlich auf, aber sein Weib Medea nur widerwillig. Auch er verachtet die Kolcherin und will Jason mit seiner Tochter Kreusa vermählen. Jason wendet sich nun völlig von Medea und ist zu einer Ehe mit Kreusa bereit. Medea wird aus Korinth verstoßen, auch ihre Kinder nimmt man ihr. Erst auf ihre flehenden Bitten hin will man ihr eins gewähren, aber die Knaben sträuben sich, mit ihrer Mutter zu gehen. Wahnsinnig vor seelischem Schmerz, rächt sich Medea. Statt des goldenen Vließes sendet sie der Kreusa ein seltsames Feuer, in dem Kreusa und die Königsburg verbrennen. Dann, in der allgemeinen Verwirrung, tötet sie ihre eigenen Kinder. Es ist wohl zu verstehen, daß ein solches Werk, das stärkstes menschliches Schicksalsleid schildert, starke Schauspieler und eine feste Regie braucht, um die in ihm liegenden unerhörten Wirkungen in ihrer Kraft und Größe dem Zuschauer darzubieten.

Erstdruck/Druckgeschichte:
ED: Programmzettel zur Aufführung von Franz Grillparzers *Medea* bei den Freilichtspielen auf der Festung Marienberg. Würzburg, Juli 1927. Werbung am Seitenrand: »Während der Pausen und nach der Vorstellung Erfrischungen in dem herrlich gelegenen Terrassenrestaurant der Festung (neben der Wache)«.

Gezeichnet: Wolfgang Koeppen.
Korrekturfahne im Nachlass.
Editorischer Bericht:
zu verstehen, daß: im ED »zu verstehen das«
der szenische Aufbau des Dramas und die wahrhaft bewegte Handlung: im ED »der szenische Aufbau des Dramas und wahrhaft bewegte Handlung«

[Nr. 40]
Der »Kaftan«,

ein jüdisches Kabarett, hat nach der Sommerpause im neuen Raum am Wittenbergplatz seine Arbeit wieder begonnen. Die meisten Mitarbeiter sind geblieben. Maxim Sakaschansky singt wieder seine jiddischen Lieder, die das Stärkste des Programms sind.

Erstdruck/Druckgeschichte:
ED: *Berliner Börsen-Courier* v. 14. Oktober 1930, S. 8.
Gezeichnet: n.
Kein Belegstück im Nachlass. Text durch das Verfasserkürzel identifiziert.
Anmerkungen:
»*Kaftan*«: 1930 gegründete jüdische Kleinkunstbühne. Seit Herbst 1930 in der Jägerstr. 18, später in der Martin-Luther-Str. 32. Das »Kaftan« musste 1933 schließen.
Maxim Sakaschansky: in Russland geborener, jiddisch-sprachiger Volksschauspieler und Sänger (1886-1952); gemeinsam mit seiner Ehefrau Ruth Klinger (1906-1989) Gründer des »Kaftan«. Beide wanderten 1933 nach Palästina aus.
Editorischer Bericht:
Sakaschansky: im ED: »Sakaschunsky«

[Nr. 41]
Der Diener zweier Herren
in den Kammerspielen

Reinhardts in Berlin, Wien und Salzburg bekannte Goldoni-Inszenierung bedürfte keiner »Neueinstudierung«. Die Aufführung, wie das Stück aus der unvergänglichen Spiellaune der Commedia del arte hervorgezaubert, ist frisch wie am ersten Tag. Es ist spiel- und farbenfreudiges Theater, dessen Höhepunkt und Symbol Herrman Thimigs Darstellung der Titelrolle bildet. Man bewundert sein unerschöpflich-reiches Hand-, Körper- und Mundwerk. Jedes Wort, jeder Satz wird zu einem mimischen Einfall, wird Spiel, wird Theater. Egon Friedell gibt den trockenen Rechtsanwalt mit trockener Komik und spult lange Bänder von Sprichwörtern und Zitaten ab. Raul Lange als Bramarbas trägt einen Schnurrbart, dessen einzelne Haare Dolchen gleichen. Dagny Servaes parodiert die liebende Tochter, Anni Mewes ist eine heitere, unbeschwerte Smeraldina: sie alle, wie auch Josef Danegger, Gustav von Wangenheim, Nora Gregor, Hans Deppe und Wilhelm Völker bemühen sich mit mehr oder weniger Gelingen den Stil der Commedia del arte zu treffen, den Herrmann Thimig mühelos beherrscht.

Erstdruck/Druckgeschichte:
ED: *Berliner Börsen-Courier* v. 5. Dezember 1930, S. 6 f.
Gezeichnet: w. k.
Kein Belegstück im Nachlass. Text durch das Verfasserkürzel identifiziert.
Anmerkungen:
Kammerspiele: 1906 in der Ära Max Reinhardts als kleinere Bühne des Deutschen Theaters (vormals: Friedrich-Wilhelm-Städtisches Theater) umgebauter Ballsaal in der Schumannstr. in Berlin-Mitte.

[Nr. 42]
    Nacht für Grünecker

Es war ein Programm, wie es sicher nur alle zehn Jahre einmal in einem Berliner Kabarett zu sehen ist. Fast alle großen Namen aller Berliner Kabaretts schenkten, in froher Laune, übermütig, ihre Kunst ihrem alten Kameraden, dem großen österreichischen Komiker Ferdinand Grünecker zu seinem 50jährigen Bühnenjubiläum. Man kann sie nicht alle aufzählen, die gestern nacht von 12 bis ½ 1, auf der Bühne des Kabaretts der Komiker, sangen, sprachen und konferierten (für viele ein Debut) tanzten und jonglierten, zauberten und spielten.

Am Schluß trat Ferdinand Grünecker in der alten Milieupoesie *Die Klabriaspartie* auf, in der er schon hunderte Mal den Herrn Dalles verkörperte. Grüneckers Komik ist ganz still, ohne Mätzchen, und das verschafft ihm eine ganz starke Wirkung, gerade in unserer lauten Zeit.

Es ist ein schönes Zeichen der Kameradschaft, daß die Schauspieler einmal einen lebenden Kollegen – und er ist noch sehr lebendig! – mit einer Festvorstellung helfen wollen. Und das Publikum dankte ihnen und feierte Grünecker mit viel Beifall.

Erstdruck/Druckgeschichte:
ED: *Berliner Börsen-Courier* v. 12. Dezember 1930, S. 3.
Gezeichnet: n.
Kein Belegstück im Nachlass. Text durch das Verfasserkürzel identifiziert.
Anmerkungen:
Kabarett der Komiker: (1924-1944) gegründet von Paul Morgan, Kurt Robitschek und Max Hansen, Berlin-Charlottenburg, ursprünglich in der Kantstraße, seit 1928 im (von Erich Mendelsohn

erbauten) WOGA-Komplex am Lehniner Platz, Berlin-Wilmersdorf, Kurfürstendamm 156.

[Nr. 43]
Michael Schugalté im Café Berlin

Jeden Monat eine neue Kapellenattraktion: Café Berlin bleibt eines der rührigsten und abwechslungsreichsten Konzert- und Tanzcafés der Reichshauptstadt. Diesmal ist der verblüffende Michael Schugalté mit seiner Kapelle verpflichtet worden. Der Russe, bekannt in Paris, Nizza, London und Biarritz, spielt selbst ein Instrument, die Viola d'Amour, eine Geige, die nicht wie andere gewöhnliche Geigen vier Saiten, sondern dreizehn Saiten besitzt. Er entlockt ihr fabelhafte Wirkungen, er war ja ursprünglich von Beruf – Ingenieur! Sein Orchester zeichnet sich nicht nur ebenfalls durch elektrisierende Musikalität, sondern auch durch blaue Frackaufschläge aus.

Erstdruck/Druckgeschichte:
ED: *Berliner Börsen-Courier* v. 9. Januar 1931, S. 4.
Gezeichnet: -n-
Kein Belegstück im Nachlass. Text durch das Verfasserkürzel identifiziert.
Anmerkungen:
Michael Schugalté: (eigentlich Moses Schuchalter) russischer Geiger, Komponist, Orchesterleiter (1890-1954). Kam Ende der 1920er Jahre nach Berlin. 1935 wegen seiner jüdischen Herkunft mit Auftrittsverbot belegt, emigrierte er nach Belgien.
Café Berlin: im »Haus Germania« in der Hardenbergstr. 29 (heute: Budapester Straße) an der Gedächtniskirche, das neben dem Café Berlin noch andere Lokalitäten wie das Weinrestaurant Traube und

das American Buffet beherbergte. Im Krieg stark beschädigt, abgerissen 1955.

[Nr. 44]
Im Theater des Westens: Der *Zarewitsch*

Franz Lehár hat einmal *Die lustige Witwe* komponiert? Im neueinstudierten *Zarewitsch* ist alles melancholisch und süß-sentimental gehalten. Es ist nicht mehr leichte und lustige Operette, sondern schwerdramatische und schwelgerische Oper oder vielmehr Opern-Ersatz für die breite Masse. Franz Lehár und die Rotters, seine Berliner Theaterdirektoren, sind vom falschen Ehrgeiz gepackt. Die seriös, allzu seriös bestrebte Inszenierung versucht Lehár noch zu übertrumpfen. Gesang gilt mehr als Spiel, Stimme mehr als Ausdruck. Serge Abranovic hat zweifellos eine schöne Opernersatz-Stimme, deren Virtuosität er nach Taubers Vorbild in dem fünfmal wiederholten »Willst du, willst du« dem erstaunten Publikum demonstrieren mußte. Sein Spiel, seine Darstellung ist aber pathetisch-steif und vor allem – unmusikalisch. Sympathisch unverbildet und natürlich wirkte dagegen Anni Ahlers, deren klare und reine Stimme hier bezauberte. Hoffentlich gelingt es ihr, sich darstellerisch und stimmlich von dem falschen Opernehrgeiz ganz frei zu machen, die Berliner Bühne ist nicht gerade mit wirklichen Operetten- und Soubrettentalenten gesegnet.

Erstdruck/Druckgeschichte:
ED: *Berliner Börsen-Courier* v. 31. Januar 1931, S. 2.
Gezeichnet: w. k.
Kein Belegstück im Nachlass. Text durch das Verfasserkürzel identifiziert.

Anmerkungen:
Theater des Westens: 1896-1933 (nach dem Zweiten Weltkrieg wieder unter dem Namen Theater des Westens bis 2011), Berlin-Charlottenburg, Kantstraße 10-12.
Direktion Rotter: Fritz Rotter (geboren 1888, Todesdatum unbekannt) und Alfred Rotter (1886-1933), eigentlich Fritz und Alfred Schaie. Theaterunternehmer und Regisseure. Führten gemeinsam bis zu neun Bühnen in einem unübersichtlich strukturierten Konzern, der im Januar 1933 hochverschuldet zusammenbrach.

[Nr. 45]
Paul Grätz im Beethovensaal

Vor ungefähr zehn Jahren war es, in »Schall und Rauch« im Großen Schauspielhaus. Damals trug Paul Grätz »Alexanderplatz«, ein Chanson von Walter Mehring, vor: das Tempo, die Schnoddrigkeit, der Elan waren umwerfend. Noch haftet in den Ohren das abgehackte »keine Zeit, keine Zeit, keine Zeit«. Man soll aber alte Kisten nicht wieder auftun. Im übervollen Beethovensaal plakatierte Paul Grätz Mehrings Chanson: er betonte jedes Wort, jede Zeile, er ließ den einstigen Atem, das Tempo vermissen. »Berliner Bilderbogen« betitelte er seinen Vortragsabend. Tucholsky als Tucholsky, als Theobald Tiger und Peter Panter, Kalisch, Fontane, Zille, Brenner: und viele andere standen auf dem Programm. In den lustigen Sachen war Paul Grätz ausgezeichnet: er war schnoddrig und schlagfertig. In den ernsten Gedichten wurde er pathetisch und larmoyant. Er trug das »Berliner Herz« dann auf der Zunge.

Erstdruck/Druckgeschichte:
ED: *Berliner Börsen-Courier* v. 20. Februar 1931, S. 6.

Gezeichnet: w. k.
Kein Belegstück im Nachlass. Text durch das Verfasserkürzel identifiziert.
Anmerkungen:
Erschienen in der Rubrik »Kleinkunst im Februar«.
Paul Grätz: jüdischer Kabarettist, Theater- und Filmschauspieler (1890-1937). Von 1916 bis 1925 am Deutschen Theater unter Max Reinhardt. Danach freier Film- und Bühnenschauspieler, u. a. am Kabarett der Komiker. 1933 Emigration nach England, 1935 nach Hollywood, wo er Rollen in einigen B-Pictures erhielt.
Beethovensaal: 1898 als Erweiterungsspielstätte der Berliner Philharmoniker von Franz Heinrich Schwechten erbauter Saal in der Köthener Str. 32 (zwischen Potsdamer Platz und Anhalter Bahnhof). Bisweilen auch als Vortragssaal und Lichtspieltheater benutzt. Am 30. Januar 1944 durch Bombenangriff zerstört.
Großes Schauspielhaus: (1919-1934), Berlin-Mitte, Am Zirkus 1.

[Nr. 46]
Ein Salto will gelernt sein.
Die Universität der Varietésterne

Unter der Decke des Varietés in gefahrvoller Höhe vom schwingenden Trapez in die Arme des Fängers fliegend, rückwärtige Saltos schlagend auf dem Bühnenboden, kopfstehend auf der Spitze der zehn Meter hohen Perche in der Arena des Zirkus, in allen Varietétheatern, in allen Manegen der Welt haben wir sie arbeiten sehen, die großen Nummern – sicher, leicht, mühelos, wie es schien. Wir fragten uns: wo lernt man so halsbrecherische und schwierige Dinge so elegant und selbstverständlich? Ist es wahr, daß den Zirkus- und Artistenkindern die Knochen gebogen und gebrochen wurden, bis sie ihre Künste konnten? Gab es und gibt es Prügel und Hunger im grünen Wagen, so wie es Märchen und Lesebuchgeschichten erzählten?

Oder gibt es vielleicht eine Schule, nicht auf der Landstraße, eine Ausbildungsmöglichkeit in der Großstadt? Berlin, das so vieles besitzt, hat auch dieses: eine Artistenuniversität. Das Haus am Bahnhof Halensee kennen alle Akrobaten. Öffnet man dort im Parterre eine Tür, so sieht man eine Schar junger, gut gewachsener Mädchen, die Purzelbäume schlagen, auf den Händen gehen, Kopf stehen, eine Brücke bauen und sich durch den Besucher nicht im geringsten stören lassen. In ihrer Mitte steht, erst allmählich aus dem bewegten Bild sich lösend, still und bescheiden lehrend und helfend, ihr Meister, ein wahrer Professor der Akrobatik, Gründer und Leiter der ersten Artistenschule, der Mann, der einst »Florence« war.

Das waren die Zeiten vor dem Krieg, da er in England die größten Gagen bekam und im Petersburger Aquarium, Rußlands berühmtem Varieté, die ganz große Nummer war. Florence, der Mann, der alles konnte, der als Springer vier und mehr Meter hoch kam, der einen Salto mortale am Reck ausführte, der dreimal das Rad in der Luft schlug und als Kautschukmann nicht seinesgleichen hatte. Aber selbst so hohe Künste bewahrten 1914 einen im Ausland lebenden Mann nicht vor dem Internierungslager. Erst nach dem Kriege und nach Deutschland zurückgekommen, durfte der Vielseitige wieder auftreten. Aber nun ging es nicht mehr so gut wie vor den Jahren der erzwungenen Ruhe. Der Körper war aus der Übung geraten; Florence sagte der Bühne »Adieu«.

Er wollte was Neues machen: eine Schule für Akrobaten. Der Jugend seine Erfahrungen mitzuteilen, dem Varieté einen guten Nachwuchs zu erziehen, war seine ursprüngliche Absicht. Die ersten Schüler waren Berliner Artistenkinder.

Behutsam, ohne jeden Zwang, zu ihrer Freude mit ihnen spielend, machte er ihre Körper geschmeidig und stark, weihte sie ein in die Geheimnisse des alten Berufs. Bald mußte er das Feld seiner Tätigkeit erweitern. Die ersten Schüler gingen in die Welt, und in London, Paris, New York sprach man von der Schule des alten Florence. Ausländische Artisten, die in Berlin gastierten, besuchten ihn, trainierten unter seiner Kontrolle, baten ihn, sie zu korrigieren, sie neue Tricks zu lehren, sie die große Nummer werden zu lassen, von der sie alle träumen.

Und dann kamen auf einmal die Girls und die Schauspieler. Was die Mädchen der berühmten amerikanischen Tanztruppen konnten, Stepp, Spagat, Flick-Flack, das mußten die deutschen auch lernen, bei Florence so gut wie bei Tiller, und Ansichtskarten aus ganz Europa bezeugen, an die Wände des Schulraums geklebt, den Erfolg. Wie die Tanzmädchen die Schauspieler. Auch sie fördert die Akrobatik. Könnte man nicht die Narren Shakespeares »Exzentriks« nennen? Der *Faust* soll nicht im Handstand gesprochen werden, aber gut ist es schon, wenn der Darsteller seinen Körper so beherrscht, daß er es könnte. Ilse Bois, Harald Paulsen und viele andere haben den Bühnenwert der Artistik (sie lehrt u. a. präzise und sauber zu arbeiten, eine Fähigkeit, die vielen Schauspielern mangelt) erkannt und die Akrobatenschule besucht.

Aber man irrt sich, wenn man meint, es sei leicht und ginge, erst einmal erklärt und vorgemacht, im Nu. Auch beim besten Lehrer muß der Schüler schwitzen. Das sehen wir an dem Jüngling, der gerade an der Reihe ist. Er war schon in kleineren Engagements und soll nun den doppelten Salto lernen.

Ein wenig nervös ist er. Er springt zu früh und zu hastig, kreist seinen Körper zu kräftig durch die Luft, will es ein zweites Mal tun und würde unsanft zu Boden kommen, sich vielleicht den Hals brechen, wenn nicht die Oberlonge wäre. Sie ist ein sehr nützliches Lehrmittel. Der Schüler hat einen Gurt um den Leib geschnallt, der verbunden ist mit einem sinnreichen System von Seilen, die über an der Decke hängende Flaschenzüge laufen, und es dem Lehrer ermöglichen, an einem einzigen Leitseil das Gewicht des Schülers in der Luft zu halten, zu balancieren und zu lenken. »Das ist eine reine Gefühlssache«, versichert der Meister. »Der Schüler darf die Leine nie fühlen. Wenn ich ihm helfe, ihn so lenke, daß ihm der Sprung sicher gelingt, darf er nicht merken, daß ich ihm geholfen habe. Das stärkt den Mut und das Vertrauen in die eigene Kraft und läßt nicht ängstlich werden, wenn die Leine fehlt.« Nach drei vergeblichen Versuchen kommt der Sprung zustande, zweimal dreht der Körper seine Länge durch die Luft. Der Jüngling strahlt. Florence nickt zufrieden und läßt es genug sein für heute, treibt nicht an, sondern empfiehlt entspannende Gymnastik. Geduld und alle anderen Eigenschaften eines guten Pädagogen muß der Akrobatenlehrer in doppelter Menge besitzen.

Den größten Spaß aber macht die gesamte Artistik den jungen Leuten, die sie gar nicht nötig haben, den Laien, die die Parterresaltos, die Radschläge und die Flick-Flacks vielleicht nur lernen, um mit diesen Künsten die häusliche Geselligkeit zu pflegen.

Erstdruck/Druckgeschichte:
ED: *Berliner Börsen-Courier* v. 17. April 1932, S. 6 (Morgen-Ausgabe).
ND: *GW* 5/18-20.
Gezeichnet: W. Koe.
Belegstück im Nachlass.
Anmerkungen:
Ilse Bois: jüdische Kabarettistin und Schauspielerin (1896-1960).

Bis 1933 Mitglied im Ensemble des Kabaretts der Komiker. 1933 floh sie zunächst nach Wien, später nach Großbritannien und in die USA.
Harald Paulsen: Schauspieler und Regisseur (1895-1954). 1938-1945 leitete er das Theater am Nollendorfplatz in Berlin. Spielte in mehr als 100 Filmen. Begeisterter Nationalsozialist.
Editorischer Bericht:
Übung: im ED: »Uebung«
was Neues: im ED »was neues«

[Nr. 47]
Ein neues »Kohlkopp«-Programm

Das zweite Programm des Kohlkopp ist leider nicht viel besser als das erste. Das ist eine Enttäuschung. Man hatte gehofft, Valeska Gert und ihre Leute würden nun ihren Wunsch, dem literarisch und künstlerisch aktivistischen Kabarett von 1932 ein Podium für unserer Zeit Scherz, Satire, Ironie und tiefere Bedeutung zu geben, in ihrem Autoladen verwirklichen. Das geschieht aber nicht mit Texten, die, wie »Das normale Weib«, eine Hausfrauenversammlung vielleicht amüsieren würden. Auch mit dem hilflosen »Schlangenbeschwörer« geht es nicht. Und wenn man die albernen Wiener Tanzmädchen mancher Filme parodieren will, darf man sich nicht begnügen, was diese dumm aber immerhin mit artistischem Können treiben, nur dumm nachzumachen. Nachahmung ist noch lange nicht Parodie. Parodie ist gestaltete Satire auf das schlechte Vorbild und kein Polterabendulk. Wie das zu machen ist, zeigt die herrliche Szene »Endlich allein«, zeigt Wäschers »Feierabend«, zeigt die »Regimentskommandeuse« der Gert. Neben diesen beiden, Wäscher und Gert, bleibt Karl Hannemann. Als »Hofsänger« singt er (und die begabte Ruth Anselm) den von Günther

Weisenborn geschriebenen besten Text des Abends. Und wenn er beim Refrain zur Seite blickt, ob kein Groschen fällt oder kein Schupo kommt, dann liegt in diesem Blick eine ganze Welt beschlossen.

Erstdruck/Druckgeschichte:
ED: *Berliner Börsen-Courier* v. 21. April 1932, S. 6 (Abend-Ausgabe).
Gezeichnet: W. Koe.
Belegstück im Nachlass.
Editorischer Bericht:
ihren Wunsch, dem [...]: im ED »ihren Wunsch, das literarisch und künstlerisch aktivistische Kabarett von 1932, ein Podium für unserer Zeit Scherz, Satire und Ironie tiefere Bedeutung zu geben, in ihrem Autoladen verwirklichen«
Günther Weisenborn: im ED: »Günter Weisenborn«

[Nr. 48]
Frühling in den Varietés.
»Schöner Mai« im Wintergarten

Ein zweites Mal versucht der Wintergarten Theater, Kabarett und Varieté zu vereinen, und im ersten Teil seines Mai-Programms gelingt ihm beinahe die schwierige und fragwürdige Mischung.

Charlie Roellinghoff hat eine Varieté-Revue »O schöner Mai« geschrieben, die einen Ausflug nach Werder schildert. Das ist eine gute Idee, die Anlaß zu einem wirklich lustigen und volkstümlichen Spiel hätte geben können, wenn ein Regisseur vorhanden gewesen wäre. So, unter Martin Zickels Leitung, zerfällt die erwünschte Einheit in lauter Nummern, und das Spiel der Schauspieler wirkt, verglichen mit der Arbeit der Artisten, zufällig und wenig exakt. Die Sicherheit, sich auf der Riesenbühne und neben den Artisten zu behaupten, hat eigentlich nur Trude Hesterberg. Ihr gelingt es, mit einem Blick, mit einem Ton, mit einem Tanzschritt, der den Rock hebt, den erfreulichsten Kontakt mit dem Publikum zu finden. Der Turnertanz von Claire Eckstein und ihrer Truppe fügt sich gut in die Handlung ein. Von ihm ist sogar zu lernen, wie die Ehe von Theater und Varieté zu sein hätte. Sonst bleiben nur die Artisten, die die Wedersche Besoffenheit der Szene nützen und wunderbar betrunken herum taumeln, hinfallen, sich alle Knochen brechen, um schließlich, fast wie nebenbei, ihre gute Arbeit zu zeigen. Eine hervorragende Spitzentänzerin ist Elsie, die einmal einen Marsch auf einer Trommel tanzt. Herrliche Exzentricks sind die beiden Franks; ihre Boxszene ist ungeheuer komisch. Aber die ganz große Nummer sind Bil und Bil, zwei Matrosen, die vorgeben, vor Alkohol nicht mehr stehen zu können, und einfach tolle Dinge treiben. Einer schlägt einen Salto von der Bühne über das Orchester ins Parkett hinein.

War der erste Teil des Programms im allgemeinen gut und lustig, so war der zweite »Lenz und Liebe« eine Katastrophe. Die Artisten waren nach Haus gegangen, und Tenöre, Koloratursängerinnen, Geiger und Wandervögel wurden auf das wehrlose Publikum losgelassen. Die »Frühlingsstimmen« von Strauß sind ein schöner Walzer. Wenn sich aber eine Sängerin, Blumen krampfhaft an die Brust gedrückt, zwischen die Kulissen einer Frühlingslandschaft stellt und die schwierigen Koloraturen kunstvoll, im Konzertstil zum Publikum gewendet, vorträgt, so wirkt das sehr deplaciert. Und verschwinden sollte das Couplet »Sonntag, Montag, Dienstag«, eine geschmacklose Spekulation mit dem »deutschen Michel« auf das deutsche Gemüt. Die Erholung des zweiten Teils sind Claire Eckstein, Edwin Denby und ihre Truppe. »In einem kleinen Kurort« tanzen sie die groteske

Gesellschaftsszene aus der »Regimentstochter«, die auch hier, vor einem ganz anderen Publikum, stark wirkt und Beifall findet.

Erstdruck/Druckgeschichte:
ED: *Berliner Börsen-Courier* v. 4. Mai 1932, S. 5 (Abend-Ausgabe).
Gezeichnet: W. Koe.
Belegstück im Nachlass.
Anmerkungen:
Wintergarten: (1880-1944) seit 1888 Varietébühne, Berlin-Mitte, Friedrichstraße 143-149.
Editorischer Bericht:
gute Arbeit zu zeigen: im ED »gute Arbeit zeigen«
Gesellschaftsszene: im ED »Gesellschaftszsene«

[Nr. 49]
Tanz aus Japan und Amerika

Nach dem Gastspiel der Brahmanen-Tänzer konnte man am Sonntag das japanische Tanzpaar Unemoto als Gast der Anna-Pawlowa-Vereinigung im Renaissance-Theater sehen. Der Mann, Rikuhei Umemoto, tanzte sehr feierlich den Kendaraku, den ältesten religiösen Tanz Japans, bäurisch fröhlich den Volkstanz Matsuribajaschi und sehr kunstvoll und in vielerlei Gestalt die Tanzsuite Etschigisischi, deren Schluß der berühmte Tanz der weißen Tücher ist, die wie fließende Wasser um den Tänzer sind. Die Frau, Toshiko Umemoto, gestaltete weniger dramatische Themen. In einem »Frühlingseinzug« und einem »Blumenschirmtanz« zeigte sie das romantische Japan der Geisha und des Kirschblütenfestes. Sie trug ein prächtiges Kostüm, war schmal und knabenhaft anzusehen und tanzte ungeheuer flink und zärtlich. Beide Tänzer blieben in ihrer uns fremden Welt; viele Bewegungen und die überraschend unvermittelten Abbrüche der Tänze waren in ihrer sicher klassischen Schönheit nur der vollzählig erschienenen japanischen Kolonie verständlich.

Die in der Komödie zum erstenmal in Europa auftretende amerikanische Tänzerin Myra Kinch tanzte schon sehr europäisch. Ihre Masken- und anderen Tänze hat man so oder ähnlich schon gesehen. Der Einfluß der Wigman ist nicht zu verkennen. Die junge Amerikanerin hat vielen deutschen Tänzerinnen nur eins voraus: sie hält sich frei von jeder Verkrampftheit. In den drei slawischen Tänzen von Bartok zeigte sie ein erfreuliches Temperament.

Erstdruck/Druckgeschichte:
ED: *Berliner Börsen*-Courier v. 10. Mai 1932, S. 6 (Morgen-Ausgabe).
Gezeichnet: W. Koe.
Belegstück im Nachlass.
Anmerkungen:
Renaissance-Theater: (1922-1933, 1945 wieder eröffnet), Berlin-Charlottenburg, Knesebeckstraße 100.

[Nr. 50]
Frauen haben das gern ...!

Die Schauspieler des Zentraltheaters spielen unter Christl Storms Leitung die Schwankoperette *Frauen haben das gern ...* von Arnold und Bach mit der Musik von Walter Kollo. Das Stück, das mal *Der keusche Lebemann* hieß, ist die Geschichte des Schlemihls, der, weil die Frauen das eben gern haben, von seinem tollen Verhältnis mit einer berühmten Schauspielerin schwindelt und so in die lächerlichsten Situationen gerät. Dem Publikum gefiel die besonders von Eduard Nicol, Christl Storm und Oda Troll flott gespielte Aufführung, und es gab viel Beifall, viel Blumen und viel Vorhänge.

Erstdruck/Druckgeschichte:
ED: *Berliner Börsen-Courier* v. 27. Mai 1932, S. 7 (Morgen-Ausgabe). Gezeichnet: -en.
Belegstück im Nachlass.
Anmerkungen:
Zentraltheater: Central-Theater (1880-1933), Berlin-Kreuzberg, Alte Jakobstraße 30-32.

[Nr. 51]
Ein toller Einfall im Lustspielhaus

Der Theatersommer bringt die alten Schwänke wieder. Franz und Paul von Schönthan, Blumenthal und Kadelburg und Arnold und Bach feiern fröhliche Auferstehung. Der Onkel aus der Provinz, der in Berlin in Abenteuer verstrickt wird, oder der Onkel aus Berlin, dem auf dem Lande dasselbe passiert, erscheint wieder auf den Bühnen Berlins. Carl Laufs *Ein toller Einfall* ist wirklich sehr lustig, und die tonfilmartige Bearbeitung durch Heinrich Wichardt (überflüssige Chansons; Musik: Richard Hirsch) hat ihm nicht allzu sehr geschadet. Die Handlung ist jetzt ja auch durch den gleichnamigen Ufa-Film bekannt geworden. Helmut Krauss spielte den Neffen, Alice Hechy die Operettendiva, Alwin Neuß den Mann aus der Provinz und Albert Ihle und Ernst Morgan gaben die anderen Komikerrollen. Sie alle verdienten den Beifall des Publikums. Angenehm fiel die junge Eva L'Arronge auf; sie ist begabt und sollte nur etwas weniger den Typus »Filmschönheit« zur Schau stellen.

Erstdruck/Druckgeschichte:
ED: *Berliner Börsen-Courier* v. 21. Juni 1932, S. 6.
Gezeichnet: W. Koe.
Belegstück im Nachlass.
Anmerkungen:
Lustspielhaus: (1904-1939), Berlin-Mitte, Friedrichstraße 236.
den gleichnamigen Ufa-Film: Dt. 1932, R.: Kurt Gerron (mit Willy Fritsch in der Hauptrolle).

[Nr. 52]
Erfolg im Rose-Theater

Das Rose-Theater hat von der Chinesischen Bühne gelernt: die Vorstellung dauert von halb sechs Uhr nachmittags bis über die Mitternacht hinaus. Zuerst gibt es ein Konzert, dann ein Varieté, dann ein großes Ausstattungsballett (Fiamette Hildegarde), schließlich eine komische Oper *Des Löwen Erwachen* und endlich – ein Vorspiel und drei Akte – die Operette *Drei arme kleine Mädels* von Walter Kollo. Mehr kann kein Mensch für ein niedriges Billettgeld verlangen, und das weiträumige Zelttheater vor der großen Gartenbühne ist während der ganzen Dauer der Vorstellung bis zum letzten Platz gefüllt mit einem begeisterten Publikum, das »seinen« Schauspielern und »seiner« Direktion nach jedem Aktschluß stürmische Ovationen spendet. Zehn, zwölf Vorhänge sind in der Frankfurter Straße keine Seltenheit. Und in den Pausen wird Kaffee gekocht, in Blumenlauben zu Abend gegessen, ein illuminierter Springbrunnen bewundert, während durch einen Lautsprecher für das neue Abonnement geworben wird.

Die Kollo-Operette ist mehr ein Singspiel. Das Sentimentale überwiegt das Komische. Das erste Liebespaar verzichtet immer wieder auf sein Glück. Die Aufführung war so bieder, wie sie es in der Frankfurter Straße wohl sein muß. Unter dieser Voraussetzung aber war sie vorzüglich. Man kann von einer liebevollen und sorgfältigen Einstudierung sprechen. Die Schauspieler (Gotthard Boge, Lotti Schürhoff, Alice Bindernagel, Hedi Kramer, Ferdinand Asper, Mario Lerch, Kurt Mikulski) fanden sich zu wirklichem Ensemblespiel zusammen. Besonders genannt werden muß Lotte von Syrow; sie spielt eine Niese-Rolle auf berlinisch, was ebenso erfreulich wie komisch ist.

Erstdruck/Druckgeschichte:
ED: *Berliner Börsen-Courier* v. 29. Juni 1932, S. 6 (Morgen-Ausgabe).
Gezeichnet: W. Koe.
Belegstück im Nachlass.
Anmerkungen:
Rose-Theater: (1906-1944), Berlin-Friedrichshain, Große Frankfurter Straße 132 (heute: Karl-Marx-Allee 78-84).

[Nr. 53]
Grillparzer auf der Freilichtbühne

Im Kurpark von Friedrichshagen gibt es ein schönes, idyllisch gelegenes Naturtheater. Die Gesellschaft »Logeion«, die ein »überparteiliches Sprechtheater« fördern will, spielte dort am Sonntag Grillparzers *Des Meeres und der Liebe*

Wellen. Die Aufführung war mit viel Liebe und wenig Können einstudiert. Die Darsteller: Laien, die sich um das Zungen-R bemühten, oder Schauspieler, die unter freiem Himmel glaubten, sich wie Laien anstrengen zu müssen. Einige Damen, gehüllt in lange weiße Gewänder, hüpften und schwangen von Hertha Feist einstudierte Tempeltänze und wirkten wie Schullehrerinnen aus dem Jahre 1907 und eine schlechte Parodie auf die Duncan.

Erstdruck/Druckgeschichte:
ED: *Berliner Börsen-Courier* v. 11. Juli 1932, S. 2 (Abend-Ausgabe).
Gezeichnet: koe.
Belegstück im Nachlass.
Anmerkungen:
Freilichtbühne: Naturtheater Friedrichshagen (1930-1948), Berlin-Friedrichshagen, Hinter dem Kurpark 13.

[Nr. 54]
Die sieben Rotterbühnen.
Die ersten Premieren – Hansen und
Pallenberg in einem Stück

Die Direktion Rotter ist eine optimistische. Sie eröffnet die neue Spielzeit in nicht weniger als sieben Bühnen. Auf einer Pressekonferenz erklärte Fritz Rotter, daß die Zeiten zwar schwer seien, er aber dennoch glaube, seine Pläne durchsetzen zu können. Fritz Rotter liebt die welthistorischen Vergleiche. Die Streitigkeiten mit den Besitzern seiner Theaterhäuser erinnern ihn an die Revisionsbedürftigkeit des Friedens von Versailles. Er meint, daß ein großer Umschwung im Gange sei, daß die Kämpfe zwischen Gläubigern und Schuldnern niemals so heftige gewesen seien, und daß wir an die Führer glauben müssen, auch wenn Augustus schon beinahe von seiner Prätorianergarde gestürzt worden sei. Er, Fritz Rotter, glaube an Heraklits »Panta rei« und daß die Künstler ihr Werk zu tun haben, jenseits der Parteien. Und er meint, daß sein Werk ein gutes ist und daß eine Alpár und einen Tauber singen zu lassen dem Volke neben der Religion das Gute und Schöne zu erhalten heiße. An besondere Krisen des Theaters, außerhalb der allgemeinen, glaubt Rotter nicht. Er ist der Meinung, gerade mit seinen Aufführungen, glänzend ausgestattet und besetzt, das von der Zeit ablenkende Vergnügen zu bieten, das die ärmste Frau bewegen wird, ihre Spargroschen zu seiner Theaterkasse zu tragen.

Unter der Direktion oder künstlerischen Leitung der Brüder Rotter stehen in der neuen Spielzeit: das Metropoltheater, das Theater im Admiralspalast, das Theater des Westens, das Lessingtheater, das Lustspielhaus, das Theater in der Stresemannstraße und die Plaza.

Die ersten Premieren

Am Mittwoch, dem 17. August, findet im Admiralspalast die Uraufführung der Operette *Katharina* (Buch von Herzer, Musik von Ernst Steffan) statt. Die Titelrolle spielt und singt Gitta Alpár. Das Werk ist weniger eine Operette im üblichen Sinne, als ein Schauspiel mit Musik. Es gibt kein Buffopaar, keine großen Finale. Neben der Alpár sind die wesentlichen Hauptrollen schauspielerischer Natur. Hans Rehmann spielt den Menschikow, Adalbert von Schlettow den Zaren. Regie und künstlerische Oberleitung hat Direktor Alfred Rotter.

Am Freitag, dem 19. August, folgt im Theater des Westens die Neuinszenierung des *Dreimäderlhaus* mit Richard Tauber. Seine Partnerin ist die in der vergangenen Saison in der »Plaza« entdeckte Koloratursängerin Mimi Gynes.

Am darauffolgenden Freitag, dem 26. August, startet dann im Metropoltheater Fritzi Massary in der neuen Oskar-Strauß-Operette *Eine Frau die weiß was sie will*. Das Buch stammt von Alfred Grünwald. Regie führt hier Dr. Robert Klein. Die künstlerische Gesamtleitung liegt in den Händen Direktor Alfred Rotters.

Im Lessingtheater gelangt Anfang September Bernard Shaws *Pygmalion* mit Grete Mosheim und Oskar Homolka zur Aufführung.

Im Theater in der Stresemannstraße wird die Spielzeit gleichfalls Anfang September mit einem Gastspiel Mady Christians aller Voraussicht nach in der Komödie *Kitty macht Politik* eröffnet. Dieses Theater wird unter der künstlerischen Leitung Dr. Robert Kleins stehen.

Im Lustspielhaus kommt im Oktober ein Lustspiel *Sorgen haben die Leute* von Forster-Larrinaga mit Heinz Rühmann in der Hauptrolle heraus.

Vom 15. September angefangen wird die Direktion Rotter ebenso wie bisher wieder in der Plaza die Neuinszenierungen klassischer Operetten herausbringen.

Unter den weiter angenommenen Stücken ist die neue Paul-Abraham-Operette *Ball im Savoy* zu erwähnen, die die Weihnachtspremiere des Metropoltheaters sein wird. Oskar Dénes, Rosy Barsony und Anny Ahlers spielen die Hauptrollen.

Mit Max Hansen stehen ebenso wie mit Max Pallenberg Verhandlungen vor dem Abschluß, die das Ziel haben, beide Künstler zu Gastspielen an die Rotterbühnen zu verpflichten. Es ist geplant, Hansen und Pallenberg in einem Stück herauszubringen und zwar in einer musikalischen Bearbeitung des *Kleinen Café* von Tristan Bernard. Die Musik wird Ralph Benatzky schreiben. Ferner wird in der neuen Spielzeit ein neues Stück von Hans Müller und Benatzky mit Hansen und Grete Mosheim zur Uraufführung kommen. Auch Leopoldine Konstantin wird zu sehen sein, und zwar in der Komödie *Der Spiegel* von Géza Herczeg und *II. Stock Tür 13*. Schließlich verhandelt die Direktion Rotter mit Elisabeth Bergner, um die Künstlerin gleichfalls für ein Gastspiel zu gewinnen.

Neben den Stars sollen in der neuen Spielzeit auch eine Reihe bisher unbekannter Darsteller, Tenöre usw. herausgebracht werden, Erika Folgar, desgleichen ein neuer Tenor, Herr Frahm.

Erstdruck/Druckgeschichte:
ED: *Berliner Börsen-Courier* v. 12. August 1932, S. 5.
Nicht gezeichnet.
Belegstück im Nachlass.
Anmerkungen:
Theater im Admiralspalast: 1923 eröffnet, 1939 Fusion mit dem Metropol-Theater, 1944 geschlossen, Berlin-Mitte, Friedrichstraße 101/102.
Lessingtheater: (1888-1945), Berlin-Mitte, Friedrich-Karl-Ufer 1.
Lustspielhaus: (1904-1939), Berlin-Mitte, Friedrichstraße 236.
Metropoltheater: (1898-1945), Berlin-Mitte, Behrenstraße 55-57.
Plaza: oder Theater der 3000 (1929-1944), Berlin-Friedrichshain, Küstriner Platz 11.
Theater in der Stresemannstraße: (seit 1907), Berlin-Kreuzberg, Stresemannstraße 29 (heute: Hebbel-Theater).
Theater des Westens: 1896-1933 (nach dem Zweiten Weltkrieg wieder unter dem Namen Theater des Westens bis 2011), Berlin-Charlottenburg, Kantstraße 10-12.
Editorischer Bericht:
Ernst Steffan: im ED »Ernst Steffen«

Gitta Alpár: im ED »Gitta Alpar«
Oskar Dénes: im ED »Oskar Denes«
Rosy Barsony: im ED »Rosy Barseny«
Géza Herczeg: im ED »Geza Herczog«

[Nr. 55]
»Apollo« am Kurfürstendamm

»Erzähle nichts von neuen Plänen, eine Theatereröffnung hat kein politisches Ziel«, versicherte der Prolog, mit dem Walter Rilla das nun von S. Hoffmann als Kabarett »Apollo« geleitete Theater am Kurfürstendamm eröffnete. Moriz Lederer hatte die Idee, aus dem Haus ein Einakter-Theater zu machen. Hoffmann verspricht im Programmheft »Mehr Lebensfreude« und vermeidet sofort ängstlich jede Idee. Ein Sketsch wird gespielt, in dem Dorothea Wieck, Hertha Thiele und Walter Rilla sich unter der Regie von Carl Meinhard Dorothea, Hertha und Walter nennen. Eine Eifersuchtsszene, die als Blick hinter die Filmkulissen endet. Sonst gibt es ein wahllos zusammengestelltes Kabarett-Programm mit guten und weniger guten Nummern, wie man es schon viele Male in Berlin, in Stettin oder sonstwo gesehen hat. Presco und Campo, die Exzentriks aus Reinhardts *Artisten*, die Geigenvirtuosin Mayos und ihr Partner, das technisch gute Tanzpaar Janina und Lazarow, der geheimnisvolle Zauberkünstler Arcano, der nicht minder geheimnisvolle und nette Rechenkünstler Steiner und die Akrobatentruppe der 16 Glazaroffs bilden zusammen ein durchschnittlich gutes Varieté. Dorothee Manski, Primadonna der Metropolitan, eine hochdramatische Sängerin, wirkt, wie immer Sängerinnen im Varieté, deplaziert. Elly Gläßner singt mit einer sich überschlagenden Routine Chansons; eins bedauerlicherweise mit einem sozial sein sollenden Text: der Hunger und das

Elend einer großen Stadt vorgetragen von einer Dame im Abendkleid. Sympathischer ist da Gustl Stark Gstettenbauer, der eine altkluge Rede durch ein paar jungenhafte Handstände erträglich macht.

Erstdruck/Druckgeschichte:
ED: *Berliner Börsen-Courier* v. 2. September 1932, S. 4 (Abend-Ausgabe).
Gezeichnet: kn
Kein Belegstück im Nachlass. Text durch das Verfasserkürzel identifiziert.

[Nr. 56]
Das neue Wintergartenprogramm

Die große Nummer des September-Programms im Wintergarten, der die Idee der revueartigen Rahmenhandlung nun glücklich hinter sich gelassen hat, ist das Dayelma-Ballett. Es war im vorigen Jahr schon hier, hatte einen großen Erfolg und eine Renaissance des Cancan, den bald die ganze Friedrichstadt tanzte, herbeigeführt. Jetzt ist es mit neuen Tänzen und zum Teil auch mit neuen Mädchen wiedergekommen. Eine großartige Schau! Alle Künste des französisch-russischen Balletts werden so locker und leicht in einer fast schon dekadenten Vollendung gezeigt, daß selbst eine so süßliche Szene wie die Blumenschale, die von anderen getanzt unerträglich wäre, schön ist und gefällt. Die Mädchen bilden keine Girltruppe. Sie verschwinden nicht in dem Kollektiv einer gymnastischen Exaktheit. Jede ist eine wirkliche Tänzerin, eine Individualität, und man kann Namen nennen: Pearl Bennett, die wohl am meisten von allen kann, und Brigitta Hartwig, die die reizvollsten Bewegungen, eine natürliche Unbefangenheit und das netteste Lachen der Gruppe hat.

Auch das rein artistische Programm ist gut. Die drei Swifts bieten eine herrlich aufgebaute Nummer. Sie arbeiten mit dem »Mann aus dem Publikum«, der auf die Bühne kommt, um jonglieren zu lernen und dann alles mit einer wunderbar aufreizenden Langsamkeit macht. Die Cheeraways sollten von den Swifts lernen, was Regie bedeutet. Ihre an sich gute Nummer »Alles in Trümmer« verliert durch die ungeschickte Art der Darbietung. Die Schwungseilkünstler Hartwells arbeiten gefährlich, doch leider mit zu viel Angabe. Paul Beckers ist eine Konzession an den Geschmack des Provinzlers. Seine Typen kommen aus den ältesten Jahrgängen des Lustigen Sachsen. Rudi Grasl, der Tonimitator, kopiert sehr nett eine ganze Kapelle.

ED: *Berliner Börsen-Courier* v. 3. September 1932, S. 5 (Abend-Ausgabe).
Gezeichnet: W. Koe.
Kein Belegstück im Nachlass. Text durch das Verfasserkürzel identifiziert.
Anmerkungen:
Wintergarten: (1880-1944) seit 1888 Varietébühne, Berlin-Mitte, Friedrichstraße 143-149.
Editorischer Bericht:
Balletts: im ED »Ballets«

[Nr. 57]
Die *Jugendfreunde* in Steglitz

Nach der guten Aufführung von Molnars *Olympia* gibt das Schauspielhaus Steglitz zur Feier von Ludwig Fuldas 70. Geburtstag die *Jugendfreunde*. Über das Stück, das wohl alle deutschen Bühnen einmal gespielt haben, ist oft genug geschrieben worden. Zu angestrengt bemüht es sich, ein »feines Lustspiel« zu sein. Die gutbürgerlichen Sorgen einer gesicherten Vorkriegsgesellschaft, die Probleme einer übertriebenen Konvention interessieren kaum noch. Es bleibt ein harmloses, manchmal witziges und immer gefälliges Spiel um Freundschaft und Ehe.

In Steglitz wurde es noch einmal ein großer Erfolg. Die Absicht der Aufführung, den Autor zu ehren, erfüllte sich. Schon bei seinem Erscheinen im Saal wurde Ludwig Fulda stürmisch gefeiert, und der Beifall eines würdigen Parketts steigerte sich von Akt zu Akt. Fulda mußte sich immer wieder verneigen und einen Lorbeerkranz entgegennehmen.

Gespielt wurde wieder gut. Der Regisseur Hanns Farenburg hatte ein geschicktes Ensemblespiel arrangiert. Lutz Altschul, Hanns Farenburg, Otto Sauter-Sarto und Harry Halm gaben die Jugendfreunde, Charlotte Serda, Hedda Hirth, Liselotte Ebel und die etwas blaß bleibende Elga Brink ihre Frauen; alle waren sehr sicher und spielten ihre Rollen mit gutem Humor. Eine gelungene Charge war der Diener Stephan und Gustav Mayerhofer.

ED: *Berliner Börsen-Courier* v. 24. September 1932, S. 3 (Abend-Ausgabe).
Gezeichnet: Kn.
Belegstück im Nachlass.

Anmerkungen:
Schauspielhaus Steglitz: (seit 1921, heute: Schloßparktheater), Berlin-Steglitz, Schloßstraße 48.
Editorischer Bericht:
Über: im ED »Ueber«
Charlotte Serda: im ED »Charlott Serda«

[Nr. 58]
»Kabarett für Alle«.
Schaeffers zweites Programm

Im Programmheft seines »Kabarett für Alle« warnt Willy Schaeffers vor Mißverständnissen. Er versichert, keine Katakombe und kein Tingel-Tangel, kein literarisches und kein Nachwuchs-Kabarett, sondern eben eines für Alle, wie ja der Name schon sagt, auf breitester Basis bieten zu wollen. In diesem Sinne aber ein gutes.

Diese Feststellung ist wichtig. Das erste Programm war mehr breit als gut und erfüllte verschiedene Erwartungen nicht. Das zweite, das gestern abend gezeigt wurde, hatte aus der Enttäuschung des ersten gelernt und in das »für Alle« auch Darbietungen für die Besucher eingeschlossen, die neben guten und allgemein bekannten Kabarettkräften auch die Versuche der noch nicht bewährten aber vielleicht begabten jungen Talente sehen wollen. So war eine zwar breite, aber immer künstlerische Basis von Claire Waldoff bis zur jüngsten Tänzerin geschaffen, und das ausgezeichnete Programm amüsierte wirklich jeden.

Schon die Conférence, der wunde Punkt der Kabaretts, war erfreulich. Schaeffers besorgte sie selbst. Niemals aufdringlich, niemals peinlich, niemals »witzig«, sondern sozusagen beiläufig. Er konferierte in einer Art Ideenflucht, sprach zum Beispiel als Schauspieler in einem Sketsch das letzte Wort seiner Rolle und ging sofort über den Beifall hinweg in die Conférence.

Von den Vielen, die er so angenehm vorstellte, seien zuerst seine Entdeckungen, die neuen Erscheinungen auf dem Berliner Kabarett genannt. Da sind die Merry Twins, Zwillinge aus Frankfurt a. Main. Sie geben dem Sisters-Akt einen neuen Reiz. Zwei junge Mädchen, die leise tanzen in der Geborgenheit ihrer Zweiheit. Eine Person und ihr Schatten spielen ein Wechselspiel. Eine andere Tänzerin, Lydia Wieser, zeigt mit eigenartig häßlich verzerrtem Gesicht einen indischen Tempeltanz, eine Charakterstudie in seltener Vollendung, starr in der Gestalt, aber locker in allen Muskeln. Liselott Wilke singt Hafenlieder, die leider nicht so gut und abenteuerlich sind wie das Aussehen der Sängerin. Ihr folgt Rudolf Klaus, ein Akkordeon-Virtuose, der, wenn Musiknummern auch sonst im Kabarett nicht gefallen mögen, großartig ist.

Soll man Ellen Schwanneke noch zum Nachwuchs rechnen? Eine Chanson-Szene »Potsdamer Platz« spielt sie mit dem ganzen Charme und dem vor Erregung zitternden Eifer der Anfängerin; als Schaeffers Partnerin in dem komischen Sketsch »Eine feine Familie« chargiert sie dagegen mit einer fast beängstigenden Sicherheit.

In vielen kleinen und fast immer lustigen Szenen spielt Hugo Fischer-Köppe die Hauptrolle. In der Maske Gerhart Hauptmanns spricht er Otto Reutters berühmte Parodie auf die versunkene Glocke, ohne der Gefahr der Übertreibung zu erliegen. Neben Fischer-Köppe zeigen und bewähren sich viele junge Schauspieler: Marie Yella, Curt Ackermann, Werner Zach, Erich Wolff.

Und zum Schluß des reichen Programms erscheint Claire Waldoff, eine Berlinerin, eine Freundin von Zille, die zu singen weiß, wie das Leben ist in der großen Stadt, am Wedding wie am Kurfürstendamm.

Erstdruck/Druckgeschichte:
ED: *Berliner Börsen-Courier v.* 4. Oktober 1932, S. 3 (Abend-Ausgabe).
Gezeichnet: W. Koe.
Belegstück im Nachlass.
Anmerkungen:
Kabarett für Alle: Von Willi Schaeffers geleitetes Kabarett im Femina-Palast (1932-1933), Berlin-Schöneberg, Nürnberger Straße 50-52.
Editorischer Bericht:
Übertreibung: im ED »Uebertreibung«
Conférence: im ED »Conference«

[Nr. 59]
Uraufführung im Kabarett der Komiker

Das Kabarett der Komiker veranstaltet Nachmittagsvorstellungen für die Hausfrau. Von Maria Ney konferiert, unterhalten bewährte Kabarettkräfte, wie Lotte Werkmeister und Willy Rosen und Akrobaten wie die herrlichen zwei Fokkers mit dem Apfel, zweieinhalb Stunden lang ein überaus dankbares Publikum. Gestern gab es die Uraufführung eines Lustspiel genannten Sketsch *Die kleine Katharina* von Ladislaus Fodor. Einfall, Text und Handlung des Spiels sind dürftig. Paul Morgan gibt einen spleenigen Schulprofessor überraschend zurückhaltend, während Vera Nargo zwar nett aussieht, aber noch zu Übertreibungen im Spiel und im Tonfall neigt.

Erstdruck/Druckgeschichte:
ED: *Berliner Börsen-Courier* v. 6. Oktober 1932, S. 6.
Gezeichnet: -en.
Kein Belegstück im Nachlass. Text durch das Verfasserkürzel identifiziert.
Anmerkungen:
Kabarett der Komiker: (1924-1944) gegründet von Paul Morgan, Kurt Robitschek und Max Hansen, Berlin-Charlottenburg, ursprünglich in der Kantstraße, seit 1928 im (von Erich Mendelsohn erbauten) WOGA-Komplex am Lehniner Platz, Berlin-Wilmersdorf, Kurfürstendamm 156.
Paul Morgan: (eigentlich: Georg Paul Morgenstern) österreichischer Schauspieler und Komiker (1886-1938). Trat in den 1920er Jahren an zahlreichen Kabarettbühnen in Berlin auf und spielte zu selben Zeit in über 50 Filmen mit. Gründete 1924 gemeinsam mit Kurt Robitschek und Max Hansen das Kabarett der Komiker. 1933 floh er nach Österreich, wo er 1938 verhaftet und deportiert wurde. Er starb im KZ Buchenwald.
Willy Rosen: (eigentlich: Wilhelm Julius Rosenbaum) jüdischer Kabarettist und Komponist (1894-1944). Spielte in den 1920er Jahren an zahlreichen Berliner Kabarettbühnen, Komponist aller seiner Lieder. 1937 emigrierte er in die Niederlande. 1944 in Auschwitz ermordet.
Editorischer Bericht:
Übertreibung: im ED »Uebertreibung«

[Nr. 60]
Morgenfeier im Schaeffers-Studio:
Die Laune des Verliebten

Willy Schaeffers erzählt: seit meiner ersten Studio-Veranstaltung im Kabarett der Komiker kommen täglich junge Menschen zu mir, um mich von ihrer Begabung zu überzeugen. Bei den Prüfungen stellt sich dann meist heraus, daß diese jungen Menschen nicht zum Kabarett, sondern zum Theater oder zum Film wollen, ich also gar nichts mit ihnen anfangen kann. Schließlich wurde mir die Sache zu dumm, und ich habe nachgegeben und meinem Kabarett-Studio eine Abteilung »Theater« angeschlossen.

Das ist nett von Willy Schaeffers, besonders nett, wenn man bedenkt, daß unsere Theaterdirektoren ganz andere Sorgen haben, als die, sich um den Nachwuchs zu kümmern. Aber leider scheint Willy Schaeffers vergessen zu haben, daß nicht allein die Leihgabe eines spielfertigen Theaters, sondern erst die gemeinsame verantwortungsvolle Arbeit den Begriff »Studio« erfüllt. Auch gelegentlich einer schön geplanten Goethefeier.

Die Sonntags-Aufführung der *Laune des Verliebten* (zugunsten der Künstler-Altershilfe) kann nur ein Anfang der Arbeit des Studios sein. Schon der tänzerische Auftakt des Schäferspiels verstimmte. Vier in ihren Bewegungen keineswegs graziöse Tänzer versuchten sich in einem Rokoko von übertriebener Empfindsamkeit. Das Stück selbst war von Ludwig Brie, einem begabten Regieschüler der Reinhardtschule inszeniert, der sich hier aber fremd fühlen mußte. Die Schauspieler hatten nicht gelernt, Verse zu sprechen, und kämpften mit viel Gefühl gegen eine sie hemmende Aufgabe. Helen Steels, Franz Ludwig Eisig und Georg Profe mögen begabt sein. Marie Yella möchte man in einer ihr mehr liegenden Rolle wiedersehen.

Vor dem Goethe-Akt spielten Schüler der Musikhochschule ein Divertimento von Haydn.

Erstdruck/Druckgeschichte:
ED: *Berliner Börsen-Courier* v. 12. Oktober 1932, S. 6 (Morgen-Ausgabe).

Gezeichnet: W. Koe.
Belegstück im Nachlass.
Anmerkungen:
Kabarett der Komiker: (1924-1944) gegründet von Paul Morgan, Kurt Robitschek und Max Hansen, Berlin-Charlottenburg, ursprünglich in der Kantstraße, seit 1928 im (von Erich Mendelsohn erbauten) WOGA-Komplex am Lehniner Platz, Berlin-Wilmersdorf, Kurfürstendamm 156.

[Nr. 61]
Berliner Theater-Erinnerungen

Dr. Ludwig Herz, Obmann des Bühnenschiedsgerichts und jahrzehntelanger Freund des Theaters, sprach, eingeladen von der Gesellschaft für Theatergeschichte, in den Räumen des Deutschen Bühnen-Klubs über seine Berliner Theater-Erinnerungen. Vor einem Auditorium von Direktoren, Dramaturgen, Regisseuren, Theaterwissenschaftlern und Theaterfreunden erzählte er außerordentlich interessant von Brahm und Reinhardt, von Kainz, von der Sorma, Paula Conrad, Klara Ziegler, von den Anfängen der Eysoldt und vielen heute schon vergessenen Namen. Noch einmal wurden der Kampf um die naturalistische Richtung, um Ibsen und Hauptmann, die ersten Vorstellungen der Freien Bühne, der Unverstand einer auch damals lächerlichen Zensur lebendig geschildert von einem Mann, der in der vordersten Parkettreihe dabeigewesen ist.

Erstdruck/Druckgeschichte:
ED: *Berliner Börsen-Courier* v. 13. Oktober 1932, S. 5 f. (Morgen-Ausgabe).
Gezeichnet: -n.

Kein Belegstück im Nachlass. Text durch das Verfasserkürzel identifiziert.

[Nr. 62]
Schauspielhaus Steglitz:
Sylvia kauft sich einen Mann

Nach seinen Erfolgen mit so bewährten Stücken wie *Olympia* und *Die Jugendfreunde* wagt das Schauspielhaus Steglitz eine Erstaufführung. Alexander Engel, der Autor des Spiels um Liebe und Dollars *Sylvia kauft sich einen Mann*, hat fleißig die englischen Komödienschreiber der Nachkriegszeit gelesen. Er kennt Galsworthy, Coward, Zangwill, Dukes, Bax und Frederick Lonsdale. Dessen »Gesellschaft« kennt er sogar sehr gut. Auch er arbeitet mit dem Trick, daß eine Brieftasche abhanden kommt, daß jeder jeden verdächtigt und daß dabei verschiedene dunkle Punkte noch dunkler werden.

Der Erfolg der englischen Komödie ist aber nicht der eines geschickt gebauten Szenariums; erst eine Spannung im Dialog, ein wirklich unterhaltender Witz, eine überaus charmante Art, Bosheiten zu sagen, sind die Eigenschaften, die ihr Wert verleihen. Und da hapert es bei Engel. Seinem Dialog fehlt die gestaltete Munterkeit einer gefälligen Konversation. Seine Paradoxone sind keine, wenn er springt, stürzt er, und er sagt immer, was er nicht sagen will. Schon im ersten Akt gab er dem Parkett den berühmten Wink mit dem Zaunpfahl. Die Person des Täters überraschte nicht. Es war alles so deutlich, und die Direktion hatte so geheimnisvoll getan, daß man plötzlich im dritten Akt doch noch einen Theatercoup erwartete. Vergeblich. Die Chance wurde verpaßt.

Der Regisseur Hanns Farenburg hätte durch etwas mehr Tempo, durch eine stärkere Bewegung auf der Bühne manche Schwäche des Stückes überspielen können. Er inszenierte es aber in der Art des Fulda und ein wenig langweilig. Davon abgesehen waren die Schauspieler wieder gut geführt und ein wirkliches Ensemble. Die Titelrolle der Sylvia, die sich einen Mann kauft, gab Charlotte Serda. Sie sieht gut und klug aus, und man hat immer die Empfindung, daß sie Regie führen sollte, daß sie mehr von ihrer Rolle und vom Theater überhaupt versteht, als sie an schauspielerischer Ausdrucksfähigkeit besitzt. Diese findet sich in reichem Maße bei ihrer Mutter, Julia Serda, und bei Otto Sauter-Sarto, die zusammen ein dickes polnisches Ehepaar von fabelhaft aufgeregter Komik geben. Ihnen galt der meiste Beifall des Abends. Lutz Altschul ist der Forster der Steglitzer Bühne; ein Liebhaber, der immer mehr der Held wird, aber sich hüten sollte, in diesem sympathischen Ausdruck zu erstarren. Fritz Alberti spielte mit sparsam angewandten Mitteln Sylvias Vater. Mary Kid glaubte man mehr die Hysterikerin als die Glücksspielerin. Zu nennen sind noch Herbert Witt in der Rolle eines Jünglings und Emil Janson in der eines Detektivs.

Erstdruck/Druckgeschichte:
ED: *Berliner Börsen-Courier* v. 15. Oktober 1932, S. 2 (Abend-Ausgabe).
Gezeichnet: Wolfgang Koeppen.
Belegstück im Nachlass.
Anmerkungen:
Schauspielhaus Steglitz: (seit 1921, heute: Schloßparktheater), Berlin-Steglitz, Schloßstraße 48.
Editorischer Bericht:
Frederick Lonsdale: im ED »Frederic Lonsdale«
Hanns Farenburg: im ED »Hans Farenburg«

[Nr. 63]
Kammerspiele:
Ein heiterer Thoma-Abend

Von der literarisch-mythischen Folklore in Billingers *Verlöbnis* kehren die Schultes-Spieler zu ihren alten Erfolgsstücken, den derben Bauernschwänken von Ludwig Thoma, zurück. Hier sind sie in ihrem Element, hier zeigen sie, was sie können, und hier erst rechtfertigen sie die Lobsprüche der Sommergäste von Tegernsee. Man hat nicht oft Gelegenheit, Theater so sehr als Handwerk, als gute, erarbeitete handwerkliche Kunst betrieben zu sehen. Die Schultes sind keine Bauern, die Bauern spielen, sind keine Dilettanten, die den Dialekt an die Stelle des Talents setzen, sie sind nur Schauspieler, die besonders gut Bauern darstellen können. Niemals werden sie, wie Laienspieler, Gefangene ihrer Rollen; sie spielen mit viel Überlegung und haben die Wirkung jedes Moments schlau berechnet.

In der *Brautschau* geben sich die Kammerspiele, weiß und katholisch, als oberbayerisches Bauernhaus. Der Bauer ist alt, der Sohn möchte den Hof übernehmen, aber der Alte will nicht aufs Altenteil gehen. Das gibt eine böse Spannung zwischen Vater und Sohn, und herrlich ist es, zu sehen, wie sie sich anknurren, wie sie sich beblicken, beide starrköpfig, grobknöchig, die Faust in der Lederhose. Schließlich, nach einer Szene wechselseitigen Sich-übers-Ohr-hauens, überredet die Bäuerin den Alten. Um den Hof zu bekommen, soll der Sohn heiraten. Geld, einen guten Ruf und kräftige Hände muß die Braut haben. Und da erscheinen die Schmuser, professionelle Heiratsvermittler, zwei wunderbar verschlagene, grantige Gauner, und führen die prallen Mädchen vor wie Ochsen auf dem Markt. Wie sie die ihre loben und die andere schlecht machen, wie sie sich in Wut reden, wie sie gegeneinander losgehen und wie sie dann doch wieder sich bemühen, vor dem Bauern die Treuherzigen zu markieren, das ist wirklich großartig gespielt. Leider kommt dann der Schluß etwas zu plötzlich und fällt ab.

Der *Brautschau* folgt die 1. *Klasse.* Der viel belachte Schwank verfehlte auch diesmal nicht seine Wirkung. Aber sein Witz, der einst ein Zeitwitz war, ist doch schon alt geworden. Manche Anspielung trifft ins Leere, und selbst die Schultes müssen, Bracht dankend, zum unfehlbaren Lachmittel des Zwickels greifen. Gespielt wurde sehr charakterisierend und überraschenderweise gelangen auch die norddeutschen Typen ausgezeichnet. Ein Dicker berlinerte blubbernd wie Otto Wallburg. Alles in allem genommen war der Abend wirklich ein heiterer.

Erstdruck/Druckgeschichte:
ED: *Berliner Börsen-Courier* v. 17. Oktober 1932, S. 2f. (Abendausgabe).
Gezeichnet: Wolfgang Koeppen.
Belegstück im Nachlass.
Anmerkungen:
Kammerspiele: 1906 in der Ära Max Reinhardts als kleinere Bühne des Deutschen Theaters (vormals: Friedrich-Wilhelm-Städtisches Theater) umgebauter Ballsaal in der Schumannstr. in Berlin-Mitte.
Editorischer Bericht:
Überlegung: im ED »Ueberlegung«

[Nr. 64]
Der Erwerbslosenausschuss der
Bühnenangehörigen

Der Erwerbslosenausschuss der Bühnenangehörigen hatte am Sonntag mittag zu einer Versammlung in die Schlaraffia-Säle geladen. Die Versammlung litt unter einem schwachen Besuch; nur etwa 50 Bühnenangehörige waren erschienen. Unruh und Jacobi, die Sprecher der erwerbslosen Schauspieler, wandten sich noch einmal gegen die geplanten Prüfungsausschüsse und feierten den vorläufigen Verzicht auf diese Kommission als einen Sieg des einmütigen Protestes der von den Prüfungen Bedrohten. Darüber hinaus forderten Unruh und Jacobi die Durchführung eines Arbeitsbeschaffungsprogramms: Einrichtung von Studios, deren Leitung nicht in den Händen einer vom Bühnennachweis und der Genossenschaft bestellten Direktion, sondern in der von Vertrauensleuten der Erwerbslosen zu liegen habe; Nutzung der Möglichkeit, in den Peripherie-Theatern zu spielen; vor allem aber Heranziehung des Rundfunks zur Erwerbslosenhilfe. Einen Sturm der Empörung weckte die Mitteilung, daß die Funkgemeinschaft der Erwerbslosen aufgelöst werden soll. Die Versammelten verlangten, daß jeder deutsche Sender verpflichtet werde, mindestens einmal in der Woche eine Vollsendung von engagementlosen Schauspielern sprechen zu lassen. Eine Diskussion kam wegen des schlechten Besuches nicht recht in Gang. Die ganzen Fragen sollen bald in einer größeren Versammlung noch einmal erörtert werden.

Erstdruck/Druckgeschichte:
ED: *Berliner Börsen-Courier* v. 17. Oktober 1932, S. 5 (Abend-Ausgabe).
Nicht gezeichnet.
Belegstück im Nachlass.

Anmerkungen:
Schlaraffia-Säle: (1896-1936) im Hotel Imperial, Berlin-Kreuzberg, Enckeplatz 4 und 4a (heute: Enckestr.).

[Nr. 65]
Schülervorstellung *Neidhardt von Gneisenau*

Die Bühne höherer Lehranstalten veranstaltete gestern nachmittag im Schillertheater eine Aufführung des historischen Schauspiels *Neidhardt von Gneisenau* von Wolfgang Goetz. Heinz Dietrich Kenter hatte glücklich vermieden, das Stück nur als »Deutsche Heldenschau« zu inszenieren. Seine Regie betonte das Drama, die Charaktere und die Konflikte an Stelle der bloßen Geschichte. Alfred Stöger spielte den Gneisenau ein wenig zu weich, nervös und artistisch. Ein unsympathischer Neurotiker, oft eindrucksvoll, zuweilen Karikatur, war der König Friedrich Wilhelm III. von Harry Flatow. Die vielen Militärrollen gaben Fritz Reiff, Paul Kaufmann, Gustav Ad. Littek, Walter Firner, Ber Spanier, Erich Strömer und Gert Grellmann. Inge Conradi und Rosa Pategg erschienen in zwei kurzen Episoden.

Erstdruck/Druckgeschichte:
ED: *Berliner Börsen-Courier* v. 21. Oktober 1932, S. 2 (Abend-Ausgabe).
Gezeichnet: koe.
Kein Belegstück im Nachlass. Text durch das Verfasserkürzel identifiziert.
Anmerkungen:
Schillertheater: (1907-1933), von 1921-1932 zweite Spielstätte des Preußischen Staatstheaters, Berlin-Charlottenburg-Wilmersdorf, Bismarckstraße 117-120 (heute 110).

[Nr. 66]
Dazu pathetische Programme?

Der Leibkutscher des Fridericus Rex heißt das neue Stück des Wallnertheaters. Im Programmheft stehen noch die anspruchsvollen Worte von der Schaffung eines besonders »deutschen« Wallnertheaters. In Wirklichkeit hat man sich von Goethe schon der Operette zugewandt, die hier Singspiel heißt und aus der Zeit des ersten Otto-Gebühr-Films stammt. Die Aufführung selbst war erschreckend undiszipliniert, ungeprobt und lustlos. Der Regisseur, wenn es ihn geben sollte, war klug genug, seinen Namen zu verschweigen. Von den Schauspielern könnte man sich höchstens Lotte Lorring an anderer Stelle, in einem Lustspiel, denken.

Erstdruck/Druckgeschichte:
ED: *Berliner Börsen-Courier* v. 22. Oktober 1932, S. 3 (Abend-Ausgabe).
Gezeichnet: koe.
Kein Belegstück im Nachlass. Text durch das Verfasserkürzel identifiziert.
Anmerkungen:
Wallnertheater: Schiller-Theater Ost 1894-ca. 1939, Berlin-Mitte, Wallner-Theater-Straße 35.

[Nr. 67]
Schauspielhaus Steglitz:
Der dunkle Punkt

Die gestrige Aufführung im Schauspielhaus Steglitz hielt nicht ganz das anständige Niveau der vorhergehenden. Vor allem sah man keine Notwendigkeit, das alte Lustspiel von Kadelburg und Presber *Der dunkle Punkt* heute zu spielen. Auf dem Spielplan der Steglitzer Bühne stehen Stücke, die uns mehr interessieren als eine Diskussion über die Ebenbürtigkeit zweier Familien. Die geschickt gezimmerte Situationskomik, der dunkle Punkt, ein Neger wird Schwiegersohn des adelsstolzen Barons, wurden zwar viel belacht, aber der Beifall galt mehr dem Schauspieler Hans Junkermann als dem Stück. Junkermann spielte die Paraderolle des Barons. Sehr hypochondrisch, sehr komisch, zum Schluß sehr rührend. Sonst war die Aufführung ein wenig lau. Der Direktor als Star schien die Regie (Hanns Farenburg) gehemmt zu haben. Von den Darstellern wären noch der immer ulkige Otto Sauter-Sarto, die nette Liselotte Ebel und der überlegen spielende Lutz Altschul zu nennen.

Erstdruck/Druckgeschichte:
ED: *Berliner Börsen-Courier* v. 1. November 1932, S. 2 f. (Abend-Ausgabe).
Gezeichnet: w. koe.
Kein Belegstück im Nachlass. Text durch das Verfasserkürzel identifiziert.
Anmerkungen:
Schauspielhaus Steglitz: (seit 1921, heute: Schloßparktheater), Berlin-Steglitz, Schloßstraße 48.
Editorischer Bericht:
Hanns Farenburg: im ED »Hans Farenburg«

[Nr. 68]
Mittelmaß in der Scala

Wie sympathisch ist die Ansage des Fräulein Nummer! Sie trägt freundlich die Zahl über die Bühne, und man weiß Bescheid. Leider sagt sie im November nicht viel mehr als die Pause an. Die übrige Conférence besorgt Fritz Grünbaum. Ein kleiner Mann am falschen Ort. Was im Kabarett, wo sowieso geredet und gewitzelt wird, vielleicht noch möglich ist, ist im Varieté auch ein Zerreden der besten Artistik. Wenn Grünbaum bestellt sein sollte, ein mittelmäßiges Programm zu beschönigen, so weist er tatsächlich auf alle Schwächen deutlich hin.

Der »Scala« fehlt diesmal die große, der Vorstellung den Zusammenhang gebende Attraktion. »Die fliegenden Concellos« sollten das wohl sein. Aber durch den Unfall der Partnerin sind sie gehemmt. Eine fremde Artistin hilft ihnen. Sie wagt einige Sprünge, aber das Zusammenspiel fehlt. Man muss sich mit der Andeutung begnügen. Man sieht, wie ruhig und sicher der Fänger arbeitet, wie kühn der andere Concello den mehrfachen Salto schlägt, und man kann sich denken, wie durch die Frau, die eigentliche Fliegerin, der Akt die atemberaubende Sensation im Stil der Codonas wird.

Am besten gefällt der Exentrictänzer Buster West und seine Truppe. Er selbst ist ein großartiger Tänzer und Schauspieler, so z. B. wenn er das dumme schöne Mädchen umflirtet und in grotesken Verrenkungen sehnsüchtig und begehrend ist. Das Ensemble-Spiel der Truppe brauchte noch ein wenig Konzentration, um der Gefahr zu entgehen, einen Witz durch Wiederholungen um seine Wirkung zu bringen. Ein, wie man sagt, mondänes Traumpaar sind Berinoff und Charlott. Bei vielem Können ist er bemüht, sie zu führen, sie sich führen zu lassen. Darüber kommen sie nicht zum Tanz und stellen nur akrobatische Bilder.

Würden die Singing Babies sich selbst parodieren – das wäre schön! So aber singen sie fleißig ihre Lieder, und man weiß nicht, ist es Scherz oder ist es Ernst.

Der vorzügliche Perchakt der vier Polis war der Beginn der Vorstellung, der Sketsch »Die Schule der Autoren«, in dem Max Adalbert, Fritz Grünbaum und Ferdinand von Alten recht komisch waren, ihr Ende.

Und nach dem Ende bedarf noch ein Hundezirkus besonderer Erwähnung. Nicht, weil er besonders gut ist, nicht, weil er besonders schlecht war, sondern weil er wieder den traurigen und peinlichen Scherz der Tiere im Narrenkostüm des Menschen brachte. Weil er einem kleinen Hund eine Perükke aufsetzte, ein Röckchen anzog und ihn als Balletteuse auf die Bühne schickte. Weil er einen gequälten Pudel mit einem unsagbar traurigen Ausdruck furchtsam und schwankend Seil tanzen ließ. Weil er eine widerwärtige Revolverszene zeigte: Tiere sollen erschossen werden und bitten »Männchen machend« um ihr Leben. Wir wollen dem Herrn Direktor dieses Zirkus bestätigen, daß seine Dressur hervorragend ist, und wir wollen ihn recht herzlich bitten, es die letzte sein zu lassen.

Erstdruck/Druckgeschichte:
ED: *Berliner Börsen-Courier* v. 5. November 1932, S. 5.
Gezeichnet: W. Koe.
Belegstück im Nachlass.
Anmerkungen:
Scala: Varieté-Bühne Scala (1920-1944), Berlin-Schöneberg, Lutherstraße 22-24 (heute: Martin-Luther-Straße 14-18).

[Nr. 69]
Schauspielhaus Steglitz:
Die heilige Flamme

Warum das Schauspielhaus Steglitz in einer für seine Verhältnisse großen Star-Aufführung gerade *Die heilige Flamme* herausbrachte, bleibt unerfindlich. Schon bei seiner Berliner Erstaufführung im Renaissancetheater fiel das Stück von W. S. Maugham, seine Phrasensammlung und die grob reißerische Qualität, unangenehm auf. In Steglitz wurde das noch deutlicher. Man hatte den Eindruck, daß die Geschichte von der englischen Frau Alwing, die ihrem unrettbar kranken Sohn den Gifttod schenkt, nur inszeniert wurde, um Julia Serda die große Rolle zu geben. Die Serda braucht aber die Mittel einer so rein auf Effekte gestellten Theatralik gar nicht.

Julia Serda spielte nicht nur die Mrs. Tabret, soweit es die Rolle zuläßt, überzeugend, sie führte auch Regie. Aus dem Spannungsstück machte sie ein Weihespiel. Vor jedem Akt gab es Scheinwerferlicht und Lautsprechermusik, so daß der Vorhang sich wie vor einer Filmleinwand teilte. Die Darsteller bewegten sich wenig und standen immer bereit zur Großaufnahme. Doch waren die Leistungen von Lilli Fuhrmann, Harry Frank und Fritz Alberti oft eindrucksvoll. Von Otto Roland, in der Rolle des kranken Sohnes, kann man das nicht behaupten. Als seine Frau, die seinem Bruder sich zuwendet, war Elga Brink freier und gestaltender, als ihr früheres Auftreten es erwarten ließ. Hans Junkermann übertrieb die Biederkeit eines alten Majors.

Im Parkett sah man die Freunde der Direktion, viele Filmdarsteller, begeistert klatschen. Ob das Stück dem eigentlichen Steglitzer Publikum ebenso gefallen wird, bleibt abzuwarten.

Erstdruck/Druckgeschichte:
ED: *Berliner Börsen-Courier* v. 12. November 1932, S. 3.
Gezeichnet: W. Koe.
Belegstück im Nachlass.
Anmerkungen:
Schauspielhaus Steglitz: (seit 1921, heute: Schloßparktheater), Berlin-Steglitz, Schloßstraße 48.
Renaissancetheater: (1922-1933, 1945 wieder eröffnet), Berlin-Charlottenburg, Knesebeckstraße 100.

[Nr. 70]
Die neue Katakombe

Die Katakombe ist umgezogen. Nicht mehr im vertrauten Künstlerkeller empfängt sie ihre Gäste, sondern in einem Saal neben der Scala, in dem barocke Engel über dem Besucher schweben. Man hatte gefürchtet, der Umzug und der fremde Raum würden dem Kabarett schaden. Das ist zum Glück nicht der Fall. Das erste Programm im neuen Haus ist sogar frischer und lustiger als die letzten in der Bellevuestraße.

Mit einem Krach fängt es an. Sie sind, so scheint es, auf der Bühne noch nicht fertig. Es wird gehämmert und geschrien, und plötzlich reißt der Vorhang, und man kann das Ensemble sich in den Haaren liegen sehen. Dem Durcheinander entspringt Werner Finck. Ein wenig schärfer ist sein Witz, und nicht mehr ganz so onkelhaft ist sein Benehmen geworden. Das ist gut. Er ist der Conférencier des intimen Raumes und des Podiums. Was in der Scala untergeht, wirkt hier.

Das Programm, das Finck ansagt, enthält viel Scherz, Satire, Ironie und fast gar keine Erotik. Dafür etwas Politik; die Katakombe hat noch Mut, wenn auch auf Umwegen im Stil der »Neuen Nachgiebigkeit«.

Rudolf Schündler, Rudi Platte, Dora Gerson und die kleine Barbara Boot kommen alle sehr artig mit Chansons von Curt Bry, Claus Clauberg, Julian Arendt und Helmuth Markiewicz vor den Vorhang. Valeska Gert tanzt und spricht drei ihrer grotesk pathetischen Gestalten. Und Henry Lorenzen ist wunderbar, wenn er zwischen zwei Stühlen die komische Tragödie eines D-Zug-Reisenden zeigt.

Die Solos werden von den Ensembles abgelöst. In ihnen lebt der wahre Katakombengeist. Das »Sechstage-Sprechen«, »Maria Stuart« für die Zensur bearbeitet, der »Hamlet« von Lubitsch inszeniert und »Wilhelm Tell für die Partei« sind großartige und treffende Parodien und dabei ein so kindlicher Unsinn, daß das sowieso schon animierte Publikum aus dem Lachen nicht herauskam. Besonders ein Herr in der ersten Reihe nicht. Sollte Finck ihn als Lacher engagiert haben, so wird Finck pleitegehen, denn dieser Mann lacht unbezahlbar. Er war die hörbarste Attraktion des Abends.

Erstdruck/Druckgeschichte:
ED: *Berliner Börsen-Courier* v. 15. November 1932, S. 3.
Gezeichnet: W. Koe.
Belegstück im Nachlass.
Anmerkungen:
Katakombe: Kabarett »Die Katakombe« (1929-1935) gegründet u. a. von Werner Finck, Hans Deppe und R. A. Stemmle. Ursprünglich in Berlin-Mitte, Bellevuestraße 3. 1932 Umzug in das Haus der Scala, Lutherstraße 22-24 (heute: Martin-Luther-Straße 14-18).
Scala: Varieté-Bühne Scala (1920-1944), Berlin-Schöneberg, Lutherstraße 22-24 (heute: Martin-Luther-Straße 14-18).
Editorischer Bericht:
Arendt: im ED »Arend«

[Nr. 71]
Weihnachtskabarett für Alle

Willi Schaeffers Dezemberidee heißt Weihnachten. Das ist nicht originell, aber gemütlich. Schon im Foyer seines Kabaretts für Alle grüßen freundlich geschmückte Tannen, lockt ein Christmarkt und eine kleine Ausstellung von Luxusdrucken aus der Bibliothek des Hausherrn. Im Saal und auf der Bühne wünschen dann die Schneemänner, die Nicolause, teils im Smoking, teils im Strohhut, und die Engel mit den Friedenspalmen sich und dem Publikum ein Frohes Fest; während »O Tannenbaum« im Jazztakt gespielt wird.

Die große neue Nummer fehlt diesmal. Man hat die ganze Vorstellung schon oft gesehen, schon oft sehr nett gefunden, schon oft belacht. Das gilt für Claire Waldoff, für Hermann Krehan, für Willi Schaeffers selbst. Es ist ein Programm des Nebenbeis. Man kann sich dem Hintergrund zuwenden und einmal Heinz Göbel, den Begleiter der Waldoff nennen. Er ist ein Wunder der Diskretion und des Mitgehens. Wie er fast unerhörbar leise und doch immer mit der Melodie da ist, wie er die Stimmung der Künstlerin und das Gefühl des Publikums lenkt, ist erstaunlich. Ähnlich wirkt ein Skandinavier. In einer Texas Bar singt Amsy Moina geheimnisvolle javanische Lieder. Hinter ihr, vor der Theke, hockt Paul Vermehren (der Mann der English Songs, der schon im Studio auffiel) im Frack auf einem Barstuhl und ist ein herrlicher Schauspieler, auch wenn er nichts zu singen hat. Er blickt ein wenig erstaunt, leicht amüsiert und furchtbar höflich auf die Vortragende, die er, ein vollendeter Gentleman, am Schluß ihres Liedes zu ihrem Platz zurückführt.

Drei Sketsche sollen der Vorstellung Halt geben. »Der rote Hut« bringt statt einer Pointe ein altbackenes Pointelein aus Großmütterchens Küche, von einem Herrn aus Ungarn aufgewärmt, und hübsch serviert von Willi Schaeffers, Mizzi Dressel, Hellmuth Krüger und Rolf Jahnke. »Alt-Heidelberg, II. Teil« schildert die Heimkehr des Weinreisenden Karl Heinz in das Grand Hotel der Kati, die nun protzigen Gehabens Kitty heißt. Der Witz liegt hier im Vortrag von sauber parodierten Wirtinnen-Versen. Und Hermann Krehans »Weihnachtsbilderbuch« ist eine Folge von mehr oder minder guten Bildern. Sehr minder »Das Mädchen mit den Schwefelhölzern«, getanzt von Beate Molen, die aber für den schlechten Einfall nichts kann; mehr Grete Weisers und Helmuth Krügers »Mondäne Weihnachten« in der Badewanne des Garmischer Hotels.

Manchen Witz spendiert die Politik: die beiden Preußischen Regierungen, Papen, Schleicher, Bracht, das Parlament, die Kanzlerkrise, ein Reservoir für den Satiriker, sehr harmlos ausgeschöpft. Dem Kabarett fehlen die Texte wie das liebe Brot. Die meisten stammen diesmal von Krüger. Daß sie besser gemeint waren, als sie geworden sind, wird er selbst am besten wissen. Er konferiert auch das Dezemberprogramm und ist so sicher und geschmackvoll fern jeder Peinlichkeit wie immer.

Erstdruck/Druckgeschichte:
ED: *Berliner Börsen-Courier* v. 7. Dezember 1932, S. 6.
Gezeichnet: W. Koe.
Belegstück im Nachlass.
Anmerkungen:
Kabarett für Alle: Von Willi Schaeffers geleitetes Kabarett im Femina-Palast (1932-1933), Berlin-Schöneberg, Nürnberger Straße 50-52.
Editorischer Bericht:
Ähnlich: im ED »Aehnlich«

[Nr. 72]
Schluck und Jau als Puppenspiel

Das Scherz- und Schimpfspiel *Schluck und Jau* von Gerhart Hauptmann wurde gestern abend von der schlesischen Puppenspielbühne Jörg Breuer in der Gerhart-Hauptmann-Ausstellung am Platz der Republik gezeigt. Die Ausstellung liegt dem Reichstag gegenüber. Wer sie gestern besuchen wollte, mußte mehrfache Polizeiketten passieren und immer wieder erklären, wie harmlos sein Ziel sei. Das mag viele abgeschreckt haben. Es waren nur wenig Zuschauer im Saal, und das war schade, denn das Spiel war reizend. Die lustig geschnittenen Puppenköpfe, die bunten Kulissen und Kostüme, die Stimmen von Jörg Breuer und Margit Schmolke ließen das Spiel von den armen Schluckern und den Scherz, den die Hofgesellschaft mit ihnen treibt, ebenso komisch wie rührend lebendig werden. Der Beifall war herzlich.

Erstdruck/Druckgeschichte:
ED: *Berliner Börsen-Courier* v. 7. Dezember 1932, S. 2.
Gezeichnet: -n.
Kein Belegstück im Nachlass. Text durch das Verfasserkürzel identifiziert.

[Nr. 73]
... und Dolittles Abenteuer

H. Loftings Geschichte vom guten Dr. Dolittle und seinen kranken Tieren haben Hermann Kasack und E. L. Schiffer zu einem im ganzen reizenden, im einzelnen etwas zusammenhanglosen Kinderstück verarbeitet. Die Aufführung im

Schülertheater gefiel den in großer Zahl erschienenen Kindern sehr. Alfred Braun führte die Regie. Auch auf der Bühne, als Dr. Dolittle persönlich, hielt er noch das Ensemble meist jugendlicher Darsteller zusammen. Zu nennen sind: Reinhold Köstlin, Rosa Pategg, Erika Praetorius, Helen de Freitas, Berthold Winter (ein begabter Junge), ein wirklicher Affe und einige Tiere aus dem Tierkinderpark des Zoo. Von den Tänzerinnen des Kinderballetts sind drei oder vier berufen, aber ihr Talent versinkt in der gespreizten Geziertheit ihrer Schule.

Erstdruck/Druckgeschichte:
ED: *Berliner Börsen-Courier* v. 13. Dezember 1932, S. 5 (Abend-Ausgabe).
Gezeichnet: -n.
Kein Belegstück im Nachlass. Text durch das Verfasserkürzel identifiziert.
Editorischer Bericht:
Geschichte: im ED »Gschichte«

[Nr. 74]
Kampf der Tertia
gespielt und diskutiert

Wilhelm Speyers Roman von der Tertia eines Landschulheims, die die zum Tode verurteilten Katzen einer kleinen Stadt rettet, hat viele Kinder und Erwachsene erfreut. Auch der gleichnamige Film, der einer der besten der letzten Stummfilmzeit war, hatte einen großen und berechtigten Erfolg. Jetzt ist der dankbare Stoff von Renée Stobrawa dramatisiert und von ihrer Kinderbühne (im Deutschen Künstlertheater) aufgeführt worden.

Es war eine Jugendvorstellung, wie man sie sich wünscht: lustig, ohne albern zu werden; kindlich, ohne die Art der Kinder peinlich zu verniedlichen; moralisch, ohne die Spur eines erhobenen Zeigefingers. Es wurde sehr jungenhaft und natürlich gespielt. Ein frischer, unsentimentaler Ton herrschte, dem sich auch die Schauspieler Walter Bechmann, Artur Peiser, Willi Schur (sehr gut als Polizist Holzapfel) und Franz Sondinger glücklich anpaßten. Von den Jungens der Tertia traten besonders der große Kurfürst (Kurt Pulvermacher), der hervorragend spielende Borst (Hans Richter) und der Organisator (Waldemar Pottier) hervor. Zwischen ihnen hatte es Ilse Stobrawa als Daniela (das einzige Mädchen in der Tertia) nicht leicht, sich zu behaupten. Aber sie setzte sich durch, war derber und eckiger als alle Jungen und nur manchmal noch etwas zu laut.

Nach der Vorstellung und nach dem großen Beifall, den sie fand, kam es zu einer Diskussion zwischen den jugendlichen Zuschauern und den Darstellern. Eine Schar von strengen Kritikern stand plötzlich im Parkett. Dreizehnjährige Surrealisten stürzten sich auf vierzehnjährige Naturalisten; Demokraten und Antidemokraten erörterten die Idee des parlamentarischen Schulstaates; eine erstaunlich gewandte Dialektik wurde offenbar. Viele, die das Buch gelesen hatten, waren mit seiner dramatischen Gestaltung nicht einverstanden; andere verteidigten die Begrenzung der Geschichte durch die Szene; dramaturgische Kollegs wurden gehalten. Renée Stobrawa stand mitten in der Schlacht der Meinungen und nahm sich die Worte ihres schwierigen, aber unerhört interessierten Publikums zu Herzen.

Erstdruck/Druckgeschichte:
ED: *Berliner Börsen-Courier* v. 15. Dezember 1932, S. 6 (Abend-Ausgabe).
Gezeichnet: W. Koe.

Belegstück im Nachlass.
Anmerkungen:
Deutsches Künstlertheater: (1911-1935), Berlin-Tiergarten, Nürnberger Str. 70/71 (heute: Budapester Straße 35).
Editorischer Bericht:
Willi Schur: im ED »Willy Schur«

[Nr. 75]
Jürg Jenatsch im Rundfunk

Die Funkstunde sandte gestern abend das Musikdrama *Jürg Jenatsch* von Heinrich Kaminski. Das 1929 in Dresden uraufgeführte Werk ist eine eigenartige Mischung von Oper und Schauspiel. Große wirkungsvoll entwickelte Chöre, oft in der Art feierlicher Altar- und Kirchenlieder, stehen neben der dramatischen Rhythmik des Sprechtextes der Schauspieler. Die Handlung ist der Novelle von Conrad Ferdinand Meyer entnommen. Der protestantische Schweizer Freiheitskämpfer Jürg Jenatsch ist ihr Held. Religiöse, patriotische und allgemein menschliche Leidenschaften treiben ihn. Im Rundfunk sprach Heinrich George die Rolle eindrucksvoll, erschütternd und manche Übertreibung des Textes, manchen gesuchten Reim durch seine ruhige Gestaltung mildernd. Neben ihm wurden noch Bertha Drews, Charlotte Noack, Renée Stobrawa, Heinrich Heilinger und Fritz Alberti der schwierigen Aufgabe gerecht. Die musikalische Leitung der Sendung hatte Generalmusikdirektor Hermann Scherchen. Man hörte eine sehr sorgfältige, plastische, von stärkstem Ausdruck erfüllte Einstudierung. Das Orchester, die Chöre und die Solostimmen waren klanglich sehr schön abgestimmt. Es ist zu begrüßen, daß die Funkstunde einen so ausgezeichneten Dirigenten wie Scherchen nach langer Pause wieder zu einer größeren Aufgabe herangezogen hat.

Erstdruck/Druckgeschichte:
ED: *Berliner Börsen-Courier* v. 24. Dezember 1932, S. 6f. (Morgen-Ausgabe).
Gezeichnet: -n.
Kein Belegstück im Nachlass. Text durch das Verfasserkürzel identifiziert.
Editorischer Bericht:
Übertreibung: im ED »Uebertreibung«

[Nr. 76]
Ist es nicht romantisch?

Vor einigen Jahren hat man sich den Scherz erlaubt, die Oper zu begraben. Man sagte ihr nach, sie sei ein Kind der höfischen Epoche, übernommen noch vom Repräsentationsbedürfnis des zweiten, napoleonischen Kaiserreichs und eines wilhelminischen Bürgertums, gehöre in ein barockes Theater, vor ein illustres Publikum in erleuchteten Logen und Rängen und passe gar nicht mehr in unsere Zeit. Die erfreuliche Folge dieser schlecht gemeinten Totenrede war, daß die Oper sich auf sich selbst, auf die Kraft, die unerschöpft und ungenützt in ihr steckte, besann und in den letzten Jahren eine erstaunliche Aktivität entwickelte. Man könnte fast behaupten, die alte Dame habe einen Jungbrunnen besucht, so frisch und munter und gegenwärtiger oft als das Schauspiel, ja so kämpferisch zuweilen stellt sie sich uns vor.

Neben den Werken der lebenden und jungen Komponisten, neben Strauss, Schillings, Schreker einerseits und Strawinsky, Hindemith, Honegger, Krenek, Weill andererseits, sind es besonders Verdi und eine Reihe von älteren, seit Großmutters Zeiten im Ansehen hoffnungsloser Verstaubtheit stehenden Spielopern, die neu im Rampenlicht erscheinen, interessieren und gefallen. Sie zu unserer Freude gerettet, ihre Aufführung heute möglich und ergötzlich gemacht zu haben, ist das theatergeschichtliche Verdienst der systematischen und viel befehdeten Arbeit einiger Intendanten, einiger Regisseure, einiger Bühnenbildner und ganz weniger Kapellmeister in Berlin und in der Provinz.

Wie war es früher? Man gab jedes Jahr *Martha* oder den *Freischütz* oder *Zar und Zimmermann* oder *Undine* oder *Die weiße Dame*, die Reihe ist beliebig fortzusetzen, in immer derselben Art, vor immer den gleichen Kulissen, auch wenn sie als neue Ausstattung auf dem Zettel standen. Und wechselten auch die Sänger das Engagement, so erschien doch der neue Oberon in der Haltung des vorjährigen auf der Szene, und das Abonnement sank vor dem gewohnten Bild in süße Schlummerträume. Das dauerte so lange, bis neue Kräfte diesem behaglichen Dahinsiechen sich entgegenstellten. Sie schickten die abgearbeiteten Waldhängebogen in Pension, schöpften den Staub aus Undinens Brunnen, beschäftigten sich wie Architekten, die ein Haus bauen wollen, mit dem Grundriß des Bühnenbodens und kämpften erbittert gegen das »Bei dieser Arie recke ich den Arm« des alten Sängers, bis dieser (und nicht zu seinem Schaden) begriff, was gemeint war, und mitmachte. Die Oper wurde nicht mehr allein aus dem Geist der Partitur, sondern auch aus dem Gesetz der Handlung inszeniert. Wo früher nur das Ohr (das geschulte Ohr des Musikkenners) auf seine Kosten kam, wurde man plötzlich auch dem Auge, dem allgemeineren Erleben der Opernszene, gerecht.

Und auf einmal waren Aufführungen der Stummen von Portici, des Schwarzen Dominos, der Regimentstochter wieder ein Ereignis, das ansprach, das bewegte, das diskutiert wurde und bezauberte. Mochten auch zuweilen junge Spielleiter Kabarettlaunen statt wirkliche Einfälle auf die Bühne bringen und Verwunderung erregen, so konnten sie doch im ganzen die neue Opernregie nicht diskreditieren. Die Richtung, die nun gefunden war, bewährte sich, und ihr Erfolg und ihr überrasches Sichdurchsetzen in Berlin beweisen es.

Besonders die Oper der Zeit zwischen Mozart und Wagner mußte von dieser Art der Wiederbelebung profitieren. Fordert doch gerade ihre Darstellung dramatische Bewegung, szenische Lichter und Farben, kurz gesagt: Theaterspiel! Nehmen wir Weber, nehmen wir den *Freischütz*, über den Wagner begeistert schreibt: »O, mein herrliches deutsches Vaterland, wie muß ich dich lieben, wie muß ich für dich schwärmen, wäre es nur, weil auf deinem Boden der Freischütz entstand! Wie muß ich das deutsche Volk lieben, das den Freischütz liebt, das noch heute an die Wunder der naivsten Sage glaubt, das noch heute, im Mannesalter, die süßen, geheimnisvollen Schauer empfindet, die in seiner Jugend ihm das Herz durchbebten! Ach, du liebenswürdige deutsche Träumerei! Du Schwärmerei vom Walde, vom Abend, von den Sternen, vom Monde, von der Dorfturmglocke, wenn sie sieben schlägt! Wie glücklich, der euch versteht, der mit euch glauben, fühlen, träumen und schwärmen kann! Wie ist mir wohl, daß ich ein Deutscher bin!«

»Ach, du liebenswürdige deutsche Träumerei!« Ist es nicht romantisch, könnte man mit dem Filmlied unserer Tage fragen, daß das deutsche Volk noch heute an die Wunder der naivsten Sage glaubt. Und ja, es ist romantisch, müßte die Antwort lauten, und es soll romantisch sein, auch wenn das deutsche Volk heute nicht mehr an die Freikugeln und den Fluch des »Samiel hilf« glaubt.

Im Dickicht der böhmischen Wälder, im Nebeldunst der Wolfsschlucht spielt die Sage von den Schützen, die, Treibende und Getriebene einer Eifersuchtsintrige, die verhexten

Kugeln suchen, die das Glück erjagen und das Unglück. Über ihnen steht gewaltig das Schicksal, steht das Gesetz, steht der Zwang, steht die Ananke, steht Gott. Und es wäre falsch, sie selbst, die handelnden Personen, unmenschlich zu gestalten, den Kaspar als Bösewicht par excellence, den Max als die absolute Verkörperung von Liebe und Treue, die Agathe als nur sehnsuchts-ahnungsvolle Braut, das Ännchen gar als immer trällerndes Kammerkätzchen. Es sind Menschen! Menschen, die lieben und leiden, Kaspar wie Max, Agathe wie Ännchen, und die gemeinsam mit den andern, dem Erbförster Kuno, dem Fürsten Ottokar, dem Eremiten, dem Kilian, den Brautjungfern und auch gemeinsam mit dem schwarzen Jäger Samiel existieren und verstrickt sind in der besonderen Atmosphäre des riesigen, undurchschaubaren Waldes.

In der Partitur ist überall Unendlichkeit und die Größe der Natur, die herrliche Beglückung wie auch die furchtbare Bedrückung, die sie zu geben vermag, eingefangen. In den Melodien schwingt das Rauschen von den Blättern der hohen Bäume klingend wieder und der Sturm über ihren Wipfeln. Die unbegreifliche Seele des Waldes ist hier dem Menschen zum Gegenspieler gegeben. Und das ist auf der Bühne zu verdeutlichen, ist das Drama und ist wohl auch romantisch. Der Wald sei immer da! Er muß über dem Zimmer Agathens ebenso fühlbar sein wie im Toben der Wolfsschlucht. Es wäre denkbar, die Bäume in die Kammer wachsen zu lassen, als gewaltiges Symbol, das dann um Mitternacht, wenn die Gespenster unken, so stark im Werk ist, daß man auf den unfreiwilligen Lacheffekt der leuchtenden Wildsau zum Vorteil des Ganzen verzichten kann.

Am 18. Juni 1821 wurde der *Freischütz* in Berlin uraufgeführt. Er galt und gilt als ein Höhepunkt der romantischen Musik. Alle Elemente der Tragödie und der Komödie sind in ihm enthalten. Szenen harmloser Volksbelustigung setzen sich fort in anderen voll dramatischer Spannung und böser Tragik. Der Ausgang aber ist heiter.

Den Überschwang der Weberschen Zeit, die Empfindsamkeit ihres Herzens und die deutsche Träumerei vom Wald, vom Mond und von der Liebe so »romantisch« darzustellen, daß der Abend sie uns wieder nahebringt, daß sie uns freut, uns schreckt, uns angeht, daß »das Stück« uns gefällt, heute wie gestern, das war die Aufgabe.

Erstdruck/Druckgeschichte:
ED: *Blätter der Städtischen Oper Berlin* 1932/33, H. 6, S. 61-67.
Gezeichnet: Wolfgang Koeppen.
Illustrationen: Fünf Szenenfotos aus Jürgen Fehlings Inszenierung der Oper *Martha* (Friedrich von Flotow).
Belegstück im Nachlass.
Anmerkungen:
Freischütz: Koeppen 1994 im Interview mit Marcel Reich-Ranicki:
KOEPPEN: »Ich habe […] geschrieben, zum Beispiel über den *Freischütz*, in einer Inszenierung von Arthur Maria Rabenalt. Die habe ich sehr kritisiert, was Herbert Ihering sehr geärgert hat. Er fand, ich tendierte da plötzlich, was er von mir nicht erwartet hatte, zur Romantik.« (*WKW* 16/635)
Editorischer Bericht:
Ännchen: im ED »Aennchen«

[Nr. 77]
Schaeffers Januar-Programm

Willi Schaeffers Kabarett für Alle kann sich rühmen, die einzige Schneelandschaft dieses Winters zu besitzen. Krehan hat sie gemalt: schneebelastete Tannen und Hügel unter freundlichen Sternen. Vor dieser Kulisse zeigt sich das Januarprogramm des Kabaretts: viel Tanz, viel alte und wenig junge Brettlkunst.

Das Beste ist diesmal der Tanz. Da ist Nini Theilade. Im Ballettröckchen und auf Zehenspitzen schwebend, tanzt sie wie man einst tanzte in der Großen Oper in Paris, und es wäre recht, wenn Scheinwerfer sie in flimmernde Kegel fangen, und billig, wenn Habitués sie im Foyer erwarten würden, statt der Familien, die zu Füßen ihres Podiums Kaffee trinken und ihrem Auftreten den Sinn nehmen. Sie ist sehr jung, fast trägt sie noch den Schild des Kindes, und das ungelenkig Schlenkernde in einigen Posen wird beinahe zu einem Reiz. Viel weniger jugendlich wirken die »tanzenden Kinder«, die zwei Hockneys. Sie schmeißen mit der knochenbrechenden Brutalität amerikanischer Exzentriks einen Apachentanz auf die Bretter, der technisch großartig, als Anblick aber furchtbar ist. Bei dem internationalen Tanzpaar Marianne und Roberts ist die Sicherheit zu bewundern, mit der Roberts Marianne in schwierige Figuren führt.

Es heißt, in Schaeffers Kabarett herrscht eine gute Stimmung, und wirklich war es immer nett in seinem Haus. Diesen Ruf gefährdet er aber ernstlich, wenn er in einem Programm ankündigen und auftreten läßt: Joseph Plaut, »den Pionier der deutschen Vortragskunst«, Hedda Herrnfeld, »das lustigste Temperament am Kabarett«, Paul Schneider-Dunker, »der Meister-Chansonnier des alten und neuen Brettl«. Es ist keine Frage, daß diese »alte Garde«, wie Schaeffers sagt, im gewissen Sinne was kann und ihr Mundwerk beherrscht, aber Schneider-Dunker ist ein Routinier des Trichter-Grammophons und Hedda Herrnfeld singt unappetitliche Chansons.

Da sind die Vertreter des jüngeren Kabaretts diskreter und wirkender. Genia Nikolajewa parodiert wunderbar den Ungarnenthusiasmus unserer Theater in einer »Neuen ungarischen Rhapsodie« (überraschend guter Text von Max Kolpe). Und Barbara Boot, bei Schaeffers klüger herausgestellt als in der Katakombe, gewinnt die Herzen mit zwei Liedern von schüchternen kleinen Mädchen.

Sehr lustig, kürzer und witziger als die meisten der Gattung, ist der Sketsch »Brautnächte« von Noel Coward.

Erstdruck/Druckgeschichte:
ED: *Berliner Börsen-Courier* v. 6. Januar 1933, S. 6.
Gezeichnet: Kn.
Belegstück im Nachlass.
Anmerkungen:
Kabarett für Alle: von Willi Schaeffers geleitetes Kabarett im Femina-Palast (1932-1933), Berlin-Schöneberg, Nürnberger Straße 50-52.
Editorischer Bericht:
Paul Schneider-Duncker: im ED »Paul Schneider-Dunker«

[Nr. 78]
Hänsel und Gretel
im Theater am Schiffbauerdamm

Das Kindertheater Renée Stobrawa führt als etwas verspätete Weihnachtsvorstellung im Theater am Schiffbauerdamm das Märchenstück *Hänsel und Gretel* von Franz Sondinger auf. Wie immer im Theater der Stobrawa kann man das klug genutzte, nicht in die Pose des Wunderkindes oder des jung Erwachsenen gedrängte Spiel jugendlicher und begabter

Darsteller bewundern. Diesmal vor allem den Hänsel: Harald Howe. Ein prächtiger Junge voll herrlicher Unbefangenheit im Wort und im Spiel. Die Regie von Ruth Schüfftan führte das Spiel so, daß es den Kindern sehr gut gefiel.

Erstdruck/Druckgeschichte:
ED: *Berliner Börsen-Courier* v. 6. Januar 1933, S. 3.
Gezeichnet: -n.
Kein Belegstückstück im Nachlass. Text durch das Verfasserkürzel identifiziert.

[Nr. 79]
Richard Sturzenegger

Richard Sturzenegger, den jungen Cellisten, hat man schon in Berlin gehört. Man glaubte damals den wenig günstigen Eindruck einem begleitenden Dirigenten zuschreiben zu können. Aber ein eigenes Konzert Sturzeneggers verbesserte den Eindruck nicht wesentlich. Er bleibt bei aller Bemühung, farblos, er verfügt über eine erstaunliche Temperamentlosigkeit, und nicht einmal die technischen Grundlagen seines Spiels sind immer einwandfrei. In drei Tänzen stellte er sich als Komponist von mehr gewollter als erreichter Eigenart vor. Im »Foxtrott« dieser Erstaufführung überraschte der Pianist Langnese durch Anlagen zum Jazzspieler.

Erstdruck/Druckgeschichte:
ED: *Berliner Börsen-Courier* v. 18. Januar 1933, S. 2f.
Gezeichnet: -n.
Kein Belegstück im Nachlass. Text durch das Verfasserkürzel identifiziert.

[Nr. 80]
Bunter Wintergarten

Ein buntes Programm, Musik, Tanz und Akrobatik, zeigt der »Wintergarten« im Februar. Die einzelnen Nummern sind guter Durchschnitt, Glanzleistungen im Stile der Codonas fehlen; aber im ganzen schafft die Spielfolge doch einen erregenden Varietéabend und ist schön.

Im Mittelpunkt des Programms steht das Ballett Gsovsky. Es bringt eine Tanzsuite »Das ewige Karussell«. Eine Mädchenschar und ein Tänzer, rosig hüpfend im weißen Schleierchen, stellen, nach des Meisters Worten, »Der Liebe Leid und Freuden zu allen Zeiten« dar. »Eros und Psyche«, »Es war einmal ein König«, »Veneciana« und so weiter heißen die einzelnen Piecen, die man sich leider vorstellen kann. Es ist das alte russische Ballett, ohne das alte russische Temperament und mehr pantomimisch gelaufen als getanzt. Bis auf den witzigen Akt »Bal Musette« könnte die Reihe der Tänze »Gestrecktes Sehnen mit schlechtem Gewissen« heißen. Dennoch ist das Ballett sehenswert. Sehenswert um einer jungen Tänzerin willen, die schon bei Dayelma auffiel, und nun hier als Star herausgestellt wird. Sie heißt Brigitta Hartwig und ist, wenn die belastende Süße ihres Themas sie nicht hemmt, von einer zauberhaft schwebenden Anmut, ist eine Tänzerin, die – vielleicht – den ganzen Reiz des klassischen Balletts noch einmal uns nahe bringt.

Die akrobatischen Nummern des Programms stellen die alte Frage, ob was schwierig ist, auch schön ist. Zum Beispiel der Spitzentanz auf Flaschenhälsen, gezeigt von einem Mädchen namens Rassana. Wie nett ist dagegen, wenn sie dieselbe Leistung, seilspringend, auf dem Boden zeigt, und wie großartig, wenn sie, am Seil hängend, die Kreuzschwünge der unvergessenen Leitzel probt. In der Medini-Truppe, die lebensgefährlich hoch auf Leitern balanciert, ist der Mann ein guter Mann, beruhigend in der schwankenden Sicherheit eines scheinbar Trunkenen. »Doheos, der weiße Tänzer« ist ein Schimmelpferd, seidenweiß leuchtend, wird es im Licht der Scheinwerfer von Dr. Ostermaier im Stil der Wiener spanischen Reitschule vorgeführt.

Ein paar mehr kabarettistische Darbietungen passen sich dem Stil des Varietés gut an. Teubers Marionetten sind von erstaunlich witziger Beweglichkeit; Lotte Werkmeister singt in alter Frische ihre Berliner Texte und die Weintraubs (zurück aus Amerika) bieten eine Bühnenschau, prächtig anzusehen wie zu hören und beglückend in ihren Einfällen und ihrer erfrischenden Ursprünglichkeit.

Erstdruck/Druckgeschichte:
Erstdruck: *Berliner Börsen-Courier* v. 4. Februar 1933, S. 5 (Abend-Ausgabe).
Gezeichnet: -n.
Belegstück im Nachlass.
Anmerkungen:
Wintergarten: (1880-1944) seit 1888 Varietébühne, Berlin-Mitte, Friedrichstraße 143-149.
Weintraubs: Weintraubs Syncopators, Jazzband (erster Auftritt: 1924).
Editorischer Bericht:
pantomimisch: im ED »pantomisch«
Lotte Werkmeister singt: im ED »Lotte Werkmeister.singt«

[Nr. 81]
    Eine Jahr Kollektiv im Zentraltheater.
    Feier mit der Uraufführung eines Volksstücks

Seit einem Jahr spielen die Schauspieler des Zentraltheaters unter der Leitung von Christl Storm auf Teilung. Es ist erstaunlich, wie gut sie sich halten. Es wäre aber sinnlos, diese erfreuliche Tatsache gefühlsduselig zu interpretieren und dabei die kritischen Maßstäbe aufzugeben.

Das Zentraltheater-Ensemble gehört nicht zu den Avantgarde-Kollektiven, sondern zu den »Notgemeinschaften«. Seine künstlerische Tätigkeit hat einen sehr engen Rahmen. Es hat sich aber nicht damit zufrieden gegeben, im alten Trott der verkrachten Direktionen weiterzumachen. Es hat neue Saiten aufgezogen. Von der plumpen *Schlageroperette* Gaston Brieses ist man immerhin zwischendurch bis zu einer strengen, einheitlichen Aufführung von *Die andere Seite* vorgedrungen. Neuerdings macht man auch hier den Versuch, das Bonsystem aufzugeben. Es ist schwer, das Publikum an normale Preisverhältnisse zu gewöhnen. Mit einem Bon in der Hand zahlen die Leute gern »3 M statt 8 M«, aber nicht nach dem neuen System 3 M regulär – für denselben Platz. Wie man auch in diesem kleinen, beschränkten Betrieb durch die Krise zu einer neuen Einstellung gezwungen wird, wie man hier zunächst einmal in einzelnen Punkten aus der Not eine Tugend machte, das ist ein lehrreiches Beispiel.

Das Jubiläum wurde mit einer Uraufführung eines Volksstückes mit Musik *Glück unterm Dach* gefeiert. Das Dach stammt von Leo Kastner, die Musik von Bert Reisfeld und Rolf Marbot. Das Glück unterm Dach ist ein alter, erfolgreicher Komponist. Als armer unbekannter Musiker mußte er seine Kinder einem reichen Verwandten übergeben. Jetzt hat das Schicksal sich gewendet, seine Opern bringen ihm Geld, und er kann als »der fremde Untermieter« seinen Kindern, die nach dem Tod des reichen Verwandten wieder verarmt sind, helfen. Neben dieser Haupthandlung begeben sich einige Liebesgeschichten; alle sehr brav und rührend. Das Stück könnte auch vor fünfzig Jahren geschrieben sein.

Die Aufführung war sorgfältig einstudiert und lebendig. Regie führte Kurt Baumann. Unter den Darstellern ragten Eduard Nicol und Christl Storm hervor, der das überhaupt sehr beifallsfreudige Publikum nach jedem Aktschluss wahre Ovationen bereitete.

Erstdruck/Druckgeschichte:
ED: *Berliner Börsen-Courier* v. 15. Februar 1933, S. 2f. (Abend-Ausgabe).
Gezeichnet: -en.
Kein Belegstück im Nachlass. Text durch das Verfasserkürzel identifiziert.
Anmerkungen:
Zentraltheater: Central-Theater (1880-1933), Berlin-Kreuzberg, Alte Jakobstraße 30-32.

[Nr. 82]
Die erste Lulu

Der Zufall zeigt ein Bild der Schauspielerin Leonie Taliansky, die auf Wedekinds Wunsch als erste die Lulu spielte, damals bei der Uraufführung in Leipzig. Man sieht sie in der Pose, in der sich auch alle späteren Darstellerinnen der Rolle haben photographieren lassen; es ist die Szene, in der sie gemalt wird und der Beginn des Verhängnisses für den Maler, den alten Sanitätsrat und die beiden Herren Schön. In der Regieanmerkung heißt es, sie trägt einen Pierrot. Das Kostüm der Taliansky aber ist für unsere Begriffe weniger ein Pierrot, denn ein Unterkleid. In Wahrheit wird es wohl ein kurzes Ballettröckchen und ein zu ihm passendes Leibchen gewesen sein. Und da wird ein Wandel des erotischen Geschmacks offenbar.

Was einst verführend war und von einem Meister, der ja gerade ein Meister der Sinnenfreude sein wollte, von Wedekind also, als verführend empfunden und gewünscht wurde, wendet sich heute gegen den zufälligen Betrachter als das Bild einer rundlichen Frau, die vielleicht in einem Restaurant angestellt ist oder einen anderen robusten bürgerlichen Beruf ausübt und jetzt im Begriff steht, nach des Tages Last und Mühen zu Bett zu gehen. Kein Strahl von »sexappeal« geht von ihr aus, und sie ist so gar nicht die Lulu, an die wir denken.

Die Figur muß sich gegen die Vorstellung des Dichters mit dem Zeitgeschmack gewandelt haben. Wenn Wedekind die Taliansky gebilligt hat, woran nicht zu zweifeln ist, dann schwebte ihm eine Frau vor, deren Leib von weicher Fülle zu sein hatte, während wir doch, heute, den Zauber der Lulu, die Betörung, die von ihr über die Männer geht, mehr als die unbegreiflich tödliche Waffe in der Hand eines ahnungslosen Kindes betrachten. Ein Regisseur, der heute die Lulu zu inszenieren hat, wird sich unter den jüngsten Schauspielerinnen, wird sich auf den Schauspielschulen nach seiner Darstellerin umsehen, oder wenn er das Experiment mit der jungen Begabung scheuen sollte, einen infantilen Typ unter den schon Bekannten wählen. Jedenfalls eine Künstlerin mit schlanken Mädchenarmen und der Möglichkeit eines Blickes, der die Unschuld von vierzehn Jahren zumindest fraglich scheinen läßt.

Sehen wir so die Lulu anders als der Dichter sie gesehen hat, bleibt die Frage, wer sie richtig erkennt. Wahrscheinlich immer die Gegenwart, damals wie heute. Es ist nur an diesem Beispiel festzustellen, daß Wedekind doch so sehr, was wir zuweilen nicht wahr haben wollen, ein Kind seiner Zeit war, daß ihm die Vorstellung hochbusiger Frauen in verschnürten Husarenröcken über Spitzenrüschen nicht einzig komisch erschienen ist. Er empfand durchaus eine Erotik, deren zeitgegebener Partner der Männerstolz eines kühn aufstrebenden Schnurrbartes war.

Erstdruck/Druckgeschichte:
ED: *Berliner Börsen-Courier* v. 24. Februar 1933, S. 5 (Morgen-Ausgabe).
ND: GW 5/62 f.
Gezeichnet: Wolfgang Koeppen
Belegstück im Nachlass.

[Nr. 83]
Es geht nicht um die Wurst

Es geht nicht um die Wurst ist der Titel einer Szenenfolge von Kurt Bork, die von der Jungen Volksbühne am Sonnabend im Kino Babylon am Bülowplatz aufgeführt wurde. Es ist das soziale Lehrstück in einfachster Form. Ein erwerbsloser Angestellter von bürgerlicher Gesinnung gerät zufällig in die Plünderung eines Wurstladens und wird mit einer Wurst in der Hand angetroffen, verhaftet und verurteilt. Die Familie, die Bekannten wenden sich gegen den nun Vorbestraften, der langsam und folgerichtig sich daraufhin von seinem Milieu trennt. Die Bühne wird von karger Sachlichkeit beherrscht. Der Dialog ist nur Frage und Antwort. Das

Stück überzeugt den Intellekt, aber es reißt nicht mit. Auch die Zuschauer blieben kühl. Die Regie hatte Traute Neumann-Hodann. Hans Ufer deutete mit den einfachsten Dekorationen geschickt den jeweiligen Spielplatz an. Die Hauptrolle, den Karl Blum, spielte Herwarth Gross.

Erstdruck/Druckgeschichte:
Erstdruck: *Berliner Börsen-Courier* v. 27. Februar 1933, S. 3.
Gezeichnet: kn.
Kein Belegstück im Nachlass. Text durch das Verfasserkürzel identifiziert.
Anmerkungen:
Kino Babylon: 1929 eröffnet, Berlin-Mitte, Rosa-Luxemburg-Straße 30.
Kurt Bork: (1906-1975). Seit 1921 Mitglied der Volksbühne und einer kommunistischen Agitprop-Gruppe, 1932 Eintritt in die KPD, zwischen 1933 und 1945 kaufm. Angestellter bei Lagerhaus Spreehof GmbH und Verfasser von Sprechchorwerken; seit 1946 in der SED, bis 1951 Hauptreferent Theater im Ministerium für Volksbildung der DDR; von 1962 bis 1973 stellvertretender Kultusminister der DDR.

[Nr. 84]
Abwechslungsreicher Wintergarten

Auch im März zeigt der Wintergarten ein amüsantes und gefälliges Programm. Clowns, Tänzer, Akrobaten, Elefanten und eine Reihe von Sportlerinnen unterhalten über zwei Stunden lang abwechslungsreich das Publikum. Ob die Rhönräder allerdings wirklich auf die Variéte-Bühne gehören, ist zweifelhaft; immerhin sind die schlanken Mädchen, die sich in ihnen wie über eine Wiese drehen, nett anzusehen.

Der Tanz kommt dreimal zu seinem Recht. Die Vier Western Stars, nette, junge Amerikaner, zeigen den Step-Schritt in allen Variationen. Marcelle und Nadasy wirken ein wenig zu süßlich und affektiert. Dinah Grace ist eine sehr junge akrobatische Tänzerin, ihr Auftreten kurz und sympathisch.

Die Komik bringen Sam Barton und die bekannten Barracetas. Bartons Nummer ist etwas zu lang, seine Einfälle, von denen jeder das erste Mal großartig ist, wiederholen sich, doch lacht man sehr über den Mann in der Sokrates-Maske, der so gern Radfahren will. Die Barracetas bemühen sich im traditionellen Kostüm der alten Manege-Clowns um viele große und kleine Musikinstrumente.

Reine Akrobatik zeigen die vier Olwars, geschickte Reckturner, die Ida May Luft-Girls und das Dalcy-Trio der Blitz-Jongleure.

Und dann gibt es noch Oscar Fischers kluge Elefanten, die auf den Vorder- oder Hinterfüßen so sicher wie auf allen Vieren stehen.

Erstdruck/Druckgeschichte:
ED: *Berliner Börsen-Courier* v. 4. März 1933, S. 6.
Gezeichnet: kn.
Kein Belegstück im Nachlass. Text durch das Verfasserkürzel identifiziert.
Anmerkungen:
Wintergarten: (1880-1944) seit 1888 Varietébühne, Berlin-Mitte, Friedrichstraße 143-149.

[Nr. 85]
Witz in der Katakombe

Das neue Programm der Katakombe wird von Werner Finck mit einem Satz eingeleitet, der die ganze schwierige Situation eines satirischen Kabaretts in dieser Zeit beleuchtet. Er sagt, »Sie sind wohl gekommen, um zu sehen, was die Katakombe nun macht«. Das stimmt, ja, man ist sogar etwas ängstlich gekommen, in der Furcht, einem flauen Abgesang beiwohnen zu müssen. Um so größer war die Freude, das Gegenteil konstatieren zu können. Die Katakombe macht ihre Sache ganz ausgezeichnet. Sie ist witzig, schlagfertig, geht gar nicht an der Zeit vorbei, und dies auf eine so charmante Art, daß sie selbst den Gegner zum Lachen bringt. Das gilt besonders von Fincks Conférence. Sie ist diesmal ganz unkonventionell, hat auch das früher immer etwas störende Familienonkelhafte verloren, ist flink, temperamentvoll und nett.

Außerordentlich gut sind auch die Ensemblenummern »Katakomben-Illustrierte« und »Kino bis es losgeht«, großartige, treffende Parodien von Curt Bry. Die Chansons dagegen sind nicht so gelungen. Der Text ist meist schwach und unwirksam. Die Mädchenszene »Chantant« leidet besonders unter diesem Übel. Nur Gerda Köppler kommt in ihr zu einiger Wirkung. Edith Züge bringt Opernparodien am Flügel. Inge Bartsch singt kleine zarte Lieder. Eine Tanzgruppe (Frank Osolin, Ilya Hakford, Lilo Lind) zeigt mit vielen komischen Einfällen einen Boxkampf und eine Kino-Bühnenschau. Bruno Fritz, ein neuer, bisher nur im Rundfunk beschäftigter Schauspieler, hat mit zwei berlinischen Texten einen großen und verdienten Erfolg. Sonst spielen noch Rudolf Platte, Dora Gerson, Käte Deppner mit.

Erstdruck/Druckgeschichte:
ED: *Berliner Börsen-Courier* v. 10. März 1933, S. 3 (Abend-Ausgabe).
Gezeichnet: kn.
Belegstück im Nachlass.
Anmerkungen:
Katakombe: Kabarett »Die Katakombe« (1929-1935) gegründet u. a. von Werner Finck, Hans Deppe und R. A. Stemmle. Ursprünglich in Berlin-Mitte, Bellevuestraße 3, Umzug in das Haus der Scala Lutherstraße 22-24 (heute: Martin-Luther-Straße 14-18).
Editorischer Bericht:
Übel: im ED »Uebel«
Opernparodien: im ED »Opernporodien«
Conférence: im ED »Conference«

[Nr. 86]
Schauspielhaus Steglitz:
Der stille Kompagnon

Im vergangenen Herbst übernahm Hans Junkermann das Schauspielhaus Steglitz. Er stellte einen Spielplan auf, der gut zu heißen war und der gerade in Steglitz Erfolg hatte. Ältere Lustspiele, anständige moderne Komödien waren vorgesehen. Leider hat das Theater sich immer mehr von diesem Plan entfernt. Die ersten Vorstellungen, die ihn erfüllten, zeigten den besten Werkgeist und ein überraschend gutes Niveau, während die späteren, belanglosen Aufführungen vergessener Schwänke auch in der Darstellung nachließen. *Der zerbrochene Krug* hätte dieses Theater gefüllt, *Der dunkle Punkt* leerte es. Und heute stellt man das Haus einem Gastspielensemble zur Verfügung mit einem Stück, das wie geschaffen ist für die letzten Tage des Trianon-Theaters, in der Friedrichstadt unter dem Stadtbahnbogen.

Es gibt gute deutsche Lustspiele. Es gibt auch gute französische Lustspiele. Aber wenn ein deutscher Autor ein »französisches« Lustspiel schreibt, dann gießt er den bekannten »typisch französischen Charme« mit Eimern in den Dialog, obwohl seine Routine es ihm verbieten sollte. *Der stille Kompagnon* von Leo Lenz spielt in einer Parfümerie Dorette, die mehr ein Boudoir als ein Laden ist. Bonvivants haben das Ladenboudoir ihrer Geliebten eingerichtet. Bonvivants verkaufen Laden und Boudoir an andere Bonvivants mit anderen Geliebten. Der Boden für die Überraschungen ist geschaffen. Thomas und Fred, Amélie und Dorette spielen verwechselt das Bäumchen. Und eine Hausse in »Eau de Lavend« ergibt überdies noch ein Schwankmotiv. Wer keine Sorgen hat, kann lachen.

Die Regie führte Heinrich von Boguslawski glatt und konventionell. Dorette war Erika Gläßner mit viel Körperspiel und grellem Können. Sie beherrschte sicher den für das Stück richtigen Ton, wenn er auch nicht angenehm war. Die Bonvivants hießen Ferdinand Steinhofer, Franz Fiedler und Boguslawski; ihre zweite Braut Colette Corder; und sie zeigten sich alle in guter Form. Der Beifall klang höflich.

Erstdruck/Druckgeschichte:
ED: *Berliner Börsen-Courier* v. 25. März 1933, S. 2.
Gezeichnet: Koe.
Belegstück im Nachlass.
Anmerkungen:
Schauspielhaus Steglitz: (seit 1921, heute: Schloßparktheater), Berlin-Steglitz, Schloßstraße 48.
Der dunkle Punkt: vgl. Nr. 67, S. 180
Editorischer Bericht:
Ältere: im ED »Aeltere«
Überraschungen: im ED »Ueberraschungen«

Nr. 87]
Grock, ernst und traurig

Grock, der Clown aller Clowns, ist wieder in Berlin. Vor drei Jahren verabschiedete er sich von uns, von seinem, wie er sagt, liebsten Publikum (an zweiter Stelle schätzt er London). Er habe seinen Beruf satt, sagte man, er wolle ihn an den Nagel hängen und sich still zur Ruhe setzen, hieß es, aber jeder, der es hörte, hielt es für »nit möööglich«, daß Grock kein Clown mehr sein wollte.

Und die Ungläubigen haben recht behalten. Er ist wieder da. Im Circus Busch will er auftreten, will in die Manege, in die eigentliche Heimat aller Spaßmacher, zurückkehren. Er spricht von seiner Nummer, erzählt begeistert, wie er sie noch besser gemacht, wie er sie umgearbeitet hat und wie er sich auf den unmittelbaren Kontakt mit dem Publikum freut.

Aber es ist ein ernster, ein gar nicht lustiger Mann, der da in der Halle des Hotels steht und im schweizer Dialekt erklärt, warum er wieder auftritt. Die Geschichten fallen einem ein, daß er Doktor der Philosophie und geizig wie Harpagon sein soll. Sein ungeschminktes Gesicht blickt klug, doch gütig. Mit der Philosophie könnte er es getrieben haben, aber der Geiz wird wohl ein Gerücht sein, aus haushälterischen Anlagen übertrieben. Er erzählt, daß er wieder arbeiten muß, daß er für achtzehn Personen zu sorgen habe, daß er achtzehn Leute satt machen müsse – er regt sich darüber auf –, und daß man ihn in den drei Jahren seiner Muße betrogen hätte, hinten und vorne. Da seien Filmgesellschaften zu ihm gekommen, die ihm die berühmten Grockgagen aus der Tasche gezogen hätten. Daß der ganze schöne Amerikaverdienst draufgegangen ist, das erzürnt noch heute den Clown und stimmt ihn traurig.

Schicksal des berühmten Clowns: seine Klage berührt komisch. Hinter der Würde des sorgenden Familienvaters steht, stärker, die Figur des buntbemalten Mannes, der Musik machen will und seinen großen roten Mund grotesk verzieht.

Erstdruck/Druckgeschichte:
ED: *Berliner Börsen-Courier* v. 2. April 1933, S. 5.
Gezeichnet: Kpn.
Kein Belegstück im Nachlass. Text durch das Verfasserkürzel identifiziert.
Anmerkungen:
Grock: d.i. Charles Adrien Wettach (1880-1959), Schweizer Clown, der noch bis 1939 in NS-Deutschland auftrat.

[Nr. 88]
Wintergarten im April

Die Besten sind diesmal die Zwei Fokkers, ein großer und ein kleiner Mann, die komisch steppen, groteske Akrobatik treiben und herrlich ein Wiener-Walzer-Ballett parodieren. Der Kleine ist ein »Kleiner Moritz« aus Gummi. Den Ohrfeigen seines großen Partners begegnet er mit Verschmitztheit. Wenn ihm Strafe droht, zieht er sich selbst an seinen Haaren in die Höhe.

Dieser parodistischen Nummer folgen die Artisten. Vor allem die Zehn Otaris. Sie bieten in großer Aufmachung einen Kreuzflug-Akt, der an Gefährlichkeit der Arbeit der berühmten Codonas nicht nachsteht. Aber sie machen zuviel, sie verwirren das Auge, entspannen die Spannung. Wenn man die Codonas die Klassiker des »Flying Act« nennen will, dann sind die Otaris ihre barocke Entartung. Eine Luftnummer sollte stets im einfachen Trikot und nie im Biedermeierkostüm arbeiten. An alte Zirkus-Romantik erinnern die Fellers-Seiltänzer. Die Frauen aber sollten die Rüschen von ihrem Anzug trennen, zum Segen der ganzen Truppe, deren Können so gut und so brav ist, wie das ihrer Vorfahren, die ihr Seil über den Marktplatz der kleinen Städte spannten. Die Drei Brodwells bauen gewagte Balancen auf den Schultern ihres Untermanns. Die Tagoni-Truppe zeigt erstaunliche Kraftleistungen. Und der Jongleur Adanos würde so gut wirken, wie er ist, wenn er sich auf seine Glanznummern beschränken und alle altbekannten Darbietungen vergessen würde.

Überhaupt arbeiten viele Artisten zu lange. Das gilt auch für Maria Valente, die alles macht. Sie spielt die verschiedensten Instrumente, singt, tanzt und parodiert, alles mit Witz und Talent, aber eben viel zu lange. Den Tanz vertreten diesmal Cécile und Peter und die Spanierin Lea Nisko. Die elf Germania-Mädels bemühen sich, ein Ballett auf Rollschuhe zu stellen.

Erstdruck/Druckgeschichte:
ED: *Berliner Börsen-Courier* v. 4. April 1933, S. 6.
Gezeichnet: Kn.
Belegstück im Nachlass.
Anmerkungen:
Wintergarten: (1880-1944) seit 1888 Varietébühne, Berlin-Mitte, Friedrichstraße 143-149.
Editorischer Bericht:
Überhaupt: im ED »Ueberhaupt«

[Nr. 89]
Scala im Mai – ausgezeichnet

Draußen im Schaukasten der Scala sind große Bilder von Asta Nielsen zu sehen. Die Tragödin des Films tritt im Varieté auf. Man ist gespannt. Wird ihre Kunst die Übertragung aus der geschlossenen Form des Lichtbildes in die drei Dimensionen der riesigen Bühne (Auf einer kleineren hat man sie ja schon als Schauspielerin gesehen.) bestehen? Im Publikum sitzen neugierig viele ihrer Kollegen vom Film. Man hat etwas Angst vor dem Sketsch »Angst«. Zuerst wirkt sie in dem pompösen Kleid wie ein großer Vogel, der, am Boden ein wenig ungeschickt, die Schwingen schleifen läßt. Die Gesten und die Stimme sind Gesten und Stimme über dem Stück. Schließlich steigert sie sich in eine Ekstase, in der sie Augenblicke lang großartig ist. Im ganzen setzt sie sich gegen ihren Text durch und wird am Anfang und am Ende stürmisch gefeiert.

Der Sketsch »Angst« ist von Heinrich Rumpff geschrieben. Sein technischer Einfall, eine Frau allein am Telephon, stammt von Cocteau (*Voix humaine*), die Ausführung aber ist mattes Grand Guignol mit Happyend-Bereitschaft. Eine Mutter telephoniert nachts von London aus mit ihrem Kind in einem einsamen Landhaus und glaubt, es wird ermordet, ja sie erlebt qualvoll den Mord, während der Zuschauer kühlen Herzens weiß, daß am Ende alles wieder gut wird. Wenn die Nielsen den echten Cocteau gespielt hätte, das wäre herrlich gewesen!

Um die Schauspielerin herum das eigentliche Varieté-Programm. Die Artisten sind diesmal alle gut, so daß man nur die zu nennen braucht, die besonders gut waren, deren Leistungen wirklich einmalig sind. Da ist der Perche-Akt von Hans Beetz und Partner. Im schlichten grauen Trikot arbeiten sie vorbildlich einfach, ruhig und sauber. Eine ganz mätzchenlose Nummer. Ein stämmiger Untermann, ein wendiger Obermann, zwischen ihnen die Bambusstange, die Perche und Leistung voll Mut, Kraft und Geschick. Farbig und verwirrend, doch ebenso erstaunlich daneben die Arbeit der »Young-China-Truppe«. Die Biegsamkeit und die Kraft ihrer Leiber sind beispiellos. Als Tänzer, Springer, Schlangenmenschen und Jongleure machen sie einen ganzen Zirkus für sich allein. Es gibt auch was zum Lachen: Bissi und Remo und die Herren Miller und Wilson. Bissi und Remo sind Musikclowns moderner Art. Ihre Wirkung kommt aus der Darstellung einer intellektuell begründeten Schizophrenie. Nicht das Herz, sondern der Verstand des Zuschauers lacht über sie. Amerikanische Exzentriker müssen gute Schauspieler sein. Miller und Wilson sind es. Jeder ihrer waghalsigen Saltos ist mimisch vorbereitet. Es überrascht nicht, daß plötzlich gesprungen wird, aber es überrascht immer wieder, wie elegant gesprungen wird. Und man freut sich.

Erstdruck/Druckgeschichte:
ED: *Berliner Börsen-Courier* v. 5. Mai 1933, S. 6.
Gezeichnet: kn.
Kein Belegstück im Nachlass. Text durch das Verfasserkürzel identifiziert.
Anmerkungen:
Scala: Varieté-Bühne Scala (1920-1944), Berlin-Schöneberg, Lutherstraße 22-24 (heute umbenannt in Martin-Luther-Straße 14-18).
Editorischer Bericht:
Übertragung: im ED »Uebertragung«

[Nr. 90]
Taifun jetzt im Deutschen Künstler-Theater

Das alte Japanerschauspiel des Ungarn Melchior Lengyel, das vor kurzem im Renaissance-Theater wieder aufgeführt wurde, ist jetzt mit dem Schauspielerkollektiv in das Deutsche Künstler-Theater übergesiedelt. Das für seine reißerischen Qualitäten bekannte Stück fand auch in der Nürnberger Straße den Beifall eines überraschend zahlreich erschienenen Publikums. Die Rolle des weißen Mädchens, das ermordet wird, gibt jetzt (nach Rita Burg) Carla Carlsen. Sie spielt sie sehr wirkungsvoll als selbstbewußte weiße Dame und weniger als etwas leichtsinniges Pariser Mädchen. Die übrigen Rollen vertreten, wie im Renaissance-Theater, erfolgreich Karl Meixner, Heinrich Heilinger, Werner Pledath, Arthur Bergen und Erika Praetorius.

Erstdruck/Druckgeschichte:
ED: *Berliner Börsen-Courier* v. 21. Juni 1933, S. 3.
Gezeichnet: -n.
Kein Belegstück im Nachlass. Text durch das Verfasserkürzel identifiziert.
Anmerkungen:
Renaissance-Theater: (1922-1933, 1945 wieder eröffnet), Berlin-Charlottenburg, Knesebeckstraße 100.
Deutsches Künstlertheater: (1911-1935), Berlin-Tiergarten, Nürnberger Str. 70/71 (heute: Budapester Straße 35).

[Nr. 91]
Ein Ensembleabend

Ein Ensemble junger Schauspieler der Werkgemeinschaft für Wortkunst »Am Breitenbachplatz« veranstaltete im Harnack-Haus in Dahlem einen Kammerspielabend, der reizend war und den jungen Schauspielern den Beifall eines sehr gut besuchten Hauses brachte. Man gab *Die Geschwister* von Goethe und das Schauspiel *Die Neuvermählten* von Björnson, in welchem die Darsteller ihre Begabung für das Lustspiel wie auch für die Tragödie beweisen konnten. Beide Stücke wurden in der angenehm einfachen Kulisse eines roten Vorhanges gespielt und waren ganz auf die sprachliche Durcharbeitung (Regie: Ernestine Münchheim), die außerordentlich gut war, aufgebaut. *Die Geschwister* spielten Hans Conrad Göseke, Käte Förder, Gert Keller, Ernestine Münchheim; *Die Neuvermählten* Carl Wery, Ernestine Münchheim, Käte Förder, Hans Conrad Göseke, Käte Arend und Gertrud Borckmann. Von den jungen Schauspielern erledigten Käte Förder, Wery und Göseke sehr glücklich ihre Rollen, während Gerd Keller mit der schwierigen Gestalt des unglücklichen Liebhabers Fabrice noch zu kämpfen hatte.

Erstdruck/Druckgeschichte:
ED: *Berliner Börsen-Courier* v. 28. Juni 1933, S. 2 f.
Gezeichnet: -pen.
Kein Belegstück im Nachlass. Text durch das Verfasserkürzel identifiziert.
Anmerkungen:
Harnack-Haus in Dahlem: Vortrags- und Begegnungszentrum seit 1929, Berlin-Dahlem, Ihnestraße 16-20.

[Nr. 92]
Ein »Fünfer-Kollektiv« spielt Klabund

Vorgestern sah man draußen in Dahlem eine Werkgemeinschaft junger Schauspieler Goethe spielen. Gestern konnte man ein Kollektiv engagementsloser Bühnenkünstler im Lessingmuseum im Zentrum der Stadt X.Y.Z., das Spiel zu dreien, von Klabund geben sehen. Immer wieder bemühen junge Begabungen sich, Berlin zu erobern.

Im Lessingmuseum waren die äußeren Mittel primitiv. Man hat zwar behauptet, ein großer Schauspieler brauche sich nur auf ein umgestülptes Faß zu stellen, um großes Theater zu machen, aber ein kleines Podium, beinahe zu Füßen des Publikum, das dem Darsteller keinen Gang, keinen Auslauf, keine »theatralische Bewegung« erlaubt, erschwert die Leistung doch sehr. Besonders erschwert eine solche Bühne dem Anfänger, dem Engagementslosen, kurz dem das Publikum nicht ständig Gewöhnten, die Konzentration. Erst wenn man diese Notstände, auch den des mangelnden Kostüms und des fehlenden Dekorationswechselns, von dem künstlerisch Gebotenen abzieht, weiß man, daß die Aufführung unter der Regie von Walter Tradowsky sehr gut war und ungefähr das durchaus befriedigende Niveau einer mittleren Stadttheateraufführung hielt.

Die berühmte Carola Neher-Rolle spielte Lotte Jäger mit Witz und Charme in anmutiger Munterkeit. Liebenswürdig, jungenhaft und verliebt gab Hans Wiegner den als Rolle schon sympathischen Hochstapler X. Der Humor des Grafen Z. war im Anfang vielleicht zu tölpelhaft, doch meisterte Erwin Gösch später in der Szene des Verzichtes die Gestalt.

Erstdruck/Druckgeschichte:
ED: *Berliner Börsen-Courier* v. 30. Juni 1933, S. 6.
Gezeichnet: en
Kein Belegstück im Nachlass. Text durch das Verfasserkürzel identifiziert.
Editorischer Bericht:
Hochstapler: im ED »Hochstabler«

[Nr. 93]
Im Wintergarten:
Clowns und ein Diabolokünstler

Die letzte Nummer war diesmal die schönste: die zwei Cavallinis, die berühmten italienischen Clowns, brillierten in den alten und immer wieder neuen Kostümscherzen, den Ohrfeigen und Heulszenen der Manegen-Auguste. Die Anmut ihrer Tölpelhaftigkeit, die künstlerische Sicherheit in ihrem Spiel bezauberte das Publikum und war eine Erholung nach dem etwas trüben Ulk des Münchener Humoristen Bernhard.

Kein Mensch spielt mehr Jo-Jo, aber dem alten Diabolospiel möchte man, wenn man Sovereign gesehen hat, eine neue Zukunft prophezeien. Souverän behandelt Herr Sovereign dieses Spiel. Über dünne Schnüre treibt er den Kreisel wie ein fernlenkbares Luftschiff weit über den Rahmen der Bühne hinaus.

Unter den Akrobaten ragen die waghalsige Dame Ardelty (sie übt ihre Kunst immer auf der äußersten Kippkante aus), die Ikarier-Familie Kremo, die radfahrenden Fünf Solveigs und der starknackige Mann unter den Drei Adleras hervor.

Den Tanz vertreten Marion und Irma, zwei knochenlos biegsame, sich verblüffend verrenkende junge Tänzerinnen und das sehr konventionell arbeitende Ballett der Solisten der königlich ungarischen Staatsoper. Im Musikalakt der Vier Romains bläst eine Dame gleichzeitig auf zwei tubaähnlichen Instrumenten. Warum eigentlich, wenn es schon auf einem nicht schön klingt? Das gehört zu den ewigen Rätseln des Varietés.

Erstdruck/Druckgeschichte:
ED: *Berliner Börsen-Courier* v. 4. Juli 1933, S. 7.
Gezeichnet: -n.
Kein Belegstück im Nachlass. Text durch das Verfasserkürzel identifiziert.
Anmerkungen:
Wintergarten: (1880-1944) seit 1888 Varietébühne, Berlin-Mitte, Friedrichstraße 143-149.
Editorischer Bericht:
souverän: im ED »souverain«
Über: im ED »Ueber«

[Nr. 94]
Im weißen Rössl in der Lichtburg

Das alte Lustspiel von Blumenthal und Kadelburg ist wahrhaft unverwüstlich. Selbst nachdem alle Welt es in der überdimensionalen Charellschen Prachtausgabe gesehen hat, kann es in seiner primitiveren ursprünglichen Form noch ein so großes Haus wie die Lichtburg am Bahnhof Gesundbrunnen bis auf den letzten Platz füllen. Und das, man bedenke, an einem heißen Sommerabend, während draußen vor der Tür des Theaters die Lagerwiesen des Humboldthains locken.

Die Aufführung (Regie: Otto Klopsch) war ein wenig hausbacken. Man hat sie so schon oft in seligen Vorkriegszeiten gesehen. Der Prospekt im Hintergrund zeigte das ganze Salzkammergut mit wolkenhohen Bergen, blauem See und roten Dorfdächern. Auf der Bühne wurde chargiert. Man war bemüht jede Rolle als naturalistische Type darzustellen: so Otto Klopsch als Giesecke, Gretl Müller-Morelli als Wirtin, Hans Adalbert v. Schlettow als Zahlkellner Leopold, Franz Lichtenauer als Privatgelehrter, Franz Stenger als Bettler und Harry Gondi als Rechtsanwalt Siedler. Nett war Ursula Schummert als Tochter des Herrn Giesecke.

Den Zuschauern in der Lichtburg gefiel die Vorstellung ausgezeichnet. Jeder Witz und jede Szene der Situationskomik wurde heftig belacht und beklatscht.

Erstdruck/Druckgeschichte:
ED: *Berliner Börsen-Courier* v. 6. Juli 1933, S. 2.
Gezeichnet: -en.
Kein Belegstück im Nachlass. Text durch das Verfasserkürzel identifiziert.
Anmerkungen:
Lichtburg: Großkino Lichtburg (1929-1945), Berlin-Gesundbrunnen, Behmstraße 7-9.

[Nr. 95]
Meiseken im Rose-Theater

Um es gleich zu sagen, die Aufführung im Rose-Theater wurde ein voller Erfolg. Am Schluß des Stückes stürmte aus dem ausverkauften Parkett ein geradezu enormer Beifall auf die Schauspieler und den glückstrahlenden Direktor los.

Selten hat man ein Publikum so lachen, so mit der Bühne mitgehen gesehen, wie hier bei dieser derben Komödie von H. A. Kihn, der Geschichte vom ehrwürdig vertrottelnden Greis Meiseken, dem Objekt einbringlicher Rentenschwindeleien, des nachhauptmannschen Biberpelzes in Mückenwalde, der Mär von einer jungen Mutter Wolffen hinter dem Schanktisch.

Paul Rose hatte das alles mit Liebe einstudiert. Bühnenbild und Darstellung waren von einer glücklich in die Groteske gesteigerten Realistik. Die Vorgänge auf der Bühne blieben spannend, auch dann, wenn der Text nicht mitmachte.

Meiseken war Erich Wilde; er gab den Großonkel à la Grock. Ein erschütternd schwankendes Rohr im Sturm der kleinen Gaunereien war der Gastwirt Karchow, den Armin Schweizer spielte. Seine Frau Selma, die treibende Kraft in der ganzen Komödie, wurde von Traute Rose auf resolute Beine gestellt. Auch Arthur Mainzer, Ferdinand Asper, Walter Zibell, Stefan Franz und Martha Bohse hatten verdienterweise dem Beifallssturm des Publikums standzuhalten.

Erstdruck/Druckgeschichte:
ED: *Berliner Börsen-Courier* v. 17. Juli 1933, S. 2.
Gezeichnet: Kn.
Kein Belegstück im Nachlass. Text durch das Verfasserkürzel identifiziert.
Anmerkungen:
Rose-Theater: (1906-1944), Berlin-Friedrichshain, Große Frankfurter Straße 132, heute: Karl-Marx-Allee 78-84.

[Nr. 96]
Die Freier auf der Gartenbühne

Eichendorffs entzückendes Lustspiel *Die Freier* wurde von der Spielvereinigung »Logeion« im Naturtheater Friedrichshagen in wenig entzückender Weise aufgeführt. Das Logeion soll nach dem Programmheft der Vereinigung ein Sprechplatz für den Schauspieler sein. Die Darsteller der *Freier* aber konnten so wenig sprechen, daß man zweifelte, es überhaupt mit Schauspielern zu tun zu haben. Wild riefen sie ihre Worte in den Wald, aus dem das Echo bald heiser zurückklang. Für das Fiasko ist die Regie von Jutta Grunert verantwortlich. Sie trieb die Schauspieler mit Vorliebe in eine möglichst schlecht belichtete Weite, statt sie in das Licht des anfangs gelobten Sprechplatzes zu stellen. Sympathisch waren nur Peter Schorn als Musikant Schlender und Claire Randolph als des Gärtners Nichte.

Erstdruck/Druckgeschichte:
ED: *Berliner Börsen-Courier* v. 31. Juli 1933, S. 6.
Gezeichnet: kn.
Kein Belegstück im Nachlass. Text durch das Verfasserkürzel identifiziert.
Anmerkungen:
Naturtheater: Naturtheater Friedrichshagen (1930-1948), Berlin-Friedrichshagen, Hinter dem Kurpark 13.

[Nr. 97]
Großes Programm im Rose-Garten

Die Vorstellungen auf der Bühne im Garten des Rose-Theaters währen von 6 Uhr abends bis gegen Mitternacht. Es wird ein Konzert geboten, ein Kabarett, das Singspiel *Als der Großvater die Großmutter nahm* und die Operette *Drei alte Schachteln*. Das ist mehr, als man für ein geringes Eintrittsgeld verlangen kann.

Am bemerkenswertesten ist diesmal das Singspiel. Es ist eine Vorführung, die man nur im Rose-Theater sehen und die nur hier sympathisch wirken kann. Paul Rose, der Direktor, hat das Spiel in Versen verfaßt, und Max Schmidt, der alte Hauskapellmeister, hat die Musik zusammengestellt. Großmutter erinnert sich; sie träumt, und eine Folge von getanzten und gesungenen Bildern, die von einer Schwalbe konferiert werden, zieht vor ihrem Lehnstuhl über die Bühne. Man könnte das Ganze dilettantisch nennen, wenn es nicht doch im Grunde ganz starkes, spielfreudiges und dem Publikum dieses Hauses ungeheuer zusagendes Theater wäre. Von den Darstellern ist Lilli Heinemann, die Schwalbe, zu erwähnen. Sie sprach, schmal und nett im Bühnenrahmen stehend, ihren Part mit herzlichem Gefühl.

Die Kollo-Operette, die folgte, war eine gute Regieleistung von Hans Rose. Das Ensemble spielte die Geschichte von den drei alten Schachteln mit Können und Begeisterung. Auf der Bühne war immer was los, und die Stimmung im Hause blieb blendend, auch als über das Schutzdach des Gartens der Regen prasselte. Als Sängerinnen erfreuten Lo Schubert und Hilde Kretschmer, als derbe Soubrette Loni Rose, während Hans Rose den Komiker machte und Erich Suckmann von Kopf bis Fuß ein strahlender Tenor war.

Erstdruck/Druckgeschichte:
ED: *Berliner Börsen-Courier* v. 2. August 1933, S. 2f.
Gezeichnet: kn.
Kein Belegstück im Nachlass. Text durch das Verfasserkürzel identifiziert.
Anmerkungen:
Rose-Garten: Gartenbühne des Rose-Theaters (1906-1944), die 1943 bei Luftangriffen zerstört wurde, Berlin-Friedrichshain, Große Frankfurter Straße 132, heute: Karl-Marx-Allee 78-84.

[Nr. 98]
Komische Oper: *Die große Trommel*

Die Komische Oper gehörte einst, neben dem Admiralspalast und dem Großen Schauspielhaus, zu den bekannten Berliner Revuebühnen. An diese ihre Vergangenheit versucht sie jetzt, nachdem der eigentliche Revuestil außer Mode gekommen ist und man allgemein weiß, wie es aussieht, wenn eine Schar leicht bekleideter Mädchen die Beine in die Höhe wirft, mit der Aufführung einer Volksrevue anzuknüpfen.

Das Milieu der *Großen Trommel* ist Liliom Rummelplatz-Heimat, und der rote Faden der Geschichte, die den einundzwanzig Bildern der Schau die fortlaufende Handlung zu geben hat, ist diesmal statt gewollt mondän, gewollt bieder. Junge Artisten wollen Karriere machen, und junge Artisten machen Karriere. Das gibt Schauspielern, Artisten, Sängern und immer wieder neu verkleideten Girls Gelegenheit, zu zeigen, was sie können. Im Bild ist es nicht unamüsant, im Text ein wenig zu banal. Am besten gelingen die komischen und die akrobatischen Szenen; während der seriös gedachten wundert man sich dagegen, warum der Mann, der einen Komponisten spielt, Tag und Nacht seinen Smoking strapaziert. Da er überdies als wohlhabend geschildert wird, ist dies mit dem Nichtbesitz eines anderen Kleidungsstückes nicht zu entschuldigen.

Der Star ist Herta Randow. Sie ist komisch und zuweilen rührend, nur nicht das Kind, das sie im Anfang zu sein hat. Am besten gefällt sie in der Variation des Liedes von dem Vogel, der geflogen kommt. Ihr Partner ist Walter Elcot, der Inspirator, Regisseur und Sensationsdarsteller der Revue. Er ist Artist und als Schauspieler von sympathischer Zurückhaltung. Wenn er zum Schluß die sogenannte Todesschleife fährt, wirbelt die große Trommel und ist im Tanz der Girls und der anderen Spieler um den rasend sich drehenden Rennfahrer ein furioses Finale geschaffen, das den Beifall eines vollen Hauses mächtig antreibt.

Erstdruck/Druckgeschichte:
ED: *Berliner Börsen-Courier* v. 3. August 1933, S. 2f.
Gezeichnet: Kn.
Belegstück im Nachlass.
Anmerkungen:
Admiralspalast: Theater im Admiralspalast, 1923 eröffnet, 1939 Fusion mit dem Metropol-Theater, 1944 geschlossen, Berlin-Mitte, Friedrichstraße 101/102.
Komische Oper: (1905-1944/45), Berlin-Mitte, Friedrichstraße 104.
Großes Schauspielhaus: (1919-1934), Berlin-Mitte, Am Zirkus 1.
Editorischer Bericht:
mondän: im ED »mondain«

[Nr. 99]
Kurfürstendamm-Theater:
Der Schlafwagenkontrolleur

Früher wurden Stücke wie *Der Schlafwagenkontrolleur* im Residenz-Theater gegeben. Heute sind sie am Kurfürstendamm zu sehen. Ist das ein Niedergang des Theaters oder ein Fiasko des Kurfürstendamms?

Wahrscheinlich ist es ein Dilemma der Dramaturgie. Was soll man in einem teuren Haus, das für die Gesellschaft einer anderen Zeit gedacht war, spielen? Aus reiner Verlegenheit besinnt man sich auf das gänzlich Unzeitgemäße, auf den erotischen Schwank französischer Herkunft. Die Rechnung ist: Das Hin und Her der ehelichen Untreue hat zu allen Zeiten amüsiert. Die Rechnung ist falsch, weil die junge Generation zumindest es gänzlich unamüsant und gleichgültig findet, ob Herr Godefroid mit seiner Gattin oder mit der jungen Rosine zu leben wünscht.

Von diesem grundsätzlichen Einwand gegen die Stückart abgesehen, ist der Schwank von Alexander Bisson, im Erotischen gemildert durch die Nebenhandlung der Familien-Schwiegermutter-Komödie, nicht ungeschickt verfaßt. Nur viel zu lang. Es wäre die Aufgabe der Regie gewesen, zumal in der Exposition, das Tempo anzutreiben. Wolfgang Hoffmann-Harnisch aber ließ seine Darsteller alles zweimal sagen. Jeder Witz wurde von dem ganzen Ensemble zelebriert, so daß von einer Überraschung nie die Rede sein konnte. Erst im zweiten und dritten Akt entwickelte sich das Spiel flotter.

Die Schauspieler heißen: Julius Falkenstein, Lissi Arna, Ernst Behmer, Senta Söneland, Harry Hardt, Fritz Alberti, Ida Porry, und man kennt sie hauptsächlich von der Leinwand her. Falkenstein und die Söneland kultivieren in hypernervösen Gängen und eilend abgebrochenen Reden einen kleinbürgerlichen Spleen, der, zuweilen beängstigend ekstatisch, als künstlerische Leistung zu werten ist. Lissi Arna und Harry Hardt aber stellen die Posen des Liebhabers und der Liebhaberin im Schaukasten eines mittestädtischen Photographen mit künstlerischen Ambitionen. Im letzten Akt erfreut Paula Denk das Publikum. Sie spielt mit viel Intensität und klug berechneten Gesten und hat im Dur- und Moll-Klang ihrer kindlich gurrenden Stimme die Rolle dramatisch gestaltet.

Erstdruck/Druckgeschichte:
ED: *Berliner Börsen-Courier* v. 4. August 1933, S. 2.
Gezeichnet: Wolfgang Koeppen.
Belegstück im Nachlass.
Anmerkungen:
Kurfürstendamm-Theater: Theater und Komödie am Kurfürstendamm, seit 1921, Berlin-Charlottenburg, Kurfürstendamm 206-209.
Editorischer Bericht:
Überraschung: im ED »Ueberraschung«

[Nr. 100]
Eine Komödie Friedrichs des Großen

Im Lessing-Museum erlebte gestern abend *Der Modeaffe*, eine Komödie von Friedrich dem Großen, seine deutsche Uraufführung. Der König hat das Stück französisch geschrieben, und als Liebhaberspiel ist es reizend. Es enthält viel Witz, viel Grazie, viel Skepsis und viel Selbstverspottung. Junge Offiziere werden es vor der Hofgesellschaft gespielt, und die jungen Offiziere wie die Hofgesellschaft werden sich dabei köstlich amüsiert haben. Wenn heute Schauspieler vor einem anderen Parkett die von Franz Konrad Hoefert übersetzte Komödie geben, besteht die Gefahr, daß die Schauspieler viel zu sehr die Rollen spielen. Fritz Reichert, Meta Wodrich, Erich Harden, Franz Konrad Hoefert, Carl Willy Vogt und Willi Brüdjan paßten sich dem Stil eines Spieles bei Kerzenlicht gut an. Paul Conradi dagegen verdeutlichte seine Rolle in einer Weise, die dem Großen Schauspielhaus vielleicht entsprochen hätte. In Szene gesetzt war die Komödie von Herbert Feltner.

Erstdruck/Druckgeschichte:
ED: *Berliner Börsen-Courier* v. 17. August 1933, S. 2.
Gezeichnet: -n.
Kein Belegstück im Nachlass. Text durch das Verfasserkürzel identifiziert.
Anmerkungen:
Lessing-Museum: von 1910-1936 im Nicolai-Haus, Berlin-Mitte, Brüder-Str. 13. Von den Nationalsozialisten geschlossen.

[Nr. 101]
Das Kabarett gestern und heute

Das erste Kabarett war die Schänke, in der das erste politisch-satirische Lied gesungen wurde. Seine Existenz, nicht als Institution, sondern eher als Gewohnheit, läßt sich bis zu den Anfängen der menschlichen Zivilisation nachweisen. Und bald dehnte der Spott, der wohl zunächst gegen die Obrigkeit gerichtet war, auf alle Bezirke des Lebens sich aus. Je mehr das Volk lachte, desto weniger haßte es. Die Parodie versöhnte. Die Karikatur selbst einer überirdischen Gewalt erregte mehr Verstehen und vielleicht Mitleid als Furcht. Der Gott Eros, der zu später Stunde von einem in der Tafelrunde im Lied persifliert wurde, war auch dem Liebenden kein Gott der tödlich verwundenden Pfeile mehr. Die Leidenschaft mag, als sie aus der mythischen Zone der schicksalhaften Unbedingtheit in die menschlichere des geselligen Zuspruchs gezogen wurde, an Würde verloren haben, aber sie wurde dem Leben erträglich und machte es möglich.

Dieser Ursprung des Kabaretts war in einer naiven und man möchte sagen unschuldigen Weise überall da, wo etwas vorgetragen und lustig verspottet wurde, bis gegen Ende des 19. Jahrhunderts die Bohemiens des Montmartre-Viertels von Paris aus der Tugend eine Not und das Kabarett zu einer merkantilen Einrichtung im Rahmen des Vergnügungsgewerbes machten. In kleinen Kellerlokalen wurde die »Kleine Kunst« auf einer kleinen Bühne einem zahlenden Publikum vorgeführt.

Das Kabarett ist seitdem eine bewußte Kunstausübung und ein Broterwerb geblieben. Seine Frühzeit war seine beste. Ähnlich wie im Reich der Photographie gibt es hier eine Epoche vor der Routine. Es war zunächst das Atelier-Amüsement, das für Geld gezeigt wurde. Es war originell und verfügte zumindest über die geniale Geste. Die Künstlerjugend ließ ihren Überschuß an Einfällen sich tummeln.

Dasselbe geschah etwas später in Deutschland. Junge Schriftsteller, junge Musiker, junge Schauspieler, junge Maler mit dem Hang zum großen Drama, zur Oper, zum ernsten Schrifttum oder der wirklichen Malerei gründeten vorerst ein Kabarett. Wedekinds »Elf Scharfrichter« in München und Wolzogens »Überbrettl« in Berlin können als Beispiele gelten. Junge Menschen, die später und meist auf anderen Gebieten berühmt wurden, hatten sich ein Podium geschaffen, wo sie erstens ihren Hang zur Öffentlichkeit befriedigen und zweitens sich ihr Studiengeld verdienen konnten. Darüber hinaus aber bereiteten sie vielen angenehme Stunden und entfesselten ein wirklich stürmisches Gelächter. Der junge Wein gärte und schäumte, und es war, da er eben Wein war, auch gut, wenn er überschäumte.

Die Truppen junger Künstler hatten kein eigenes Domizil; sie spielten in allen möglichen Gaststätten, deren Wirte den Witz der Jugend zu ihrem Vorteil beherbergten. Schließlich kamen die Wirte aber auf die Idee, eigene Direktionen zu errichten. Und das Kabarett war nun ganz ein Geschäft geworden.

Hier liegt die Ursache des Problems, der ganzen Fragwürdigkeit der Gattung. Wo der natürliche Witz fehlte, wo nur noch der Spaßmacher von Berufs wegen Geltung hatte, wo das Metier immer gröber wurde und die Sensation Triumphe feierte, konnte die heitere Muse nicht länger bleiben. Die Routine machte sich auf dem Brettl breit und wirkte nirgends so peinlich wie hier, wo sie mit Charme spöttisch sein und unterhalten sollte. Gestehen wir, daß wir sie satt gehabt haben, die dumpf humorigen und schleimig zweideutigen Chansons vom Seitensprung des Ehemanns und daß die Männer nun einmal so sind, die tief dekolletierte Damen (für die das häßliche Wort »vollschlank« erfunden sein könnte) uns mit Stimmkraft vorgesungen haben, wie auch die sächsischen Komiker, die die Zote in den Dialekt kleideten, oder die rheinischen Stimmungsakrobaten, die den Namen des schönen Flusses mißbrauchten. Wir hatten sie lange satt, und wir waren auch peinlich berührt von mancher politisch sein sollenden Satire eifriger Conférenciers, denen man ansah, daß ihre Ironie nur ihr trauriges Handwerk war. Der freie Spott, der im Munde eines übermütigen Jungen reizend ist, verstimmt, wenn er mit dem Raffinement einer zehnjährigen Theatererfahrung vorgetragen wird.

Das Schlimmste aber war, daß man nichts mehr zu lachen hatte. Das Publikum trank still sein Bier, während man oben auf der Bühne vorgab, vor lauter Lustigkeit zu sterben.

In diese Situation, die das Kabarett dem Ruin zuführte, griffen rettend wieder die Unternehmungen junger Menschen Kleinkunstbühnen von der Art der »Katakombe« (der in größeren Provinzstädten ähnliche folgten) ein. Hier waren wieder junge Menschen mit allem Anspruch und allem Ehrgeiz einer künstlerisch begabten Jugend tätig. Das Lachen kam herzlich; es war nicht Folge einer Berechnung, sondern Reaktion auf wirklichen Witz, auf Übermut, auf Scherz, Satire und Ironie.

Die letzten Jahre waren Jahre des politischen Kampfes. Die Parodie verschmähte natürlich diesen ihr besonders gemäßen Vorwurf nicht. Sie bemühte sich (meist mißverstanden) aktuell zu sein und glossierte die Leitartikel der Tagespresse. Nachdem nun der Kampf sich entschieden hat, glauben viele, daß die Zeit des politisch-kritischen Kabaretts zu Ende sei. Das trifft nur bedingt zu. Die Politik, soweit sie Parteipolitik war, ist verschwunden und somit auch kein Objekt des Spottes mehr. Und die verbliebene Politik ist im höchsten Maße Sache der Staatsautorität. Daß die Satire sich dieser neuen Zeit gegenüber anders zu verhalten hat, ist selbstverständlich. Aber es ist dies nur eine Sache der Form und genauer noch des Taktes. Daß es nicht unmöglich ist, dem Kabarett weiter den politischen Tageswitz zu geben (soweit es ihn braucht), zeigte schon das Frühjahrsprogramm der »Katakombe«, das gerade in den Tagen der Revolution von einer ausgezeichneten Sicherheit des Humors war, die aber nirgends Anstoß erregte.

Und das Leben ist ja nicht nur politisch. Wenn das Chanson wieder von Dichtern und seine Melodie wieder von Musikern gemacht ist, dann werden auch die anderen Möglichkeiten parodistischer Gestaltung wieder reizen und erträglich sein. Wenn der Künstler ein Künstler ist, wird er auch die Freiheit haben (und haben dürfen) zu spotten, in seiner Weise.

Für die kommende Saison haben sich schon einige Kabarett-Unternehmungen von Schauspielern angekündigt. Sie werden in Lokalen der Stadt und auch der Peripherie zu sehen sein. Ihr Witz wird die Aufmachung des Weinzwanges, der rotbeampelten Nischen und die ganze Atmosphäre einer Pseudo-Erotik und Pseudo-Frechheit entbehren können, um im Menschlichen und im Künstlerischen zu gewinnen.

Erstdruck/Druckgeschichte:
ED: *Berliner Börsen-Courier* v. 5. September 1933, S. 6.
Gezeichnet: Kn.
Belegstück im Nachlass.
Anmerkungen:
Erschienen in der Rubrik »Umblick und Urteil«.
Katakombe: Kabarett »Die Katakombe« (1929-1935), gegründet u. a. von Werner Finck, Hans Deppe und R. A. Stemmle. Ursprünglich in Berlin-Mitte, Bellevuestraße 3. 1932 Umzug in das Haus der Scala, Lutherstraße 22-24 (heute: Martin-Luther-Straße 14-18).
Editorischer Bericht:
Ähnlich: im ED »Aehnlich«
Überschuss: im ED »Ueberschuss«
Überbrettl: im ED »Ueberbrettl«
Öffentlichkeit: im ED »Oeffentlichkeit«
Übermut: im ED »Uebermut«
Conférenciers: im ED »Conferenciers«

[Nr. 102]

»Bunte Bühne Moabit«

Die Turmstraße in Moabit könnte so etwas wie ein Berliner Montmartre sein. Sie ist breit und ladet zum Spazierengehen ein. Die Anlagen des Kleinen Tiergartens jenseits des Fahrdamms bilden am Abend eine romantische Kulisse voll versteckten Heimlichkeiten. Junge Menschen sind es, die auf den Bänken sitzen oder die Straße entlang promenieren. Aus den Bierlokalen klingt Musik, Leuchtschriften weisen auf die Existenz der vielen kleinen Konditoreien in dieser Häuserfront hin, und vom Dachfirst des großen Kinos an der Ecke der Stromstraße strahlt, von Scheinwerfern beleuchtet, das lachende Gesicht Hans Albers' über die ganze Gegend.

Es ist ein Stadtviertel im Stil eines »Quartiers« und wird nur von »Einheimischen« bevölkert. Ein Fremder fällt auf. In einer Kneipe sagte der Wirt zu dem Hund, der den Gast beschnupperte: »Guck mal, ein ganz fremder Herr!«

Ein Kabarett, sollte man meinen, müßte hier bestehen können. Es wäre seine Aufgabe, seine Kunst aus seiner Umwelt heraus gefällig zu entwickeln. Dann würde es originell, sehenswert, wahrscheinlich berlinisch und vielleicht auch Moabit sein. Die in diesen Tagen in der Turmstraße eröffnete »Bunte Bühne Moabit« geht aber leider andere Wege. Sie bietet ihren Besuchern teils den Abfall vom Podium der westlichen Kabaretts (Alexa von Poremsky spricht schnell ein paar alte Texte) und teils die allerletzte Provinz. Die Chansons und die Sketsche und die Witze sind von einer nicht wiederzugebenden Muffigkeit. Die Art des Vortrages ist anmaßend überheblich und zuweilen selbst unsicher im Wortlaut, so als ob es dem Darsteller nicht der Mühe wert geschienen hätte, seinen Text zu lernen. Und doch dürfte gerade das Publikum eines Kabaretts außerhalb des eigentlich großstädtischen Vergnügungsbetriebes nur durch wirkliche Leistungen zu gewinnen sein.

Zu entdecken gab es leider nichts. Zu entdecken hätte es vielleicht was gegeben, wenn man, um nur ein Beispiel zu nennen, den Mut gehabt hätte, das muntere und gar nicht auf den Mund gefallene Mädchen, das die Programme verkaufte, auf die Bühne zu stellen. Dafür hörte man (für den erkrankten Falkenstein) den witzig (eine wahre Erholung!) die Conférence improvisierenden Katakomben-Finck und die sichere Maria Ney, die auch, um das Programm zu retten, eingesprungen war.

Erstdruck/Druckgeschichte:
ED: *Berliner Börsen-Courier* v. 13. September 1933, S. 7.
Gezeichnet: -n.
Kein Belegstück im Nachlass. Text durch das Verfasserkürzel identifiziert.
Anmerkungen:
Bunte Bühne Moabit: wahrscheinlich Turmstr. 47, Berlin-Moabit. Wie lange dieses Kabarett existierte, konnte nicht ermittelt werden.
Editorischer Bericht:
Finck: im ED »Fink«

[Nr. 103]
Unter dem Schwert des Damokles

Die Katakombe, das liebenswürdige Kabarett im Haus der Scala in der Lutherstraße, eröffnet ihre neue Spielzeit unter dem Schwert des Damokles. Aus Holz wohl und mit Silberpapier überklebt hängt es allen sichtbar über dem Podium und besonders über dem Direktor und Conférencier, über Werner Finck.

Das Schwert wirkt wie ein Blitzableiter. Die alte Katakomben-Atmosphäre stellt sofort sich ein. Wenn die erste Ensemblenummer steigt, ist sie schon da. Das Haus lacht, das Haus amüsiert sich. Daß es dies den ganzen Abend tut, daß das Unbekümmerte bleibt, ist das Verdienst Werner Fincks. Seine raffiniert verlegene Art, das Programm in Szene zu setzen, sein Publikum bei guter Laune zu erhalten, und mit Anmut frech zu sein, feiert Triumphe. Er deutet an, er ist diskret, und manchmal vergißt er sich scheinbar und wirft dann im letzten Moment, wenn allen schon der Atem stockt, einen scheuen Blick gegen das gleichmütig pendelnde Schwert, einen Blick, der im stürmischen Gelächter, das ihm dankt, sich wieder aufhellt.

Im Ensemble sind von der alten Garde noch Inge Bartsch, Kate Kühl, Gerda Koeppler, Bruno Fritz und Rudolf Platte vorhanden. Die Bartsch hat diesmal Texte, die ihr ausgezeichnet liegen: das zarte Gedicht »Das Karussell« von Rilke, ein »Elefantenschlummerlied« von Hermann Flack und eine ausgezeichnete, für sie geschriebene parodistische Szene »Bartsch und Co.« von Bernhardine Schneider. Kate Kühl singt Volkslieder, richtige Volkslieder, wie sie heute noch von den Mägden in den Dorfküchen gesungen werden. Kate Kühl trägt sie mit einer gewissen Wucht vor, sie legt sich in sie hinein, mit einer Intensität des Gefühls, die unwiderstehlich ist. Gerda Koeppler zeigt Parodien und bringt Chansons. Sie kann nachmachen, man lacht, aber sie karikiert noch nicht. Von Rudolf Platte läßt sich nur sagen, daß er mit dem satirischen Lied eines früheren Programms einen ungeheuren und verdienten Erfolg hat, während der groteske Bruno Fritz zunächst durch allzu humorige Texte gehemmt wird und erst in der herrlichen Schlußnummer sich durchsetzen kann.

Die Neuerwerbungen passen sich gut den bewährten Kräften an. Da sind vor allem drei junge Leute (Manfred Dlugi, Wilhelm Meißner, Heinz Woezel) zu nennen, die die Kapelle machen und zweimal auf die Bühne kommen, um in einem eigenartig aufgebauten Chor zwei gute Texte zu singen. Der eine Text heißt »Germanistik« und ist von Aldach, der andere »Man müßte wieder ...« von Emil Fabian. Sie sind ausgezeichnet. Das ist hervorzuheben, weil gerade auf diesem Gebiet das Kabarett meist zu versagen pflegt. Eine sehr spaßige Tänzerin ist Irene Scheinpflug vom Darmstädter Landestheater. Dodo van Doeren parodiert mit gutem Ende in einem Ausflug nach Werder mindestens ein Dutzend Leute.

Aber es sind nicht die Einzelnummern, die das höchste Entzücken hervorrufen und das Programm so gut machen. Es ist die Katakombe selbst. In der Conférence und in den Ensemblenummern ist ein Geist, an dessen Übermut wir uns freuen. Die »Grüße aus Stuhlpforta«, der große Schlußakt in vier Bildern, ist wohl der herrlichste Ulk, der je auf einem Podium zu sehen war. Die Musik zu dem ganzen macht Edmund Nickert, der auch einige der Chansons komponiert hat.

Erstdruck/Druckgeschichte:
ED: *Berliner Börsen-Courier* v. 21. September 1933, S. 7.
Gezeichnet: kn.
Kein Belegstück im Nachlass. Text durch das Verfasserkürzel identifiziert.
Anmerkungen:
Katakombe: Kabarett »Die Katakombe« (1929-1935), gegründet u. a. von Werner Finck, Hans Deppe und R. A. Stemmle. Ursprünglich in Berlin-Mitte, Bellevuestraße 3. 1932 Umzug in das Haus der Scala, Lutherstraße 22-24 (heute: Martin-Luther-Straße 14-18).
Scala: Varieté-Bühne Scala (1920-1944), Berlin-Schöneberg, Lutherstraße 22-24 (heute: Martin-Luther-Straße 14-18).

Editorischer Bericht:
an dessen Übermut: im ED »an dessem Uebermut«

[Nr. 104]
Der Zirkus Krone

Der Zirkus Krone, der seine Riesenzelte zur Zeit auf dem Tempelhofer Feld aufgeschlagen hat, eröffnete am Sonnabend-Abend sein Berliner Gastspiel, dessen Ertrag der Winterhilfe zukommen soll.

Es war eine überwältigende Schau circensischer Ereignisse. Clowns, Tiger, Girls, Elefanten, Pferde, Cowboys, Luftspringer, Akrobaten, Trapezkünstler, Reiter, Tänzer und Cowboys vereinten sich in dem riesigen Oval der römischen Arena zu einer Stunden währenden Revue von unerhörter Pracht, Farbenfreudigkeit und Abwechslung.

Den stärksten Beifall ernteten mit Recht die reinen alten Zirkusnummern: der gewaltige Akt der indischen Elefanten unter der Dressur des Direktors Carl Krone, die großartige Parade der herrlichen Pferde, die Trickschule der Schulreiterin Fräulein Krone und die Königstiger des Tierlehrers Montharon. Eine besondere Sensation war der Saltomortale eines Reiters von Pferd zu Pferd.

Erstdruck/Druckgeschichte:
ED: *Berliner Börsen-Courier* v. 2. Oktober 1933, S. 5.
Gezeichnet: -n.
Kein Belegstück im Nachlass. Text durch das Verfasserkürzel identifiziert.

[Nr. 105]
Theater am Nollendorfplatz:
Die Fahnenweihe

Man hat den 1915 verstorbenen Dichter Joseph Ruederer einen bayrischen Aristophanes, aber auch einen neuen Gottfried Keller genannt. Er lebte in München und in den Bergdörfern hinter München, und er liebte die alte Stadt, und er liebte besonders die Dörfer mit ihren kalkweißen Kirchen in der Sonnenglut des Sommers, wenn er auch als dort Geborener und Aufgewachsener mehr sah als nur die Fassade, die den zugewanderten Schwabinger entzücken mochte.

Die Fahnenweihe ist eine Komödie mit Hintergründen. Auf den ersten Blick gesehen eine Dorfgeschichte derb und gaudivoll wie ein Kirchweihspaß, im Kern aber doch eine Satire von der Art des *Biberpelz*, scharf, kritisch, rücksichtslos und enthüllend, dazu vermengt noch mit Rauhnachtstimmung und Weibsteufelgekreisch aller Dramatik südlich der Donau.

Eine Schiebung ist im Gange. Der Posthalter will von der Gemeinde die Gregoriwiesen billig erwerben, angeblich, um ein Findelhaus, tatsächlich, um ein Hotel dort zu bauen. Der Pfarrer, die Honoratioren, der Findelhausverein und viele sittenstrenge Damen machen mit, und der Münchener Millionär Rettinger (der es mit der Frau des Posthalters hat) finanziert die Sache. Es wäre alles gut, wenn die Bauern nicht wären, die knorrig sind und halsstarrig und den Schwindel riechen. Als am Vorabend des großen Festes der Fahnenweihe (die mannstolle Frau Posthalterin hat das fromme Bild in das würdige Tuch gestickt) der Dorftrottel bei Namen nennt, was alle wissen, bricht der Skandal los, und die Bauern erklären den Schiebern das Haberfeldtreiben, die ländliche Lynchjustiz.

Zwei Akte lang steht alles auf dem Spiel, im Zusammenbruch enthüllt sich manche schöne Seele, der Mensch wird schamlos nackt bis auf die Knochen ausgezogen – am Ende aber triumphiert das Geld. Die Bauern begehen in ihrem Zorn die Dummheit, auch den Pfarrer und den Amtsrichter zu treiben. Das geht natürlich nicht, da kommt die Gendarmerie, da muß ein Schuldiger gefunden werden, und der Dorftrottel wandert ins Loch, während der Findelhausverein im vielgeschmähten Saal des Posthalters in wieder gesammelter Würde die Fahne weiht.

Ein vor nichts zurückschreckender Naturalismus tut sich auf und wirkt zunächst befremdend. Es ist der scharfe Witz einer leichteren Zeit. Die ersten Jahrgänge der *Jugend* und des *Simplicissimus* schicken ihre reiche Typensammlung auf die Bretter. Alle bekommen was ab; es werden Hiebe ausgeteilt, um einer Moral zu dienen hinter dem moralischen Getue, und wäre das Stück heute geschrieben worden, würde das Recht der Bauern wohl an Stelle der faulen Wirklichkeit siegen.

Die Fahnenweihe ist eine Aufgabe für ein Ensemble. Die Inszenierung des jungen Karl Heinz Stroux wurde dieser Aufgabe gerecht. Es gab keine Hauptrollen, es gab nur das Spiel, das schließlich alle Widerstände besiegte. Im ersten Akt wurde es noch in falschem Naturalismus gedehnt, doch zum Schluß hin steigerte es sich zu dem tollen Theaterwirbel einer in Ekstase geratenen allgemeinen Spielfreude. Vor allem waren es Roma Bahn, Friedrich Ulmer und Heinz Rudolf Platte, die den Ton angaben. Aber neben ihnen amüsierten köstlich die wohlgelungenen Charaktere. Da sind die sittenstrengen Damen Fränze Roloff, Emilia Unda, Emmy Wyda zu nennen und die gar nicht sittenstrengen Chansoneusen vom Viktoriatheater Margarete Schell, Jutta Hartseil, Lieselotte Krämer, die in ihren Kostümen von 1912 anzusehen waren, wie die berühmten duftig fließenden Lena-Amsel-

Plakate von Schnackenberg. Und da ist das albern schamige Rentbeamtentöchterchen Trude Haefelin, und da sind weiter der Bürgermeister Otto Sauter-Sarto, der Finanzmann Otto Eggerth, der biederkluge Pfarrer Hans Adolfi, der Liebhaber Lutz Götz, der immer aufgeregte Dialektdichter Fritz Klaudius und die Holzschnittgesichter der Bauern Robert Müller, Franz Lichtenauer und Ernst Gronau.

Wenn im Schlußbild das Theater im Theater beginnt und die frechen Choristinnen im weißen Kleid der Unschuld Palmen schwenken, ist die Komödie mit all ihrer unerschrockenen Derbheit so kräftig schön, daß jeder Einwand gegen das bitterwahre Ende der Handlung den Beifall nicht zu mindern vermag.

Erstdruck/Druckgeschichte:
ED: *Berliner Börsen-Courier* v. 7. Oktober 1933, S. 7 (Abend-Ausgabe).
Gezeichnet: Wolfgang Koeppen.
Belegstück im Nachlass.
Anmerkungen:
Theater am Nollendorfplatz: Berlin-Schöneberg, Nollendorfplatz 5.
In der Morgen-Ausgabe des 7. Oktober 1933 erschien eine Notiz in der Rubrik »Premieren-Vorberichte«: »Die Fahnenweihe. In der Dorfkomödie des verstorbenen Dichters Josef Ruederer, die das Theater am Nollendorfplatz jetzt spielt, steckt viel lebendiges Theater. Ein ganzer Vorkriegsjahrgang der ›Münchener Jugend‹ wurde lebendig. Im dritten Akt steigerte sich das Ensemblespiel zum ekstatischen Theater. Der Regisseur Karl Heinz Stroux konnte inmitten der Darsteller für den reichen Beifall danken. Koe.«
Editorischer Bericht:
Trude Haefelin: im ED »Trude Häfelin«

[Nr. 106]

Berliner Theater:
Der Pfarrer von Kirchfeld

Mit diesem Gastspiel einer bayerischen Volksbühne, eines Ensembles von – wie das Programmheft behauptet – ausgewählten süddeutschen Berufsschauspielern unter der Leitung von Josef Meth aus Bad Reichenhall und Martin Beer aus Berchtesgaden, wurde der Waldhängebogen in Berlin wieder eingeführt. Ein Volksstück und eine Volkstheatertruppe können herrlich sein, wenn die Truppe ein kräftiges, urwüchsiges Stück mit der naiven Freude ihrer Heimat am Komödienspiel lebendig zur Darstellung bringt. Man würde dann auch die wackelnde Kulisse des sonnigen Tals aus Pappe zufrieden hinnehmen. Die Bayrische Volksbühne aber bringt keine Volkskunst, sondern altes Theater. Da wird, wenn einer auftreten soll, mit der Hand über den Augen ihm entgegengesehen. Alle Mittel der überbetonenden Charakterisierung alter Berufskomödianten werden noch einmal angewandt. Das Zungen-R rollt, und ein Mädchen, das einen Buben zu spielen hat, steht immer breitbeinig, die Fäuste tief in den Taschen, da, damit man nur ja sieht, daß sie ein Bub ist.

Der Pfarrer von Kirchfeld, das Volksstück von Anzengruber, hat seine Zeit und seinen Erfolg gehabt. Es wäre Donquichoterie, mit ihm zu rechten. Einige Szenen des Humors, der gelungenen Skizzierung von Volkstypen und Sitten und eine liebenswürdig milde Verfechtung des Guten lassen noch etwas von der alten Theaterwirkung ahnen. Der Konflikt aber, der erschüttern und wirken soll, wirkt und erschüttert nicht mehr. In den Alpendörfern werden heute ganz andere Kämpfe von ganz anders gearteten Menschen erlitten. Es wäre gut, sie, die uns angehen, von einem Dichter gestaltet auf der Bühne zu sehen.

Erstdruck/Druckgeschichte:
ED: *Berliner Börsen-Courier* v. 19. Oktober 1933, S. 7.
Gezeichnet: W. Koe.
Belegstück im Nachlass.
Anmerkungen:
Berliner Theater: (1888-1933), Berlin-Kreuzberg, Charlottenstraße 90-92.
Editorischer Bericht:
entgegengesehen: im ED »entgegensehen«

[Nr. 107]
»Wissen Sie schon ...?«

»Wissen Sie schon ...« ist der Titel einer kleinen Kabarettrevue (Texte: Hans Hannes und Paul Gerald, Musik: Leo Leux), die, von Gustav Heppner inszeniert, im »Casanova« in der Lutherstraße gezeigt wird. Sie fängt flott und lustig an und wird in der Mitte etwas langatmiger, ist aber im ganzen harmlos und nett. Zwei Pagen sagen die Nummern an, die auf der hübschen Bühne mit Tanz, Gesang und Witz und Parodie gefällig unterhalten. Im Gedächtnis bleiben: Nico Turoff, ein zwanglos männlicher Schauspieler; Katrin Weigle als Double der Marlene Dietrich; das groteske Mädchen aus Ostpreußen Charlott Daudert; die begabte Jutta Max und die junge Tänzerin Usa Marees. An dieser Tänzerin zeigte sich wieder mal der Segen des Unvorgesehenen. Sie hatte erst einen recht munteren Step getanzt und wollte dann einen der üblichen starren »Tempeltänze« feierlich zelebrieren. Zum Glück kippten aber hochgetürmte Eimer auf die Bühne. Das Publikum lachte, und die junge Dame lachte auch, führte aber unter dem Zwang des Lachenmüssens ihre schwierigen Figuren so geschickt und auf einmal sympathisch gewandt durch, daß ihr tatsächliches Können deutlich und ihr ein Sonderbeifall zuteil wurde.

Erstdruck/Druckgeschichte:
ED: *Berliner Börsen-Courier* v. 21. Oktober 1933, S. 6.
Gezeichnet: koe.
Kein Belegstück im Nachlass. Text durch das Verfasserkürzel identifiziert.
Anmerkungen:
Casanova: Tanzcafé Casanova im Haus der Scala (1927-1944), Berlin-Schöneberg, Lutherstr. 22 (heute: Martin-Luther-Straße 14-18).

[Nr. 108]
Harald Kreutzberg

Die erste Tanzmatinee der Volksbühne wurde von Harald Kreutzberg bestritten. Das Haus war ausverkauft, und der Beifall, der dem Künstler zuteil wurde, war enorm.

Es ist immer wieder erfreulich, Kreutzberg tanzen zu sehen. Er ist ein Fall für sich und mit keinem seiner Kollegen zu verwechseln. Er vermeidet es, feminin zu wirken, ohne der Gefahr einer überbetonten Männlichkeit (wie sie Kurt Jooss in heftigen Spannungen pflegte) zu erliegen. Und dann hat er sich von allen Schulen frei gemacht, die eifersüchtig ihren Stil gewahrt wissen wollen. Kreutzberg –, das ist nicht das alte Ballett, und das ist auch nicht die Schule Laban in Wigman-Ausgabe; Kreutzberg ist Kreutzberg, der sich von jeder Tanzästhetik und aller Technik gerade das genommen hat, was ihm gut tut. Man könnte sagen, er tanzt gefällig, charmant und leicht und schön; man könnte dies sagen, um ihn zu loben, wenn nicht neben dem Gefälligen, dem Leichten, Charmanten und Schönen auch noch der ernste Ausdruck einer Verkündigung sein würde. Es ist ein Ernst ohne Krampf und ohne den peinlichen Einsatz einer Weltanschauung. Es ist das Schöne, das Erhabene, die Weihe und der Tanz an sich.

Gestern mittag in der Volksbühne hatte der Tänzer eine besonders gute Stunde. Er war konzentriert bis, wie man hier sagen kann, tatsächlich in die Zehenspitzen. Es ist der Bewunderung wert, wie bei Kreutzberg sich Mienenspiel, Gestik, Spiel mit dem oft raffinierten Kostüm und Körpertanz zu *einem* seelischen Gebilde vereinen. Den größten Erfolg hatten zwei Szenen tänzerischen Humors: »Drei ungarische Tänze« (Brahms) und »Till Eulenspiegel« (Wilckens). Sie waren reizend in der Eleganz der Ausführung und in der Menge ihrer einander sich jagenden bizarren, witzigen und überaus theaterwirksamen Einfälle.

Erstdruck/Druckgeschichte:
ED: *Berliner Börsen-Courier* v. 23. Oktober 1933, S. 7.
Gezeichnet: -n.
Belegstück im Nachlass.
Anmerkungen:
Volksbühne: (1914-1933, 1947 wieder eröffnet), Berlin-Mitte, am Bülowplatz (heute: Rosa-Luxemburg-Platz).
Editorischer Bericht:
Kurt Jooss: im ED »Kurt Joos«
Einfälle: im ED »Einfällen«

[Nr. 109]

Die drei Dorfheiligen

Das Gastspiel der Bayerischen Volksbühne im Berliner Theater wird mit einem Bauernschwank von Max Neal und Max Ferner fortgesetzt. *Die drei Dorfheiligen* sind die Vorsitzenden des dörflichen Sittlichkeitsvereins, und sie leben in der Furcht, daß die Unmoral ihrer eigenen Jugend, die sie heute bei anderen bekämpfen, entdeckt werden könnte. Ihre Kinder spielen währenddem den üblichen Verlobungsschwank.

Die Aufführung ist lustig. – Im Publikum wird viel gelacht. Die bayerischen Schauspieler sind hier in ihrem Element. Die kräftige Situationskomik wird derb ausgespielt. Josef Meth, Josef Zebhauser, Leo Esterle, Marie Tischler und Marie Aschauer sind besonders zu erwähnen.

Erstdruck/Druckgeschichte:
ED: *Berliner Börsen-Courier* v. 24. Oktober 1933, S. 7.
Gezeichnet: -n.
Kein Belegstück im Nachlass. Text durch das Verfasserkürzel identifiziert.
Anmerkungen:
Berliner Theater: (1888-1933), Berlin-Kreuzberg, Charlottenstraße 90-92.

[Nr. 110]
Wieder *Kai aus der Kiste*

Das Kindertheater der Renée Stobrawa beginnt seine neue Spielzeit im Nollendorf-Theater mit seinem ersten und bewährtesten Erfolg *Kai aus der Kiste*, und der Erfolg wiederholt sich. Diese Kinderkomödie wirkt so frisch und ursprünglich wie am ersten Tag. Das Spiel ist erfüllt vom Enthusiasmus und viel moderneres Theater als manche Vorstellung, die nicht für Kinder gedacht ist. Otto Sauter-Sarto, Otto Mathies, Ilse Stobrawa, Hans Einfeldt und Wolfgang Böttcher (von dem auch die guten Bühnenbilder stammen) vereinen sich mit den Mitgliedern der »Schwarzen Hand« (vor allem Hans Joachim Schaufuß und Sabiene Strucksberg) zu einem ausgezeichneten Ensemble.

Erstdruck/Druckgeschichte:
ED: *Berliner Börsen-Courier* v. 27. Oktober 1933, S. 5 (Morgen-Ausgabe).
Gezeichnet: n.
Kein Belegstück im Nachlass. Text durch das Verfasserkürzel identifiziert.
Anmerkungen:
Erschienen in der Rubrik: »Zweimal Märchen«. Der zweite Text stammt nicht von Koeppen.
Nollendorf-Theater: Theater am Nollendorfplatz, Berlin-Schöneberg, Nollendorfplatz 5.
Editorischer Bericht:
Otto Matthies: im ED »Otto Mathies«

[Nr. 111]
Europäisch tanzende Japaner

Das japanische Tänzerpaar M. und T. Egutschi, das gestern im Bachsaal zu sehen war, hat sich von den alten und ehrwürdigen Tänzen seiner Heimat ab- und allen Tanzstilen Europas und Amerikas zugewandt. Tänze von Dalcroze und ein Wiener Walzer stehen neben Themenstudien wie »Streben nach der Hoffnung«, »Schwermütige Irrsinnige« oder »Frühlingsstimmung auf dem Lande«. Man hat das Empfinden, Künstler zu sehen, die in Paris die Tanzideen der vergangenen Jahre gläubig hingenommen haben. Es ist natürlich unbillig, von den Japanern zu verlangen, ausschließlich japanisch zu tanzen und dem international Gültigen sich zu verschließen; aber es befremdet, sie dann Europa nur mittelmäßig nachahmen zu sehen. Das ist schade, denn sie sind beide begabt. Der beste Tanz des Mannes war ein Schwerttanz; der beste der Frau seltsamerweise ein Tango.

Erstdruck/Druckgeschichte:
ED: *Berliner Börsen-Courier* v. 28. Oktober 1933, S. 5.
Gezeichnet: n.
Kein Belegstück im Nachlass. Text durch das Verfasserkürzel identifiziert.
Anmerkungen:
M. und T. Egutschi: eigentlich Miya Misako (1907-2009) und Eguchi Takaya (1900-1977), studierten 1931-33 bei Mary Wigman in Dresden.
Bachsaal: (1907-1945), einer von ursprünglich drei Konzertsälen im selben Gebäude, Berlin-Tiergarten, Lützowstraße 76.

[Nr. 112]
   Gelegentlich eines Märchenspiels

Die Zeit der Märchenvorstellungen ist wieder gekommen, und die schrecklich artigen Kinder der geschäftstüchtigen Herren Verfasser treiben auf unsern Bühnen wieder ihr manierlich poliertes Unwesen. »Ach bitte, bitte, bitte, erzähle uns doch ein Märchen, liebes, gutes Großmütterchen«, ruft die wie zu einem Gruppenbild um den Lehnsessel aufgestellte Kinderschar, nachdem sie das Lied von der »Ännchen von Tharau« hübsch und vielstimmig im Chor gesungen hat. Ein solches Verlangen und ein solches Lied erweichen das Herz der Schauspielerin unter der grauhaarigen Perükke, und also spricht sie mit feinster Mollstimme: »Da ihr den Tag über so recht brav gewesen seid, meine lieben Kleinen, will ich euch das Märchen erzählen.« Worauf nach einem Jubelchor das Schlimmste überwunden ist und die artigen Kinder der Einleitung von den artigen Kindern des nun beginnenden eigentlichen Märchens ersetzt werden.

Das Kind dieser Vorstellungen ist das dressierte Produkt einer Phantasiegattung, die längst überwunden ist. Die Kinder im Parkett lachen aus purer Verlegenheit über die merkwürdigen Geschöpfe auf der Bühne. Man sollte den Verfassern dieser Stücke einmal ein Buch wie den *Sturmwind von Jamaika* von Richard Hughes in die Hand geben, damit sie einmal erkennen, welch ein Mensch ein Kind ist. Man sollte sie auch einmal in die Ausstellungen von Kinderzeichnungen und in die Regiesitzungen eines wirklichen Kindertheaters (eines Theaters, das nach den Ideen von Kindern für Kinder spielt) schicken, damit sie erfahren, welchen Komödienstil das Kind haben will und begreift.

Denn auch am Stil des Märchens hapert es. Es naturalistisch zu spielen, ist unmöglich. Wenn der Wolf denkt und spricht und das Rotkäppchen frißt, dann ist dieser Vorgang auf der Bühne nur in der Form einer künstlerischen Abstraktion vorzuführen. Der Heinz spielt den Wolf und kann dann ein Wolf sein, und wenn er sagt, ich fresse sie, dann kann im hellsten Rampenlicht der ganze Schrecken dieses ja eminent dramatischen Ereignisses darin liegen. Nicht aber, wenn man versucht, den Wolf als Wolf zu geben, und mit den mißlingenden Hilfsmitteln der Bühnenverdunkelung im Moment des märchenhaften Vorfalls arbeitet. Das Märchenspiel ist ein Spiel der angedeuteten Kulisse und des Spiels, des ganz bewußten Spiels!

Das sind einige Bedenken, die einem bei *Kasperles Fahrt ins Märchenland* im Renaissance-Theater kommen. Die Bedenken gelten nicht allein diesem einen Stück, sondern der Gattung, der es angehört.

Erstdruck/Druckgeschichte:
ED: *Berliner Börsen-Courier* v. 30. Oktober 1933, S. 7.
Gezeichnet: koe.
Belegstück im Nachlass.
Anmerkungen:
Renaissance-Theater: (1922-1933, 1945 wieder eröffnet), Berlin-Charlottenburg, Knesebeckstraße 100.
Sturmwind von Jamaika von Richard Hughes: vgl. dazu die Rezension Koeppens Nr. 170, S. 377f.
Editorischer Bericht:
Ännchen: im ED »Aennchen«

[Nr. 113]
Wieder Kabarett der Komiker

Das Kabarett der Komiker hat unter einer neuen Direktion seine Türen wieder aufgemacht. Man sieht, von Frank Günther mit zurückgesetzter Frechheit, wie er sagt, conférziert, zuerst Artisten, Akrobaten und Tänzer. Ben Bennett ist ein Mann, der die Ohrfeigen bekommt. Harlan und Brace geben sich turnerisch exzentrisch. Zwei Gladios gehen nackt und unbandagiert mit scharfen Säbeln aufeinander los. Die Fünf Fidelios ernten für nette Lieder starken Beifall. Rita Zabekow und Erwin Hansen von der Staatsoper tanzen leicht und mit Eleganz einen Walzer. Und Mira von Hahn zeigt in einem Bauerntanz, daß sie begabt ist; doch müßte sie sich besser, d. h. ruhiger und das Gesicht betonender schminken.

»Die Insel ohne Sorgen«, die kleine Revue des zweiten Teils, ist im Musikalischen (Alois Melichar) und im Szenischen (Regie: Hoffmann-Harnisch) nicht ohne Witz und Einfall, so daß man den Text von Roellinghoff nicht weiter bemerkt. Das Auftrittslied des Königs Estragon, der, von Oskar Sima gespielt, die beste schauspielerische Figur des Abends gab, war, aus dem sonst allzu harmlosen Rahmen fallend, scharf, prägnant und wirkungsvoll. Um die Liebesgeschichte im parodistischen Stil bemühten sich Ursula von Diemen, Maurus Liertz und Hugo Fischer-Köppe. Ein Ballett mit Galina Sazarina als Star ließ das Finale in einen Cancan ausgehen.

Das erste Programm des neuen Kabaretts der Komiker ist ein Anfang und erfreulich, weil das Haus wieder in Gebrauch ist. Das nächste Programm müßte sich noch mehr des Kabaretts (statt des Varietés im jetzigen ersten Teil) annehmen.

Erstdruck/Druckgeschichte:
ED: *Berliner Börsen-Courier* v. 30. Oktober 1933, S. 7.
Gezeichnet: -n.
Kein Belegstück im Nachlass. Text durch das Verfasserkürzel identifiziert.
Anmerkungen:
Kabarett der Komiker: (1924-1944), gegründet von Paul Morgan, Kurt Robitschek und Max Hansen, Berlin-Charlottenburg, ursprünglich in der Kantstraße, seit 1928 im (von Erich Mendelsohn erbauten) WOGA-Komplex am Lehniner Platz, Berlin-Wilmersdorf, Kurfürstendamm 156.
Editorischer Bericht:
Alois Melichar: im ED »Aloys Melicher«

[Nr. 114]
Wieder *Der Staatskanzler*

Im Theater am Nollendorfplatz wird wieder *Der Staatskanzler*, das Schauspiel *Hardenberg* von Hartmann Freiherr von Richthofen gegeben. Man hat wieder Gelegenheit, eine vorzügliche Aufführung zu sehen. Das Ensemble arbeitet intensiv und präzise (Regie: Karlheinz Stroux). Hardenberg ist, wie bei der Erstaufführung, Paul Wegener in vollkommener Weise. Neu sind eigentlich nur Ludwig Andresen in der Rolle des Friedrich Wilhelm III. und Friedrich Ulmer in der des französischen Botschafters. Andresen gibt dem nervösen, vom Unglück gezeichneten Charakter des Königs in der schwierigsten Lage Preußens einen überzeugenden, Mitgefühl weckenden Ausdruck. Ulmer trifft gut den verbindlichen, im Unterton drohenden und warnenden, Stil eines Diplomaten im Dienst des großen Kaisers.

Erstdruck/Druckgeschichte:
ED: *Berliner Börsen-Courier* v. 2. November 1933, S. 7.
Gezeichnet: -n.
Kein Belegstück im Nachlass. Text durch das Verfasserkürzel identifiziert.
Anmerkungen:
Theater am Nollendorfplatz: Berlin-Schöneberg, Nollendorfplatz 5.

[Nr. 115]
Revue im Eden: *Nachtaufnahme*

Im Blauen Saal des Eden-Hotels wird eine nette kleine Revue gespielt. Das Thema ist der Tonfilm und sein Drum und Dran: die Atelierräume, die Komparsengarderoben, die Verleiherbüros und alle Typen, die dort ein und ausgehen. Dieses Milieu parodiert sich sozusagen von selbst und ist sehr dankbar. Ein Blick hinter die Kulissen wird vom Publikum immer gerne getan. Allerdings, ein wenig mehr Satire, ein etwas schärferer Witz hätten nicht geschadet. Was gespielt wurde, war zu einem großen Teil sentimental. Der kleinen Komparsin Traum vom großen Glück. Sicher wahr, aber doch leicht peinlich, selbst dann, wenn diese Sehnsucht, wie hier, mit dem Augurenblick des »Wir machen uns ja darüber lustig« vorgetragen wird.

Der Text stammt von Charles Amberg, die Musik von Willy Engel-Berger, und die Melodien sind leicht zu behalten. Die Conférence besorgt ein »Kutter«, Herr Walter Groß. Er erledigt sie mit Geschmack. Umgeben von einer Schar junger Mädchen zeigen sich Gerda Maurus, Evelyn Holt, Ira Lessen, Kurt Fuß und Rudolf Schündler.

Nach dem Finale gab es viele Blumensträuße.

Erstdruck/Druckgeschichte:
ED: *Berliner Börsen-Courier* v. 4. November 1933, S. 6.
Gezeichnet: -n
Kein Belegstück im Nachlass. Text durch das Verfasserkürzel identifiziert.
Anmerkungen:
Blauer Saal des Eden-Hotels: Hotel Eden, erbaut 1911/12, 1945 teilweise zerstört, 1951-58 abgerissen, Berlin-Mitte, Budapester Straße 35.
Editorischer Bericht:
zu einem großen Teil: im ED »Zu einem goßen Teil«
Conférence: im ED »Conference«

[Nr. 116]
Palucca

Das Wunder, das die Tänzerin Palucca ist, erweist sich am besten an dem gewöhnlichen Beispiel eines Walzers von Johann Strauß. Beinahe jede Tänzerin versucht, ihn zu gestalten, und beinahe jede scheitert in einem Gehüpfe ohne Sinn und leeren, leichten Schwüngen, die den Blick des Zuschauers beschämen. Derselbe Walzer aber von der Palucca getanzt, ergreift als der Ausdruck einer reinen Kunst. Die Melodie wird völlig in die Bewegung übersetzt, doch in der Art eines Virtuosen, der alle Feinheiten der Komposition raffiniert persönlich interpretiert.

Stärker noch als der Walzer sind das »Intermezzo« von Brahms, eine »Arabeske« von Granados und der »Schwung« von Coelho. Die Tänzerin verfügt über die Kraft der langen Spannung wie auch über die Fähigkeit, locker und spielerisch die Glieder zu schwenken. Unter all ihren Kolleginnen, die im modernen Stil sich üben, ist sie die, die am meisten tanzt. Die intelligente Führung ihrer Schritte deckt sich mit ihrem Können und der Lust der Ausführung.

Palucca hat in Berlin ihr festes Publikum. Der Bachsaal war am Sonnabend wieder ausverkauft. Von den hinteren Plätzen rückte der Beifall im Takt einer marschierenden Kolonne gegen die Bühne vor. Es gab Wiederholungen vor der Pause und Wiederholungen vor dem Ende. Die berühmten Sprünge flatterten im Schein der Reflektoren.

Erstdruck/Druckgeschichte:
ED: *Berliner Börsen-Courier* v. 6. November 1933, S. 7.
Gezeichnet: kn.
Belegstück im Nachlass.
Anmerkungen:
Bachsaal: (1907-1945), einer von ursprünglich drei Konzertsälen im selben Gebäude, Berlin-Tiergarten, Lützowstraße 76.
Editorischer Bericht:
Takt: im ED »Tackt«

[Nr. 117]
Ein Märchenspiel von Sigmund Graff

Wir fahren zum Weihnachtsmann heißt ein Märchenspiel von Sigmund Graff, das am Sonnabend im Kurfürstendamm-Theater uraufgeführt wurde. Dem Hans (Luise Stössel) und der Liese (Oda Troll) wird von einer Waldfee (Trude Moos) ein Wunsch freigestellt, und sie wünschen sich, zum Weihnachtsmann fahren zu können. Was dann über die Station Schneemann und über die Station Böser Zauberer geschieht. Es ist viel Theater in dem Spiel und alles, was ein Kind sehen will: die Märchenwelt, der Reigentanz und auch das technische Zeitalter in Gestalt eines großartigen Automobils. Von den Mitwirkenden sind vor allem der kleine Schneemann (Hannelore Böttcher), das Eichhorn (Berndt Werner), der große Schneemann (Arno Paulsen) und der Zauberer (Robert Pirk, der auch die Regie hatte) zu nennen.

Erstdruck/Druckgeschichte:
ED: *Berliner Börsen-Courier* v. 6. November 1933, S. 7.
Gezeichnet: -n.
Kein Belegstück im Nachlass. Text durch das Verfasserkürzel identifiziert.
Anmerkungen:
Kurfürstendamm-Theater: Theater und Komödie am Kurfürstendamm, seit 1921, Berlin-Charlottenburg, Kurfürstendamm 206-209.
Sigmund Graff: Schriftsteller und Dramatiker (1898-1979). 1933-1938 Referent im Reichsministerium für Volksaufklärung und Propaganda. 1938 Ernennung zum Regierungsrat. Während des Zweiten Weltkriegs in der Presse- und Propagandaabteilung des Oberkommandos der Wehrmacht. Nach 1945 freier Schriftsteller in der Bundesrepublik.
Editorischer Bericht:
von Sigmund: im ED »von. Sigmund«

[Nr. 118]
Und wieder mal *Der müde Theodor*

Merkwürdige Wirkung eines alten Schwanks; zuerst, wenn der Vorhang sich hebt, und die Rentiersfamilie Hagemann sich behaglich am Frühstückstisch versammelt, um unter dem gemalten Stuck des tief herabgelassenen Bühnenplafonds von ihren Sorgen zu sprechen, die da sind: die chronische Eifersucht einer derben Gattin, der Traum von Separees und der Kampf um den Hausschlüssel, ist man ehrlich entsetzt von diesem Bild einer versunkenen Plüschmöbelwelt. Später aber, wenn drei Herren sich nacheinander den Frack fortnehmen, wenn ein Hotelzimmer von einem vertrottelten Direktor viermal vermietet wird, siegt die Komik der blöden Situation, und man lacht, wenn auch widerwillig.

Die Aufführung in der Komischen Oper unterscheidet sich in keiner Weise von den anderen, die *Der müde Theodor* in anderen Theatern und in anderen Orten und zu anderen Zeiten erlebt hat. So betrachtet, ist sie geradezu klassisch (Regie: Hanns Farenburg). Der Star ist Guido Thielscher; neben ihm sind Hilde Muth, Walter Kynast, Eva Nerell, Elfriede Jerra, Anna von Palen und Rudolf Klicks zu nennen.

Erstdruck/Druckgeschichte:
ED: *Berliner Börsen-Courier* v. 15. November 1933, S. 7.
Gezeichnet: -n.
Kein Belegstück im Nachlass. Text durch das Verfasserkürzel identifiziert.
Editorischer Bericht:
Anna von Palen: im ED »Anna von Paalen«

[Nr. 119]
Renaissance-Theater:
Ein Mantel, ein Hut, ein Handschuh

Das neue Theaterstück von Wilhelm Speyer nennt sich ein Schauspiel. Man hat aber den Eindruck, daß der Autor zuerst ein Lustspiel hat schreiben wollen, dann jedoch, da ein Toter und die psychologischen Konflikte, die sein gewaltsamer Tod mit sich bringt, ernste Angelegenheiten sind sich zur Form des Schauspiels entschlossen hat, um schließlich im dritten Akt kühn zur derben, reißerischen Komödie überzugehen. Von diesen drei Stilarten ist die des Lustspiels die angenehmste; sie gelingt Speyer, er hat den leichten Witz und die gefällige Farbe dafür; und die Sache fängt ganz reizend an und hätte ein Erfolg werden können.

Ein junger Atelierbewohner hat ein Mädchen aus dem Wasser gezogen. Sie liegt, noch sehr mitgenommen, auf seiner Couch, und er spricht ihr Mut zu, lobt den Tag und die Welt und das Glück, jung zu sein und arbeiten zu können. Soviel strahlender Optimismus wurde schon lange von keiner Bühne ins Publikum gesprochen. Leider ereignet sich gleich nach diesem Zuspruch der Kriminalfall. Der junge Mann geht fort, um seine Geliebte zu holen, damit auch sie der geretteten Selbstmörderin gut zuredet, und während dieser Zeit erscheint der Gatte dieser Geliebten im Atelier und bringt in einem Moment höchster Erregung, und ohne es zu wollen, die eben dem Tod Entrissene um.

Was aber soll man sagen, wenn sich im zweiten Akt zeigt, daß der Mörder wider Willen und aus Irrtum nicht nur der leidend liebende Gatte seiner untreuen Frau, sondern auch ein großer Strafverteidiger ist, der nun von seiner Frau angefleht wird, den geliebten Jungen zu verteidigen? Eine solche Rolle zu schreiben, heißt die Möglichkeiten des psychologischen Spiels auf die Spitze zu treiben. Der Mann, der aus Liebe totgeschlagen hat, wird gezwungen, dem gehaßten Rivalen einen großen Dienst zu leisten. Das könnte rühren, wenn es nicht peinlich wäre, den selben Mann, der doch *weiß*, daß der des Mordes angeklagte Retter der Getöteten unschuldig ist, mit strenger Anwaltsmiene den Unschuldigen auf seine Unschuld hin prüfen zu sehen. Das wird besonders peinlich im dritten Akt, wenn in der Prozeßszene à la Mary Dugan der Täter den Nichttäter verteidigt. Der Gedanke, zu gestehen, kommt ihm nie. Im Gegenteil: in einer selbstquälerischen Lust brilliert er in der Situation, spielt mit juristischer Artistik die Indizien, den Hut, den Mantel und *seinen* Handschuh gegen den (wie in allen Kriminalstücken dummen) Staatsanwalt aus, ja begibt sich in die Gefahr, die Sachen anzuziehen, um die Zeugen zu erschrecken. Eine Wallace-Spannung ist da; aber es läßt sich nicht leugnen, daß Sätze wie »Auf der Rasierklinge des Satans bin ich in die Hölle gerutscht« schlecht parodierter Wedekind sind.

Den Erfolg der Aufführung schaffen die Schauspieler. Hilde Koerber ist wunderbar zart und verspielt, andeutend und doch eindringlich, ein Kind mit einer kleinen, hellen Stimme, die sehr ehrlich klingt. Die gefährliche Rolle des erst betrogenen und dann wieder siegenden Gatten, des Täters und Verteidigers gewinnt in der Darstellung durch Friedrich Ulmer. Er gibt dieser Figur mehr, als der Verfasser ihr gegeben hat. Hinter den Worten und hinter der Handlung spürt man die Not eines Menschen, den Liebe leiden macht; und so wird ein Geschehen von sehr bedenklicher Moral entschuldigt und verständlich. Den Liebhaber und den Unschuldigen spielt Wolfgang Liebeneiner, und er spielt ihn gut. Das Frische, Unbekümmerte, Nette und Optimistische eines Jungen wird von ihm nicht naturburschenhaft, sondern ganz klar schauspielerisch aufgebaut und somit viel wirksamer dargestellt. Es ist herrlich, wie er sich im Anfang um die Gerettete bemüht und den Tag schöner macht. Neben diesen Hauptrollen fallen noch Olga Limburg in einer Charge vor Gericht und Rita Burg in der passiven Figur des Opfers auf. Die Regie von Alfred Bernau ist leicht, geschickt und so konventionell, wie sie es in diesem Fall wohl sein muß.

Es gab am Ende viele Vorhänge.

Erstdruck/Druckgeschichte:
ED: *Berliner Börsen-Courier* v. 18. November 1933, S. 7.
Gezeichnet: Wolfgang Koeppen.
Belegstück im Nachlass.
Anmerkungen:
Renaissance-Theater: (1922-1933, 1945 wieder eröffnet), Berlin Charlottenburg, Knesebeckstraße 100.

[Nr. 120]
Ein Schwank im Kabarett der Komiker

Das Programm der zweiten Novemberhälfte im Kabarett der Komiker ist schon um vieles besser und eingespielter als das erste. Selbst die Kabarettnummern, die von der Eröffnung übernommen wurden, haben gewonnen. Das sieht man besonders bei Ben Bennett, der jetzt eine sehr schön aufgebaute Arbeit der Exzentrik zeigt. Die Hauptattraktion ist diesmal ein Schwank »Murmelbach macht Ordnung«. Es ist Komik im Stil der *Fliegenden Blätter*. Man lacht über einen schlacksig blöden Mann, den Egon Brosig spielt. In der kleinen Rolle eines Zuckerbäckerjungen ist Margot von Milles sehr nett.

Erstdruck/Druckgeschichte:
ED: *Berliner Börsen-Courier* v. 21. November 1933, S. 7.
Gezeichnet: -n.
Kein Belegstück im Nachlass. Text durch das Verfasserkürzel identifiziert.
Anmerkungen:
Kabarett der Komiker: (1924-1944) gegründet von Paul Morgan, Kurt Robitschek und Max Hansen, Berlin-Charlottenburg, ursprünglich in der Kantstraße, seit 1928 im (von Erich Mendelsohn

rbauten) WOGA-Komplex am Lehniner Platz, Berlin-Wilmersdorf, Kurfürstendamm 156.

[Nr. 121]
Trude Hesterbergs Musenschaukel

Im Mascotte in der Behrenstraße, einem üppigen Raum in einem Barock von 1890, in dem, wie man so sagt, der Sekt einst in Strömen floß und wo man beim Walzertanz nicht wußte, was bunter schillerte, die Uniformen der Garde oder die Reiherhüte (Wagenräder, Turmgebäude) der Damen – in diesem Saal Mascotte hat jetzt Trude Hesterberg ein Kabarett eröffnet: »Die Musenschaukel«.

Ein Kabarett in dieser Gegend und in diesem Saal zu starten, ist ein guter Einfall. Es würde ein noch besserer Einfall sein, wenn alle Nummern so gut wären wie die »Ballade von der Marketenderin« (Text: Günther Weisenborn, Musik: Erwin Jospe), die von der Hesterberg selbst gesungen wird. Diese Ballade und ihr suggestiver Rhythmus schlagen ein. Den ungarischen Tonfilm heute zu parodieren, heißt dagegen längst aufgestoßene Türen einrennen.

Sonst gibt es nette, harmlose sentimentale und ernste Sachen. Albert Hoermann singt von der Arbeit und vom Abenteuer. Rotraut Richter steht traurig an der Haltestelle der letzten Straßenbahn. Hans Joachim Schaufuß konferiert so altklug, daß man nur hoffen kann, er möchte von Hellmuth Krüger lernen, zu reden, wie man grade im Augenblick Lust hat zu reden. Viel netter ist der Junge, wenn er das Lied »Seelüt« singt. Die Geschwister Höpfner schwingen drollig die Beine im Kreis ihrer weiten Glockenröcke. Und ferner noch: Anni Mewes, Fritz Lafontaine, Else Ehser und Grete Weiser.

Erstdruck/Druckgeschichte:
ED: *Berliner Börsen-Courier* v. 28. November 1933, S. 7.
Gezeichnet: n.
Kein Belegstück im Nachlass. Text durch das Verfasserkürzel iden
tifiziert.
Anmerkungen:
Musenschaukel: Kabarett Musenschaukel (1933-1934), im Pavil
lon Mascotte im Metropol-Palast (1910-1945), Berlin-Mitte, Beh
renstraße 53/54.
Editorischer Bericht:
in diesem Saal Mascotte: im ED »in diesem Saal Mascote«
Günther Weisenborn: im ED »Günter Weisenborn«

[Nr. 122]
Theater in der Stresemannstraße:
Die erste Frau Selby

Im Theater in der Stresemannstraße kann man eine ausgezeichnete Darstellung der Geschichte von der ersten Frau Selby sehen, die uns im Grunde nichts mehr angeht. Es ist die alte, konservative englische Gesellschaftskomödie, die nur möglich war in einem England, dessen Bürgertum sich in seinen Einkünften für alle Zeiten gesichert glaubte. In den Komödien von Oscar Wilde (mit denen die Gattung begann) herrschten noch Einfall und Literaturwitz, wo St. John Ervine nur mehr einen geschickten Aufbau und einen allzu gepflegten Dialog zu bieten hat. Der Inhalt ist ein Leben, dessen Schicksal und Problematik sich am Teetisch erfüllen. Der Zuschauer von heute muß da erst Widerstände in sich überwinden. Dann aber geschieht es, daß er gepackt wird. In diesem Fall gepackt wird von dem Spiel guter Schauspieler, aber auch und in merkwürdiger Weise von den Salonmenschenrollen an sich. Erschütternd ist z. B. die seelenlose

Leere des Mädchens Elsie, und erschütternd ist auch die in anderer Weise gleichfalls seelenlose Güte und Liebe der ersten Frau Selby. Im Rahmen des konventionell naturalistischen Bühnenbildes wird das Spiel der Menschen im luftleeren Raum dieses Stückes beinahe zum abstrakten Theater von eigenartigem Reiz.

Die erste Frau Selby ist Hermine Körner (vor vier Jahren spielte im selben Haus die Massary die Rolle). Am besten ist sie in den Szenen ihrer Überlegenheit gegen die zweite Frau Selby. Die Szenen des Schmerzes und die des Kämpfens um den Mann sind weniger wirksam; aber das liegt an dem Stück. Doch freut man sich immer über die vorzügliche Sprecherin und über das Beispiel nobler Schauspielkunst, das sie bietet. Die zweite Frau, Elsie, wird von Gerda Dörr als reizend schönes Mädchen, hirnlos und ohne Charakter, in blendender Weise typisiert. Als Mann zwischen den beiden Frauen bewegt sich Paul Wegener eigentlich fehl am Ort. Man glaubt seiner Persönlichkeit die unerregte Haltlosigkeit nicht. Dennoch ist er angenehm zu sehen. Aus der Charge des Hausfreundes machte Ernst Legal eine Person des Vordergrundes. Der alte spleenige Angler, der sich verliebt zu geben hat, wurde von Legal so grotesk Wegener komisch, so betont in jedem Wort und jeder Geste gestaltet, daß der Beifall bei offener Szene ihm dankte. Die beiden Söhne der Frau Selby waren Günther Ballier und Alexander Bender, von denen Ballier durch seine leicht schizophrene Darstellung der Ironie auffiel. Regie führte Heinz Leo Fischer. Es war ein Arrangement exakt nach dem Textbuch.

Erstdruck/Druckgeschichte:
ED: *Berliner Börsen-Courier* v. 2. Dezember 1933, S. 7.
Gezeichnet: Wolfgang Koeppen
Kein Belegstück im Nachlass.

Anmerkungen:
Theater in der Stresemannstraße: (seit 1907), Berlin Kreuzberg Stresemannstraße 29 (heute: Hebbel-Theater).
Editorischer Bericht:
wird das Spiel der Menschen im luftleeren Raum dieses Stückes beinahe zum abstrakten Theater von eigenartigem Reiz: im ED »wird das Spiel der Menschen im lufleeren Raum dieses Stückes beinahe zum abstrakten Theater und von eigenartigem Reiz«
Überlegenheit: im ED »Ueberlegenheit«

[Nr. 123]
Wie Peterchen die Wunderblume fand

So heißt ein Weihnachtsmärchen von Lo Bergner, das Sonntag nachmittag vom Berliner Volkstheater im Deutschen Künstlertheater uraufgeführt wurde. Es ist mehr eine Märchenschau als ein Märchenstück. Der Theaterzettel zählt zweiundvierzig Rollen, ohne die Komparserie und das Ballett. Dieser Aufwand wirkt verwirrend und belastet die an sich klare und einfache Haupthandlung mit zuviel Beiwerk. Auch spricht eine allzu poetische Verssprache nicht gerade zum kindlichen Gemüt. Die jugendlichen Zuschauer hielten sich an die Spaßmacher unter den Schauspielern und Tänzern.

Erstdruck/Druckgeschichte:
ED: *Berliner Börsen-Courier* v. 5. Dezember 1933, S. 5 (Morgen-Ausgabe).
Gezeichnet: n.
Kein Belegstück im Nachlass. Text durch das Verfasserkürzel identifiziert.

Anmerkungen:
Deutsches Künstlertheater: (1911-1935), Berlin-Tiergarten, Nürnberger Str. 70/71 (heute: Budapester Straße 35).

[Nr. 124]
Wintergarten: Kühnheit und Grazie

Wenn das Parkett geräumt ist und das Netz – das Netz, das ach so fein und schmal ist, daß es nie den schützend einfangen wird, der aus der Höhe des dreifach übereinander gebauten Balancieraktes vom Seil stürzt – über die leeren Stuhlreihen gezogen wird, während die Diener die Halteseile in den Gestellen der Verankerung prüfen und die Gewichte in die knarrenden Schnüre hängen, die die Elastizität des belasteten Drahtes verbürgen sollen –, ist der Moment der atemlosen Spannung, die ein ganzes Varietépublikum befällt, schon erreicht. Bewegungslos folgt die Menge den weiß gekleideten Gestalten der emporkletternden Artisten, die sich dann anschicken, die langen schweren Bambusstangen in der Hand, das Seil zu beschreiten. Schon dieses von Halt zu Halt und eigentlich über das Nichts hinweg Schreiten, könnte genügen, der Wallenda-Truppe den Beifall der Zuschauer zu sichern. Was die Truppe aber mehr leistet, ist von einer fast unglaublichen Kühnheit. Haben wir nicht alle von dem Mann gehört, der einen anderen auf einem Seil sicher über den Niagara getragen hat? Hier sind es zwei Männer, und sie tragen auf ihren Schultern eine Stange, auf die ein dritter Mann sich mit einem Stuhl gesetzt hat. Seine Arbeit ist, weiß Gott, nicht gering zu schätzen. Muß er nicht, während er sich selbst und seinen Stuhl in Balance hält, die Schwankungen seiner Untermänner parieren? So in dieser gefährlichen Lage wird er in die Mitte des Seils getragen. Und da ereignet sich der Gipfelpunkt. Ein Mädchen nähert sich der Gruppe auf dem Seil, steigt auf die Schulter des einen Trägers, überklettert seinen Kopf, balanciert auf der Stange unter dem Stuhl, besteigt den Stuhl und erhebt sich plötzlich, rätselhaft und unheimlich, über dem Kopf des Mannes, der mittlerweile nur noch auf der Lehne seines pendelnden Stuhles hockt. Und so gebaut bewegt sich die Gruppe dem Ende zu.

Worauf als nächste Nummer Trixie folgt. Ein Kind. Es spielt mit seinen Bällen. Und ist, nach Rastelli, die amüsanteste und grazilste Jonglierschau, die wir gesehen haben. Kein Krampf. Kein verzerrtes Gesicht in der Angst, ein Trick könnte mißlingen. Trixie spielt. Es macht ihr Spaß. Sie schleudert ihre Bälle hoch und schlägt ein Rad. So zwischendurch. Es ist großartig und angenehm zu sehen. Ein Lob auch dem Regisseur, der diese Nummer der Entspannung der der Spannung folgen ließ.

Auch sonst gibt es viel zu sehen: das Ballett Pathé im Wirbel bunter Kostüme. Eine Herde Shetland Ponys. Kluge, liebe Tiere. Die wunderbar exzentrisch verrenkten Zwillingsbrüder Neumann. Ein Mann namens Frank, der mit Ohrfeigen zum Lachen reizt. Und Hugo Fischer-Köppe.

Erstdruck/Druckgeschichte:
ED: *Berliner Börsen-Courier* v. 5. Dezember 1933, S. 5 (Abend-Ausgabe).
Gezeichnet: -n.
Kein Belegstück im Nachlass. Text durch das Verfasserkürzel identifiziert.
Anmerkungen:
Wintergarten: (1880-1944) seit 1888 Varietébühne, Berlin-Mitte, Friedrichstraße 143-149.

[Nr. 125]
Ein gutes Volks-Kabarett

Zu einem guten Volks-Kabarett hat sich Bendows Bunte Bühne am Kottbuser Tor entwickelt.

Das Dezemberprogramm wird von Hellmuth Krüger konferiert. Es ist erstaunlich, zu sehen, wie dieser Künstler es versteht, sich jedem Rahmen anzupassen und auch hier sein Publikum zu finden. Er kündigt die Nummern nicht nur an, er stellt sie vor und führt sie ein und gibt darüber hinaus noch viel eigene Kunst. Am besten aber ist Kate Kühl. Sie singt zwei alte Balladen und dann das Lied vom Surabaya-Jonny. Ein enormer Beifall dankt ihrer großartigen Gestaltung. Die Balladen-Parodie Wilhelm Bendows fällt dagegen vollkommen ab. Dann kommen die vier Richters. Vor komischen Quartetten hat man eigentlich Angst. Diese sind diskret im Gesang, den sie mimisch gut unterstützen. Sie singen auch keine albernen Tonfilmlieder, sondern sehr originelle Texte, die vielleicht am Wedding gedichtet wurden. Sie sind zweifellos die beste Nummer dieser Art.

Das übrige Programm gibt sich bunt mit Tanz, Gesang und Sketchen. Oda Troll, Sophie Lingen, Annemarie Korff, Edmund Leslie und Karl Elser wirken mit und gefallen alle.

Erstdruck/Druckgeschichte:
ED: *Berliner Börsen-Courier* v. 8. Dezember 1933, S. 7 (Abend-Ausgabe).
Gezeichnet: -n.
Kein Belegstück im Nachlass. Text durch das Verfasserkürzel identifiziert.
Anmerkungen:
Bendows Bunte Bühne: (1932-1934), Berlin-Kreuzberg, Kottbus-

ser Straße 6 (von 1934-40 Theater am Kottbusser Tor, 1941-45 Soldatenbühne Neues Lustspielhaus).

[Nr. 126]
Ein Hans-Sachs-Spiel

Im ehemaligen Kunstgewerbemuseum in der Prinz-Albrecht-Straße ist eine schöne Ausstellung des Deutschen Heimatwerks zu sehen. Webwaren, Schnitzereien aus Holz und Bernstein, Tonarbeiten, Spielzeug und Musikinstrumente liegen, von Meistern überall in den deutschen Provinzen gearbeitet, auf den Ständen.

Im Rahmen dieser Ausstellung war zu einem Hans-Sachs-Spiel geladen. Man hatte aus Tonnen und Tischen eine Bühne errichtet, und das Spiel konnte so ohne Umstände vor sich gehen wie auf öffentlichem Markt. Man gab *Das heiß Eisen*, und es war reizend. Hilde Körber, Elsa Wagner und Veit Harlan spielten die Szene mit Lust und Eifer. Ein Bruder des Schauspielers, Peter Harlan, spielte dazu auf alten Instrumenten eine Komposition von Hans Sachs.

Es war schade, daß nur wenige Zuschauer dieser sympathischen Veranstaltung beiwohnten.

Erstdruck/Druckgeschichte:
ED: *Berliner Börsen-Courier* v. 11. Dezember 1933, S. 7 (Abend-Ausgabe).
Gezeichnet: -n.
Kein Belegstück im Nachlass. Text durch das Verfasserkürzel identifiziert.

Anmerkungen:
Kunstgewerbemuseum: (1881-1945), Berlin-Mitte, Prinz-Albrecht-Straße 7.

[Nr. 127]
Sketsch auf Sketsch

Das Kabarett der Komiker verwirklicht eine heute vielleicht gar nicht schlechte Idee: es spielt in einer »Revue der Abenteuer« einen Sketsch nach dem andern, alte und neue, und hat damit den größten Erfolg dieses Hauses in diesem Jahr. Man lacht. Man lacht, weil die Szenen albern sind, weil sie die Komik der komischen Situation bieten. Und die Schlußnummer ist sogar hervorragendes Kabarett. Der Rundfunk wird parodiert. Man sieht, wie *Elga* (das Drama von Hauptmann) gesendet wird, und wie der Inspizient den Wind, den Donner, das Hagelwetter und die anderen Geräusche macht. Es ist der alte Blick hinter die Kulissen in einem neuen Gewand. Hans Schindler, Franz Fiedler, Robert Dorsay, Karl Dannemann, Colette Corder, Lieselotte Ebel und Marietta Olly heißen die Schauspieler dieser kleinen Schwänke. Conferiert wird das Ganze von Maria Ney.

Erstdruck/Druckgeschichte:
ED: *Berliner Börsen-Courier* v. 13. Dezember 1933, S. 9 (Abend-Ausgabe).
Gezeichnet: -n.
Kein Belegstück im Nachlass. Text durch das Verfasserkürzel identifiziert.
Anmerkungen:
Kabarett der Komiker: (1924-1944) gegründet von Paul Morgan, Kurt Robitschek und Max Hansen, Berlin-Charlottenburg,

ursprünglich in der Kantstraße, seit 1928 im (von Erich Mendelsohn erbauten) WOGA-Komplex am Lehniner Platz, Berlin-Wilmersdorf, Kurfürstendamm 156.
Editorischer Bericht:
Hans Schindler: im ED »Hanns Schindler«

[Nr. 128]
Theater im parfümierten Raum

In der »Komödie« sitzt man *Am Teetisch* und spricht allen Ernstes von einer ungeschriebenen Zeitung der Gesellschaft – in einer Zeit, in der der Begriff »Gesellschaft« höchst imaginär geworden ist. So ist es denn kein Wunder, daß selbst ein Kurfürstendamm-Publikum das Lachen kriegt, wenn der Diener des gnädigen Herrn mit einem Parfümzerstäuber um den behaglich Schlafenden herumgeistert, oder wenn zwei Dutzend Einladungen verlesen werden, in denen die Namen von Ministern, Grafen und Baronen sich gegenseitig den Vorrang streitig machen.

Das vornehme Milieu der Handlung ist ein trefflicher Tummelplatz für den Geist des Dialogs des Autors Karl Sloboda. Da ist jeder Satz ein Aphorismus und jeder Ausruf ein Aperçu. Wenn Reden Gold wäre, dann müßten die Zuschauer dieses Lustspiels als Millionäre nach Hause gehen. Oder als dem Tiefsinn Verfallene vor dem Problem, ob der Hausfreund nun am Teetisch sitzen soll oder lieber nicht.

Also ist das Ganze nur ein Vorwand für die Schauspieler. Georg Alexander zeigt sich in seiner Paraderolle. Das macht die Sache erträglich. Im Gegensatz zu dem Witz des Stückes ist der des Darstellers diskret und von unerzwungenem Charme. Neben ihm ist sehr sicher und angenehm zu sehen die Dame Lia Eibenschütz. Auch Franz Schönemann gestaltet den Gatten mit Takt und Können. Der Beifall zum Schluß galt allen.

Erstdruck/Druckgeschichte:
ED: *Berliner Börsen-Courier* v. 14. Dezember 1933, S. 7 (Abend-Ausgabe).
Gezeichnet: Wolfgang Koeppen.
Kein Belegstück im Nachlass.
Anmerkungen:
Komödie: Theater und Komödie am Kurfürstendamm, Berlin-Charlottenburg, Kurfürstendamm 206-209.
Editorischer Bericht:
Aperçu: im ED »Apercu«

[Nr. 129]
Monologisches Theater

Horst Langes Monolog von der *Frau, die sich Helena wähnte* wurde im neugegründeten Theaterstudio der Münchner »Schaubude« einem Publikum dargeboten, das wie zu einem Eishockeyspiel mit Thermosflaschen und Reiseplaids erschienen war. Der Dichter und seine Schauspielerin, die hochgewachsene Eva Vaitl vom Brunnenhof, schlugen sich siegreich gegen die große Kälte. Das Publikum zog schließlich die Handschuhe aus und erklatschte sich siebzehn Vorhänge.

Vor zwanzig Jahren schrieb Arnold Bronnen das Einmannstück *Ostpolzug*. Er entgleiste damit. Auch die Prachtbesetzung mit Fritz Kortner lockte das Publikum nicht mehr als einmal ins Berliner Staatstheater. Seitdem gab es die Meinung, der Monolog sei untheatralisch. Dennoch zeigt die moderne Literatur, auch die amerikanische, einen immer stärkeren Hang zum Monolog (Jean Cocteau, Thornton Wilder). Horst Langes Versuch beweist, der Monolog ist theatralisch, vielleicht jedoch kann er nur von einer Frau zur vollen Theaterwirksamkeit in unserer Zeit gebracht werden.

Die Aufgabe, die der Dichter der Schauspielerin stellt, ist ebenso verlockend wie schwierig, beinahe erscheint sie unlösbar. Die große Rolle zerfällt in drei Partien. Die Idealbesetzung für diese drei Teile wäre: Fritzi Massary, Eleonora Duse und Maria Bard. Die junge Eva Vaitl meisterte die beiden letzten Teile kraftvoll und überzeugend, den ersten Teil hätte man sich leichter, beschwingter, rascher gewünscht, hier hätte der Regisseur dem kräftigen Naturell der Schauspielerin manches abtrotzen müssen. Von Dichtung und Darstellung bleibt dennoch der Eindruck großer Kraft und seltsamer Schönheit zurück.

Der Regisseur Otto Osthoff hatte gegen zeitbedingte technische Mängel und gegen die Erkrankung seines Bühnenbildners zu kämpfen. So blieb die Dekoration in Andeutungen stecken. Um so überzeugender wirkte die Dichtung, die sicher noch manche große Protagonisten reizen wird, ihre Kraft daran zu messen.

Eine vorurteilslose junge Frau, die auch auf dem Höhepunkt des rasenden Hitlerkrieges nur als Frau leben und genießen möchte, wird von einem Mann, der sie verschmäht, darüber belehrt, ihr Standpunkt sei der Helenas, der schließlich Trojas Fall verschuldet hat. Über dem Rätselwort schläft sie ein und erwacht als die klassische Helena in der Schlafkammer der trojanischen Burg im neunten Jahre der Belagerung. Die erwachende Helena meint, sie habe soeben geträumt, in einer entgötterten Welt zu leben, die rasend an der eigenen Vernichtung arbeite. Sie betrachtet den hoffnungslosen Krieg, der um die Mauern von Troja tobt, und spricht sich frei von der Schuld an der kommenden Vernichtung der Stadt. Sie habe die Männer nicht zum Kriege getrieben. Ihre Schuld, so sagt sie, sei ihre Neugier gewesen, ihr Fernweh, ihr Weltverlangen. Die Männer ihrer Heimat jedoch und auch die Männer von Troja hätten bei ihren Taten wohl an Vorteil, Ruhm und Ehre, aber nie an die Liebe gedacht, der sie, die Göttertochter, ihr Leben habe weihen müssen. Im dritten Teil erwacht die junge Frau wieder durch die Telephonklingel in ihrer Großstadtwohnung. Sie erfährt, ihr Liebhaber reise soeben an die Front ab, und in ihrem Halbschlaf hat sie das dämmernde Bewußtsein von der Unaufhaltsamkeit der Vernichtung der erblindeten männlichen Welt und das Bewußtsein von all den Greueln, Klytämnestras Mord und dem Leid des Odysseus, die der Menschheit noch bevorstünden. Der große Monolog schließt mit einem ironischen Aperçu: ein Mann, der Menelaos heißt, muß betrogen werden.

Erstdruck/Druckgeschichte:
ED: *Neue Zeitung* v. 17. Februar 1947.
Gezeichnet: W. K.
Kein Belegstück im Nachlass. Text durch das Verfasserkürzel identifiziert.
Anmerkungen:
Münchener »Schaubude«: Kabarett Die Schaubude (1946-1949) im Theater in der Reitmorstraße in München, München-Lehel, Reitmorstraße 7.
Editorischer Bericht:
Cocteau: im ED »Cócteau«
Aperçu: im ED »Apercu«

[Nr. 130]
Historische Pfiffe. Publikumsproteste im Theaterstudio der Schaubude

Der große szenische, schauspielerische und musikalische Aufwand bei der Uraufführung des *Theatralischen Zwischenspiels mit Vor- und Nach- und einigen Zwischenfällen* von Anton Günther Zill *Es hat sich nichts geändert* ... hielt zunächst das Premierenpublikum vor offenen Demonstrationen zurück. Vorerst lastete noch der literarische Kredit der Schaubude auf den Zuschauern, die es sich nicht sofort einzugestehen wagten, sie seien zu einem Abiturientenulk geladen worden. Als dann aber nach der großen Pause Homer mit einem Herrn Schmidt in der Pose von Dante und Vergil vor dem Vorhang erschien, als Herr Schmidt fragte, wo denn nun der rote Faden sei, da brach erster jubelnder Beifall los. Er nahm tosende Formen an, als Homer sich bückte und den roten Faden von der Rampe hochhob. Von da an spielte das Publikum mit. Qualvoll langsam schloß sich endlich der Vorhang, und ein Pfeifkonzert von schmetternder Wucht setzte ein. Seit der Premiere von *Hier sind Gemsen zu sehen* des Nazidichters Sigmund Graff im Jahre 1929 hat es einen so lautstarken Sturm der Entrüstung nicht mehr gegeben.

Der Leiter des Theaterstudios der Schaubude, Otto Osthoff, der für den gestrigen Klamauk fünfundzwanzig zum Teil »erwachsene« Schauspieler wie Eva Vaitl, Maria Sieg, Elisabeth Göbel, Hans Bergmann, Fritz Walter und Gerhard Just bemüht hat, der sich von Znamenacek Bühnenbilder und von Irmgard Becker Kostüme entwerfen ließ, und der ein großes Orchester für die Musik von Bernhard Eichhorn zusammengebracht hat, sollte lernen: Es hat sich in München sehr viel geändert! Das geduldige Publikum geht wieder aus seiner Reserve heraus, ein Schmarrn wird wieder als ein Schmarrn empfunden.

Dem jungen Autor Günther Zill wäre mehr damit gedient gewesen, wenn man ihm einen genauen und aufmunternden dramaturgischen Brief zu seinem Stück geschrieben hätte. Diesen Brief hätte man von einem Fachmann für einige hundert Mark bekommen können. So jedoch vertat man einige Tausende, um einen absurden Most ans Licht zu bringen. Es ist sehr gutmütig, hier von Abiturientenulk zu sprechen. Es war der boshafte Ulk eines durchgefallenen Einjährigen, der seinem Literaturprofessor mal zeigen will, was eine olympische Harke ist. Er macht Helena zu einer Jungfrau und läßt dafür Penelope zur »Braut« des Feldherrn Odysseus werden und ihn dann mit einem »ganz gewöhnlichen Soldaten« betrügen. Archimedes und Pythagoras erfinden die Guillotine, mit der erst ein Herr Müller und dann Penelope hingerichtet werden sollen. Das Ganze ist gedacht als der Spuk aus einem Wartesaal mit der Perspektive der »dritten Klasse« von Erich Kästners Gnaden. Es werden aber auch Wilder, Anouilh, Wedekind, Shakespeare und Georg Büchner kraftlos beschworen.

Die vierzig bis fünfzig wackeren Pfeifer zogen sich bald von der Rampe zurück und überließen das Feld den verzweifelt klatschenden Verwandten. Der Abend könnte totgeschwiegen werden, glaubte falscher Ehrgeiz und zweifelhafte Sentimentalität nicht, eine verunglückte Plattitüde für ein förderungswürdiges junges deutsches Dichtwerk halten zu müssen. Der siebenundzwanzigjährige Autor bekennt von sich, er wäre brennend gern ein guter Fußballspieler geworden, hätte sich aber leider den Knöchel gebrochen. Schade. Drohend sagt der Theaterzettel, das Studio der Schaubude bereite für die Herbstspielzeit folgendes vor: *Bluthochzeit* von Federico Lorca, *Zeppelin ... Dora ... 0,52 ...* von Ernst Drolinvaux und *Die Volksversammlung der Weiber* von Aristophanes. Es wird also voraussichtlich noch hoch hergehen, und bis zum Herbst wird mancher Hausschlüssel geschliffen sein.

Erstdruck/Druckgeschichte:
ED: *Neue Zeitung* v. 2. Juni 1947.
Gezeichnet: W. K.
Kein Belegstück im Nachlass. Text durch das Verfasserkürzel identifiziert.
Anmerkungen:
Schaubude: Kabarett »Die Schaubude« (1946-1949) im Theater in der Reitmorstraße in München, München-Lehel, Reitmorstraße 7.
Editorischer Bericht:
Federico Lorca: im ED »Federigo Lorca«
Ernst Drolinvaux: im ED »Ernst Dwolinvaux«

[Nr. 131]
Die Hinterbliebenen

Die »Hinterbliebenen« in ihren violetten Mänteln und Zylinderhüten, die Damen in bebänderten Schuten, starten, von der Münchener »Schaubude« aus, zu ihrer zweiten Deutschlandfahrt. Sie nennen sich selbst die »Hinundhergetriebenen«, sind fraglos das beste Reisekabarett unserer Zeit und werden auch diesmal wieder ihre Mission erfüllen, gut gelaunte Wanderprediger gegen Muff und Reaktion zu sein. Das neue Programm ist ebenso sehenswert wie das erste. »Wenn's euch schwer fällt, nimm es leicht«, heißt der Leitgedanke.

Der Abend sollte Glanz und Elend des deutschen Kabaretts zeigen. Das Elend stellt sich überall dem Glanz entgegen. Hermann Mostar und Heinz Hartwig, die Textdichter, sind hellhörige Kritiker der Zeit. Demontagen, Bizonalismus, Sibirien-Arbeitskontrakte, Hundhammer mit dem Rohrstock, die Korruption der Handwerker, die Politik der Kirche, Ruinen, die Not der Bräute, die Sorge des Kindes im Mutterleib, nichts entgeht ihrem Blick. Sie nehmen das Elend in allen Gestalten wahr. Den Glanz jedoch bleiben sie schuldig.

»Wir sind eine Zeitbühne«, werden die Verfasser entgegnen, »und eine Zeit ohne Glanz kann sich im Spiegel des Kabaretts nicht glänzend zeigen.« Da habe ich ein leises Bedenken. Die Hinterbliebenen haben ja viel Zeit. Der Schneider des Fürsten Pückler arbeitete einmal an einem Paar Hosen für den Fürsten über ein Jahr. Als er endlich die Hosen ablieferte, sagte ihm der Fürst: »Der liebe Gott hat die ganze Welt in sechs Tagen gemacht, und Sie brauchen für ein Paar Hosen ein ganzes Jahr.« »Durchlaucht«, entgegnete der Schneider, »sehen Sie sich bitte die Welt an, und sehen Sie sich meine Hosen an.« Die Hinterbliebenen haben ein Paar sehr korrekte Hosen abgeliefert, aber in der Zeit, die sie dazu gebraucht haben, hätten es schwungvollere, hätten es himmlische Hosen werden müssen.

Diesen Einwand vorweggenommen, ist der Abend nur zu loben. Drei Damen und vier Herren bestreiten das Programm. Die Männer sind gut, jeder richtig an seinem Platz, die Mädchen sind sogar brillant, jede Einzelheit ist sorgfältig gearbeitet, alles sitzt; die noble Musik von Karl von Feilitzsch hält sich vielleicht allzu bescheiden im Hintergrund. Wie schön, wenn jetzt noch eine große Diseuse da wäre und ein großer Kabarettist. Die kleine Truppe ist so gut, daß sie sich den Willen zum Außerordentlichen leisten könnte. So ist sie sehr ordentlich. Wir sind dankbar für den frischen, sauren Wein, den man uns gibt, aber wir hätten gern Champagner getrunken, obwohl er uns nicht zukommt.

Die Wirkung auf das Publikum ist trotzdem sehr stark. Bestimmte Leute fühlten sich getroffen. Nicht die Amerikaner. Sie haben auch für die Witze Sinn, die auf ihre Kosten gemacht werden. Sie halten es mit Voltaire: »Ich bin zwar nicht Ihrer Meinung, aber ich würde Ihr Recht, sie zu äu-

ßern, bis zum Tode verteidigen« – so sprach einmal der gro
ße Franzose. Nicht alle Völker der Erde sind mit Humor und
gleichzeitig Toleranz gesegnet.

Erstdruck/Druckgeschichte:
ED: *Neue Zeitung* v. 7. Juli 1947.
Gezeichnet: W. K.
Kein Belegstück im Nachlass. Text durch das Verfasserkürzel identifiziert.
Anmerkungen:
Münchener »Schaubude«: Kabarett »Die Schaubude« (1946-1949) im Theater in der Reitmorstraße in München, München-Lehel, Reitmorstraße 7.
Die Hinterbliebenen: Tournee-Kabarett (1945-1949), gegründet von Herrmann Mostar.

[Nr. 132]
Kinder der Zeit.
Deutsche Erstaufführung in München

Die *Kinder der Zeit* handeln mit Zigaretten und Fahrradschläuchen und glauben nicht an die Moral der Erwachsenen, die ihnen die Zigaretten abkaufen und gleichzeitig entrüstet sind, wenn die Kinder von der Schule verwiesen werden. Roger Ferdinand hat aus diesem Konflikt vier Akte für den Pariser Boulevard gezimmert, und die Münchener »Kleine Komödie« bringt die deutsche Uraufführung als ihren Beitrag zu den Kunstwochen.

Der Anfang, das naiv-zynische Gespräch zwischen den Primanern eines Gymnasiums in der Normandie und ihrem »Direx«, packt auch den abgebrühten Zweifler. Das ist ein

Griff nach dem Herzen der Zeit. Aber dann verwandelt sich der Autor bei offener Szene. Der Geist des französischen Schablonenschwanks läßt seinen Vollbart aufrauschen. Schon liegt der Autor auf den Knien und bringt der süßen Gewohnheit seine Opfer dar, einen vertrottelten Schuldiener und einen rettungslos schwerhörigen Chemieprofessor. So stirbt das mutige Zeitstück im ersten Akt, und übrig bleibt ein Mittelding zwischen dem Film *Fräulein Doktor* und *Flachsmann als Erzieher*. Mit Violinkasten und gelackten Fingernägeln erscheint eine süße Doktorin der Philosophie und führt die Jungen von dem Schweinekoben, worin sie eine Sau für den Schwarzen Markt aufziehen, zurück zu Homer, Lamartine und zu dem Sittenkodex der ollen, ehrlichen Seeleute aus der Normandie.

Der Zuschauer kommt nicht zum Schütteln des Kopfes, weil *Gerhart Metzner* die Schauspieler in bester komödiantischer Laune alle Risse und Abgründe der Konstruktion überspielen läßt. *Heidemarie Hatheyer* gibt eine Art von französischer Loreley, ein philosophierendes Fräulein auf Reisen, an der man nicht zugrunde geht, sondern gesundet. Sie spielt diese unmögliche Figur so überzeugend, daß man zumindest im Bannkreis der »Kleinen Komödie« zu glauben geneigt ist, die schwindsüchtige Moral unserer Zeit ließe sich durch Zufuhr von Sexualhormon wieder auf die Beine bringen. Fritz Odemar, Bum Krüger und Heinz Pabst geben die erwachsenen, Beiger, Sedlmayr, Schneider, Henning und Quitschorre die jugendlichen Kinder der Zeit. Ein ungenannter Darsteller schoß hinter der Szene den Vogel ab. Er machte die Stimme der Sau. Eine Leistung aus dem Vollen.

Erstdruck/Druckgeschichte:
ED: *Neue Zeitung* v. 18. Juli 1947.
Gezeichnet: W.K.

Kein Belegstück im Nachlass. Text durch das Verfasserkürzel identifiziert.

Anmerkungen:

Fräulein Doktor: gemeint ist der Film UNSER FRÄULEIN DOKTOR (Dt. 1940, R.: Erich Engel).

Flachsmann als Erzieher: Lustspiel in drei Aufzügen von Otto Ernst Schmidt (uraufgeführt 1901).

Abteilung IIb:
Kritiken, Berichte zur Literatur

[Nr. 133]

Lenz

Jakob Michael Reinhold Lenz war ein echtes Kind der Geniezeit, der typische Vertreter der Sturm-und-Drang-Periode. Ein durchaus ambitiöser und infantiler Charakter. Treffend schrieb Wieland über ihn: »Man kann den Jungen nicht lieb genug haben – so eine seltsame Komposition von Genie und Kindheit! So ein gutes Maulwurfsgefühl und so ein neblichter Blick! Und der ganze Mensch so harmlos, so befangen, so liebevoll!« Er war ein unglücklicher Mensch, eine zerstörte, kranke Natur, deren Sensibilität alles Häßliche, Unwahre, Alte spürte, die an sich und der Welt litt, die sich gezwungen und getrieben fühlte, niederzureißen und ein Anderes, ein helles und strahlendes Neues zu schaffen, und die doch nicht die große Kraft zum Vollkommenen besaß. Lenz war ein Mensch, der über seine Kraft hinaus wollte!

Lenz wurde am 12. Januar 1751 zu Seßwegen in Livland geboren. Die ersten befruchtenden dichterischen Anregungen empfing der Jüngling von Klopstock, dem geborenen ursprünglichen Dichter, dessen poetische Form den Bann des französisch-gottschedischen Alexandriners brach und den Rhythmus befreite. Sechzehnjährig schreibt er ein großes, der Kaiserin Katharina gewidmetes Epos *Die Landplage*, das sich stilistisch an den Klopstockschen *Messias* anlehnt. Auch der Dramatiker regte sich schon in ihm, und er plante, wie so viele andere bedeutende Geister dieser Epoche, eine Verdeutschung Shakespeares.

Ende April 1771 trifft er nach einem zweijährigen Studium in Königsberg als Begleiter zweier kurländischen Edelleute, die in französische Kriegsdienste traten, in Straßburg ein. Der Aufenthalt in dieser die Grenze deutscher und französischer Kultur bildenden Stadt wurde für sein Leben von größter Bedeutung. Er kam dort in Berührung mit einem Kreise jüngerer Dichter, deren Mentor der sokratische J. D. Salzmann war. Jünglinge waren es, überschwenglich genial und voll von Tatendurst, die, da die Welt ihnen nicht Raum bot, den Erdball titanengleich aus den Angeln heben wollten. Sie verachteten die von Bühnen und Almanachen gepflegte, vom Publikum verlangte Literatur ihrer Zeit, den Niederschlag einer sterbenden, bald zweihundertjährigen Kulturepoche. Der gewaltige Überschwang des Barock (Shakespeare, Gryphius) war erstarrt in den Alexandriner der französischen Tragödie oder in den formal eleganten, oberflächlichen Reimereien eines Wieland. Sie aber suchten natürliche, volkstümliche, wahr und warm empfundene Klänge, wollten den ganzen Menschen und nicht nur das Hirn, nicht Leidenschaften, sondern Charaktere von Fleisch und Blut. Ihr Messias war Jean-Jacques Rousseau, der »Bürger von Genf«. Sein Ruf »Kehrt zurück zu der Natur!« und vor allem der erste Satz des Contrat social: »Der Mensch ist frei geboren!« waren in der damaligen Zeit unerhört kühne und revolutionäre Gedanken. Goethes *Götz* und Schillers Jugenddramen atmen diesen Geist.

Hier, in diesem Kreise, lernte Lenz Herder und Goethe kennen. Er liebte den jungen Goethe, war einer der ersten, die sein Genie erkannten; dennoch war Goethes Bekanntschaft verhängnisvoll für ihn: er fühlte sich ihm ebenbürtig, war es vielleicht auch in Straßburg, aber Goethe schrieb sich mit *Götz* und *Werther* frei von allem Titanismus und stieg in Weimar in eine geklärte geistige Helle. Lenz fehlte zur Klärung die Kraft. Es war zu viel Kampf in ihm. Als Goethe Straßburg verließ, näherte sich Lenz der verlassenen Friederike in Sesenheim; zuerst wohl aus Mitleid, dann liebte er sie glühend, ohne Gegenliebe zu finden. Er verkehrte jetzt viel in Soldatenkreisen und stürzte sich in die wildesten Abenteuer, worüber Fragmente seines Tagebuches berichten. Die literarische Frucht dieser Zeit war sein zwei Jahre später erschienenes bedeutendstes Stück *Die Soldaten*. Er nennt es eine Komödie, und es ist ein bürgerliches Trauerspiel. Unwiderleglich zeigt sich des Dichters Begabung für das Drama. Das Stück schildert in einer Reihe von kurzen, knappen, unaufhaltsam dem schicksalsbedingten Ende zustürmenden Szenen den Untergang eines von einem Offizier verführten Bürgermädchens. Meisterlich und durchaus menschlich wahr sind die Charaktere der handelnden Personen gezeichnet: Marie, das schöne Bürgermädel, das so gern das große Glück erringen möchte, und ihr Vater Wesener, voll von bürgerlicher Moral, der seiner Tochter den Besuch der Komödie verbietet, aber ihr keine wahre Stütze ist, der insgeheim denkt: »Kannst noch einmal gnädige Frau werden, närrisches Kind!«, der galante Verführer Desportes und die Offiziere, die sich in wilden Streichen austoben. Die Handlung der *Soldaten* ist also eine naturalistische, zum Teil die Schilderung von Lenz' Straßburger Umgebung, aber der Dichter Lenz verdichtete das Drama. Er hob die visuelle Tageswirklichkeit in eine höhere (künstlerische) Lage. Und so entstand ein Werk, das heute seltsam modern – übernaturalistisch – wirkt und empfunden wird. (Überrealismus – Surrealisme – nennt sich eine Richtung unserer jüngsten literarischen Vergangenheit.)

Außer den *Soldaten* schrieb Lenz noch die Dramen *Der Hofmeister*, *Der neue Menoza*, *Die Freunde machen den Philosophen*, *Der Engländer* und die entzückenden *Lustspiele nach dem Plautus fürs deutsche Theater*. Seine Schriften in Prosa sind der *Waldbruder*, das *Pandämonium germanicum* und verschiedene Aufsätze über Literatur und Literaten. Aber in keinem Werk erreicht er mehr die Höhe der *Soldaten*.

Er konnte sich nicht sammeln. Unstet wanderte er, vagantengleich, von Ort zu Ort, bis 1777 der Wahnsinn bei ihm ausbricht. Er ringt mit dem entfliehenden Geist, und wie später seinem Schicksalsgenossen Hölderlin, gelingt noch zuweilen ein schöner Vers. Er kam noch einmal zum vollen Gebrauch seiner Geisteskräfte. Sein Brot mußte er sich als Hofmeister verdienen. Am 23. Mai 1792 ist er in Moskau gestorben.

Erstdruck/Druckgeschichte:
ED: *Fränkischer Volksfreund,* Würzburg v. 19. November 1926.
ND: *Fränkischer Kurier*, Nürnberg (undat. Belegstück im Nachlass).
Gezeichnet: Wolfgang Koeppen.
Belegstück im Nachlass.
Anmerkungen:
Lenz: Erschienen in der Rubrik: »Stadttheater Würzburg«. Anläßlich einer Aufführung von Lenz' *Soldaten* am Stadttheater Würzburg in der Spielzeit 1926/27, bei der Koeppen auch als Schauspieler mitwirkte: »Dem Theater war ich verpflichtet, Theater zu spielen. Ich wollte es nicht. Ich konnte es nicht. Ich übte am frühen Morgen vor dem dunklen Zuschauerraum. Ich genügte mir nicht. Ich wollte etwas leisten, etwas hinstellen, ich wollte ein Drama inszenieren, jedoch nicht mich. Mein Verhältnis zu den Zuschauern war gestört. Ich wollte sie nicht unterhalten. Ich dachte, sie zu provozieren. Man gab mir die Rolle des jungen Grafen in den *Soldaten* von Lenz. Ich schrieb als Dramaturg einen Artikel über Lenz und das Stück für eine Würzburger Zeitung und stand steif und unwillig auf der Bühne.« (*Als ich in Würzburg am Theater war* (1978), in: GW 5/332-343, hier: S. 133.)
Editorischer Bericht:
Überrealismus: im ED »Ueberrealismus«

[Nr. 134]

Grabbe,

wo haben Sie das her? Es ist ja als ob man von Calderon oder Shakespeare etwas läse, sagte sein Lehrer, als er Grabbes für die Schule geschriebenes Märchen gelesen hatte. Ja, wo hatte er sie her, der Sohn des Zuchtmeisters, »dessen erstes Gedächtnis das ist, einen alten Mörder in freier Luft spazierengeführt zu haben«, die Shakespeare-Nähe, die Shakespeare-Besessenheit. Der Siebzehnjährige bittet den Vater in flehenden Briefen um die Tragödien Shakespeares. Aus ihnen will er lernen selbst welche zu schreiben und durch die Aussicht auf hohe Schriftstellerhonorare sucht er den Vater zum Kauf zu überreden. Er erkennt sein Talent in dem Satz: »Ich kann aber bloß das schreiben, was in Shakespeares Fach schlägt, Dramen.« Und er beginnt, noch ein Pennäler, sein erstes Werk, die Tragödie *Herzog Theodor von Gothland*.

Unerhört toll, ein gigantischer Koloss, der Gipfel aller Sturm- und Drang- und Kraftdramatik ist diese Dichtung. Hingekotzt – Pardon – von dem jungen Genie. Wie kühn das Thema, wie bizarr die Idee: ein Mohr Feldherr der Finnen! Verlacht werden alle Gesetze innerer und äußerer Form; rasend stürmt der Jambus, plötzlich wird er verrenkt und zerschlagen. So mußte es sein, und so wurde es schön. Grabbe schrieb seinem Verleger: »Den Vers hätte ich leicht verbessern können; aber teils ist er berechnet, teils paßt er zum Gothland wie das Fell zur Hyäne.« Herrlich sind die lyrischen Stellen, die schwingenden Oden, der wahrhaft große Frühlingsdithyrambus! Unheimlich weit, hoch, fahl und völlig unsentimental herb ist die nordische Landschaft gezeichnet.

Dem Theater gibt die Tragödie, was des Theaters ist. Handlung folgt auf Handlung, Geschehen auf Geschehen! Jede Szene zeugt für das Dramagenie Grabbe, für die Kraft in ihm; nur ist sie hyperbolisch, dem Chaos nahe. Immermann über den Gothland: »Mit ähnlicher Kühnheit hat sich noch nie das Chaos herausgewagt, welches in jedem jungen Dichtergeiste über Geburten brütet. Sein jammervolles Thema weiß er mit ungeheurer Energie zu behandeln, und die paar Töne, die ihm in dieser lugubren Region der Tragödie zu Gebote stehen, als echter Virtuos zu variieren.« Übertriebene Kraft ist meist junge, von sich selbst berauschte Kraft; Durchbruchsgewalt eines noch gärenden Geistes. Auch Goethe und Schiller begannen im Banne dieses gefährlichen Überschwanges, bevor sie in der Strenge der Klassik die Grenzen des Nennbaren kennen lernten. Andere nicht weniger Geniale fühlten das Unendliche zu tief, um es begrenzen zu können. Wie keinen Anderen durchtobten Grabbe die urgewaltigen, jede Form und Grenze sprengenden Mächte; er riß sie ans Licht und zeigte sie wie eine grauenerregende, menschenferne Tiefseekreatur. Er war im Innersten Nihilist, und groß war seine Dichtung, wenn sie verneinen durfte. Einige Grabbesätze: »Ich bin ein Haufe von zusammengesperrten Tigern, die einander auffressen«, »Für das Zerreißen ist das Menschenherz gemacht«, und er erkennt: »Allmächtige Bosheit also ist es, die den Weltkreis lenkt und ihn zerstört.« Aus diesem nihilistischen Prinzip heraus ist das Grabbe-Interesse der Nachkriegszeit zu erklären. Der leidende, geschlagene Mensch zweifelt; da erfreuen ihn kräftige Zynismen, richten ihn sogar auf, retten ihn vor Verzweiflung. Er sagt sich: »Es ist zwar alles Dreck, aber ich bin ein Kerl«; und durch dieses freche Selbstbewußtsein behauptet er sich und beginnt sich seine Welt zu bauen.

Der Gymnasiast Grabbe begann den Gothland, der Student vollendete ihn in Leipzig und Berlin. Dem berühmten Dramaturgen Ludwig Tieck sandte er das fertige Manuskript mit diesen Zeilen: »Im Bewußtsein, daß ich etwas Ausgezeichnetes, wenn auch nichts Gutes geleistet habe, fordere ich Sie auf, mich öffentlich für einen frechen, erbärmlichen Dichterling zu erklären, wenn Sie mein Trauerspiel den Produkten der gewöhnlichen heutigen Dichter ähnlich finden.« Tieck interessierte sich dann für den kühnen Schreiber, er fand Aufnahme in literarische Kreise, und eine glänzende literarische Karriere schien vor ihm zu liegen. Um das juristische Brotstudium hat er sich dann wohl nicht allzu sehr bekümmert, und anstatt sich auf die Examen vorzubereiten und sich bei seinen Detmolder Gönnern um eine Advokatenstelle zu bewerben, begann er ein entzückendes Lustspiel zu schreiben. Sein Leben ist von nun an eine einzige Anekdote. Die kühnen Hoffnungen erfüllten sich durchaus nicht. Man konnte seine Arbeiten in keine der bestehenden Literaturrichtungen einordnen; man nahm ihn und sein Werk als Kuriosität und dachte gar nicht ernstlich daran, ihm öffentliche Geltung zu verschaffen. Auch eine Anstellung an einem Theater wurde ihm versagt. Er führte ein unstetes Bohème-Leben: war kurze Zeit Detmolder Theaterkritiker, bei Immermann in Düsseldorf nicht fest engagierter Dramaturg, dann Auditeur in Detmold, und zwischendurch schrieb er seine Werke, die das Glück hatten, in dem jungen Buchhändler Kettembeil einen Verleger zu finden.

Fünfunddreißigjährig starb er. Man glaubte allgemein am Alkohol, doch spricht das nicht gegen den Dichter, sondern gegen seine klatschfreudigen lippischen Zeitgenossen. Gewiß lag er mal betrunken im Rinnstein, doch mancher Bürger, der alt und in Ehren starb, auch. Und unser großer E. T. A. Hoffmann, den Grabbe noch kurz vor dessen Tod bei Lutter und Wegner traf, war gewiß kein geringerer Zecher und hat immerhin einiges, noch heute als schön und bedeutsam Anerkanntes geschrieben. Ebenso Grabbe! Vier dicke Bände hat er uns hinterlassen (ich denke an die von Eduard Grisebach herausgegebene Ausgabe), darunter (außer dem Gothland) die großen, jetzt von unsern besten Bühnen gespielten, Dramen *Don Juan und Faust, Hannibal, Napoleon* und das Lustspiel *Scherz, Satire, Ironie und tiefere Bedeutung*, eins der schönsten der deutschen Literatur. Solche Werke, durch die oft der Atem ganz großer Dichtung weht, schreibt kein faulenzender Säufer. Die Lipper sahen und beurteilten nur den Staatsbeamten Grabbe, den Dichter kannten sie nicht; und so ahnten sie auch nicht, daß dieser Auditeur es sich leisten konnte, die Amtsgeschäfte der bürgerlichen Existenz in Unterhosen zu erledigen, da sie ihm nicht wichtig sein konnten. Der Dichter Grabbe starb den Tod des Genies im »Kampf mit dem Dämon«, der den Knaben gepackt, nachts, wie er den Shakespeare las.

Erstdruck/Druckgeschichte:
ED: *Blätter des Stadttheaters Würzburg*, 1926/27, H. 14, S. 116-118.
Gezeichnet: Wolfgang Koeppen
Belegstück und Korrekturfahne im Nachlass.
Editorischer Bericht:
Wegner: im ED »Wegener«

[Nr. 135]

André Baillon †

In Paris hat, wie erst jetzt bekannt wird, der belgische Schriftsteller André Baillon Selbstmord verübt. Baillon war einer der letzten Vertreter des Naturalismus in der modernen belgischen Literatur. Im Gegensatz zu den von Maeterlinck und Verhaeren kommenden Symbolisten arbeitete er im Geiste von Camille Lemonniers Dichterschule »La jeune Belgique«. Sein Hauptwerk *L'histoire d'une Marie*, das nun auch ins Deutsche übertragen wurde, ist der Roman eines armen Mädchens im Stile Charles Louis Philippes, der ja zu fast allen seinen Werken die soziale Unterschicht gewählt hatte. Wie der aus der Großstadt fliehende Held seines Buches *In Holzschuhen* sehnte sich André Baillon sein Leben lang nach Ruhe. Vor mehreren Jahren trat er als Novize in das Kloster »Salpetrière« ein.

Erstdruck/Druckgeschichte:
ED: *Berliner Börsen-Courier* v. 19. April 1932, S. 5.
Nicht gezeichnet. Belegstück im Nachlass.
Anmerkungen:
André Baillon: (1875-1932)
»L'histoire d'une Marie«, das nun auch ins Deutsche übertragen wurde: Orig.: Paris 1921. Dt. Übersetzung: *Die Geschichte einer Marie*, Wien/Leipzig 1924.
In Holzschuhen: Orig.: *En sabots*, Paris 1922. Dt. Übersetzung: Wien/Leipzig 1925.

[Nr. 136]
Farben zu einer Kinderlandschaft

Farben zu einer Kinderlandschaft nennt Eric Graf Wickenburg sein erstes, bei Bruno Cassirer erschienenes, Buch. In der Vorrede heißt es, das Buch sei kein Roman, es zerfalle in viele kleine Mosaiksteine und gebe weder ein Kinderleben, noch eine Kinderlandschaft, sondern eben nur Farben zu einer solchen.

Wickenburg ordnet sie zu einem sehr reizvollen Band. Er erzählt vom Leben des Knaben Bernt. Nicht in der Art der Pubertäts- oder der Entwicklungsromane, die Kritik und Erfahrung des Alters über die Jugend schütten. Wickenburg bemüht sich, die Erlebnisse des Knaben von dessen Gegenwart aus zu schildern, und seine Erzählung wirkt oft wie ein nachträglich geschriebenes Tagebuch. So kommt er, in der Erinnerung, die eine sehnsüchtige und wehmütig verklärende ist, sich wieder einlebend in die Kindheit, als Schriftsteller ihren Empfindungen sehr nahe.

Und es gelingt ihm, in seinem behutsam erzählenden Stil, sie so darzustellen, daß auch der Leser sich erinnert. Sorgen, die die Schule, die Eltern, die Verwandten, die erste Liebe und die ersten Pickel einem bereiteten, tauchen in ihrer schrecklichen Wichtigkeit von damals wieder auf. Anlaß zu einem Drama geben sie nicht. Sie sind die Alltagstrauer jeder Jugend, von der wir seit Freud wissen, daß sie kein Paradies der Unschuld ist. Und grade das Alltägliche, das Unbetonte, das Verzichten auf Sensation äußerlicher, nur vom Inhalt kommender Spannung und das Sichbeschränken auf das Erzählen machen die *Farben einer Kinderlandschaft* zu einem sehr sympathischen Buch, das für die Begabung seines Autors spricht.

Erstdruck/Druckgeschichte:
ED: *Berliner Börsen-Courier* v. 1. Mai 1932, S. 13 (Morgen-Ausgabe).
Gezeichnet: Wolfgang Koeppen.
Belegstück im Nachlass.
Anmerkungen:
Erschienen in der Rubrik »Wochenschau der Bücher«.
Eric Graf Wickenburg: (1903-1998), österreichischer Journalist und Schriftsteller. 1928-1942 Redakteur der *Frankfurter Zeitung*. Nach 1945 bei *Stuttgarter Zeitung* und *WELT*.
Editorischer Bericht:
machen die Farben zu einer Kinderlandschaft *zu einem*: im ED »machen die *Farben zu einer Kinderlandschaft*, zu einem«

[Nr. 137]
Albert Londres †

Unter den Toten der Katastrophe des Dampfers »George Philippar« befindet sich, woran leider nicht mehr zu zweifeln ist, der große französische Reporter und Schriftsteller Albert Londres. Er kam aus der Mandschurei und reiste mit dem Unglücksschiff von Schanghai aus in die Heimat. In Frankreich wollte er über das unbekannte, von Krieg und Unruhen erfüllte Mandschurische Reich ein Buch, von dem er als von dem Hauptwerk seines Lebens sprach, veröffentlichen.

Man kann Londres den französischen Kisch nennen. Er war nicht nur ein Schriftsteller, dem es gegeben war, von Tatsachen in einer fast dichterischen und so überaus anschaulichen Sprache zu berichten, sondern er war auch ein Kämpfer. Seine Reportagen waren ihm nie nur Vorwurf zu einem interessanten Bericht. Er weitete sie zur Anklage, zu einem Appell an die Gewissen, und sie wurden ein Ruf, der manchmal sogar in den Ministerien vernommen wurde.

Er hat erst nach dem Kriege zu schreiben begonnen, und das Echo seiner Werke ist größer als ihre Zahl. *Der ewige Jude* schildert eine Reise zu den Juden aller Länder. *Schwarz und Weiß* und die *Wahrheit über Afrika* sind unerhört scharfe, auf furchtbare Tatsachen sich stützende Angriffe gegen die Londres verhaßte französische Kolonialpolitik. Im *Bagno* und der *Flucht aus der Hölle* enthüllt er rücksichtslos das Inferno der Strafkolonien, und im *Weg nach Buenos Aires* beschreibt er das Schicksal der Mädchen, die von Polen über französische Häfen nach Brasilien gehandelt werden.

Erstdruck/Druckgeschichte:
ED: *Berliner Börsen-Courier* v. 25. Mai 1932, S. 2 (Abendausgabe).
Gezeichnet: W. Koe.
Belegstück im Nachlass.
Anmerkungen:
Albert Londres: frz. Journalist (1884-1932); vgl. zuletzt: ders.:
Afrika, in Ketten. Reportagen aus den Kolonien. Berlin 2020.
Der ewige Jude: Orig.: *Le Juif errant est arrivé*, Paris 1930. Dt. Übersetzung: *Der ewige Jude am Ziel*, Wien 1930. Später unter dem Titel: *Jude wohin? Ein Reisebericht aus den Ghettos der Welt*, Wien 1931.
Schwarz und Weiß: Orig.: *Terre d'ébène*, Paris 1929. Dt. Übersetzung: *Schwarz und Weiß. Die Wahrheit über Afrika*, Berlin 1929 (übersetzt von Yvan Goll).
Die Wahrheit über Afrika: Vgl. Anm. *Schwarz und Weiß*. Koeppen vermittelt irrtümlich den Eindruck, es handele sich um zwei separate Publikationen.
Bagno: Orig.: *Au bagne*, Paris 1923. Dt. Übersetzung: *Bagno. Die Hölle der Sträflinge*, Berlin 1924.
Flucht aus der Hölle: Orig.: *Adieu Cayenne*, Paris 1928. Dt. Übersetzung: *Die Flucht aus der Hölle. Ein Bagno-Buch*, Berlin 1928.
Weg nach Buenos Aires: Orig.: *Le Chemin de Buenos Aires*, Paris 1927. Dt. Übersetzung: *Der Weg nach Buenos Aires. Die Geheimnisse des Mädchenhandels*, Berlin 1928.

[Nr. 138]
Frankreich, die Geißel der Welt

Von Wolfgang Ertel-Breithaupt. Schlieffen-Verlag, Berlin 1932. Solche Bücher sind auch in Zeiten stärkster nationaler Spannungen nicht zu entschuldigen; dann sogar am wenigsten. Was will diese Schrift, in deren Vorrede die Ereignisse der Regierung Brüning »Brandmale der Schande deutscher

Geschichte« genannt werden? »Dem deutschen Volk seinen Todfeind zeigen«? Aber welche Schlußfolgerungen wären aus einem solchen Erfolg der Haßpropaganda zu ziehen, jetzt? Dabei wird das entsprechende Zerrbild in einer Weise gezeichnet, die selbst in Kriegszeiten von geistiger Ehrlichkeit verwehrt werden müßte. »So gewiß durch Jahrtausende hindurch das Antlitz des Todes sich gleich geblieben ist, so unverändert ist trotz aller Schauspielkunst durch Jahrtausende hindurch bis auf den heutigen Tag die Blutfratze des Henkers der Welt geblieben, hinter der sich das wahre Frankreich von gestern und heute verbirgt.« Das ist der Inhalt des Buches. Frankreichs Geschichte seit dem 16. Jahrhundert, blutig wie die jedes andren Volkes, wird erzählt, als habe gerade nur in diesem Land sich alle Teufelei der Erde gesammelt. Daß Vergleichungen zwischen dem deutschen Sieger von 1871 und dem französischen von 1918 sehr zugunsten Deutschlands ausfallen, ist richtig, aber dies Zutreffende wird durch die Maßlosigkeit der sonstigen haßentstellten Geschichtsdarstellung entwertet. Wo wäre das Volk, aus dessen Kriegen, Aufständen, Justizgrausamkeiten sich nicht ein ähnlicher Auszug machen ließe? Daß neben sinnlosen historischen Parallelen und innerpolitischen Maßlosigkeiten persönliche Angriffe etwa gegen den jetzigen französischen Botschafter nicht fehlen, sei nur nebenher zur Warnung erwähnt.

Erstdruck/Druckgeschichte:
ED: *Berliner Börsen-Courier* v. 29. Juni 1932, S. 7 (Morgen-Ausgabe).
Gezeichnet: -n.
Kein Belegstück im Nachlass. Text durch das Verfasserkürzel identifiziert.
Anmerkungen:
Erschienen in der Rubrik »Politische Bücher«.
Wolfgang Ertel-Breithaupt: Verleger, Autor. Seit 1929 Herausge-

ber der »ersten nationalen Filmzeitschrift« *Filmkünstler und Filmkunst*.

[Nr. 139]
Der mehr schwache als starke Mensch.
Ein Versuch über Hans Henny Jahnn und seinen Roman *Perrudja*

Das erste Werk des Dichters und Orgelbauers Hans Henny Jahnn aus Harburg an der Elbe war das Drama *Pastor Ephraim Magnus*. Es wurde sehr jung geschrieben, von Oscar Loerke mit dem Kleistpreis ausgezeichnet, zusammengestrichen in einer Matinee, die der Dichtung keineswegs gerecht wurde und in einem Skandal endete, in Berlin aufgeführt und mißverstanden gewertet als Sturm und Drang einer jungen, unreif polternden Begabung. Doch erkannte der Leser der Buchausgabe schon damals den Irrtum solcher Wertung. Was Kraftgetue, Unbeholfenheit, Wühlen in Blut und Schmutz um einer vermeintlichen Wirkung willen schien, war hier ein zutiefst erlittenes Muß von grundsätzlicher Bedeutung. Der Dichter des *Ephraim Magnus* war keiner von den fixen, konjunkturbeflissenen, die immer zu wissen glauben, was in der Luft liegt, und heute devot sagen, was sie gestern noch brüllten. Jahnn empfand wieder und vielleicht als einziger seiner Generation, die wirklich und immer in der Luft liegende Fragwürdigkeit der Existenz des Menschen, der, ohne es zu wollen (und nicht mal das ist sicher) geboren wird auf einer Erde, deren Woher, Wohin und Sinn er nicht kennt, wenn er sie auch gemessen und gewogen hat mit seinen Instrumenten, und dort leben muß im Streit mit seinem Nächsten und dem Tier, dessen Laut er nicht versteht, und der Pflanze, deren Stummheit er nicht begreift, unter einem Himmel, den er in Zahlen zu erfassen sich vermißt, einem sicheren Tode zu, von dem er nicht sagen kann »was der Tod ist und weshalb alle sterben müssen«. Der Gedanke nichts zu wissen und in großer Unsicherheit zu leben, ließ die Personen in Jahnns Dramen in entsetzlicher Lebens- und Todesangst wüten gegen ein immer schlimmes Schicksal, einen grausamen Gott, den »gezwungenen Zwang« der alten Ananke und sich im Kampf mit diesen unfaßbaren Mächten zerfleischen. Und am Ende des ersten Teils seines ersten Werkes mußte der Dichter die Warnung setzen: »Es folgt der zweite Teil. Wer am ersten Anstoß nahm in auch nur einem Ding, und vor sich durchaus einwandfrei blieb, mühe sich nicht weiter. Ich habe noch viel zu sagen!«

Was dann geschah. Zunächst im zweiten Teil des *Ephraim Magnus* und in den weiteren Dramen *Die Krönung Richards III.*, *Der gestohlene Gott*, *Der Arzt, sein Weib, sein Sohn*, *Medea* und *Straßenecke*. In all diesen Werken wird der Weltangst Herr zu werden versucht; Blut fließt und Gräuel geschehen eines fernen Friedens oder einer endlichen Beruhigung wegen. Mit Worten und Taten zerquälen sich die Gestalten, und ein Mord wächst oft aus allzu verbundener Brüderlichkeit. Die Szene ist immer wie unter Nebel, manchmal erhellt sie ein Blitz; englische Adelsburgen und die Gewölbe und Schiffe nordischer Backsteindome sind die immer wiederkehrenden Orte der Handlung; an des Neger James Straßenecke herrscht Dämmerung und Regen, und ein Kanal fließt in der Nähe; und Orgeln klingen und von ihnen wird gesprochen wie von Bedeutsamem, Geheimnisvollem, Heiligem. Der Vergleich mit Barlach liegt nahe, Nebel und Backsteingotik, der Mensch verwickelt in einen mörderischen Streit mit Gott, doch ist bei dieser Ähnlichkeit wohl zu beachten, daß Jahnn mehr der Anwalt des Menschen ist in diesem Kampf, erbitterter seine Rechte wahrnimmt, hassender ist gegen das Schicksal und lieber noch, als nachzugeben auch nur ein Wort, in das Nichts flieht oder in das Chaotische sich stürzt. Barlach konnte schließlich im

Drama seiner tragischen Gesinnung genügen; die noch weiter aus der Tiefe des schon fast Unsagbaren kommenden Gedanken und Visionen Jahnns brauchten, um Wort zu werden, die Breite der epischen Form.

Das Hauptwerk Hans Henny Jahnns ist sein großer Roman *Perrudja*. Von ihm, der vierbändig geplant ist, liegen bis heut, 868 Seiten stark und mit Unterstützung der Hamburger Lichtwarkgesellschaft bei Gustav Kiepenheuer verlegt, die beiden ersten Bände vor.

Perrudja ist eine große Dichtung gegen den Menschen und für den Menschen. Erzählt wird die »Lebensgeschichte eines Mannes, der viele starke Eigenschaften besitzt, die dem Menschen eigen sein können – eine ausgenommen, ein Held zu sein«; und der Erzähler erhofft für den Leser den Gewinn, »daß er die Anschauung von einer neuen Art Mensch gewinnt, die noch recht unbekannt ist. Die nicht eigentlich Gestalt, vielmehr existent ist. Deren Lebensfunktionen unwichtig sind wie der Flügelschlag der Mücken in der Luft«. Dennoch ist er kein Mensch wie viele, sondern durchaus ein Einzelner, ein immer Isolierter, ja, ein zu einem Werkzeug Auserwählter (»Er erfüllte eine Mission, der kein Held, kein Vorbedacht gewachsen. Er entfesselte die gewagtesten Sehnsüchte mit ihren Kräften.«), an welchem sich die Verheißung erfüllte, ernährt zu werden wie die Lilien auf dem Felde, weil er sonst, ein Entschlußloser und Schwacher, uns als Beispiel entglitten wäre in die Niederungen der Krankheit und des kleinlichen Verbrechens. »Er hat nur das eine Los, leichter zu werden. Die wachsenden Tage zwingen ihm Handlungen auf, die er nicht anders meistern kann, als aus den zufälligen Bedingungen einer ungewollten Konstellation heraus. Nur gar zu oft wird er bei zwei Wegen den törichten wählen; mehr noch sich verkriechen vor Entschlüssen. So wird es scheinen, als liefe Substanz von seinem Herzen ab, und als würden seine Hände flacher und leerer.«

Aber welch ein Weg bis dahin! Welche Entscheide werden gefordert, welche Verlangen und Sehnsüchte bedacht, welche Gedanken erlebt und erlitten! Der Schauplatz der Erzählung ist das Land Norge. Ein gutes Land, eine kräftig nährende Mutter; gar nicht so nebelblutig wie in den Dramen, sondern klar und von reiner Würze ist die Luft über den Felsen und Fjorden, und nur der Himmel ist unsagbar unbarmherzig. Das Grauen, das manchmal im Buch steht, ist nicht das Unheimliche mitternächtlichen Spukes. Es ist das gefährlichere Mittagsgespent der überwirklich im Gletschereis sich spiegelnden Sonne. Hier lebt Perrudja, hier steht einsam sein Haus, in dem er ist; zuerst allein, dann mit Shabdez der Stute, mit der Magd, dem Knecht, mit Oful, dem Negerjungen, und Hein, dem Freund.

Schwer ist es, die Handlung des Romans andeutend wiedergeben zu wollen. Nicht, daß sie nicht in einer wahren Überfülle da wäre! Eine Unmenge von Ereignissen, spannenden Begebenheiten, dramatisch bewegten, konflikterfüllten Vorgängen schafft das Leben auch um den Nichttäter Perrudja, ja, man könnte fast, wäre das Wort nicht durch schlechten Gebrauch so diffamierend geworden, von einer Kette sich ereignender Sensationen sprechen. Die Realität der Erzählung ist aber nur eine scheinbare, ist nur ein Mittel, zu veranschaulichen, was an diesem Perrudja dran ist. Er steht in bedeutungsvollster Beziehung zu jedem Wort auch der (man ist zuweilen versucht, es zu vermuten) vom Thema abschweifenden Geschichte. Und daß das Band der Worte nie abreißt, nie aus der Gespanntheit des Lesens herausführt, das ist die große Kunst des Dichters Hans Henny Jahnn. Die deutsche Sprache ist lange nicht so schön erschienen wie in diesem Buch. Einfache, unbeachtete, viel benutzte (und abgenutzte) Worte bekommen plötzlich Klang und Gewicht. Man denkt an Luthers deutsche Bibel. Unwillkürlich beginnt der Leser, dem auch nur ein wenig einen guten Satz zu empfinden gegeben ist, laut zu lesen, um die volle Schönheit der

Jahnnschen Sprache buchstäblich kosten zu können. Man kann diesen Dichter nicht wie einen guten Schriftsteller loben, indem man von ihm sagt, daß er die Sprache beherrscht. Der Fall liegt anders: hier ist mehr Erleben und Gefühl als Technik und Bewußtheit, die aus ahnender Vision empfangenen Gedanken graben sich wie ein Pflug in die alte Sprache, und wie Schollen schwer und keimig, voll Urgeruch, fallen gewendet die Worte in die Sätze. Aus denen gemauert werden: kleine Geschichten, große Geschichten, Fabeln, Gleichnisse, Legenden, Gebete, Schreie, Abschnitte, Kapitel, das Buch. Und welche Kraft, welch Erleben und Mitleiden in der Geschlossenheit jedes Bildes und jeder Gestalt! Da ist das Pferd. Wer von uns weiß noch, was ein Pferd ist? Da sind die andern Tiere, da sind die Knaben, die in die Berge gehen, sich zu morden, da ist der sehr tiefe Schmerz des Jungen vor dem Marionettenspiel der Karussellorgel, von dem keiner der Jahrmarktbesucher (voran die Pfarrer) sagen kann, warum er weint (und es ergibt sich eine große Hilflosigkeit vor dem Schmerz), da sind der Sassanidische König, Dareios, Alexander, der Edelmütige, der Knecht, die Magd, der Nebenbuhler, der Gesang der gelben Blume, der Sekretär, Haakon, der Fleischer, und die Liebe zu ihm, die Marmeladenesser (wie viele Marmeladen gibt es), die Badegäste, das samtene Kind, die Osloer, die Gymnasiasten auf der Yacht, der reichste Mann der Welt, wahllos herausgegriffen aus ihren ineinandergleitenden Geschichten, und Signe, die Frau, das Trollkind, Perrudjas Weib, die Begehrte, die immer Ferne, die nie Besessene, auch wenn sie bei ihm war und als Tier verkleidet um sein Lager schritt.

Perrudjas Hände aber werden leerer. Je mehr zu ihm kommt, desto mehr entgleitet ihm. Auf der Yacht, die mit den Gymnasiasten Oslos hinaus fährt in das Nordmeer, steht er in weißem Sweater schmalschultrig und frierend, unter der nackten, im Eiswasser der See badenden Jugend. Das samtene Kind liegt bei Hein, alle Leiber zieht es zu Hein, dem

Freund, dem Kräftigen, dem Körpergott. Perrudja bleibt, unbegreifliches Schicksal, allein, wie unter Glas, auch vor der, die er liebt, die ihn liebt, vor Signe. Am größten ist er in seinen Träumen, in der Welt seiner Gedanken, einsam in seinem Haus, zweisam mit seinem Pferd. Wenn diese Einsamkeit sich auch nur scheinbar von ihm wendet, als sich zeigt: Perrudja ist der reichste Mann der Welt, verliert er. In Oslo, im Verkehr mit vielen, zu Entscheidungen gezwungen, ist er schon leichter geworden. Man kann noch nicht sagen, wohin es ihn treibt. Ein Krieg, »ein leidlich gerechter«, scheint von ihm auszugehen. Erweisen wird sich das erst in dem zweiten Buch.

Was will Jahnn? Es scheint unmöglich, diesen außerordentlichen Roman zu deuten. Man muß ihn lesen und lieben, um ihn zu erfassen. Es geht um den Menschen, um den ganzen Menschen, der (und sei es auch nur wie ein Spiegel) die ganze Welt mit Jedem und jedem Ding (Vergangenem auch und Zukünftigem) in sich hat. Seine Gutheit kann so gewaltig sein wie seine Gemeinheit, und gefährlich wuchert das Denken auf dem Feld seiner Triebe und Instinkte. Wie schon im *Pastor Ephraim Magnus*. Dort aber mußte das Geschehen noch ganz auf Stimmen gebaut werden, und manchmal gab es Dissonanzen. Im *Perrudja* ist immer der volle Klang einer mächtigen, in allen Registern atmenden Orgel. Jahnn baut Orgeln. Jahnn lebt im Norden. Jahnn ist mit seinem *Perrudja* ein die ganze Seele des nordischen Menschen (gewaltig im Brutalen wie im Sensiblen) umfassendes Epos gelungen. Das Werk ist so nordisch, menschlich, ja so germanisch, daß die Leute, die immer nach einer germanischen Dichtung rufen, es gar nicht begreifen würden. Denn Jahnn wollte an der Figur dieses Perrudja untersuchen, »ob das heldische Dasein nicht eine frühe und barbarische Haltung des Menschen« ist. Und sein Wunsch zu wirken ist dieser: »Vielleicht, die Leser möchte etwas von jener Brüderlichkeit anfallen, die den Zeichner dieses Buches erfaßt hat; die sie zwar einsamer

machen wird als sie waren; deren Besitz aber am Ende ein
notwendiger Schritt ist, soll es je Wirklichkeit werden, daß
die Menschheit die Blutgerüste abbricht, auslöscht aus der
Weltgeschichte die Namen, um an ihre Stelle den unge
hemmten Strom des Lebens zu setzen, den die Willkür der
Helden nicht mehr umbiegt oder spaltet.«

Erstdruck/Druckgeschichte:
ED: *Berliner Börsen-Courier* v. 15. Juli 1932, S. 5 f. (Morgen-Ausgabe).
ND[1]: *Hans Henny Jahnn text+kritik* 2/3 (1980).
ND[2]: *GW* 6/13-18.
ND[3]: *Flandziu. Halbjahresblätter für Literatur der Moderne* 2 (2014), S. 11-15.
Gezeichnet: Wolfgang Koeppen
Belegstück im Nachlass.
Editorischer Bericht:
Überfülle: im ED »Ueberfülle«

[Nr. 140]
Landstraße und Gefängnis

P. C. Ettighoffer *Servus Kumpel* und Gustav Regler *Wasser, Brot und blaue Bohnen* erzählen vom Leben armer und unglücklicher Menschen. Die einen leiden unter der großen Freiheit, zu hungern und zu frieren auf der Landstraße, die andern unter der qualvollen Unfreiheit der Strafanstalt.

Ettighoffers Buch (Gilde-Verlag) ist im Ichstil geschrieben. Weder ein guter Roman, noch eine interessante Reportage. Die Erzählung eines Kleinbürgers, den es einmal auf die Landstraße getrieben hat. Wie er selbst sagt, wird ihn das

»spießbürgerliche Leben« bald zurückrufen. Inzwischen schielt er nach dem warmen Zuhause und distanziert sich so, vielleicht ohne es zu wollen, von der Welt, die er schildern will. Die Abenteuer des Buches sind erlebt, aber sie sind erlebt als Abenteuer, über die man schreiben kann. Mit der Absicht, »ich muß doch Erfahrungen sammeln«, schleicht der Autor über die Landstraße. So gelingt ihm nichts, entgleitet und überwältigt ihn der Stoff, und es entsteht eine fast larmoyante Beschreibung der bekannten Tatsache, daß der Landstreicher, der Kumpel, nicht am Wohlleben zugrunde gehen wird.

Anders ist das Buch von Gustav Regler (Neuer Deutscher Verlag). Härter, klarer, weltanschaulich fundiert. Ein ernst und gut geschriebener proletarischer Roman. Die Geschichte ist denkbar einfach: ein Erwerbsloser versucht ein kleineres Verbrechen; Klatsch und die Aussagen verwirrter Zeugen machen daraus fast einen Mordanschlag; der Erwerbslose kommt in das Gefängnis. Und dann ist er da, und das Gefängnis ist in dem Buch. Von Seite zu Seite fühlt man sich immer mehr von Mauern umgeben. Die Geschichte kommt dem Leser unheimlich nahe. Sie greift ihn an und geht ihn an. Regler ist ein guter Schriftsteller und ausgezeichneter Reporter. Er besingt keine Dantesche Hölle. Er schildert nur mit erbitterter Genauigkeit eine Haftpsychose, den Schlafsaal, den Arbeitssaal, die Arrestzelle, die Küche, die Revolte, Menschen hinter Gittern und Menschen in Uniform.

Erstdruck/Druckgeschichte:
ED: *Berliner Börsen-Courier* v. 2. August 1932, S. 6.
Gezeichnet: Wolfgang Koeppen
Belegstück im Nachlass.
Anmerkungen:
P. C. Ettighoffer: Paul Cölestin Ettighoffer (1896-1975), Journalist

und Schriftsteller, nachmals Verfasser viel gelesener Zeit- und Kriegsromane (*Verdun, das große Gericht*, 1936; *Tannenberg*, 1939).

[Nr. 141]
Talleyrand

In Frankreich gibt es eine Reihe von Publikationen, die sich mit Talleyrand, seinem Leben, seiner Politik und seinen Affären beschäftigen. In Deutschland ist, außer der Übersetzung seiner nicht sehr aufschlußreichen Memoiren, wenig über ihn, den man zur Zeit Napoleons den einflußreichsten Mann und klügsten Kopf Frankreichs nannte, geschrieben worden. Die deutschen Historiographen liebten die Heroen. Sie beschäftigten sich immer wieder mit Bonaparte oder mit den im Vordergrund der Großen Revolution stehenden Erscheinungen. Talleyrand, der Diplomat des Zeitalters, spielt in ihren Büchern fast stets nur eine periphere Rolle.

Jetzt ist im Verlag Rowohlt ein Buch *Talleyrand* von Franz Blei erschienen. Man möchte es zunächst bloß erzählende Lebensgeschichte im Gefolge Emil Ludwigs nennen, doch ist es mehr ein Essay über einen diplomatischen Charakter, der Bleis Entzücken erregt. Wenn Talleyrand nicht gewesen wäre, Blei hätte ihn erfinden können, so sehr entspricht er des Autors besonderer Vorstellung vom katholischen Geist, den er lateinisch, d.h. im höchsten Grade menschlich und zivilisiert und jenseits von Gut und Böse empfindet, im Sinne seiner frühen Schriften, den Abhandlungen von den katholischen Dingen, welche die Heiligen Franziskus und Ignaz umfassen wie auch Gilles de Rais oder Aubrey Beardsley.

Andere Schriftsteller hätten Talleyrand verdammt oder verteidigt. Blei stellt ihn uns nur vor, in einer fast anekdotischen Manier, die dem Herrn von Périgord wie beiläufig Umriß und Deutung gibt. Nicht Ehrgeiz, nicht Geld- oder Machtgier, sondern nur die Lust am Spiel ist es, die hier Talleyrand treibt. Die Lust am Spiel läßt den kleinen hinkenden Kleriker in die Politik springen, und die Lust am Spiel ist es auch, die ihn allen verdächtig macht. Die Revolutionäre halten ihn für einen Royalisten, die Royalisten für einen Revolutionär. Er dient vielen Herren, als Herr. Er wechselt seine Überzeugungen, aber er verkauft sie nicht. Er bleibt immer ein freier Mann, dem es gerade Spaß macht, im rassedummen Boston Arm in Arm mit einer Negerin zu promenieren. So nebenbei wird er dann Fürst von Benevent, Pair von Frankreich, Millionär und Besitzer eines Harems. Immer in der Darstellung Bleis. Aber auch der Staatsmann von europäischer Bedeutung, der Diplomat von Erfurt und vom Wiener Kongreß, der Gesandte in London wie die großen Staatsgeschäfte bleiben ein jetzt sehr kluges Spiel und lassen das Buch nicht unamüsant werden.

Erstdruck/Druckgeschichte:
ED: *Berliner Börsen-Courier* v. 9. Oktober 1932, S. 12.
Gezeichnet: W. Koe.
Belegstück im Nachlass.
Editorischer Bericht:
Überzeugungen: im ED »Ueberzeugungen«

[Nr. 142]
Rudolf Pannwitz in der Akademie

Einer Einladung der Preußischen Akademie für Dichtkunst folgend, las am Montag abend im Vortragssaal der Akademie am Pariser Platz Rudolf Pannwitz aus eigenen Werken Er war ein schlechter Interpret seiner Dichtung. Nach einer Vorrede, die das Werk erklären sollte, tatsächlich aber nur verwirrte, sprach er mit einer Dornacher Eurythmie-Stimme, überbetonend und dehnend, Chöre aus dem *Oidipus* der *Dionysischen Tragödien*. Die Tragödien, die beeinflußt sind von Nietzsches *Geburt der Tragödie* und die versuchen, den Geist des antiken Dramas zu beschwören, sind Pannwitz' bedeutendstes Werk. Der Vortrag einzelner, aus dem Zusammenhang gerissener Chorstellen trug leider nicht zum Verständnis bei. Der schöne Monolog des *Empedokles* hätte sich besser geeignet. Nach den Tragödien las der Dichter aus dem Manuskript seines neuen Werkes *Titan*. Es war eine Enttäuschung. Eine endlose Folge von anspruchsvoll vorgetragenen Lautmalereien (Wald: ich sause, ich erbrause). Unter den Zuhörern sah man Heinrich Mann, Alfred Döblin, Ludwig Fulda, Wilhelm v. Scholz und viele Persönlichkeiten des geistigen Berlins.

Erstdruck/Druckgeschichte:
ED: *Berliner Börsen-Courier* v. 18. Oktober 1932, S. 2 (Abend-Ausgabe).
Nicht gezeichnet.
Belegstück im Nachlass.

Nr. 143]
Jugend, die nie schreiben würde.
Zwei Bücher zwischen Reportage und Sozialpädagogik

Die Not und die großen Fragen unserer Zeit finden sich nicht nur in den Werken unserer besten Schriftsteller wieder: sie lassen darüber hinaus eine Reihe von Menschen, die unter anderen Umständen nie daran gedacht hätten, ein Buch zu schreiben, zu Schriftstellern werden. Diesen Autoren ist vom Standpunkt einer nur literarischen Kritik schwer beizukommen. Sagt man ihnen, ihr Buch sei schlecht geschrieben, es fehle ihm der Aufbau, die Spannung und es sei weder eine Reportage noch ein Roman, so antworten sie mit einem verächtlichen »Was weißt denn du«. Sie haben ja nicht geschrieben, um einer schriftstellerischen Berufung zu genügen, um ein gutes Buch zu verfassen, um andern angenehme Lesestunden zu bereiten, sondern einzig und allein von einer großen Not getrieben, die sie besonders deutlich zu sehen glaubten, auf die hinzuweisen sie sich verpflichtet fühlten, und für die sie, wenn es noch möglich ist, um Hilfe rufen wollen. Das Urteil, das über sie kommt, weil sie statt auf der Straße zufällig auf Druckpapier reden, muß ihnen klein und äußerlich erscheinen. Tatsächlich kann man ihnen und ihren Büchern nur gerecht werden, wenn man sich mit dem Thema selbst befaßt, wenn man untersucht, wie weit es ihnen gelungen ist, ihren Fall darzustellen, für ihn zu interessieren, seinen Ursprung und seine weiteren guten oder schlechten Möglichkeiten zu beleuchten.

Im Verlag Bruno Cassirer sind zwei Bücher dieser Art erschienen, die sich mit der besonderen Not der erwerbslosen Jugend beschäftigen. Ernst Haffner schildert in seinem Band *Jugend auf der Landstraße Berlin* das Schicksal von entlaufenen und nun zum Verbrecher getriebenen Fürsorgejungen; während Albert Lamm unter dem Titel *Betrogene*

Jugend von seiner pädagogischen Arbeit in einem Erwerbslosenheim berichtet.

Beide Verfasser erzählen von denselben Menschen, und beide geben das Bild einer dem auch nur einigermaßen noch gesichert Lebenden geradezu unfaßbaren Bedrängnis. Die Erwerbslosigkeit und ihr Elend stoßen hier vor gegen den schwächsten Widerstand, gegen Kinder, die, wie es so schön heißt, den ersten Schritt ins Leben treten sollen. Hat ein Mann keine Arbeit, dann geht er stempeln, und seine Familie, die Nachbarn, das Haus, die Straße wissen, der Mann hat bisher in den und den Betrieben gearbeitet. Der schulentlassene Junge geht nicht stempeln, er hat nie gearbeitet und bekommt keine Unterstützung. Er steht vor der Tür und bald heißt es, »der Lümmel lungert rum«. Er fällt der Familie zur Last, und da er vielleicht ihre Hoffnung war, läßt sie es ihn fühlen. Zu des Jungen materieller Not (daß er geldlos steht und hungrig vor vollen Schaufenstern und erleuchteten Kinos, die ihm noch viel bedeuten) tritt eine seelische. Bald steht er nicht mehr vor der Tür, sondern wandert fort durch die Straßen. Er »verwahrlost« und die Fürsorge droht. Es wäre falsch, nun anzunehmen, daß Arbeit allein den Jungen retten könnte! Es geht nicht nur um Arbeit, sondern um die Menschenwürdigkeit des Daseins, um Wohnen und Essen, vielleicht nur um ein Bett für einen allein. Oft geschieht es, daß ein Junge eine Laufburschen- oder Arbeitsstelle findet, wenig verdient, aber das Wenige restlos für den Unterhalt seiner erwerbslosen Familie abgeben muß und weiter ausgeschlossen bleibt von der kleinsten Freude des Lebens. Dieser Fall führt noch sicherer in die Fürsorge als der der Arbeitslosigkeit: er bringt den Jungen in Verbitterung und Todfeindschaft zu seiner Umwelt.

Mit diesen verbitterten, schon sehr enttäuschten Jungen, die nichts zu verlieren, ihrem Empfinden nach aber vieles zu rächen haben, haben es Haffner und Lamm zu tun.

Die Jungen Haffners haben die Fürsorge hinter sich. Wie oft sie nur furchtbar ist, haben uns verschiedene Prozesse gezeigt. Die möglichst falsch behandelten Jungen fliehen. Sie riskieren ihr Leben auf der Fahrt unter dem D-Zug. Sie erreichen ihre Hoffnung, die große Stadt. Und wie empfängt sie Berlin? Gar nicht. Sie können sich kein Bett mieten, denn sie haben keine Papiere. Sie können keine Arbeit annehmen, denn sie haben keine Papiere. Sie können keine Unterstützung fordern, denn sie haben keine Papiere. Und die Papiere, die erst den Menschen machen, zu verlangen, bedeutet gefangen und zurückgeschickt zu werden. So wird jede gute Absicht im Keime zerstört. Sie kampieren in Winkeln und in Sandkisten, hungern und frieren in der Münzstraße, bis sie sich zusammenschließen zu Bünden, zu den sogenannten Cliquen, aneinander Halt finden, sich wechselseitig wärmen, in der Gemeinsamkeit ihres Elends gegen die Zivilisation revoltieren und Verbrecher werden. Eine solche Jugend endet im Gefängnis und im Asozialen. Daß sie es muß, schildert Haffner eindrucksvoll, nah und mahnend.

Die Jugend des Lammschen Buches kommt nicht aus der Fürsorge. Sie ist »nur« erwerbslos, »nur« das Opfer kaum noch zu nennender Familienverhältnisse und im Ansehen der Behörden »nur« in der Gefahr, zu verwahrlosen. Tatsächlich versucht sie, sich zu retten. Sie flüchtet sich freiwillig in das von Lamm geleitete Tagesheim. Sie erhält dort wenig (aber oft ihr einziges) Essen, etwas Zeichen- und Handwerksunterricht, aber vor allem Aufenthalt und Anhalt. Lamm will ihr weiter helfen. Er bemüht sich ehrlich um sie. Er kämpft mit ungeheuren Schwierigkeiten, mit Mißverständnissen, die z. T. wenigstens einer Unkenntnis des proletarischen Milieus, seinem pädagogischen Vorsatz entspringen. Und plötzlich muß er erkennen, daß er für seine Jungen ein Mann der anderen, der feindlichen Welt bleibt (die ein eigenes Zimmer und eine Zukunft kennt), und daß er ihnen eigentlich gar nichts bieten kann. Welchen Sinn hat es einen gutwilligen Jungen zum Tischler zu bilden, wenn bessere Tischler in Massen vor den Arbeitsnachweisen stehen? Also geht Lamm möglichst oft mit seinen Jungen baden und trägt im übrigen Scheuklappen in mancher Hinsicht. Sein Buch enthält lange Abhandlungen, oft ehrlich empörte Seiten, aber es fehlt ihm jedes Grundsätzliche der Ursache wie der Folge nach. Die Soziologie in seinem Thema wird nie aktuell.

Erstdruck/Druckgeschichte:
ED: *Berliner Börsen-Courier* v. 20. Oktober 1932, S. 6 (Abend-Ausgabe).
Gezeichnet: Wolfgang Koeppen
Belegstück im Nachlass.
Anmerkungen:
Ernst Haffner: (1900–etwa 1938), Berliner Schriftsteller und Sozialarbeiter; 1938 zur NS-Reichsschrifttumskammer zitiert. Danach verliert sich seine Spur.
auf der Landstraße Berlin: das Buch erschien unter dem Titel: *Jugend auf der Landstraße* (Berlin 1932). Unter dem Titel *Blutsbrüder. Ein Berliner Cliquenroman* (Berlin 2013) wiederaufgelegt.
Albert Lamm: (1873-1939), deutscher Maler des Naturalismus, von 1926-1932 als Betreuer und Zeichenlehrer in einem Berliner »Jugend-Erwerbslosenheim«, einer kommunalen Tagesfördereinrichtung, beschäftigt.
Editorischer Bericht:
bekommt: im ED »bekgmmt«

[Nr. 144]
Kontradiktorische Diskussion über Zola

Gestern, nach Erledigung aller Formalitäten, durfte in den Kammersälen die Zola-Veranstaltung der Berliner Ortsgruppe des Schutzverbandes deutscher Schriftsteller stattfinden. Die erste Rede hielt Arnold Zweig. Er sprach von dem Schriftsteller Zola, der weder eine Partei noch eine Zeitung hinter sich hatte und nur durch das Wort eine Macht war. Aus dem moralischen Impetus des Literaten, der ebenso ethisch wie ästhetisch ist, erklärte Zweig die besondere und an Wahrhaftigkeit hinter der des Patrioten nicht zurückstehende Art von Vaterlandsliebe, die Zola zwang, rücksichtslos und reinigend zu wirken. Denn Talent haben, heißt Verantwortung tragen. Nach Zweig suchte K. A. Wittfogel das Werk Zolas marxistisch zu deuten. Er stellte den großen Franzosen als einen letzten Vertreter der fortschrittlichen Bourgeoisie von 1848 dar. Den Schriftsteller an sich und als abstrakten Begriff der Verantwortung und der Moral hält er für einen Mythus, und er schildert ihn verwurzelt in einer bestimmten gesellschaftlichen Schicht.

Erstdruck/Druckgeschichte:
ED: *Berliner Börsen-Courier* v. 28. Oktober 1932, S. 5.
Gezeichnet: -koe.
Belegstück im Nachlass.
Anmerkungen:
Kammersälen: Ecke Belle Alliance-Str. 5/Teltower Str. 1-4 (heute Mehringdamm 14/Ecke Obentrautstr.)
Schutzverbandes deutscher Schriftsteller: (SDS), 1909 gegründet als Interessenvertretung der Schriftsteller gegenüber staatlichen Eingriffen in die Kunstfreiheit. Im Juli 1933 nach der NS-Machtübernahme in die Zwangsorganisation *Reichsverband deutscher Schriftsteller* überführt.

Wittfogel: Karl August Wittfogel (1896-1988). Deutscher Sinologe und Soziologe (seit 1941 amerik. Staatsbürger). Mitglied des »Wandervogel«, nach 1918 Führer der deutschen Studentenbewegung Bühnenautor für den Malik-Verlag und Erwin Piscators »Proletarisches Theater«. Einer der ersten Mitarbeiter des Frankfurter Instituts für Sozialforschung, Studienaufenthalte in Moskau und China. 1933 im KZ, 1934 Emigration nach England, später in die USA. In der McCarthy-Zeit (1947-55) strikt antikommunistisch. Hauptwerk: *Oriental Despotism* (1957).

[Nr. 145]
Literarischer Abend der Ortsgruppe Berlin-Brandenburg im SDS

Die Ortsgruppe Berlin-Brandenburg im Schutzverband Deutscher Schriftsteller gab ihren ersten Literarischen Abend zugunsten ihrer Künstleraltershilfe. Nach einer leisen, doch erbitterten Polemik gegen die Ortsgruppe Berlin sprach Heinrich Spiero von der »geistigen Tafel«, zu der der Schutzverband in das Haus der Ingenieure geladen habe. Meinte er die Verlesung der Speisekarte von Horcher in einem langen Kapitel aus dem neuen Roman von Georg Hermann? Denn sonst war die Tafel dürftig. Begabungen wurden nicht entdeckt. Gerda von Below, Werner Bergengruen, Carl Haensel und Georg Zemke lasen Lyrik und Prosa, wie sie auch vor dem Kriege schon auf vielen Literarischen Abenden gelesen wurde. Gerda v. Below ging in ihrem Gedicht »Die Waschfrau« sogar bis zu Chamisso zurück.

Erstdruck/Druckgeschichte:
ED: *Berliner Börsen-Courier* v. 11. November 1932, S. 6.

Gezeichnet: Kn.
Kein Belegstück im Nachlass. Text durch das Verfasserkürzel identifiziert.
Anmerkungen:
Schutzverband Deutscher Schriftsteller: s. Anm. Nr. 144, S. 311
Haus der Ingenieure: Haus des Vereins deutscher Ingenieure (VDI), von 1914-1945 in der heutigen Ebertstr. 27.
Heinrich Spiero: (1876-1947), deutsch-jüdischer, zum Protestantismus konvertierter Literaturhistoriker (u. a. Forschungen zu Wilhelm Raabe, dem poetischen Berlin, zur Geschichte des deutschen Romans).
Horcher: Restaurant Horcher (1904-1944), eines der bekanntesten Berliner Restaurants, 1932 in der Lutherstr. 21 (heute: Martin-Luther-Str. 12/Ecke Fuggerstr.).
aus dem neuen Roman von Georg Hermann: Gemeint sein kann nur der Roman *Eine Zeit stirbt* (1934). Woher Koeppen ihn 1932 schon kannte (Lesung, Vorabdruck), ist unklar. Im Hermanns Roman wird in Kapitel 13 »Souper macabre« ein Diner bei Horchler beschrieben: »Man ruft, das heißt, man bittet Herrn Horcher höchstselbst heran. Er soll Vorschläge unterbreiten, und man belobt ihn wegen vergangener Leistungen. Das damals war herrlich – meine Frau schwärmt immer noch davon – aber nun möchte man etwas anderes. ›Es ist meine Pflicht, Ware zu verkaufen‹, sagt Herr Horcher bescheiden. ›Siehst du‹, sagt Fritz Eisner zu Ruth, ›auf kleinen Metalltischen wird jetzt alles herangerollt von feierlichen Kellnern, und vor den Augen der Gäste werden geheimnisvolle Ingredienzien den Saucen beigemischt und durcheinander gerührt. Die Salate werden vor unseren Augen mit Zitrone beträufelt und mit Estragon, und sie werden mit einem Öl besprengt, das nur in Handschuhen bei Mondschein geerntet wurde. Oder verwechsle ich das mit Tee? Dieses silberne Monstrum dort ist keine Traubenpresse, sondern eine Entenpresse für die Roueneser Enten. So etwas darf, das steht in jedem Magenkursbuch, in keinem besseren Haushalt fehlen. Omelettes soufflées werden solange und so fein geschlagen, bis sie nur noch soufflées und gar keine Omelettes mehr sind, und dann werden sie mit Rum in blauen Flämmchen ser-

viert, der leise britzelnd auf dem Teller verlischt, und schmecken nach Karamelzucker.‹«

Gerda von Below: (1894-1975), verh. Freifrau Treusch von Buttlar Brandenfels; Schriftstellerin (*Der Gott im Labyrinth. Gedichte* München 1925; *Der heilige Tierkreis*, Berlin 1930; *Heimat des Bluts. Novellen*, Gütersloh 1943); 1937 Weiheverse auf Adolf Hitler. Im Brotberuf wiss. Graphologin. Nach 1945 in Freiburg Kreisvorsitzende der »Weltorganisation der Mütter aller Nationen«.

Carl Haensel: (1889-1968), Jurist und Schriftsteller, Verf. besonders von Biographien und Tatsachenromanen (*Der Kampf ums Matterhorn*, Stuttgart 1928; *Die letzten Hunde Dschingis Khans*, Stuttgart 1929; *Das war Münchhausen*, Stuttgart 1933); 1933 Mitunterzeichner des »Gelöbnis treuester Gefolgschaft« gegenüber Adolf Hitler. Als Jurist im Nürnberger Hauptkriegsverbrecherprozess 1946 Assistent der Verteidigung der als »verbrecherische Institution« angeklagten SS. 1952 erster Vors. der Gerhart-Hauptmann-Gesellschaft.

Georg Zemke: (1903-2002), Arbeiterkind, Ausbildung zum Verlagsbuchhändler, seit 1923 Mitarbeiter im Verlag Dietrich Reimer; Gründer des Verlags Der Aufbruch (1927-1932); Gedichtpublikationen seit 1927; während des NS Leiter der Seekartenabteilung im Reimer Verlag; nach Kriegsgefangenschaft seit 1945 Buchhändler in Berlin-Köpenick und später Mitarbeiter im Verlag der Nation.

[Nr. 146]
»Die Nation greift an!«

Die Gesellschaft für Deutsches Schrifttum hatte Dienstag abend in das Herrenhaus geladen. Die Nationalisten Franz Schauwecker, Friedr. Wilh. Heinz und Friedrich Hielscher wollten ihre Grundsätze unter dem Titel »Die Nation greift an« erklären. Es war ein interessanter Abend. Er lohnt die

Auseinandersetzung, weil es sich um Menschen handelt, die ihre Sache ernst nehmen. Das Publikum? Im Parkett sah man viel alte Damen, Universitätsgesichter, überraschend wenig Jugend, einige Intellektuelle, die man sonst in den Versammlungen der Linken trifft, und fast kein Parteiabzeichen. Die drei Redner waren gute Redner und sprachen ein erfreulich anständiges Deutsch. Aber wenn sie sich auch bemühten, ihrer Weltanschauung gemäß soldatisch nüchtern zu sein, so waren sie doch, man möchte sagen, preußisch-pathetisch. Besonders Schauwecker und Heinz, während Hielscher machiavellischer wirkte. Schauwecker sprach vom Krieg, lobte seinen schöpferischen Charakter, seine »gnadenlose Rücksichtslosigkeit, die nichts zu wünschen übrig läßt« und fiel in manches Wort von der »Deutschen Innerlichkeit«, die Heinz als zweiter aufnahm, um »den Menschen der kommenden Ordnung« zu schildern, »der den ewigen Anruf der Innerlichkeit vernommen hat«. Er meint den Soldaten. Es ist schade. Schauwecker und Heinz sind Gläubige, Idealisten. Wer nicht von dem Religionsglauben an ihre mystischen Formulierungen (Ein Volk – Ein Reich – Ein Gott) erfüllt ist, kann mit ihnen nicht reden. Das Volk, das ihnen vorschwebt, ist doch nur das Volk ihrer Idee. Hielscher wird konkreter. Er eröffnet politische und sogar weltpolitische Perspektiven. Vom BVG-Streik spricht er in einer Art, daß den alten Damen im Saal das Hören vergeht. Ein Revolutionär von Rechts, der für den Osten und gegen den Westen ist und sich auf Nietzsche beruft. Der Eindruck des Abends war: die Drei wollen kämpfen um jeden Preis. Hätten sie Erfolg, ich glaube, das Ende ihres Nationalismus wäre etwas sehr Merkwürdiges: wäre der preußische Nihilismus.

Erstdruck/Druckgeschichte:
ED: *Berliner Börsen-Courier* v. 19. November 1932, S. 6 (Morgen-Ausgabe).
Gezeichnet: Kn.

Belegstück im Nachlass.
Anmerkungen:
Herrenhaus: Leipziger Str. 3; von 1904 an Sitz der ersten Kammer des Preußischen Landtags. 1919 Tagungsort des allgemeinen Kongresses der Arbeiter- und Soldatenräte. Gründungsort der KPD. In der Weimarer Republik Sitz des neugebildeten Preußischen Staatsrats.
Franz Schauwecker: (1890-1964), Kriegsroman *Im Todesrachen. Die deutsche Seele im Weltkriege* (Halle/S. 1919); zeitweilig gemeinsam mit Ernst Jünger Herausgeber von *Die Standarte – Beiträge zur geistigen Vertiefung des Frontgedankens*; *Aufbruch der Nation* (Berlin 1929).
Friedrich Wilhelm Heinz: (1899-1968), deutscher Publizist und Nachrichtendienstoffizier. Teilnehmer des Kapp-Putsches 1920, bis 1933 Mitglied des rechtsterroristischen Geheimbundes »Organisation Consul«, Beteiligung an den Vorbereitungen für die Attentate auf die republikanischen Politiker Matthias Erzberger (1921), Philipp Scheidemann (1922), Walter Rathenau (1922), die ihm während der Weimarer Republik nicht nachgewiesen werden konnten, die er nach 1933 offen zugab. 1929 Eintritt in die NSADP, als Mitglied des Strasser-Flügels Parteiausschluss 1931. Presseobmann im Hugenberg-Konzern. Zusammen mit Schauwecker und August Winnig Gründer des »Nationalverbandes Deutscher Schriftsteller«.
Friedrich Hielscher: (1902-1990), Religionsphilosoph und nationalrevolutionärer Publizist. 1926/27 Mitarbeit in der von Ernst Jünger herausgegebenen Zeitschrift *Arminius*, Herausgeber der Zeitschriften *Vormarsch* (seit 1928) und *Reich* (seit 1930). Autor der viel diskutierten Schrift *Das Reich* (1931), für die Schauwecker den Klappentext beisteuerte (»Man kann sich zu diesem Buch nur bekennen oder es vollkommen ablehnen.«). 1933 Austritt aus der evangelischen Kirche, Gründung der »Unabhängigen Freikirche (UFK)«. Einstufung als Regimegegner, Verbot der Zeitschrift *Reich*.

[Nr. 147]
Andorranische Abenteuer

Marieluise Fleisser läßt im Gustav Kiepenheuer Verlag einen Band Reiseerlebnisse *Andorranische Abenteuer* erscheinen. Es sind die Abenteuer mit Draws, diesem merkwürdigen, verschlossenen und rechthaberischen Mann, den wir aus verschiedenen Zeitungsgeschichten schon kennen. Die literarische Kunst der Fleisser, ihr scharfer, mißtrauischer Blick, die Grazie ihrer Ironie, die Melancholie der Liebenden und die anschauliche, unsentimentale Sprache sind auch in diesem Buch der privaten Atmosphäre zu finden. Aber nach den Theaterstücken, nach den herrlichen Erzählungen *Ein Pfund Orangen* und nach dem Roman ist das Reisetagebuch kein Fortschritt, sondern nur eine Atempause und wiegt leicht. Die sonderbar pessimistische Welt des Draws ist nicht die Welt der Fleisser, und ihr Thema wird die Dichterin nicht in Andorra, sondern nur in Deutschland finden.

Erstdruck/Druckgeschichte:
ED: *Berliner Börsen-Courier* v. 20. November 1932, S. 5.
Nicht gezeichnet. Belegstück im Nachlass.
Anmerkungen:
Ein Pfund Orangen: *Ein Pfund Orangen und 9 andere Geschichten der Marieluise Fleisser aus Ingolstadt* (Berlin 1929).
dem Roman: *Mehlreisende Frieda Geier. Roman vom Rauchen, Sporteln, Lieben und Verkaufen* (Berlin 1931).

[Nr. 148]
Winke, bunter Wimpel

Wenn Alfred Karrasch in Hollywood Filme schreiben würde, könnte er ein Vermögen verdienen. Sein Roman *Winke, bunter Wimpel* ... (J. G. Cotta'sche Buchhandlung) enthält so viel Rührseligkeit, verbunden mit äußerlichen Sensationsspannungen und sicherem Happyend im glücklichen Familienkreis, daß alle Frauenvereine Amerikas ihre helle Freude dran hätten. Das Buch will ein ostpreußischer Fischerroman sein. Aber ein Diminutiv am Ende der Substantive gibt allein noch keine Atmosphäre. Und was das Leben der Fischer betrifft, so erfährt man von ihm nichts. Georg Engels lange vorm Krieg erschienener Roman *Hann Klüth* zeigt wahrer und in die Zeit gestellter die gar nicht romantische Existenz der Ostseefischer, als Karraschs winkender bunter Wimpel es vermag.

Erstdruck/Druckgeschichte:
ED: *Berliner Börsen-Courier* v. 20. November 1932, S. 12.
Gezeichnet: kn.
Belegstück im Nachlass.
Anmerkungen:
Alfred Karrasch: (1893-1973), deutscher Roman- und Hörspielautor; seit 1922 Journalist beim Scherl-Verlag, arbeitete v. a. für den *Berliner Lokal-Anzeiger*. Trat 1932 der NSDAP bei. Romane u. a.: *Parteigenosse Schmiedecke. Ein Zeitroman* (Berlin 1934); *Herr Hans Kramer zuhause – ein Eheroman* (Stuttgart 1937); *Die Undes. Verfall und Aufstieg einer ostpreußischen Sippe* (Berlin 1938). Nach 1945 unter dem Pseudonym Alfred Amenda: *Appassionata. Ein Lebensroman Beethovens* (Berlin 1958); *Nobel. Lebensroman eines Erfinders* (Berlin 1963).
Georg Engel: (1866-1931), deutscher Schriftsteller, Kunst-und Theaterkritiker beim *Berliner Tageblatt*; vielgelesene Heimatro-

mane aus dem Dorf- und Fischerleben der pommerschen Küste (*Hann Klüth, der Philosoph*, Berlin 1905; *Die Leute von Moorluke. Novellen*, Berlin 1910). Seine Schriften wurden im Rahmen der »Aktion wider den deutschen Ungeist« 1933 in Greifswald verbrannt.
Editorischer Bericht:
J. G. Cotta'sche: im ED »I. G. Cotta'sche«

[Nr. 149]
Else Lasker-Schüler im Schubertsaal

Im Schubertsaal las gestern abend Else Lasker-Schüler, die mit dem Kleistpreis ausgezeichnete Dichterin, viele ihrer schönen Gedichte von Gott, vom Mond, den Sternen, von der Liebe und der Einsamkeit, sowie vier Bilder aus ihrem neuen Stück *Arthur Aronymus*. Es war ein sehr wohltuender Abend, ohne repräsentativ ehrend oder offiziell feierlich zu sein. Eine künstlerische Insel in aufgeregter Zeit. Die Dichterakademie, die kürzlich Rudolf Pannwitz im Saale der Akademie lesen ließ, der Schutzverband und andere angesehene literarische Organisationen hatten es leider versäumt, Else Lasker-Schüler durch einen ihr gewidmeten Abend zu ehren; ja, sie hatten es nicht mal für nötig gefunden, einen Vertreter in den Schubertsaal zu entsenden. Dafür dankte das relativ zahlreich erschienene Publikum, darunter bekannte Schauspieler und Regisseure, der Dichterin mit reichem und äußerst herzlichem Beifall.

Erstdruck/Druckgeschichte:
ED: *Berliner Börsen-Courier* v. 1. Dezember 1932, S. 2.
Gezeichnet: Kn.
Belegstück im Nachlass.

Anmerkungen:
Schubertsaal: Bülowstr. 104 am Nollendorfplatz.
Arthur Aronymus: *Arthur Aronymus. Die Geschichte meines Vaters* (Berlin: Rowohlt 1932); fast zeitgleich als Bühnenfassung: *Arthur Aronymus und seine Väter. Ein Schauspiel in fünfzehn Bildern* (Uraufführung: Schauspielhaus Zürich 1936).
Rudolf Pannwitz: vgl. »Rudolf Pannwitz in der Akademie« (Nr. 142, S. 306) v. 18. Oktober 1932.

[Nr. 150]
Das Buch der Zeit

Die Lessing-Hochschule veranstaltet im Hause Wertheim, Leipziger Platz, eine Ausstellung »Das Buch der Zeit«. In sechzehn Kojen, die, geschickt gestellt, ein bestimmtes Milieu andeuten, z. B. ungehobelte Schlafstellen das Arbeitsdienstlager, wird eine von den Veranstaltern für dieses Milieu gedachte Bücherauswahl aufgebaut. Diese Idee ist anfechtbar. Es ist ja nicht wahr (und dem Absatz der Bücher keineswegs günstig), daß die Schöne Literatur fast ausschließlich im »Boudoir der Dame« zu finden ist, oder daß der Arzt, der hier der Menschenkenner genannt wird, sich nur für Anthropologie, Biologie und Physiologie interessiert. Grotesk wird diese Einteilung, wenn Wedderkop dem »Mann von Welt« eine Bibliothek zusammenstellt, die nichts als eine Sammlung von Titeln für den Snob von Vorgestern ist. Von Gide liest er den *Corydon* statt den *Falschmünzer*, von Stendhal nicht die Romane, sondern die Aphorismen *Von der Liebe* und von Gottfried Benn in diesem Zusammenhang natürlich die vergriffenen Gedichte *Morgue* und nicht das *Fazit der Perspektiven*. Ebenso unbefriedigend ist die »Fachbibliothek des Prominenten«, zusammengestellt von Eduard Winterstein. Was heißt hier der Prominenten? Ist das ein Mann, der im Renaissance-Sessel ein »Standardwerk« der Theatergeschichte liest? Die Büchersammlung des jungen Schauspielers sieht bestimmt anders aus.

In der Eröffnungsansprache, die Heinrich Mann im Namen der Dichterakademie hielt, sagte er: »Die große Literatur ist klassenlos«, und er verteidigte die Einteilung der Ausstellung nur als ein Mittel zum Zweck, das Buch populär zu machen. Dr. Ludwig Lewin, der Leiter der Lessing-Hochschule, ergänzte ihn dahin, daß man die Massen für das Buch gewinnen müsse und daß der Zweck der Ausstellung erreicht sei, wenn jeder Besucher auch nur ein Buch kaufen wird. Das bleibt abzuwarten.

Erstdruck/Druckgeschichte:
ED: *Berliner Börsen-Courier* v. 3. Dezember 1932, S. 6.
Gezeichnet: Kn.
Belegstück im Nachlass.
Anmerkungen:
Wedderkop: Hermann von Wedderkop (1875-1956), deutscher Reiseschriftsteller und Herausgeber des *Querschnitt* (1924-1931).
Roman: *Adieu Berlin* (Berlin: S. Fischer 1927); Reisebände in der Reihe: *Was nicht im Baedeker steht* (über Köln, Düsseldorf, Bonn, Paris, London, Rom) beim Piper Verlag zwischen 1928 und 1931. Während des NS u.a. erster Übersetzer von Dale Carnegie (*Wie man Freunde gewinnt*, Zürich 1938).
Eduard Winterstein: Eduard v. Winterstein (1871-1961), deutscher Theater- und Filmschauspieler, seit 1895 am Schillertheater Berlin, später am Deutschen Theater Berlin. Filmrollen u.a. in WALLENSTEIN (Dt. 1925), DIE MÜHLE VON SANSSOUCI (Dt. 1926), DER BLAUE ENGEL (Dt. 1930), DAS FLÖTENKONZERT VON SANSSOUCI (Dt. 1930), MORGENROT (Dt. 1933), ROBERT KOCH – DER BEKÄMPFER DES TODES (Dt. 1939), BISMARCK (Dt. 1940), OHM KRÜGER (Dt. 1941), MÜNCHHAUSEN (Dt. 1943), DER UNTERTAN (Dt.-Ost 1951). Während des NS auf die

Liste der »Gottbegnadeten« gesetzt. Entschied sich nach 1945 bewusst für ein Leben in SBZ und DDR.
Editorischer Bericht:
von Gottfried Benn in diesem Zusammenhang: im ED »von Gottfried in diesem Zusammenhang«

[Nr. 151]
Elisabeth Langgässer

Sie stammt aus Rheinhessen, aus der alten Stadt Alzey und hat als junges Mädchen die wilde Zeit der fremden Truppen erlebt. Von ihr erzählt (im Wolfgang Jeß-Verlag) ihr *Tryptichon des Teufels*, »Ein Buch von dem Haß, dem Börsenspiel und der Unzucht«.

Die drei Geschichten beweisen die große Begabung der jungen Dichterin für die Novelle. Sie sind knapp, klar und im besten Sinne spannend. Ihre Sprache hat sich an Kleist geschult. Im ersten Satz schon hat sie das Thema und gibt den Konflikt. Es ist meisterhaft, wie im »Mars« aus einer Art von Schachspiel der Kampf und der Haß zwischen dem deutschen Wirt und seinen französischen Gästen wächst. Es ist großartig, wie dicht die Inflation eingefangen ist in der Gestalt des zwitternden »Merkur«. Und hart geformt und gefühlt ist die »Venus« im Militärbordell.

Neben dem Schicksal der Menschen fließt der Rhein. Nicht der der Burgen und Lieder, sondern der breite, gelbgraue Strom, der die Kähne schleppt durch das Ried zwischen Worms und Mainz. Am Ufer wachsen auch Reben. In alten Fässern lagert dunkel der Wein, der trunken macht. Um die Berge und die Rebstöcke aber gingen die Schlachten von der Römerzeit bis zum heutigen Tag, und viel Blut ist in den

schen Wandlung des Volkes, in der geänderten Form des Gemeinschaftslebens und der Technisierung der Zeit zu finden. Im Auseinanderfallen der Disziplinen, in der fortgeschrittenen Spezifikation sieht er den Verfall der Universität. Er sagt, die Universität will Bildung im Sinne Goethes, die technische Schule dagegen nur Ausbildung. Das sind etwas allgemeine Feststellungen, mit denen man aber durchaus einverstanden sein kann. Fragwürdiger scheinen die Vorschläge Stapels zur Reformation der Universität. Wenn er, um dem Gebildeten wieder etwas zu geben, »über das er mit anderen reden kann«, an die Stelle, die einst die Theologie, später die Philosophie dominierend innehatte, drei erste politische Semester setzen will, so könnte man das (vorausgesetzt, daß die Universitätslehrer ohne parteipolitische Voreingenommenheit da wären) noch gutheißen, liefe es nicht zum Schluß auf ein Werkjahr betont militärisch-politischer Schulung wehrsportlicher Art heraus. Die Hörer, die hier Beifall scharrten, werden nicht darüber nachgedacht haben, daß auch die beste wehrsportliche Kniebeuge nicht die Idee ist, die die Gebildeten des, nach Stapel, ausgehenden bürgerlichen Zeitalters einigen und befriedigen kann.

Erstdruck/Druckgeschichte:
ED: *Berliner Börsen-Courier* v. 9. Dezember 1932, S. 2.
Gezeichnet: -en.
Kein Belegstück im Nachlass. Text durch das Verfasserkürzel identifiziert.
Anmerkungen:
Wilhelm Stapel: (1882-1954), deutsch-nationaler politischer Publizist, seit 1919 Herausgeber der Monatszeitschrift *Deutsches Volkstum*; einer der prominentesten Antisemiten während der Weimarer Republik (*Antisemitismus?*, Hamburg 1922; *Antisemitismus und Antigermanismus. Über das seelische Problem der Symbiose des deutschen und des jüdischen Volkes*, Hamburg 1928; *Literaturwäsche*, Leipzig 1930; *Sechs Kapitel über Christentum und National-*

sozialismus, Hamburg 1931; *Preußen muß sein*, Hamburg 1932;
Von 1936 bis 1939 Mitarbeit in Walter Franks »Reichsinstitut
für Geschichte des neuen Deutschlands«, das u. a. der wissenschaft
lichen Untermauerung des Antisemitismus dienen sollte. Im Zuge
dessen entstand die Schrift: *Die literarische Vorherrschaft der Ju
den 1918-1933*, Hamburg 1937.
Editorischer Bericht:
Änderungen: im ED »Aenderungen«

[Nr. 154]
Geliebte und verlassene Frauen

Bücher, die vorwiegend von Frauen handeln, brauchen
nicht immer nur Bücher für die Frau zu sein. Der neue Essay-
band von Paul Elbogen: *Verlassene Frauen* (im Rowohlt-
Verlag) wird z. B. den kultur- oder literarhistorisch interessierten Leser ebenso unterhalten, wie er die Leserin fesseln
wird. Das Schicksal der Frauen wird erzählt, die von berühmten, klugen oder genialen Männern, von Malern, Dichtern, Kaisern und Fürsten geliebt und später verlassen wurden. Der Roman von Goethe und Friederike, von Napoleon
und Josephine, von Shelley und Harriet, der zwischen Las-
salle und Helene von Dönniges und viele andere Beispiele
großer Lieben werden unter Berücksichtigung aller Quellen
in einer spannenden, fast novellistischen Form geschildert.
Die besondere Atmosphäre der »weitlichen Berufung« des
Begabten, der Zwang, um eines anderen Ideals willen sich
von der Geliebten zu trennen, wird von Elbogen lebendig
gestaltet.

Die Novellen *Mizzi*, die Felix Salten im Paul Zsolnay-Verlag
erscheinen läßt, sind typische Geschichten aus dem Wiener
Wald des Burgtheaterrings und der Kärntnergasse, beinahe

noch einmal Schnitzlers *Anatol*, beinahe Jahrhundertwende. Daß zehn der Novellen von »Künstlerfrauen« erzählen, ist kein Zufall. Die versunkene Welt des Wiener Salons, deren Literaten angenehm verträumte Bücher für ein wohllebendes k. u. k. Bürgertum schrieben, konnte sich noch ausführlich mit dem Problem der ehelichen Treue in Kreisen, die gedanklich mit der freien Liebe spielten, beschäftigen. Es ist anzunehmen, daß der sorgsame Stil und die fein gesetzten Pointen einige Leser erfreuen werden.

Verglichen mit den Saltenschen Novellen ist das Buch *Die Kellnerin Molly* von Hans Otto Henel (Fackelreiter-Verlag) brutal geschrieben. Aber es geht uns an, es ist polemisch, es greift in die Fragen unserer Tage ein. Man könnte es eine romanhafte Reportage über ein Mädchenleben nennen. Das Schulkind Male Habenicht ist Zeugin in einem Sittenprozeß, gerät in die Fürsorge und bleibt im späteren Auf und Ab ihres Lebens aktenbelastet in den Händen von Polizei und Staatsanwaltschaft, bis sie als Kellnerin Molly an den Folgen eines verbotenen Eingriffs im Spital stirbt. Wer in dem ernsten, anklagenden Buch Sensationen suchen sollte, wird enttäuscht werden.

Erstdruck/Druckgeschichte:
ED: *Berliner Börsen-Courier* v. 11. Dezember 1932, S. 15 (Morgen-Ausgabe).
Gezeichnet: Kp.
Belegstück im Nachlass.
Anmerkungen:
Paul Elbogen: (1894-1987), österreichisch-jüdischer Schriftsteller, erfolgreich v. a. als Herausgeber (*Liebste Mutter. Briefe berühmter Deutscher*, Berlin 1932) und Verfasser von Porträtessays (*Genius im Werden. Die Jugend großer Menschen*, Hamburg 1963). 1938 Emigration über Frankreich nach Hollywood/USA. Dort auch als Berater der Filmgesellschaft Columbia tätig.

Felix Salten: (1869-1945), 1894-1902 Burgtheaterkritiker der *Wiener Allgemeinen Zeitung*, 1902-1906 Hofreporter der Wiener *ZEIT*, 1906 kurzzeitig Chefredakteur der *Berliner Morgenpost* bei Ullstein. Autorschaft des anonym veröffentlichten pornografischen Romans *Josefine Mutzenbacher oder die Geschichte einer Wiener Dirne* (Wien 1906) wird überwiegend ihm zugeschrieben. 1913 auch für *Wiener Freie Presse* und *Berliner Tageblatt*. Größter Erfolg mit *Bambi. Eine Lebensgeschichte aus dem Walde* (Berlin: Ullstein 1923). Seit 1927 Vorsitzender des österreichischen P.E.N. Drehbuchautor u.a. für Billy Wilder und Max Ophüls.

Hans Otto Henel: (1888-~1942), sozialkritischer deutscher Autor und Journalist (*Schuldige? Geschichten armer Schächer*, Leipzig 1924; *Eros im Stacheldraht. Siebzehn Liebes- und Lebensläufe*, Leipzig/Berlin 1926; *Der Mann der Stunde. Kleine Erzählungen*, Berlin 1928; *400 Jahre Schindluder. Historische Kleinbilder von Untertanen und ihren Herren*, Berlin 1928).

[Nr. 155]
Welt – wohin? Zu Huxleys Roman einer Utopie

Der Fall Huxley ist der Fall der englischen Nachkriegsliteratur. Erst die Zeit nach 1918 hat im Britischen Reich dem Schriftsteller als Literaten (im guten wie im schlechten Sinne) Ruhm und Ansehen ermöglicht. Gegen den Geist Oscar Wildes wehrte sich das ganze noch unerschütterte Selbst- und Weltbewußtsein des Imperiums und besiegte die grüne Nelke. Erst der Krieg und seine Folgen zermürbten das Fundament des Siegers. Im Drama und im Roman kam es zum Durchbruch der jungen Generation, die vom heimischen Herd einen Riesensprung in die vorderste Linie des Lebenskampfes tat. Die Namen Joyce, Lawrence, O'Flaherty, Huxley und die einiger Engländer in Amerika tauchten auf, und der satte Optimismus John Bulls wich der Verneinung oder dem Zweifel.

Huxley ist der Zweifler par Excellence. Ein Mann, der hinter seiner großen Brille zu klug ist, um an irgend etwas zu glauben und gleichzeitig zu verträumt und zu verspielt, entzückt von manchem Unsinn, um aus seinem Nichtglauben Konsequenzen zu ziehen. Er hat Freud gelesen und Einstein; die Quantentheorie und die Erkenntnisse der Hirnforschung sind ihm ebenso wenig ein Geheimnis wie die Lehre des Marxismus oder des Faschismus, wie irgendeine Literatur, wie Pascal gestern oder wie die Kunstanschauung Wölfflins heute. Die Menschen seiner Romane sprechen die Ernte aller Kultur und fühlen sich nicht wohl dabei. Künstler, Literaten, Wissenschaftler sind die Lieblingsfiguren seiner Bücher; sie bewohnen ein altes Schloß in Italien, ein Atelier im Quartier Latin oder in London und haben ebenso aufgeregte wie in ihrem Verlauf unlustvolle Lieben, wenn sie es nicht gerade vorziehen, Opium zu rauchen oder den Heiligen Thomas zu lesen. So im *Kontrapunkt*, in den *Parallelen der Liebe*, in den *Zwei oder drei Grazien* und den Novellen *Nach dem Feuerwerk*. Alle im Witz ihrer Gescheitheit herrlich amüsante Bücher, elegant geschrieben, Dokumente vom Leben der »Bright young people«, der Londoner Cocktail-Bohème.

Brave New World, das neueste Werk Aldous Huxleys, dessen deutscher Titel in der vortrefflichen Übertragung von Herberth E. Herlitschka (Insel-Verlag) *Welt – wohin?* fragt, ist die letzte mögliche Steigerung einer Weltanschauung á la Huxley, ist ein Roman der Zukunft.

Er spielt in einem imaginären, streng wissenschaftlich genormten Jahrhundert nach Ford. Die Welt ist vernünftig und keimfrei geworden. Das Leid, die Krankheiten und die Konflikte sind tot. Der Herr Weltaufsichtsrat, »Seine Fordschaft

Mustapha Rathenau«, sorgt für jedermanns Glück. Die Menschen werden nicht mehr geboren, sie werden in einer Brutanstalt, z. B. in der in Dahlem, in Flaschen gezogen. Dutzendlinge sind das Ziel! Ungleichheit schafft Unordnung Die »Bokanowskyschen Gruppen« werden in Alpha-, Beta- Delta-, Gamma-Reihen geteilt und vom ersten Lebenszeichen an durch Zusätze zu ihrem »Saft«, durch Bestrahlung durch den Schlafschulunterricht für eine genaue bestimmte Nützlichkeit erzogen. Der Tropenarbeiter dieser Welt ist so an Hitze gewöhnt und von Kälte erschreckt worden, daß er sich nur noch bei seiner Tropenarbeit wohl fühlen kann. Das soziale Problem ist so gelöst worden. Noch die arme Epsilon- Gruppe, der man in der Flasche den Sauerstoff entzogen hat, denn die geringe Arbeit der Epsilons fordert nur die Intelligenz eines zehnjährigen Kindes, plärrt stolz die Schlafschulweise »Ach, wie bin ich froh, ein Epsilon zu sein, Epsilons haben es gut und müssen nicht so viel denken wie Alphas«.

In diese Welt, die zufrieden ist und sich nach der Arbeit beim Liebesspiel, im Fühlkino oder im unschädlichen Soma- Rausch amüsiert, tritt ein Wilder und macht sie fragwürdiger als sie ist. Er, der Wilde, ist der schwache Punkt des interessanten Romans. Er kommt aus einer Reservation der Unzivilisierten im mexikanischen Busch, und auch wir würden ihn heut als Wilden betrachten. Warum Huxley seiner utopischen Welt nicht einen modernen Europäer gegenüber gestellt hat, ist unverständlich. Vielleicht wäre das Zeitalter nach Ford, verglichen mit unserer Verwirrung, gar nicht so schlecht weggekommen. Vielleicht wären die ewige Jugend, das schmerzlos freudige Sterben, die Zufriedenheit und Gesetzmäßigkeit des Lebens einem Londoner aus dem »Kontrapunkt« sympathischer gewesen als dem Idealisten aus der Reservation, der nichts Eiligeres zu tun hat, als sich in eine schöne Beta zu verlieben und zu leiden, daß er sie, die so »pneumatisch« ist, wohl heute, aber nach dem Gesetz »jeder gehört jedem« nicht für Jahre haben kann.

Der Liebeskonflikt ist ein Rückfall des Dichters. Von diesem einen Einwand abgesehen, ist sein Werk auf seine Art ein legitimes, sehr modernes Kind der großen englischen Utopien von Swift bis Wells.

Erstdruck/Druckgeschichte:
ED: *Berliner Börsen-Courier* v. 16. Dezember 1932, S. 5 f. (Morgen-Ausgabe).
Gezeichnet: Wolfgang Koeppen
Belegstück im Nachlass.
Anmerkungen:
John Bull: eine von dem schottischen Arzt und Schriftsteller John Arbuthnot 1712 geschaffene Nationalpersonifikation Großbritanniens.
Bright young people: (oder: Bright young things) Pressebezeichnung für die Londoner Aristokraten-Boheme der 1920er Jahre.
Editorischer Bericht:
Bright young people: im ED »Bride young people«
Übertragung: im ED »Uebertragung«

[Nr. 156]
Kinder und junge Liebende

Eine ganze Reihe von Büchern beschäftigt sich in letzter Zeit mit den »Frühen Erlebnissen«. Kinder sind die handelnden Personen, und die Liebe zwischen ihnen oder zu ihnen ist das Thema ganzer Romane.

Ernst Lothar schildert in einem Band *Kinder* (Zsolnay-Verlag) die Abenteuer von Hanna und Agathe, beginnend mit der Prüfung zur zweiten Schulklasse und endend mit der ersten damenhaften Frisur. Dazwischen liegt das Reich der sieben- bis zwölfjährigen Mädchen, beschrieben im Stil des gepflegten Wiener Feuilletons.

Aufregender ist der Roman *Fritz kämpft um die Jugend* von Hanns E. Schopper (Augartenverlag, Wien). Das Buch handelt von der großen Liebe eines Gymnasiasten zu einem Schulmädel. Die Verstricktheit der Unerfahrenen in eine Leidenschaft, die für den Jungen tragisch endet, wird eindrucksvoll erzählt. Die Gestalt des jungen Mädchens, ihr Bereitsein, zu lieben, ist sogar ausgezeichnet gesehen. Leider stören ein nicht zu Ende gedachter philosophischer Ballast und einige österreichische Sprachfreiheiten.

Die *Liebe eines Kindes* von Hansgeorg Buchholtz (Paul List-Verlag) liest sich wie ein Werk aus dem vorigen Jahrhundert. In einem aufreizend altmodischen Stil wird die Geschichte eines mutterlosen Mädchens aufgezeichnet, das als Sechzehnjährige einen verheirateten Lehrer (der sich, als sie noch ein Kind war, mit ihr beschäftigt hat) tief und innig liebt. Das Ende ist der Tod, und der Verlagsprospekt kann schreiben: »So erfüllt sich das Schicksal der jungen Liebenden wie ein allzu früh erstrahlender Herbst.«

Weit über die Kindersphäre in das Leben der Erwachsenen hinein reicht die Geschichte einer Berliner Primanerin *Kristin und die Erde* von Margarete Hackebeil (Gipfel-Verlag, Berlin). Ein verdächtig begabtes, ein verdächtig flott geschriebenes Buch. Kristin, das Kind geschiedener Eltern, erlebt sehr jung die halbmondäne Welt der Bars, die Berliner Straßen, das Avusrennen, die Krise und den politischen Totschlag. Das ist alles sehr schnell gesehen und berichtet. Später erfährt das Mädchen die Abenteuer der Landstraße und das Magdsein auf Bauernhöfen. Auf diesen Seiten gewinnt der Roman an Tiefe, ohne in Schollensentimentalität zu fallen.

Erstdruck/Druckgeschichte:
ED: *Berliner Börsen-Courier* v. 18. Dezember 1932, S. 14.
Gezeichnet: W. Kpn.
Belegstück im Nachlass.
Anmerkungen:
Ernst Lothar: (d.i. Lothar Ernst Müller, 1890-1974), österreichischer Schriftsteller und Theaterkritiker (*Der Hellseher*, Berlin: Zsolnay 1929; *Die Tür geht auf. Notizbuch der Kindheit*, Berlin: Zsolnay 1931; *Der Engel mit der Posaune*, Salzburg: Silberboot 1946). Von 1935 bis 1937 gemeinsam mit Max Reinhardt Direktor des Wiener Theaters in der Josefstadt. 1938 bis 1945 Emigration in die Schweiz, Frankreich und USA.
Kinder: eigentlich *Kinder. Erste Erlebnisse*. Neubearbeitung von *Gottes Garten. Ein Buch von Kinder*, Wien: Speidel 1927.
Hanns E. Schopper: (1900-1954), rechtsnationaler österreichischer Schriftsteller (*So lebt das Dorf*, Wien: Zsolnay 1938; *Georg Ritter von Schönerer, ein Vorläufer des Nationalsozialismus*, St. Pölten 1940; *Presse im Kampf. Geschichte der Presse während der Kampfjahre der NSDAP. 1933-38 in Österreich*, Brünn 1941) und Drehbuchautor (*Brot*, unverf. 1939, zs. mit Karl Heinrich Waggerl).
Hansgeorg Buchholtz: (1899-1979), Lehrer und Schulrat in Ostpreußen und v.a. während des NS Schriftsteller (*Dorf unter der Düne*, Königsberg 1933; *Masuren*, Königsberg 1933; *Wir halten die Wacht*, Leipzig 1933; *Jugend an der Grenze*, Köln 1936; *Der Flieger Thom*, Königsberg 1937; *Reichsehrenmal Tannenberg*, Hohenstein 1939).
Margarete Hackebeil: (d.i. Maria Margarete Bischoff, Lebensdaten nicht ermittelt) deutsche Schriftstellerin (*Und wieder beginnt das Leben*, Leipzig 1935; *Ein Damm wächst ins Meer*, Leipzig 1935; *Der falsche Waldemar. Vaterländischer Roman*, Berlin 1935) und Drehbuchautorin (*Seinerzeit zu meiner Zeit*, Dt. 1944; *Moselfahrt mit Monika*, Dt. 1944; *Kein Platz für Liebe*, Dt. 1946/47).

[Nr. 157]
»Der Kampf der Republik«

Wilhelm Herzog sprach Donnerstag abend im Ausstellungsraum der Secession über Zola. Vorträge über Clemenceau und Jaurès werden folgen. Das Ganze heißt »Der Kampf einer Republik«. Gemeint ist die Affäre Dreyfuß, die alle Kräfte der Reaktion gegen die junge französische Republik mobilisierte. In diesem Zusammenhang gesehen, interessiert Herzog weniger der Schriftsteller Zola, sondern mehr der Aktivist, der berühmte Mann, der die Rougon Macquart schon geschrieben hat, der Ritter der Ehrenlegion ist, der ein schwer errungenes Ansehen und Vermögen besitzt und sich nun freiwillig, nur von seinem Gerechtigkeitssinn gerufen, in den mörderischen Kampf stürzt, der ihm, nach dem Erscheinen des großen J'accuse in Clemenceaus *Aurore*, Steinwürfe, Schmähungen, Verurteilung und Verbannung bringt. Herzog schildert dieses Drama Zola etwas zu weitläufig, etwas zu sehr auf die Ausschmückung biographischer Daten als auf die Zusammenfassung ihres inneren Gehalts bedacht. So kommt es, daß er sich verführen läßt, fast ausschließlich Bekanntes in anschaulicher Weise vorzutragen, ohne zu neuen Wertungen oder Erkenntnissen zu kommen.

Erstdruck/Druckgeschichte:
ED: *Berliner Börsen-Courier* v. 7. Januar 1933, S. 2.
Gezeichnet: kn
Belegstück im Nachlass.
Anmerkungen:
Wilhelm Herzog: (1884-1960), deutsch-jüdischer Publizist und Dramatiker. 1914 und 1918-29 journalistische Arbeit für das pazifistische Magazin *Das Forum*, 1918/19 Herausgeber der Zeitschrift *Die Republik*. Zeitweilig Mitglied von USDP und KPD.

1929 Theaterstück *Die Affäre Dreyfuß* (gemeinsam mit Hans José Rehfisch), 1933 Dokumentation/Materialienband *Der Kampf einer Republik. Die Affäre Dreyfus. Dokumente und Tatsachen* (Zürich: Büchergilde Gutenberg 1933). 1933 Emigration in die Schweiz, interniert in Frankreich, 1944 in die USA.
Ausstellungsraum der Secession: seit 1915 in Berlin-Charlottenburg, Kurfürstendamm 208.

[Nr. 158]
Dichter und Sprecher
am Breitenbachplatz

Ein Architektenatelier am Breitenbachplatz dient einer Gruppe von Schriftstellern und Rezitatoren, die sich die 99er nennt (weil sie 99 Pfennig Eintrittsgeld erhebt), als Vortragsraum. Die erste öffentliche Veranstaltung der neuen Vortragsvereinigung wurde am Montagabend von Kurt Heynicke mit einer Darstellung der »menschlich verbindenden Kraft der Lyrik« und dem Versuch einer Einführung in das Schaffen des oberschlesischen Dichters August Scholtis eingeleitet. Zwei Damen lasen dann meisterhaft Gedichte der Sudentendeutschen Maria Wozak, die ein gutes Gefühl für die Landschaft und die Natur als einem ewigen Element der Lyrik hat (leider war die Auswahl der Gedichte viel zu lang), und einen geschickten Querschnitt aus Scholtis *Ostwind* sowie einige Kapitel aus dem Manuskript seines neuen Werkes *Der Marsch an die Oder*. Der leidenschaftliche Unfrieden mit den Zuständen, die maßlose Haßliebe des Dichters zu seiner Heimat Preußen-Slaven wurden im Vortrag seiner oft rhythmischen Prosa sehr deutlich. Sein neues Buch scheint die Zukunft des Landes an der Oder zu erwägen.

Erstdruck/Druckgeschichte:
ED: *Berliner Börsen-Courier* v. 14. Februar 1933, S. 3.
Gezeichnet: Kpn.
Kein Belegstück im Nachlass. Text durch das Verfasserkürzel identifiziert.
Anmerkungen:
Kurt Heynicke: (1891-1985), deutsch-schlesischer Schriftsteller, Kriegsfreiwilliger 1914, expressionistische Gedichte in Herwarth Waldens *Sturm*, 1919 Kleist-Preis, 1924-32 Theaterdramaturg, nach 1933 Thingspielautor und Verfasser von Unterhaltungsromanen (*Herz, wo liegst Du im Quartier?*, Stuttgart: DVA 1938; *Rosen blühen auch im Herbst*, Stuttgart: DVA 1942) und Drehbuchautor für die Ufa (HEIDESCHULMEISTER UWE KARSTEN, Dt. 1933; MOSKAU – SHANGHAI, Dt. 1936).
August Scholtis: (1901-1969), deutsch-schlesischer Schriftsteller, *Ostwind* (Berlin: S. Fischer 1933), *Baba und ihre Kinder* (Berlin: Bruno Cassirer 1934), *Jas der Flieger* (Berlin: Bruno Cassirer 1935). Im jüdischen Bruno Cassirer Verlag erschienen auch Koeppens erste Romane (*Unglückliche Liebe*, 1934; *Die Mauer schwankt*, 1935). Befreundet mit Wolfgang Koeppen. Vgl. dazu Scholtis' Autobiographie *Ein Herr aus Bolatitz* (München: List 1959) u. Wolfgang Koeppen: »Ein schlesisches Heimatbuch – aber anders. *Ein Herr aus Bolatitz* von August Scholtis«, in *GW* 6/339-342. Und ders.: »Mein Freund August Scholtis. Nachwort«, in: August Scholtis: *Jas der Flieger*, Frankfurt a. M.: Suhrkamp/Insel 1984, S. 197-202.
Maria Wozak: (d.i. Maria Wozak-Witzenmann, 1904-1997), schlesische Lyrikerin und Sängerin (*Mensch und Landschaft. Gedichte*, Berlin: Grotesche Verlagsbuchhandlung 1933; *Sieben Oden*, St. Michael: Bläschke 1982).

[Nr. 159]
Roman um Reden.
Zum zweiten Band von Musils
Mann ohne Eigenschaften

Das dicke Buch *Der Mann ohne Eigenschaften* von Robert Musil (der erste Band) blieb tagelang am Boden zwischen Bett und Spiegel liegen. Bis eines Tages der Leser, ein geborener Leser, sich erinnerte: nicht an die Theaterstücke, nicht an *Vinzenz und die Freundin bedeutender Männer*, nicht an *Die Schwärmer*, dafür aber sehr an die *Verwirrungen des Zöglings Törleß*, an diese sublimste Geschichte in der merkwürdigen Atmosphäre einer k. u. k. Kadettenschule, und auch an ein Bild des Dichters, das in einer Silvesternacht als einziges ruhiges weißes Licht unter dem bunten Raketengeflirr im Schaukasten einer Buchhandlung am Kurfürstendamm zu sehen war neben einem Kanzleibogen eng geschriebenen Manuskriptes, Gedanken gesetzt neben Gedanken, emsig, unermüdlich, nächtlich und zäh, durchkreuzt, durchstrichen, verbessert, verheddert, aufgegebene Stellungen, überschrieben, von Korrekturzeichen besät: ein grübelnder Kopf vor seinem Schlachtfeld! Und als der Leser sich erinnert hatte, da war sein Ehrgeiz erwacht, und er begab sich auf die gefährliche Expedition, die ihn in vielen langen Nächten über tausend Seiten tief in das Buch führte.

Welch ein Abenteuer ist das Lesen! Man sitzt in seinem Zimmer und weiß, es ist der soundsovielte des Monats So. Man ist ein ziemlich normaler Mensch und lebt in leidlich geordneten Verhältnissen. Und da ist man unvorsichtig genug, die erste Seite eines unbekannten Buches aufzuschlagen, sich einem Geist hinzugeben, den man nicht kennt, und der nun beginnt in Worten, Sätzen, Seiten, endlos, fesselnd auf einen einzureden und wahrscheinlich doch in der Absicht, zu überzeugen, zu beeinflussen.

Der erste Musil glich einer Nordpolfahrt. Er zeigte sich schwer zugänglich, kühl und von dünner Luft. Unsicher und schwindlig wurde sein Leser, und bald glaubte er, vor dem Ziel zu scheitern. Die Augen wurden auf Erkundigungsflüge geschickt, stießen von Seite hundert kühn bis Seite hundertfünfzig vor, konnten da aber nicht landen, drohten abzustürzen und mußten zur Startzeile zurückkehren. Wenn es ging, ging es nur Schritt für Schritt vorwärts, und viele werden im ersten Kapitel auf die weiteren verzichtet haben. Dem Ausdauernden wurde aber auch hier sein Lohn zuteil: er akklimatisierte sich, lebte sich ein und wurde ein genießender Teilhaber der Musilschen Welt.

Sie heißt »Kakanien« und ist, leicht zu erkennen, das Österreich vor dem Kriege. Aber »Kakanien« eben, ein Ort und eine Zeit, die wohl waren, hier aber nun, in dem Roman, zum Gleichnis geworden sind, verdichtet in des Dichters Werk, in die Ebene des Künstlerischen gehoben, und, wenn man will, leicht surrealistisch verfärbt. Die handelnden Personen natürlich auch; zuerst und durchaus sind sie die erdachten Kinder ihres Autors, und doch tragen sie zuweilen, wie eine Maske, das Gesicht von Leuten, die in der realen Welt existent waren. Dem Inhalt nach ist das Buch ein Zeitroman mit Ewigkeitsaspekten, im Stil betrachtet, schönstes Deutsch von den Romantikern her, geschrieben mit der spitzen Feder eines Wiener Hofkanzlisten und sehr selten ganz sympathisch, säbelschleifend in einem wohl Schönbrunner Aristokraten-Slang. (Der Wiener v. Hofmannsthal gab nicht umsonst ein *Deutsches Lesebuch* heraus.) Im ganzen aber gesehen ist *Der Mann ohne Eigenschaften* wirklich der große deutsche Roman in mehreren Bänden und würdig zu vergleichen dem einer ein wenig früheren Zeit und einem andern Land gewidmeten Œuvre des Marcel Proust.

Der jetzt, wie der erste, im Rowohlt-Verlag (dem zu danken ist) erschienene zweite Band zeigt den Wert des Werkes natürlich noch deutlicher, als der erste allein es vermochte. Ja, man könnte fast die ersten tausend Seiten einen gewaltigen und genialen Anlauf zu den sechshundert folgenden nennen. Im Anfang war Ullrich, der Mann ohne Eigenschaften, ein jüngerer, ziemlich begüterter Herr, der sich aus einem angeborenen Hang zur Nachdenklichkeit ein Jahr Urlaub von seinem Leben erteilte, d. h. sich gleiten ließ, und so vor 1914 in den Arbeitsausschuß einer vaterländischen Aktion, der berühmten Parallelaktion, und in den Salon der Sektionschefin Diotima kam, wo er die geistig bewegten Kräfte seiner Zeit kennenlernte. Das war der Anlaß zu vielen klugen Reden, mehr noch zum Parodieren kluger Reden, der sich die Leidenschaft zugesellte, in den Witz der Parodie die tiefere Bedeutung zu legen. Die Gäste Diotimas spielten das Spiel: der Zeitgeist geht um. Man war vaterländisch, aber man wollte auch weltmännisch sein, kriegerisch ebenso wie pazifistisch, liberal mit Angst vor den Folgen. Unsicher und zu nichts entschlossen, spürten die Nerven nur das heraufziehende Jahr 1914, und diese Stimmung wird aus der Vielheit der Rede entlassen, erst im zweiten Band romanhaft deutlicher. Das Schicksal des Mannes ohne Eigenschaften tritt in den Vordergrund und alles, was geschieht, spiegelt sich in ihm, der nun im Dialog, der eigentlich ein Monolog ist, mit einer plötzlich aufgetauchten Schwester sich ergeht.

»Ich habe nicht gewußt, daß wir Zwillinge sind«, sagt Ullrich zu Agatha, als sie sich im gleichen gestreiften Pierrot im Sterbezimmer des Vaters treffen. Aber nun sind sie es, danken dem Zufall, bleiben beieinander, haben viel zu bereden, und es ist eine scheue Zärtlichkeit zwischen ihnen. Dieser äußere Handlungseinfall, der die Reden der Hauptperson gegen ein zweites Ich lenkt, erweist sich als gut für den inneren Gehalt des Romans. Er wird lockerer. Die Personen der Parallelaktion entrücken in die Weite und leuchten plötzlich wie alte Pilze humorig in dem Ernst der Geschichte, der sich um die Geschwister schließt, auf. Köstliche Szenen:

der geistig bemühte General Stumm von Bordwehr läßt sich, wo er geht und steht, von einer Ordonnanz eine schwere Aktenmappe nachtragen. Was enthält sie? Zwei gute Kommißbrote. Manchmal ißt er bei angestrengten Unterhandlungen davon, die beste geistige Nahrung. Oder wie herrlich ist es, wenn die alternde Diotima auf einmal die erotisch aufklärende Literatur entdeckt und darüber fast die Parallelaktion vergißt. Das, wie auch die großartig ernste Erzählung von der Freundin Clarissa, die den Lustmörder Moosbrugger im Irrenhaus bekehren will, sind nun nur gewichtige Reflexionen, die ihren Sinn erst in den Gesprächen der Geschwister erhalten. Was sie feststellen, ist eine unendliche Unordnung, eine intellektuelle Verwirrung aller menschlichen Instinkte.

Erstdruck/Druckgeschichte:
ED: *Berliner Börsen-Courier* v. 10. März 1933, S. 5 f. (Morgen-Ausgabe).
ND: *GW* 6/19-22.
Gezeichnet: Wolfgang Koeppen
Belegstück im Nachlass.
Editorischer Bericht:
Vinzenz und die Freundin bedeutender Männer: im ED »Vinzenz, die Freundin bedeutender Männer«
Törleß: im ED »Törles«
Österreich: im ED »Oesterreich«

[Nr. 160]
Der Hut aus Glas

F.T. Marinetti, der Führer der italienischen Futuristen, wollte der Welt, als er noch jung und stürmisch war, ein Theater der Sensationen schenken. So glaubte er zum Beispiel, daß es, bei einem Lustspiel, die Stimmung im Parkett heben würde, wenn einige der Plätze mit Leim bestrichen wären, so daß einige unter den Zuschauern zum Gaudium der anderen nur unter Preisgabe wesentlicher Teile ihrer Hosen aus dem Theater kommen würden. Für die Übertragung der Atmosphäre einer Tragödie vom Brande Roms dachte er sich einen respektablen Feueralarm in den Wandelgängen des Theaters aus, um die erschreckten Zuschauer das Geschehen auf der Bühne wirklich miterleben zu lassen.

Nach dem Theater war die Küche den Angriffen Martinettis ausgesetzt. Leidenschaftlich und ingrimmig befehdete er alles, was Makkaroni oder Spaghetti hieß und forderte dafür die Gerichte der Erneuerung, der Aktivierung, Morgentau auf frischem Blattgrün serviert.

Und jetzt, in diesem Frühjahr, ist die Mode ihm über die immer rege Galle gelaufen. Was, ruft er, ihr tragt Hüte aus Filz? Hüte, die den Kopf in ewige Finsternis hüllen: Hüte, die nicht kühlen, sondern wärmen? Tragt doch Hüte aus Glas, heißt seine Forderung, und schon hat er selbst sich einen bestellt, sogar aus buntem rotgelbblauen Glas, und ist stolz mit ihm durch die Straßen Roms gewandert.

Die Idee ist ausgezeichnet, und unsere Schneider sollten schleunigst die Glasbläserkunst erlernen. Warum soll nur der Hut aus Glas sein? Warum nicht auch die Hose und der Rock? Wir haben jahrelang auf die Revolution der Herrenmode gewartet, die aus England kommen sollte. Seien wir dankbar, daß der heitere Italiener den ernsten Angelsachsen zuvor gekommen ist, und gehen wir wie Einmachgläser, gefüllt mit Erdbeerkonfitüre oder weißem Kürbis, einher, und lachen wir, wenn uns sonst nichts einfällt, wenigstens über unser gläsernes Spiegelbild.

Erstdruck/Druckgeschichte:
ED: *Berliner Börsen-Courier* v. 16. März 1933, S. 6.
Gezeichnet: Wolfgang Koeppen
Belegstück im Nachlass.
Editorischer Bericht:
Übertragung: im ED »Uebertragung«
rotgelbblauen: im ED »rotgelblauen«

[Nr. 161]
Zum Tag des Buches

Heute ist der Tag des Buches. Das Buch wird gefeiert. In Staatsakten, Versammlungen, Ausstellungen, in den Theatern, im Rundfunk und in allen Zeitschriften wird des Buches gedacht. Es wird gelobt und als Kulturfaktor gepriesen. Es tritt ein in das Interesse der Öffentlichkeit und wird sogar von sonst lässigen Buchkäufern beredet und bestaunt, beinahe wie ein neuer Autotyp.

Der Tag des Buches wäre ein schlimmer Tag, wenn es nur der 22. März, nur der Todestag Goethes, nur der eine Tag von den dreihundertfünfundsechzig des Jahres wäre, an dem man in Deutschland das Buch ehrt. Aber da Liebe und Verbundenheit zum Buch gerade in unserm Land (und wohl am stärksten unter allen Ländern der Erde) von altersher und selbstverständlich da sind, ist es schön und mehr als eine bloße Geste, wenn man einmal im Jahr das Buch auf einen besonderen Ehrenplatz hebt.

Groß ist die Zahl der öffentlichen Bibliotheken in Deutschland, kostbar ist der Schatz ihrer Bücher und prächtig sind ihre Häuser. In Ehrfurcht sei ihrer gedacht als einer dauernden Repräsentation des Geistes, als einer ständig lockenden Möglichkeit für den Leser. Aber die wahre Liebe zum Buch ist auch noch anderswo zu finden.

Die Liebe zum Buch, eine der besten Eigenschaften unseres Volkes, ist deutlicher dargestellt in den zerlesenen Reclambänden auf dem schmalen Bücherbord des jungen Studenten, in der oft erhungerten Bibliothek eines Arbeiters, in den billigen Klassikerausgaben, die man in manchem Bauernhaus findet, wie in der oft erstaunlich umfangreichen und ausgewählten Bücherei des beschäftigten Kaufmanns.

Das ist ein Gut, das zu erhalten ist; besonders zu erhalten ist. Die Liebe zum Buch ist heute leider mehr zu einer Angelegenheit der älteren als der jüngeren Generation geworden. Es ist eine gewöhnliche Erscheinung unserer Tage, daß der Vater noch seine Büchersammlung besitzt und erhält, während sich der Sohn mit einigen Detektivromanen begnügt. Die Ablenkungen, die Fortlenkung vom Buch sind zu groß geworden. Der Funk schickt die Unterhaltung ins Haus, der Sport dominiert, und die Einkommen sind im Verhältnis kleiner geworden. Das Interesse, das junge Menschen des Jahres 1933 dem Buch entgegenbringen, ist nicht mehr so groß, daß sie einen wesentlichen Betrag für Bücher ausgeben würden. Vielleicht sollte man sich am Tag des Buches schon in den Schulen bewußt werden, daß zwar ein gesunder Geist nur in einem gesunden Körper wohnen kann, daß aber der Geist, um überhaupt wohnen zu können, d. h. vorhanden zu sein, der Bücher als Nahrung bedarf.

Erstdruck/Druckgeschichte:
ED: *Berliner Börsen-Courier* v. 22. März 1933, S. 2.
Gezeichnet: Kn.
Belegstück im Nachlass.
Editorischer Bericht:
Öffentlichkeit: im ED »Oeffentlichkeit«

[Nr. 162]
Meditationen über die Liebe.
José Ortega y Gasset contra Stendhal

Schon im Jahre 1923 hat Ernst Robert Curtius (der feinste Kenner der romantischen Literatur, der Mann, auf den die deutschen Ausgaben von Proust, Valéry und Gide eigentlich zurückzuführen sind) in einem Aufsatz in der *Neuen Rundschau* das deutsche Publikum auf José Ortega y Gasset als auf einen spanischen Schriftsteller von europäischer Bedeutung aufmerksam gemacht. Die Größe des Erfolges aber, die dem Spanier zehn Jahre später in Deutschland beschieden sein sollte, wird selbst Curtius damals nicht vorausgesehen haben. Die ersten Bücher Ortegas *Die Aufgabe unserer Zeit* und *Der Aufstand der Massen*, die in vorzüglichen Übertragungen in der Deutschen Verlagsanstalt Stuttgart erschienen sind, fanden sofort eine ziemlich breite Leserschicht, ja es bildete sich so etwas wie eine begeisterte Ortega-Gemeinde. Das scheint merkwürdig, wenn man bedenkt, daß der Ruhm Don Josés in Frankreich, das Spanien nicht nur geographisch, sondern auch geistig näher liegt als Deutschland, niemals so groß gewesen ist.

Ortega ist weniger ein europäischer als ein spanisch-deutscher Autor. Er hat vor dem Kriege in Deutschland studiert und ist von den Neukantianern und von den Phänomeno-

...ogen, von Simmel, Dilthey, Cohen und Max Scheler beeindruckt worden. Seine Art zu denken ist deutsch, sein Stil aber ist spanisch, d. h. lateinisch-romanisch geblieben, und man wird ihn in Spanien wohl in erster Linie für einen Philosophen halten, während man ihn bei uns mehr als Schriftsteller würdigt. Seine Arbeiten sind Feuilletons auf dem Grund philosophischer Probleme. Das zeigt besonders sein letztes Buch, das *Über die Liebe* genannt und auch in der Deutschen Verlagsanstalt erschienen ist. (Übersetzt wurde es unter Mitwirkung von Fritz Ernst von Helene Weyl.)

Über die Dinge der Liebe ist viel geschrieben worden, von den Büchern der Bibel und den Manuskripten der Antike bis zu Simmels Fragmenten haben der Eros und die Agape immer wieder die Dichter und die Denker beschäftigt, und fast ist es so, als ob sich nichts Neues mehr zu dieser immer noch geheimnisvollen Frage sagen ließe.

Das scheint auch Ortega empfunden zu haben. Seine essayistischen Meditationen schöpfen aus dem Brunnen der Erkenntnis nicht viel mehr als ein paar gutgemischte Cocktails für die elegante Welt. Schon die Überschriften der Kapitel zeigen es: »Gespräch beim Golf oder die Idee des Dharma«, »Meditationen über den Rahmen«, »Betrachtungen vor dem Porträt der Marquesa de Santillana«. Und wenn die Kapitel selbst auch klug und witzig geschrieben sind, so wirken sie zuweilen doch und trotz der allzu betonten Eleganz des Stils »geistreich« statt geistig und subaltern, wo sie Überlegenheit mimen.

Salome zum Beispiel wird in Ortegas Darstellung zur Dollarprinzessin aus der Operette. Er sagt: »Die Pflanze Salome gedeiht nur auf den Gipfeln der Gesellschaft. Sie war in Palästina eine verwöhnte und müßige Prinzessin, und heute könnte sie die Tochter eines Bankiers oder Petroleumkönigs sein«, und schreibt den Mythos um in die Geschichte eines

Flirts, der bedauerlicherweise tragisch endet. Überhaupt hat das Wort »Flirt« es dem spanischen Autor angetan. An einer anderen Stelle des Buches heißt es: »Wenn man die Frau kennenlernen will, muß man ›flirten‹. Eine andere Erkenntnismethode gibt es nicht. Der Flirt ist in bezug auf die Frau was das Experiment in bezug auf die Elektrizität ist.« Das ist schlecht ausgedrückt und wäre selbst dann schlecht ausgedrückt, wenn Ortega hier recht hätte, wo er offenbar unrecht hat. Und schlechter Ausdruck ist leider auch das ganze Gespräch auf der Golfwiese. Der Ton, in dem da philosophiert wird, ist nicht leger (was zu begrüßen wäre), sondern geradezu peinlich versnobt. »Ich lasse sie gewähren und genieße die süße Lässigkeit des Einsiedlers, den eine vorbeistreifende Schar von Nymphen und Centauren überrumpelt«, schreibt er, als ihn eine Gesellschaft von munteren Damen und Herren zum Frühstück abholt. Und draußen auf der Wiese beim Golf spricht der Einsiedler dann folgendermaßen zu den Damen: »In der Tat, dabei zu sein, ist Martyrium; denn Märtyrer heißt Zeuge. Und ich bin Zeuge, daß Sie existieren, daß Sie (eine Gefangene der Sonnenstrahlen) jetzt fast ein vollkommener Mythus sind. Daß der Leopardenkragen, in dem Ihr Mantel endet, echt ist, so echt, daß ich bedaure, nicht Pfeil und Bogen mitgebracht zu haben, denn Jagdlust, Senora, hat noch keinem Mann gefehlt, so sehr er auch Märtyrer war ...« Das sind Meditationen für die Halle des Grand-Hotels.

Neben diesen Schwächen finden sich in den Essays aber auch einige psychologisch geglückte Stellen, die das Buch wieder lesenswert machen. Am interessantesten ist die Darlegung des Unterschiedes zwischen Stendhal und Chateaubriand als Liebhaber. Der eine ist der Mann, der liebt, der andere der, der geliebt wird. Don Juan bemüht sich nicht um die Frauen; sie laufen ihm nach. Dieser Typ wird von Ortega gut beschrieben, wenn er auch nicht sagt, wer nun der größere Liebhaber ist: Stendhal, der sich sein Leben lang bemüht, oder Don Juan, dem das Glück (ist es ihm ein Glück?) ohne Bemühung in die Arme fällt. Der Tragik Stendhals, der Tragik eines leidenschaftlichen Mannes von Genie, den es quält, untersetzt und kahlköpfig zu sein (wie Romain Colomb 1894 berichtet), wird der moderne Deuter des Liebesverlangens nicht gerecht. Von dieser das persönliche Schicksal Stendhals nicht ganz ergründeten Anteilnahme abgesehen, ist die Polemik Ortegas gegen Stendhals Schrift *De l'amour* und seine Kristallisationstheorie liebenswürdig und fabelhaft lebendig; aber wenn er seines großen toten Gegners Meinungen über die Liebe typisches neunzehntes Jahrhundert nennt, dann kann man von den seinen trotzdem nicht behaupten, daß sie typisches zwanzigstes Jahrhundert sind.

Erstdruck/Druckgeschichte:
ED: *Berliner Börsen-Courier* v. 31. Januar 1933, S. 6f.
ND: GW 6/23-25.
Gezeichnet: Wolfgang Koeppen.
Kein Belegstück im Nachlass.
Anmerkungen:
Curtius [...] in einem Aufsatz in der Neuen Rundschau: Ernst Robert Curtius: »Spanische Perspektiven«, in: *Die Neue Rundschau* 35 (1924), S. 1129-1247.
Editorischer Bericht:
einen: im ED »enien«
Übertragungen: im ED »Uebertragungen«
Über: im ED »Ueber«
Übersetzt: im ED »Uebersetzt«
Überlegenheit: im ED »Ueberlegenheit«
Überhaupt: im ED »Ueberhaupt«

[Nr. 163]
Emil Gött

Heute, am 13. April, feiert Deutschland den fünfundzwanzigsten Todestag seines Dichters Emil Gött. Aber die Worte »feiert Deutschland« sind falsch gewählt. Emil Gött, der das Volk suchte, es über alles liebte und sein ganzes Dichtertum in seinen Dienst stellte, ist vom Volk vergessen worden ist, mehr noch, ihm ein Unbekannter geblieben. Seine Stükke, seine Werke sind heute bloße Titel im Katalog der Dramaturgie und der Literaturgeschichte, kaum eine Bühne in Deutschland wird sie zu seinem Todestag aufführen, und Emil Gött ist namenlos geblieben, wie er es (mit der einzigen Ausnahme der Zeit des ersten Erfolges) immer war, auch wenn der Rundfunk heute sein Schaffen ehren wird.

Er war ein deutscher Dichter, ein Poet der Heimat und der Scholle, ein reiner Streiter gegen den Geist der großen Städte, lange bevor diese damals noch ganz im philosophisch-literarischen Sinne weltanschauliche Frontstellung ihre politische Bedeutung bekam.

Dreißig Jahre alt begründete Gött seinen Dichterruhm, der als Ruhm ohne Folgen blieb und den Dichter in ländliche Einsamkeit jagte. Sein Lustspiel *Der Schwarzkünstler* wurde in Berlin und in der Provinz aufgeführt und gelobt. Eine glänzende Zukunft schien vor dem jungen Autor zu liegen. Die Theater und die Verleger bestürmten ihn um ein nächstes Werk. Die Zeitungen baten um Aufsätze. Geld strömte ins Haus. Gött aber versagte sich allen Forderungen der geschäftigen Welt. Neue Stücke, die er angefangen und von deren Idee er gesprochen hatte, wurden nur langsam vollendet und dann von dem Dichter verworfen, für nicht gut genug gehalten, immer wieder umgearbeitet, ja es kam so weit, daß er ein angenommenes Werk während der Proben vom

Theater zurückzog. Grüblerisch und eine Zeit lang unter dem Einfluß Tolstois stehend, nahm er die Tantiemen, die *Der Schwarzkünstler* ihm gebracht hatte und kaufte sich einen Bauernhof am Rhein. »Ich werde Bauer«, verkündet er einigen Freunden, und die werten das Bekenntnis als die Geste eines modernen Schriftstellers, der mit der Einsamkeit kokettiert.

Und Gött bearbeitet mit dem Pflug den Boden. Sein Bauer-Werden ist ihm so ernst wie sein Dichter-Sein. Er bemüht sich um den Acker, um die Pflanze, das Tier und den Menschen. Er strebt eine Güte an, die er allgemein menschlich und nicht materialistisch-logokratisch genannt wissen will. Selber bald arm und verschuldet, hilft er mit dem Letzten noch ärmeren. Sein Hof gilt bald in weitem Umkreis als eine Stätte der Zuflucht. In den Nächten bemüht er sich um das Wort, um eine neue Dichtung in der alten Art des Cervantes und des Lope de Vega, in Gläubigkeit trotz aller Düsternis das Leben bejahend. So entsteht langsam und nachdenklich sein großes dramatisches Gedicht *Edelwild* und wird 1901 vollendet.

Der Dichter, der 1908 starb, bekam es auf keiner Bühne mehr zu sehen. Erst im September 1916 wurde das Drama vom Leipziger Schauspielhaus uraufgeführt. 1917 folgten das Landestheater Karlsruhe und die Berliner Volksbühne, die 1919 auch den *Schwarzkünstler* wieder spielt und so diesem Werk zu einem neuen großen Provinzerfolg verhilft. Emil Götts erster kurzer Ruhm wurde auch sein kurzer letzter.

Erstdruck/Druckgeschichte:
ED: *Berliner Börsen-Courier* v. 13. April 1933, S. 6.
Gezeichnet: Wolfgang Koeppen.
Belegstück im Nachlass.

Anmerkungen:
Sein Lustspiel Der Schwarzkünstler: 1894 noch unter dem Titel *Verbotene Früchte* im Königlichen Schauspielhaus Berlin uraufgeführt. Erst postum 1911 in *Der Schwarzkünstler* umbenannt.

[Nr. 164]
Moeller van den Bruck.
Von der *Italienischen Schönheit* über den
Preußischen Stil zum *Dritten Reich*

»Das Geistige ist dem Wirklichen immer um Menschenalter voraus.«

Im Mai des Jahres 1925 starb ein deutscher Schriftsteller einen heroischen Tod. Er hatte ein merkwürdiges Leben gelebt und ein umfangreiches Werk gedacht. Seine Liebe war Deutschland, und sie war nicht nur das natürliche warme Gefühl des Mannes für sein Vaterland, sondern vor allem auch ein politisch-philosophischer Impetus von seltener Stärke und gewonnen aus einer zuweilen schmerzlichen Erkenntnis. In den Wochen kurz vor seinem Entschluß, zu sterben, ließ er sich Tag für Tag, schon ein schwerkranker Mensch, vor das Berliner Schloß fahren, um in seinen Anblick versunken die Bestätigung und die Zuversicht zu finden für sein Werk und seine Saat. Heute, sieben Jahre nach seinem Tode, gilt Moeller van den Bruck als einer der wichtigsten geistigen Wegbereiter des neuen Nationalismus sozialer Prägung. Er war der Denker, der, lange bevor es deutlich wurde, das Schicksal Deutschlands, Italiens und Rußlands voraussah, hierin einem anderen Theoretiker des Faschismus gleichend, dem großen Sorel.

Moeller van den Bruck wurde im April 1876 als Sohn eines Baurates in Solingen geboren. Da er an ein Schicksal und an ein Gesetz in jedem Leben glaubte, wollen wir annehmen, daß es Bestimmung war, daß Baupläne, Grundrisse, sinnvoll verbundene Linien auf nüchternen Reißbrettern sein erster bewußter Eindruck von einer menschlich-willentlichen Formung im Gegensatz zur scheinbar zufälligen Vielheit der Erscheinungen gewesen sind; und stets wurde ihm in der Folge das Erlebnis einer bestimmten Architektur zum entscheidenden Ausgangspunkt seines literarischen Schaffens.

Nach dem Besuch des Gymnasiums und einem Universitätsstudium, das mehr der Laune denn einem System nach betrieben wurde, erklärte sich Moeller zum freien Schriftsteller. Er ging nach Berlin, und sein Umgang wurde der Kreis der damals jungen Literatur um Strindberg, Dehmel und Schleich. Der Moeller dieser kurzen Periode ist (und das ist sonderbar) in der äußeren Lebenshaltung dem ganz anders gearteten jungen Marcel Proust zu vergleichen: Beide waren sie junge Herren, die teuer und in aristokratischer Distanz mit der Boheme lebten. Beiden kostete der Spaß das Vermögen, wofür sie wiederum beide ihren Namen als Autor eines schmalen Buches lesen konnten; Proust erntete *Die Tage der Freuden*, Moeller eine Studie *Das Varieté*, und das eigentliche Werk begann bei beiden erst nach dieser Zeit.

Moeller wandte sich von Berlin enttäuscht nach Paris und vertiefte sich in die Welt Edgar Allan Poes, von dem er die erste vollkommene deutsche Übersetzung herausgab. Wahrscheinlich reizte ihn die skurrile Anekdote in den unheimlichen Schriften des Amerikaners, die Anekdote, die er später als ein Element des Preußischen erkannte. (Und tatsächlich gibt es einen Weg von Poe zu Kleist, wenn es zunächst auch verblüffend klingt.)

Als Schriftsteller so geübt und vorbereitet, trat Moeller der ersten grundsätzlich bestimmenden Entscheidung seines Lebens entgegen, als er durch seine Frau das Werk Dostojewskijs kennen lernte und es gemeinsam mit ihr und ihrer Schwester ins Deutsche übersetzte (die Piper-Ausgabe). Dostojewskij ließ Moeller nie mehr los. Er war seine erste Rebellion gegen den westlichen Geist, den liberalen Intellektualismus, das Frankophile, wie er es nannte, und die erste bewußte Parteinahme für den Osten, der aber dann nicht Rußland, sondern Preußen wurde. Überdies war ihm Dostojewskij ein Garant des Idealismus, des Ewigen und des Mythischen gegen den Materialismus der nach Marx die Welt zu beherrschen strebte. Moeller war der Erste, der Dostojewskji als den größten Widersacher und nicht als den Wegbereiter eines marxistischen Aufbaus erkannte; ein Gedanke, der ja dann in Rußland offiziell wurde.

Wenn Moeller sich auch schon im westlerischen Paris, mitten in der blühenden Kultur des Impressionismus, für den Geist des Ostens entschieden hatte, so wiesen ihm doch erst die folgenden Jahre in Italien die eigentliche Aufgabe und Richtung seines Lebens und legten den Grund zu der geistigen Haltung, die Moeller dann einnahm.

1910, 1911, 1912, die Jahre kurz vor dem Krieg. Über Italien schien die Sonne. Die Jahrzehnte der Zerrissenheit, der unheilsam feindlichen Trennung von Kleinstaat gegen Kleinstaat, Stadt gegen Stadt, der Zeiten der Sonderrechte jeder Provinz, der Privilegien mancher Fremdherrschaft, des kurzsichtigen Eigennutzes machtloser Fürsten waren gewesen, wie auch die Tage der Freiheitshelden vom Schlage Garibaldis. Im Königreich, das Cavour geeint und somit geschaffen hatte, herrschte Ruhe. Dem idealistischen Risorgimento war der Materialismus der Gründerjahre gefolgt. In Mailand begannen Fabrikschornsteine zu rauchen, aber die Reisenden, die Italien in diesen Jahren besuchten, übersahen sie. Die Reisenden interessierten sich für die Vergangenheit des Landes, soweit sie historisch oder besser noch kunsthistorisch dokumentiert war, viel mehr als für seine Gegenwart, die sie höchstens als schöne Romantik erleben wollten. Die Betteljungen des Südens erinnerten allzusehr an die liebenswerten Modelle Murillos (der zwar ein Spanier, aber hier doch zu verwechseln war), der geflickte Rock, der Gondelführer Venedigs war ein lustiges Kostüm aus der Commedia dell'arte und der Schmutz in armen Gassen, wenn nur die berühmte Sonne ihn beschien, ein immer bemerkenswertes Motiv für den Skizzenblock oder bequemer noch, den Kodak. Diese Reisenden – und mit ihnen Europa – wußten nicht, daß in dem Lande zur gleichen Zeit eine Literatur (fern von Dante) geschrieben wurde, von welcher der große Kritiker Benedetto Croce berichtete, daß sie begann, sich für »die Leiden und Nöte, für die Laster, die barbarischen und rohen Sitten zu interessieren, in denen die Massen in der Stadt und auf dem Lande lebten«.

Schien über Italien wirklich die Sonne, wenn man den Satz als symbolischen Ausdruck für das Glück des Landes nehmen will? Hatten die Reisenden recht oder die Schriftsteller, wobei es schon in der Frage liegt, daß es natürlich die Schriftsteller waren, welche die Wirklichkeit der Gegenwart und ihre Problematik erkannten, die soziale Frage der Überbevölkerung und der aufkommenden Industrie, die verlorene Herrschaft über das Mittelmeer, die Italia Irredenta, den Zwang zur weiteren Kolonisation, die ganzen Nöte des wieder jungen italienischen Volkes.

Neunzehnhundertzehn, elf, zwölf. Moeller van den Bruck lebte in Florenz und war kein Reisender. Auch er schätzte die italienische Sonne, aber er sah auch am Boden die merkwürdigen Konturen, die ihr Licht formte, wenn es zum Schatten wurde. Und für den tiefer Schauenden war ganz Italien in diesen Jahren ein Hexenkessel voll von gärendem

Aktivismus, in dem schon die ganze Entwicklung des Krieges und der Nachkriegszeit kochte. Schon wurde der Ruf nach der Zukunft ausgestoßen. Die Futuristen erschienen und demonstrierten gegen die Vergangenheit. Marinetti wurde ein Name und ein Programm und begeisterte in seinen flammenden Manifesten alles, was jung war und fühlte. In Florenz lehrten Papini und Giovanni Gentile (heute der »Vater der faschistischen Jugend«). Und in Mailand kämpfte im »Avanti« Mussolini den Kampf für die Rechte der Armen, der dann bald im »Popolo d'Italia« ein Kampf für die Rechte der ganzen Nation wurde.

Moeller hatte Umgang mit den geistigen Urhebern der Bewegung, und alle seine Sympathien gehörten dieser vorwärts drängenden Jugend. Er liebte sie, wenn auch in Sorge wegen der Haltung der damaligen deutschen Politik. Die Brüchigkeit des Dreibundes war schon gelegentlich der deutsch-französischen Verhandlungen um Marokko evident geworden, und nun im Krieg um Tripolis vermißte das junge Italien die Unterstützung durch die Bundesgenossen. Die Jugend, die an die Zukunft dachte, die Jugend, an deren Spitze sich dann Mussolini stellte, wußte, daß Italien einzig und allein den Weg seines eigenen Schicksals zu gehen hatte.

Moeller reagierte wie eine Antenne. Er nahm auf und verarbeitete. Ein feines Gefühl zeigte ihm die junge Rasse im alten Volk. Der Ton, der da gesprochen wurde, fand in ihm ein bereites Echo. Auch er glaubte an die Zukunft der völkischen Idee, und er weihte dieser Idee des Geistig-Nationalen sein Buch *Die Italienische Schönheit*. Aber es war nicht mit der Konstatierung und freudigen Bejahung des Neuen getan (er war ja nicht Italiener, er war ja Deutscher), sondern es hieß, sich Rechenschaft zu geben, die Gründe, die Wurzeln zu finden für das junge Blühen. Er ging den Weg der Schönheit zu den Quellen zurück, dem Ursprung zu, dem Beginn der einfachen klassischen Form. Nicht die Höhe der Renaissance m Cinquecento und auch nicht ihr barocker Auslauf schienen ihm im besten Sinn »italienisch« zu sein, sondern der früher dagewesene Piero della Francesca, dessen Fresken in Arezzo und in Rimini zu sehen sind, war ihm das größte Erlebnis der italienischen Kunst.

Von der *Italienischen Schönheit* zum *Preußischen Stil*. Moeller war von Italien aus nach langer Abwesenheit nach Deutschland zurückgekehrt. Er wußte um die Kriegsgefahr, um das Pulverfaß Europa, und Sorge erfüllte ihn. Italien bereitete sich vor, Italien lebte im Advent der neuen Zeit. Aber Deutschland? Auf welchem Wege war es? Würde es die Prüfung bestehen und zu nützen wissen? Der Grundriß, das Fundament, nicht des Staates, sondern der Nation, waren die wenigstens gut?

Die Erkenntnis entzündete sich wieder an einer Architektur, an einem Gedanken, der Generationen alt und in Stein gebildet war. Moeller stand in der Straße Unter den Linden, vor der Schinkelschen Alten Wache, und im Anblick dieser Säulenhalle, fest, klar und nüchtern, im Nebel eines kalten Morgens, wurde er sich einer Realität bewußt, die kein Mythos war und keine Wurzeln in keiner Vergangenheit hatte, die immer Gegenwart gewesen und Werk, koloniale Tat, Bau und Schöpfung und immer mit Vorzeichen auf die Zukunft hin, die Realität des Preußentums.

In Italien war immer Rom gewesen, die ewige Stadt, seit die Wölfin Romulus gesäugt hatte, waren Kultur gewesen und Licht, Rausch und Kampf, Aufstieg und Untergang und das Erbe der Hellenen. In Deutschland hatte es zwar zur Zeit der Kaiser, der deutschen Kaiser des alten Heiligen Reichs, Deutschland gegeben, aber das war auch schon ein Land im Süden und im Westen, war Speyer, Mainz und Aachen, war der Rhein und die Pfalz, der Main und Würzburg. Hier in der Mark, jenseits der Elbe aber war Ordensgebiet, Ritterkolonie, Ziegelburgen, windfeste Kirchen, wie Festungen anzusehen auf einem Boden, der Sand war oder Sumpf oder zäher Lehm, mit Wäldern, in denen noch die großen Säue zu jagen waren, ein Land, das erobert werden mußte, das alles erst durch den Menschen, der es in seine Obhut nahm, werden sollte.

Und es war geworden, und es schien noch zu werden. Ein Preußischer Stil jedenfalls war festzustellen. Der Stil einer Gesinnung und eines politischen Bewußtseins. Es war hier nie an die bloße Schönheit gedacht worden (wie auch alle Versuche, die Barocke in die Mark zu tragen, gescheitert sind oder eben die Barocke völlig verwandelten), und so war nicht die Malerei und nicht die Bildhauerei, sondern die Architektur, die neben dem Gesetz alles Geformten noch einen Nutzen darzustellen hatte, zum künstlerischen Ausdruck dieses Landes geworden. Moeller studierte die Baumeister, die hier gewirkt hatten. Schlüter, Schadow, Schinkel, vor allem aber Gilly wurden ihm zur Offenbarung dessen, das er »Das preußische Schicksal« nannte und das er den Bauten nach in einer Linie hin zu Messel fortführen konnte. Sein Buch *Der Preußische Stil* ist nicht nur die klärendste Monographie des Landes, sondern auch seine beste und wohl einzige Ästhetik, und dieses Motto setzte ihm Moeller voran: »Preußen ist die große kolonisatorische Tat des Deutschtums wie Deutschland die größte politische Tat des Preußentums sein wird.«

Sein wird! *Der Preußische Stil* erschien 1915, im zweiten Jahr des Krieges. Moeller wollte an die Front im Osten. Vielleicht hätte er sein Wissen um den nahenden Untergang nicht tragen können ohne dieses Buch. Er hatte erkannt, daß das Deutschland, das in den Krieg zog, zerbrechen würde, aber sein Gefühl für das Preußentum gab ihm auch die Erkenntnis, daß es als geistiger Gehalt nie untergehen könnte, er sah schon damals den Vogel Phönix aus der Asche steigen.

So konnte er zu den Wenigen gehören, die die Revolution von 1918 nicht überraschte. Er hielt nicht ihre Tatsache, er hielt ihre Art für schlimm. Er sah sie westlerisch liberalistisch verlaufen, den Anschluß an die Siegerstaaten suchen, statt aus einer wirklichen Revolution, aus einer Erneuerung sich neuen kämpferischen Elan nach außen hin zu suchen. Er sah einen Materialismus der augenblicklichen Bewahrung sich breitmachen, an Stelle einer idealistischen Sichhingabe an das Kommende. »Mit uns geht die neue Zeit«, wurde auf den Straßen gesungen, aber Moeller glaubte nicht, daß dies die neue Zeit war. Die Entwicklung, wie sie die Dinge in Italien dagegen nahmen, das war die neue Zeit.

Nach 1918 war Moellers ganzes Wirken das Ringen um die idealistische deutsche Revolution. Er suchte sie überall, ganz rechts und ganz links. Die Gegensätze schlossen sich im Kreis. Der Juniklub mit Heinrich von Gleichen war die rechte Stellung; die Diskussion mit Radek über Schlageder und über die Möglichkeit einer gemeinsamen Tat eine linke Exkursion auf Moellers Suche nach dem Dritten Reich. In einer Folge von Broschüren (heute gesammelt im Band *Das Recht der jungen Völker*) sucht er es vorzubereiten. Sein berühmter Artikel »Italia docet« beginnt: »Deutsche Jugend horcht auf. Italienische Jugend setzt sich in Marsch, eilt auf allen Straßen gen Rom und erzwingt im Quirinal von dem Könige die Änderung des Staatsgeistes, der bis dahin im Monte Citorio schwächlich, verächtlich und viel verdorben umging« und fährt fort: »Die deutsche Jugend weiß um die Gleichläufigkeit der italienischen und der deutschen Geschichte im vorigen Jahrhundert«. Also wieder das italienische Beispiel, auf die besondere Idee des Preußentums angewandt.

Und endlich 1923 erscheint dann Moellers Buch *Das Dritte Reich*. Es bringt die große Auseinandersetzung mit der Zeit und Moellers politisch-völkisches Bekenntnis. Diesmal ganz nackt, ohne die kulturhistorische Fundierung die ja aber – und zum Glück – in dem Verfasser lebendig war Ein Buch für die Jugend. »Wir wollen die Revolution gewinnen!« Wie ein Fanal beginnt das erste Kapitel. Aber die Zeit war noch nicht reif, die Zeit sollte erst werden, und im Vorwort heißt es: »Dies muß hier gesagt sein. Der Gedanke des Dritten Reichs, von dem wir, als unserem höchsten und letzten Weltanschauungsgedanken, nicht lassen können, kann fruchtbar nur als Wirklichkeitsgedanke werden: wenn es gelingt, ihn dem Illusionistischen zu entrücken und ganz in das Politische einzubeziehen – so realistisch, wie die Bedingungen unseres staatlichen und nationalen Lebens sind, unter denen wir als europäisches Volk leben sollen, und so skeptisch und pessimistisch wie es uns im Angesichte dieser Gegenwart zukommt.«

Das war. Am 27. Mai 1925 starb Moeller van den Bruck.

Erstdruck/Druckgeschichte:
ED: *Berliner Börsen-Courier* v. 30. April 1933, S. 13 f.
ND: *Hannoverscher Kurier* v. 30. Juli 1933 (Titel: »Ein Wegbereiter des Dritten Reiches: Moeller van den Bruck«); *Neue Leipziger Zeitung* v. 6. August 1933; *Westfälische Zeitung*, Bielefeld, v. 10. August 1933 (in der Serie: »Männer, die Deutschland schufen«); *Saarbrücker Zeitung* v. 13. August 1933 (in der Serie: »Männer, die Deutschland schufen«); GW 6/26-33.
Gezeichnet: Wolfgang Koeppen
Belegstücke im Nachlass.
Anmerkungen:
In einer 1992 für die *Frankfurter Allgemeine Zeitung* verfassten autobiographischen Skizze schreibt Koeppen zur Entstehung dieses Artikels: »Im Romanischen Café lernte ich nun den Dr. Moritz Seeler persönlich kennen. Er hatte einen kleinen weißen Hund, der sehr ungesellig war und nur mit Seeler sprach. Seeler regte mich an, im *Börsen-Courier* über deutsche Konservative zu schreiben.

Er fand das zeitgemäß. Ich schrieb über Möller van den Bruck. Man nahm mir das übel.« In: *Phantasieroß*, S. 656.
dem großen Sorel: Georges Eugène Sorel (1847-1922), frz. Schriftsteller, Sozialphilosoph und Syndikalist; Hauptwerk: *Réflexions sur la violence* (Paris 1908, dt.: *Über die Gewalt*, Innsbruck 1928).
Schleich: Carl Ludwig Schleich (1859-1922), seit 1900 Prof. der Chirurgie, journalistische und populärwissenschaftliche Schriften in Zeitschriften *Zukunft, Land und Meer, Gartenlaube, Neue Rundschau* und Schriftsteller (Autobiographie: *Besonnte Vergangenheit. Lebenserinnerungen eines Arztes*, Berlin: Rowohlt 1920).
Papini: Giovanni Papini (1881-1956), italienischer Schriftsteller, Futurist.
Editorischer Bericht:
Übersetzung: im ED »Uebersetzung«
Überdies: im ED »Ueberdies«
Über: im ED »Ueber«
vom Schlage Garibaldis: im ED »vom Schlage Garribaldis«
Risorgimento: im ED »Risorgstimento«
Überbevölkerung: im ED »Ueberbevölkerung«
keine Wurzeln in keiner Vergangenheit: im ED »keine Wurzeln in keine Vergangenheit«
Ästhetik: im ED »Aesthetik«
Änderung: im ED »Aenderung«

[Nr. 165]
Carl-Hauptmann-Feier
im Staatlichen Schauspielhaus

Zum Gedächtnis des 75. Geburtstages des Dichters Carl Hauptmann, der am 17. Mai 1858 in Obersalzbrunn geboren wurde und am 4. Februar 1921 im Schreiberhaus ziemlich unbekannt gestorben ist, veranstaltete das Staatliche Schauspielhaus am Sonntagmittag eine Feier. Professor

Dr. Hahm (K. f. D. K.) sprach einige Worte des Gedenkens. Er erinnerte, wie einsam der Dichter gewesen und wie wenig Förderung ihm von denen, die dazu verpflichtet gewesen wären, zuteil geworden sei. Das ist richtig, nur lag das Arbeits- und Ohne-Förderung-Leben im Charakter Carl Hauptmanns. Und wenn Hahm, ihn – ihn lobend – einen Wanderer im Unsachlichen nennt, der nie den Ehrgeiz zum Meisterwerk gehabt habe, so muß man bedenken, daß ein scheinbar unsachliches Tun einer höchst gesetzlichen inneren Ursache entspringen kann, und daß, wenn auch nicht der Wille zum Ruhm, so doch der Ehrgeiz zum Meisterwerk (das zeigt schon sein viel Autobiographie enthaltender Roman *Einhart der Lächler*), immer ihm Halt gab und ihn befriedigte.

Und Meisterwerke waren die kurzen Novellen, die Friedrich Kayßler dann las. *Ein Bruder der Steine*, *Der Tanzmeister Grandhomme* und *Aus dem Rübezahlbuch*. Ihre Metaphysik erinnert an Kafka. Ein Kunstwerk der Sprache lenkt hier wie dort den Leser zu einer anderen Wirklichkeit als der des allgemeinen Blickes. Bei Carl Hauptmann handelt es sich keineswegs um eine Rebellion der Schrulligkeit des Landes gegen die Uniform der Stadt. Der tiefere Konflikt bewegt ihn, der des Dichters in einer großen Welt.

Die Feier wurde umrahmt von der Musik eines Streichquartetts, das den 1. und 4. Satz des Quartetts Es-Dur op. 1909 von Max Reger spielte.

Erstdruck/Druckgeschichte:
ED: *Berliner Börsen-Courier* v. 15. Mai 1933, S. 2 (Morgen-Ausgabe).
Gezeichnet: Kn.
Kein Belegstück im Nachlass. Text durch das Verfasserkürzel identifiziert.

Anmerkungen:
Staatliche Schauspielhaus: heute Schauspielhaus am Berliner Gendarmenmarkt.
Professor Dr. Hahm: Konrad Hahm (1892-1943), seit 1928 Leiter der Sammlung Deutsche Volkskunde im Berliner Museum für Völkerkunde, von 1936 bis zu seinem Tod Direktor des Staatlichen Museums für deutsche Volkskunde im Schloß Bellevue; Geschäftsführer der Carl-Hauptmann-Gesellschaft.

[Nr. 166]
Roman und Unterhaltung

Das Wort »Unterhaltung« hat sich erst seit etwa 200 Jahren zum Wort »Roman« gefunden, und 200 Jahre sind, denkt man historisch und erinnert sich beispielsweise der Jahrtausende, die das sumerische Reich und seine Kultur währte, wirklich nicht viel. Im Anfang war jeder Roman ein Unterhaltungsroman; ursprünglich eine romanisch und nicht lateinisch geschriebene Schrift, später ein in jeder (also nicht nur in einer der romanischen) Sprache des Volkes erzählendes und nicht in der Art der Gelehrten unterrichtendes Buch. Erst als die Zahl solcher Schriften mit den Jahren ins Gigantische wuchs, bemächtigte sich die Ästhetik des Falls, stellte eine Lehre vom Roman auf und teilte ihn ein in Gruppen und Untergruppen. Eine der letzten ist der Unterhaltungsroman.

Die Bezeichnung wirkte von vornherein degradierend. Der literarische Wert des Werkes schien der Unterhaltung geopfert zu sein. Aber sind denn die literarisch wertvollen unter den erzählenden Büchern nicht unterhaltend; sind der *Wilhelm Meister* (um eines der größten zu nennen) oder der *Zauberberg* (um eines der besten modernen zu nennen) eine belehrende Langeweile? Sie sind es nicht, natürlich nicht aber, sagt da die Ästhetik, sie halten ein Niveau, das nicht jedermanns Geschmack ist. Ist also, könnte man dagegen fragen, jedermanns Geschmack der Ungeschmack? Diese Teilung der Romanliteratur in eine »reine« und eine »unreine« ist verhängnisvoll, und die Rede von dem schwer zugänglichen Werk ist nichts als ein die Leser verscheuchender Zaun, den man um dieses Werk, das man loben will, baut Die Formel der Exklusivität ist ein unzeitgemäßer Luxus der den Schriftsteller schädigt und den Schlechtschreiber nährt.

Die Rubrik Unterhaltung ist im Gefilde des Romans eine wahre Quarantäne geworden. Ein junger Schriftsteller ist er mag so begabt sein wie er will, verloren, wenn sein erstes Werk ihn in diese Klasse bringt, in der jeder Ehrgeiz, jede Gesinnung als aussichtslos zugunsten einer flotten Marktgängigkeit aufgegeben würden.

So hat man Leser und Schriftsteller gleichermaßen aus der Literatur vertrieben. Die Unterhaltung, die sie nun notgedrungen führen, ist schrecklich. Das Weltbild ist das des schlechten Kinos. Die Themen: das Abenteuer, der Kriminalfall und immer wieder die Liebe. Weiß Gott, keine leichten Stoffe, die hier entsetzlich oberflächlich geformt werden.

Schon im 18. Jahrhundert schrieb Georg Christoph Lichtenberg: »Alles, was unsere Schriftsteller noch zu schildern vermögen, ist etwas Liebe; und auch diese wissen sie nicht in die etwas entfernten Verrichtungen des menschlichen Lebens zu verfolgen. Bemerkungen in einem Roman anzubringen, die sich auf die längste Erfahrung und tiefsinnigsten Betrachtungen gründen, soll sich kein Mensch scheuen, der solche Bemerkungen vorrätig hat. Sie werden gewiß ausgefunden; durch sie nähern sich die Werke des Witzes den Werken der Natur. Ein Baum gibt nicht bloß Schatten für jeden Wanderer, sondern die Blätter vertragen auch noch das Mikroskop. Ein Buch, das dem Weltweisen gefällt, kann deswegen auch noch dem Pöbel gefallen. Der letzte braucht nicht alles zu sehen; aber es muß da sein, wenn etwa jemand vorbeikommen sollte, der das scharfe Gesicht hätte.«

Jemand, der das scharfe Gesicht hätte, würde beim Lesen unserer Unterhaltungsbücher sich wundern, warum ihre Verfasser blind und jedes Gedankens bar durch die Welt voller Probleme gehen. Aber er würde auch erkennen, daß die Sünde der Autoren eine Folge des Wunsches ihrer Verleger (und deren Vorstellung vom Geschmack des Publikums) ist. Der Waschzettel, der jedem Band als Lockung mit in das Schaufenster gegeben ist, verrät das. Da kann man lesen: »Ein Mann ohne Gewissen, schön, hinreißend, bezaubernd, betörend wie die Gesellschaft, in der er lebt, und die ihm widerstandlos ausgeliefert ist: die oberen Zehntausend Amerikas und ihre Frauen.« Oder: »Da steht plötzlich die Welt offen vor dem entzückenden Mädchen Beate. Durch ihre munteren Augen sehen wir das bunte Leben. In einem Wirbel geht's durch die weite Welt, bis Monte Carlo, und was dort nun alles sich begibt, wird jeder selbst mit Freude lesen.«

Wahrscheinlich wird der so angesprochene Leser es nicht mit Freude, sondern gar nicht lesen. Es ist kaum anzunehmen, daß das nun hinlänglich bekannte Leben der »oberen Zehntausend« von New York oder das ewig mit einem Wirbel verglichene Monte Carlo noch einen Käufer in den Laden locken. Dennoch scheint der Verleger, der ja sonst die Kosten dieser Reklame sich sparen würde, es anzunehmen. Verlegen Verleger hinter der Zeit? Eine Frage, die um so berechtigter ist als ihre Bücher, überwindet man die Abneigung und liest sie doch, immerhin zeitnäher und besser sind, als der Waschzettel es wahr haben will.

Ein Beispiel: D. H. Clarke *Ruth, die es nicht erwarten kann*. Verlag Goldmann, Leipzig. Der Umschlag zeigt ein süßlich puppiges, schlankes Mädchen und diesen Text: »Was packt an dieser Ruth? Daß sie ehrlich ist, daß sie sagt, was sie fühlt und denkt, und daß sie vorlebt, was ihr die innere Stimme, ihre unverdorbene Anlage, nicht die heuchlerisch verkommene Gesellschaft vorschreibt. Ein Buch voll Jugend, mutig, frisch und unbeschwert, ein Buch, das wortwörtlich aufatmen macht.« Was ist das für ein Wortsalat! Wie kann man etwas vorleben, wie wortwörtlich aufatmen, wie heuchlerisch verkommen? Das Buch wird angepriesen wie eine mit Waldgeruch parfümierte Seife. Der Titel *Ruth, die es nicht erwarten kann* schlägt die Brücke vom *Trotzköpfchen* der Vorkriegszeit zum Sexappealvamp Amerikas. Die ganze Aufmachung ist eine Spekulation auf einen Geschmack, den es erstens gar nicht gibt und den zweitens der Roman auch nicht befriedigen würde. Sein englischer Titel lautet nüchtern *Impatient Virgin*, und sein Inhalt bemüht sich ehrlich einer im Geistigen primitiven Leserschicht die Story zu bieten, die sie heute (auf das heute kommt es an) vielleicht lesen will. Nicht der Typ des harrenden Gänschens, sondern seine Umkehrung, ein übertrieben nüchtern typisiertes Mädchen, das ohne viel Sentiments sich sein Liebesleben gestaltet, wird hier geschildert. Wie allen diesen Büchern fehlt ihm ein psychologischer Unterbau, aber das in Amerika, wenigstens in den Städten, wohl durchschnittliche, wenn auch nicht tief, so doch klar denkende Mädchen kommt als Figur gut heraus. Die aufgeregte Propaganda erweist sich als unnötig vor einem gar nicht aufgeregten Gegenstand.

Ist bei der Ruth die Frage zu bejahen, daß der Stoff des Romans dem Interesse großer Kreise entgegenkommt, bleibt bei vielen anderen Büchern die weite Verbreitung (die sie doch wohl finden, obwohl sie keineswegs gut gebunden und gedruckt, billiger sind als die »Literarischen« Romane) auch vom Thema aus unverständlich. Zum Beispiel *Der*

Tageslaufs, wie er allen sichtbar ist, mit dummem Ärger und kleinen Freuden ist es nicht getan. Der Mensch hat eine Seele, und die Romanfigur muß sie von ihrem Autor haben. Das Buch ist ein gutes Beispiel für eine Schrift, die zwar im Thema, aber nicht in ihrer literarischen Gestaltung zum Lesen lockt. Der *Abteilung Herrenmode* fehlt gänzlich die Spannung des Stils, die Intensität des Romans.

Im Anfang war jeder Roman ein Unterhaltungsroman. Das sollte wieder so werden. Denn nur der gute Roman vermag überhaupt zu unterhalten. Für die bloße Reportage (die in ihrer Art literarisch sein kann, aber es nicht sein muß) sorgt schon die Zeitung. Eine alte Selbstverständlichkeit muß wiederholt werden: Es ist zwar nicht ganz gleichgültig, worüber ein Buch geschrieben wird, entscheidend ist aber, wie es geschrieben wird.

Erstdruck/Druckgeschichte:
ED: *Berliner Börsen-Courier* v. 16. Mai 1933, S. 5 f. (Morgen-Ausgabe).
ND: GW 6/34-39.
Gezeichnet: Wolfgang Koeppen.
Belegstück im Nachlass.
Anmerkungen:
D. H. Clarke: Donald Henderson Clarke (1887-1958), amerikanischer Unterhaltungsschriftsteller (auf Dt.: *Louis Beretti*, Leipzig: Goldmann 1930) und Journalist.
Ruth die es nicht erwarten kann: im amerikanischen Original unter dem Titel *Impatient Virgin* 1931 erschienen. Verfilmt unter dem Titel THE IMPATIENT MAIDEN (USA 1932, R.: James Whale, P.: Carl Laemmle).
Rupert Hughes: (1872-1956), amerikanischer Romanautor, Theater- und Drehbuchautor (Oscar-Nominierung 1930 für die Filmerzählung zu THE PATENT LEATHER KID, USA 1927, R.: Alfred Santell; dt. Verleihtitel: DIE WELT IN FLAMMEN). Autor einer

dreibändigen Biographie über George Washington (1926-1930), 1942-1949 Präsident der antikommunistischen American Writers Association.

Margot Daniger: eigentlich Margot Salomon (1909-2006), Roman- und Heftchenautorin (u.a. *Beate fährt nach Monte Carlo*, Leipzig: Goldmann 1932; *Was sagen Sie zu Evelyn?*, Leipzig: Goldmann 1934; *Alle Tage etwas Sonne*, Leipzig: Goldmann 1935; *Ostseeblaue Ferientage*, Berlin: Amsel 1954; *Die geheimnisvolle Flaschenpost*, Hamburg: Boje 1955; *Jede Frau will einmal träumen*, Hamburg: Kelter 1968); emigrierte 1938 nach London, später zionistisch aktiv.

Winterkühle Hochzeitsreise: der Roman wurde 1952 ohne Wissen der in London lebenden Autorin verfilmt (ICH HAB MICH SO AN DICH GEWÖHNT, Dt. 1952, R.: Eduard von Borsody).

Joseph Delmont: eigentlich Josef Pollak (1873-1935), jüdisch-österreichischer Filmregisseur, Schauspieler und Drehbuchautor (u.a. WAS EIN WEIB VERMAG, Dt. 1916) und Sachbuchautor (*Wilde Tiere im Film. Erlebnisse aus meinen Filmaufnahmen in aller Welt*, Stuttgart 1925) und Romancier (u.a. *Die Stadt unter dem Meere*, Leipzig 1925; *Der Ritt auf dem Funken. Phantastischer Zukunftsroman*, Berlin 1928). Sein Buch *Juden in Ketten* (1926) wurde auf der nationalsozialistischen »Liste des schädlichen und unerwünschten Schrifttums« geführt und verboten.

Hans Possendorf: eigentlich Hans Mahner-Mons (1883-1956), deutscher Unterhaltungsschriftsteller (*Bux. Ein Zirkusroman*, Leipzig 1930; *Achtung! Geld ohne Arbeit!*, München 1931; *Sensationsprozeß Casilla*, Leipzig 1939). Sein Roman *Klettermaxe. Eine Berliner Kriminalgeschichte zwischen Kurfürstendamm und Scheunenviertel* (1927) wurde auf der nationalsozialistischen »Liste des schädlichen und unerwünschten Schrifttums« geführt und verboten.

Maria Gleit: eigentlich Herta Gleitsmann (1909-1981), deutsche neusachliche Schriftstellerin und Jugendbuchautorin (*Macht nichts, Barbara*, Basel/Berlin 1934; *Ein ganzes Mädel: was ein Mädel alles erleben kann*, Berlin 1935; *Streit um Rosel*, Berlin/Leipzig 1936) und Journalistin. Emigrierte 1936 in Schweiz, Frankreich,

Portugal, USA. Artikel für Leopold Schwarzschilds *Pariser Tageblatt*.
Editorischer Bericht:
Ästhetik: im ED »Aesthetik«
Ärger: im ED »Aerger«

[Nr. 167]
Paul-Ernst-Feier im Harnack-Haus

Im Harnack-Haus in Dahlem veranstaltete die Werkgemeinschaft für Wortkunst am Sonntagmittag eine dem Dichter Paul Ernst geweihte Feier. Kultusminister Dr. Rust, der am persönlichen Erscheinen verhindert war, ließ durch einen Vertreter ein paar Worte über die Verbundenheit des Verstorbenen mit dem nationalen Deutschland sprechen. Die Gedenkrede hielt Professor Walther Vogel. Auch er sprach von der Verbundenheit des Dichters mit seinem Volk. Eingehend schilderte er den oft schweren Weg, den Paul Ernst, ein Harzer Bergmannssohn, bis zum endlichen Ruhm hat gehen müssen. Und dann las Ernestine Münchheim mit ihrer starken, guten und jedes Wort noch einmal an seinen Platz setzenden Stimme die Erzählung »Der Tod des Conino« und den Dialog »Die Freiheit« aus den *Erdachten Gesprächen*. Die gerade Linie der kompromißlosen Kunst, die alle Schriften des Dichters auszeichnet, wurde noch in diesen Beispielen deutlich.

Erstdruck/Druckgeschichte:
ED: *Berliner Börsen-Courier* v. 23. Mai 1933, S. 6.
Gezeichnet: kn.
Kein Belegstück im Nachlass. Text durch das Verfasserkürzel identifiziert.

Anmerkungen:
Kultusminister Dr. Rust: Bernhard Rust (1883-1945), seit 1930 Reichstagsmandat für die NSDAP, 1933-1934 kommissarischer preußischer Kulturminister, 1934-1945 Reichsminister für Wissenschaft, Erziehung und Volksbildung.
Prof. Walther Vogel: (1880-1938), deutscher Historiker, ab 1921 ordentlicher Prof. f. Staatenkunde und Historische Geographie an der Friedrich-Wilhelms-Universität Berlin. 1933 Mitbegründer der Paul-Ernst-Gesellschaft.
Ernestine Münchheim: (1874-1934), deutsche Schauspielerin, Regisseurin und Schauspiellehrerin (Ernestine Münchheim Studio Berlin). Briefpartnerin Arthur Schnitzlers, Gerhart Hauptmanns und Thomas Manns.

[Nr. 168]
Das Leben geht weiter

Der Titel des vom S. Fischer Verlag, Berlin, besorgten Erstlingsromans von Hans Keilson soll den Leser mit der Unerbittlichkeit eines zeitlich bedingten Schicksals versöhnen, das dem Verfasser als Vorwurf für einen Gegenwartsroman vorgeschwebt haben mag. Hans Keilson schildert den unaufhaltsamen Niedergang eines Kleinstadt-Geschäfts, ohne den Leser darüber aufzuklären, wodurch der Zusammenbruch bedingt wird und warum er unaufhaltsam ist. Die Befangenheit in persönlichen Erlebnissen und nicht zuletzt der Einfluß einer Reportageliteratur, die sich mit dem äußeren Ablauf von Geschehnissen zufrieden gab, ohne deren inneres Wesen zu erhellen, scheinen hier die künstlerische Durchdringung eines maßgeblichen Milieus beeinträchtigt zu haben.

Der Verfasser erschwert dem Leser Unterhaltung und Verständnis in gleichem Maße, wie er sich selber die Arbeit erleichtert, wenn er sich einer undisziplinierten Sprache bedient, die im täglichen Umgang am Platze ist, in der schriftlichen Fixierung aber jeder Überzeugungskraft ermangeln kann, und wenn er in lose zusammenhängenden Szenen das Ereignis eines geschäftlichen Niederganges rekonstruiert, anstatt es darzustellen.

Happy-endlich entspricht es einer oft geübten und ebenso oft zur Wirkungslosigkeit verurteilten Reporterpraxis, die Schilderung eines unbefriedigenden Zustandes mit einer in ihrem Wesen kaum gekennzeichneten Demonstration zu beschließen und damit den organisierten Willen zur wirtschaftlichen Besserung als faktische Beseitigung der betreffenden Mißstände im Leben der Gemeinschaft und des Einzelnen hinzustellen und den Mangel an künstlerischer Gestaltungs- und Überzeugungskraft durch die Vorwegnahme einer praktischen Wirkung zu ersetzen.

Erstdruck/Druckgeschichte:
ED: *Berliner Börsen-Courier* v. 11. Juni 1933, S. 11.
Gezeichnet: -en.
Kein Belegstück im Nachlass. Text durch das Verfasserkürzel identifiziert.
Anmerkungen:
Hans Keilson: (1909-2011); widmete 1963 Koeppen sein Gedicht *Sprachwurzellos*: »Um die Geheimnisse / des Konjunktivs, / die Zeit der bunten Bälle, / mühte ich mich / vergebens, / an den Grachten / die neuen Freunde grüßend. / Und sie nennen mich Meneer. / Unter den Windseiten / der Brücken, / es war eine hohe Flut, / beim Grünspan der Türme, / im Keller das Volk der Asseln, / zerbrach die goldene Grammatik / der Korallen. / Barbara schrie. / Dames und Heeren – / also lernte ich ihre Sprache, / der Himmel darüber, / Hütspot und Bols, / wurzellos, / ein Pfad im Gekröse / der Zeltlager. /

Und weiß mich gedemütigt / in der Wollust / verdorrter Schriftzeichen.«

Das Leben geht weiter: Das letzte Debüt eines jüdischen Autors, das im S. Fischer Verlag während des Nationalsozialismus erscheinen konnte. Anfang 1934 verboten. Wiederauflage 1984 unter dem Titel: *Das Leben geht weiter. Eine Jugend in der Zwischenkriegszeit.*

kaum gekennzeichneten Demonstration: Keilson schrieb 1999 in seiner Rede zur Aufnahme in die Deutsche Akademie für Sprache und Dichtung über die Demonstrationsszene am Schluß seines Romans: »Oskar Loerke und Peter Suhrkamp [...] drängten auf eine Veränderung im Manuskript. Sie meinten, dass die geballten Fäuste beim Demonstrationszug im letzten Kapitel die Chancen des Romans bedrohten. Warum hatte ich diese revolutionäre Geste gewählt? Die Wohnung meines Elternhauses lag am Marktplatz direkt gegenüber vom Rathaus. Ich hatte dort die Aufzüge und Redner der beiden Parteien miterlebt. Ich sah Goebbels und hörte seine salbungsvoll beschwörende Stimme, wenn er zu den aus Berlin in Lastwagen angereisten SA-Männern sprach, und die eher schulmeisterliche Rednerattitüde von Ernst Torgler in seiner Ansprache an die ebenfalls aus Berlin nach Freienwalde verfrachteten ›Rotfrontkämpfer‹. Die geballten Fäuste waren nicht der Ausdruck meiner persönlichen politischen Einstellung. Vielleicht war diese Passage, wie ich es heute begreife, der einzige versteckte Ausdruck der Ohnmacht, eines hilflosen Protestes [...].«

Editorischer Bericht:

Überzeugungskraft: im ED »Ueberzeugungskraft«

[Nr. 169]
Alte und neue Novellen

Seit wenigen Wochen erscheinen in Deutschland wieder Novellen. Wenn dies kein Zufall, sondern ein Gesetz der Zeit sein sollte, wäre es ein Zeichen für ein stärker gewordenes Verlangen nach der literarischen Qualität. Die Novelle war immer eine Angelegenheit der Meister (Goethe, Hoffmann, die Romantiker, vor allem Kleist haben in Deutschland diesen Stil gepflegt) oder wenigstens eine Sache des Bemühens um die Meisterschaft. In den letzten Jahren schien die Gattung zugunsten der von den Magazinen gebrachten Kurzgeschichten zu verkümmern. Die Verleger weigerten sich fast ausschließlich eine Novelle zu veröffentlichen. Sie behaupteten, das Publikum wolle, wenn es überhaupt schon ein Buch kaufe, den dicken Roman. Vielleicht aber trauten sie auch ihren Autoren nicht. Sei dem, wie es gewesen sein mag; irgendwer muß sich in letzter Zeit zu einer anderen Meinung bekannt haben, der Verleger, der Autor oder das Publikum: es erscheinen wieder Novellen.

Es erscheinen alte und neue Novellen. Der Anfänger kann von den alten viel lernen. In der neuen billigen S. Fischer Bücherei (von der noch andere Bände hier besprochen werden) wird das fünfundneunzigste Tausend des *Tonio Kröger* von Thomas Mann aufgelegt und erscheint *Das Herz der Finsternis* von Joseph Conrad zum erstenmal in deutscher Sprache. Beide Werke sind im Sinne einer strengen und wohl überholten Wissenschaft von der Literatur überhaupt keine Novellen. Aber beide sind Meisterwerke der knappen Form: der *Tonio Kröger* in der Darlegung einer sehr diffizilen seelischen Existenz, *Das Herz der Finsternis* in der eindringlich erzählenden Schilderung eines vielleicht bedeutenden Mannes, der im Urwald am Ufer des Kongo sterben muß. Es zeugt von der Größe dieser Kunstwerke, daß sie uns heute noch erschüttern. Jahrzehnte nach ihrer Niederschrift und von einer Welt handelnd, die anders war als unsere ist, vermögen sie noch, weil sie eben Kunstwerke und nicht Berichte sind, so innig vom Erleiden des Lebens (und das ist immer dasselbe Leben) zu uns zu sprechen, daß wir uns angesprochen fühlen, daß wir plötzlich erkennen, daß wir das sind im Dschungel des Kongo oder am Hafenpier von Lübeck. So allgemein gültig kann nur eine Dichtung sein, nur ein Werk, das zwar erlitten, aber doch kühl und geradezu raffiniert gestaltet wurde.

Vielleicht sollte die junge Literatur eine Zeitlang wieder sich in Zucht nehmen und an die Tradition des Vergangenen anknüpfen. Es war vor Jahren Mode geworden, daß gerade in Fällen, wo eine neue wirklich durchbrechende Kraft nicht vorhanden war und das Urteil subjektiv wenigstens rechtfertigte, Schriftsteller vom Range Thomas Manns, die doch der vorläufige Endpunkt einer langen Entwicklung sind, als gute alte Onkels hingestellt wurden. Eine Revision dieser Anschauung scheint sich anzubahnen, und die neu erscheinenden Novellen könnten schon eine Folge dieses neuen Willens sein, nicht nur mitzuteilen, sondern auch und in erster Linie zu schreiben.

Bei Rowohlt veröffentlicht Annemarie Schwarzenbach eine *Lyrische Novelle*. Ob eine Novelle überhaupt lyrisch sein kann, scheint, trotz Rilkes *Kornett* fraglich. Annemarie Schwarzenbach meint »schmerzlich«, wobei der Schmerz allerdings von einer beschwingten Melancholie ist, die im Gefühl (aber nicht im Stil) dem Lyrischen verwandt. So lieben wenige, wie in dem Buch geliebt wird, aber für diese wenigen könnte die Novelle von der Gültigkeit des *Tonio Kröger* sein und das ist viel. Die *Lyrische Novelle* ist eine Schrift für junge Menschen, reizvoll auch dann noch, wenn sie etwas von der gläsernen Atmosphäre der Bars getrübt wird, in denen junge Mädchen Pernot trinken.

Auch Walter Erich Schäfer erscheint mit einer traurig gestimmten Novelle *Das Regimentsfest* (Engelhorns Nachf.). Der Held ist ein Hauptmann, der aus dem Kriege zurückkommt und nichts gelernt hat, als Soldat zu sein. Es ist die tragische Geschichte eines Einsamen, eines gänzlich Isolierten, der, nach dem Regimentsfest, nach dem Wiedersehen mit den Kameraden, die alle ihren bürgerlichen Stand gefunden haben, sich erschießt. Die Novelle soll wohl frieren machen, aber sie tut es nur einmal in dem Moment, da das Pferd den Hauptmann verläßt.

Von Conrad (und von Kipling) beeinflußt sind ein junger Deutscher und ein Engländer, die beide in der kleinen Fischer-Bibliothek erscheinen. Der Deutsche Kurt Heuser bringt drei Novellen in den Band *Buschkrieg* zusammen. Er hat mit Novellen (*Elfenbein für Felicitas*) zu schreiben angefangen und hat eine ganz besondere Begabung für diese Form, die ihm schon früh so Vorzügliches wie die *Wiederkehr der Amazonen* erreichen ließ. Auch der *Buschkrieg* fängt großartig an und bringt in knappstem Raum ein ganzes Drama und eine starke Spannung. Dichter aber und dichterischer ist die zweite Novelle des Bandes, ist *Der Termitenhügel*, unheimlich und von schicksalhafter Konsequenz. Der Engländer David Garnett erzählt (*Die Heuschrecken kommen*) die Geschichte eines Rekordfluges. Das Flugzeug stürzt in der mongolischen Wüste ab. Der einäugige Führer bleibt hilflos liegen, und die Heuschrecken, die in Schwärmen kommen, retten ihn vor dem Hungertod. In dieser Geschichte, so aufregend sie ist, scheint ein Bruch zu liegen, ein Wunsch, freundlich zu enden. Wenn nicht der Mann die Heuschrecken, sondern die Heuschrecken den Mann gefressen hätten, hätte das Thema sein in ihm liegendes Ende gefunden.

Erstdruck/Druckgeschichte:
ED: *Berliner Börsen-Courier* v. 26. Juni 1933, S. 2.
ND: *GW* 6/40-42.
Gezeichnet: Wolfgang Koeppen
Belegstück im Nachlass.
Anmerkungen:
Walter Erich Schäfer: (1901-1981), studierter Landwirt, Theaterdramaturg, Autor von Erzählungsbänden; während des NS v. a
Dramatiker (*Der Leutnant Vary*, 1941), NSDAP-Mitglied; nach 1945 Hörspielautor und Autor eines viel gespielten Zeitstückes über den 20. Juli 1944 (*Die Verschwörung*, 1949). Von 1949-1972 Generalintendant des Stuttgarter Staatstheaters.
Kurt Heuser: (1903-1975), Ausbildung zum Tropenlandwirt; von 1925-1931 Baumwollpflanzer in Portugiesisch-Ostafrika. Veröffentlichte Erzählungen und Romane v. a. aus dem Kolonialmilieu (*Elfenbein für Felicitas*, Berlin: S. Fischer 1928; *Reise ins Innere*, Berlin: S. Fischer 1931). Während des NS viel beschäftigter Drehbuchautor (u. a. LIEBE, TOD UND TEUFEL, Dt. 1934, R.: Heinz Hilpert; SCHLUSSAKKORD, Dt. 1936, R.: Detlef Sierck; CONDOTTIERI, Dt. 1937, R.: Luis Trenker; JOHANNISFEUER, Dt. 1939, R.: Arthur M. Rabenalt; OHM KRÜGER, Dt. 1941, R.: Hans Steinhoff; REMBRANDT, Dt. 1942, R.: Hans Steinhoff). In der Bundesrepublik viele Melodramen und Heimatfilme (UND EWIG SINGEN DIE WÄLDER, Dt. 1959, R.: Paul May).
David Garnett: (1892-1981), Buchhändler, Schriftsteller (*Lady into Fox*, 1922, dt.: *Meine Frau, die Füchsin*, Reinbek: rororo 1952; *A Man in the Zoo*, 1924, dt.: *Der Mann im Zoo*, Reinbek: rororo 1952), Mitglied der Bloomsbury Group.

[Nr. 170]
Die Lust am Fabulieren

Wer kennt sie nicht, die Lust am Fabulieren; wer schätzt sie nicht als flinke, wendige Waffe gegen eine Umwelt, die zuweilen nebeltriste, wabblig grau und rauchig niederdrückend ist? Da liegt man in schlaflosen Nächten und träumt sich fort aus unserer Wirklichkeit in eine andere, die in der Idee und im Mittel zwar nicht weniger wirklich, im Tatsächlichen aber doch unmöglich ist. Am Morgen z. B. erlebte man den Besuch eines unangenehm mächtigen Herrn; dick und eine übel qualmende Pfeife rauchend, störte er, das Zimmer mit seiner gewichtigen Freundlichkeit füllend. Wie schön wäre es nun gewesen, zaubern zu können! Man hätte sich in einen Tiger verwandelt oder in eine Brillenschlange (oder gar abwechselnd in beide) und aus knurrendem Maul oder züngelndem Rachen ein »Bitte nehmen Sie doch Platz, lieber Herr Doktor« gebrüllt oder gezischt, so daß der unangenehme Herr taumelnd und entsetzt und schreiend (gänzlich der Würde bar!) durch die endlos langen Gänge des Bürohauses, treppauf und treppab gerannt wäre – ein Spott der Meldepagen.

Zaubern zu können, das ist die Lust am Fabulieren! Da hat vor Jahren der Engländer Richard Hughes ein Buch geschrieben: *Ein Sturmwind von Jamaika*, und da es ein Erfolg wurde, sind die Sachverständigen aller Länder gekommen und haben ihre Brillen scharf gestellt und gesagt: Ein Meisterwerk der Kinderpsychologie! Und als ein Beispiel galt fortan die Anwendung der Freud- und Adlerschen Analyse in dieser Geschichte von den Kindern aus gutem Haus, die sich dem Milieu der Seeräuber so nett und so schnell anpassen. Richard Hughes aber hatte nur eine Geschichte schreiben wollen, die, da er ein Dichter ist und ohne daß dies seine Absicht gewesen, zufällig auch den Gesetzen der Seelenkunde entsprach.

Auf ein neues Werk dieses Dichters wartete man gespannt Jetzt ist es im Verlag S. Fischer deutsch erschienen (übersetzt von Käthe Rosenberg und lustig illustriert von George G. Kobbe), heißt *Das Walfischheim* und ist eine Sammlung ganz reizender und sehr moderner Märchen. Mal fangen sie wie »Es war einmal« an, und mal sind sie wie von Oscar Wilde, und immer scheinen sie höchst geheimnisvoll in ihrer völlig irren Art. Da hat sich einer an der Realität gerächt und stößt sie sehr selbstherrlich durch ein paar Worte um. Leute gibt es in dem Buch (sie haben zuviel inhaliert, sagt das kluge Mädchen, das in all den Geschichten vorkommt), die wachsen plötzlich so enorm, daß sie den Umfang ihres Hauses sprengen, und andere werden in Tiere verwandelt, und noch andere fliegen mit den Wolken mit oder machen, daß es dunkel wird, wenn sie auf den Füßen gehen, und strahlend hell, im Falle, daß sie kopfstehen. Diese erstaunlichen Vorgänge werden mit einer unerhörten Selbstverständlichkeit hingenommen. Als das kleine Mädchen einen unsichtbaren Briefträger bemerkt, heißt es von ihr: »Nun, dachte sie sehr vernünftig, ich nehme an, das wird ein unsichtbarer Briefträger sein, und er hat auch eine unsichtbare Uniform, aber aus Versehen hat er wohl die Dienstmütze von einem anderen Briefträger genommen.« An einer anderen Stelle reagiert der ahnungslos am Schreibtisch arbeitende Vater auf das plötzlich abnorme Wachsen der Kinder mit solcher Seelenruhe »Gott behüte, Kinder! sagte er, als er ihre Köpfe durch den Fußboden auftauchen sah. Was werdet ihr nächstens noch alles anstellen.«

Diese Dinge, die einfach als »Zauberei« in die Geschichte eingeführt werden (dieser Knopf war aber ein Zauberknopf, heißt es kurz und bündig), werden von Hughes weder erklärt noch begründet. Sie sind nur da und lösen sich am Ende denkbar simpel auf: »Dann entdeckte das kleine Mädchen auf einmal, daß sie zu Haus war und unter dem Küchentisch saß. Sie schlich sich dann leise wieder hinauf in ihr Bett, und glücklicherweise hörte sie niemand.« Das ist das Ende.

Diese Art, zu erzählen, entzückt. Sie ist ein frivoler Umgang mit dem Stofflichen, der an die beste Zeit der amerikanischen Filmgroteske (an die ersten Chaplin-Filme) erinnert, obwohl hier im literarischen Bereich die Aufhebung der irdischen Gesetze noch radikaler und auf eine spezifisch dichterische Weise amüsant vor sich geht. Es ist ein geheimnisvolles Buch, und wenn man nicht der Meinung wäre, daß hier ein Dichter rein aus Spaß zu solchen Fabeln sie aufgeschrieben hat, könnte man jedem dieser Märchen eine tiefere Bedeutung geben. Der kindliche Ton ist wieder (für die Begriffe der Erwachsenen) verblüffend getroffen, doch bleibt die Frage offen, ob diese Märchen für Kinder sind oder auch nur von Kindern handeln.

Erstdruck/Druckgeschichte:
ED: *Berliner Börsen-Courier* v. 2. Juli 1933, S. 15.
Gezeichnet: Wolfgang Koeppen.
Kein Belegstück im Nachlass.
Anmerkungen:
Richard Hughes: (1900-1976), britischer Romancier, Autor von Kunstmärchen und Europas erster Hörspielautor (*A Comedy of Danger*, BBC 1924).
Ein Sturmwind von Jamaica: Berlin: Reiss 1931; Neuübersetzung als *Ein Sturmwind auf Jamaica*, Berlin: Suhrkamp 1950.
Das Walfischheim: engl. *The Spider's Palace* (1931).

[Nr. 171]
Stefan George

Heute ist Stefan George 65 Jahre alt geworden. Ihn zu feiern ist schwer; ist beinahe so schwer und so selbstverständlich, wie es vor einem Jahr schwer und doch selbstverständlich war, Goethe zu feiern. George ist schon als Lebender zu einem überzeitlichen Begriff des Dichters geworden. Man kann Hölderlin sagen und George und dasselbe meinen: das deutsche Gedicht.

George ist mehr als ein poeta laureatus unseres Volkes. Kein berühmter Schriftsteller, dem der Lorbeer gereicht wird. Er ist, fern vom streitenden Auf und Ab jedes Literaturgetriebes, das Gewissen unserer Dichtung, der Hüter unserer Sprache, der Dichter, der das Wort am kühnsten und am zuchtvollsten bewahrt.

Man hat ihm vorgeworfen, er lebe auf einem elfenbeinernen Turm, schwer zu erreichen und in aristokratischer Isolierung. Man erkannte im Anfang nicht – von gewissen Formen des äußeren Bildes erschreckt, wie den kleinen Buchstaben und der Art der Publizierung, die sich bewußt zunächst an einen beschränkten Kreis wandte –, daß der Mann aus Bingen am Rhein, der Nachkomme der Weinbauern, nur dem Gesetz seiner Berufung Folge leistete. Die wirklich schöpferische Tat ist ihrem ganzen Wesen nach eine Sache der Einsamkeit. Der Einsamkeit, doch nicht der Isolierung, denn die vollbrachte Tat wird zum Gut des Volkes.

Sie wird es nicht ohne Bemühung. Die strenge Form des Georgeschen Gedichts befremdet zuerst den, der aus dem Alltag kommt. Erst wenn er gelernt hat, das Gedicht zu sprechen, geht das Verständnis ihm auf.

Zwei Schriften bemühen sich, das Verstehen zu erleichtern, das Werk zu deuten. Eine kleine Broschüre *Stefan George* von Henry von Heiseler (Georg D.W. Callwey Verlag, München) erklärt: »Die Einheit von Mensch und Schöpfer ist noch kaum je in einem anderen so sichtbar geworden, wie in George« und findet auf der Suche nach dem Ursprung dieser Persönlichkeit die Erklärung: »die Herkunft aus dem Volke, die glückliche germanisch-romanische Blutmischung und das Heranwachsen in rheinischer Landschaft und Kultur, auf einem Boden, wo Kirche und deutsches Kaisertum, Volkssage und Heldengesang, römische Überlieferung und innerhalb deutscher Vergangenheit und Gegenwart nicht eine historische Erinnerung bedeuten, sondern lebendig vor den Augen und in den Seelen fortwirken und sich weiterzeugen.«

Die andere Schrift *Die ersten Bücher Stefan Georges* von Eduard Lachmann (bei Georg Bondi in Berlin, dem George-Verlag) ist umfangreicher. »Eine Annäherung an das Werk« nennt Lachmann sie, und wirklich nähert er sich dem Werk nur mit aller Behutsamkeit eines Verehrenden. Diese Form der Deutung ist in so schwierigem Fall fruchtbar. Es wird der geistige Vorgang einer allmählichen Einfühlung geschildert. Der Leser kann den Weg des Autors mitgehen und zum selben Ziel gelangen.

Die ersten Bücher sind der Weg des Jünglings zum Mann. Im Anfang schreibt Lachmann: »Was anders denn Flügel begehrt der Jüngling, daß er sich hinaufschwinge!«, während es dem Ende zu heißt: »Er steht auf der Schwelle des Mannesalters. Viermal hat sich der Kreis von sieben Jahren gerundet, in welcher Spanne sich bei ihm ein Lebensumlauf zu vollenden scheint. Der Zeit nach ist das Jahr der Seele Ende der Jugend.« Und was dazwischen liegt, zwischen den ersten Hymnen und dem *Jahr der Seele*, wird bis in die Einzelheit jeder Zeile betrachtet. Es wird nicht eigentlich als ein

Aufbau, sondern als eine Ausbreitung geschildert. Der Dichter war mit dem ersten niedergeschriebenen Wort da, er verbreiterte sich nur. Die Verehrung Lachmanns duldet keine Stufen, keine Partien einer qualitativen Entwicklung: Die Verehrung geht so weit, daß die Sprache des Erklärers manchmal die Sprache des Meisters ist, z. B. wenn er von »einer großen volkhaften Stadt unseres Landes« spricht. Diese allzudichte Annäherung stört aber nicht. Daß hier einer in den Bann einer Macht geraten, ist ein Beweis für die Macht. »Neu rief einer die Quellen auf, und in seiner Tat schauen wir heute das offenbar gewordene, die Zukunft verbürgende Geheimnis, wie die deutsche Sprache sich immer wieder vom Ursprung her erneut: ihre und unseres Volkes ewige Jugend.«

Erstdruck/Druckgeschichte:
ED: *Berliner Börsen-Courier* v. 12. Juli 1933, S. 2.
ND: *GW* 6/43 ff.
Gezeichnet: Wolfgang Koeppen.
Belegstück im Nachlass.
Anmerkungen:
Henry von Heiseler: (1875-1928), neuklassischer Erzähler und Dramatiker (u. a. *Peter und Alexéj*, 1912; *Die Kinder Godunovs*, 1923; *Der junge Parzival*, 1923; *Die Nacht des Hirten*, 1923), Übersetzer a. d. Russ. (Puschkin, Leskov, Dostojewski, Turgenev, Tolstoi), Offizier; aus dt.-russ. Familie aus St. Petersburg stammend, kam er 1898 nach München; Anschluss an den George-Kreis. 1914 in Petersburg vom Weltkrieg überrascht, diente er zunächst im russischen Heer, dann in der Roten Armee. Flucht aus der Roten Armee 1922. Vater von Bernt von Heiseler.
Eduard Lachmann: (1891-1966), deutscher Jurist, Germanist und Schriftsteller (*Vier Jahre. Frontbericht eines Reiters*, Leipzig: List 1929; *Der Blutbaum*, München: Langen-Müller 1936); 1920-1939 Rechtsanwalt in Offenbach; dem George-Kreis nahestehend; seit 1933 Studium der Germanistik, 1939 Habilitation in Germanistik

an der Universität Frankfurt; Arbeiten u. a. über Schiller, Hölderlin, Hofmannsthal, Rilke, Trakl; seit 1953 Prof. für Deutsche Literaturwissenschaft an der Universität Innsbruck.
Editorischer Bericht:
Überlieferung: im ED »Ueberlieferung«

[Nr. 172]
Sommer am Thursee und der Riviera

Von Hans Richter erscheint im Ernst Rowohlt-Verlag ein Roman *Sommer am Thursee*. Von Richter sind in anderen Verlagen schon viele Romane erschienen, und der Autor besitzt Routine und eine leichte Hand. Sein neues Buch ist ein Buch für die Ferien, ein Sommerroman, der von jungen Menschen an einem herrlichen bayerischen See handelt. Die Geschichte im Schloß, die Darstellung der großindustriellen Familie, die Konflikte der Frau und die Gestalt des Berliner Regisseurs sind etwas zu typisiert, zu einfach gesehen. Aber die Schilderung des Lagerlebens auf der Insel, die Sportbegeisterung der Studenten und die tollen Wildwasserfahrten im Einer- und Zweier-Faltboot entschädigen in ihrer Lebensfreude und spielerischen Lust reichlich für den Mangel an psychologischer Durcharbeitung und Vertiefung des Stoffes.

Ein anderes Milieu, andere Menschen, eine andere Landschaft, aber doch auch einen Sommer und eine Natur, in die Menschen aus der Stadt geraten, schildert der Roman *Armer kleiner Bosko* von Geoffrey Moss (übersetzt von Margaret Heiden im Verlag Ullstein). Ein Oxford-Student will sich an der Riviera sein Brot mit Golf verdienen. Er hofft Sekretär eines Klubs und Lehrer dieses Sports zu werden. Tatsächlich aber wird er so etwas wie ein besserer Gigolo. Die Geschichte ist nett und zuweilen wie beiläufig erzählt. Ein leichtes literarisches Vergnügen für die Ferientage.

Erstdruck/Druckgeschichte:
ED: *Berliner Börsen-Courier* v. 16. Juli 1933, S. 11.
Gezeichnet: -en.
Kein Belegstück im Nachlass. Text durch das Verfasserkürzel identifiziert.
Anmerkungen:
Hans Richter: eigentlich Johannes Richter (1889-1941), weiteres Pseudonym: Maximilian Lahr; deutscher Schriftsteller (u. a. *Der Hüttenkönig*, Leipzig 1923; *Ozeania 3000 P. S.*, Berlin 1928; *Der Springer von Pontresina*, Berlin 1929; *Gefesselte Flut*, Berlin 1934; *Hier spricht Südost*, Leipzig 1936; *Buntes Afrika*, Berlin 1939; *Hochzeit in Mutarara*, Berlin 1940; *Quartier im Elsaß*, Berlin 1941; *Wache auf Dodoma*, Berlin 1943). Von 1933-1935 »Reichsführer« im Reichsverband Deutscher Schriftsteller (RDS). Mitunterzeichner des »Gelöbnis treuester Gefolgschaft« für Adolf Hitler vom 26. Oktober 1933.
Armer kleiner Bosko: im engl. Orig. *Little green Apples* (1930).
Geoffrey Moss: eigentlich Geoffrey McNeill-Moss (1885-1954), britischer Offizier und Schriftsteller (*Defeat. Short Stories*, 1924, dt.: *Die Niederlage*, Berlin 1926; Verfilmung durch D. W. Griffith: ISN'T LIFE WONDERFUL, USA 1924).
Editorischer Bericht:
Darstellung: im ED »Darstelung«
Mangel an psychologischer Durcharbeitung: im ED »Mangel an physiologischer Durcharbeitung«
Riviera: im ED »Rivieri«

[Nr. 173]
Fünfzig Jahre Ringelnatz

Am 7. August wird Joachim Ringelnatz fünfzig Jahre alt, und wenn man es erfährt, ist man überrascht, daß der Seemann Kuttel-Daddeldu überhaupt ein Alter hat. Man kennt ihn von der Kabarettbühne her, man kennt ihn in weiten Hosen hinter einer halb geleerten Flasche seine herrlich irr verspielten Lieder singend vom Meer, vom Wind und von den kleinen Hafenmädchen. Man kennt ihn aber auch als sozusagen seriösen Dichter, dessen Werk in zwölf Bänden vor uns liegt.

Erst waren es die Turngedichte der Simplizissimuszeit, grotesk und Morgensterns Galgenliedern verwandt. Dann kamen die Reisebriefe des Artisten, die Flugzeuggedanken, der Galgenhumor eines Mannes, der leicht gequält die Städte absolviert, die über ihn lachen wollen. Doch erst in den Gedichten des Bandes *Allerdings*, in den Kinderspiel- und den Kinderverwirrbüchern und jetzt in dem Geburtstagsbuch *103 Gedichte von Joachim Ringelnatz* (Rowohlt-Verlag) ist ganz der deutsche Lyriker, der Ringelnatz und im Grunde fern von aller Verkleidung ist, zu finden.

»Überall ist Wunderland. Überall ist Leben«, fängt der neue Band an. Und wirklich, wo Ringelnatz ist, ist Wunderland in jeder Zeile. Ein Dichter spielt mit der Welt und gibt ihr Bild verklärt und zart und traurig wieder. Seine Zartheit ist so, daß sie die derben Töne nicht verschmäht, und in seiner Melancholie zwinkert er vertraulich den Krähen zu. Das schönste Gedicht der Sammlung ist wohl das Lied *Manila* vom Sterben der Matrosen. Es bringt die schwere Sentimentalität des Logis vorm Mast an einem Regentag auf weiter Fahrt.

Manila

Als ein altes Tau durch derbe,
Doch verständniswarme Hände glitt,
Sagte eine Stimme: »Bob, ich sterbe,
Ehe Land in Sicht. Und du stirbst mit.«

Noch bevor die Stimme Antwort kriegte,
Kämpften sie: Vollschiff gegen Orkan.
Hatten oft gekämpft, bis eines siegte.
Und das andere war dann abgetan.

Nur ein Treibstück wurde aufgefunden.
Daran hingen kalt, erfroren, blau
Zwei alte Matrosen, angebunden
Mit einem alten Tau.

Erstdruck/Druckgeschichte:
ED: *Berliner Börsen-Courier* v. 6. August 1933, S. 10.
Gezeichnet: -n.
Kein Belegstück im Nachlass. Text durch das Verfasserkürzel identifiziert.
Anmerkungen:
Allerdings: zuerst Berlin: Rowohlt 1928.
Editorischer Bericht:
Überall: im ED »Ueberall«

[Nr. 174]
    Das alte Kap Horn

Im Jahre 1840 etwa veröffentlichte in Boston der Rechtsanwalt Richard Henry Dana sein Buch *Two Years before the Mast*, das sehr viel gelesen wurde, berechtigtes Aufsehen erregte und bald als das Standardwerk von der Segelschiffahrt und vom Leben der Matrosen angesehen wurde. Dana schildert die Abenteuer einer zwei Jahre langen Fahrt, die er als Matrose auf der Brigg »Pilgrim« mitgemacht hat. Er gibt nichts als einen überaus nüchternen Bericht, der bemüht ist, ohne Ausschmückung und ohne Weglassung, die Dinge so wieder zu geben, wie sie sich ereignet haben. Die Monate auf dem Meer, die Wochen an der Küste werden in ihrer ganzen Eintönigkeit und ohne jede Spur von Romantik beschrieben. Dennoch wirkt das Buch phantastisch, unheimlich und hintergründig wie ein Roman von Conrad. Das macht erstens die lange Zeit und zweitens das alte Kap Horn, die beide in dem Buch zu finden sind.

»Der 14. August 1834 war für die Brigg ›Pilgrim‹ als Segeltag festgesetzt.« So beginnt die Reise; und würde sie statt 1831 heute beginnen, dann wäre sie eine Fahrt von Hafen zu Hafen in Abständen von vierzehn Tagen höchstens, die nie um das Kap Horn, sondern durch den glatten Panama-Kanal nach Kalifornien gehen würde, und immer wäre die Zivilisation da, wäre ein Konsul zu erreichen und Post zu schicken und zu empfangen für einen jungen Seemann. Der Matrose Dana aber war ausgeliefert dem Schiff, dem Kapitän, der langen Reise. Die »Pilgrim« segelt aus dem Hafen von Boston geradezu in eine andere Welt. Von den Planken unter sich sieht die Besatzung die weißgrauen Segel über sich in einer Umgebung von Meer und Himmel. Und wenn sie ein anderes Schiff treffen, dann tauschen sie in komplizierten Zeremonien und eine Weile nebeneinander schaukelnd in langen Rufen ihre phantastische Zeit. »The Bashaw«, von Kanton nach Boston, hundertzehn Tage in See, verkündet das fremde Schiff, und die »Pilgrim« gibt ihre Daten ebenso gewissenhaft an. Während die Reise immer mehr dem Kap Horn sich nähert und dort ein Hexensabbat wird aus Sturm, hohen Seen, Eisbergen, Elmsfeuern, unendlichen Nachtwachen und alles durchdringender Nässe. »Am Ende des dritten Tages war das Eis wieder mal sehr dick, und eine Nebelbank hüllte das Schiff ein. Es wehte ein gewaltiger Sturm aus Osten mit Hagel und Schnee. Alles deutete auf eine gefährliche und anstrengende Nacht hin. Gegen Abend rief der Kapitän alle Mann achteraus und verbot, daß irgend jemand während der Nacht unter Deck ging, da die Gefahr so groß und das Schiff jeden Augenblick auf einen Eisberg auflaufen konnte. Niemand konnte sagen, ob wir am nächsten Morgen noch ein Schiff unter den Füßen hatten.« Und so ist es täglich, und so wird es beschrieben von einem Mann, dem jede Phantasie fehlt, um aufzuschneiden.

Das war das Leben der Matrosen. Ein Leben, dem nicht mal eine Entschädigung für all die Unbill winkte. Sie standen an Bord unter strengster Disziplin, die bis zum Verprügeltwerden ging, bekamen schlecht zu essen und durften in den Häfen, die als überaus langweilig und bar jeder Hafenromantik geschildert werden, höchstens an jedem zweiten Sonntag für wenige Stunden an Land gehen. Und doch waren diese Leute Seemänner mit Leib und Seele! Sie waren Verzauberte der Segel. Wenn nach zwei Jahren der Qual abgemustert wurde, war die »Pilgrim« das schönste Schiff der Welt, der Kapitän der beste Mann, deren Lob auf der nächsten Reise auf dem nächsten Schiff gesungen wurde.

Merkwürdigerweise ist das Buch von Dana erst heute deutsch erschienen, (*Zwei Jahre vorm Mast*, übersetzt von Kapitän Wilhelm Hens, Deutsche Verlagsgesellschaft Berlin). Im Grunde zu spät. Die Segelschiffe fahren nicht mehr.

Aber als ein Bild der Zeit, da sie noch segelten, sind die *Zwei Jahre vorm Mast* zu einem kulturhistorischen Dokument geworden. Die grausame Realität des Textes vereint sich mit den vielen Bildern des Buches von schmucken Yachten unter vollen Segeln zu dem von Conrad gezeichneten Bild der Kapitäne, Steuerleute und Matrosen, die in einemfort die See hassen und lieben.

Erstdruck/Druckgeschichte:
ED: *Berliner Börsen-Courier* v. 13. August 1933, S. 2.
Gezeichnet: Kn.
Belegstück im Nachlass.
Anmerkungen:
Richard Henry Dana: eigentl. Richard Henry Dana, Jr. (1815-1882), Sohn einer Politikerdynastie aus Cambridge, Mass.; unterbricht sein Jurastudium an der Harvard Law School, um für zwei Jahre zur See zu fahren. Nach seiner Rückkehr Tätigkeit als Anwalt und Politiker. Engagiert in der Antisklaverei-Bewegung. 1861 zum Bundesstaatsanwalt von Massachusetts ernannt.
Editorischer Bericht:
Dana: im ED »Pilgrim«

[Nr. 175]
Die Gabe, zu gestalten

Es erscheinen und werden den Redaktionen zur Besprechung zugeschickt in einem Band von hundertdreiundzwanzig Seiten, klar gedruckt und schön gebunden, *Ketzerische Zeitgedichte* von Lisa Witte. Der Verlag heißt Feder-Verlag. Es wäre darüber keine Zeile zu verlieren, wenn der Fall nicht auf seine Art rührend und ärgerlich zugleich wäre, und wenn nicht zu fürchten bliebe, daß auch noch andere dem

Irrtum, nationales Gefühl sei auch schon dichterisches Empfinden, zum Opfer fallen könnten.

Nach der Lektüre der *Ketzerischen Zeitgedichte* ist zunächst und um einem möglichen Mißverständnis vorzubeugen, zu erklären, daß Lisa Witte keine Konjunkturritterin und keine geschäftige Fabrikantin von nationalen Liedern ist. An ihrer Vaterlandsliebe, an ihrem Gefühl für Deutschland und das deutsche Volk zu zweifeln, scheint unerlaubt. Sie ist sicher ein sehr anständiger und in jeder Weise zu achtender Mensch. Hier aber gibt sie sich als Dichterin und tritt auf literarischen Boden vor die Öffentlichkeit mit einem Anspruch und einem Selbstbewußtsein, die einfach erschüttern. In dem »Vorspruch« des Bandes, der beginnt »An meiner Wiege stand eine Fei« (und dies, damit sich auf die »Fei« ein »Schrei« reimen kann), heißt es: »Da bot ein Gott als Ausgleich mir die Gabe, zu gestalten«. Alles mag ihr ein Gott geboten haben, aber gerade diese Gabe zu gestalten, hat er ihr versagt. Es hilft ihr nichts, daß sie sich in die Pose des verkannten Genies begibt (»Ich weiß: Verleger sind die Richter, ob ich Dichter bin«.), daß sie sich zu einem Praeceptor Germaniae erhebt und Glossen »Zur Wirtschaftskrise«, »Zur Fremdwörterei«, »Laiengedanken zur Strafrechtsreform«, »Zur modernen Erziehung« und der »Kreditmoral« zusammenreimt. Es hilft ihr nichts. Sie entfernt sich nur immer weiter von dem Dichtertum, das sie erstrebt. Schon die Titel töten das Gedicht, das dann nicht kommt.

Das Buch ist eine Kuriosität. Eine traurige Kuriosität. Man kann nicht darüber lachen. Ein gutes, reines Gefühl verirrt sich, ohne berufen zu sein, in das Reich der Kunst und wird dort schrecklich verwandelt.

Die Gabe, zu gestalten, im Gedicht zu sagen, was er empfindet, ist einem wirklichen Dichter gegeben worden: Ludwig Friedrich Barthel. Von ihm, der die *Antigone* des Sophokles in einer sehr strengen und dem Griechischen sehr nahen Weise übersetzte, sind jetzt zwei schmale Bände Lyrik erschienen. *Gedichte der Landschaft* im Wolfgang Jess Verlag in Dresden und *Gedichte der Versöhnung* bei Rainer Wunderlich in Tübingen.

Die Ewigkeit und die Endgültigkeit sind in den Gedichten Barthels. Man kann von ihnen sagen, daß sie unvergänglich sind, reif und schwer. Nach Hölderlin hat wohl nur noch George so schön das Hymnische in der deutschen Sprache erfaßt. Die Tiefe des Gedankens und der Bau des Gedichts vereinen sich bei ihm zu einem reinen, makellosen Kunstwerk. Wie wahrhaft großartig beginnt zum Beispiel das *Gespräch Jenseits*:

Einmal kommst du dort drüben
Wo die Toten sind,
einen Weg durch den Schlaf her,
suchend, als seiest du blind,

hast um die Stirne Wolken
und dein Haar ist wie Gräser feucht,
in den Augen drinnen
bist du wund von Geleucht.

Wie ist das in einem höchsten Sinn deutsch! Der Dichter ist den Dingen und den Wesen so nah, daß er beinahe schon in ihnen ist. In der fest geschlossenen Form des Gedichts *Schatten* zeigt er an einem einfachen Beispiel das Elend und das Unrecht in der Welt in seiner ganzen erschütternden Problematik. Während das Gedicht *Vermählung*, das wir heute am Ende unserer Literaturbeilage nachdrucken, von einer beispielhaft zarten Keuschheit des Empfindens ist.

Erstdruck/Druckgeschichte:
ED: *Berliner Börsen-Courier* v. 31. August 1933, S. 7.
Gezeichnet: Wolfgang Koeppen.
Belegstück im Nachlass.
Anmerkungen:
Erschienen in der Rubrik »Die Literatur«.
Ketzerische Zeitgedichte: Untertitel: »Bruchstücke eines Deutschenspiegels« (Berlin: Winckelmann & Söhne: jetzt: Federverlag 1932)
Ludwig Friedrich Barthel: (1898-1962), Archivrat im Bayerischen Staatsarchiv München, neuromantischer Naturlyriker und Erzähler, der seit dem Lyrikband *Dem inneren Vaterlande* (Tübingen Wunderlich 1933) und *Tannenberg. Ruf und Requiem* (Jena: Diederichs 1934) vom führenden NS-Literaturgeschichtler Hellmuth Langenbucher in *Volkhafte Dichtung der Zeit* (Berlin: Junker & Dünnhaupt 1937) zum Kanon der nationalsozialistischen Lyrik gezählt wurde.
Vermählung: »Aus der Erde kommt es / und jede dunkle Scholle hat es. / Nicht Blume und Gras. / Die sind im Auge. / Was aber in diesen frühesten Stunden / des Jahres anfängt, wohnt wie in Brunnen / den Augen zu tief // Die Menschen sagen, das Wort sei Fleisch / geworden. So etwa geschieht's, daß inmitten / von Dir und vom Acker das gleiche beginnt und / wie mit Händen, die leis tun, als seien sie / Schatten und wandelten übereinander, / von innen sich anlangt. // Aus Erde kommt es / und jede dunkle Scholle hat es. // Aus der Seele kommt es / und jeder dunkel Liebende hat es. // Es kommt aus Gott / und jede Scholle / und jeder dunkel Liebende hat ihn ganz.«
Editorischer Bericht:
Öffentlichkeit: im ED »Oeffentlichkeit«
Die Ewigkeit und die Endgültigkeit sind: im ED »Die Ewigkeit und die Endgültigkeit ist«

[Nr. 176]
Der letzte Inflationsroman

Im Ernst Rowohlt-Verlag ist vor kurzem der letzte Inflationsroman erschienen. Er heißt wie eine Sensationsblattschlagzeile *Verurteilt zum Leben* und ist von einem neuen Namen Johann Rabener zum Teil mit einer solchen kalten Fertigkeit geschrieben, daß man vermuten könnte, Johann Rabener sei ein alter Verfasser. Überdies ist das Buch dick wie ein Bündel von Tausendmarkscheinen, wie man sie 1923 zum Bezahlen einer Tasse Kaffee brauchte.

In Berlin erregte einmal der Prozeß gegen einen Muttermörder Aufsehen. Die Gestalt dieses Mörders ist der Held des Romans. Das Vorher der Tat (mit der das Buch schließt) wird in ausführlichster Erzählung psychologisch zu deuten versucht, das eigenartige Mutter-Sohn-Verhältnis in seinem maßlosen Haß und seiner grotesken Liebe vielfältig dargestellt. Ein großer Schriftsteller hätte vielleicht das Thema bewältigen und uns mit diesem besonderen Fall der Not eines jungen Menschen in unserer Zeit rühren können. Rabener dagegen schreibt Kolportage oder unendliche Haßgesänge in der Komposition eines Familienzwistes. Das Buch ist in keiner Weise hintergründig. Mutter und Sohn zerfleischen sich, während der Leser ungefesselt keinen tieferen Sinn in diesen Szenen finden kann.

Dennoch ist Rabener nicht unbegabt. In dem Band gibt es eine Nebenfigur, einen Herrn Alapin, einen Devisenspekulanten, der als literarische Person gelungen und großartig ist. Der eigentlich dumme, gehetzte Lauf dieses leeren Lebens wird in übersteigerter Geste und hitziger Rede zu beinahe schicksalhaftem Verhängnis.

Erstdruck/Druckgeschichte:
ED: *Berliner Börsen-Courier* v. 14. September 1933, S. 6.
Gezeichnet: kn.
Kein Belegstück im Nachlass. Text durch das Verfasserkürzel identifiziert.
Anmerkungen:
Erschienen im Ressort »Die Literatur«.
Verurteilt zum Leben: Thomas Mann an Elias Canetti v. 14. November 1935: »der begabte Erstling des J. R.«.
Johann Rabener: (1909 – ??), in verschiedenen Berufen tätig, 1932/33 zwei Texte im *Uhu*; *Verurteilt zum Leben* wurde schon 1934 ins Englische übersetzt (*Condemned to Live*, London: Boriswood 1934). noch im selben Jahr, in dem sein zweiter Roman *Denn ich bin ein Mensch gewesen* (Berlin: Rowohlt 1935) erschien, ging R. vermutlich ins Exil; veröffentlichte noch den (von Geoffrey Dunlop aus dem Deutschen ins Englische übersetzten) Roman *Please don't smile* (London: Boriswood 1936). Danach verliert sich seine Spur.
Editorischer Bericht:
Überdies: im ED »Ueberdies«

[Nr. 177]
Vom Beruf des Schriftstellers

In einem seiner Chansons schildert Wedekind, der es ja wissen mußte, im Refrain den Schriftsteller seiner Zeit vor dem Krieg als einen Mann, der dem Broterwerb nachgeht »mit ausgefransten Hosen«. Dieser Schriftsteller war der letzte Bohemien Schwabinger Prägung, eine im Haar etwas verwilderte, aber im Grunde doch sehr liebenswerte Erscheinung. Sein Berufsgenosse, der nachher kam, bemühte sich schon um ein mehr korrekt bürgerliches Aussehen und schmückte sich zuweilen mit Bügelfalten von tief symbolischer Schärfe.

Es soll hier aber von dem jungen Schriftsteller die Rede sein, von dem werdenden Schriftsteller in dieser Zeit. Die Regierung im Dritten Reich, die den Wert des Berufsstandes der Autoren für das geistige Leben der Nation zweifellos erkannt hat, bemüht sich, den Beruf in Fachschaften, Gruppen und Verbänden zu ordnen und die Existenz seiner Mitglieder finanziell nach Möglichkeit sicherzustellen. Der Beruf des Schriftstellers ist in seinen Anfängen immer mehr eine Berufung als ein Beruf. Die ganze Problematik der Frage läßt sich mit der Feststellung aufreißen, daß noch nie ein Vater erfreut war, wenn sein Sohn ihm eines Tages mitteilte, er wolle Schriftsteller werden. Schriftsteller? Du lieber Gott, dann doch lieber gleich Zigeuner – das war und ist die Meinung, obwohl es sich doch um kein unehrliches Gewerbe handelt.

Es handelt sich eben um überhaupt kein Gewerbe. Wenn einer Apotheker werden will oder Dachdecker, dann läßt sich mit einer gewissen Wahrscheinlichkeit voraussagen, daß der junge Mann in einer bestimmten Anzahl von Jahren ein Dachdecker oder ein Apotheker zumindest von der Mittelmäßigkeit der anderen Dachdecker oder Apotheker sein wird. Der Jüngling, der Schriftsteller zu werden wünscht, geht aber einen Weg ins Dunkel und muß dem Zufall vertrauen.

Gewiß, es gibt Dilettanten! Labile Minderwertige, die den Ruhm suchen und sich berufen glauben. Ihr Fall soll ununtersucht bleiben. Ihr Fall kann aber nicht unerwähnt bleiben, weil sie das schreckende Gegenbeispiel sind, das dem jungen Begabten vor Augen geführt wird. Willst du ein Schmarotzer werden, heißt es, ein Mann der Kaffeehausterrassen, der größenwahnsinnigen Gesten, der, wenn er Glück hat, mit einem kleinen Erbe hinter dem Ladentisch einer Provinzpapierhandlung endet?

So wird dem jungen Mann, der Schriftsteller werden will
von außen weder Hilfe noch Anerkennung zuteil. Niemand
wird sich um ihn kümmern. Er wird den üblichen Weg ge
hen von der kleinen Stadt in die Hauptstadt, er wird das Ide
al einer Boheme suchen, einer Schicksalsgemeinschaft jun
ger Künstler, die es schon lange nur noch im Zerrbild eines
niederen Nachtlokalbetriebes gibt, er wird enttäuscht in ei
nem kleinen Hinterzimmer in Charlottenburg sitzen und
wird durchhalten oder nicht. Erst nach dem ersten Werk
wenn es erschienen und wenn es anerkannt wird, ist man
Schriftsteller. Der Lernende gilt hier nicht mehr als ein ar
mer Irrer.

Aber, wird man fragen, warum wird der junge Schriftsteller
nicht dennoch Anwalt oder Dachdecker und schreibt, wenn
er schreiben will, wenn er schreiben muß, in den Stunden ne
ben seiner Arbeit seine ersten Werke und bleibt solange An
walt oder Dachdecker, bis die Welt ihn auch als Schriftstel
ler anerkennt? Er braucht dann nicht zu hungern, nicht von
Enttäuschungen zu leben und kann sich hinter ein ordent
liches bürgerliches Ansehen mit seinem im Anfang fragwür
digen Künstlertum verstecken. Es ist die Frage des bürger
lichen Berufs neben der Kunst, die auftaucht.

Eine Frage, die jeder vernünftige Mensch bejahen wird, nur
der, der sie gewissermaßen am eigenen Leibe erfahren soll,
nicht. Es ist die Zeit, die dem entgegensteht. Ein Hans Sachs
verfügte über Muße. Noch Richard Dehmel stand nicht
direkt im Joch, wenn es ihn auch schon bitter drückte. Es
gibt heute in der Welt des schwersten Existenzkampfes
und der schärfsten Konkurrenz der Arbeitskräfte unterein
ander wohl keinen Beruf, der nicht von seinem Träger die
restloseste Kraft verlangt. Ein Träumer auf dem Büroschel
mel, der nur mechanisch dort acht Stunden lang sich sein
Brot verdient, ist heute undenkbar. Er würde nach einem
Monat seinen Platz an einen Tüchtigeren abgeben müssen.

Der Schriftsteller also im bürgerlichen Beruf müsste sich abarbeiten, sich völlig ausgeben, so daß ihm kaum noch die Fähigkeit zu der persönlichen und dann meist nächtlichen Leistung bleiben würde. Ganz davon abgesehen, daß jeder bürgerliche Beruf schwierige Vorbereitungen und private Übung und Weiterbildung verlangt. Der Beruf des Schriftstellers aber verlangt die Übung auch. Es ist ja nicht so (und es ist eine billige Vorstellung), daß der Schriftsteller der Geniale ist, der sich die Haare rauft um dann in kühnem Schwung und auf den ersten Anhieb hin das unsterbliche Werk zu Papier zu bringen. Wissen wir doch von Flaubert, um einen der größten Romanciers zu nennen, daß er einen Tag brauchte, um eine Seite zu füllen, und daß der Feilungen, der Durchstreichungen, der Änderungen und des neuen Anfangs kein Ende war. Der Schriftsteller im bürgerlichen Beruf wird seinen Arbeitgeber nicht zufriedenstellen, da, wenn er nicht wirklich ein Schriftsteller ist, seine schriftstellerische Arbeit ihn beschäftigt und der bürgerliche Broterwerb nur als Störung empfunden wird.

Eine glückliche Lösung des Problems, dem jungen Schriftsteller zu helfen, ist vielleicht der Ausweg, den man in Frankreich versucht hat. Dort wird eine ganze Anzahl von jungen Autoren im diplomatischen Dienst beschäftigt. Eine Tätigkeit, die ihnen offenbar Zeit läßt und ihnen gut bekommt, denn es sind schon viele literarische Berühmtheiten aus den Büros der Gesandtschaften und des Außenministeriums hervorgegangen.

Wenn der bürgerliche Beruf nun der Entwicklung des Schriftstellers im Wege ist, warum, meint man dann, verdient der junge Mann, der schreiben will, sich nicht durch das Schreiben von Artikeln für Zeitungen und Zeitschriften sein Brot?

Er verdient es sich. Das Artikelschreiben, der Journalismus, ist meist der Ausweg. Er ist ein Ausweg, der dem Schriftsteller die Mittel gibt, zu leben. Überdies ist er eine Gefahr Nicht jeder Schriftsteller ist ein Journalist. Ein Buch zu schreiben ist eine Sache anderer Art, als das Verfassen eines Artikels. Nicht daß das Letztere geringer zu achten wäre als das andere. Ein guter Artikel ist eine genau so schwierige Sache wie ein gutes Buch. Aber es ist die Gefahr der Handfertigkeit, der Glätte, der Fixigkeit, des Abgeschliffenwerdens, des Vielschreibenmüssens, der Abhängigkeit vom Tag mit seinen Ablenkungen, die den Schriftsteller im Journalismus bedroht. In einer Zeitung muß der Schriftsteller sein Thema anders behandeln. Er muß Stellung nehmen, eine Meinung haben, wo er im Buch vielleicht nur tiefste und zurückhaltendste Skepsis kundtun würde. Das Buch stellt den Autor lange nicht so nackt vor den Leser wie es ein Aufsatz tut. Ein Roman kann eine Angelegenheit der Scham sein. Ein Artikel kann das nur sehr selten sein. Der Schriftsteller kann vom Journalismus verschluckt werden. Er kann im dauernden Sprungbereitsein, in der ewigen Erwartung des Ereignisses, das ihn zwingt, sofort zu schreiben, die Hemmung zu verlieren, zu gestalten. Es ist sehr die Frage, ja es ist unwahrscheinlich, daß in den Dingen der Kunst der ungehemmte Mensch der wertvollere ist. Alle Zeugnisse sprechen dafür, daß das Werk immer ein großes Ringen mit dem Stoff und mit der Form gewesen ist. Die wenigsten der großen Schriftsteller haben die gerühmte leichte Hand besessen.

Der bürgerliche Beruf ist eine Bedrückung, der journalistische birgt eine Gefahr. Das tägliche Brot zu erwerben wird immer schwieriger. Ein Leben der Boheme ist nicht mehr möglich. Der junge Schriftsteller (vorausgesetzt, er ist einer!) steht in einer harten und kämpfenden Welt, die er hart und kämpfend erlebt. Was soll er tun, um nicht unterzugehen und um das Aufschreiben zu können, was er fühlt? Die Frage ist nicht zu lösen. Sie ist so wenig zu lösen, daß man sie im Anblick unseres Jahrhunderts nur so beantworten kann: Er soll ein Soldat sein!

Erstdruck/Druckgeschichte:
ED: *Berliner Börsen-Courier* v. 19. September 1933, S. 7.
ND: *GW* 6/46-49.
Gezeichnet: Kn.
Belegstück im Nachlass.
Anmerkungen:
mit ausgefransten Hosen: Zitat aus der *Schriftstellerhymne* (aus: *Franziska – Ein modernes Mysterium in fünf Akten*, 1911): »Der Schriftsteller geht dem Broterwerb nach, / Mit ausgefransten Hosen. / Er schläft sieben Treppen hoch unterm Dach, / Mit ausgefransten Hosen. / Schöner, grüner, / Schöner, grüner Lorbeerzweig, der dich neckt / Und die Stirn bedeckt, wenn der Lump verreckt, / Mit ausgefransten Hosen. // [...]«
Editorischer Bericht:
Änderungen: im ED »Ueber«

[Nr. 178]
Joseph Conrad

»Trost, Furcht, Reiz und auch die Wahrheit«.

Wir wissen von ihm, daß er der Sohn eines ukrainischen Adligen und ein Pole war, bevor er zur See ging und ein Engländer und ein Dichter wurde. Er verfaßte seine Bücher, deren erstes dank der Vermittlung von Galsworthy im Todesjahr von Stevenson erschien, in der englischen Sprache, von der er bis zu seinem 17. Jahr überhaupt kein Wort gekannt hatte. Er war 37 Jahre alt, als er das Leben eines Schiffskapitäns in den ostasiatischen Gewässern aufgab, um die Existenz eines Schriftstellers zu führen. Er bemühte sich von Anfang an um einen aristokratisch-distanzierten und ausgesprochen britisch-westlichen Stil, um eine kühle Form, die einem Charakter dostojewskischer Art (der aber auch den leidenschaftlichen Jünglingen Stendhals verwandt war) die Haltung des literarischen Ausdrucks zu geben hatte. Joseph Conrad wurde ein Meister des inneren Abenteuers.

Des inneren Abenteuers, dem das äußere die Wege des Verständnisses ebnete. Man kann von Conrad nur mit der Liebe des Lesers sprechen. Als Kind waren es die Seegeschichten, die man verschlang, waren es Gerstäcker und der Kapitän Marryat. Und dann kam eine Zeit, während der man sich sehnte, noch einmal so lesen zu können, so aus der Welt des eigenen Zimmers gerissen von der Geschichte, so erregt und gespannt eine ganze Nacht lang. Wohl jeder hat zuerst von Conrad als von einem Mann gehört, der Erzählungen geschrieben, die auf Schiffen spielen. Und jeder hat wohl als ersten Conrad eins dieser Seebücher gelesen, wie *Taifun*, wie *Die Schattenlinie*, wie den *Nigger vom Narcissus*. Aber was für seltsame Schiffe waren das und welch ein unergründliches Meer! Die reiche, immer sehr bewegte Fabel der Geschichte wurde völlig gebannt oder mehr noch eingefangen von der großen, alles Menschliche umfassenden Dichtung tief unter und weit hinter ihr.

In jedem Satz von Conrad ist die ganze Welt. Es ist nicht seine schriftstellerische Fertigkeit, die dies zu Wege bringt (obwohl jedes seiner Werke am Schreibtisch erarbeitet wurde), sondern etwas, das aus ihm fließt und dann eben da ist. Wenn er im *Goldenen Pfeil* (einer wunderbar »heftigen« Schilderung der Liebe) eine Straße die Straße der Konsulate nennt, dann liest sich dies nicht ein einzigesmal wie billige Symbolik, sondern die Straße ist aus der gewöhnlichen Welt gehoben, sie ist exterritorial und was in ihr geschieht, ist in geistiger Hinsicht eindeutig und unbedingt.

Genau so verhält es sich mit dem Boulevard des philosophes eines imaginären Genf in dem neuen Band, der in der Reihe der deutschen Conrad-Ausgabe bei S. Fischer erscheint. Der

Roman heißt *Mit den Augen des Westens*. Er erinnert an die finstere Geschichte des »Geheimagenten«. Dort erledigte sich das Schicksal eines Polizeispitzels und hier das eines Mannes, dem dieses Schicksal wider seinen Willen zuteil wird. In beiden Büchern ist das Rußland der Autokratie und der Verschwörungen mit den Augen des Westens gesehen. Ein eigenartiger Fall! Der Dichter geht so weit, in diesem Band als Engländer (als englischer Sprachlehrer!), der die Verhältnisse in Rußland neutral konstatiert, wenn er sie auch nicht begreifen kann, den Leser direkt anzusprechen. Während er doch die russische Existenz seines Helden aus einer sehr intimen (und um so stärker sich vor ihr wehrenden) Kenntnis heraus gestaltet. Einfach ist die Geschichte, die einem in Rußland (aber, Gott sei Dank, nicht in England!) das Leben vernichten kann: man findet einen politischen Mörder in seinem Zimmer, der einem unbegreiflicherweise sein Vertrauen schenkt, man zeigt ihn an – und ist der Obrigkeit verdächtig und ist ein Verräter in der Auffassung der Revolutionäre. Vom ersten Kapitel des Romans an gab es für seinen Helden keine Hoffnung mehr. Er hetzt sich in Abgründe des Hasses und der Reue dem Ende zu. Umgeben von den Verschwörergestalten des »Kleinen Rußland« in Genf und gesehen eben »mit den Augen des Westens«.

Erstdruck/Druckgeschichte:
ED: *Berliner Börsen-Courier* v. 21. September 1933, S. 6.
ND: *GW* 6/50f.
Gezeichnet: Wolfgang Koeppen.
Belegstück im Nachlass.
Anmerkungen:
Erschienen in der Rubrik »Die Literatur«.

[Nr. 179]
Unendlich weit ist die Welt

Unendlich weit ist die Welt. Sie ist hoch, ist tief und ist unergründlich; und sie ist unendlich hell und kann unsagbar dunkel sein. Das Wissen und das Erbe der Jahrtausende sind im Menschen bewahrt, und doch vermag der Mensch jung zu sein und sich zu freuen wie am ersten Tag. Die Freude und die Trauer, die Hoffnung und die Furcht, die unendliche Weite der Welt – auch heute wird sie erlebt, empfunden, bedacht und aufgeschrieben in den Büchern.

Da ist der Dichter Heinrich Hauser. Er ist mit den »letzten Segelschiffen« gereist, hat das »Schwarze Revier« der Kohle und des Eisens durchstreift und ist die »Feldwege nach Chicago« gegangen. Ein Dichter, der Reportagen schreibt. Ein Mann, der gute Augen hat und der die Welt mit seinen guten Augen so sehr als neues Land sieht, so tief als unerforschtes Gebiet empfindet und so freudig als gottgegebene Aufgabe nimmt, daß er, ein Mann eben, dem Wunsch, diese Welt zu bereisen und sie zu beschreiben, gar nicht widerstehen kann. Jetzt hat er die Höhe entdeckt, die Luft und das Fliegen, ein neues Abenteuer, eine neue Welt, die er in dem Buch *Ein Mann lernt fliegen* (bei S. Fischer erschienen und mit 79 Bildern versehen) schildert.

Zweiundzwanzig Flugstunden und die Überland- und Höhenflüge, die zum Examen nötig sind, werden beschrieben. Der Dichter ist begeistert! Das Erlebnis ist ungeheuer! Er spricht zunächst nur von ihm. »Das Erlebnis: Maschine«, »Das Erlebnis: Start«, »Das Erlebnis: Landen« – so lauten die Überschriften der Kapitel. Dabei ist das Fliegenlernen, wie der Leser aus dem Buch lernt, wahrhaftig keine einfache Sache. Die Kitzlichkeit des ersten Alleinflugs, der Zustand des »Beinahe abgeschmiert«, die Angst, wenn die Maschine überzogen wurde und dem Steuer nicht mehr gehorcht, und das Gefühl der erhabenen Einsamkeit beim obligatorischen Höhenflug über den Wolken werden so »wahr« erzählt, daß einem das Herz klopft, wenn der Takt des Motors in der Höhe von tausend Metern unruhig schlägt. Um so stärker fühlt man dann auch das Glück des Fliegers mit, wenn alles gut gegangen ist und ihm der ersehnte Flugschein ausgehändigt wird.

Der neue Hauser ist ein schönes Buch vom Fliegen, von den Motoren, von den Tugenden des Mannes, von der Begeisterung, von der Welt und von der Jugend.

Von diesen Dingen handelt auch der Roman *Eroica* von Richard Eßwein (im Rowohlt-Verlag). Das Thema ist ein Ozeanflug, den ein Mann, ein blonder Junge und ein armes Mädchen unternehmen. Das Thema ist sicher ein Vorwurf für eine »Eroica«. Aber die Gestaltung ist doch allzu romanhaft. Man weiß im voraus, daß die Sache erstens nicht glatt und zweitens nach dem Absturz nicht tödlich enden wird. Was bleibt, ist eine oft sehr eindringliche Beschreibung der Angst mutiger Menschen in einem Abenteuer, das in der Katastrophe kein Zurück gestattet. »Wie tief denn noch, Oliver, Oliver, Bernt, wie tief denn noch! Wir sind ja schon – sie lecken ja schon, sie blecken ja schon, sie schlagen ja schon und hetzten sich, sie haben ja schon schneeweißen, giftgrünen, schneeweißgrüngiftigen Schlamm auf Mäulern, Bernt, auf Mäulern, sie haben ja Mäuler, glaub es doch, ich hab' so große Angst, nein, ich bin nicht feige, ich hab' ja nur Angst, daß ich blaß bin, und daß ich nicht mehr schreien kann, warum hörst du mich denn nicht, ohne daß ich schreie!« –, so in langen dramatisch aufgebauten Monologen versucht Eßwein durch den Mund des Mädchens den Absturz als das ungeheuerlich drohende Schicksal zu dichten.

Die Welt ist auch in diesem Buch, das dann zum Teil von der Liebe handelt und von der Eifersucht, die Welt und ihre Weite, die am Ende den Flieger Oliver zu einem neuen gefährlichen Flug über das Meer treibt.

Erstdruck/Druckgeschichte:
ED: *Berliner Börsen-Courier* v. 29. September 1933, S. 7.
Gezeichnet: Kn.
Belegstück im Nachlass.
Anmerkungen:
Erschienen in der Rubrik »Die Literatur«.
Eroica: Untertitel: »Ein Fliegerroman«
Richard Eßwein: (Lebensdaten nicht ermittelt); weitere Romane *Kampf um Kehrwieder. Der Roman eines Schiffsuntergangs* (Berlin-Friedenau 1934); *Tragödie der Einsamkeit. Ein Buch um Nietzsche* (Berlin 1935).
Editorischer Bericht:
Überland: im ED »Ueberland«
Überschriften: im ED »Ueberschriften«

[Nr. 180]
Proserpina

Von der Proserpina, der Tochter des Zeus und der Demeter, heißt es in den Mythen, daß sie, einmal von Hades entführt und der Unterwelt verfallen, gezwungen war, den dritten Teil aller Jahre fern von den Göttern des Olymps, wie auch fern von den Menschen und dem Licht, in der Gemeinschaft der Todesgötter und der Toten zu verbringen. In den Mysterien der Demeter aber wurde sie zum Symbol der Unsterblichkeit der Seele.

Das Buch *Proserpina*, die Welt eines Kindes, von Elisabeth Langgässer (im Verlag Hesse und Becker) ist eines der merkwürdigen, seltsam den alten Geschichten verbundenen und ihr immer währendes Dasein beweisenden Bücher, die zuweilen in Deutschland erscheinen. Die Widmung zitiert den Spruch von Novalis: »Süßer Reiz der Mitternächte, Stiller Kreis geheimer Mächte, Wollust rätselhafter Spiele, Wir nur kennen euch.« Und es beginnt die Geschichte eines Mädchens, das geboren wurde in unseren Tagen an der alten Römerstraße am Rhein: »... und der uralte Boden teilte noch immer die Geschenke der Vorzeit aus, wenn der Landmann mit dem Pfluge darüber ging, und weckte viele Erinnerungen. Man stieß den Spaten in den Schlaf der Legionäre und hob Schild und Harnisch, aber auch die Mischgefäße der Freude, Schale und Krug, an der geschweiften Hüfte empor, reinigte sie von der anhaftenden Erde und verbarg wohl manches Stück in der eigenen Truhe.«

Der Ort des Geschehens ist die Erde Deutschland, die schon ihr historisches Schicksal hatte, da die Welt noch lateinisch war. Als im Herbst vorigen Jahres ein Band Novellen, das *Tryptichon des Teufels*, von Elisabeth Langgässer erschienen war und zum erstenmal auf die Dichterin aufmerksam machte, wurde hier geschrieben, daß die Landschaft, die Luft und die Menschen des Rieds am Rhein in der Gegend zwischen Mainz und Worms mit einer großen Kraft der Sprache in diese Novellen gebannt seien.

Die große Kraft der Sprache ist auch in dem Buch *Proserpina*, das den Alltag alt und mythisch sieht. Das Kind, die Mutter, der Vater, der Gärtner und die Magd, knisterndes Herdfeuer, Gartenbau, Weinpflege und Nutzung des Stroms, die ältesten Gestalten und Verrichtungen der Menschheit werden in ihrer Gültigkeit, einfach und vieldeutig zugleich, von einer Frau beschrieben, die sich dem Alter und der Erde natürlich verpflichtet fühlt. Auch ihre

Proserpina ist ein Symbol für die Unsterblichkeit der Seele.

Erstdruck/Druckgeschichte:
ED: *Berliner Börsen-Courier* v. 5. Oktober 1933, S. 7.
Gezeichnet: kn
Kein Belegstück im Nachlass. Text durch das Verfasserkürzel identifiziert.

[Nr. 181]
Der *Joseph*-Roman
von Thomas Mann

»Vielleicht möchte jemand fragen, warum ich diese allgemein bekannten, so oft wiederholten und ausgelegten Geschichten hier abermals umständlich vortrage«, schreibt Goethe, nachdem er die Geschichte Abrahams, Isaaks, Jaakobs und Josephs noch einmal genauestens erzählt hat, im vierten Buch seiner *Dichtung und Wahrheit*. Und er beantwortet die Frage nach dem Sinn solcher Wiederholungen dann für sich und von sich aus mit den Sätzen: »Die Geschichte Josephs zu bearbeiten, war mir schon lange wünschenswert gewesen, allein ich konnte mit der Form nicht zurechtkommen, besonders da mir keine Versart geläufig war, die zu einer solchen Arbeit gepaßt hätte. Aber nun fand ich eine prosaische Behandlung sehr bequem und legte sie mit aller Gewalt auf die Bearbeitung. Nun suchte ich die Charaktere zu sondern und auszumalen und durch Einschaltung von Inzidenzien und Episoden die alte einfache Geschichte zu einem neuen und selbständigen Werke zu machen.«

Das Motiv »Urgeschichte«, die älteste Menschheitshistorie, das heilige Land am Jordan haben von jeher die Schriftsteller, wie Goethe, gereizt. Die Zahl der Dichtungen, die den biblisch-alttestamentarischen Stoff behandeln, ist groß. Besonders das Drama und das Gedicht beschwören die Gestalt der Erzväter. Doch merkwürdigerweise fehlt der Roman, der die Fabel des ersten Buches der Bücher Moses etwa zu seiner eigenen gemacht hätte. Selbst eine Epoche, die den historischen Roman pflegte und der biblischen Zeit und dem biblischen Land so nahe gekommen ist wie Georg Ebers mit seinen ägyptischen Erzählungen, umging das Alte Testament. Auch Flaubert gab in *Salambo* nur die ägyptische Geschichte der Ägypter.

Den Roman nun, den Goethe schreiben wollte und dann nicht geschrieben hat, den Roman *Joseph und seine Brüder* hat jetzt Thomas Mann verfaßt. Der erste Band, der die »Geschichten Jaakobs« bringt, ist eben bei S. Fischer erschienen. Er ist, um es gleich zu sagen, ein wunderbares Stück deutscher Epik.

Im Anfang liest er sich schwer, und vielleicht hätte man ihm die Vorrede besser als Nachwort beigegeben. Diese Vorrede verwirrt und ermüdet den Leser, der einen Roman, wenn auch einen vorzüglichen, genießen will. Thomas Mann gibt in ihr eine besondere Art von Prähistorie, die als wissenschaftliche Studie ein wenig exzentrisch, als belletristischer Essay jedoch reizend wäre, wenn dem Leser der Schreck erspart bliebe, diesen Grundriß der ersten Menschheitsgeschichte, die Fülle von Gottes- und Götternamen auswendig lernen zu müssen, um den Roman verstehen zu können. Das ist aber gar nicht notwendig.

Der Roman ist mit der ersten Zeile zugänglich. Die Erinnerung an die biblischen Erzählungen in den Schulstunden der untersten Klasse taucht auf, und man ist gefangen. Widerstrebend gefangen von langen Sätzen zwar, deren Meistertum, Gehalt und Geheimnis es aber ist, daß man gefesselt dem Verfasser gleichsam zuhört, daß das »Schöne Gespräch« der Hirten so sehr ein schönes Gespräch ist, daß man hingerissen vergißt, die Fabel zu kennen, oder mehr noch sich ihrer wie eines Traumes bewußt ist, den man gern von einem andern sich (eine Bestätigung) berichten läßt.

Aber man meine nicht, daß hier die »Heilige Geschichte« noch einmal gegeben wird. Sie ist da, doch der Dichter behandelt sie so, daß er sie gelegentlich und mit zurückhaltender Ironie kommentiert. »Wir wollen also unsre Worte in Zucht nehmen«, schreibt er z.B., während er Joseph der Überlieferung nach als die Hälfte aller überhaupt vorhandenen Schönheit vorstellt, »und, indem wir weder schwächlicher Nachgiebigkeit gegen das Gerücht noch der Hyperkritik verfallen, die Feststellung treffen, daß das Gesicht des jungen Mondschwärmers liebenswürdig war noch in seinen Fehlern.«

Und es gelingt der Sprachkunst des Dichters, der Erzählung eine Atmosphäre zu geben, die dem Modernen die Historie vermittelt. Es gibt Wendungen in dem Buch, die hören sich an wie das »Wahrlich ich sage euch« des Lutherdeutsch (hier nur als literarisches Kunstmittel gebraucht), und sie wirken doch nicht befremdend, wenn gleich darauf der harte Mann Laban von den »Härten des Wirtschaftslebens« spricht mit allem Gejammer des Gewinnsüchtigen. Goethe sagte ja auch dies schon, daß die heiligen Schriften die Erzväter nicht als Tugendbilder aufgestellt hätten, und so ist in dem Roman von Thomas Mann auch viel von Betrug, von List, Tücke, Grausamkeit und vielen Härten eben die Rede, aber doch von dem Glauben verklärt, von jenem noch ganz Ungewissen Glauben der Sippe Jaakobs an einen Gott ohne Bild.

In jedem Jaakob-Roman wird Rahel eine Rolle spielen. Hier ist sie das Kind, dessen Tapferkeit nicht angenommen wird, die süße Partnerin einer Liebe in einer Geschichte von ewiger Gültigkeit dem Thema und der Gestaltung nach.

Erstdruck/Druckgeschichte:
ED: *Berliner Börsen-Courier* v. 19. Oktober 1933, S. 6.
ND: *GW* 6/52-54.
Gezeichnet: Kn.
Belegstück im Nachlass.
Anmerkungen:
Georg Ebers mit seinen ägyptischen Erzählungen: (1837-1898), seit 1870 Prof. f. Ägyptologie in Leipzig; als Schriftsteller Vertreter des sogen. ›Professorenromans‹, in dem archäolog. Wissen popularisiert wurde: u. a. *Uarda*, 3. Bd., Stuttgart 1877; *Die Nilbraut*, 3. Bd., Stuttgart 1886; *Kleopatra*, Stuttgart 1894.
Editorischer Bericht:
Ägypter: im ED »Aegypter«
Überlieferung: im ED »Ueberlieferung«

[Nr. 182]
Der Goethepreis und Hermann Stehr

Am 18. Oktober ist der Goethepreis dem diesjährigen und siebenten Träger des Preises im alten Goethehaus in Frankfurt am Main feierlich überreicht worden. Es sind zehntausend Mark, die dem so Ausgezeichneten neben der Ehre, verbunden mit dem Namen Goethe genannt zu werden, zufallen, und das ist, verglichen mit anderen deutschen Literaturpreisen wie dem Kleistpreis besonders, sehr viel Geld. Man hat nun gerügt (damals als der Preis an Gerhart Hauptmann verliehen wurde), daß dem vollendeten und gesicher-

ten Werk eine materielle Hilfe zuteil wird, die dem ringen
den und in mancher Hinsicht gefährdeten versagt bleibt
und man hat mit gutem Recht vorgeschlagen, den Preis so
zu teilen, daß dem schon berühmten Dichter die Ehre, dem
unberühmten Schaffenden aber das Geld gegeben wird. In
diesem Jahr jedoch fallen solche Bedenken fort. Der Preisträ
ger ist Hermann Stehr, und es erweist sich an ihm, daß man
in Deutschland zwar ein großer Dichter, berühmt und aner
kannt in jeder Weise und doch nicht so gestellt sein kann, um
dank der Höhe der Auflagen der materiellen Sorge enthoben
zu sein. Die Auflagenhöhe steht hier wieder in keinem rech
ten Verhältnis zu der Vorzüglichkeit der Bücher.

Auch Stehr ist, wie so viele deutsche Schriftsteller, von ei
nem der besten Lektoren entdeckt worden, die der deutsche
Verlag je besessen hat: von Moritz Heimann. Heimann las
die Manuskripte des gänzlich Unbekannten und ebnete ih
nen den Weg. Und von Heimann wurde auch schon die be
ste Deutung des Dichters geschrieben: »Überall Schlesien,
doch in keinem der Hauptwerke auch nur ein Hauch von
Provinziellem, von Heimatkunst, von Konventikeleinver
ständnis. Indem seine Phantasie ein Bild ergreift, reißt sie
es in ein seelisches Gebiet, und selbst wo eine reale Land
schaft bis ins einzelne nachprüfbar genau in seinen Werken
auftaucht, ist es, als sei sie nur aus ihm herausgeströmt, ein
Vorgang, so weit über dem Nachzeichnen wie über dem
Symbolisieren, ein schöpferischer Vorgang, eine Verwand
lung ins Kosmische.«

Erstdruck/Druckgeschichte:
ED: *Berliner Börsen-Courier* v. 20. Oktober 1933, S. 7.
Gezeichnet: -n.
Belegstück im Nachlass.
Editorischer Bericht:
Überall: im ED »Ueberall«

[Nr. 183]
Marie Luise Kaschnitz

Es ist merkwürdig, wie viele junge Frauen es in Deutschland gibt, die gute Bücher schreiben. Marie Luise Fleißner verfaßte Komödien und die herrlichen Novellen des Bandes *Ein Pfund Orangen*. Anna Seghers erhielt den Kleistpreis für ihre Erzählung *Der Aufstand der Fischer*; Elisabeth Langgässer wurde durch ihr *Tryptichon des Teufels* bekannt und veröffentlichte den eigenartigen Roman *Proserpina* (über den hier berichtet wurde); und noch ist die Kette der weiblichen Begabungen in der Literatur unserer Tage nicht abgerissen: es erscheinen die neuen Namen Margarete Schiestl-Bentlage und Marie Luise Kaschnitz.

Von der Kaschnitz kannte man ein paar Novellen und Gedichte, die gelegentlich in Zeitungen und Zeitschriften zu lesen waren. Sie ließen eigentlich nicht den guten Sinn für die epische Form erkennen, die nun ihren ersten Roman *Liebe beginnt* auszeichnet. »Ich erinnere mich sehr gut an den Abend, an dem Andreas mir sagte, daß er verreisen und an einem Kongreß teilnehmen wolle, der bald darauf in einem südlichen Land tagen solle.« Mit diesem ruhigen und so selbstverständlich schönen Satz beginnt der Roman und wird so fortgeführt bis zum Ende: einfach, geradlinig und vornehm. Beileibe aber nicht langweilig! Von einer Reise in den fremden Süden handelt die Erzählung. Die junge Frau und der Mann unternehmen sie mit wenigen Mitteln und dem Zufall dankend, der den Mann zu einem Kongreß in dieses Land gerufen hat. Und dort, in diesem Italien, das sehr indirekt, beinahe imaginär und sehr der absolute Süden einer Dichtung, in der Seelenatmosphäre des Paares sich wie gespiegelt findet, erfüllt den Mann das männliche Verlangen, einsam zu sein, während die Frau in den Zustand der Angst gerät, verlassen zu werden. Kein äußerer Anlaß wird geboten. Nur das Gesetz der Entfremdung waltet. Der Konflikt, der erlitten, durchgekämpft und schließlich besiegt wird, ist ein ganz unbedingter, ganz in sich geschlossener, auf die einfachste und natürlichste (und so auch furchtbarste) Form gebrachter Konflikt. Erzählen und deuten tut ihn die Frau. Es wird sehr viel von dem Gefühl einer Liebenden ausgesagt, und wenn man will, ist der Roman ein psychologisches und auch ein Frauenbuch.

Der Roman *Liebe beginnt* ist im Verlag von Bruno Cassirer erschienen.

Erstdruck/Druckgeschichte:
ED: *Berliner Börsen-Courier* v. 2. November 1933, S. 6.
ND: *GW* 6/55 f.
Gezeichnet: Kn.
Belegstück im Nachlass.
Anmerkungen:
(über den hier berichtet wurde): vgl. Nr. 180, S. 404 f.
Margarete Schiestl-Bentlage: auch Margarete zur Bentlage (1891-1954), Artländer Schriftstellerin, die in zweiter Ehe mit dem Leipziger Verleger Paul List verheiratet war und deren Heimatliteratur während des NS hohe Auflagen erzielte: u. a. *Unter den Eichen. Aus dem Leben eines deutschen Stammes* (Leipzig: List 1933); *Gert Ruwe* (Leipzig: List 1933), *Bernats Heimkehr und Ehe* (Leipzig: Reclam 1938).

[Nr. 184]
Von Myrons Kuh und des Gelehrten Affen

In einem kleinen Aufsatz über das berühmte Standbild der Kuh des bedeutenden griechischen Bildhauers Myron schreibt Goethe, nachdem er von dem Dilettantenlob der Natürlichkeit berichtet hat, das dem Künstler seinerzeit zuteil geworden: »Denn bis zur Verwechslung mit der Natur Natürlichkeit darzustellen, war gewiß nicht Myrons Bestreben, der als unmittelbarer Nachfolger von Phidias, Polyclet in einem hohen Sinne verfuhr, beschäftigt war Athleten, ja sogar den Hercules, zu bilden, und gewiß seinen Werken Styl zu geben, sie von der Natur abzusondern wußte. – Man kann als ausgemacht annehmen, daß im Altertum kein Werk berühmt geworden, das nicht von vorzüglicher Erfindung gewesen wäre: denn diese ists doch, die am Ende den Kenner wie die Menge entzückt.«

Nicht Verwechslung mit der Natur bis zur Natürlichkeit herzustellen, in einem höheren Sinn zu verfahren, seinem Werk Stil zu geben, es von der Natur abzusondern und es von vorzüglicher Erfindung sein zu lassen – diese Ausssprüche sind deutlich und sind die klare Parteinahme Goethes in einem Streit, der heute noch nicht ausgetragen ist. Es geht um die Wahrheit und die Wahrscheinlichkeit der Kunstwerke, um eine allgemeine natürliche und um eine abgesonderte künstlerische Wirklichkeit. Denn es gibt Leute, die beides verwechseln.

In einem schönen Aufsatz in der *Deutschen Zukunft* verteidigte Gottfried Benn kürzlich den Expressionismus. Er nannte ihn den letzten europäischen Stil, der nun vergangen ist. Ohne hier weiter untersuchen zu wollen, ob der Expressionismus tatsächlich schon so vergangen ist, oder ob er noch weiter wirkt in den Arbeiten Späterer, ist die Richtigkeit der Behauptung anzuerkennen, daß im Expressionismus die Kunst (und besonders auch die deutsche) ihren vorläufig letzten und sichtbarsten Aufstieg genommen hat, und daß dieser herrliche Aufstieg, dieser kühne Vorstoß des jungen Europa schließlich in seiner weiteren und bleibenden Ausbreitung gescheitert ist an dem banalen Einwand: es gibt doch keine blauen Pferde!

Doch gibt es sie gewiß und selbstverständlich – in der künstlerischen Wirklichkeit, in der notwendigen Abstraktion des schöpferischen Werks von den allgemeinen Dingen, in der Gestalt gewordenen Expression einer Idee oder einer bestimmten geistigen Anschauung. Dieses aber will der Mann, der aus seinem Alltag kommt, sich ein Kunstwerk zu betrachten, bis heute nicht anerkennen. Es ist eigentlich nicht klar, was er für einen Genuß sucht (denn er könnte ja zu Hause bleiben), wenn er von einem Bild gerne behaupten möchte, diese Pferde sind wie meines Nachbars Pferde, genau so sieht der Fuchs aus und so der Grauschimmel, und den weißen Fleck trägt er auch so auf dem Schädel. Der Mann möchte also konstatieren, daß das Gemälde ein naturgetreu ähnliches Porträt des einen vorhandenen Vorbildes ist. Da aber das Vorbild, das Pferd in diesem Fall, ja außerdem noch lebt, den Acker umpflügt und den Wagen zieht, also Dinge tut, die von den Farben auf der Leinwand immerhin noch nicht verrichtet werden, bleibt nicht zu erkennen, was der Mann eigentlich bewundert, wenn nicht die artistische Fertigkeit des Ähnlichmachens. Der Beifall, den er dem Künstler spendet, gleicht dem Beifall, der einem Seiltänzer nach einem besonders gefahrvollen Weg zuteil wird. Der Mann, der so denkt und handelt, steht zu seinem Unglück noch außerhalb jeder Möglichkeit Kunst überhaupt erfassen zu können.

Nicht das Volk (ist Matthias Grünewald ein objektives Abbild der Natur?) ist es, das so denkt, sondern der halbgebildete Spießer der Städte. Er schreit, wütend seinen Schirm fuchtelnd, Beschimpfungen gegen die Formel des l'art pour l'art, die nichts als ein dummes Schlagwort ist und nie (nachdem sie unglücklicherweise von einer kleinen Gruppe Pariser Künstler mehr zum Scherz als ernst, angewandt werden) irgendwelche tatsächliche Bedeutung hatte. Wenn man für die Kunst und gegen die Nachahmung der Natur in der Kunst sich einsetzt, dann tut man das nicht für die esoterische Kunstanschauung eines unbedeutenden Klüngels, sondern ganz allgemein für die Kunst und für die Beseitigung von Mißverständnissen. Es ist grausam, in einem guten und ernsten Film zum Beispiel einige rufen zu hören, »das kommt im Leben nicht vor, daß ein Mensch dieses oder jenes tut« und dann zu sehen, wie sie mit diesem Ruf das ganze naive Publikum irritieren. Es ist gleichgültig, ob das Tun im Filmdrama mit dem Tun im Leben sich deckt; es ist gleichgültig, wenn das Geschehen im Film dramaturgisch künstlerisch richtig sitzt. Es gibt für den Film keine anderen Gesetze als die im gemäßen dramaturgischen und ästhetischen. Das ist eine Regel, der jedes Kunstwerk und jeder Künstler in seiner Weise untertan ist. Das Wort »Ganz wie im Leben« ist und bleibt Dilettantenlob.

Bleibt Dilettantenlob. Der Aufsatz über Myron und seine Kuh ist nicht die einzige Stellungnahme Goethes zu dieser Frage. In dem berühmten Gespräch über »Wahrheit und Wahrscheinlichkeit der Kunstwerke« werden die Anhänger der natürlichen Richtung vollends bekehrt. Reizend und überzeugend ist die Anekdote von dem Affen, die der Anwalt der Künstler gegen den Zuschauer ins Feld führt.

»Anwalt: Ein großer Naturfoscher besaß unter seinen Haustieren einen Affen, den er einst vermißte und nach langem Suchen in der Bibliothek fand. Dort saß das Tier an der Erde und hatte die Kupfer eines ungebundenen, naturgeschichtlichen Werkes um sich her zerstreut. Erstaunt über dieses eifrige Studium des Hausfreundes nahte sich der Herr und sah zu seiner Verwunderung und zu seinem Verdruß, daß der genäschige Affe die sämtlichen Käfer, die er hie und da abgebildet gefunden, herausgespeist hatte.

Zuschauer: Die Geschichte ist lustig genug.

Anwalt: Und passend hoffe ich. Sie werden doch nicht diese illuminierten Kupfer dem Gemälde eines so großen Künstlers an die Seite setzen?

Zuschauer: Nicht leicht.

Anwalt: Aber den Affen doch unter die ungebildeten Liebhaber rechnen?

Zuschauer: Wohl, und unter die gierigen dazu. Sie erregen in mir einen sonderbaren Gedanken! Sollte der ungebildete Liebhaber nicht eben deswegen verlangen, daß ein Kunstwerk natürlich sei, um es nur auf eine natürliche, oft rohe und gemeine Weise genießen zu können?

Anwalt: Ich bin völlig dieser Meinung.«

Erstdruck/Druckgeschichte:
ED: *Berliner Börsen-Courier* v. 28. November 1933, S. 6.
ND: GW 6/57-60.
Gezeichnet: kn
Belegstück im Nachlass.
Anmerkungen:
verteidigte Gottfried Benn kürzlich den Expressionismus: vgl. Gottfried Benn: »Bekenntnis zum Expressionismus«, in: *Deutsche Zukunft* I, Nr. 4 v. 5. November 1933, S. 15-17.
Editorischer Bericht:

deutsche: im ED »deutsch«
Ähnlichmachens: im ED »Aehnlichmachens«

[Nr. 185]
Die Welt der Gärten und der Bäume

Lebt noch Vergil?

Eine allerdings unbestätigte Anekdote berichtet von ihm, daß er unter Tränen die Erde geküßt habe, als der große Mäcenas dem Dichter, der bei der Landverteilung des Octavian den Acker seiner Väter verloren hatte, ein kleines Landgut als Entschädigung und zum Geschenk gab. So liebte Vergil die Erde, und sein Dank war die *Georgica*, die er dem Mäcenas widmete.

Heute schreibt der Engländer Beverley Nichols (deutsch bei Dietrich Reimer) von seiner *Großen Liebe zu kleinen Gärten*. Ein reizendes Buch, das wie beiläufig entstanden wirkt und den das, in einer glücklichen Mischung, den frischen Hauch des Landlebens und allen Spleen der Passion eines rechten Angelsachsen enthält.

Da ist ein Schriftsteller, mehr durch Zufall als durch Absicht, zu einem kleinen Landhaus und zu einem Garten gekommen. Er fährt hin, besieht sich die Gegend und fängt an, zu experimentieren. Mit leidenschaftlicher Hingabe an die Geheimnisse der Natur und des Bodens. Zuerst bricht der »Winterwahnsinn« bei ihm aus. Warum, so denkt er, soll man nur im Sommer Blumen ernten, und er kauft sich dicke, teure Bücher über die Kunst, Winterblumen zu züchten und hat bald die Freude, im Januar seinen Garten – zum Ärger aller Nachbarn – in bunten Farben prangen zu sehen.

Woraufhin er sich sofort dem Problem des Steingartens zuwendet. Mit all seinen Sorgen und Kosten. Wagenladungen von Steinen werden an- wieder abgefahren; ein Gebirge türmt sich auf; und schließlich gibt es doch ein schönes Bild und einen Sinn. Dann kommt der Wald. Nichols kauft Land und Bäume und pflanzt einen Wald. Für einen Schriftsteller ein teurer Spaß, der mit vielen, vielen Artikeln für viele, viele englische Frauenmagazine zu finanzieren ist.

Das Buch ist nicht nur eine Freude für den Liebhaber der Blumen und der Gartenkünste; auch der Freund einer witzigen Literatur wird sein Vergnügen daran finden.

In Deutschland aber haben sich ein Dichter und eine Frau, die photographieren kann, in *Die Welt der Bäume* verliebt. So heißt ein wunderbares Bilderbuch, das Walter Bauer gedichtet und Lotte Eckener aufgenommen hat, und das im Bruno-Cassirer-Verlag erschienen ist.

Wie herrlich anzusehen ist ein Birnenbaum in seiner Blüte! Wie zärtlich, schmal und schlank lockt ein Birkenwald! Und wie erhaben zeigt sich das romantische Bild der Pappeln am Bach!

Es ist der Zauber dieser Photographien, daß es ihnen geglückt ist, die Bäume in der Welt der Bäume einzufangen. Die Umgebung, der Boden, aus dem sie wachsen, ist es, der vielen dieser Bilder ihren besonderen Reiz gibt. Schön wäre z. B. das Apfelbäumchen vom schweren Pfahl gebunden und gestützt auch wohl alleine, aber erst die Aufnahme vor dem schwermütigen Hintergrund des nächtlichen moorigen Sees gibt der Blüte das strahlende Glück: zu blühen!

Und die Gedichte neben den Bildern? Sie sind so innig der Natur verbunden, daß man sagen kann: es lebt Vergil! Hier nur einen Vers:

»Das Rascheln eines Tieres war geheimnisvoller Anruf.
Wir wurden immer stiller
und zuletzt
fast wie der Wald.«

Erstdruck/Druckgeschichte:
ED: *Berliner Börsen-Courier* v. 13. Dezember 1933, S. 5 (Morgen-Ausgabe).
Gezeichnet: -en.
Belegstück im Nachlass.
Anmerkungen:
Beverly Nichols: (1898-1983), englischer Schriftsteller und Kolumnist (*Chronicle*, *Woman's Own*), der v. a. für seine Gartenbücher (u. v. a. *Green grows the City*, 1936; *Merry Hall*, 1951) berühmt ist.
Große Liebe zu kleinen Gärten: im engl. Orig. *Down the Garden Path* (London: Cape 1932). Bis heute 32 Auflagen. Parodiert in W. C. Sellar/R. J. Yeatman: *Garden Rubbish* (1936).
Editorischer Bericht:
Ärger: im ED »Aerger«

[Nr. 186]
Der eine Hamsun

Bei Albert Langen und Georg Müller ist der neue Hamsun erschienen *Nach Jahr und Tag*, und er ist ein echter Hamsun von dem einen und immer selben Hamsun, der mit dem *Hunger* begann und dann den *Mysterien* sich zuwandte.

»Ein Wunder von einem Buch«, schreibt die norwegische Presse, und »Ein Wunder von einem Mann« könnte das Urteil aus Deutschland zurück klingen; aus Deutschland, in dem wohl dieses großen Dichters treueste Gemeinde seine

Bücher liebt. Wie war das, als wir den *Pan* verschlangen und die *Victoria*, diese Geschichten von der Leidenschaft und von der Liebe, von Schmerz und der Zerfleischung, von dem trügenden Glück und der großen Unruhe des Herzens! Die Sehnsucht, die er fühlte, das Ausschweifende, das vielleicht nur in den Träumen der Nacht Gestalt annahm, wurde da, schon in den ersten Büchern, dem Leser als eine Geschichte des Lebens vorgelegt. Kein *Segen der Erde* konnte vor den Geistern retten, die einen Menschen, der denkt und empfindet, in manche Verwirrung, in viele Lügen (Lichtenberg hat mal gefragt, ob man nicht die Person wirklich ist, die man in der Phantasie sein möchte) und immer wieder fort in die weite Welt locken; wenn der *Segen der Erde* auch das hohe Lied von dem Stück Land ist, auf dem man wohnt und von dem man lebt. So wurden *Die Landstreicher*, so wurde die *Stadt Segelfoß*, so wurde *August Weltumsegler* und so wurde jetzt *Nach Jahr und Tag*. Derselbe August und derselbe Hamsun. In alter Unruhe, in alter Leidenschaft und in alter Kraft.

Gewiß ein Buch des Alters und ein Buch des Sicherinnerns auch. In keinem früheren Hamsun ist so das ganze Werk enthalten. Man spürt den Weg vom *Hunger* zu dem großen Allerhandmann (einem Mann, der alles tut und alles kann) in der kleinen Stadt am Fjord. Man spürt den Weg, und man spürt auch die Scharten, die dieser Weg dem Mann, der ihn gegangen ist, eingeprägt hat. Das Herz ist noch das Herz des Jünglings, die Leidenschaft, zu lieben, ist noch da, doch nicht mehr ganz die Leidenschaft, zu leiden an der Liebe. Da ist die Cornelia, das frische, viel umworbene Mädchen oben auf dem Berge, die der August begehrt. »Hast du darüber nachgedacht«, fragt er sie, »was ich das letztemal sagte, Cornelia?« »Was war es denn?« (O welch verletzende Widerfrage!) »Nein, wenn du es nicht mehr weißt! Aber ich fragte doch, ob du mich wolltest.« Und sie darauf, die Schöne, Junge, Lockende? »Ihr seid verrückt«, sagte sie. »Pfui! Und noch dazu so alt, wie Ihr seid!« Nicht auszudenken, was im Moment einer solchen Antwort (und nachher) der Leutnant Thomas Glahn getan hätte. Der August, der alte Allerhand aber resigniert eigentlich, er führt nur noch an, was er alles besitzt an Geld, an Schafen. Können und Vergangenheit. Ein Eigenlob, dessen er sich schämt, und von dessen bewußter Selbstsucht er nur schwer den Weg zurück findet zu der freien Lüge eines großen, unbekümmerten Herrn.

Dieser Zusammenbruch des Alters (das sich gegen diese Tatsache wehrt) vor der Jugend, diese letzte Glorie, in der es sich zeigt, ist von schmerzverklärter Großartigkeit, von der Großartigkeit des echten und einen Hamsun.

Erstdruck/Druckgeschichte:
ED: *Berliner Börsen-Courier* v. 14. Dezember 1933, S. 6 (Abend-Ausgabe).
Gezeichnet: -en.
Belegstück im Nachlass.
Anmerkungen:
Leutnant Thomas Glahn: vgl. *Pan – Af løjtnant Thomas Glahns papirer*. Roman von Knut Hamsun (1884). Erste deutsche Ausgabe: *Pan – Aus Leutnant Glahns Papieren* (1895).

[Nr. 187]
Die große Befreiung.
Zu einer Einführung in
den Zen-Buddhismus

Mit einem Geleitwort von C. G. Jung versehen und von Professor Heinrich Zimmer bearbeitet und übersetzt ist im Verlag von Curt Weller in Leipzig (188 S., 7.– RM) des japanischen Doktors Suzuki Einführung in den Zen-Buddhismus erschienen. Nach Professor Zimmer handelt es sich »um einen bemerkenswerten Fall ostasiatischer praktischer Existenzphilosophie«. Nach Jung ist Zen alles »nur keine Philosophie im westlichen Sinne dieses Wortes«. Doktor Suzuki erklärt: »Was immer Zen sein mag, es gehört dem praktischen und gewöhnlichen Leben an und ist gleichzeitig höchst lebendig.«

Zen ist eine buddhistische Sekte, und zwar die einzige unter den vielen in China und Japan, die den Anspruch erhebt, den Geist des Buddhismus unmittelbar von seinem Begründer übernommen zu haben. »Der sogenannte Urbuddhismus ist der Keim«, schreibt Suzuki. »Aus ihm ging der fernöstliche Buddhismus hervor und verspricht noch langes weiteres Wachstum. Die Gelehrten mögen vom historischen Buddhismus sprechen, meine Aufgabe aber ist es, den Buddhismus nicht nur in seiner historischen Entwicklung zu betrachten, sondern von dem Gesichtspunkt aus, daß er noch heute in seiner vollen Lebendigkeit eine belebende geistige Kraft im Fernen Osten ist. Diese belebende geistige Kraft sieht Doktor Suzuki in der »Lehre vom Herzen Buddhas«, dem Zen. Und Zen ist vielleicht nicht mehr (oder nicht weniger) als erlebte innere Erfahrung in buddhistischer Auslegung. Den heiligen Schriften und dem Wort der Gelehrten wird kein eigentlicher Wert zugestanden: »Nachdrücklich steht persönliches Erlebnis gegen Autorität und objektive Erklärung, und als geeignetste Methode zur Erreichung geistiger Erleuchtung empfehlen die Anhänger des Zen die Praxis des Dhyàna im Japanischen als ›Zazen‹ (Sitzen in Meditation) bekannt, wovon Zen die Abkürzung ist.«

Ist diese Form der Meditation nun dem westlichen Denken verständlich zu machen? Jung, der die Frage untersucht, kommt zu dem Schluß: »Nach allem, was wir vom Wesen des Zen wissen, handelt es sich auch hier um eine zentrale

Anschauung von nicht zu überbietender Fremdartigkeit. Diese eigenartige Anschauung wird als ›Satori‹ bezeichnet und ist als ›Erleuchtung‹ zu übersetzen. Was ein Mystiker etwa unter ›Erleuchtung‹ versteht oder was in der religiösen Sprache so genannt wird, das zu begreifen dürfte dem westlichen Verstande nicht allzu schwer fallen. ›Satori‹ aber bezeichnet eine Art und einen Weg der Erleuchtung, welche nachzufühlen dem Europäer fast unmöglich ist.« Und das Satori-Erlebnis, ohne welches es »kein Zen gibt« (nach Suzuki), tritt in des Japaners Buch im sehr reizenden Gewand fernöstlicher Anekdoten auf. Sie geben der Schrift etwas Blumenhaftes, ohne an ihrem Ernst Zweifel zu wecken. Verständlich oder unverständlich, sind die kleinen Geschichten, Legenden von Schülern, Mönchen und Meistern des Zen eine anziehende Lektüre. Ihre Art mögen am besten die Beispiele zeigen:

Tokusan war ein großer Kenner des Diamant-Sūtra. Als er hörte, daß es etwas wie Zen gäbe, eine Lehre, die alle geschriebenen Dinge verwerfe und unmittelbar von des Menschen Seele Besitz ergreife, ging er zu Ryūtan, um sich in der Lehre unterrichten zu lassen. Eines Tages saß Tokusan draußen und versuchte, das Geheimnis des Zen zu durchdringen. Ryūtan sagte: »Warum kommst du nicht herein?« Tokusan erwiderte: »Es ist pechrabenschwarze Nacht.« Ryūtan zündete eine Kerze an und reichte sie ihm hinaus. Im Augenblick, als Tokusan sie ergreife wollte, blies plötzlich Ryūtan das Licht aus, worauf der Geist des Tokusan sich öffnete. –

Kōzankoku, ein konfuzianischer Dichter und Staatsmann der Sung-Dynastie, kam zu Kwaido, um in Zen eingeführt zu werden. Der Meister sagte zu ihm: »Es gibt eine Stelle in dem Text, den du so gut kennst, welche die Unterweisung im Zen genau beschreibt. Hat nicht Konfuzius erklärt: ›Glaubt ihr, o meine Schüler, daß ich etwas vor euch verberge? Ich habe euch aber wirklich nichts vorenthalten.‹«

Kōzankoko versuchte zu antworten, aber Kwaido gebot ihm Stillschweigen, indem er sagte: »Nein, nein!« Der Schüler des Konfuzius stand verwirrt und wußte nicht, was er äußern sollte. Später einmal machten die beiden einen Spaziergang in die Berge, der wilde Lorbeer stand in voller Blüte, und die Luft war des Wohlgeruchs voll. Der Meister des Zen sagte: »Riechst du es?« Als hierauf der Konfuzianer eine bejahende Antwort gab, sagte Kwaido: »Da hast du's! Ich habe dir nichts vorenthalten.« Diese Bemerkung öffnete Kōzankokos Geist auf der Stelle.

Zu diesen Beispielen bemerkt Suzuki: »Ist Satori etwas, das sich aller intellektuellen Zergliederung entzieht? Ja, es ist ein Erlebnis, das auch ein Berg von Erläuterungen und Beweisen anderen niemals begreiflich machen kann, es sei denn, diese hatten das Erlebnis vorher selber gehabt. Satori, das einer Zergliederung zugänglich wäre, so daß auf diesem Grunde ein anderer, der es noch nie hatte, volles Verständnis dafür gewinnt, wäre kein Satori. Denn Satori, das in einen Begriff verwandelt ist, hört auf, Satori zu sein. Es wäre kein Zen-Erlebnis darin. Daher ist das einzige, was im Zen gelehrt werden kann, anregen und einen Weg zeigen, auf dem eines Menschen Geist selber zum Ziel gelangen kann.«

Ob auch eines westlichen Menschen Geist? Was Zen ist? Einer der Pythia gleich redender Meister des Zen erwiderte: »Eure Alltagsgedanken!«.

Erstdruck/Druckgeschichte:
ED: *Das Reich*, Nr. 10 v. 9. März 1941, S. 23.
Gezeichnet: Wolfgang Koeppen
Belegstück im Nachlass.

[Nr. 188]
Vision der Antike

Im Verlag von Broschek & Co., Hansestadt Hamburg, ist unter dem Titel *Romantische Cyrenaika* ein Buch von Egon Vietta erschienen, das weniger eine Beschreibung der sichtbaren Wirklichkeit jenes heute auch in den Heeresberichten genannten Landes um Benghasi als eine Beschwörung seines Geistes und seiner alten Götter ist. Mit Recht wird hier nicht von einem Bericht, sondern von der »Dichtung einer Reise« gesprochen. Nicht die Photographie des Gegenwärtigen, nicht der geschichtliche Aufriß und ciceronische Manier im Stil des Baedeker werden versucht; ein wirklicher Dichter spricht mit seinem, dem dichterischen Wort von Eindrücken der Seele, der Empfindsamkeit und der tieferen Schau, die jede Grenze zwischen der Vergangenheit und dem Heute abheben, so daß am Ende die aus ihrer Jahrhunderte alten Verschüttung ausgegrabenen Plastiken der antiken Götter mit uns zu leben scheinen. Kallimachos aus Kyrene ist es, der alte Dichter der Cyrenaika – lebend etwa 300 v. Chr. in Alexandria am Hof der kunstfördernden Ptolemaier, und seine Hymnen sind dem Buch in der schönen Übertragung von Konrad Schwenk beigegeben –, der Vietta, wie einst Vergil Dante, durch das Schattenreich geleitet. Unser Dichter reist mit ihm, dem alten, mit Zeus, mit Aristipp, der reizenden Lais, Eratosthenes und anderen im Auto und zu Fuß durch das an Mythe und Historie reiche Land. Im Gegenwärtigen die Wiederkehr der Götter und alten Mären: ist Zeus Direktor der Ausgrabungen, Kallimachos ein sensibler Literat, Lais ein Kindermädchen unserer Tage, die liebenswürdige, verspielte Begleiterin gelehrter Männer? – das liest sich manchmal wie ein Roman, ist romantisch verklärt und doch gebunden an eine alte und letztlich tragische Welterkenntnis. Aus dieser wächst plötzlich auch ein Verstehen für das Jetzt. Neben den Gestalten aus der Antike, neben dem christlichen Bischof Paulos Synesios erscheinen merkwürdig und unergründlich die dunklen Gesichter der Araber, sektiererische, fanatische Anhänger des Propheten, und weiß und stolz wie römische Konsuln die Beamten des Italienischen Imperiums.

Erstdruck/Druckgeschichte:
ED: *Die Woche*, Nr. 16 v. 16. April 1941.
Gezeichnet: Wolfgang Koeppen
Kein Belegstück im Nachlass.

[Nr. 189]
Worte an junge Menschen.
Zu J. H. Schultz: *Geschlecht-Liebe-Ehe*

Das Buch wendet sich an junge Menschen. Mit dem Freimut des älteren ärztlichen Kameraden wird die Welt des Geschlechtlichen erörtert. Glücklich wird der Ton der sogenannten Aufklärungsschriften älteren Stils vermieden, deren eine Art ›ein heikles Thema‹ mit schulmeisterlicher Prüderie abhandelte und schließlich eine Lockung schuf, wo sie warnen wollte, während eine andere, liberale Richtung dem Sexuellen das Geheimnis der Liebe nahm und eine gänzlich unjugendliche, ›vernünftige‹ Kameradschaftsehe predigte. Schultz spricht von der Physiologie des Triebes, von der organischen Funktion und von der Hygiene des Geschlechtslebens in anschaulicher, unzweideutiger, sympathischer Weise. Er unterrichtet ohne falsche Scham über das körperlich Gegebene, das nun nicht schlechter im Verborgenen diskutiert werden soll; aber er vermeidet es, das bevorstehende Liebeserlebnis dem jungen Menschen wissenschaftlich zu zergliedern und ihn mit der schließlich zur Verzweiflung führenden Zweifelssucht der Psychoanalyse zu ängstigen. Gesundes wird in der Schrift klar von Krankem getrennt; der Trieb wird anerkannt, seine Entartung dem Arzt oder Richter anheimgegeben. Der Sexus hat sich dem Eros zu verbinden, um die herrlich bewegende, höherführende Kraft zu sein. Geschlecht, Liebe, Ehe sind am Ende dieser Darlegung eines verständnisvollen Arztes eine kaum zu trennende Einheit. Geschlecht, Liebe, Ehe geben erst vereint dem Trieb des einzelnen, dem Erlebnis der zwei ihren vollen und zu behütenden Wert in der Volksgemeinschaft.

Erstdruck/Druckgeschichte:
ED: *Die Woche*, Nr. 2 v. 13. Januar 1943.
Gezeichnet: Wolfgang Koeppen
Kein Belegstück im Nachlass.
Anmerkungen:
Geschlecht-Liebe-Ehe: Untertitel: *Die Grundtatsachen des Liebes- und Geschlechtslebens in ihrer Bedeutung für Einzel- und Volkdasein*. München/Basel: Ernst Reinhardt 1940.
Johannes Heinrich Schultz: (1884-1970), deutscher Psychiater. Bekannt geworden durch Entwicklung des Autogenen Trainings (*Das Autogene Training. Konzentrative Selbstentspannung*, Leipzig: Thieme 1932); von 1936-1945 stellvertr. Direktor des Deutschen Instituts für Psychologische Forschung und Psychotherapie unter Matthias Heinrich Göring. Befürworter der Euthanasie. Gutachterliche Beteiligung an der Verfolgung homosexueller Männer. Nach 1945 Herausgeber der Zeitschrift *Psychotherapie* und Ehrenmitglied der Deutschen Gesellschaft für Psychoanalyse, Psychotherapie, Psychosomatik und Tiefenpsychologie (DGPT).

[Nr. 190]
Deutsches Buchschaffen.
Die Vier-Zonen-Buchausstellung in Bielefeld

Die Londoner Zeitung *Evening Standard* brachte dieser Tage im Rahmen einer bemerkenswerten Schilderung der geistigen Lage Deutschlands eine Kritik über die »kulturelle Verdunkelung Deutschlands«. Das Blatt begründete sie mit dem Hinweis auf die infolge der Papierknappheit fehlende Buchproduktion und den Mangel an deutschen Büchern, der ein unübersteigbares Hindernis für den Versuch einer erfolgreichen Umziehung der deutschen Jugend und einer Wiederbelebung des demokratischen Gedankens sei. Mit Recht bezeichnete der Artikel das Buch noch als »Mangelware Nr. 1« und warnte schließlich vor einer »geistigen Hungersnot Deutschlands«.

Die erste deutsche Buchausstellung aller vier Zonen »Deutsches Buchschaffen«, die, wie schon kurz berichtet, am 7. Februar durch den britischen Staatsminister für Deutschland und Österreich, John B. Hynd in der Oetker-Halle in Bielefeld eröffnet wurde, widerlegt zum mindesten theoretisch die berechtigten Sorgen des Londoner Blattes. Sie ist für jeden Besucher eine Überraschung und eine Fundgrube all dessen, was seit den Tagen der Kapitulation auf dem Gebiet der deutschen Buchproduktion erreicht wurde. Es ist erstaunlich und vielverheißend, auch wenn man berücksichtigt, daß die meisten der ausgestellten Bände nur in ganz geringer Auflage erscheinen. Es grenzt aber an ein Wunder, wenn man sieht, was 320 deutsche Verlage – so viel gibt es heute schon wieder – in allen vier Zonen ungeachtet aller Mängel, technischer Schwierigkeiten und sonstiger Hemmnisse geleistet haben und täglich leisten.

Diese erste Leistungsschau deutscher Verleger über ihre Tätigkeit in den beiden Jahren nach Kriegsende füllt einen Riesensaal. Sie ist überzonal und unterstreicht in der Zusammenfassung die Einheit Deutschlands wenigstens auf dem Gebiet des kulturellen Wiederaufbaus. Wer sich nur durch Zahlen überzeugen läßt, der vernehme, daß die Buchausstellung etwa 4000 Bücher von 260 Buchverlagen und etwa 120 Zeitschriften von insgesamt 80 Zeitschriftenverlagen vereinigt. Hierzu kommen noch reichhaltige Sonderschauen über die Buchproduktion des Auslandes (hier sind mit einer stattlichen Auswahl besonders die USA, England, Frankreich, die Schweiz, Italien und Belgien vertreten), über das deutsche Buch der Emigration, vor allem an Hand des Verlagsprogramms von Bermann-Fischer in Stockholm, des weiteren über Buchkunst, Buchdruck und Einbandkunst, Buchherstellung »Vom Baum zum Buch«, bibliophile Kostbarkeiten und die Buchproduktion vor dem Krieg sowie endlich graphische Künstler und Gebrauchsgraphik.

Es ist bedeutsam, daß die erste größere Ausstellung in der britischen Zone sich grade mit dem Buch befaßt, und es ist erfreulich festzustellen, daß die ausgestellten Bücher nicht nur inhaltlich eine Freiheit genießen und zum Ausdruck bringen, wie man sie seit vielen Jahren in Deutschland nicht mehr gekannt hat, sondern daß auch ihre äußere Erscheinung gutes Niveau hält. Es ist von vielen darüber geklagt worden, daß wir wieder in ein Zeitalter der Broschüren und Flugblätter zurückgefallen sind. Nun, wer diese Ausstellung durchwandert, wird feststellen, daß dieser Vorwurf nicht zutrifft. In überraschender Vielzahl bietet man bereits wieder schöne farbige Einbände, künstlerische Gestaltung und besten Druck. Neben den deutschen Stimmen, die in der Vergangenheit zum Schweigen verurteilt waren, sind es die geistig Schaffenden anderer Länder, die nun wieder nach den Zeiten des Abgesperrtseins zum deutschen Menschen reden.

Die frühere Vorherrschaft *Leipzigs* auf dem Gebiet der Buchproduktion ist allerdings im Zeichen der Zoneneinteilung gebrochen. Was Menge und Umfang, aber auch die Reichhaltigkeit der Verlagsprogramme anbelangt, so marschiert die Vier-Zonen-Stadt *Berlin* weitaus an der Spitze. Es folgt die US-Zone, vor allem mit den Verlagen in *München, Stuttgart, Wiesbaden* und *Heidelberg*, die französische Zone mit *Tübingen, Baden-Baden* und *Freiburg* und endlich die britische Zone mit den Verlagsstädten *Hamburg, Köln, Bielefeld* und so weiter. Das gleiche gilt für die umfangreiche *Zeitschriftenschau*, die eine wahre Flut von Veröffentlichungen zeigt.

Der Gesamteindruck der Schau ist der, daß auch im besiegten Deutschland Geist und Gewissen wach und alle dem Buch und der Zeitschrift verbundenen geistigen und künstlerischen Handwerkskräfte rege sind, um ihren Beitrag zum seelischen Wiederaufbau zu leisten. Mag auch, gemessen an früheren Zeiten, vieles noch Mängel aufweisen, das Buch *lebt* wieder, ist Wegbereiter und Rufer in einer neuen Zeit. Daß dies bereits zwei Jahre nach dem totalen Zusammenbruch möglich war, ist ein verheißungsvoller Auftakt für die künftige Entwicklung des deutschen Buchschaffens. Die Ausstellung ist bis Ende Februar geöffnet.

Erstdruck/Druckgeschichte:
ED: *Neue Zeitung* v. 17. Februar 1947.
Gezeichnet: -wgk.
Kein Belegstück im Nachlass. Text durch das Verfasserkürzel identifiziert.

[Nr. 191]
Erinnerung an Roda Roda

Roda Roda mit dem Monokel und der roten Weste des illyrischen Grandseigneurs wäre in diesen Apriltagen 75 Jahre alt geworden. Er starb vor zwei Jahren in New York. Seine Bücher, heute schon verschollen, waren früher zu Millionen verbreitet, seine Schwänke und seine Bemerkungen zum Tage waren jahrzehntelang ein unentbehrlicher Bestandteil des gutgelaunten Lebens. Der frühere k. u. k. Oberleutnant, der aus einem kroatischen Grenzerdorf stammte, war schon sehr früh durch Berta von Suttner, die Seelenfreundin von Alfred Nobel, für die Literatur entdeckt worden. Er hielt seine erste Rede vor den Wiener Friedensfreunden mit verbundenem Kopf, weil er sich am Nachmittag des gleichen Tages duelliert hatte. Er war kein schwärmerischer Pazifist, sondern hatte sehr reale Ansichten von der Möglichkeit eines organisierten Friedens. Seinen Ruhm erwarb er sich nicht als politischer Essayist, sondern als Verfasser jener vielen Anekdoten über die unfreiwillige Komik des feudalen Militarismus. Echte Literatur sind seine Schilderungen des balkanischen Volkslebens. Er beherrschte fast alle Balkansprachen und gab auch den kleinsten seiner Miniaturen noch den Dichterhauch von Märchenstimmung, Spitzbubenseligkeit und Kaffeehausbehagen. Seine Gedichte und Romane, die er selber am höchsten einschätzte, blieben zumeist Papier. Allerdings wird auch hier der geduldige Leser immer wieder durch den Anblick unvermuteter Oasen belohnt, durch ein paar Verse und Seiten, die von Petöfi oder Maupassant stammen könnten. Wer die Bezüglichkeiten der damaligen Zeit nicht kennt, wird es schon jetzt schwer haben, die souveräne Stellung zu begreifen, die dieser berittene Eulenspiegel in der Zeit der Monarchie eingenommen hat. Viele seiner Bemerkungen sind in die Spruchweisheit des Tages übergegangen und rangieren dort für den sorglosen Gebrauch als Gedankengut von Oscar Wilde. »Es gibt kein schlechtes Wetter, sondern nur gute und schlechte Kleider!« »Das Leben ist sehr schön, aber auch sehr teuer: man kann es auch billiger haben, aber dann ist es nicht so schön!« »Es gibt zwei Sorten von Malerinnen: die einen wollen heiraten, und die anderen haben auch kein Talent!« Er war die sichtbar gewordene Geistreichigkeit der Rezniczek-Zeit, ein Frondeur und Menschenfreund mit dem Sektglas in der Hand. In Kürschners Literaturlexikon stand er immer an erster Stelle. Er hatte einen Korb Sekt darum gewettet, daß es so sein würde, und er gewann ihn; in aller Stille hatte er sich nämlich noch ein zweites Pseudonym zugelegt, und so begann die Aufzählung der Namen im Literaturkalender mit: Aaba, siehe Roda Roda.

Sein größter Erfolg war das Lustspiel *Der Feldherrnhügel* (gemeinsam mit Karl Rößler), von dem der Zensor in Wien gesagt hatte: »So lange die Monarchie besteht, wird Ihr Stück nicht gespielt werden!« Darauf antwortete Roda Roda: »Dann warten wir eben noch die paar Tage, Herr Hofrat!« Einige Generationen entzückten sich noch unter der Monarchie an dem *Feldherrnhügel*. In der Zeit der Weimarer Republik wurde er sogar verfilmt, mit dem Autor als Schauspieler. Er gab den General auf dem Feldherrnhügel. Damals tagte in München gerade der Untersuchungsausschuß des Deutschen Reichstages für die Femmemorde. Am Tag vor der Premiere des *Feldherrnhügel* wurde vom Untersuchungsausschuß der frühere bayerische General Ritter von Epp vernommen. Er trat in den Zeugenstand mit den Händen in den Hosentaschen und änderte dies erst auf den Vorhalt des Vorsitzenden. Am Tage darauf, bei der Uraufführung seines Films in Berlin, hielt Roda Roda, in der klassischen roten Weste, den Vorspruch und sagte zum Schluß: »Übrigens spiele ich in diesem Film mit. Ich spiele den General. Aber Sie werden mich nicht gleich erkennen, ich habe die Hände nämlich nicht in den Hosentaschen.«

Erstdruck/Druckgeschichte:
ED: *Neue Zeitung* v. 18. April 1947.
Gezeichnet: W.K.
Kein Belegstück im Nachlass. Text durch das Verfasserkürzel identifiziert.
Anmerkungen:
Der Felherrnhügel: Uraufführung 1909 in Wien.
sogar verfilmt: DER FELDHERRNHÜGEL (AUT 1926, R.: Hans Otto/Erich Schönfelder).

[Nr. 192]
Vicki Baum sechzig Jahre

Als eine Hollywood-Journalistin dieser Tage die sechzigjährige Vicki Baum zum erstenmal sieht, sagt sie, von ihrer Jugendlichkeit verwirrt: »Ich habe sie für viel blonder und älter gehalten.« Die berühmte Autorin antwortet: »Aber meine Liebe, wenn Sie genau hinsehen, müssen Sie es doch merken: ich bin ja viel blonder und älter!«

Vor zwanzig Jahren wurde die ehemalige Wiener Harfenistin über Nacht berühmt. Die *Berliner Illustrirte* druckte ihren Roman *stud. chem. Helene Willführ*. Darauf können nicht nur die jungen Mädchen in Deutschland vor Aufregung nicht mehr in den Schlaf kommen. Millionen Leser harren gebannt auf die Fortsetzungen. Hier ist das wahre Leben, hier ist die moderne Zeit. Helene Willführ, die Studentin, führt ein Doppelleben. Sie verdient sich ihr Studium als Serviermädchen. Das halbe Deutschland, das die Illustrierte liest, bangt mit Helene um jedes Examen, blickt mit ihr durchs Mikroskop, schüttelt mit ihr die Glasröhrchen, sieht die Veränderung der Präparate, stößt mit ihr ins Neuland der Forschung vor und atmet beglückt auf, als Helene nach

Irrung und Wirrung endlich ihren Professor heiraten kann Die Entdeckung eines neuen Autors für die *Berliner Illustrirte* war immer ein fundamentales Ereignis. Wer Millionen Menschen unterschiedlicher Bildungsart und alle Eisenbahnabteile und Wartesäle von Deutschland dazu unterhalten kann, ist ein seltener Mensch, besonders selten bei uns, wo unterhaltsam sein einen Stich ins Verächtliche hat und wo sich schon deshalb die meisten erst gar nicht darum bemühen. Zwar versuchen sich auch Ricarda Huch und Gerhart Hauptmann als Schreiber der *Berliner Illustrirten*, aber die Massen zu faszinieren gelingt ihnen doch nicht so recht, und die meisten anderen großen Autoren blicken auf die Schreiber der Fortsetzungsromane hinunter. Das ist ihre Rache an dem Publikumserfolg und den phantastischen Einnahmen der Wolff, Fröschel und Skowronnek.

Über ihren ersten großen Erfolg wuchs Vicki Baum noch hinaus, als sie, ebenfalls in der *Illustrirten*, *Menschen im Hotel* veröffentlichte. Der Roman wird mit Greta Garbo in Hollywood verfilmt. Vicki Baum fährt 1931 zur Premiere nach Amerika und bleibt drüben. Alle zwei bis drei Jahre erscheint seitdem ein neues Buch von ihr, fast jedes ist ein Schlager und wird in der Englisch sprechenden Welt populär.

Ihr Welterfolg ist nicht die Krönung der Beharrlichkeit. Vor dem Roman der Chemiestudentin hatte Vicki Baum »schon drei andere Romane« veröffentlicht. Es waren charmante und frauliche Bücher, aber nicht mehr. Mit *Helene Willführ* änderte Vicki Baum plötzlich ihre Technik. Sie entdeckte sich als Journalistin. Sie treibt genaue Studien für das Milieu und arbeitet ein Vierteljahr in einem Universitätslaboratorium. Als sie *Menschen im Hotel* niederzuschreiben beginnt, nestelt sie sich erst einmal die Haube des Stubenmädchens aus dem Haar. Ein Vierteljahr lang war sie treppauf und treppab und immer im Dienst durch das Berliner Eden-Hotel gerannt.

Milieustudien treiben auch andere Autoren, aber Vicki Baum beschreibt die Realität, die sie sieht, mit atemberaubender Eindringlichkeit. Sie macht die Kulisse so lebensecht, daß auch ihre Traumgestalten echtes Leben zu gewinnen scheinen.

Wie nur ganz wenige Schriftsteller erlebt sie den Triumph, die Requisiten aus ihren Romanen zu Symbolen des Lebens werden zu sehen. So die Drehtür aus *Menschen im Hotel*. Sie zieht nicht nur die Kameraleute immer wieder an, sondern sie gebiert auch den Negersong, der zum Schlager wird: »I have a swingdoor on my heart.«

Erstdruck/Druckgeschichte:
ED: *Neue Zeitung* v. 25. Januar 1948.
Gezeichnet: W.K.
Kein Belegstück im Nachlass. Text durch das Verfasserkürzel identifiziert.
Anmerkungen:
Wolff: Ludwig Wolff (1876-1958), Schriftsteller (u. a. *Der Krieg im Dunkel*, Berlin/Wien: Ullstein 1915, verfilmt mit Greta Garbo; *Die Prinzessin Suwarin*, Berlin: Ullstein 1922; *Ariadne in Hoppengarten*, Berlin: Ullstein 1928; *Die vier letzten Dinge*, Berlin: Ullstein 1931) und Filmregisseur (STEUERMANN HOLK, Dt. 1920; HAITANG – DER WEG ZUR SCHANDE, Dt. 1930).
Fröschel: Dr. Georg Fröschel (1891-1971), Jurist, Filmdramaturg; Redakteur beim Ullstein-Verlag und Romancier (*Der wunderliche Hochstapler*, Berlin/Wien 1919; *Admiral Bobby*, Berlin/Wien 1923; *Eine ganz andere Frau*, Berlin 1931); emigrierte 1936 in die USA, ab 1939 als Drehbuchautor bei Metro-Goldwyn Mayer, wo er u.a. mit Alfred Döblin, Alfred Polgar und Walter Mehring zusammenarbeitete.
Skowronnek: Richard Skowronnek (1862-1932), ab 1887 Feuilletonredakteur der *Frankfurter Zeitung*; Verf. von Heimatromanen, die zumeist in Ostpreußen angesiedelt sind (*Der Bruchhof. Ein Ro-

man aus Masuren, Stuttgart/Berlin: Cotta 1903; *Sturmzeichen*, Berlin/Wien: Ullstein 1914; *Das große Feuer*, Berlin/Wien: Ullstein 1915; *Der weiße Adler*, Berlin/Wien: Ullstein 1919).
In Hollywood verfilmt: GRAND HOTEL (USA 1932, R.: Edmund Goulding, u.a. mit Joan Crawford u. John Barrymore).
Eden-Hotel: Berlin-Charlottenburg, Kurfürstendamm 246/47.

Abteilung IIc:
Kritiken, Berichte zum Film

[Nr. 193]
Richard Eichberg zörgiebelt

Wenn Sie in einer unseligen Stunde der Hafer sticht, ins Capitol zu gehen und den Eichbergtonfilm *Haitang* zu sehen, und wenn Sie diesen Film dann finden, wie ich ihn fand, nämlich so, daß sich das Stadttheater Tuntenhausen einer derartigen Handlung und eines solchen Dialoges schämen würde, dann pfeifen Sie um Gottes Willen nicht! Sie lernen sonst, wie ich, die Herren Eichberg und Genossen, ein in seinen heiligsten Gefühlen verletztes Publikum, einen Polizisten, der die Filmindustrie schützt, und beinah seine königliche Hoheit, den Kronprinzen kennen.

Diese Groteske geschah am Donnerstag, dem 27. Februar, nach Schluß der Siebenuhrvorstellung im Capitol: als Haitang ausgesungen hatte und die übliche Klatscherei begann, da pfiffen wir, mein Freund und ich, um unser Mißfallen ebenso öffentlich zu bekunden wie die Anderen ihren Beifall. Das ist lebensgefährlich! Im Nu stürzten einige maßlos ergrimmte Herren in den Saal und begannen sofort mit Faustschlägen ihren Film zu verteidigen. Da sie in der Überzahl waren und auch die zumindest moralische Unterstützung des Publikums genossen, weiß ich jetzt ungefähr, wie Lynchjustiz aussieht. Endlich kam ein Schupo. Und schimpfend gingen wir alle in ein Büro, wo sich mir die Seele des deutschen Films auftat, so daß mir vor Staunen die Spucke wegblieb. Diese Sätze sprachen Herr Eichberg und sein Stab und die Herren vom Capitol: »Sie haben noch Glück gehabt, daß Ihnen nicht sämtliche Zähne ausgeschlagen wurden!« »Schämen Sie sich nicht? Sie haben Deutschland vorm Ausland erniedrigt! Der deutsche Tonfilm ist von Ihnen ruiniert!« »Sicher sind Sie kein Deutscher. Sie sind gar nicht berechtigt, sich hier aufzuhalten!« »Was, Sie haben keinen Ausweis bei sich, und wagen es zu pfeifen?!« »Herr Wachtmeister, geben Sie ihm eins mit dem Gummiknüppel. Erst neulich hat Einer gepfiffen, der steckbrieflich gesucht wurde.« »Traurig daß Sie ein Deutscher sind!« »Sie haben Freikarten. Sie sind bezahlt. Das ist System. Bei den besten Filmen wird gepfiffen. Sogar beim *Liebeswalzer* hat es ein Halunke gewagt!« Und dann kam ein dicker Herr herein: »Wo sind die Burschen? Der Kronprinz war da – ich hab ihn rausgebracht – der hat auch gesagt, mit Latten solle man dreinschlagen!«

Schön, die Herren verteidigen ihr Fabrikat und schimpfen, wenn einem ihr aufgewärmter Chinakohl übel in die Nase steigt. Das Hoffnungslose an der Sache ist nur, daß die Herren nie glauben werden, daß die »besten« Filme, die ausgepfiffen werden, eben schlechte Filme sind; daß einer pfeift, weil er höchst unzufrieden ist, und nicht, weil er dafür bezahlt wird. Ob ich mich schäme, gepfiffen zu haben? Nein! Beschämend aber finde ich, daß ein Herr Geza von Cziffra, der komischerweise tat, als hätte er Deutschland gegründet und ich Deutschland geschändet, glaubt, mit Faustschlägen meine Meinung über einen schlechten Film aufbessern zu können. Es hat mich doch gewundert. Nicht verwundert hat mich dagegen das Benehmen des Wachtmeisters, der die Worte der Filmherren mit Wohlwollen benickte, Herrn Eichbergs Zigarette rauchte und mir auf meine wiederholte Bitte, den Namen des Herrn Cziffra festzustellen, antwortete: »Seien Sie ruhig, sonst kriegen Sie eine gelangt!«

Erstdruck/Druckgeschichte:
ED: *Die Weltbühne* v. 4. März 1930, S. 370f.
ND: *GW* 5/16f.
Gezeichnet: Wolfgang Koeppen
Belegstück im Nachlass.
Anmerkungen:
Capitol: Capitol am Zoo (1925-1943), Berlin-Charlottenburg, Budapester Str. 42-46.

Liebeswalzer: Dt. 1930, R.: Wilhelm Thiele, m. Lilian Harvey und Willy Fritsch.
Editorischer Bericht:
daß einer pfeift: im ED »daß Einer pfeift«
Geza von Cziffra: im ED »Geza von Czissea«

[Nr. 194]
Im U.-T. Kurfürstendamm:
Geld auf der Straße

Die originelle Handlung des bekannten Bühnenschauspiels von R. Bernauer und R. Oesterreicher setzt sich durch. Die Tonfilmregie Georg Jacobys unterstützt zwar nicht den Stoff, sie stört aber auch nicht gerade (ein anspruchsloses Fabrikat). Auf der Bühne waren es drei Schauplätze; die Handlung wurde konzentriert und bühnentechnisch äußerst zweckmäßig angelegt. Hier gibt es viele beliebige Schauplätze; die Geschehnisse werden umständlich vorgeführt. Es fehlt der Zwang zur Anordnung. Die Tonfilmtechnik als endloses Wickelband, auf dem alles gezeigt werden kann. Man will aber nicht alles sehen. Weniger ist oft mehr. Immerhin: der Handlungswurf ist nicht alltäglich, er ist amüsant und rettet den Tonfilm, zumal auch interessante schauspielerische Leistungen vorhanden sind.

Georg Alexander, der unvergessene Bobby Dobbs aus dem *Mann ohne Namen*, ist anfangs etwas manieriert, später ist er – entsprechend seiner Rolle – reizend und spielerisch, einer der wenigen deutschen Liebhaber und Bonvivants, die sich ihren Charm bewahrt haben. Artistisch-virtuos, tausendfältig nuanciert und facettiert ist sein helles Kichern, Kicksen und Glucksen in der Schwipsszene. Hans Mosers »trokkene« Komik bringt das tonliche Gegenspiel: er knarrt und schnarrt ulkige Pointen, eine Familien-Unke. Sonst fiel noch der junge Hans Thimig auf, während Hugo Thimig sen. sich allzu sehr echauffierte.

Erstdruck/Druckgeschichte:
ED: *Berliner Börsen-Courier* v. 4. Januar 1931, S. 15.
Gezeichnet: w. k.
Kein Belegstück im Nachlass. Text durch das Verfasserkürzel identifiziert.
Anmerkungen:
Erschienen in der Rubrik »Neue Filme«.
U.-T. Kurfürstendamm: Ufa-Theater im Haus Wien (1924-1945), Berlin-Charlottenburg, Kurfürstendamm 26.
Mann ohne Namen: Dt. 1921, R.: Georg Jacoby (sechs Teile); Verfilmung des Abenteuerromans *Peter Voß, der Millionendieb* (1913) von Ewald Gerhard Seeliger.
Editorischer Bericht:
manieriert: im ED »maniriert«

[Nr. 195]
Manuela im Tauentzien

Ein mexikanischer Fox-Tonfilm. Die Schlager unserer Tanzkapellen sollen sichtbar gemacht werden. Mexiko ist ja die Heimat der modernen Tango-Romantik. Nun: der blühende Kitsch, der für das Ohr noch passabel ist, ist für das Auge unerträglich. Zumal wenn der Film stillsteht. Die Platte dreht sich zwar, auf dem Zelluloidstreifen ist aber alles wie gelähmt. Da singen die mexikanischen Cowboys oder Vaqueros als Präriekosaken malerisch gelagert, von Rinderherden umgeben: man sieht wundervolle Landschaftsaufnahmen, das ist alles. Man hört viel, aber man sieht zu wenig.

Die Handlung selbst wird dreimal angekurbelt und rückt doch nicht vom Fleck. Warner Baxter, mit einem koketten Gigolobärtchen, muß zwischen drei Frauen wählen. Natürlich ist erst die letzte Frau die richtige ... Sie wird von Mona Maria gespielt, die erstmals in einem deutschen Film ihr Debut gab. Sie ist in Hollywood nicht begabter geworden.

Erstdruck/Druckgeschichte:
ED: *Berliner Börsen-Courier* v. 15. Februar 1931, S. 11.
Gezeichnet: w.k.
Kein Belegstück im Nachlass. Text durch das Verfasserkürzel identifiziert.
Anmerkungen:
Erschienen in der Rubrik »Neue Filme«.
Manuela: dt. Fassung von ROMANCE OF THE RIO GRANDE (USA 1929; R.: Alfred Santell).
Tauentzien: Tauentzien-Palast (1912-1945), Berlin-Schöneberg, Ecke Tauentzienstr. 19/Nürnberger Str. 57-59.
Editorischer Bericht:
Vaqueros: im ED »Vaqueiros«

[Nr. 196]
Universum: *Schatten der Manege*

Paula Busch hat mit Fritz Falkenheim einen Zirkus- und Kriminaltonfilm geschrieben: also Zirkusmilieu plus Kriminalspannung. Das Milieu wird schlecht und recht in einzelnen Details, in der Umgebung, im Hintergrunde aufgezeigt. Die eigentliche Handlung, die Mordtat und ihre Aufklärung werden umständlich arrangiert. Der Luftakrobat, der Don Juan und Mädchenverführer, wird das Opfer sein. Drei Männer kommen in Betracht. Pedantisch werden die einzelnen Motive dargelegt, wieso und warum sie eventuell die Tat begehen könnten. Und dann stürzt plötzlich der Luftakrobat aus schwindelnder Höhe in den Löwenzwinger. Das Licht im Zirkus geht aus. Polizei kommt. Untersuchung und Verhör. Die beiden Verdächtigen werden vernommen. Der dritte, der Mörder, gesteht dann freiwillig, aus Edelmut, um den Unschuldigen zu retten. Die Spannung, kaum begonnen, ist plötzlich wieder abgeschnitten. Sonst geht es gar nicht so plötzlich in diesem Film her, denn die Regie Heinz Pauls zieht alles breit. Liane Haid ist eine schöne Frau, aber keine Zirkusdirektorin. Oskar Marion hat das Gesicht eines Dompteurs, sonst hat er schwer verliebt und eifersüchtig zu sein. Walter Rilla ist ein Kunstschütze aus dem Studierzimmer. Eher glaubt man Trude Berliner und Rolf van Goth das Kunstreiterpaar. C. L. Diehl als Kunstakrobat und Don Juan ist eindrucksvoll – gefällig-brutal, charmant-gemein. Hermann Picha spielt einen alten zerknitterten und zerknautschten Clown.

Erstdruck/Druckgeschichte:
ED: *Berliner Börsen-Courier* v. 22. Februar 1931, S. 7 f.
Gezeichnet: w. k.
Kein Belegstück im Nachlass. Text durch das Verfasserkürzel identifiziert.
Anmerkungen:
Erschienen in der Rubrik »Neue Filme«.
Universum: Universum-Theater (1910-1938), Berlin-Kreuzberg, Reichenberger Str. 80.
Editorischer Bericht:
Aufklärung werden: im ED »Aufklärung wird«

[Nr. 197]
Universum:
Die Blumenfrau von Lindenau

Es war einmal ein wirksames, ja geschicktes Theaterstück, das den Titel *Sturm im Wasserglas* führte. Als Tonfilm führt es den schlechten und unbegabten Titel *Die Blumenfrau von Lindenau*. Was haben die Manuskriptverfasser Walter Wassermann und Walter Schlee aus Bruno Franks Komödie gemacht! Man fragt sich, warum die Firma Felsom & Somlo nicht Bruno Frank für das Manuskript verpflichtete. Wer begabte und gepflegte Theaterstücke schreiben kann, besitzt auch genügend Geschick, um Tonfilmmanuskripte zu bearbeiten. Es war ein glücklicher Griff der Firma, diesen Stoff zu verfilmen. Warum faßte sie aber nur halb zu?

Es ist auf alle Fälle schwerer und mühevoller, ein Theaterstück zu schreiben. Für die Bühne muß die Handlung wie die Vorgeschichte zusammengedrängt und konzentriert werden. Im Tonfilm kann anscheinend alles beliebig und willkürlich entfaltet und verzettelt, kann alles umständlich gemacht werden; seine Technik, seine Möglichkeit macht es der Gedanken- und Phantasielosigkeit der Branchen-Bearbeiter leicht. (Der Titel allein spricht schon Bände.) Älteste Possen- und Klamauk-Komik wird serviert.

Bühnenerprobte Darsteller setzen sich durch. Hansi Niese als »komische Alte« ist drastisch (aber keine Rosa Valetti). Neben ihr behauptet sich Oskar Sabos säbelbeiniger Magistratsdiener. Die frische und temperamentvolle Renate Müller wiederholt sich. Harald Paulsen ist im Tonfilm längst nicht so souverän und wirksam wie auf der Bühne. Das Publikum feierte die Darsteller. Ein Hund hatte den größten Beifall. Wie im Theaterstück.

Erstdruck/Druckgeschichte:
ED: *Berliner Börsen-Courier* v. 26. April 1931, S. 12.
Gezeichnet: w.k.
Kein Belegstück im Nachlass. Text durch das Verfasserkürzel identifiziert.
Anmerkungen:
Erschienen in der Rubrik »Neue Filme«.
Universum: Universum-Theater (1910-1938), Berlin-Kreuzberg, Reichenberger Str. 80.
Die Blumenfrau von Lindenau: AUT/Dt. 1931, R.: Georg Jacoby.

[Nr. 198]
Der Schlemihl Curt Bois. Im Atrium

Ein deutscher Grotesk-Tonfilm großen Formates, wohl der ERSTE deutsche Grotesk-Tonfilm, der sich mit den Spitzenleistungen der Amerikaner messen kann. Seit *City Lights* wurde so viel und so berechtigt nicht mehr gelacht.

Curt BOIS präsentiert sich als eine Art Buster Keaton vom Kurfürstendamm. Die äußere Ähnlichkeit ist manchmal frappierend, die Ausdrucksform aber wesensverschieden; Busters sture Maske ist die Reglosigkeit, Bois' Mimik ist akrobatisch behende, sie schwingt sich blitzschnell von einer Gefühlsregion zur andern, wie ein Affe im Urwald von Baum zu Baum; und Beine, Bauch und Arme schwingen mit. Die großen und trägen Augen aber, und das ist vielleicht sein Geheimnis, haben immer zehn Sekunden Verspätung. Buster ist komisch, Bois hat Humor.

Ähnlich ist es um das Ganze bestellt: der Regisseur Max NOSSECK hat einen starken und auch im Grotesken noch eigenartig stillen Humor; selbst wenn Teller krachen und entfesselte Objekttücken toben, haftet der Witz an den Personen und nicht an der mechanisierten Situation. Aber die komischen Einfälle selbst hat er fast ausnahmslos von Chaplin und Keaton bezogen. Das ist kein Vorwurf: Rezepte ausborgen darf jeder, wenn er nur kochen kann. Und was ein echter Salat ist, sagt Brillat-Savarin, wird nicht mit Essig und Öl, er wird mit den Fingerspitzen gemacht.

Das hier ist ein brillanter Salat geworden. LA JANA mit Balalaika, Max EHRLICH mit schwarzem Chirurgenbart, SCHIFFER und SPOLIANSKY mit sehr netter Musik plus Text, Meyrinck mit Monokel, Schlettow als Bootlegger auf der Hochzeitsreise, Gregori CHMARA als Tremolofürst aus jenem versunkenen Land der Reußen, wo einst, einem *on dit* zufolge, Sekt durch die mit Kaviar gedüngten Steppen floß. Starker und verdienter Erfolg; Applausstürme für Bois bei offener Szene, wie seit langem nicht mehr gehört.

Erstdruck/Druckgeschichte:
ED: *B. Z. am Mittag* v. 28. November 1931.
Gezeichnet: koe.
Kein Belegstück im Nachlass. Text durch das Verfasserkürzel ermittelt.
Anmerkungen:
Atrium: (1926-1945), Berlin-Wilmersdorf, Kaiserallee 178 (heute: Bundesallee), Ecke Berliner Str. 1932 hatte es rund 2000 Plätze. Im Krieg ausgebrannt.
City Lights: CITY LIGHTS (USA 1931, R.: Charlie Chaplin).
Brillat-Savarin: Jean Anthelme Brillat-Savarin (1755-1826), französischer Schriftsteller und Gastrosoph (*La Physiologie du Goût*, 1826, dt.: *Die Physiologie des Geschmacks*).
Bootlegger: Alkoholschmuggler.
Editorischer Bericht:
die äußere Ähnlichkeit: im ED »die äußere Aehnlichkeit«
Ähnlich: im ED »Aehnlich«

Objekttücken: im ED »Objekt-Tücken«
mechanisiert: im ED »mechaisiert«
Oel: im ED »Oel«
La Jana: im ED »La Jane«
Meyrinck: im ED »Meyerinck«
Tremolofürst: im ED »Tremolo-Fürst«
Kaviar: im ED »Kavier«

[Nr. 199]
Bobby geht los. Im Tauentzien-Palast

Anfangs ist noch nicht viel los mit ihm, dem Bobby PIEL; die Geschichte vom Boxchampion, der vom gegnerischen Manager in einer Familiengruft beigesetzt wird, *requiescat in pace*, kommt nur langsam auf Touren und ist lange nicht gruselig genug. Man lutscht Bonbons und wartet ab. Außerdem scheinen in dem Moritäter unserer Jugendjahre sich nachgerade künstlerische Ambitionen zu regen; aber das sollte er lieber lassen. Schließlich geht man doch nicht zum Harry Piel, um ästhetische Kritik zu üben; man geht, um sich zu grausen und Punkt.

Aber dann, wenn Bobby langsam aus seiner allzu selbstgefälligen Koketterie erwacht, da gibt es erstens einmal eine Prügelei um Marietta, das herrliche Lasterweib, und Ferdinand Hart schwillt an wie ein Kürbis; das ist fein. Aber Marietta (Annie MARKART) entpuppt sich gleich darauf als 17karätige Jungfrau, und die beiden schlafen in einem Zimmer, tun sich aber nichts – diese Sachen mit den Liebenden, die wie Brüderlein und Schwesterlein in Ehebetten übernachten, sollte die Zensur endlich verbieten; sie sind unnatürlich und verderben die Sitten. Unnatürlich auch Hilde HILDEBRAND als Dämon in Sirupsauce; so viel mondäne Liederlichkeit auf engem Raum konzentriert gibt es gar nicht. Abschluß und Höhepunkt ein Monstre-Boxkampf – einer der besten, die je über die Leinwand gingen. Ferner liefen: Kurt LILIEN als Gurken-Karl und Eugen REX als »Eine Type«; da auf dem Programm sinnigerweise nicht verzeichnet ward, welche, sei er hier trosteshalber ehrend erwähnt.

Erstdruck/Druckgeschichte:
ED: *B. Z. am Mittag* v. 4. Dezember 1931.
Gezeichnet: koe.
Kein Belegstück im Nachlass. Text durch das Verfasserkürzel ermittelt.
Anmerkungen:
Tauentzien-Palast: (1912-1945), Berlin-Schöneberg, Ecke Tauentzienstr. 19/Nürnberger Str. 57-59.
Editorischer Bericht:
Annie Markart: im ED »Anny Marckart«
Hilde Hildebrand: im ED »Hilde Hildebrandt«
auf dem Programm: im ED »aus dem Programm«

[Nr. 200]
Helden der Luft. Im Ufa-Pavillon

Südpol ist schön, und Liebe ist schön. Wie schön sind erst beide zusammen!

Daß unten in der Wüste des ewigen Schweigens das Expeditionsflugzeug sich überschlägt und drei von den vieren auf dem grauenhaften Eismarsch langsam und qualvoll zugrunde gehen – das alles würde natürlich den Beschauer nicht ergreifen, bekäme er nicht zwischendurch und unentwegt die liebende Gattin serviert, die sehnsuchtsvoll die Hände auf den pochenden Busen preßt und tränenfeucht auf die südliche Tapete ihres Boudoirs starrt. Es ist eine geheiligte Tradition, daß die Rahmenhandlungen von technisch-bravourösem Film schal und lebertranig sein müssen. *De facto* ist es aber doch so, dass der Rahmen den Inhalt kaputt macht. Lieber Gott, müssen immer Weiber dabei sein? (Selbst wenn sie so hübsch sind wie Fay Wray, können sie uns über ihr Nichtspielenkönnen nicht trösten.)

Technisch ist der Film eine MEISTERLEISTUNG: Luftschiff verliert im Sturm über dem Karibischen Meer das Höhensteuer, das Gerippe kracht mittendurch entzwei; Sturm und Krach und Getöse und Rettung (natürlich durch den Nebenbuhler des Kapitäns) auf den geglätteten Wogen des Meeres. Dieser Nebenbuhler, der Kunstflieger (Jack HOLT) fliegt mit seinem Apparat quer durch einen Hangar und veranstaltet die tollsten Kapriolen; ein tolles Luftamphibium. Herrlich die Aufnahmen aus der Antarktis; ergreifend die langsame Agonie der vier im Eise; bravourös die Rettung durch das Luftschiff. Der Kapitän heißt Ralph GRAVES.

Solche Filme mögen noch oft über das große Wasser kommen; nur die Rahmenhandlung sollen sie das nächste Mal gefälligst zu Hause lassen.

Erstdruck/Druckgeschichte:
ED: *B. Z. am Mittag* v. 5. Dezember 1931.
Gezeichnet: Koe.
Kein Belegstück im Nachlass. Text durch das Verfasserkürzel ermittelt.
Anmerkungen:
Helden der Luft: im Orig. DIRIGIBLE (USA 1931, R.: Frank Capra).
Ufa-Pavillon: (1910-1943), Berlin-Schöneberg, Am Nollendorfplatz 4.

Editorischer Bericht:
Expeditionsflugzeug: im ED »Expeditions-Flugzeug«

[Nr. 201]
Eine Nacht im Grand Hotel.
Im Capitol

Um fünf Gerechter Willen war der Herr bereit, Sodom alle Sünden zu verzeihen. Für fünf wirklich nette Einfälle wäre der zur Anspruchslosigkeit erzogene Kinobesucher bereit, zwei Stunden Langeweile zu ertragen. Deshalb sei hier vorgeschlagen, nächstens eine erneute, 10prozentige Herabsetzung unserer filmischen Ansprüche durchzuführen, – als Ergänzung zu jenem teilweisen Verzicht, den der Übergang vom stummen zum Tonfilm bereits mit sich gebracht hat. Sie werden staunen, welche Lachsalven dann etwa dieser Grand-Hotel-Dialog auslöst:

Diva (zum Liebhaber): »Haben Sie denn gar keinen Respekt vor ihm, er ist doch der Stahlkönig...!«

Liebhaber (galant): »Wenn er nur nicht der König ihres Herzens ist!«

Dagegen sind einige Schlager (Musik von Stransky) recht nett geworden; besonders eine nach bewährten Puszta-Rezepten gemixte magyarische Schmachtmelodie mit Zigeunerschluchzern. Martha EGGERTH singt sie mit Grazie und Temperament; ihr Spiel aber hätte durch eine energische Regie viel gewinnen können – Max NEUFELD wußte diesmal nicht damit aufzuwarten. Gut wie immer GERRON, ETLINGER und Willi PRAGER; eine Nervenprobe für den Zuschauer der Liebhaber des Herrn Ulrich Bettac.

Erstdruck/Druckgeschichte:
ED: *B. Z. am Mittag* v. 9. Dezember 1931.
Gezeichnet: Koe.
Kein Belegstück im Nachlass. Text durch das Verfasserkürzel ermittelt.
Anmerkungen:
Capitol: Capitol am Zoo (1925-1943), Berlin-Charlottenburg, Budapester Str. 42-46.
Editorischer Bericht:
Übergang: im ED »Uebergang«
Schmachtmelodie: im ED »Schmacht-Melodie«
Martha Eggerth: im ED »Martha Eggert«
Etlinger: im ED »Ettlinger«

[Nr. 202]
Viktoria und ihr Husar.
Im Primus-Palast

Verzicht auf jede filmische Wirkung; bedingungslose Kapitulation vor der Bühnenoperette. Mit filmischen Maßstäben daher überhaupt nicht meßbar. Unbegreiflich, daß Richard OSWALD als Regisseur zeichnet.

Reizend VEREBES und Friedel SCHUSTER; Falkenstein und Szöreghi steuern saubere Episoden und Michael BOHNEN seine Stimme bei. Die Schlager wirksam wie je.

Erstdruck/Druckgeschichte:
ED: *B. Z. am Mittag* v. 16. Dezember 1931.
Gezeichnet: koe.
Kein Belegstück im Nachlass. Text durch das Verfasserkürzel ermittelt.

Anmerkungen:
Primus-Palast: (1922-1938), Berlin-Tiergarten, Potsdamer Str. 19 (Ecke Margarethenstr.). Abgerissen im Zuge der Planungen zu Hitlers und Speers »Welthauptstadt Germania«.
Editorischer Bericht:
Verebes: im ED »Berebes«
Szöreghy: im ED »Szöreghi«

[Nr. 203]
Kadetten. Im Titania-Palast

Diese Kadetten, wie schade, reichen nicht im entferntesten an jene *Mädchen in Uniform* heran, die nach langer Zeit wieder bewiesen, wie man einen Tonfilm anpacken muß. Jene Mädchenkaserne, ihre schwül-phosphoreszierende Atmosphäre werden wir sobald nicht vergessen; diese uniformierten Edelknaben aber sind nur Requisit für ein Kriminalgeschehen nach verstaubtem Klischee. Mädchen in Uniform: wilhelminische Phantomwelt; Knaben in Unifom: Lebkuchen-Kadetten aus der guten alten Zeit. Schade, schade um BASSERMANN, Trude von MOLO, KAYSSLER; die Verantwortung aber trägt Herr Georg JACOBY.

Der Kadett Franz FIEDLER, der ein guter Schweiger, aber ein schlechter Sprecher ist, konstatiert, daß der Wau-Wau-Rittmeister von Malzahn (Johannes Riemann machte sich die Sache gar zu leicht) seiner schönen Stiefmutter den Hof macht. Eingeflüstert wurde ihm diese üble Botschaft vom Burschen Hennig (Reinhold Bernt mit schrecklichen Grimassen), der den Rittmeister tödlich haßt. Hamlet in Uniform schleicht sich nachts zum Rittmeister, es kommt zu einem schrecklichen Krach, der Bursche-Bösewicht hört den Krach, der Kadett stürmt davon, am nächsten Tag findet man Malzahn erschossen, der Kadett wird verhaftet und schweigt wie ein Großer, um Mutti nicht zu kompromittieren. Wir alle merkten die Auflösung schon nach 20 Minuten mußten aber eine weitere Stunde warten, bis die Autoren es merkten... Der Vorsitzende des Schwurgerichts, Friedrich Kayßler, merkte es dann am Ende auch und so war schließlich alles in Butter.

Trude von Molo, die in einer höchst undankbaren Rolle mit viel sicherem Scharm über Kitschabgründe hinweglaviert, und Kayßler, der die seltene Kunst besitzt, Güte zu agieren ohne Süßlichkeit, waren das Hellste in dieser trüben Angelegenheit (die auch auffallend matt fotografiert und technisch unzulänglich vertont ist). BASSERMANN zeigte wieder, daß auch der beste Mime im Kampf gegen die Manuskriptautoren schließlich unterliegen muss. Paul OTTO sympathisch wie immer. Erfolg gab es trotzdem.

Erstdruck/Druckgeschichte:
ED: *B. Z. am Mittag* v. 22. Dezember 1931.
Gezeichnet: koe.
Kein Belegstück im Nachlass. Text durch das Verfasserkürzel ermittelt.
Anmerkungen:
Titania-Palast: (seit 1928), Berlin-Steglitz, Guthsmuthstr. 27/28.
Editorischer Bericht:
Kitschabgründe: im ED »Kitsch-Abgründe«

[Nr. 204]
Chevalier, der Straßensänger. Marmorhaus

Nein, mit dieser Ausgrabung des ersten amerikanischen Chevalier-Films hat das Marmorhaus wieder einmal keine glückliche Hand gehabt – das »wieder« bezieht sich dabei auf die *Leichtsinnige Jugend* und den *Herzog von Reichstadt* seligen Angedenkens. Der Film ist alt, die Kopie verregnet, der Ton verschnupft, die Kulisse gemalt, die Fabel aber rührt von Rabbi Akiba her. Und wenn wir selbst bereit wären, all dies einiger netter Chevalier-Chansons zuliebe zu verzeihen – die deutschen Texte (der Film läuft in der englischen Fassung) sind schlechthin unverzeihlich. Zum Beispiel:

»In den armen und reichen Stadtvierteln sind die Blumen und die Vögel dieselben, NUR DIE ANTIQUITÄTENLÄDEN SIND VERSCHIEDEN.«

Fürwahr, ein Kulturdokument aus dem Notverordnungswinter von 1931.

Wie gesagt, Chevalier hat ein paar nette Augenblicke, als Lebemann, als weißer Al Jolson, hauptsächlich aber als koketter kleiner Maurice. In seiner Art ist er sicher unübertrefflich, ob man diese Art überhaupt mag – mit Grazie und 12-Appeal mittenmang ins Herz der Weiblichkeit – ist Geschmackssache. Gerne hört man die virtuosen und altbewährten Schlager aus seiner Casino-de-Paris-Zeit wieder, besonders »Ananas« und die »Valentine«.

Das Publikum lachte zu den Schlagern, lachte zu den tragischen Stellen, und unmutig wurde es nur, als der anfangs bezaubernde kleine David DURAND in den Klauen der amerikanischen Regie zusehens ver-coogant wurde. Schade um den netten kleinen Jungen. Mehr ist nicht zu sagen.

Erstdruck/Druckgeschichte:
ED: *B. Z. am Mittag* v. 31. Dezember 1931.
Gezeichnet: koe.
Kein Belegstück im Nachlass. Text durch das Verfasserkürzel ermittelt.
Anmerkungen:
Chevalier, der Straßensänger: im Orig. INNOCENTS IN PARIS (USA 1929, R.: Richard Wallace).
Marmorhaus: (1912-2001), Berlin-Charlottenburg, Kurfürstendamm 236.
Leichtsinnige Jugend: USA 1931, R.: Leo Mittler. Von Paramount Pictures für den europäischen Markt in Deutschland produziertes Remake von MANSLAUGHTER (USA 1922/1930, R.: Cecil B. DeMille).
Herzog von Reichstadt: Frk./Dt. 1931, R.: Viktor Tourjansky.
ver-coogant: Jackie Coogan (1914-1984), US-amerikanischer Schauspieler, der als Kinderdarsteller neben Charlie Chaplin in THE KID (USA 1921) berühmt wurde.
Editorischer Bericht:
Notverordnungswinter: im ED »Notverordnungs-Winter«
Al Jolson: im ED »Al Johnson«

[Nr. 205]
Der Stolz der 3. Kompagnie.
Titania und Tauentzien

Vor der Uraufführung ging das Gerücht, dieser Film sei mitnichten, was der Titel verspricht. Es handle sich um keine Neuauflage der alten Rekrutenherrlichkeit, sondern im Gegenteil, um eine bissige Parodie. Wir stehen nicht an, dieses Gerücht mit Nachdruck zu dementieren. Das Stück hält im ganzen und großen, was der Titel versprochen, gegen den Mythos vom fidelen Kasernenhof ist kein Anschlag verübt, somit auch das Ansehen des deutschen Films im Ausland nicht gefährdet worden.

Da und dort allerdings gibt es schüchterne Anzeichen dafür, daß der Manuskriptautor Friedrich RAFF vielleicht etwas anderes plante, ehe die Produktionsleitung das Ding gedreht hat. Mit Befremden vermißt man zum Beispiel den mit Recht so beliebten Parademarsch; schreckensstarr glaubt man im Anfang, daß S. H. Prinz Willibald höchst un-Gebührlich als Idiot sich präsentiert; ja, der Regisseur hat die Frechheit, von Rekruten auf Zinnsoldaten zu überblenden. Doch diese ketzerischen Ansätze bleiben der Regie bald im Halse stecken, der Prinz WOHLBRÜCKS rückt mehr und mehr in die einsamen Höhen des Fritsch'schen Urbildes hervor, die Satire wird in Klamauk umgebogen, der Kasernenzauber wölbt sich über tristes Zivilistendasein wie ein prächtig schimmernder Regenbogen.

Und da die Belange gewahrt sind, bleibt die Wahrheit belanglos. Die Wahrheit: daß es eine Kulturschande ist, daß man dem Volk der Dichter und Denker als Gipfel der Komik einen Feldwebel im weiblichen Nachthemd serviert, und daß dieses Volk solches in der Tat als Gipfel der Komik zu empfinden scheint.

Aber – Schwamm drüber, und lasset uns den RÜHMANN loben, und die Trude BERLINER und Walter STEINBECK, und lasset uns den KAMPERS tadeln, der die Gabe hätte komisch zu sein, jedoch vorzieht, ulkig zu sein. Rühmann aber bot eine Leistung, die nicht nur einer besseren Sache würdig gewesen wäre, sondern mit zu seinen besten gehört. Er ist der doof-pfiffige, demütig-perfide, leibhaftige und mit sich selbst versöhnte Minderwertigkeitskomplex. Die Regie Fred SAUERS macht sich weder an- noch unangenehm bemerkbar; die Musik von Hans MAY ist gefällig; die Texte von Brandt sind es nicht. Und was das Publikum betrifft – es lachte.

Erstdruck/Druckgeschichte:
ED: *B.Z. am Mittag* v. 5. Januar 1932.
Gezeichnet: koe.
Kein Belegstück im Nachlass. Text durch das Verfasserkürzel ermittelt.
Anmerkungen:
Titania: Titania-Palast (seit 1928), Berlin-Steglitz, Guthsmuthstr. 27/28.
Tauentzien: Tauentzien-Palast (1912-1945), Berlin-Schöneberg, Ecke Tauentzienstr. 19/Nürnberger Str. 57-59.
Un-Gebührlich: Anspielung auf den Schauspieler Otto Gebühr (1877-1954), im deutschen Historien-Spielfilm der Zwischenkriegszeit abonniert auf die Rolle des Preußenkönigs Friedrichs des Großen, die er zwischen 1920 und 1932 allein sechs Mal spielte.
des Fritsch'schen Urbildes: gemeint ist der Schauspieler Willy Fritsch (1901-1973).
Editorischer Bericht:
Brandt: im ED »Brand«

[Nr. 206]

Mal was anderes.
Der erste »gehorchende Film«
im Universum

Es fängt sehr nett an: In der Funkturm-Bar erhält der Liebhaber (Hans Herrmann SCHAUFUß) eine briefliche Absage der jungen Frau. Den Tod im Herzen, stürzt er sich von der Funkturmspitze schlankweg in den Abgrund. Fällt, fällt, fällt, wirbelt durch die Luft, noch eine Sekunde, und der Arme ist nur noch eine Lokalnotiz aus dem Polizeibericht. Aber im letzten Augenblick ereilt ihn noch in der Luft die verblüffende Rettung: die dritte Dimension greift ein, in Gestalt des aufgeregten Herrn aus dem Publikum (Hugo FI-

SCHER-KÖPPE). Er rennt zur Leinwand, ruft »das Ganze halt« und der Film hält wirklich. Nach einem kurzen Dialog zwischen dem Leinwandhelden und dem Sprecher wird Ersterem befohlen, sich wieder auf die Plattform zurückzubegeben, was auch geschieht: der Film dreht sich zurück. Von da an wird die Handlung scheinbar vom Publikum (durch Vermittlung des Sprechers) dirigiert, und der Film »gehorcht«. Wenn die Leinwandhelden widersprechen, bestraft sie der Sprecher, indem er ihnen einfach die Stimme wegnimmt...

Diese Dialoge von der zweiten zur dritten Dimension sind an sich eine ganz witzige Idee; mehr als ein einmaliger Scherz sollte daraus nicht werden. Denn in Wirklichkeit gehorcht der Film natürlich nicht dem Publikum, sondern dem Sprecher, und was man sich einmal, weil es »mal was Neues« ist, gerne und amüsiert gefallen lässt, würde bei etwaiger Serienproduktion anöden. Selbst dann, wenn es weniger grobschlächtig und plump durchgeführt wird wie alles, was in diesem Film nach dem netten Anfang folgt. Aber da es ja nur ein Experiment war, wollen wir nicht weiter darüber rechten; wir bitten bloß, es dabei bewenden zu lassen.

Erstdruck/Druckgeschichte:
ED: *B. Z. am Mittag* v. 9. Januar 1932.
Gezeichnet: koe.
Kein Belegstück im Nachlass. Text durch das Verfasserkürzel ermittelt.
Anmerkungen:
Mal was Anderes: d. i. MAL WAS ANDERES. DER ERSTE GEHORCHENDE FILM (Dt. 1931, Kurz-Spielfim, R.: Rudolf Meinert).
Universum: Universum-Theater (1910-1938), Berlin-Kreuzberg, Reichenberger Str. 80.
Editorischer Bericht:
Mal was Anderes: im ED »Mal was anderes«

[Nr. 207]
Abbruch und Neubau.
Basse-Uraufführung in der Kamera

Die »Deutsche Gesellschaft für Ton und Film« veranstaltet jetzt jeden Montag in der Kamera Avantgardeabende. Sie will Filme zeigen, mit denen sich auf den Boulevards keine Geschäfte machen lassen, sie will neue Wege zeigen zum Film als Kunstwerk und ein Publikum sammeln, das an ihn glaubt; ein löbliches Beginnen.

Gestern gab es eine Uraufführung von Wilfried BASSE, *Abbruch und Neubau*, eine Reportage von der Baustelle. Vorher sprachen der Leiter der Kamera, Dr. ECKARDT, und Rudolf ARNHEIM einleitende Worte. Eckardt verglich die Basse-Filme mit den Werken Thomas Manns, was er das nächste Mal bitte unterlassen sollte; Arnheim bemühte sich pädagogisch. Die Reportage Basses aber, verglichen mit seinen gleichfalls gezeigten, fast genialen Erstlingswerken *Baumblüte in Werder* und *Markt am Wittenbergplatz* enttäuschte ein wenig. Wohl merkte man die ungeheure Arbeit, die darin steckt; aber man wurde ihrer nicht froh.

Erfreulicher war der erste Teil, der Abbruch; die kindliche Urfreude am Zerbrechen, hier als Industrie von ernsthaften Männern betrieben, gab ein hübsches Grundmotiv. Vorher einer der nettesten Fleischer-Trickfilms, von denen man nie genug bekommt.

Erstdruck/Druckgeschichte:
ED: *B. Z. am Mittag* v. 12. Januar 1932.
Gezeichnet: koe.
Kein Belegstück im Nachlass. Text durch das Verfasserkürzel ermittelt.

Anmerkungen:
Kamera: (1928-1943), Berlin-Mitte, Unter den Linden 14.
Baumblüte in Werder: eigentlich BAUMBLÜTENZEIT IN WERDER (Dt. 1929, R.: Wilfried Basse, Kurz-Dokumentarfilm).
Markt am Wittenbergplatz: eigentlich WOCHENMARKT AUF DEM WITTENBERGPLATZ (Dt. 1929, R.: Wilfried Basse, Kurz-Dokumentarfilm).
Fleischer-Trickfilms: Fleischer Studios (1921-1942), US-amerikanische Produktionsfirma für Zeichentrickwerke (u. a. POPEYE und die erste Zeichentrickfilmadaption des Comichelden SUPERMAN).
Editorischer Bericht:
Avantgardeabende: im ED »Avantgarde-Abende«

[Nr. 208]
Weiß-Ferdl-Film im Ufa-Pavillon

Die Ufa zeigt in ihrem Pavillon am Nollendorfplatz einen Film, der leider hält, was seine beiden Titel *Wenn dem Esel zu wohl ist* und *Er und sein Tippfräulein* versprechen. Es ist die alte Geschichte vom Chef und seiner Sekretärin. Ein Thema, das die Filmautoren bis zum sicheren Eheschluß komischerweise furchtbar komisch finden. Diesmal ist der Chef der im ersten Titel (weil er nicht sofort einer Partnerin sich hingibt, sondern die bekannten Umwege zum Standesamt geht und so den Film ermöglicht) ein Esel genannte Münchener Komiker Weiß Ferdl. Sein Humor ist für den Bierkeller. Bei Maibock und Weißwürsten ist er zu ertragen. Im Film wirkt er nur peinlich. Dazu treibt das Manuskript ihn mitleidlos in heute nur noch grotesk zu spielende Schwanksituationen von der Art der alten Leo-Peuckert-Filme. Er ist nicht ein einziges Mal nett, und daß Charlotte Ander, die es wenigstens zuweilen sein darf, ihn nur aus Liebe lieben soll, ist nicht recht zu verstehen. Die Produzenten wollten wohl einen Unterhaltungsfilm für das breiteste Publikum schaffen. Das ist ihnen leider nicht gelungen. Die Unterhaltung ist im Atelier geblieben. Um den Ablauf des Spiels bemühte sich die Regie von Franz Seitz.

Erstdruck/Druckgeschichte:
ED: *Berliner Börsen-Courier* v. 29. April 1932, S. 3 (Abend-Ausgabe).
Gezeichnet: W. Koe.
Belegstück im Nachlass.
Anmerkungen:
Ufa-Pavillon: (1910-1943), Berlin-Schöneberg, Am Nollendorfplatz 4.
Editorischer Bericht:
Charlotte Ander: im ED »Charlotte Aner«

[Nr. 209]
Ein süßes Geheimnis im Primus-Palast

Diesen fast unbedenklichen Film in Verbindung mit dem Muttertag zu nennen, ist eine seltsame Zumutung. Hansi Niese wandelt, eine einzige Gerührtheit, durch seine Bilder. Sie leitet einen großen Modesalon, dirigiert eine Schar von Angestellten, ernährt ihren Gatten, den Professor, und seine Sternwarte, erzieht ihre ungeratenen Schwiegersöhne und ist bemüht, noch unverheiratete Töchter an den Mann zu bringen. Wenn es der alten Dame mal zu viel wird, dann singt sie, immer wieder, ein Lied. Und ihr und uns bleibt nichts erspart. Ihre Lieblingstochter Else Elster bekommt Zwillinge, bevor der dazu gehörende geliebte Mann und Vater sie heiratet. Da nimmt das goldene Wiener Herz der guten Mutter Niese unter tiefen Juchzern und Schluchzern auch diese Last auf sich. Sie fährt mit der Tochter nach Nizza (natürlich nach Nizza) und teilt ihrem mit Recht »Wie das?« fragenden Sternguckergatten mit, daß sie auf ihre alten Tage zu den Zwillingen gekommen sei. Was er dann glaubt, und das »süße Geheimnis« bleibt gewahrt bis zur Verehelichung der jungen unehelichen Mutter. Es gab Besucher, die das lustig fanden. Unter Friedrich Zelniks Regie spielte jeder Darsteller sein Fach; der Väterspieler Hans Marr z. B. gab hervorragend einen Väterspieler.

Erstdruck/Druckgeschichte:
ED: *Berliner Börsen-Courier* v. 8. Mai 1932, S. 13 (Morgen-Ausgabe).
Gezeichnet: W. Koe.
Belegstück im Nachlass.
Anmerkungen:
Primus-Palast: (1922-1938), Berlin-Tiergarten, Potsdamer Str. 19 (Ecke Margarethenstr.). Abgerissen im Zuge der Planungen zu Hitlers und Speers »Welthauptstadt Germania«.

[Nr. 210]
Ein Leuchtturm und tausend Lampen.
Die Greifswalder Oie, eine Filminsel in der Ostsee

Der Autobus, der den Schwedenzug in Saßnitz erwartete, erinnerte an die Zeit der ersten Automobile. Seine Karosse schwebte gefährlich hoch über seinen steilen Rädern, und er war, wie sich bald zeigte, ein passionierter Bergsteiger und Springer. Überdies hielt sein Lenker, ein harmlos aussehender Plattdeutscher mit der Seele eines Caracciola, das ehrwürdige Fahrzeug für eine Art Rennwagen. Im dritten Gang trieb er den krächzenden, in allen Fugen knirschenden, wie ein Segler in Seenot schwankenden Bus über die an Kurven reiche Berg- und Talbahn der rügenschen Hauptstraße. Doch hinderte das Tempo seiner Fahrt ihn nicht, auch noch den Erklärer der Gegend zu spielen. Und sein Fahrgast sah nicht nur die herbstliche Schönheit der Insel, die Saat der reifen, roten Quittenbeeren auf den Wegen, die Kreidetäler, die Hügel und die Wiesen, die Laubverfärbungen der Wälder und all die Ausblicke auf die See, er erfuhr auch die Namen der großen Grundbesitzer, hörte die Genealogie der Fürsten zu Putbus und die geheimnisvolle Geschichte des schottischen Grafen Douglas, der sich dort ein Schloß gebaut hat, grad' wie aus Ankers Steinbaukasten. Die Badeorte Binz, Sellin und Baabe hatten ihren Winterschlaf schon begonnen. Die großen Hotels waren geschlossen, kein Schwimmer war am Strand zu sehen, und nur zwei außer Dienst gestellte Strandkörbe erinnerten traurig an den Glanz der Saison.

In Göhren aber herrschten Leben, Betrieb und alle Anzeichen eines außergewöhnlichen Ereignisses. Die Gasthäuser hatten Fahnen aufgezogen, ihre Türen waren geöffnet, ihre Schornsteine rauchten und ihre Besitzer lobten die Oie.

Die Oie ist die Greifswalder Oie, eine kleine Insel östlich vor Rügen und weit draußen in der See gelegen. Sie ist die Heimat von siebzehn Menschen und der Stand eines Leuchtturms, der nachts den vorüberfahrenden Schiffen den Weg weist. Zweimal in der Woche soll der kleine Dampfer Ernst Moritz Arndt sie besuchen, ihr Proviant, Post und Zeitungen bringen. In diesen Herbsttagen aber fährt er zweimal täglich von Göhren zur Oie und zurück. Ein und eine halbe Stunde dauert die Überfahrt. Das Bild der Insel kommt langsam näher. Man erkennt den Leuchtturm, die steile Küste, ein paar Häuser, ein paar eigenartige Bauten, Bäume und schließlich das Rechteck des aus drei Steinmolen gebildeten Hafens.

Auf dem Molenkopf stehen Matrosen und winken. Ihre Marineanzüge sind so marineblau und ihre Haut ist so wetterbraun, daß sie unmöglich Matrosen sein können. Und das sind sie dann auch nicht. Ihre Aufgabe ist nur die der dekorativen Wirkung. Sie sind, sozusagen, die Portiers der »F. P. 1«.

1927 war der Lindbergh-Flug. Und wenn auch andere den Tod im Ozean fanden, statt anzukommen in Amerika oder Europa, so war doch die Möglichkeit eines Luftverkehrs zwischen den Kontinenten erwiesen. Der Transozeanflug, heute noch eine Sache des Glücks, würde zum planmäßigen Passagierverkehr werden, wenn die Gefahr der weiten Strecke verringert, wenn Stützpunkte, Lande- und Tankstellen im Meer errichtet werden könnten. Und ein Ingenieur erfand die schwimmende Insel aus Stahl, die Flug-Plattform 1, die nicht im Meer verankert, sondern auf der Oie geschaffen wurde, und die nicht den Fliegern dient, sondern dem Film und eine stille Insel in ein lärmendes Babelsberg verwandelt hat.

Bleiweiße Eisenplatten bedecken eine weite Fläche vor der steil abfallenden Küste. Zur Insel hin grenzen Hallen, Krane und Türme die Fläche ab. Eine riesige Terrasse ist entstanden, und viel Licht liegt über ihr. Die Sonne scheint, und ihre Strahlen scheinen zurück vom Spiegel der See und von den Eisenplatten. Es ist ein ideales Sonnenbad. Über das Deck schreitet ein Mann. Er geht erregt hin und her. Wie Segel umflattern ihn die Schöße seines weiten Regenmantels. Das ist Erich Pommer, Produktionschef und Großadmiral der »F. P. 1«. Er blickt in den Himmel, und da kommt auch schon der Flieger. Er neigt sich, um zu landen, und geht wieder hoch. Ein paarmal wiederholt sich das Spiel. Aus den Hallen rennen Menschen, schreien und winken. Noch nie landete ein Flieger auf der Oie. Es ist lebensgefährlich. Der Platz ist zu klein und zu hügelig. Endlich wagt der Pilot es. Er setzt das Flugzeug nieder, rollt aus bis zur Küste und fast sie hinab. Aber er hat es geschafft und wird bewundert, von den Filmleuten ebenso wie von den vollzählig versammelten Bewohnern der Insel.

Da der Flieger gekommen ist, kann mit den Aufnahmen begonnen werden. Ein Heer von Menschen bevölkert auf einmal die Terrasse. (Und der Besucher wundert sich nicht mehr über die Leere der Berliner Kaffeehäuser, denn alle ihre Gäste sah er als Matrosen wieder.) Es ist ganz wie in Babelsberg. Zum Licht, das da ist, kommen noch die Scheinwerfer, die nun summend aufflammen. Operateure messen Entfernungen, rufen und versuchen. Klein hockt Karl Hartl, der Regisseur des Films, unter der Kamera. Er ist einer von den leisen Spielleitern. Kein lautes Wort fällt. Mit kleinen Gesten dirigiert er die Aufnahme.

Und dann erscheint Hans Albers und strahlt. Das ist seine überzeugendste Eigenschaft. Ob er vor der Kamera steht oder hinter ihr, ob er Pause hat, frühstückt, Rum trinkt oder Witze erzählt, er strahlt immer und ist wie ein Kind vor Weihnachten. Mit ihm kommen die anderen Schauspieler: Conrad Veidt, Sybille Schmitz, Paul Hartmann, Peter Lorre, Speelmanns, die Darsteller der französischen und der englischen Version. So viel Prominenz auf einem Fleck wäre für Berlin eine Sensation. Was soll da die Oie sagen?

Interessant ist es, zu sehen, wie der Film in drei Versionen gedreht und jede Szene dreimal von drei Schauspielern gesprochen wird. Einen Streit mit einem Rivalen spielt Albers schreiend, mit dem Fuß aufstampfend und einer Brutalität in Stimme und Geste, die kurz vor dem Faustschlag liegt. Veidt, der die englische Fassung spielt, begegnet seinem feindlichen Partner mit einer Ironie, die scharf und überlegen von den Lippen kommt. Der Franzose Charles Boyer spielt dieselbe Szene ruhiger und ganz aus dem Gefühl heraus. Dreimal die gleiche Rolle, und drei voneinander sehr verschiedene Gestalten stehen vor der Kamera.

Die Filmleute wohnen nicht auf der Oie. Der Dampfer fährt sie abends zurück nach Göhren in die Hotels. Das sind täglich drei Stunden Fahrt, und die See ist oft unruhig. (Nur die Franzosen fahren nicht. Sie haben am ersten Tag die Lage erkannt und sich im Leuchtturm einquartiert. Abends winken sie dem Dampfer nach, und morgens dürfen sie lange schlafen. Die Deutschen platzen vor Neid.) Dafür ist die Gesellschaft eine ebenso gute wie bunte. Die Schauspieler fahren in Kostüm und Maske. Man sieht Offiziere, Fliegerinnen und Matrosen beim gemeinsamen Grog. In der Kajüte ist Regiesitzung. Pommer, Hartl, Klagemann, die Aufnahmeleiter, Hilfsregisseure und Architekten machen das Programm für den nächsten Tag. Bühnenarbeiter schlafen übermüdet lang auf das Deck gestreckt. Es ist still auf dem Ufaschiff. Es wird dunkel. Die Küsten der Insel gehen unter im Nebel, der von der See aufsteigt. Durch Streifenwolken schimmert das Abendrot, und von der Oie blinkt das Leuchtfeuer auf.

In Göhren aber herrscht Leben. Der ganze Ort steht auf der Landungsbrücke. Die Ankunft des Filmdampfers ist die tägliche Sensation dieser Wochen. Die Aussteigenden müssen durch ein Spalier von Neugierigen. Und der Held ist Hans Albers. Veidt darf gehen, Lorre darf gehen, Hartmann darf gehen, Albers aber wird umringt. Er muß Rede und Antwort stehen, bis er an der Spitze eines Triumphzuges sein Hotel erreichen kann. Der Badeort ist vom Film besessen.

Der Besitzer des größten Hotels hat Sorgen. Was koche ich für Albers? Fragt er sich täglich und serviert dann ein Menu von sieben Gängen. Die Schauspieler müssen es, um den Mann nicht zu kränken, im Schweiße ihres Angesichts verzehren. Das gibt eine lange Tafel und viele Reden. Die sympathischste hielt Albers am Abend nach der Ankunft des

Fliegers: »Wenn der Film *F. P. 1 antwortet nicht* in den Kinos laufen wird«, sprach er, »dann werden die Leute in Berlin sagen, Mensch, der Albers ist aber ein Flieger, und in Paris werden die kleinen Mädchen staunen, wir haben ja gar nicht gewußt, daß der Boyer so kühn ist, und in London wird es heißen, der Veidt, alle Achtung, ein toller Bursche, und derweilen wird in Warnemünde in seiner Fliegerschule still Förster sitzen, der all unsere kühnen Flüge geflogen hat – und deshalb wollen wir drei Otto-Ottos ihm herzlichst danken.«

Und dann verschwindet Albers mit Lorre in den Fischerkneipen. Der Besucher aber fährt durch die Nacht zurück nach Saßnitz. Im Scheinwerfer seines Autos erscheinen erschreckte Rehe, und vorbei geht es an einsam schlafenden Gehöften.

Erstdruck/Druckgeschichte:
ED: *Berliner Börsen-Courier* v. 30. September 1932, S. 5 f. (Morgen-Ausgabe).
ND[1]: *Neue Badische Landes-Zeitung* v. 2. Oktober 1932.
ND[2]: GW 5/36-40.
Gezeichnet: Wolfgang Koeppen
Belegstück im Nachlass.
Anmerkungen:
Im Nachlass ferner acht von Koeppen handbeschriftete Fotografien, mit der Notiz (undat.): »Ich sende dir einige Bilder, die ich mit einem geliehenen Apparat auf Rügen gemacht habe. Bewahre sie auf, da ich nicht mehr Abzüge habe! Ich wollte damals eigentlich Filmszenen für Illustrierte Zeitungen fotografieren, aber auf dem Aufnahmegelände war jedes Fotografieren verboten.«
Im Gespräch mit Marcel Reich-Ranicki 1986 äußert sich Koeppen zu den weiteren Umständen dieser Journalistenreise: »1933 war ich mal in Greifswald. Das hatte aber nichts mit einem Besuch zu tun, sondern es wurden 1933 Aufnahmen für einen UFA-Film gemacht. Ich war Redakteur bei einer Berliner Zeitung und reiste zu diesen

Aufnahmen. Ich teilte ein Schlafwagenabteil mit Siegfried Kracauer. Es waren überhaupt eine ganze Reihe bedeutender Journalisten, hauptsächlich Filmjournalisten auf dieser Fahrt, und es ergab sich fast von selbst, daß wir auf dieser Reise spielten, als ob das Jahr 1933 noch gar nicht geschehen sei. Wir spielten einen alten UFA-Film nach. Das war ganz komisch, und auf der Rückfahrt bin ich – der Zug ging von Rügen nach Berlin – in Greifswald ausgestiegen. Ich besuchte die Stadt als Fremder, und es machte mir Spaß.«
(In: *WKW 16/524*.)

[Nr. 211]
Theodor Körner im Primus Palast

An die »Lebenden Bilder« Mutter Germania im schwelenden Schein von Pechfackeln, die Schillschen Offiziere, den Reiter im Morgenrot, den Aufruf Yorks, erinnert der Aafa-Film *Theodor Körner*.

Der Regisseur Carl Boese konnte mit dem Manuskript von Franz Rauch (das weder der historischen Wahrheit noch einem filmdramaturgischen Gesetz entspricht und nur eine viel zu lange Bilderfolge für die Unterklassen der Volksschulen ist) nichts anfangen. Alle Effekte der Biederkeit, der Kinder- und Vaterlandsliebe, der welschen Tücke, des Mutes und des Schmerzes werden grob angewandt, ohne daß eine dramatische Wirkung erzielt wird. Das heroische in-den-Tod-Marschieren eines Verurteilten wird überblendet von einer Grinzinger Weinszene. Der Moment von Körners größter Erschütterung – er erfährt in Wien, daß in Deutschland der Sturm losbricht – wird melodramatisch vom Blitz und Donner eines Gewitters untermalt. Der Turnvater Jahn ist statt einer Gestalt nur ein Bart von, man muß glauben, beabsichtigter Komik. Hinzu kommen einige Anspielungen auf die Gegenwart und einige Unanständigkeiten. Die Untersuchung des Reisewagens der Toni und der Witz mit dem Versteck unter dem Rock würde an anderem Ort »zersetzend« genannt werden. Und daß die tapferen Lützower immer nur durch Verrat fallen, von hinten erschossen, von den Franzosen mit einer weißen Flagge in den Hinterhalt gelockt werden, das wirkt nicht. Nur die stille Szene in der Landkirche und ein paar auf der Wiener Bühne sind gelungen.

Willi Domgraf-Faßbaender spielt den Körner sehr romantisch und immer bereit, ein Gedicht zu schreiben oder zu sprechen. Aber das verlangt ja diese Rolle, und er entledigt sich seiner Aufgabe mit schauspielerischem Anstand. Als Lützow trägt Sigurd Lohde eine markante Maske und markiert glaubhaft den Haudegen, Draufgänger und Kinderfreund. Dorothea Wieck ist schön, wenn sie liebt und glücklich ist. Lissi Arna ist leider in einer Hosenrolle zu sehen, die absolut unmöglich ist.

Erstdruck/Druckgeschichte:
ED: *Berliner Börsen-Courier* v. 15. Oktober 1932, S. 3 (Abend-Ausgabe).
Gezeichnet: W. Koe.
Belegstück im Nachlass.
Anmerkungen:
Primus-Palast: (1922-1938), Berlin-Tiergarten, Potsdamer Str. 19 (Ecke Margarethenstr.). Abgerissen im Zuge der Planungen zu Hitlers und Speers »Welthauptstadt Germania«.

[Nr. 212]
Im Marmorhaus: *Das letzte Paradies*

Das letzte Paradies ist das Paradies der Tiere. Hans Schomburgk hat es in Afrika gesucht und gefunden. Seine Expedition hat den Schwarzen Erdteil von der Südostküste bis zur Kongomündung durchquert, und was die Expedition erlebte, zeigt uns ihr Film und wird in einem Buche *Das letzte Paradies* (Reimar Hobbing) gezeigt werden.

Wir sehen im Film zuerst das unbekannte Afrika der Großstädte und Fabriken, Schornsteine, Schienenstränge, Flugzeugstationen, gepflegte Chausseen und Tankstellen, von Negern in in Europa abgelegten Kleidern bedient. Gewiß kein Paradies. Auch die gefahrvolle Fahrt durch den Busch, das Sumpfgebiet der Seen, die Fieber- und Malariagegenden, das Tal der Schlafkrankheit zeigen nichts Paradiesisches. Wenige, furchtsame, von Menschen oft gejagte Tiere fliehen in weiter Ferne von der Kamera fort. Das ist das Afrika der Jäger. Aber die Expedition bahnt sich mühevoll einen Weg weiter in das Land hinein. Und dort ist der Mensch den Tieren noch unbekannt. Sie bleiben stehen und kommen neugierig näher. Der Kameramann Paul Lieberenz konnte einen Löwen auf drei Schritt Entfernung filmen. Herden von Elefanten, Antilopen und Giraffen bieten sich willig dem Objektiv. Noch nie sah man die freien Tiere so aus der Nähe. Wundervoll ist die Aufnahme einer Morgenstimmung an der Tränke; wie die verschiedenen Arten zu bestimmten Zeiten kommen, wie sie wachsam sind, wie sie sich laben, und wie der Löwe sie beschleicht und im letzten Moment doch um seine Beute kommt – das ist das verklärte Afrika unserer Kinderträume.

Der Film Schomburgks hat den anderen Afrikafilmen dies voraus: er tötet nicht! Kein Schuß zerstört das Paradies, und Mensch und Tier werden nicht um einer blutigen Sensation willen gegeneinander gehetzt. Der Film ist anständig und sachlich, und so ist er schön.

Erstdruck/Druckgeschichte:
ED: *Berliner Börsen-Courier* v. 26. Oktober 1932, S. 2 (Abend-Ausgabe).
Gezeichnet: Koe.
Kein Belegstück im Nachlass. Text durch das Verfasserkürzel identifiziert.
Anmerkungen:
Marmorhaus: (1912-2001), Berlin-Charlottenburg, Kurfürstendamm 236.
Editorischer Bericht:
von Negern in in Europa abgelegten Kleidern: im ED »von Negern in Europa abgelegten Kleidern«

[Nr. 213]
Trenck im Atrium

In der Reihe der großen historischen Kostümfilme, die wir jetzt, von Friedrich d. Gr. bis zu den Freiheitskriegen, Woche für Woche zu sehen bekommen, durfte der *Trenck* natürlich nicht fehlen. Dieser »Roman eines Günstlings« hätte die Möglichkeit gegeben, die preußische Geschichte zwanglos mit einem individuellen dramatischen Schicksal zu verbinden. Der Trenck war ein Abenteurer. Der Film (Manuskript und Regie: Heinz Paul und Ernst Neubach, nach dem Roman von Bruno Frank) zeigt ihn aber als den tragischen Helden einer ewigen Liebe und Treue. Die Liebe gilt der Prinzessin Amalie von Preußen, die sie ebenso innig und hoffnungslos erwidert. Die Treue richtet sich gegen Friedrich II., der Trenck gerade im Film schlecht und ungerecht behandelt. Um diese königliche Liebesaffäre herum erscheinen wieder die Gestalten aus dem Geschichtsbuch, um die Audienz-, Kabinetts- und Schlachtszenen zu stellen. Dem feierlich langsamen Ablauf der Bilder merkt man die Ehrfurcht der Regie vor ihrem Thema an.

Hans Stüwe spielt den Trenck als Prinz von Homburg; in der Haltung etwas steif, doch oft mit ausdrucksvollem Gesicht. Dorothea Wieck ist eine blasse, der Sehnsucht und der Melancholie verfallene Prinzessin. Theodor Loos gibt den Fridericus nervös, tyrannisch, misanthropisch, also menschlicher als Otto Gebühr. Anton Pointner überraschte als verwegener Pandur, und Paul Hörbiger war in der Rolle eines österreichischen Beamten ein einziger Mucki-Witz.

Erstdruck/Druckgeschichte:
ED: *Berliner Börsen-Courier* v. 29. Oktober 1932, S. 3 (Abend-Ausgabe).
Gezeichnet: koe
Belegstück im Nachlass.
Anmerkungen:
Atrium: (1926-1945), Berlin-Wilmersdorf, Kaiserallee 178 (heute: Bundesallee), Ecke Berliner Str. 1932 hatte es rund 2000 Plätze. Im Krieg ausgebrannt.

[Nr. 214]
Waldmenschen in der Kamera

In der Kamera wurde der Sowkino-Film *Waldmenschen* (Regie: Alexander Litwinow) uraufgeführt. Der Film ist ein Reportage- und Expeditionsfilm über das Land der Udechen, ein von der Zivilisation noch ziemlich unberührtes Wald- und Flußgebiet im östlichen Sibirien. Mit einem beinahe brutalen Realismus wird gezeigt, wie diese Menschen leben, wie sie wohnen, essen, jagen, fischen, wie sie böse und wie sie gut sind. In Rußland hatte der Film wohl die Aufgabe zu mahnen: das gibt es noch in der Union, diese Dürftigkeit des Lebens, diese Vergewaltigung der Frau, diese traurige Primitivität, die zu ändern unsere Aufgabe ist. In Deutschland werden die *Waldmenschen* nur als Sittenbild eines Jäger- und Fischervolkes Interesse finden.

Erstdruck/Druckgeschichte:
ED: *Berliner Börsen-Courier* v. 29. Oktober 1932, S 7 (Abend-Ausgabe).
Gezeichnet: kn.
Kein Belegstück im Nachlass. Text durch das Verfasserkürzel identifiziert.
Anmerkungen:
Kamera: (1928-1943), Berlin-Mitte, Unter den Linden 14.

[Nr. 215]
Fünf Millionen Pinguine im Capitol

Die Deutsche Gesellschaft für Ton und Bild zeigte in ihrer zweiten Matinee im Capitol den Expeditionsfilm *Dassan, die Insel der Fünf Millionen Pinguine*, von Cherry und Ada Kearton. Pinguine sind nette und spaßige Tiere. Ein kurzer Vorfilm könnte reizend sein. Aber fünf Millionen auf einer kleinen Insel, in Rudeln und allein, einfach und ohne jede filmische Einstellung photographiert, wirken über eine Stunde lang nicht sehr unterhaltend. Hinzu kommt eine erklärende Stimme, die uns die Tiere, in einer Art, die wir nicht mehr hören wollen, menschlich nahe bringen will. »Papa Pinguin begibt sich jetzt ins Bad, während die Gattin ...« Vor den Pinguinen konnte man noch einmal *Die steinernen Wunder von Naumburg* sehen und lernen, wie ein Kulturthema von der Kamera zu erfassen und darzustellen ist.

Erstdruck/Druckgeschichte:
ED: *Berliner Börsen-Courier* v. 1. November 1932, S. 6 (Morgen-Ausgabe).
Gezeichnet: koe
Kein Belegstück im Nachlass. Text durch das Verfasserkürzel identifiziert.
Anmerkungen:
Capitol: Capitol am Zoo (1925-1943), Berlin-Charlottenburg, Budapester Str. 42-46.
Die steinernen Wunder von Naumburg: Dt. 1932, R.: Curt Oertel/ Rudolf Bamberger. Kurz-Dokumentarfilm (12 min.).

[Nr. 216]
Der Schützenkönig im Primus Palast

Die Konkurrenten hassen und bekriegen sich, während ihre Kinder sich lieben. Diese uralte Theatergeschichte ist die des Bayernfilms *Der Schützenkönig*. Und da der Konflikt noch verschärft wird durch die bekannte Feindschaft Preußen-Bayern, geht es den Kindern beinahe wie Romeo und Julia. Aber da sie im Milieu eines Kino-Kleinbürgertums leben, kommt es zum guten Ende. Den alten Bayer spielt Weiß-Ferdl so wie sich der Berliner das Oktoberfest vorstellt. Ob Max Adalbert in Bayern ähnlich wirkt, weiß ich nicht. Im Primus-Palast weckt er den Eindruck eines arroganten Junggesellen, aber nicht den eines Mannes, der in Oberbayern ein Warenhaus gründet. Das junge Paar sind Gretl Theimer und Hugo Schrader, der jugendliche Komiker der Münchener Kammerspiele. Die Theimer ist sehr ohne Regisseur, Schrader zeigt Ansätze zu einem besseren Filmspiel, als es im *Schützenkönig* erlaubt ist. Die Regie von Franz Seitz versagte in allen Spielszenen, war aber gut im Trubel des Tölzer Schützenfestes.

Erstdruck/Druckgeschichte:
ED: *Berliner Börsen-Courier* v. 1. November 1932, S. 3 (Abend-Ausgabe).
Gezeichnet: kn.
Kein Belegstück im Nachlass. Text durch das Verfasserkürzel identifiziert.
Anmerkungen:
Primus-Palast: (1922-1938), Berlin-Tiergarten, Potsdamer Str. 19 (Ecke Margarethenstr.). Abgerissen im Zuge der Planungen zu Hitlers und Speers »Welthauptstadt Germania«.

[Nr. 217]
Annemarie, die Braut der Kompagnie

Ist (im Atrium) ein Nachzügler der Kasernenhofblüten-Filme, verschönt durch ein Pensionat à la *Mädchen in Uniform*, dessen Bestimmung hier aber nur die der Liebesbeziehung zum Militär ist. Paul Hörbiger spielt österreichisch-zivil einen preußischen Musketier, Hugo Fischer-Köppe ist wieder einmal Feldwebel; der junge Fritz Albert Lieben gibt sympathisch zurückhaltend seinen Fähnrich, und Lucie Englisch ist ausgezeichnet und gewinnt einer dummen Rolle fast tragische Akzente ab. Das Publikum nahm den niveaulosen, von Carl Boese inszenierten und in einer Kaiserparade auf dem Tempelhofer Feld (geschickte Verwendung ältester Wochenschauen) gipfelnden Film teils beifällig, teils ironisch auf.

Erstdruck/Druckgeschichte:
ED: *Berliner Börsen-Courier* v. 8. November 1932, S. 2.
Gezeichnet: kn.
Kein Belegstück im Nachlass. Text durch das Verfasserkürzel identifiziert.
Anmerkungen:
Atrium: (1926-1945), Berlin-Wilmersdorf, Kaiserallee 178 (heute: Bundesallee), Ecke Berliner Str. 1932 hatte es rund 2000 Plätze. Im Krieg ausgebrannt.

[Nr. 218]
Die Weber

Der Film *Die Weber* wurde zu Ehren Gerhart Hauptmanns in einer Nachtvorstellung im Marmorhaus von der Degeto gezeigt. Es ist zu bedauern, daß der Film stumm ist. Gerade die *Weber* brauchen den Ton. Ihr Lied als Bildschrift stört. Aber als Tonfilm werden sie wohl vorläufig nicht gedreht werden. Man konnte Sonnabend nacht einen Mut bewundern, der vor wenigen Jahren noch keiner war. Welche Gesellschaft würde es heute wagen, den Aufstand der Armen zu zeigen? Selbst die Theater lassen ja im Kreis der Hauptmann-Feiern das Revolutionsdrama des Dichters fehlen. Und so wirkte der von Friedrich Zelnik inszenierte Film trotz seiner Stummheit und seiner Schwächen kühn und neu, fast wie ein deutscher Potemkin. Das leider nur spärlich erschienene Publikum nahm lebhaften Anteil an dem von Wegener, Dieterle, Picha, Kraußneck und vielen anderen guten Schauspielern dargestellten, erschütternden Werk.

Erstdruck/Druckgeschichte:
ED: *Berliner Börsen-Courier* v. 14. November 1932, S. 3.
Gezeichnet: Kn.
Kein Belegstück im Nachlass. Text durch das Verfasserkürzel identifiziert.
Anmerkungen:
Die Weber: DIE WEBER, Dt. 1927, R.: Friedrich Zelnik.
Marmorhaus: (1912-2001), Berlin-Charlottenburg, Kurfürstendamm 236.

[Nr. 219]
Noch ein Goethe-Film?

Franz Lehárs *Friederike*, die Operette von der Literaturgeschichte zu Sesenheim, ist jetzt im Atrium in der Kaiserallee und im Titania-Palast in Steglitz als Film, inszeniert von Fritz Friedmann-Frederich, zu sehen. Die Frage, ob Goethe und Otto Wallburg Freunde gewesen wären, drängt sich auf, doch ist sie müssig. Der Film wie die Operette haben ja mit Goethe nichts zu schaffen. Was wir sehen, ist die nicht sehr interessante Liebesaffäre eines Tenors, der sich Goethe nennt und zufällig mit Namen aus des wirklichen Goethe Biographie verkehrt. Daran ändert im Film auch ein Schattenriß nichts, der »Sah ein Knab' ein Röslein stehn ...« dichtet. Den Richard Tauber, den man erwartete, spielt Hans Heinz Bollmann. Immer munter, immer entzückt, immer ein Lied auf den Lippen zieht er über die Freilichtbühne der Indra-G.P. Film im Verleih der Heros-Film-Verleih GmbH im Reichliga-Konzern. Seine Friederike ist Mady Christians, und sie ist es sehr nett. Dasselbe gilt von Else Elster als Salomea. Ein komisch wohllebendes Pfarrer-Ehepaar geben Paul Hörbiger und Ida Wüst, denen Otto Wallburg als Weintrinker sich zugesellt. Adele Sandrock spielt in einer kurzen Szene alle Sandrock-Geschichten auf einmal, während Veit Harlan als junger Herzog von Weimar die beste schauspielerische Leistung des Films zeigt.

Erstdruck/Druckgeschichte:
ED: *Berliner Börsen-Courier* v. 15. November 1932, S. 2.
Gezeichnet: Kn.
Belegstück im Nachlass.
Anmerkungen:
Atrium: (1926-1945), Berlin-Wilmersdorf, Kaiserallee 178 (heute: Bundesallee), Ecke Berliner Str. 1932 hatte es rund 2000 Plätze. Im Krieg ausgebrannt.
Titania-Palast: (seit 1928), Berlin-Steglitz, Guthsmuthstr. 27/28.

[Nr. 220]
Ein U-Boot in Neubabelsberg

Nicht im Wannsee, nicht auf der Havel, nicht auf und nicht unter dem Wasser schwimmt, sondern auf Klötzen und Podesten in einer Atelierhalle der Ufa ruht es und sieht von draußen aus wie eine lange Tonne vielleicht auch wie ein Tunnel auf der Achterbahn im Lunapark, jedenfalls erblickt man nur Holz, das sich zu einer Rundung schließt. Eine Kulisse also, der Rumpf eines U-Bootes, dem die Verkleidung fehlt, graue Leinwand zum Beispiel, auf die schön zum Photographieren U 1 oder U X gemalt wird, eine Kulisse, die innen hohl und ungehobelt ist. Doch das zu denken, ist ein Irrtum!

Die Ufa verschmäht die Pappkulissen. Das Innere der U-Boot-Attrappe ist ein garantiert echtes Unterseeboot aus Stahl und Maschinen. Ein Kapitänleutnant a. D., heute technischer Beirat der Filmgesellschaft, empfängt im Kommandoturm den sich durch die Luke zwängenden Besucher und zeigt ihm das Periskop in natürlicher Größe und Funktion, die Maschinerie des Tiefensteuers und der Pumpen, den Mutterkompaß und seine Töchter, die blanken, wohlgeladenen Torpedos und die wippenden Zeiger der Instrumententafel. Der Stolz des Bastlers klingt in seiner Rede. So spricht kein Bühnenbildner, so freut sich nur ein Mann, der in Neubabelsberg ein U-Boot bauen durfte mit genau demselben Wasserstandanzeiger wie vor 1918 auf den Booten in Kiel und Wilhelmshaven. Ja, sogar die Sauerstoffrettungsgeräte liegen griffbereit am Boden, und wenn eine Schlingerkugel den Raum in schaukelnde Bewegung setzt, vergißt man vor lauter Maschinengewirr den märkischen Sand unter den Füßen und glaubt, nach Atem ringend, zwanzig Meter unter dem Meeresspiegel auf gefährlicher Fahrt zu sein. Das Eingeschlossensein in dem engen Tonnenraum peinigt, und vielleicht hat der Regisseur diesen Bau nur errichten lassen, um seinen Darstellern den natürlichsten Ausdruck der Unterwasserangst zu entlocken. Im offenen Raum einer Atelierecke, vor einem bloß angedeuteten Bild, wäre das schwerer.

Seit Stunden wandert er gelangweilt durch die Halle und hofft, daß ein Besucher ihn nicht fragen wird: Sind sie glücklich, Herr Forster, die Hauptrolle in dem großen Marine-Film *Morgenrot* zu spielen? Was halten Sie von Ihrem Regisseur Ucicky und dem Produktionsleiter Günther Stapenhorst?

Der Besucher aber fragt nicht, sondern schweigt und staunt im Rauch und Dampf des Bahnhofs Meerskirchen.

Erstdruck/Druckgeschichte:
ED: *Berliner Börsen-Courier* v. 26. November 1932, S. 7.
ND: GW 5/46-48.
Gezeichnet: W. Koe
Belegstück im Nachlass.
Editorischer Bericht:
Wilhelmshaven: im ED »Wilhelmshafen«

[Nr. 221]
Blutauffrischung bei der Ufa

Die interessanteste Filmnachricht der letzten Tage war die Verpflichtung der Regisseure Erich Engel und Gustav Gründgens durch die Ufa. Eine Nachricht, die mit den Gerüchten von dem Weggang Pommers in Verbindung gebracht wurde. Aber abgesehen von der Frage, ob Pommer bleibt oder eine deutsche Fox-Produktion beginnt, ist es an sich erfreulich, daß die größte deutsche Filmgesellschaft ihren Mitarbeiterstab erweitert, daß sie junge und künstlerisch aktive Kräfte engagiert.

Wie wird sie die neuen Regisseure beschäftigen? Die Frage nach dem Manuskript wird so wichtig wie noch nie. Es wäre sinnlos, den filmischen Elan der neu in den Betrieb gekommenen Begabungen in das Joch der alten Allerweltsthemen, vor den in ausgefahrensten Gleisen schaukelnden Karren allzu bewährter Manuskriptschreiber zu spannen. Auch vom Thema, von der Idee, eben vom Manuskript her muß es zu einer Erneuerung des Films kommen.

Die Ufa versichert, auch hier guten Willens zu sein. Sie wünscht zunächst jüngere Autoren, deren Talent im Roman oder im Drama sich bewiesen hat, für den Filmstoff zu gewinnen. Der erste Film, den Erich Engel für die Ufa schaffen soll, wird eine Verfilmung von *Ljubas Zobel* nach dem Roman von Alexander Lernet-Holenia (der zuerst im *Berliner Börsen-Courier* erschienen ist) sein. Weiter ist ein Versuch mit Manfred Hausmann geplant. Man denkt da zunächst an seinen *Abel mit der Mundharmonika*. Aber auch die Arbeiten der gänzlich Namenlosen, die tausend Manuskripteinsendungen sollen auf jede Möglichkeit hin geprüft werden. Das fordert Dramaturgen. Es wäre gut, wenn die Ufa Leute hätte, die Förderer und Entdecker wären, die, wie früher die Dramaturgen am Theater, auch die Begabung in einem technisch unmöglichen Manuskript erkennen und auch Stoffe außerhalb der Unterhaltung auf ihre eventuelle Filmwirkung prüfen könnten. Der Beruf des Filmdramaturgen, verantwortungsvoll in seiner Wirkung auf die Zeit, ist in seiner ganzen Bedeutung noch zu entdecken. Die Verpflichtung von Autoren aus der schönen Literatur kann nur ein guter Anfang sein.

Entdeckungsreise

Wie sehr die Produktionsleitung der Ufa von der Notwendigkeit einer Blutauffrischung überzeugt ist, wie deutlich die Anzeichen sein müssen, daß das große Publikum die übliche Schablone satt hat, geht aus dem jeder Unterstützung werten Eifer hervor, mit dem die Gesellschaft plötzlich auf die Suche geht. Sie beabsichtigt sogar, eine Fahrt durch ganz Deutschland anzutreten, um an den Bühnen der Provinz nach unentdeckten Begabungen, besonders nach jungen Regisseuren Ausschau zu halten.

Erstdruck/Druckgeschichte:
ED: *Berliner Börsen-Courier* v. 10. Januar 1933, S. 2 f.
Gezeichnet: Kn.
Belegstück im Nachlass.

Anmerkungen:
Ljubas Zobel: Der Film kam nicht mehr zustande. Beschluss der UFA-Vorstandssitzung vom 29. März 1933: »Mit Rücksicht auf die infolge der nationalen Umwälzung in Deutschland in den Vordergrund getretene Frage über die Weiterbeschäftigung von jüdischen Mitarbeitern und Angestellten in der Ufa beschließt der Vorstand grundsätzlich, daß nach Möglichkeit die Verträge mit jüdischen Mitarbeitern und Angestellten gelöst werden sollen [...] Der Film LJUBAS ZOBEL wird aufgegeben. Herr Correll wird gebeten, durch persönliche Rücksprache mit Herrn Pommer die Angelegenheit zu erledigen.«
Abel mit der Mundharmonika: Dt. 1933, R.: Erich Waschneck.

[Nr. 222]
Keinen Tag ohne dich

Der Regisseur Hans Behrendt scheint an den deutschen René-Clair-Film gedacht zu haben. Das Milieu einer Operette *Keinen Tag ohne dich* (»Wovon soll der Schornstein rauchen«) ist das des witzigen Franzosen: Handwerker, kleine Leute, arme Künstler, reiche Bürger, komische Gestalten, Dächer, Höfe und Gassen. Aber der Stil der gesungenen Groteske, der charmanten Parodie, des volkstümlich Romantischen – wie falsch wird er hier angewandt. Was sich bei Clair leicht und zufällig aus der Bewegung der Straße zu einem tonfilmischen Kanon zusammenfindet, wird bei Behrendt zum gestellten Opernchor. Eine unwahrscheinliche Zahl von eleganten Schornsteinfegern singt unentwegt auf demselben Dach; Plättmädchen schwingen das Bügeleisen wie eine Operettengesellschaft die Sektflasche; eine einsame Näherin jauchzt einen Hymnus auf ihre Maschine. Der Film zeigt manchmal den Beginn eines Einfalls, aber gleich versandet er in schleppender, temperamentloser Albernheit.

Nur eine Szene, in der Oskar Karlweis und Paul Hörbiger zusammen und verlassen ein Chanson singen, ist wirklich gut geworden. Sonst spielen noch Ida Wüst, Lee Parry und Hans Hermann Schaufuß. Selbst der übliche Premierenapplaus kam diesmal im Marmorhaus spärlich.

Erstdruck/Druckgeschichte:
ED: *Berliner Börsen-Courier* v. 18. Februar 1933, S. 2 (Abend-Ausgabe).
Gezeichnet: kn.
Belegstück im Nachlass.
Anmerkungen:
Marmorhaus: (1912-2001), Berlin-Charlottenburg, Kurfürstendamm 236.

[Nr. 223]
Einmal Deutsch – Einmal Französisch

Die Tobis Topoly Filmgesellschaft hatte zu einer Aussprache über die Fragen der Nachsynchronisation in die Johannisthaler Jofa-Ateliers geladen. Die Gesellschaft beschäftigt sich hauptsächlich mit der Übersetzung von Filmen; fremdsprachliche Filme erhalten hier ihren deutschen Dialog, während deutsche, die für einen ausländischen »Markt« verkauft sind, französisch, englisch oder in einer anderen Sprache nachträglich besprochen werden. Die Schwierigkeiten sind ungeheuer und liegen auf der Hand. Das Ideal, jeden Film überall in seiner Heimatsprache laufen zu lassen, soll angeblich nur in wenigen Kinos der großen Städte möglich sein. Man ist also gezwungen zu übersetzen. Und es heißt, einen Text zu finden, der nicht nur dem Sinn, sondern auch der Geste und der Phonetik nach dem Original entspricht. Als Beispiel, das die Grenzen des heute Erreichbaren zeigen sollte, wurde eine deutsche Bearbeitung des neuen Duvivier-Films *Poil de Carotte* vorgeführt. Die Bearbeitung ist vorzüglich, ist sorgfältig und verantwortungsvoll gemacht und ist doch unvollkommen. Daß sie es sein muß, zeigte noch deutlicher ein Akt des deutschen Films *Liebeskommando*, der auf zwei Maschinen vorgeführt wurde, so daß die Darsteller abwechselnd deutsch und französisch sprachen. Das Ergebnis war verblüffend: sprach Gustav Fröhlich deutsch, wirkte er natürlich und ernst, sobald aber eine französische Stimme ihn begleitete, wurden seine Bewegungen gehemmt, unnatürlich und komisch. Der Franzose, der sprach, hätte seine Worte körperlich ganz anders unterstützt als der Deutsche es (natürlich zu seinen deutschen Worten im Recht) tat.

Erstdruck/Druckgeschichte:
ED: *Berliner Börsen-Courier* v. 24. Februar 1933, S. 3 (Abend-Ausgabe).
Gezeichnet: kn.
Belegstück im Nachlass.
Anmerkungen:
Jofa-Ateliers: (seit 1920), Berlin-Johannisthal, Am Flughafen 6.
Poil de Carotte: Frk. 1932, R.: Julien Duvivier (dt. Verleihtitel: ARMER KLEINER HELD).
Liebeskommando: Dt. 1931, R.: Géza von Bolváry.

[Nr. 224]
Die Tochter des Regiments

Mit Donizettis komischer Oper *Die Regimentstochter* hat der im Atrium aufgeführte Film *Die Tochter des Regiments* nur die Idee gemein, daß ein Mädchen von einem Regiment

Soldaten gefunden und erzogen wird. Sonst hat der Autor Hans H. Zerlett die Handlung geschickt in die Gegenwart verlegt; das Regiment trägt die hübsche Tracht der Hochländer und kämpft gegen Schnapsschmuggler. Dieser Militär-, Liebes- und Abenteurerfilm ist von Karl Lamač mit Können und Grazie inszeniert und im ganzen recht erfreulich geworden.

Die Regimentstochter ist Anny Ondra. Die Rolle gibt ihr Gelegenheit, nett auszusehen und viel anzugeben. Sie ist in ihrem Spiel wesentlich natürlicher geworden. In einer Parodie auf den Vamp-Typ zeigt sie sich als begabte Schauspielerin. Neben ihr sind Werner Fütterer, Adele Sandrock, Ika Thimm, Otto Wallburg und Willy Stettner zu nennen.

Erstdruck/Druckgeschichte:
ED: *Berliner Börsen-Courier* v. 1. April 1933, S. 2.
Gezeichnet: kn.
Kein Belegstück im Nachlass. Text durch das Verfasserkürzel identifiziert.
Anmerkungen:
Atrium: (1926-1945), Berlin-Wilmersdorf, Kaiserallee 178 (heute: Bundesallee), Ecke Berliner Str. 1932 hatte es rund 2000 Plätze. Im Krieg ausgebrannt.

[Nr. 225]
Der sündige Hof im Atrium

Kein Wort gegen Bauernfilme. Sie können eine wichtige Ausweitung des filmischen Stoffgebietes sein und gerade den Großstädter interessieren. Der Film *Unter der Schwarzen Sturmfahne* zum Beispiel liegt in dieser wertvollen Richtung. Der Himmel bewahre uns aber vor einer Mode von Bauernfilmen, die mit den Mitteln einer urältesten Kitsch- und Schauerdramatik arbeiten. Im *Sündigen Hof*, einem Film der Leo-Film-Gesellschaft München, gibt es kaum einen menschlichen Ton und eine menschliche Geste. Das ist nicht Realistik, das ist ungelüftetes Atelier. So sprechen keine Bauern, so sprechen höchstens schlechte Komödianten, die den Philosophen mimen; »Ja, Einödsbauer, die Zeit vergeht langsam auf dem Einödshof«; »Ja, ja Bäuerin, die Zeit vergeht halt langsam auf dem Einödshof«; dazwischen endlose Pausen, Sonnenaufgänge, Gewitter, Schafe, finstere Blicke und bedeutungsvoller Pfeifenrauch. Als Fritz Rasp im Kleide eines Hirten die Berge hinaufsteigt und mit grusliger Intrigantenstimme Spruchweisheiten deklamiert, ist es mit der Haltung des Publikums vorbei, und es wird herzlich gelacht. Erwähnenswert ist nur, in einer unmöglich passiven Rolle, Maria Byk von den Münchener Kammerspielen. Sie besitzt eine angenehme Stimme, ein sympathisches Gesicht und ist bemüht, sich schauspielerisch gegen die Groschenheftpsychologie des Filmes durchzusetzen.

Erstdruck/Druckgeschichte:
ED: *Berliner Börsen-Courier* v. 13. Mai 1933, S. 3 (Abend-Ausgabe).
Gezeichnet: kn.
Kein Belegstück im Nachlass. Text durch das Verfasserkürzel identifiziert.
Anmerkungen:
Atrium: (1926-1945), Berlin-Wilmersdorf, Kaiserallee 178 (heute: Bundesallee), Ecke Berliner Str. 1932 hatte es rund 2000 Plätze. Im Krieg ausgebrannt.
Unter der schwarzen Sturmfahne: Dt. 1933, R.: Rolf von Sonjevski-Jamrowski (weiterer Film u.a.: EWIGER WALD, Dt. 1936).

[Nr. 226]
   Filme entstehen in Neubabelsberg

Wenn Filmateliers Schornsteine hätten, müßten die in Neubabelsberg rauchen. Die Produktion der Ufa ist in vollem Gange. In allen Hallen, in den Werkstätten, in den Schneide-, Klebe- und Vorführräumen und auch auf dem weiten Freigelände wird gearbeitet. Die Filme, die wir im Winter sehen sollen, werden gedreht.

Im einzelnen sieht das so aus: neben den mehr oder minder großen Wagen der Schauspieler bevölkern die Fahrräder der Hitlerjugend die Straßen, die nach Babelsberg führen. Die Jungen sind die Hauptdarsteller des Films *Der Hitlerjunge Quex*, der unter der Spielleitung von Hans Steinhoff (Produktionsgruppe Karl Ritter) mit Heinrich George, Hermann Speelmans, Bertha Drews, Rotraut Richter und Claus Clausen in den Hauptrollen aufgenommen wird.

In der großen Halle arbeitet Ludwig Berger an seinem *Walzerkrieg* (Produktion Stapenhorst). In einem Ballsaal des Wiener Biedermeier sieht man Willy Fritsch und Renate Müller den Walzer, um den wohl der Krieg geht, tanzen. Abseits und hinter den strahlenden Scheinwerfern warten die anderen Darsteller auf ihren Auftritt. Rose Barsony, Trude Brionne, Paul Hörbiger, Adolf Wohlbrück, Karl Stepanek sind zu sehen. Berger arbeitet intensiv. Immer wieder müssen Willy Fritsch und Renate Müller die kleine Szene wiederholen, bis sie endlich wirklich, statt blind, gedreht wird.

In einer Nebenhalle riecht es nach Heu. Die Kulisse wird spanisch. Man könnte in Toledo sein. In einer engen Gasse unter einem romantischen Alkoven steht Gustaf Gründgens und läßt sein Monokel blitzen. Er hat eben einen Lattenverschlag verlassen, in welchem in Heu versteckt zwei Automobile stehen. Das Ganze ist sehr geheimnisvoll und ein Stück aus den *Schönen Tagen von Aranjuez*, die unter der Spielleitung von Johannes Meyer mit Brigitte Helm, Wolfgang Liebeneiner, Ernst Dumcke, Kurt Vespermann, Jacob Tiedtke und Max Gülstorff geschaffen werden und zur Herstellungsgruppe Max Pfeiffer gehören.

Draußen auf dem Freigelände wird im Moment nicht gedreht, sondern gebaut. Man scheint wieder mehr Freilichtaufnahmen zu lieben. Die Landschaft wirkt wie ein enormes Naturtheater. Zum *Walzerkrieg* gehört ein alter Wiener Platz mit richtigen Läden, Haustoren, Pflaster, Treppen und Bürgersteigen. Für den *Gewissen Herrn Gran*, den neuen Albers-Film (Regie: Gerhard Lamprecht), steht ein Schloß zum In-die-Luft-Sprengen bereit. Es soll ein Film der Werkspionage werden. Vorläufig aber sieht man Albers noch ganz friedlich zwischen den Atelierhallen radfahren.

Dörflich-idyllisch ist die Szenerie für das *Schloß im Süden*, einen Film mit Liane Haid und Victor de Kowa (Regie: Geza von Bolvary). Hinter kleinen alten Hausfassaden muhen Kühe, scharrt ein Pferd und grunzen Schweine, die alle für die Komparserie verpflichtet sind.

Die größten Anstrengungen aber werden von den Architekten für den Film *Flüchtlinge* verlangt, der überhaupt einer der größten Filme werden soll, die die Ufa je hergestellt hat. Eine ganze Stadt wird errichtet. Das Fremdenviertel von Charbin im Fernen Osten mit Hotelgebäuden, Handelshäusern und einem Gouverneurpalast. Im Holzgerüst stehen die Bauten schon da; einige haben auch schon ihre Verkleidung mit Mörtel und Mauerputz erhalten. Arbeiter sind dabei, eine richtige feste Straße aus Ziegelschutt durch die ganze Filmstadt zu stampfen. Die Aufnahmen sollen nach dem Buch von Gerhart Menzel unter der Spielleitung von Gustav

Ucicky (Hans Albers in der Hauptrolle) in vier Wochen beginnen.

Erstdruck/Druckgeschichte:
ED: *Berliner Börsen-Courier* v. 12. Juli 1933, S. 2f.
Gezeichnet: -en.
Belegstück im Nachlass.

[Nr. 227]
Nana in der Kamera

In dem kleinen guten Kino Unter den Linden ist jetzt wieder der berühmte Film *Nana* zu sehen. Selbst nach mehreren Jahren Tonfilm, nach der Gewöhnung an den Schrei, der von der Leinwand kommt, ist dieser stumme Film noch von wirklich mitreißender dramatischer Wirkung. Jean Renoir, der junge Regisseur, hat mit ihm nach dem literarischen Meisterwerk von Zola ein filmisches Kunstwerk geschaffen. Überdies bietet dieser Film wohl eine der besten schauspielerischen Leistungen von Werner Krauß. Den der Dirne verfallenen Grafen Mussat spielt er mit einer pathologischen Konsequenz, die von anderen gegeben lächerlich wäre, während sie bei ihm erschüttert. Kathérine Heßling ist eine Nana von hysterischer und gefährlicher Infantilität.

Erstdruck/Druckgeschichte:
ED: *Berliner Börsen-Courier* v. 17. Juli 1933, S. 2f.
Gezeichnet: -en.
Kein Belegstück im Nachlass. Text durch das Verfasserkürzel identifiziert.

Anmerkungen:
Kamera: (1928-1943), Berlin-Mitte, Unter den Linden 14.
Nana: Fr. 1926, R.: Jean Renoir.

[Nr. 228]
Betragen ungenügend – Anny Ondra im Atrium

Der Filmschauspielerin Anny Ondra konnte man bis heute nur das beste Zeugnis ausstellen. Sie besaß nicht nur ein hübsches Gesicht, eine reizend bewegliche Figur und eine ebenso glückliche wie seltene komische Begabung, sondern sie war auch eine Schauspielerin, die in dem ziemlich weiten Reich ihrer Möglichkeiten immer vorzüglich erarbeitete und durchdachte Leistungen zeigte. Mit Recht hatte sie Erfolg, und mit Recht hatte sie sich schnell einen Namen und ein Publikum erworben.

Erfolg, Namen und Publikum hat sie gestern in Gefahr gebracht. Ihr Betragen in dem nicht nur ungenügenden, sondern unmöglichen Film *Betragen ungenügend* war ungenügend. Es gab eine Enttäuschung nach der anderen. Zuerst war man überrascht, einen (wahrscheinlich aus dem Tschechischen) nachsynchronisierten, einen dazu noch überaus schlecht nachsynchronisierten Film zu sehen, dessen Photographie nicht besser und dessen Handlung katastrophal war. Den Manuskriptverfasser muß der Ehrgeiz gepackt haben, aus den gesammelten Jahrgängen des alten Groschenheftes »Prinzeßchen Übermut« ein Lustspiel zu machen. Ein Schulprofessor wird erst als Idiot und dann, um die von einem »Grafen Bodo auf Schloß Bellevue« verfolgte Unschuld retten zu können, als smarter Hornbrillenträger dargestellt. Das Lehrerkollegium dieser modernen Schule wird als Vereinigung schizophrener Exzentrik-Clowns vorgeführt. Die

Komik der Ondra muß sich in so wahrhaft »tollen« Streichen austoben, daß sie dem Lehrer nasse Schwämme unter den Sitz legt.

Neben der Ondra, die hier also nicht zeigt, was sie kann, sieht man Karl Lamae, den Regisseur ihrer guten Filme, als komischen Liebhaber. Er sollte Regisseur bleiben oder sich, wenn er schon spielen muß, einen anderen Regisseur als Mac Fric nehmen, der ihn vor keiner Übertreibung bewahrt. Das Betragen des Publikums war gut; es nahm den Film mit kühler Zurückhaltung auf.

Erstdruck/Druckgeschichte:
ED: *Berliner Börsen-Courier* v. 29. Juli 1933, S. 2.
Gezeichnet: kn.
Kein Belegstück im Nachlass. Text durch das Verfasserkürzel identifiziert.
Anmerkungen:
Atrium: (1926-1945), Berlin-Wilmersdorf, Kaiserallee 178 (heute: Bundesallee), Ecke Berliner Str. 1932 hatte es rund 2000 Plätze. Im Krieg ausgebrannt.
Editorischer Bericht:
schizophrener: im ED »schizzophrener«

[Nr. 229]
Cavalcade im deutschen Atelier

»Cavalcade« heißt »Aufgalopp«, Aufgalopp unseres Jahrhunderts, gezeigt in einer tragischen Revue des jungen englischen Dramatikers Noel Coward. Sie war auf dem Londoner Theater, das ihre Uraufführung zuerst widerstrebend besorgte, ein ungeheurer Erfolg. Das beispielhafte Schicksal der englischen Familie, die in der Silvesternacht von 1899 das neue Jahrhundert Sekt trinkend begrüßt, um es dann in den Schlachten des britischen Imperiums zu erleben, erschütterte Millionen. Der Erfolg der *Cavalcade* war nicht nur der Erfolg eines Autors, es war der Durchbruch und der Sieg einer jungen Generation auf der Bühne.

Es spricht für Hollywood, daß Hollywood das Werk kaufte und seinen Dichter beauftragte, das Manuskript den anderen Bedingungen des Lichtspiels anzupassen. Es entstand ein Film, der dem Bühnenstück adäquat geblieben ist und dem ein noch größerer Erfolg beschieden war. In New York, in Paris, in London und in allen Städten dieser Länder füllte und füllt er allabendlich die Kinos.

In Deutschland wird ihn die Fox-Gesellschaft zeigen. Zur Zeit arbeitet man in den Jofa-Ateliers in Johannisthal an einer deutschen Fassung, und es ist interessant, die gewissenhafte Nachsynchronisierung eines so bedeutenden Films zu beobachten.

In einem dunklen Raum stehen Menschen. Sie stehen vor einer kleinen Filmleinwand, auf der Soldaten marschieren. Englische Soldaten aus dem Burenkrieg die ein englisches Lied singen. Und plötzlich endet der Gesang, und sie marschieren nur noch, während ihre Münder, stumm und unheimlich, weiter das Lied singen. Man hat den Bildstreifen vom Tonstreifen getrennt. Das ist der Moment für den Einsatz der deutschen Schauspieler. Sie singen nun das Lied und sprechen den Dialog, der folgt, dem Ablauf des Bildes angepaßt.

So sieht das von vorne aus und hört es sich an. Anders wird der Eindruck, steht man in der Kabine der Synchronregisseurin Frau Aenne Görling. Hier blickt man durch eine breite Glasscheibe in den Raum, in dem die Schauspieler stehen

493

und in dem der Film läuft. Man sieht nur die amerikanischen Schauspieler des Films, und man hört allein die deutschen Sprecher durch einen Lautsprecher sprechen wie wenn sie es wären, die oben im Bild sich bewegen. Das ist der Ort der Kontrolle. Man merkt hier sofort, die Stimme paßt nicht zu dieser Geste. Sie sitzt zu hoch oder zu tief, jedenfalls daneben. Und dann wird geprobt. Richtig wie auf dem Theater geprobt, Text von vorn, schallt es von der Regiebrücke, drei-, vier-, sechs-, zehnmal. Bis endlich der Ton so ist, daß die beiden Aufnahmen, die zur Sicherheit immer gemacht werden, getan werden können.

Nachsynchronisieren ist eine knifflige und überaus anstrengende Arbeit. Die Schauspieler erzählen, sie sei nicht ohne Reiz. Man könne von dem Zwang, sich anzupassen an eine fremde Bewegung, sich hinein zu versetzen nicht nur in eine Rolle, sondern in eine schon fertig gestaltete Rolle für die eigene schauspielerische Leistung viel profitieren.

Erstdruck/Druckgeschichte:
ED: *Berliner Börsen-Courier* v. 1. August 1933, S. 7.
Gezeichnet: Kn.
Belegstück im Nachlass.

[Nr. 230]
Morgen beginnt das Leben – Ein Versuch im Atrium

Im Atrium wurde gestern der erste Film einer neuen Ethos-Film-Gesellschaft aufgeführt. Er ist die Arbeit meist unbekannter Menschen. Der Autor heißt Carl Behr, der Regisseur Werner Hochbaum, die Hauptdarsteller sind Erich Haußmann, Hilde v. Stolz und Harry Frank. Sie alle haben sich bemüht, einen künstlerisch wertvollen Film außerhalb der üblichen Schablone zu schaffen, und sie sind alle an den Schwierigkeiten des Metiers, das sie noch nicht genügend beherrschen, mehr oder minder gescheitert. Dennoch ist der Film *Morgen beginnt das Leben* wichtiger und auch interessanter als viele andere, die mehr aus sicherem Handgelenk gemacht sind.

Die dramatischen Personen sind Kaffeehausangestellte, Musiker und Barmädchen. Wir haben sie in vielen Kinovorstellungen schon gesehen. Sie wurden als des Denkens unfähige Wesen gezeigt, die, in glücklicher Liebe schwimmend, banale Schlager zu singen und zu tanzen hatten, um schließlich im himbeerfarbenen Himmel des Happyends dahinzuschmelzen. In dem Film von Carl Behr wird versucht, die Kehrseite der Medaille zu zeigen. Leider nicht an dem Beispiel einer filmisch erfaßten Wirklichkeit, sondern an dem eines in der Wirklichkeit möglichen, aber hier doch gesucht wirkenden Schicksals.

Die Ursache ist, daß ein Wecker stehen bleibt. Im Leben mag das vorkommen, aber im Film ist es billig. Wie es auch billig ist, daß der aus dem Gefängnis entlassene Geiger Robert, nachdem er wegen des stehengebliebenen Weckers seine Frau verfehlt hat und durch die Straßen irrt, Alkohol trinkend die Tat, die ihn in das Gefängnis brachte, noch einmal erlebt. Das ist sentimental und gedehnt. Es soll zugegeben werden, daß ein Tag so sein kann, daß man in solcher Situation sich so betrinken mag, aber es ist kein künstlerisches Mittel. Die Lebensangst, die den Entlassenen würgt, wirkt viel stärker aus der Atmosphäre der lähmend leeren Cafés, der häßlichen Treppen, der regentraurigen Straßen als aus den Übertreibungen des Rausches und des kreischenden Hauses. Sie spricht auch ergreifender aus dem Bild des sicher vor keinem Gefängnis vorhandenen, aber in diesem Film berechtigten, da erklärenden, einsamen Kinderkarussell.

Die Aufgabe der Schauspieler ist schwer. Sie haben die ausführlich erzählte, im Grund einfache Geschichte eines Tages zu zeigen. Die Regie verzichtet klug auf die Großaufnahme und begnügt sich meist mit der Gestalt. So kommen Erich Haußmann, Hilde v. Stolz und Harry Frank glücklich zum Ende. Sie machen nicht viel, aber das Wenige ohne Krampf, ohne Hysterie und ohne Übertreibung. Überdies sind sie ihren Rollen nach mehr erduldend als handelnd. Eine gute Unterstützung ist ihnen die Photographie von Herbert Kröner und die Tonaufnahme von Eugen Hrich.

Der Beifall wurde zum Schluß der Premiere nach einiger (durch Kürzen zu beseitigender) Befremdung herzlich, und es ist zu wünschen, daß die Künstler dieses ehrlichen Versuchs, einen guten Film zu schaffen, bald eine neue Arbeit beginnen können.

Erstdruck/Druckgeschichte:
ED: *Berliner Börsen-Courier* v. 5. August 1933, S. 2.
Gezeichnet: Kn.
Belegstück im Nachlass.
Anmerkungen:
Atrium: (1926-1945), Berlin-Wilmersdorf, Kaiserallee 178 (heute: Bundesallee), Ecke Berliner Str. 1932 hatte es rund 2000 Plätze. Im Krieg ausgebrannt.

[Nr. 231]
Ein Ostpreußen-Film

Nachdem uns die schönsten Expeditionsfilme die fernsten Länder, die dunkelsten Erdteile gezeigt haben, führt uns endlich ein Kulturfilm in das unbekannte deutsche Land

Jenseits der Weichsel. Ostpreußen ist, durch den Polnischen Korridor vom Hauptteil des Reiches getrennt, seit Versailles eine Insel. Und wenn die Provinz früher schon den meisten, die diesseits der Weichsel wohnen, unbekannt gewesen ist, so ist sie durch die Grenzziehung noch einsamer geworden. Daß ein Film auf die landschaftliche Schönheit, auf die Kultur und die Geschichte Ostpreußens aufmerksam macht, ist zu begrüßen.

Der Film von Fritz Puchstein ist, bis auf wenige, zum Glück seltene Neigungen zum Sentimentalen, zum Genrebild mit Vogelgezwitscher, ausgezeichnet. Er gibt einen Grundriß des Landes von den alten Wehrmauern der Ordensburgen an der Weichsel angefangen bis zum Denkmal von Tannenberg. Man sieht die Küste, man sieht Königsberg, man erfährt etwas von der Wirtschaft dieses einst blühenden Hafens, und man wird in das Land geführt, über die weiten Kornfelder in die Wälder Masurens und an die Ufer der großen Seen. Kenntnisse werden vermittelt. Wer wußte, daß der Osten die deutsche Kornkammer ist, wer ahnte den Holzreichtum dieses Landes, wer sah je den Elch und das Wildschwein in Herden weiden? Gewiß, man hätte noch mehr von der eigenartigen ostpreußischen Atmosphäre geben können, man hätte von dem gut getroffenen Bild des wohl sonst nirgends in Deutschland vorhandenen Pferdemarktes weiter gehen müssen in das masurische Dorf, man hätte nicht nur den Sommer, sondern auch den hier unbedingt dazu gehörenden Winter zeigen sollen, aber das hätte den Bildstreifen wohl zu lang gemacht.

Erstdruck/Druckgeschichte:
ED: *Berliner Börsen-Courier* v. 9. August 1933, S. 2.
Gezeichnet: -n.
Kein Belegstück im Nachlass. Text durch das Verfasserkürzel identifiziert.

[Nr. 232]
Heimkehr ins Glück

Der Film *Heimkehr ins Glück*, der gestern im Ufa-Theater Kurfürstendamm (und im Titania-Palast, Steglitz) uraufgeführt wurde, kann als ein Beispiel gelten für die gute Absicht der Filmindustrie, die alten Unterhaltungsstoffe, von denen man doch nicht los kommt, in der neuen Saison in anderer und aufgelockerter Form zu bringen. Das mondäne Kinostück mit Frackherren, Flirt und phantastischen gesellschaftlichen Verpflichtungen sucht sich hier mit der Volkskomödie von der Art des L'Arrongschen *Mein Leopold* und den Elementen des Industrie- und Landschaftsfilms zu einem neuen Stil zu vereinigen. Die Mischung enthält Gefahren, die der Regisseur Carl Boese zwar meist glücklich vermieden hat, wenn er sie auch nicht völlig überwinden konnte.

Der Anfang enttäuscht. Um den Generaldirektor einer Fabrik als überarbeitet vorzustellen, wird in dem Büro dieser Schuhfabrik ein Betrieb von solchem Aufwand inszeniert (die Verkaufsleiter stehen um den Schreibtisch des Chefs wie Minister, die in Audienz empfangen werden), daß der des Kapitols in Washington dagegen wie eine kleine Nebenstelle wirken mußte. Während der Schauspieler Hörbiger dagegen, nachdem das alberne Läuten der vielen Telephone aufgehört hat, stumm und durch ein wenig Mimik den Nervenzusammenbruch, der die Heimkehr ins Glück bedingt, ergreifend deutlich macht.

Sonst ist es ein Film von Menschen, die Glück haben. Die Autoren Ludwig von Wohl und Graf d'Haussonville führen die Handlung des Generaldirektors so weiter, daß sie sehr unwahrscheinlich würde, wenn nicht die zweite Handlung des Films, die des wandernden Artisten Amadori, so gut und stark als reines Märchenspiel (wenn auch mit modernen Requisiten) gezeigt wäre, daß sie selbst die Unsinnigkeiten der realer gedachten Vorgänge noch märchenhaft verklärt.

Das ist reizend gemacht. Zwei Autos werden durch ein mögliches Ungeschick vertauscht: der reiche Mann muß in den Hanomag des Armen steigen, während der Arme in dem Achtzylinder des Reichen ins Glück fährt. Man sieht, die alte Verwechslungskomödie, aber sehr nett. Der Artist bezieht mit Hund und Affen das Schloß des Schuhkönigs; der Schuhkönig trifft unten im Dorf seinen alten Schuhmachermeister und, natürlich, dessen lieblich junge Tochter.

Die Schauspieler sind es, die das Märchen als Märchen spielen und den Erfolg machen. Man hatte Paul Hörbiger in der letzten Spielzeit in zu viel Filmen zu oft und sich übergesehen. Hier ist er wieder sehr sympathisch. Er gibt die Rolle des Millionärs so einfach und übertreibungslos, daß aus der Rolle ein Mensch wird. Auch Heinz Rühmann erinnert im Kostüm des Artisten Armadori an die charmante Komik seiner Anfänge; er ist mehr jungenhaft als prominent, und dies zu seinem und zu unserm Vorteil. Luise Ullrich gibt das Schuhmacherkind und hat die herbe Lieblichkeit der *Liebelei* noch nicht verloren; vor allem aber spielt sie wirklich (während Erika Falgar sich zeigt), wie es ja überhaupt angenehm ist, eine Schauspielerin auf der Leinwand zu sehen, die die Schule der Bühne nicht verleugnet. Und Ludwig Stössel leiht dem alten Meister alle Bravheit und Handwerkertugend, die er nach dem Willen der Verfasser haben soll.

Der Schlußbeifall galt zum großen Teil auch dem Geschick Carl Boeses, alles zum guten Ende geführt zu haben.

Erstdruck/Druckgeschichte:
ED: *Berliner Börsen-Courier* v. 19. August 1933, S. 2.
Gezeichnet: Wolfgang Koeppen
Belegstück im Nachlass.
Anmerkungen:
Ufa-Theater Kurfürstendamm: Ufa-Theater im Haus Wien (1924-1945), Berlin-Charlottenburg, Kurfürstendamm 26.
Titania-Palast: (seit 1928), Berlin-Steglitz, Guthsmuthstr. 27/28.
Editorischer Bericht:
Hanomag: im ED »Hannomag«

[Nr. 233]
Im Atrium: Ein netter Ondra-Film

Vor vier Wochen etwa erlitten Andry Ondra und ihr Regisseur Karl Lamae, damals als Darsteller, einen schweren Schiffbruch. Sie zeigten sich im Atrium, in einem leicht veralteten und restlos unmöglichen tschechischen Film *Betragen ungenügend*, der dann auch bald vom Spielplan verschwand.

Eine Unbedenklichkeit, die auch zum guten Film führen kann. In *Fräulein Hoffmanns Erzählungen*, die gestern (wieder im Atrium) uraufgeführt wurden, scheinen sich alle Beteiligten vorgenommen zu haben: wir wollen lustig sein. Die Situationskomik feiert Triumphe. Die Ondra schliddert nur so auf schlaksigen Beinen in alle Möglichkeiten der Groteske. Sie macht das großartig, spielt mit jedem Muskel, den sie hat, rackert sich ab und ist bei aller Hübschheit beinahe so etwas Seltenes wie ein weiblicher Clown. Jedenfalls ein starkes und ursprüngliches Talent, das hier auch von dem wieder zur Regie zurückgekehrten Lamae gut unterstützt wird. Er hat (wie auch der Manuskriptverfasser Hans H. Zerlett, denn die Geschichte mit der schwarzen Perücke ist nicht neu) mit viel Verständnis den letzten Harald-Loyd-Film *Filmverrückt* gesehen und etwas gelernt, was den deutschen Lustspielregisseuren meist fehlt: die Komik der kurzen Szene. Der Witz wird nicht lange aufgebaut, er entspringt wirklich dem Augenblick, der Situation, kommt plötzlich und reißt schon rein als Coup mit. Das ist viel wert und wird mit anhaltendem Gelächter belohnt.

Am deutlichsten wird die Führung der Regie bei Ida Wüst. Wenn sie zum Beispiel während eines nächtlichen Telephongesprächs sich im Bett erst recht einkuschelt, um die Liebesgeschichte, die man ihr erzählt, ganz zu genießen, dann ist das eine gute Regieanweisung. Etwas blaß bleibt merkwürdigerweise Matthias Wiemann. Das Manuskript zeichnet ihn leicht vertrottelt, ohne dies zu beabsichtigen. Er wirkt nur als Schauspieler, unabhängig von der Geschichte. Joseph Eichheim als Schofför Max ist ein gelungener Filou. Und Lisl Karlstadt zeigt sich als ruhige und angenehm sichere Filmdarstellerin.

In den kleineren Rollen sah man einen Teil des Ensembles der Münchener Kammerspiele. Der Beifall war am Schluß groß und lange dauernd.

Erstdruck/Druckgeschichte:
ED: *Berliner Börsen-Courier* v. 26. August 1933, S. 2f.
Gezeichnet: Kn.
Kein Belegstück im Nachlass. Text durch das Verfasserkürzel identifiziert.
Anmerkungen:
Atrium: (1926-1945), Berlin-Wilmersdorf, Kaiserallee 178 (heute: Bundesallee), Ecke Berliner Str. 1932 hatte es rund 2000 Plätze. Im Krieg ausgebrannt.
Betragen ungenügend: vgl. Nr. 228, S. 491 f.

Filmverrückt: im Orig. MOVIE CRAZY (USA 1932, R.: Clyde Bruckmann/Harold Lloyd).
Editorischer Bericht:
schlaksigen: im ED »schlacksigen«
so etwas Seltenes: im ED »so etwas seltenes«

[Nr. 234]
Milieu: Rokoko

Das Schloß Dammsmühle ist ein Märchenschloß und ist es vielleicht gerade deshalb, weil es nur eine Autostunde von Berlin entfernt und doch schon ganz verwunschen tief im Walde liegt.

Ein gewundener Weg führt durch das Grün, eine Lichtung tut sich auf und eine Mauer ist zu sehen und ein Portal, auf dessen Pfeilern zwei Hirsche stehen. Und wenn die eisernen Flügel des Tores sich öffnen, um die Einfahrt in den Schloßpark freizugeben, dann beginnt eine andere Welt.

Die Historie erzählt, daß Friedrich der Große den Besitz einem Mann geschenkt habe, der sich besondere Verdienste erworben. Jedenfalls erhebt sich ein Schloß im Rokokostil, in einem Garten französischer Art und zwischen zwei Seen als freundlich blinkenden points de vue. Das war das 18. Jahrhundert, und die Putten und Marmorgöttinnen und die Springbrunnen überall sind es auch. Ein zum Grabmal gewordener griechischer Tempel und ein zwei Stock hoher bizarr gebauter Pavillon, schwimmend auf einem der Seen, sind schon aus unseren Tagen. Der vorletzte Besitzer, der sagenhaft reiche Grundstückkönig Wollank, hat sie erbaut. Unter dem Tempel wurde er im Jahre 1915 begraben. Heute gehört der Besitz einem englischen Herrn und in dieser Woche auch noch einer Gesellschaft, der er Schloß und See und Garten zur Verfügung gestellt hat.

Musik erklingt. Auf einer Wiese sitzen Musiker und spielen Mozart. Und auf dem idealen Schauplatz vor dem Schloß mit Rosenlauben und einer Nymphe als seitliche Deckung ereignet sich ein Schäferspiel. Ein rosa gekleidetes Mädchen weidet andere, die in Schafspelze gesteckt sind. *Bastien und Bastienne* wird aufgeführt. An diesem Sonnentag und auf dieser Wiese ein echter Watteau!

Ein echter Watteau, wenn man nur den einen Ausschnitt sieht. Ein gemimter jedoch mit allem Reiz der Verkleidung und der Schminke, wenn man weiter um sich blickt und die Gesellschaft bemerkt, die dem Spiel zuschaut (auch verkleidete Damen und Herren, doch im Kostüm von 1933) und weiter noch die leise summenden Apparate der Filmaufnahme, die Männer vom Stabe der Regie und der Kamera und die weißen Kittel der Friseure vor einem Tisch, der gerade am See (und geblendet auch noch von den schrägen weißen Flächen der Sonnenfänger für die Aufnahme), voll von glänzend beleuchteten weißen Perücken ist, über die noch, gut riechend und flüchtig, eine wunderbar zarte Wolke von Puder schwebt, in der zum letzten Male das aus allen Richtungen blinkende Licht sich bricht.

In keinem Filmatelier der Welt war so die Atmosphäre des Theaters, der Lust am Spiel zu finden wie hier in dieser Freilichtfilmerei. Man schwitzte nicht, man war vergnügt. Karl Hartl, der Regisseur, hockte freundlich und tief in seinen weiten Leinenhosen versunken unter der Kamera. Kein lautes Wort fiel. Während vor ihm Liane Haid, Margot Koechlin und Hubert von Meyerinck die Szene spielten, die bald darauf von den Schauspielern der französischen Version wiederholt wurde.

Der Film heißt *Ihre Durchlaucht, die Verkäuferin*, und die Ufa dreht ihn. Wie er wird, das wird sich zeigen. Der Ort, wo er aufgenommen wird, und die Art, wie das geschieht, jedenfalls sind reizend. Das Rokoko von Schloß und Garten und das Rokoko des Mozartspiels im modernen Filmspiel und schließlich die Herrschaften dieses modernen Filmspiels und der Herr des Schlosses (der in einem weißen Rolls Royce durch den Park zu seinen Treibhäusern fährt und sie, die voll von reifen Trauben hängen, allen Filmleuten öffnet – im übrigen aber nicht genannt sein möchte) müßten, sollte man meinen, in dem Durcheinander, das sich ja schließlich ergibt, den Stoff abgeben zu einer Komödie, die auch ihrerseits reizend sein könnte.

Erstdruck/Druckgeschichte:
ED: *Berliner Börsen-Courier* v. 6. September 1933, S. 8.
ND: *GW* 5/100f.
Gezeichnet: kn
Belegstück im Nachlass.
Anmerkungen:
Erschienen im Ressort »Kunst – Wissenschaft – Unterhaltung«. Auf derselben Zeitungsseite Rezension »Ein Buffofilm. *Dick und Dof* (sic!) im Marmorhaus« von Herbert Ihering.
Heute gehört der Besitz einem englischen Herrn: Harry Goodwin Hart, damals Direktor des Verbrauchsmittelkonzerns Unilever. Goodwin war mit einer Jüdin verheiratet und wanderte 1938 aus. Das Schloss wurde 1940 enteignet. Der nachfolgende Besitzer war der Reichsführer der SS Heinrich Himmler, der das Schloss 1943 von Häftlingen des KZ Sachsenhausen instand setzen ließ. 1959-89 Jagdschloss des Ministeriums für Staatssicherheit der DDR.
Editorischer Bericht:
points de vue: im ED »points des vues«

[Nr. 235]
Reifende Jugend – Der neue Fröhlich-Film
im Capitol

Im Capitol wurde einst der erste und noch nicht vergessene Film des Carl-Froelich-Studio aufgeführt – die *Mädchen in Uniform*. Im Capitol wird jetzt ein neuer Carl-Froelich-Film von jungen Menschen und mit jungen Darstellern gezeigt – die *Reifende Jugend*. Carl Froelich wiederholt einen Erfolg, indem er sich einen neuen Erfolg erringt. Er wiederholt sich aber, und das ist die erste angenehme Überraschung des Abends, nur scheinbar im Thema. Der Mädchenfilm war eine nervöse Tragödie in einem besonderen, engen Milieu; der Primanerfilm ist ein leidenschaftlich junges Drama in frischer Seeluft.

Der Film *Reifende Jugend* ist nach Max Dreyers viel gespieltem Stück *Reifeprüfung* von Robert Adolf Stemmle und Walter Supper geschrieben worden. Das Manuskript ist vorzüglich und in der Inszenierung Froelichs von weit größerer Wirkung und Bedeutung als das ursprüngliche Schauspiel. Die *Reifende Jugend* ist erstens ein Film der deutschen Provinz. Die kleine norddeutsche Stadt an der Ostsee, die den Ort der Handlung abgibt, ist mehr als eine bloße Kulisse. Sie spielt mit; es ist etwas von ihrer wirklichen Existenz in diesen Film gekommen, und die sparsame Verwendung des Dialekts (in Carsta Löcks Darstellung der Hausmeistertochter), des »Platt«, in dem Dialog ist geradezu großartig, weil sie diskret und natürlich wirkt im Gegensatz zur sonst meist aufdringlichen Anwendung des Sächsischen oder des Bayrischen. Der Film ist zweitens ein wirklicher Schulfilm. Der Geist des humanistischen Gymnasiums lebt in den Klassenzimmern, den Gängen, dem Hof des alten gotischen Backsteinbaues und in der sehr geschickten, wie beiläufigen, Aufnahme einer antiken Plastik. Und drittens ist der Film neu und bemerkenswert, weil er (bis auf die von Dreyer übernommene Eifersuchtsszene zwischen dem Lehrer und dem Schüler) die Konflikte der Pubertät weder allzu tragisch und mit Weltanschauungskrampf, noch mit schlechten Witzen abtut, sondern sie klar und alltäglich zeigt, wie sie es ja schließlich sind. Der Junge, der hier in die Gefahr des Freitodes kommt, ist ein strahlender Moritz Stiefel; ein wacher Junge, den nicht eine unglückliche Veranlagung, sondern erst das Ereignis zum tragischen Helden (in der Art des Homburg!) werden läßt.

Diesen Jungen Knud Sengebusch spielt Albert Lieven. Ihm ist eine schauspielerische Leistung gelungen! Er verläßt sich nicht auf die Gabe des blonden Aussehens und des Jungseins. Er spielt, er verdeutlicht eindringlich und doch unaufdringlich, mit knappen Gesten, aber intensiv und mit einer Mimik, die aus dem wirklichen Erleben der Rolle kommt. Als seine Mitschüler stehen Rolf Kästner, Hermann Noack und Jochen Kuhlmey gut neben ihm. Die Mädchen sind Hertha Thiele, Marieluise Claudius und Sabine Peters. Die Thiele ist eine Spur zu zurückhaltend, eine Idee zu sentimental, wenn auch durchaus sympathisch. Die Claudius verspricht eine gute Darstellerin der Naiven zu werden, und Sabine Peters ist zart in der Erscheinung und scheint witzig und pointiert im Spiel zu sein.

Neben den jungen Darstellern hat Carl Froelich auch die älteren gut geführt. Der Schuldirektor von Heinrich George ist ein Mensch und keine Type. George spielt den Schulmann ohne die leiseste groteske Färbung, dafür aber mit soviel Wärme, daß er direkt zur Tendenzfigur des modernen Lehrers (der mit den Schülern lebt und segelt) im besten Sinn wird. Den jungen Studienassessor gibt Peter Voß, der hier auch viel mehr ein Schauspieler (und ein guter) ist als in früheren Filmrollen. Sonst gehören dem gut zusammengestellten Kollegium noch Paul Mederow, Julius Herrmann, Paul

Henckels und Albert Florath an. Sehr gut ist auch der Hausmeister von Hugo Froelich.

Am Schluß konnte Heinrich George im Namen Carl Froelichs und der Darsteller für den reichen Beifall danken, der einem künstlerisch wertvollen und menschlich anständigen Film galt; einen Film von der Jugend für die Jugend.

Erstdruck/Druckgeschichte:
ED: *Berliner Börsen-Courier* v. 23. September 1933, S. 7.
Gezeichnet: Wolfgang Koeppen.
Belegstück im Nachlass.
Anmerkungen:
Capitol: Capitol am Zoo (1925-1943), Berlin-Charlottenburg, Budapester Str. 42-46.
Editorischer Bericht:
humanistischen: im ED gesperrt gedruckt.

[Nr. 236]
Puppenkopf-Mary

Die Hollywooder Dramaturgie hat die Begabung der Sylvia Sidney auf ein Schema tragischer Rollen vor dem düsteren Hintergrund von Frauengefängnissen (*Straßen der Weltstadt* usw.) und hochnotpeinlichen Gerichtsverhandlungen (*Amerikanische Tragödie* usw.) ein- für allemal festgelegt. In ihrem letzten Film, der jetzt im Atrium gezeigt wird, spielt sie die *Puppenkopf-Mary* auf der *Flucht vor dem Gestern*. Haupt- und Nebentitel des Lichtspiels sind die Titel amerikanischer Magazingeschichten, teils sensationell-pikanter, teils moralisch-erbauender Art. Zusammen ergeben sie eine Handlung nach dem berühmt genannten Roman der Vina

Delmar. Welche Vorzüge den Roman berühmt und filmreif gemacht haben, bleibt gerade seiner Romanhaftigkeit wegen unklar. Es ist die gewöhnliche, sentimental-brutale Erzählung von den bösen Menschen der Unterwelt, die bestraft werden, und den guten der bürgerlich sonnigen Welt aller Fordwagenbesitzer, die am Ende belohnt werden.

Sylvia Sidney zeigt wieder ihr von Leid, Verfolgung und bereuter Erfahrung verklärtes und beseeltes hübsches Gesicht. Auch daß und wie sie mit den Händen mitspielt, ist wieder rührend einprägsam. Aber, wie gesagt; es stört das immer gleiche Schema der Rollenauswahl. Ihr Partner George Raft begnügt sich hier, ein starres, glattes Gesicht zu zeigen. Der deutsche Dialog schwankt zwischen papiernen Phrasen und netten Alltagssätzen beunruhigend hin und her.

Erstdruck/Druckgeschichte:
ED: *Berliner Börsen-Courier* v. 18. Oktober 1933, S. 6.
Gezeichnet: kn.
Belegstück im Nachlass.
Anmerkungen:
Straßen der Weltstadt: im Orig. CITY STREETS (USA 1931, R.: Ruben Mamoulian).
Amerikanische Tragödie: im Orig. AN AMERICAN TRAGEDY (USA 1931, R.: Josef v. Sternberg).
Atrium: (1926-1945), Berlin-Wilmersdorf, Kaiserallee 178 (heute: Bundesallee), Ecke Berliner Str. 1932 hatte es rund 2000 Plätze. Im Krieg ausgebrannt.
Flucht vor dem Gestern: im Orig. PICK-UP (USA 1933, R.: Marion Gering).

[Nr. 237]
Die Falconetti und die Bergner

In der Kamera Unter den Linden war vor einigen Tagen der berühmte *Jungfrau von Orleans*-Film des skandinavischen Regisseurs Dreyer zu sehen, und in seiner Hauptrolle konnte man die französische Schauspielerin M. Falconetti wieder bewundern. Jetzt läuft in der Kamera *Der träumende Mund*, und Elisabeth Bergner erscheint im Lichtspiel. Das kurze Aufeinanderfolgen der beiden Filme und der zwei Schauspielerinnen zwingt, sie zu vergleichen. Das Ergebnis ist interessant. Man hat beide Filme gesehen, als sie neu waren und ihre Uraufführung erlebten, und man war damals von beiden gefesselt. Heute aber zeigt sich, daß der viel ältere und noch stumme Film von dem politischen Prozeß der Jeanne d'Arc viel aktueller und viel mehr uns bewegend wirkt, als die erst ein Jahr alte Arbeit von Paul Czinner. Während die Falconetti und ihr Film groß und stark und Drama und Tragödie geblieben sind, ist die schauspielerische Anmut der Bergner (die Anmut, die zweifellos entzückte) schon matt und wie von gestern, so daß sie, der Star, merkwürdigerweise im Schatten ihrer Partner steht; der vorzüglichen Gestalten von Forster und Edthofer.

Erstdruck/Druckgeschichte:
ED: *Berliner Börsen-Courier* v. 28. Oktober 1933, S. 6 (Abend-Ausgabe).
Gezeichnet: -n.
Kein Belegstück im Nachlass. Text durch das Verfasserkürzel identifiziert.
Anmerkungen:
Kamera: (1928-1943), Berlin-Mitte, Unter den Linden 14.

[Nr. 238]
Du sollst nicht begehren ...

Dieser Film von Richard Schneider-Edenkoben, der gestern bei seiner Uraufführung im Gloria-Palast eine sehr geteilte Aufnahme fand, ist noch in seinen Fehlern interessant und mehr zu beachten als manche glatte Arbeit routiniert kontrapunktischer Filmdramaturgie. Die neuen Leute, die hier am Werk waren, wollen den bedingungslos künstlerischen Film. Es läßt sich eine Verbindung nachweisen zwischen ihrem Schaffen und den Anfängen eines deutschen Filmstils in der Stummfilmzeit. Leider hält der Film als Ganzes genommen in geistig-dramatischer Hinsicht nicht, was die starke Atmosphäre der einzelnen Szene verspricht.

Der Schauplatz ist ein Acker. Ein Acker in der norddeutschen Ebene. Nebel liegt in der Luft, und wie warmer Atem schwelt es in der Spur der aufgerissenen Scholle hinter dem Pflug. Zwei Brüder, der eine ganz ein Bauer, der andere vom Militärdienst in der Stadt städtisch gewandt zurückgekommen, leben mit Pferden, Schweinen, Schafen, Hunden in dem einsamen Bereich einer Schutzhütte, neben einer Landstraße, welche die symbolische Rolle des von der Ferne kommenden Schicksals zu spielen hat. Gewiß, auf einen groben Nenner gebracht, sind das Kain und Abel im Kampf nicht um die Gunst ihres Gottes, sondern nur um die eines vielleicht bedeutungslosen Mädchens. Aber wie dieses Mädchen auftritt, weiß und wie die verführende Gestalt aus einem alten Totentanz dem Planwagen entspringt, ist Storm, ist Pole Poppenspieler und, im Angesicht des Bauern, der stumm und schwer die Arme ihr entgegenreckt, der Vers »Ich möchte schlafen, aber du mußt tanzen«, ein Motiv norddeutscher Leidenschaft von einer ins Spukhafte gehenden Entschlossenheit. Und wenn in der Folge des immer bedrückender werdenden Geschehens die betrunkenen Musikanten, der Leichenzug, der Gauklerwagen mit den hölzernen Pferdegebissen, die kämpfenden Hamburger Zimmerleute und die alte Trud (Frieda Richard) vorüberziehen, dann ist auch dies das im Moment gelungene Stimmungsbild einer typisch mecklenburgischen Phantastik, die nur den Fehler hat, dramaturgisch nicht immer richtig eingesetzt zu sein. Das Spiel der Brüder (Walter Griep und Paul Klinger), besonders das des Geschickten, steht im Gegensatz zu der Barlachwelt des Nebels, des Ackers und der allzu sehr in die Abstraktion geführten Straße (der Leichenzug z. B. wäre vor dem Hintergrund einer kleinstädtischen Backsteingotik, im Schatten eines überschweren Turmes, der natürliche, statt der ein wenig gesuchte Ausdruck gewesen). Man kann das auch umgekehrt formulieren, aber da das verführende und bewegende Mädchen (Friedel Pisetta) vielleicht als zufällige Folge einer noch gehemmten Ausdrucksfähigkeit mehr eine Figur des Spukspiels als des Bruderdramas ist, hätte auch das Spiel der Brüder weniger schauspielerisch sein müssen.

Dem Großstadtpublikum bleibt manches fremd. Und es sind ja, wenn ihn nur der Intellekt beurteilt, Einwände gegen diesen Film zu setzen. Aber sein Vorteil ist doch, daß er (im Film zum erstenmal) viel von der Seele dieser Ackerlandschaft eingefangen hat und somit das Gefühl des Zuschauers anspricht. Wenn zum Schluß das Feuerhorn durch die Gewitterfinsternis heult und die Flammen über die Hütte prasseln, dann ist das der gleichermaßen erhabene und furchtbare Schrecken, der eben ein solches Ereignis auf dem Lande kennzeichnet.

Erstdruck/Druckgeschichte:
ED: *Berliner Börsen-Courier* v. 1. November 1933, S. 7.
Gezeichnet: Wolfgang Koeppen.
Belegstück im Nachlass.

Anmerkungen:
Gloria-Palast: (1926-1943), Berlin-Charlottenburg, Kurfürstendamm 10.
Editorischer Bericht:
Poppenspieler: im ED »Popenspieler«

[Nr. 239]
Skandal in Budapest

Das ist ein gefälliger und harmlos lustiger Film, der in einem Budapest spielt, das so schön ist wie die Plakate, die der Fremdenverkehrsverein in die Welt schickt. Sonne über der Pußta und Bogenlampen am Donaukai, die im nächtlichen Fluß sich spiegeln.

Der Skandal ist, daß ein junges Mädchen den berühmten Pianisten ohrfeigt, weil sie ihn mit dem schäbigen Bräutigam ihrer besten Freundin verwechselt. Sowas bedauert man, und was sich geschlagen hat, das liebt sich später.

Franziska Gaal teilt die Ohrfeigen aus, die Paul Hörbiger empfängt. Beide machen das reizend. Franziska Gaals Stärke ist die Pointe; sie bringt sie klug und witzig im Satz, im Chanson und auch im Schlag. Paul Hörbigers Leistung dagegen ist hier die Verlegenheit; er wirkt sehr liebenswürdig, wenn er, den Streich auf der Backe fühlt und nicht weiß, warum; wenn er sich zu erinnern sucht, wer das Mädchen wohl ist.

Sonst geben noch Szöke Szakall und Huszar Puffy zwei komische Leute. Die Regie des Films, der im Atrium läuft, hat Geza von Bolvary.

Erstdruck/Druckgeschichte:
ED: *Berliner Börsen-Courier* v. 4. November 1933, S. 6.
Gezeichnet: kn.
Kein Belegstück im Nachlass. Text durch das Verfasserkürzel identifiziert.
Anmerkungen:
Huszar Puffy: eigentlich Karl Huszár-Puffy (1884-1943).
Atrium: (1926-1945), Berlin-Wilmersdorf, Kaiserallee 178 (heute: Bundesallee), Ecke Berliner Str. 1932 hatte es rund 2000 Plätze. Im Krieg ausgebrannt.

[Nr. 240]
Ufa Palast im Zoo – *Abel mit der Mundharmonika*

Es war von Anfang an ein Risiko, den *Abel mit der Mundharmonika* zu verfilmen. Das Buch von Manfred Hausmann ist nicht im Erzählen einer Handlung, sondern im Erzählen einer Stimmung stark. Es ist oft lyrisch und zuweilen sentimental. Weich und beinahe nur angedeutet wird jede Situation aufgezeichnet. Alle auftauchenden Konflikte enden in einem Humor, der in einer allzu gefälligen Weise sich jungenhaft gibt. Wahrscheinlich aber hat gerade diese gefällige und bewußt zarte Art den Erfolg des Buches gemacht. Wie der Film nun sich mit einem Stoff, der ihm im Grunde keine Handhabe bietet, abfindet, ist interessant zu sehen, und der besonders herzliche Beifall, der ihm im Ufa-Palast zuteil wurde, scheint das Experiment gut zu heißen.

Ein Segelkutter mit zwei Jungen, die einen dritten (den Abel) auffischen und mitnehmen, fährt auf das Meer hinaus. Ein Freiballon und zwei andere Jungen, die ein Mädchen mitnehmen, starten in Münster und treiben der See zu. Daß der Ballon und das Boot sich begegnen werden, ist klar.

Das Aufeinanderzufahren könnte die Exposition eines Dramas sein, und sie wäre zu lang, wenn die Regie nicht sofort auf das Drama verzichten würde. Es ergibt sich das Erstaunliche, das in dem Nichtdrama, das gespielt wird, die undramatischsten Szenen die stärksten sind. Da hocken die drei Jungen unter dem Segel, da spielt der Abel die Mundharmonika, da ist der Silberschaum des Kielwassers hinter dem fahrenden Kahn, da ist der nette Reiz des Buches eingefangen und sind herrlich photographiert die Bilder von der Unterweser und dem allmählich sich entfernenden Ufer. In dieses Bild einer Landschaft sind die Jungen mit ihrem Kahn natürlich eingefügt. Sie sind nichts als drei nette Jungen, die eine Fahrt machen. Aber da sie diese Fahrt in keinem Kultur-, sondern in einem Spielfilm unternehmen, müssen sie endlich von der Regie aus dem Zustand der Idylle in den Zustand der Handlung geführt werden. Das geschieht in dem Moment der Ballongefahr. Sie treffen auf dem offenen Meer den Ballon, der zu sinken droht, und das Mädchen wird ihnen aus der Gondel zugeworfen.

In diesem Moment beginnt die Geschichte des Abel; die Erzählung einer scheuen, sehr herzlichen Liebe; und in diesem Moment treten die Fahrt, das Boot, die Segel und die See in den Hintergrund und sind nur noch der Schauplatz für den Schauspieler, der nun die Szene beherrschen müßte. Da der Schauspieler aber, durch seinen Text gehemmt, sich nicht anschickt, die Szene zu beherrschen, sondern in langen Wandervogelgesprächen über die Liebe sich weiter seiner nun sentimental gewordenen schönen Ruhe hingibt, wirkt die Liebesszene blutarm und wird der Film blaß. Karin Hardt ist mit zu viel Anstrengung innig und tief in ihren Gefühlen, als daß sie restlos überzeugen könnte. Und der Abel von Karl Ludwig Schreiber spielt immer nur die Schicksalergebenheit, die in der Harmonikamelodie ihr resignierendes Ende findet. Der einzige wirkliche Junge auf dem Kahn ist Carl Ballhaus: anständig, nett, munter und ein wenig verträumt. Ihm steht als Bootspartner Götz Wittgenstein mit einem sehr wirksamen kargen plattdeutschen Humor zur Seite. Hans Brausewetter und Heinz von Cleve spielen die Rolle der kühnen Ballonfahrer.

Auch *Abel mit der Mundharmonika* ist einer der neuen deutschen Filme, die von der Sensation und dem oberflächlichen Amüsement sich entfernen und neue Gebiete für den Film erobern wollen. Er ist durchaus sympathisch und in mancher Aufnahme des Milieus zauberhaft. Die Regie von Erich Waschneck, zu sehr gebunden an das Buch, ist gemessen an der besonderen Schwierigkeit des Falles, als eine auf jedes billige Mittel verzichtende, schöne Arbeit zu loben.

Erstdruck/Druckgeschichte:
ED: *Berliner Börsen-Courier* v. 17. November 1933, S. 7.
Gezeichnet: Kn.
Belegstück im Nachlass.
Anmerkungen:
Ufa-Palast am Zoo: auch: Cines-Palast (1913-1943), Berlin-Charlottenburg, Hardenbergstr. 29a-e.
Editorischer Bericht:
Carl Ballhaus: im ED »Carl Balhaus«

[Nr. 241]
Reportage über einen Film –
Und Gründgens sagt: Die Seele ... erst die Seele

Ein Haus in der City

»Steigen Sie ein«, könnte der Portier sagen (wenn er es auch nicht sagt) und mit einer Handbewegung auf den Paternoster weisen, »steigen Sie ein, mein Herr, und fahren Sie in die Höhe; Sie können Ihr Glück machen. Der Film ist eine Branche; eine Industrie, in der viel Geld steckt; eine Organisation, die die Welt umspannt. Was wünschen Sie? Im ersten Stock können Sie Ihre Patente verkaufen. Ich bin der Portier und bin der Kinobesucher. Ein Mann einfacher Art. Wenn Sie es uns ermöglichen, die Welt in ihrer natürlichen Farbe aufzunehmen, sind Sie herzlich willkommen. Auch für den Übergang von der Fläche zum Raum wären wir Ihnen sehr verbunden. Der Nachahmung der Natur sollen keine Grenzen gezogen werden. Und wenn Sie den Geruch in unsere Kalkulationen noch einbauen könnten, würden wir wahrscheinlich auch diese Tat mit einem Scheck quittieren. Aber ich sehe, dies interessiert Sie nicht. Sie wollen vielleicht in den zweiten Stock. Gehen Sie nur den Gang lang. Da wohnen die Verleiher. An den Wänden hängen die Plakate von allen Filmen der Erde. Stars lächeln Sie an; Revolver sind gegen Sie gerichtet; und schon duckt sich der Löwe zum Sprung. Die Phantasie unserer Propagandisten ist ungeheuerlich. Verachten Sie ihre grellbunten Erzeugnisse nicht. Sie können Ihnen unschätzbare Dienst leisten, wenn Sie unsere Filme leihen werden. Noch sind einige Distrikte frei. Fahren Sie auf Stanleys Spuren den Kongo hinauf, oder reisen Sie in den neuen Staat Mandschukuo, unsere Filme in verlöteten Blechkisten fest verpackt, führen Sie in den verlassenen Gegenden der kinolosen Langeweile das Lied von den ›Drei Schwestern im Mondenschein‹ vor, und es kann sein, daß Sie – wenn Sie nicht von Krokodilen gefressen oder von Räubern erschossen werden – als Millionär heimkehren. Sie glauben mir nicht, mein Herr. Sie glauben mir nicht; Sie kommen mit irgendwelchen Ideen hierher, ich sehe es Ihnen an. Sie haben Rosinen im Kopf, künstlerisch dilettantische Vorstellungen. Da fahren Sie man in den dritten Stock. Da sitzt die Produktion. Unsicheres Geschäft! Doch das sag' ich Ihnen schon, wenn Sie etwa mit einem Manuskript kommen, dann geben Sie's besser gleich mir. Oder wenn Sie glauben, der neue Albers zu sein, dann gehen Sie zum Nachweis und lassen sich in die Komparserie aufnehmen. Was meinen Sie? Sie werden erwartet? Na, dann steigen Sie man ein, mein Herr, steigen Sie ein.«

Woraufhin man bald im dritten Stock vor einer Milchglastür mit dem Namen der Firma steht. Schreibmaschinengeklapper. An den Wänden ABC-Ordner. Ein Band Korrespondenz mit dem Anwalt. Ganz normales, nüchternes Büro und zum Glück ohne Klubsessel. Ein freundlicher Herr: »Sie wollen zusehen, wie Gründgens einen Film inszeniert? Kommen Sie, wir fahren nach Staaken hinaus.«

Erstes Intermezzo: Nachtfahrt

»Warum«, fragt im Wagen der Neugierige, der zusehen will, wie Gründgens arbeitet, »warum haben Sie diese Fahrt zu einer so späten Stunde angesetzt? Die Aufnahmen müssen doch längst beendet sein, zumindest gleich zu Ende gehen.«

Die Antwort heißt: Nachtaufnahme. Nachtaufnahme, weil

a) Schwierige Tonaufnahmen in Staaken am Tage nicht gut gemacht werden können. Die Flieger sind schuld. Ihr Motorgebrumm verpatzt jeden Ton. Dennoch kann die Industrie die Staakener Ateliers nicht aufgeben. Es sind die größten Hallen, die der deutsche Film hat, und für Massenszenen und große Dekorationen sind sie unentbehrlich.

b) Gustaf Gründgens und die Bühnenschauspieler, mit denen er arbeitet, Nachtarbeiter sind. Am Abend, zur Stunde des Theaters, sind sie am besten disponiert.

c) jeder Tag Geld kostet und nochmal Geld.

Derweilen saust der Wagen durch die Gegend. Die Erfindung des Automobils ist über ein Vierteljahrhundert alt und eine Nachtfahrt noch immer phantastisch. Der Laie dankt dem Himmel, daß Filmateliers weit draußen liegen. Das hebt die Traumfabrik schon ehe man da ist in die Region des Irrealen. Reiz der Peripherie: Bogenlampen über Feldwegen, Überholen und Überholtwerden von konkurrierenden Scheinwerfern, Schupoposten einsam unter Bäumen und stille Seeufer im huschend kreisenden Funkturmlicht.

Die Riesenrumpelkammer Staaken

Wenn jetzt behauptet wird, daß die Ateliers in Staaken, im Gegensatz zu denen in Neubabelsberg, den Eindruck wilder Unordnung erwecken, mögen sich die Herren und Besitzer von Staaken nicht beleidigt fühlen. Es ist ja erstens nur der Eindruck des Besuchers, dem in dem fremden Milieu eine selbst peinliche Ordnung leicht entgangen sein kann, und zweitens eines Besuchers, dem das tolle Durcheinander, das er zu sehen glaubte, so unerhört sympathisch ist, daß es ihn in Begeisterung versetzte. Oh, welch ein Anblick! Erst klein das Zimmer des Architekten, Stube eines Gelehrten. Grün beschirmtes Licht über einem Tisch mit Zirkeln, Blättern, Figurinen und Entwürfen. Und dann, nächste Tür links, schon die leere Riesenluftschiffhalle. Dunkel, belichtet nur von den Sternen, die, milchig verwischt und hoch, das schmutzige Glasdach erkennen lassen. Leer – bis man im Hintergrund ein Bergwerk sieht, Erdhügel und Abhänge mit Feldbahnschienen und Loren drauf. Und überall Strickleitern und hängende Taue. Die in den kleineren Hallen (die auch schon enorm sind) zu einem Wirrwarr unbeschreiblicher Art werden. Über den Dekorationen von Hafenanlagen (ein paar alte Heringsfänger riechen wie Brake und Schlick, wie Teer und Bollwerksbrüder), südfranzösischen Kaffeehäusern, Rivierastraßen, Fischerdörfern und spanischen Tavernen. Schummrig erhellt von Glühbirnen unter Gerümpel.

Prächtig. Prächtig. Der Besucher war in Versuchung, seiner Begleitung zu entfliehen, um ungestört dem Klettern auf Strickleitern, die ins unendliche Dunkel zu entschwinden schienen, sich hingeben zu können. Erinnerungen tauchen auf: was riefen schon Verwandte Warnungen in den Himmel, wenn man, ein Knabe noch, gemächlich die Schornsteinfegerstege des Daches entlang schlenderte.

Zweites Intermezzo: Gespräch über Finanzgebarung, Dramaturgie und ob Ziegel ein Filmstar wird

Der Ernst des Lebens tritt an uns heran. Der Rundgang durch die Hallen ist beendet, und wir müssen, bevor wir der Aufnahme beiwohnen dürfen, den Direktor der Gesellschaft, die den Film dreht, in seinem Büro besuchen. Wer hat die Legende aufgebracht, daß Filmdirektoren in pompösen Räumen dicke Zigarren qualmen? Dieser, der Doktor B., haust nett und angenehm in einer kleinen, schlichten Zelle, in einer Arbeitsatmosphäre, die sofort ein Gespräch über das Filmschaffen möglich macht.

»Ja«, sagt er, »das ist alles gar nicht so einfach. Wir sind die Tofa. Unsere Muttergesellschaft ist die Tobis. Unser Verleih das Neue Deutsche Lichtspiel-Syndikat. Unser Weltvertrieb die Cinema. Und dann haben wir noch eine Kreditanstalt. Diese Instanzen müssen sich einig sein, bevor überhaupt gedreht werden kann. Diesmal sind wir alle, unberufen, optimistisch. Von den *Finanzen des Großherzogs* (nach dem Roman von Frank Heller) versprechen wir uns viel. Von der Regie von Gustaf Gründgens fast noch mehr. Er arbeitet fabelhaft. Und dann hat er sich einige Schauspieler aus Hamburg geholt, die noch nie gefilmt haben und nun toll begeistert sind. Überhaupt Hamburg. Neulich war Direktor Ziegel von den Kammerspielen hier, um zuzusehen. Wir haben so zum Spaß eine Probeaufnahme von ihm gemacht. Er hat ein bißchen Wedekind gespielt. Die Aufnahme ist so gelungen, daß wir uns seine Tonfilmkarriere ernsthaft überlegen.«

Der Besucher nickt erfreut und denkt gerührt und dankbar an einige Abende in Ziegels Theater, geht dann aber, da er schon mal einem Filmgewaltigen gegenüber sitzt, zum Angriff über. »Sie danken Gründgens und dem Zufall«, spricht der Besucher, »der Ihnen einige spielbegeisterte Hamburger ins Atelier gebracht hat, und sie loben ganz allgemein das Können der Bühnenschauspieler. Wissen Sie, daß es an den Theatern in der deutschen Provinz eine ganze Reihe von Begabungen gibt, die, wenn sich Ihr Apparat nicht zu ihnen bemüht, nie vor Ihren Apparat kommen werden, da sie in Dortmund festsitzen oder in Gera oder in Königsberg?«

Und nun ereignet es sich, daß der Filmdirektor dies zugab. Überzeugt sprach er von den Begabungen, die sicher hier oder dort in der Provinz zu finden seien, überzeugt sogar von einem vorzüglichen Nachwuchs für die Regie und die Dramaturgie. Der Angriff des Besuchers hatte also offene Türen eingerannt? Nicht ganz; denn als Schlußfolgerung tauchte wieder das Projekt einer Deutschlandreise zum Zweck der systematischen Talentsuche auf. Ein Projekt, das älter ist als der Film und immer an einem von tausend möglichen Zufällen scheitern wird.

Die künstlerische Weiterentwicklung des Films ist auch nicht nur eine Frage des Nachwuchses; sie ist vor allem und mit eine Frage der Dramaturgie und des Manuskriptes. Gefragt nach seinen nächsten Filmen, erwähnte der Direktor einen, den Stemmle schreiben soll, und er meinte, mit Stemmle den Dichter seiner Firma verpflichtet zu haben. Ist aber nicht Stemmle nach vielen Filmen schon ein Fachmann? Es soll kein Wort gegen ihn oder gegen den Fachmann überhaupt gesprochen werden. Der Fachmann ist so notwendig wie es fraglich ist, ob der Film das Recht hat, sich gegen den Dichter, der nicht Fachmann ist, zu sperren. Denn, so ungefähr äußert sich der Direktor, der Weg des Manuskriptes ist nicht der Weg der Einsendung oder der Anregung von außen. Wir, die Firma, unsere Produktionsleiter und unsere Regisseure haben jeder unsere Stoffe, die wir als Auftrag an Leute vergeben, die wir als Manuskriptverfasser kennen, wobei wir gerne wünschen, daß sie oder einer von ihnen auch Dichter sind. – Ergo: das unbekannte Genie aus Perleberg wird, man lese den Anfang, beim Portier scheitern.

In Halle X ekstatische Regie!

Aber wir wollten ja zusehen, wie Gründgens arbeitet, und wieder gehen wir durch die gespenstischen, dämmrigen Hallen, klettern über Versatzstücke, stoßen an Taue an und schreiten vom Warmen ins Kalte. Bis zu dem Arbeitsplatz.

Sie haben sich wie um ein Feuer versammelt. In der Riesenhalle wirkt die helle Spielfläche klein. Von fern wie ein Biwak. Die Menschen im Lichtkreis scheinen Schatten.

Gründgens steht vor einem amphitheatralisch aufgebauten Chor. Es ist der Chor aus dem Troubadour oder aus Carmen. Bunt, wild und südländisch. Und wie ein Bild des Kubismus, wie eine Person, die von Cocteau bestrahlt wurde, nimmt sich in diesem Volksgewimmel der Regisseur aus. Auf der Brücke seiner Hornbrille stößt wie ein Dach ein überdimensionaler gelber Lichtschirm vor die Stirn. Und dann das Temperament und die Gestik! Es ist der Regisseur par excellence, den wir sehen. Er beherrscht die Spielfläche wie ein Dompteur seine Manege voller Tiger. Er führt Opernregie mit allem Aufwand: Chorprobe, Bewegungsprobe, Stimmprobe –, aber ins Optische übertragen. In aller Erregung vergißt er doch nicht die vier Aufnahmeapparate, die wartend um ihn sind. Doch lehnt er sich auf gegen die Einwände der Techniker. »Mir ist es wichtiger, wo die Seele ist;

das Technische wird sich dann schon finden«, schreit er, als jemand meint, es ginge etwas nicht.

Hier probiert einer fanatisch seine Ideen aus. Während einer vollen intensivsten Arbeitsstunde wurde kein Millimeter Film gedreht. Es könnte so gut sein, aber so vielleicht noch besser. Selber nervös, mahnt er zur Ruhe. »Es wird noch zehnmal nicht klappen, was kein Grund zur Nervosität –, aber dann beim zwölftenmal wird es hervorragend sein.« Das schreit er und treibt den Chor zurück. Und ist unbekümmert. Das ist ein leerer Moment im Bild. Im Hintergrund überragt ein langer Chorist die andern. Gründgens greift ihn raus aus der Menge. »Wie heißen Sie?« »Stief.« »Also schön, Herr Stief. Sie springen jetzt vor, packen das Mädchen und schreien. Ich machs Ihnen vor; haben Sie gesehen; so; also los!« Und Herr Stief hat eine Rolle.

Überhaupt das Vormachen. Das ist ekstatische Filmregie. »Halt, Herrschaften, halt! Ich spiele jetzt alle Vier. Theo (das ist der Komponist Mackeben), den Einsatz!« Und er kniet sich hinein! Schweiß perlt von der Stirn. Springt von Standpunkt zu Standpunkt. In die Rolle des Helden, der Heldin, des Clowns, des Chors, der Charge. Schöpft sie aus. Erfüllt sie. Ist!

Aber es geht vorwärts, es geht weiter. Nur nicht zur Aufnahme. »Du wirst zerspringen, Theo, es hat geklappt«, ruft er dem skeptischen Musiker zu und probt die Szene von neuem.

Horst und das Fazit der Sterne und die Scheinwerfer

Vor neunzehnhundert Jahren dichtete Horaz die Zeile »O zu rasen ist süß«. Er, der Sohn eines Freigelassenen, der bei Philippi für den Brutus sich tapfer geschlagen, der vom Mäcenas die Gnaden empfangen, ohne um sie zu flehen, und der, ein Herr unter Herren, an der Tafel des Augustus gesessen hatte, er wußte, daß der Mensch, um frei zu sein zu seinem Können, kämpfen muß wie ein Raubtier mit Zähnen und mit Krallen und daß nur der Rasende den Göttern nahe kommt.

Rücken wir die Riesenrumpelkammer von Staaken für einen Moment nur in die Sphäre des Absoluten. Vergessen wir, daß es die Städte gibt und ihre Bewohner, die Reiche und die Zivilisation. Doch prägen wir uns ein, daß die Erde rund ist, ein Ball, der im All sich dreht. Und nehmen wir in dem Bewußtsein, daß auch die Fläche, auf der wir stehen, ein Teil der Rundung ist, den Anblick der Halle von Staaken, hell leuchtend in der dunklen Nacht, hell leuchtend unter den Sternen, hell leuchtend auf dem Ackerfeld, das Fläche ist in der Rundung der Erde, als ein Erlebnis hin. Sei auch der Anlaß klein und das Ergebnis vielleicht winzig.

Erstdruck/Druckgeschichte:
ED: *Berliner Börsen-Courier* v. 25. November 1933, S. 7.
ND: *GW* 5/108-114.
Gezeichnet: Wolfgang Koeppen
Belegstück im Nachlass.
Anmerkungen:
Doktor Ziegel: Erich Ziegel (1876-1950). Von 1936 an tatsächlich Mitwirkung in zahlreichen Spielfilmen während des NS (u. a. MOSKAU-SHANGHAI, Dt. 1936, R.: Paul Wegener; ZU NEUEN UFERN, Dt. 1937, R.: Detlef Sierck; DER BERG RUFT, Dt. 1938, R.: Luis Trenker; HEIMAT, Dt. 1938, R.: Carl Froelich; BISMARCK, Dt. 1940, R.: Wolfgang Liebeneiner; DAMALS, Dt. 1943, R.: Rolf Hansen).
Editorischer Bericht:
Derweilen: im ED »Derweile«
Glasdach erkennen lassen: im ED »Glasdach erkennen läßt«
Biwak: im ED »Biwack«

[Nr. 242]
In jenen Tagen. Der erste Spielfilm in der
britischen Zone fertiggestellt

Die »Kamera-Film« hat unter den größten technischen und materiellen Schwierigkeiten den ersten deutschen Spielfilm in der britischen Zone, Helmut Käutners Geschichte *In jenen Tagen* hergestellt, dessen Aufnahmen soeben beendet wurden.

Die Schwierigkeiten, vor die sich die in allen vier Zonen neugegründeten Filmstudios gestellt sahen, machten sich in Hamburg, dieser von früher her wenig filmfreudigen Stadt, doppelt bemerkbar. Wie der Leiter der »Kamera-Film«, der bekannte Regisseur Helmut Käutner, ausführte, war beim Start der Filmproduktion in der britischen Zone eigentlich nur die Lizenzerteilung leicht. Alles andere, vor allem Studios und Aufnahmeräume, waren fast gar nicht zu beschaffen: teils waren die Hallen für die Dreharbeit ungeeignet, teils waren sie nicht verfügbar, teils fehlten die technischen Mittel zu ihrem Ausbau. Einen Tag vor Drehbeginn hatte Käutner beispielsweise noch keine Kamera. Ein Zufall führte sie ihm über den Weg, eine zweite wurde tageweise von der Wochenschau »Welt im Film« ausgeliehen. Der Aufnahmewagen, fahrbare Beleuchtungsbrücken, fahrbare Podeste wurden als erste Friedensproduktion von der Firma Blohm & Voß gebaut, Lampen wurden aus ehemaligen Marinebeständen von einer englischen Dienststelle leihweise zur Verfügung gestellt. Noch schwieriger aber gestaltete sich die Beschaffung des Rohfilms. An manchen Tagen mußten die Aufnahmen ausfallen, da der Rohfilmnachschub wieder einmal nicht geklappt hatte. An anderen Tagen mußten infolge der schlechten Qualität des Filmmaterials sämtliche Aufnahmen wiederholt werden. Der Rohfilm wird in einem in der russischen Zone befindlichen, zum Teil abmontierten Werk hergestellt. Agfa in Leverkusen hat von der britischen Militärregierung noch keine Produktionserlaubnis erhalten, so daß in der Zone vorerst nur Nitro-Zellulose-Wolle hergestellt wird, die dann in der US-Zone zum fertigen Filmband weiterverarbeitet wird.

Es liegt auf der Hand, daß angesichts all dieser Unzulänglichkeiten eine weise Beschränkung Voraussetzung für jede Dreharbeit war. Man war, ohne einen unkünstlerischen Kompromiß einzugehen, gezwungen, völlig neue Wege zu gehen und zu experimentieren. Man mußte ohne künstlerische Bauten, ohne Atelier auskommen, ja man verzichtete bewußt auf »Maske« und »Make-up«. Der neue Käutnerfilm, zu dem der Regisseur zusammen mit Ernst Schnabel das Drehbuch geschrieben hat, ist somit bedingt durch äußere, zeitgegebene Umstände, ein Vorstoß in Neuland geworden. Die ganze Dreharbeit beschränkt sich auf Außenaufnahmen, die Mitwirkenden setzen sich in der Hauptsache aus neuen Schauspielern zusammen, die noch nie gefilmt haben: die dreizehneinhalbjährige Gisela Tantau, die durch ihr KZ-Buch bekanntgewordene Isa Vermehren, Erika Balque, Bettina Hambach (die Tochter von Alexander Moissi), Ida Ehre, Margarete Hagen und als einzige bekannte Filmschauspielerin Winnie Markus. Bei den männlichen Rollen finden wir von bekannten Namen Franz Scharfheitlin, Karl Raddatz, Hermann Speelmanns, Werner Hinz sowie Hans Nielsen, Franz Weber, Karl John, Willy Maertens und andere.

Der Hauptdarsteller aber ist ein gewöhnliches Serienauto. Im Rahmen seiner Lebensgeschichte werden in sieben miteinander zusammenhängenden Kurzgeschichten die Probleme der letzten zwölf Jahre behandelt. Dabei wird von den Menschenschicksalen nur das gezeigt, was sich im Umkreis des Wagens abspielt, der am 30. Januar 1933 die Fabrik verläßt und in den letzten Kriegstagen symbolisch sein Leben an einem Straßenbaum endet. Käutner versucht in diesem Film, die Zeitereignisse der letzten zwölf grauenvollen Jahre ausschließlich von einer menschlichen und ... Auto-Perspektive zu sehen und wiederzugeben, unter Hinweglassung aller Dinge, die für den Zuschauer im Augenblick noch unerträglich sind.

Erstdruck/Druckgeschichte:
ED: *Neue Zeitung* v. 24. Januar 1947.
Gezeichnet: wgk.
Kein Belegstück im Nachlass. Text durch das Verfasserkürzel identifiziert.
Anmerkungen:
Bettina Hambach: d. i. Bettina Moissi (1923-2023).
Editorischer Bericht:
einen unkünstlerischen Kompromiß: im ED »ein künstlerisches Kompromiß«

[Nr. 243]
Drehbeginn in Geiselgasteig

Die Einladung, dem Beginn der Dreharbeit in Geiselgasteig beizuwohnen, begann für mich mit einer Dreharbeit. »Hier geht es herein«, sagte mir eine Dame, und dann drehte ich eine Drehtür und stand in der Halle des Regina-Hotels. Die Halle des Regina Palast-Hotels in München, gleich hinter dem Lenbachplatz, gibt es gar nicht mehr. Durch mehrere Bombenwürfe wurde das Hotel im Jahre 1944 schwer getroffen und brannte beinahe völlig aus. Nur die Bäder im Keller blieben erhalten, die Badekabinen und ein Teil des Restaurants. Wer aus alter Anhänglichkeit im Regina wohnen will, wenn er nach München kommt, der darf, wenn er

Glück hat, eine der Badekabinen im Keller beziehen. Soweit eine Badekabine luxuriös sein kann, sind es die Kabinen vom Regina-Hotel. Immerhin, man liegt auf der Lederbank und denkt an die Halle mit ihren schönen, bequemen, abgewetzten Sesseln, an die goldenen Gitter des Fahrstuhls, an die beiden großen Marmorsäulen und an die roten Läufer auf den beiden Treppen zum ersten Stock.

Als ich gestern durch die Drehtür getreten war, wurde dieser Traum sichtbar und wirklich bis in alle Einzelheiten. Da standen die alten, bequemen, abgewetzten Sessel, die Marmorsäulen, da war die goldene Fahrstuhltür, die roten Läufer lagen da, und rechts erstreckte sich die Reception. Da waren die Schlüsselhaken und die Postfächer, und wenn mich nicht alles täuscht, war es meine Post, die im Fach 348 lag. Ich hatte nach der letzten Bombe nicht mehr nach meiner Post gefragt.

Hier haben wir das klassische Beispiel des Wiederaufbaus, von dem so viel gesprochen wird. Es ist alles wieder aufgebaut worden und zwar in ein paar Tagen.

Die junge Dame, die mich durch die Drehtür gelotst hatte, sah mein ergriffenes Erstaunen. »Ja«, sagte sie, »da hat Robert Herlth ein richtiges Zauberkunststück gemacht.« (Er ist der Baumeister des neuen Films.) »Nächstens«, setzte sie hinzu, »wenn in der Halle gedreht wird, werden wir auch die alten Angestellten vom Regina hier haben.« Ich setzte mich in einen der roten, tiefen Sessel und gedachte des Berliner Pferdehändlers Michael Kohlhaas. Die Junker hatten ihm seine Pferde genommen und zuschanden gemacht. Er wollte sie wieder haben. Dafür setzte er Himmel und Hölle in Bewegung. Weil zu viel Hölle dabei war, wurde er zum Tode verurteilt und hingerichtet, aber als er den Richtplatz betrat, führte man ihm seine Pferde entgegen, prachtvolle Tiere, rund herausgefüttert, wundervoll aufgeschirrt und mit haferstichigem Gang. Es war gar kein Zweifel, er hatte seine Pferde wieder.

So ist es auch mit der Halle vom Regina-Hotel. Sie ist da und wieder aufgebaut bis auf das I-Tüpfelchen. Dennoch ist sie nur ein Schein wie Kohlhaasens Pferde.

Soviel über Traum und Wirklichkeit des deutschen Wiederaufbaus. Ich ging durch das Traumhotel weiter, zwischen den Marmorsäulen hindurch, am Zeitungsstand vorbei und kam links in das Direktionsbüro. Hier brannten die berühmten Jupiterlampen, und hier wurde gedreht. Viktor Staal spielt den Hoteldirektor und Winnie Markus seine Frau und Sekretärin. Ich hielt beide zunächst für richtige Angestellte des Hotels, so wenig Make-Up hatte die Sekretärin, und so uneitel hielt der Hoteldirektor sein leicht gelichtetes Haupthaar der Kamera entgegen. Sollte es hier wirklich einen neuen Drehbeginn des deutschen Films geben? Bisher durften im deutschen Film doch nur die Darsteller der niederen Stände lebensecht sein. Stars waren immer schön. Der Regisseur und Mitverfasser des Drehbuches, Harald Braun, sagt: »Wir haben endlich mit der Tradition gebrochen, für einen Film nur zwei oder drei Stars einzukaufen. Was die Amerikaner schon lange haben, wagen wir jetzt endlich auch einmal. Außer dem Hauptdarsteller Viktor de Kowa gibt es in diesem Film überhaupt keinen Star oder, wenn Sie so wollen, nur Stars. Die kleinste Rolle ist die des Nachtportiers. Er hat nur zwei Sätze zu sprechen, die aber mit der Gestapo, und damit diese zwei Sätze die richtige Atmosphäre haben, haben wir dafür Albert Florath bemüht. Auch Ponto hat nur zwei Drehtage. Willy Birgel sechs, ebenso die Schmitz. Hildegard Knef, Alice Verden, Carsta Löck, Otto Wernicke, Erhard Siedel, Rudolf Vogel und Axel Scholz sind die übrigen Darsteller. Wahrscheinlich werden noch Schönböck und Dohm dazukommen. Die, von uns beabsichtigte, Wirkung des Films wird in dem Nebeneinander von heute und gestern bestehen. Wir zeigen das Hotel, wie es heute ist mit seinen Badekabinen, aber die Handlung führt immer wieder in die Vorkriegszeit zurück. Es kommt uns nicht darauf an, einzelne Schauspielerleistungen zu zeigen oder grell hervortreten zu lassen, sondern die Stimmung von gestern und heute zu treffen.«

Liest man das Drehbuch, dann glaubt man zunächst, es handle sich um einen Kriminalfilm. Ein junger Mann, der 1938 in die Schweiz emigriert war, kehrt jetzt wieder nach Deutschland zurück, zieht ins Regina-Hotel und wird bezichtigt, damals den Schmuck einer Jüdin gestohlen zu haben. Er sucht und findet diesen Schmuck, aber er sucht noch mehr, und dieses Mehr unterscheidet das Drehbuch von dem eines Kriminalfilms. Er sucht das Schicksal von 1938. Wie man weiß, sitzt das Schicksal gern in den Hotelhallen. Das seine saß damals am Zeitungsstand und war eine junge Studentin. Er findet auch dieses Schicksal wieder und erkennt, es ist nicht mehr das seine. Die Zeit hat sich gewandelt, der Held und die Heldin auch.

»An sich«, sagt Shakespeare, »ist nichts gut oder böse, unser Denken macht es erst dazu!« So ist es, und so ist auch dieses Manuskript weder gut noch böse. Wenn die Beteiligten nicht zu sehr an *Die letzte Chance* denken und an *Menschen im Hotel*, dann kann ein guter Film daraus werden. Ich wünschte, es würde ein sehr guter.

Erstdruck/Druckgeschichte:
ED: *Neue Zeitung* v. 25. April 1947.
Gezeichnet: W. K.
Kein Belegstück im Nachlass. Text durch das Verfasserkürzel identifiziert.
Anmerkungen:
Die letzte Chance: CH 1945, R.: Leopold Lindtberg.

Abteilung III:
Anekdoten, Lokalberichte

[Nr. 244]
Der Wetterprophet

Ein Freund unseres Blattes schreibt uns aus der Sommerfrische: In diesen verregneten Juli- und Augustwochen gab man die Hoffnung auf eine Wetterbesserung nicht auf und suchte aus allerlei Anzeichen in der Natur auf einen Umschwung in der Wetterlage zu schließen. Ein alter Bauer, so hieß es im Dorf, könne das Wetter mit Sicherheit vorhersagen. Eines morgens, als ausnahmsweise die Sonne schien, trafen wir den Alten in seinem Krautgarten an. »Schöner Morgen heute«, meinte der Prophet, »aber nachmittags regnets wieder!« »Das wissen Sie wohl nach den alten Bauernregeln?« »I wo«, meinte der Alte, »gestern wurde das im Radio angesagt und heute früh stand's schon im Blatt.«

Erstdruck/Druckgeschichte:
ED: *Berliner Börsen-Courier* v. 2. September 1930, S. 3.
Gezeichnet: -n.
Kein Belegstück im Nachlass. Text durch das Verfasserkürzel identifiziert.
Anmerkungen:
Erschienen in der täglichen Rubrik »Nebenbei«.

[Nr. 245]
Berlins neue Synagoge

An der Prinzregentenstraße erhebt sich eine neue Synagoge der Jüdischen Gemeinde, die als Backsteinbau errichtet wurde. Die zentrale Anlage trägt eine Kuppel von 30 Metern Spannweite, der ein Vorbau angegliedert ist. Der Bau steht vorläufig frei, wird später, wenn sich die Häuserfront zu seinen beiden Seiten schließt, im Straßenzuge aufgehen. Das große Rund des Versammlungsraumes ist durch kräftige Pfeiler gegliedert, auf denen der massive Kuppelring aufsitzt. Zwischen den Pfeilern sind hohe Fenster eingeschnitten. Der Rang hat innerhalb der zentralen Anlage eine gute Gliederung erfahren. Äußerlich stört der hohe Giebel, dessen Satteldach sich ungeschickt mit dem Kuppeldach verschneidet. Dieser Giebelaufsatz scheint überflüssig zu sein. Man merkt es an dem großen Rosettenfenster, das in der Altarachse viel zu hoch ist und vom Priesterstand fast nicht mehr zu sehen ist.

Der Altar mit dem Allerheiligsten hat eine monumentale Gestaltung aus dreifarbigem Marmor erhalten. Über dem Altar ist der Chor und die Orgelempore untergebracht. Das Haus faßt über 2000 Personen, die in gemischter Sitzordnung sitzen werden. Der Raum kann durch einen eisernen Vorhang zu einem Fest- und Versammlungsraum umgestaltet werden. Der Trausaal zeichnet sich durch freundliche Heiterkeit aus. Der Erbauer der neuen Synagoge, die aus Anlaß der hohen Feiertage ihrer Bestimmung übergeben werden wird, ist Regierungsbaumeister A. Beer.

Erstdruck/Druckgeschichte:
ED: *Berliner Börsen-Courier* v. 16. September 1930, S. 7 (Morgen-Ausgabe).
Gezeichnet: -n.
Kein Belegstück im Nachlass. Text durch das Verfasserkürzel identifiziert.
Anmerkungen:
Prinzregentenstraße: Die Synagoge befand sich auf dem Grundstück Prinzregentenstraße 69/70 in Berlin-Wilmersdorf. Sie wurde während der NS-Novemberpogrome 1938 niedergebrannt.
Regierungsbaumeister A. Beer: Alexander Beer (1873-1944). Ar-

chitekt und Leiter des Bauamtes der Jüdischen Gemeinde Berlin. Ermordet im KZ Theresienstadt.
Editorischer Bericht:
auf denen: korrigiert aus im ED »auf den«
Äußerlich: im ED »Aeußerlich«
Über: im ED »Ueber«

[Nr. 246]
Durch den Äther auf die Spur. Berlin – Mitteleuropas Polizeifunk-Zentrale

Was vor 20 Jahren noch ausschweifende Phantasie war, wurde zur kaum noch sonderlich beachteten Tatsache. »In achtzig Tagen um die Erde« bedeutet heute gemächliche Vergnügungsreise, und ein Roman mit dem Titel »In einem Tage um die Erde« würde uns nur als ein nahes Zukunftsbild erscheinen.

Auch die Verbrecherwelt ist sich dieser Tatsache bewußt geworden und kann sich schneller den Griffen der Polizei entziehen. Und die natürliche Folge ist, daß die Polizei auf schnellere Fahndung von flüchtigen Verbrechern sinnen muß.

Noch vor einem Jahrzehnt genügte es ihr, über die Postleitungen Telegramme zur Fahndung von Verbrechern an die in Frage kommenden Stellen zu senden. Die Fortschritte der Technik, insbesondere der Flugzeugverkehr, zwingen aber die Polizei, auch ihre Nachrichtenmethoden zu vervollkommnen. Und die gewaltige Entwicklung des Radios in den letzten Jahren hat ihr die Mittel dazu geschaffen, so daß sie sich heute schon mit genügender Sicherheit dieser modernsten Art der Nachrichtenübertragung bedienen kann. Um aber diese jüngste Waffe der Polizei wirksam zu gestalten, mußte sie bestrebt sein, ein dichtes Netz von Sende- und Empfangsstationen über ganz Deutschland zu verteilen. Und die

Hauptfunkstelle Berlin wurde nicht nur der Mittelpunkt des deutschen Polizeifunks, sondern auch die mitteleuropäische Zentrale,

von der die Empfangsstationen Warschau, Wien, Salzburg, Bratislava, Budapest und neuerdings auch Agram mit Nachrichten über die internationale Verbrecherwelt versorgt werden.

Diese Berliner Hauptfunkstelle befindet sich im Polizeipräsidium am Alexanderplatz; sie liegt weit ab von den sonst dem Publikum zugänglichen Teilen des riesigen Gebäudes. Über lange Gänge und mehrere Treppen gelangt man schließlich in dieses Herz des Polizeifunks. In den beiden mittelgroßen Räumen herrscht zwar eine eifrige Arbeit, doch keinerlei Hast und Aufregung verrät, daß hier, von sechs Beamten bedient, alle Fäden aus fast ganz Europa zusammenlaufen, die die Polizei um die Verbrecher knüpft.

Eingehende Telegramme werden von Maschinenschreibern selbsttätig aufgenommen und sofort in die zuständigen Stellen des Hauses durch Rohrpost weitergeleitet. Und immerfort kommen aus dem Hause die verschiedenen Mitteilungen, die sofort in die Welt gefunkt werden müssen. Zwei Beamte sitzen an Schreibmaschinen. Sie sind mit einem Ferndrucker verbunden, der in Morsezeichen den Text auf die beiden Berliner Polizeisender Lichterfelde und Adlershof überträgt. Bei den Sendern selbst ist nur eine technische Bedienung mit der Wartung der komplizierten Verstärkungs- und Transformierungsgeräte beschäftigt, während die eigentliche Sendung vom Polizeipräsidium ausgeht.

Zu bestimmten Tagesstunden funkt Berlin an CQ, das heißt »an Alle«, und sämtliche deutschen und ausländischen Polizeiempfangsstationen nehmen den Text auf. Um eine Zeitübereinstimmung zu erzielen, gibt Berlin jeden Tag ein Zeitzeichen, weil es den Polizeifunkstellen nicht möglich ist, das Nauener Zeitzeichen zu empfangen. Der Berliner Funk »An Alle« wird direkt auch von den kleinsten Stationen aufgenommen, und während dieser Zeit darf kein anderer Sender auf dieser Welle arbeiten. Neben Berlin gibt es in jeder preußischen Provinz und jedem größeren Freistaat eine sogenannte Leitfunkstelle, der wieder zehn bis zwölf Nebenfunkstellen angeschlossen sind.

Ereignet sich nun in einem kleinen Ort etwas von überregionaler Bedeutung, gibt es die Ortspolizei telephonisch an die nächste Nebenfunkstelle, diese funkt es an die Leitfunkstelle, welche sodann nach Berlin weiter gibt. Und

erst Berlin gibt es »An Alle«,

auf keinen Fall sollen die anderen Stellen in direkten Verkehr miteinander treten, weil dadurch die komplizierte Organisation des Polizeifunkwesens empfindlich gestört werden könnte. Ähnlich machen es die obenerwähnten ausländischen Sendestellen, die ihre Nachrichten von internationaler Wichtigkeit auch erst nach Berlin senden.

Im Verlaufe der fünf Jahre, die es einen Polizeifunk gibt, hat man erkannt, daß es auf diese Weise am schnellsten und sichersten gelingt, wichtige Polizeinachrichten bekannt zu machen. Die kleineren Sender haben eine zu geringe Energie, um mit Sicherheit von allen Stationen gehört werden zu können, während der Verkehr mit der nahegelegenen Leitfunkstelle immer gelingt.

Ein schwieriges Kapitel des Polizeifunks ist die Verteilung der Wellen. Durch die letzten internationalen Beschlüsse stehen ihr drei Längen zu, deren Veröffentlichung natürlich nicht möglich ist, da die Polizei auf eine wenigstens beschränkte Geheimhaltung ihrer Nachrichten Wert legen muß.

In besonderen Fällen werden die Mitteilungen auch chiffriert gegeben,

da offene Nachrichten von interessierten Kurzwellenamateuren, die gut zu morsen verstehen, ohne weiteres abgehört werden können.

Eine neuere, noch wenig bekannte Sondereinrichtung des Polizeifunks ist der Bildfunk, dessen Ausbreitung freilich noch nicht sehr groß sind, weil die Apparate zu teuer sind und auch noch nicht ganz sicher arbeiten.

Bisher haben nur die Städte Berlin, Breslau, Magdeburg, Kassel und Kiel die Einrichtungen für eine Bildfunkübertragung. Die überragende Wichtigkeit des Bildfunks im Dienste der Polizei ist ohne weiteres klar: denn die beste Beschreibung eines Menschen oder eines Gegenstandes kann niemals ein noch so schlechtes Photo ersetzen. Und für die schnelle Übermittlung von Fingerabdrücken ist der Bildfunk überhaupt nicht durch Beschreibungen zu entbehren. Heute muß sich die Polizei noch damit behelfen, Fingerabdrücke brieflich weiterzuleiten, weil noch nicht genügend Bildfunkstellen zur Verfügung stehen. Dabei lassen sich gerade Fingerabdrücke besonders leicht und sicher senden, weil sie kein getontes Bild, sondern nur einfache Strichlinien darstellen. Sobald aber die Bildfunkversuche des Nachrichtentechnischen Polizeiamtes abgeschlossen sind, werden wenigstens alle Leitfunkstellen, das sind 18 im Deutschen Reiche, mit den Zusatzeinrichtungen für den Bildfunk ausgestattet werden. Verständlich ist es, daß man zunächst nicht beabsichtigt, auch alle anderen deutschen Polizeifunkstellen mit Bildfunk auszurüsten, weil die Anschaffung von über 200 solchen Apparaten den Polizeietat zu weitgehend belasten würde, ohne daß ein entsprechend großer Vorteil für die Arbeit der Polizei damit verbunden wäre.

Die Wichtigkeit des Polizeifunks ist heute von allen Staaten anerkannt, und überall ist man bemüht, diesen Funk auszubauen. So hat sich kürzlich die Londoner Polizei eine eigene Sendeanlage mit großem Aktionsradius geschaffen, die in erster Linie dem Kampf gegen die Rauschgiftschmuggler dienen soll. Einer anderen Londoner Anlage scheint allerdings bisher höchstens ein experimenteller Wert zuzukommen:

alle Straßenpolizisten sollen mit einem Telephonempfangsgerät ausgerüstet werden,

damit sie jederzeit wichtige Ereignisse aus der Zentrale erfahren können. Abgesehen davon, daß es kaum möglich sein dürfte, daß der Polizist die Nachrichten im Straßenlärm versteht, würde seine Aufmerksamkeit auch vielmehr auf sein Telephon hin und von den Vorgängen der Straße abgelenkt werden.

Es gibt auch einige europäische Staaten, wie die Niederlande, die auf den Bau eigener Polizeisender verzichten und zu bestimmten Zeiten über die Rundfunksender ihre Nachrichten verbreiten. Aber es ist anzunehmen, daß auch diese Staaten von einer solchen Praxis abkommen werden, weil die Publizität einer derartigen Nachrichtenübermittlung zu groß ist.

Aber in allen Staaten ist es üblich, daß die Polizei bei besonderen Kapitalverbrechen das Signalelement des oder der in

Frage kommenden Täter, soweit sie ihr bekannt sind, durch Rundfunk übertragen läßt, und nicht selten ist es dann durch die Mitwirkung des Publikums möglich gewesen, der Gefahndeten habhaft zu werden.

Erstdruck/Druckgeschichte:
ED: *Berliner Börsen-Courier* v. 28. September 1930, S. 6.
Gezeichnet: -n.
Belegstück im Nachlass.
Anmerkungen:
Berlin – Mitteleuropas Polizeifunk-Zentrale: im Zeitungsdruck als Oberzeile der Überschrift.
Agram: eingedeutschte Bezeichnung von Zagreb.
Editorischer Bericht:
Äther: im ED »Aether«
Über: im ED »Ueber«
Ähnlich: im ED »Aehnlich«

[Nr. 247]
Im Restaurant

Zwei Ehemänner, die ständig im gleichen Restaurant speisten, lernten sich kennen. »Ich esse im Restaurant«, sagte der Eine, »weil meine Frau nie kochen will, obgleich sie kochen kann!« »Und ich esse im Restaurant«, erwiderte der Andere, »weil meine Frau immer kochen will, obgleich sie nicht kochen kann!«

Erstdruck/Druckgeschichte:
ED: *Berliner Börsen-Courier* v. 15. November 1930, S. 3.
Gezeichnet: -n.

Kein Belegstück im Nachlass. Text durch das Verfasserkürzel identifiziert.
Anmerkungen:
Erschienen in der täglichen Rubrik »Nebenbei«.

[Nr. 248]
»Wirkungszensur«

Ein Leser schreibt uns: Ich weiß nicht, warum mir diese Geschichte, aus Vorkriegszeiten, gerade beim Remarquefilm-Verbot einfällt; aber ... Hier ist sie.

In einem besseren Kaffeehaus belästigt ein »Herr« sehr hartnäckig eine Dame. Der herbeigerufene Geschäftsführer fordert zweimal den Gast vergeblich auf, sich gesitteter zu verhalten. Beim dritten Mal wird er energisch: »Herr! Wenn Sie sich jetzt nicht anständig benehmen – – laß ich die Dame hinausweisen.«

Erstdruck/Druckgeschichte:
ED: *Berliner Börsen-Courier* v. 13. Dezember 1930, S. 3.
Gezeichnet: -n.
Kein Belegstück im Nachlass. Text durch das Verfasserkürzel identifiziert.
Anmerkungen:
Erschienen in der täglichen Rubrik »Nebenbei«.
Remarquefilm-Verbot: Am 11. Dezember 1930 hatte die Oberste Filmprüfstelle der Weimarer Republik die Aufführung des Filmes IM WESTEN NICHTS NEUES (USA 1930, R.: Lewis Milestone, P.: Carl Laemmle) wegen der von ihm ausgehenden »Gefährdung des deutschen Ansehens in der Welt« und der »Herabsetzung der deutschen Reichswehr« durch »ungehemmte pazifistische Tendenz«

verboten. Zuvor war der Film eine Woche lang (in einer um 53 Minuten auf 85 Minuten gekürzten Version) in deutschen Kinos zu sehen gewesen – begleitet von einer massiven Störkampagne, die der NSDAP-Gauleiter von Berlin Joseph Goebbels mit Hilfe der SA organisiert hatte.
Editorischer Bericht:
Hier: im ED »Hie«

[Nr. 249]
Nebenbei – Shakehands

Die Tausende von Händedrücken, die der amerikanische Präsident Hoover am Neujahrstag hat verabfolgen müssen, bringen folgendes Geschichtchen in Erinnerung:

Gladstone, schon hochbetagt, besucht das Dominion Australien. Zahllose Farmer sind am Bahnhof zusammengeströmt, der greise Premier, am Wagenfenster, verteilt »Shakehands«. Da ihm bald der Arm erlahmt, beauftragt er den hinter ihm stehenden riesigen Polizisten, durch seinen, Gladstones, weiten Pelerineärmel zu greifen und mit dem Händeschütteln fortzufahren. Die Täuschung gelingt so gut, daß ein wackerer Ire, schmerzlich seine gepreßte Hand reibend, zum neben ihm stehenden Freunde sagt: »Alle Achtung, hat der alte Herr noch eine Kraft...!« »Sehr wahr«, meint der andere: »aber hast du seine Fingernägel gesehen?«

Erstdruck/Druckgeschichte:
ED: *Berliner Börsen-Courier* v. 3. Januar 1931, S. 3.
Gezeichnet: -n.
Kein Belegstück im Nachlass. Text durch das Verfasserkürzel identifiziert.

Anmerkungen:
Erschienen in der täglichen Rubrik »Nebenbei«.
Präsident Hoover: Herbert Hoover (1874-1964). Zwischen 1929 und 1933 für die Republikanische Partei Präsident der Vereinigten Staaten von Amerika.
Gladstone: William Ewart Gladstone (1809-1898). Für die Liberal Party insgesamt viermal britischer Premierminister, zuletzt zwischen 1892 und 1894.

[Nr. 250]
Der Ruhm

Knut Hamsun ist in Berlin. Hier, und auch sonst in Europa, weiß man, wer Hamsun ist; nicht so in Amerika...

1920. Einer der größten Nachrichtenvertriebe in U.S.A., der Hunderte von Zeitungen versorgt, erhält die Meldung, der Nobelpreis für Literatur sei an einen Mann namens Hamsun gefallen. Hamsun? Der schnell herbeigerufene Sachverständige für europäische Angelegenheiten, verblüfft über die Unkenntnis seines Chefs, macht darauf aufmerksam, daß Amerika noch einen besonderen Grund habe, sich für den großen Dichter zu interessieren; denn gerade hier, in Chikago, habe Hamsun Jugendjahre als – Straßenbahnschaffner verbracht. Der Chef hört gar nicht zuende, stürzt fort. Wenige Stunden später schreien zahllose Blätter in ganzseitigen Überschriften:

CHIKAGOER STRASSENBAHNSCHAFFNER GEWINNT NOBELPREIS!!!

Erstdruck/Druckgeschichte:
ED: *Berliner Börsen-Courier* v. 16. Januar 1931, S. 3.
Gezeichnet: -n.
Kein Belegstück im Nachlass. Text durch das Verfasserkürzel identifiziert.
Anmerkungen:
Erschienen in der täglichen Rubrik »Nebenbei«.
Editorischer Bericht:
*Hundert*e: im ED »hunderte«
Überschriften: im ED »Ueberschriften«

[Nr. 251]
Hineingelegte

Dem *Angriff*, dem Organ der Berliner Nationalsozialisten, ist es zugestoßen, daß er einige Seiten aus Remarque's *Im Westen nichts Neues*, für etwas Neues, das will besagen: für den Originalbeitrag eines Gutgesinnten hielt und dementsprechend abdruckte. Solcher, für Gegner und Unbeteiligte sehr erheiternder, für die Hineingelegten nicht gleichermaßen erfreulicher Späße ist die Geschichte politischer Kämpfe voll; und es ist um so weniger dagegen einzuwenden, als die Waffe immerhin »geistig« ist und außerdem – ein Unfall dieser Art jedem begegnen kann.

Aus der Fülle gelungener Mystifikationen soll, zum Erweis solcher ausgleichenden Gerechtigkeit, nur erwähnt werden, was in der Vorkriegszeit den demokratischen Politikern Frankreichs geschah. – Im Kreis der französisch-völkischen »Action Française« erfand ein Witziger den »großen Vorläufer der Demokratie«: Hégesippe Simon. Briefe wurden verschickt, Gespräche herbeigeführt, für ein Denkmal geworben. Der Erfolg war glänzend. Dutzende von ihrer Bedeutung tief überzeugter Politiker meldeten sich dazu, Beiträge zu sammeln, Propaganda zu machen, die – Denkmalsrede zu halten. Über die weltbekannten Verdienste des großen Hégesippe Simon, der nur den einen Fehler hatte, niemals gelebt zu haben.

Zur gegebenen Zeit platzte die Lachbombe. Die Hineingelegten mußten sich damit abfinden. Wie jetzt der »Angriff«.

Erstdruck/Druckgeschichte:
ED: *Berliner Börsen-Courier* v. 8. Mai 1931, S. 3 (Abend-Ausgabe).
Gezeichnet: -n.
Kein Belegstück im Nachlass. Text durch das Verfasserkürzel identifiziert.
Anmerkungen:
Erschienen in der täglichen Rubrik »Nebenbei«.
Editorischer Bericht:
Über: im ED »Ueber«

[Nr. 252]
Straßengespräch

»Ja ja, ich habe mein Geld an Devisen verloren!«

»Warum verloren, – wende Dich doch an die Bank von England!«

»??«

»Natürlich, – ans Pfundbüro.«

Erstdruck/Druckgeschichte:
ED: *Berliner Börsen-Courier* v. 9. Oktober 1931, S. 3 (Abend-Ausgabe).
Gezeichnet: -n.
Kein Belegstück im Nachlass. Text durch das Verfasserkürzel identifiziert.
Anmerkungen:
Erschienen in der täglichen Rubrik »Nebenbei«.

[Nr. 253]
Der Flirt

Die Frau eines bekannten, vor langer Zeit verstorbenen Heineforschers traf einst in einer Gesellschaft mit Stettenheim, dessen 100. Geburtstag heute ist, zusammen, der ihr sagte: »Wissen Sie, daß ich Ihnen eine Zeit lang sehr den Hof gemacht habe?«

»Nein«, erwiderte die Dame, »ich weiß es nicht, denn ich habe absolut nichts davon gemerkt!«

Worauf Stettenheim sie scharf musterte und antwortete: »Bei Ihnen fängt das Hofmachen wohl erst beim Lustmord an?«

Erstdruck/Druckgeschichte:
ED: *Berliner Börsen-Courier* v. 2. November 1931, S. 3.
Gezeichnet: -n.
Kein Belegstück im Nachlass. Text durch das Verfasserkürzel identifiziert.
Anmerkungen:
Erschienen in der täglichen Rubrik »Nebenbei«.

Stettenheim: Julius Stettenheim (1831-1916), deutscher Schriftsteller, Journalist (für den *Kladderadatsch*) und Redakteur (für das *Wippchen*). Mitbegründer der Berliner Freien Bühne.

[Nr. 254]
        Vom Golde drängt

... fast alles. Das »Pfund« hat Untergewicht, wie die Schrippen. Die skandinavische »Krone« teilt die Beweglichkeit mit anderen Kronen. Selbst der Dollar träumt manchmal davon, daß er aus dem »Taler« entstand. Und – Japan stellt sich jenseits der Goldwährung.

Erstdruck/Druckgeschichte:
ED: *Berliner Börsen-Courier* v. 15. Dezember 1931, S. 3.
Gezeichnet: -n.
Kein Belegstück im Nachlass. Text durch das Verfasserkürzel identifiziert.
Anmerkungen:
Erschienen in der täglichen Rubrik »Nebenbei«.

[Nr. 255]
        Die Zigarre

Der Schriftsteller Oskar Wiener war ein ebenso starker wie systematischer Raucher. Er war sich immer über das Ausmaß seines Tabakbedürfnisses im klaren und bestimmte täglich, mit untrüglicher Sicherheit den Umfang des benötigten Zigarrenvorrats. Darüber hinauszugehen war er selten zu bewegen, aber ein Vorliebnehmen mit weniger hätte er niemals ertragen.

Wenn es dann manchmal geschah, daß ihn einer der Kameraden gelegentlich um eine »Kuba« anschnorrte, pflegte er zögernd die wohlgefüllte Ledertasche zu öffnen, prüfte stirnrunzelnd den Inhalt, und der Gram eines Mannes, der selbst vor dem Äußersten steht, umflorte sein Bedauern:

»Ich kann dir keine mehr geben; ich hab' nur noch sieben.«

Erstdruck/Druckgeschichte:
ED: *Berliner Börsen-Courier* v. 18. Februar 1932, S. 3.
Gezeichnet: -n.
Kein Belegstück im Nachlass. Text durch das Verfasserkürzel identifiziert.
Anmerkungen:
Erschienen in der täglichen Rubrik »Nebenbei«.
Oskar Wiener: (1873-1944), deutsch-tschechischer Schriftsteller, der zum Prager Dichterkreis um 1900 gehörte. Anthologist der pragerdeutschen Literatur (*Deutsche Dichter aus Prag*, 1919). Blieb nach der Annexion der Tschechoslowakei durch NS-Deutschland in Prag, wurde 1942 deportiert und 1944 im KZ Theresienstadt ermordet.
Editorischer Bericht:
Äußersten: im ED »Aeußersten«

[Nr. 256]
Der Beifall

Nach der Uraufführung von Shaws »Mensch und Übermensch« gab es rauschenden Beifall. Shaw wurde vor den Vorhang gerufen. Er erscheint, und in diesem Augenblick pfeift irgendeiner vor ihm im Parkett. Der Dichter wandte sich zu dem Pfeifer: »Ich muß mich Ihrer Meinung anschließen. Aber was können wir zwei schon machen gegen diesen rasenden Haufen?«

Erstdruck/Druckgeschichte:
ED: *Berliner Börsen-Courier* v. 17. März 1932, S. 3 (Abend-Ausgabe).
Gezeichnet: -n.
Kein Belegstück im Nachlass. Text durch das Verfasserkürzel identifiziert.
Anmerkungen:
Erschienen in der täglichen Rubrik »Nebenbei«.
»*Mensch und Übermensch*«: George Bernhard Shaws Komödie *Men and Superman* wurde 1902 uraufgeführt.
Editorischer Bericht:
Übermensch: im ED »Uebermensch«

[Nr. 257]
Jeder einmal Schupo!
Eine mutige Tat – und ihre Kehrseite

Ein Verkehrsunfall ereignet sich, der Verkehrsschupo muß seinen wichtigen Posten für ein paar Minuten verlassen, die verblüfften Fahrzeuge verwirren sich. Ein Passant springt ein, ein ganz gewöhnlicher »Zivilist«, die gewohnten Armbewegungen gehen, wenn auch von einem Unberufenen geübt, wieder regelmäßig vonstatten, der Verkehr ist gerettet, und alles singt das Lied vom braven Mann. Gestern hat sich so ein Fall wieder ereignet. Singt die Polizei das schöne Lied mit?

Der Polizei ist gar nicht zum Singen zumute. Schon wenn sie die Personalien des ungebetenen Ersatzmannes feststellt, zieht sie sich gewöhnlich Volkes Zorn zu, und Bemerkungen von weltunkundiger Bürokratie und undankbarem Uniformstandpunkt hört kein Schupo sehr gern. Auch der weitere Verlauf der Dinge ist nicht erfreulich für die Polizei. Den ersten derartigen Fall hat sie gewöhnlich gelobt. Damals sang sie das Lied vom braven Mann noch aus voller Kehle mit. Beim zweiten Mal wurde sie wesentlich stiller. Die Begeisterung wich der Überlegung. Was soll werden, wenn die Zahl der freiwilligen Schupoersatzmänner weiter steigt? Und was, wenn bei solcher dilettantischen Verkehrsregelung ein Unglück passiert? Wer ist verantwortlich? Der zweite Ersatzmann bekam also eine aus Lob und Tadel gleichmäßig zusammengesetzte Rede zu hören. Bei dem dritten, gestern geschehenen Fall wird wohl der Tadel das Lob übertönen, wenn nicht gar eine Strafe wegen groben Unfugs herausschaut, die dem vierten sogar gewiß ist. Es ist auch hier wie sonst: wenn zwei dasselbe tun, ist es eben nicht dasselbe.

Erstdruck/Druckgeschichte:
ED: *Berliner Börsen-Courier* v. 7. April 1932, S. 3.
Nicht gezeichnet. Belegstück im Nachlass.
Editorischer Bericht:
»*Überlegung*«: im ED »Ueberlegung«

[Nr. 258]
Wieder Schule –
und zum ersten Mal Schule

Die Kinder, die heute so früh aus den Betten mußten, um zeitig zur Schule zu kommen, werden es ganz in Ordnung gefunden haben, daß die Sonne wieder fortgegangen und einem traurigen Regen gewichen ist. Die Ferien sind aus; einzeln und in Gruppen marschierten sie, eine Mappe unterm Arm oder einen Ranzen auf dem Rücken, sehr ernst und ein wenig frierend der heute ein neues Jahr beginnenden Schule zu.

Das neue Jahr bringt eine Reihe von Änderungen. Die Not der Zeit und die Sparmaßnahmen der Behörden zeigen sich in dem verminderten Prozentsatz der höheren und mittleren Schüler gegenüber den Volksschülern. Früher kamen auf hundert Volksschüler fünfundzwanzig höhere, heute sind es nur noch zwanzig. Der Zustrom der Grundschüler in die Sexten hat sehr nachgelassen. Man hat außer der im Sparplan vorgesehenen Schließung von fünfundzwanzig Klassen noch weitere achtundzwanzig wegfallen lassen. Die Bismarck-Realschule und das Königstädtische Gymnasium bleiben überhaupt geschlossen.

Erstdruck/Druckgeschichte:
ED: *Berliner Börsen-Courier* v. 7. April 1932, S. 4.
Nicht gezeichnet. Belegstück im Nachlass.
Editorischer Bericht:
»*Änderungen*«: im ED »Aenderungen«

[Nr. 259]
In der Benzinkiste
von Südamerika nach Berlin

Am Donnerstag um 4.45 kam mit dem D-Zug aus Hamburg auf dem Lehrter Bahnhof ein Tiertransport an. Er wurde sofort auf ein Auto geladen und in den Zoo gefahren. Ein Kondor, der in einer alten Benzinkiste die Reise machte, streckte seinen Hals durch die Latten und blickte neugierig auf Berlin.

Die Tiere hat der Tierfänger Gräber in Südamerika gefangen. Sie sind der Vortransport eines größeren, der auch bald eintreffen wird. Gräber wollte im südlichsten Südamerika, in der Antarktis, Robben, Pinguine und Seeelefanten fangen, und nur »so nebenbei« hat er die nun angekommenen neuen Gäste erwischt. Darunter befinden sich einige sehr schöne und seltene Tiere, die in den Tierhandlungen nicht zu bekommen sind.

Als erster wurde ein wunderbar silbergrauer Puma, ein wahrer Silberlöwe, in seinen Käfig geführt. Sehr still beschnupperte er mißtrauisch sein neues Heim. Der Silbergraue ist zweifellos der schönste männliche Puma, den der Zoo je besessen hat.

Es folgten zwei Nutrias, zwei Ottern, der neugierige Kondor, ein Nandu, ein Magallanes-Fuchs, drei Azara-Füchse, zehn Magallanes-Gänse und verschiedene seltene Enten, darunter zwei Dampfschiffenten. Von den Gänsen kostet ein Paar tausend Mark. Die Dampfschiffenten heißen so, weil sie, um zu fliegen, sich erst eine weite Strecke wie ein Raddampfer über das Meer bewegen müssen.

Die weite Reise ist den Tieren gut bekommen; nur etwas staubig waren sie. Sie werden sich wohl schnell eingewöhnen. Kälte schadet ihnen nicht; sie tragen schon den Pelz für den Winter, der jetzt in ihrer Heimat beginnt.

Erstdruck/Druckgeschichte:
ED: *Berliner Börsen-Courier* v. 8. April 1932, S. 4.
Nicht gezeichnet. Belegstück im Nachlass.

[Nr. 260]
Wacker schweigt weiter.
Immer noch Debatten um den mysteriösen Russen

Im Bilderfälschungsprozeß gegen den Kunsthändler Otto Wacker wurden heute Kriminalrat Dr. Uelzen und Kriminalkommissar Thomas als Zeugen vernommen. Sie hatten die ersten Ermittlungen angestellt. Schon im Frühjahr 1928 beschäftigte sich die Berliner Kriminalpolizei mit den ihr aus ausländischen Zeitungsmeldungen bekannt gewordenen Gerüchten über Bilderfälschungen im Rheinland und Hamburg. Später tauchten auch Gerüchte auf, daß in Berlin gefälschte van Goghs im Umlauf gesetzt worden seien. Anlaß zu einem amtlichen Einschreiten gab aber erst im November eine Zeitungsnotiz, daß der Kunsthändler Otto Wacker 30 van Goghs verkauft habe, die de la Faille später als Fälschungen festgestellt habe. Wacker machte bei seiner Befragung nach der Provenienz der Bilder die bekannte Angabe über den Russen. Kriminalrat Dr. Uelzen hatte den Eindruck, daß Wacker schon ein Alibi vorbereitet habe, denn er hatte zu Meier-Gräfe geäußert: Ich glaube bestimmt, daß ich einmal eingesperrt werde, das kann mich aber dennoch nicht veranlassen, den Namen des Vorbesitzers zu nennen.

Landgerichtsdirektor Dr. NEUMANN: Haben Sie Wacker das Versprechen gegeben, die Sache diskret zu behandeln, wenn er den Namen des Russen nennen würde? Zeuge Dr. UELZEN: Ich hatte mit Wacker ein Zusammentreffen auf der Polizeiwache am Zoo am 1. Dezember verabredet. Er erschien in Begleitung seines Anwalts. Ich sagte ihm, daß es doch sehr einfach wäre, wenn er mit einem Beamten der Kriminalpolizei oder der Staatsanwaltschaft nach der Schweiz fahren würde und den Beamten den ominösen Russen gegenüberstellen würde, dann würde für die Behörde die Sache geklärt sein, und es könnte mit einem Schlage nach der Prüfung an Ort und Stelle das Strafverfahren beseitigt werden. Wacker war damit einverstanden und erbot sich sogar, die Kosten der Reise selbst zu tragen, was ich natürlich ablehnte. Er dachte auch daran, daß Meier-Gräfe mitfahren sollte, um sich auch zu überzeugen. Wacker ist aber auf das Angebot nicht wieder zurückgekommen. Auf Anfrage wurde uns von Meier-Gräfe gesagt, daß der Russe wohl augenblicklich nicht zu treffen sei.

Kriminalkommissar Thomas bekundete weiter, er habe bei seinen Ermittlungen in Düsseldorf festgestellt, daß schon vor Jahren bei der Düsseldorfer Polizei eine anonyme Anzeige eingelaufen war, wonach in dem Hause des Kunstmalers Wacker alte Meister kopiert und als echte Bilder verkauft würden. Der Zeuge hatte auch den Vater des Angeklagten vernommen und ihm vorgehalten, daß er verdächtigt werde, die van Goghs gefälscht zu haben.

Der Vater erklärte, daß er Autodidakt sei und gar nicht fähig, derartige Bilder zu malen, sonst würde er nicht in so ärmlichen Verhältnissen leben.

Als weiterer Zeuge wurde der Kunsthändler Zatzenstein vernommen. Er ist Geschäftsführer der Galerie Mathiesen, die drei Bilder von dem Angeklagten Wacker gekauft hat. Bei dem ersten Bilde habe Wacker nichts von der russischen oder schweizerischen Provenienz geäußert. Nach Ansicht des Zeugen hätten sich die Wackerschen Bilder nur dadurch so lange als echt halten können, weil ein homo novus einen Katalog geschrieben habe und daraufhin für einen Sachverständigen gehalten wurde, sodaß er eine Entscheidung treffen konnte, ob ein Bild echt sei oder nicht. Bei dem Ankauf eines weiteren Bildes von Wacker, des »Zypressenbildes«, wurde dem Angeklagten ein echter van Gogh, »Der Olivengarten«, der aus der Sammlung Mauthner stammte, in Zahlung gegeben. Von diesem Bild sei verdächtigerweise nach einiger Zeit eine Variante im Handel aufgetaucht.

VORS.: Herr Wacker, Sie haben heute zum zweiten Male gehört, daß in Rußland die Affäre van Gogh genau so bekannt ist, wie hier. Halten Sie es immer noch für angebracht, das Geheimnis zu wahren? ANGEKLAGTER: Ja.

Es trat dann eine Pause ein.

Erstdruck/Druckgeschichte:
ED: *Berliner Börsen-Courier* v. 8. April 1932, S. 3.
Nicht gezeichnet. Belegstück im Nachlass.
Anmerkungen:
Otto Wacker: (1898-1970) seit 1925 Kunsthändler, davor Erotiktänzer. Führte eine Galerie in der Victoriastraße, in der er seit 1926 u. a. 30 bis dahin unbekannte van Gogh-Bilder zum Kauf anbot. Ihre Echtheit war von den anerkannten Experten Julius Meier-Gräfe und Jacob-Baart de la Faille zertifiziert worden. Als er 1928 den Kunstsalon Cassirer für eine van Gogh-Ausstellung belieferte, wurden die Bilder erstmals als Fälschung enttarnt. Im Prozess 1932 gab Wacker als Provenienz einen anonymen russischen Sammler an, der vor Gericht geladen wurde, aber nie erschien. Bei einer Atelierdurchsuchung seines malenden Bruders Leonard Wacker fand die Polizei zudem zwei Bilder im Stile van Goghs, bei denen die Far-

be noch feucht war. Wacker wurde schließlich zu 19 Monaten Gefängnis und 30000 RM Geldstrafe verurteilt.
la Faille: Jacob-Baart de la Faille (1886-1959), belgisch-niederländischer Kunsthistoriker und Jurist. Erstellte 1928 das erste Verzeichnis der Werke Vincent van Goghs, in der zunächst 30 Bilder aus der Sammlung Wackers als echte van Goghs zertifiziert wurden. Im Gutachterstreit im Prozess revidierte er 1932 seine Einschätzung, beharrte aber weiterhin auf der Echtheit von fünf der Gemälde, die nach dem Prozess – auch mit seiner Mithilfe – wieder in den Kunsthandel gelangten.
Meier-Gräfe: Julius Meier-Gräfe (1867-1935), deutscher Kunsthistoriker, der ebenfalls die Echtheit der Wacker-Bilder bescheinigt hatte und im Laufe des Prozesses von der Berliner Presse verspottet wurde.
Zatzenstein: Franz Zatzenstein-Matthiesen (1897-1963, ursprünglich: Franz Catzenstein), deutsch-jüdischer Kunsthändler. Seit 1923 Betreiber der Galerie Matthiesen in Berlin. Emigrierte 1933 über Zürich nach London. 1939 wurde seiner Berliner Galerie ›arisiert‹.

[Nr. 261]
Verkehrswissenschaft in der Schule

Die Zahl der Straßenunfälle ist bekannt. Sie ist so katastrophal, daß man sie sich immer wieder vor Augen führen muß. Allein in Berlin sind im Jahre 1931 vierzig Kinder auf der Straße tödlich verunglückt. Diese Ziffer kleiner werden zu lassen, ist das Bestreben dauernder Aufklärung und Belehrung über die vorhandenen Gefahren. Am besten und gründlichsten geschieht dies im Verkehrsunterricht der Berliner Schulen.

Ein anschauliches Bild dieser wichtigen Schularbeit gibt die Ausstellung »Schule und Unfallverhütung« im Verkehrszimmer der Schule Koppenstraße.

Als Fußgänger, als Radfahrer, als Benutzer der öffentlichen Verkehrsmittel bedarf das Kind einer gründlichen Verkehrserziehung. Diese zerfällt in die Lehren vom Verkehrsanstand, den Verkehrskenntnissen und der Verkehrsklugheit. Zum Anstand gehören die gegenseitige Hilfe, die Rücksicht, die Sauberkeit, die Höflichkeit, zu den Kenntnissen die Geschichte, die Zeichen, die Bestimmungen und Begriffe des Verkehrs, und zur Klugheit schließlich die Sicherheit, die Beschleunigung, die Wirtschaftlichkeit und die Überwachung.

Das Kind läßt sich über diese Dinge gern belehren. Der Unterricht macht ihm sogar Spaß. Das zeigt die eifrige Mitarbeit der sechs- bis vierzehnjährigen Schüler. Sie haben lustige Bilder gezeichnet, die darstellen, wie man die Straße überschreiten und wie man es nicht tun darf, wie man von der Straßenbahn steigt und viele andere täglich sich begebende Verkehrssituationen. Auch nach dem schon seit Jahren bewährten Muster, in Versen. Ein Beispiel:

»Bedenke, daß die Straßenbahn
Auf einen Ruck nicht stehen kann:
Lauf ihr nicht vorne dicht vorbei,
wart ruhig, bis der Weg ist frei«

Die Ausstellung ist vom 13. April bis zum 8. Mai werktäglich von 4-7 geöffnet.

Erstdruck/Druckgeschichte:
ED: *Berliner Börsen-Courier* v. 9. April 1932, S. 4.
Nicht gezeichnet. Belegstück im Nachlass.

Editorischer Bericht:
Überwachung: im ED »Ueberwachung«

[Nr. 262]
Wilhelm Busch bei Wertheim

Anläßlich des 100. Geburtstages von Wilhelm Busch zeigt das Antiquariat Wertheim eine Privatsammlung der Werke des Künstlers. Wir sehen die schönen Münchener Bilderbogen, die in den sechziger Jahren, als München noch das Dorf Spitzwegs war, der Verlag Braun und Schneider zur Freude aller Kinder und des Grafen Pocci herausgab; wir sehen die Erstausgaben der Bücher, sehen unsere alten Freunde Julchen, Fipps, Nolte als anspruchslose, lustige Broschüren gedruckt und denken, wie viel sympathischer und zum Schmökern verlockender sie sind, verglichen mit den pompigen Wilhelm-Busch-Pracht-Alben in den Wartezimmern unserer Zahnärzte. Außer den Erstausgaben der Drucke zeigt die Ausstellung einige Manuskripte, sehr klare und anschauliche Bleistiftskizzen, romantisch phantastische Theaterzettel zu Liebhaberaufführungen eines Münchener Künstlerkreises und die Erstdrucke der Übersetzungen in fast allen Sprachen der Welt.

Erstdruck/Druckgeschichte:
ED: *Berliner Börsen-Courier* v. 14. April 1932, S. 5 (Abend-Ausgabe).
Gezeichnet: kn.
Belegstück im Nachlass.
Anmerkungen:
Antiquariat Wertheim: Das Antiquariat war Teil des Kaufhauses Wertheim am Leipziger Platz.

Editorischer Bericht:
Übersetzungen: im ED »Uebersetzungen«

[Nr. 263]
Berlin wirkliches Seebad.
25 Jahre Freibad Wannsee

Ein Bild bietet sich, das sich von dem eines großen Seebades in nichts unterscheidet. Alles ist wie wirkliche See: Rauchfahnen ferner Dampfer, kreuzende Jachten, motorknatternde Rennboote, der Brückensteg, der Strand mit Körben, Liegestühlen, Sonnenschirmen, bunten Fahnen, Sandburgen der Kinder, bewegtem Badeleben der spielenden, ruhenden, sich sonnenden Menschen, vor den Terrassen, den Wandelhallen, den Verkaufsständen, den Liegeräumen, Duschen und Kabinen, wie sie besser nicht sein können. Nur ist die See eben der Wannsee, der ein jenseitiges Ufer hat und nicht wie das Meer im Unsichtbaren endet.

Es ist erstaunlich zu sehen, zu welch einem Weltbad die viel verlachte und im wahrsten Sinne des Wortes verbotene Idee einiger Badeenthusiasten im Verlauf von 25 Jahren sich entwickelt hat. Damals war das Baden am Wannseestrand verboten. Der Gendarm ging um und notierte grimmig die Personalien der Damen und Herren, die er in Badekostümen am Strand oder gar im Wasser traf. Aber das Verbot nützte wenig. Zu schön war der Strand, zu sehr lockte der See und zu groß war schon damals der Berliner Verlangen, für ein paar Stunden aus der stickigen, sommerheißen Stadt hinauszukommen in Sonne, Luft und Wind, als daß ein noch so grimmiger Gendarm viel dagegen machen konnte.

1907 fiel dann auch das Verbot,

und der Freibadbetrieb wurde behördlich genehmigt. Aber richtig in Schwung kam die Sache erst, als die Stadt, in der Erkenntnis, ihren Bewohnern, besonders ihrer Jugend eine vorzügliche Sommererholungsstätte bieten zu müssen, das Bad in ihre Verwaltung übernahm.

Morgen, am 1. Mai, beginnt offiziell die Badesaison dieses Jahres. Es ist die fünfundzwanzigste, also die erste Jubiläumssaison. Aber schon gestern und heute waren Gäste draußen, die ersten sommerlichen Tage zu genießen. Einige zeigten schon stolz die braune Haut der echten Wannseeaten. Gymnastikmädchen (sie sollen später dem Publikum Stunden geben) übten ihre Sprünge. Schwimmer prüften vorsichtig mit der linken Zehe die Temperatur des ersten Bades. Maler, Gärtner, Zimmerleute, Strandwächter legten die letzte Hand an ihre die Saison vorbereitenden Arbeiten. Der Pächter des großen Restaurants instruierte seine neuen Kellner. Die Luft war klar und mild. Die Massen können kommen.

Erstdruck/Druckgeschichte:
ED: *Berliner Börsen-Courier* v. 30. April 1932, S. 5 (Abend-Ausgabe).
Gezeichnet: W. Koe.
Belegstück im Nachlass.

[Nr. 264]
Sensation von Heute:
Alte Droschken fahren durch Alt-Berlin

Gestern abend kamen die alten Pferdedroschken wieder zu Ehren. An der Ecke der Linden- und Beuthstraße versammelten sich fünfzig bis sechzig Droschken. Ihre Besitzer hatten getan, was sie konnten, um sie würdig wieder erscheinen zu lassen. Das Fell der Pferde und die Zylinder der Kutscher waren blank gebürstet und die Wagen mit Girlanden bekränzt. Erstaunt fragten sich die Beobachter nach dem Sinn dieses Aufzuges. Erstaunt betrachteten sie die vielen Taxen erster und zweiter Güte, die einzigen öffentlichen Verkehrsmittel der guten alten Zeit. Was hatten sie vor? Wo wollten sie hin? Das Rätsel löste sich, als der Zug sich in Bewegung setzte und im munteren Zuckeltrab durch die Wall-, die Stralauer und die Parochialstraße, um den Köllnischen Fischmarkt herum, zur Fischerbrücke fuhr. Es war eine gute Idee von Doktor Lederer, eine nächtliche Droschkenfahrt durch das alte Berlin zu veranstalten und es hatten sich so viele eingefunden, die mitfahren wollten, daß nicht nur, zur Freude der Kutscher, alle Plätze in allen Droschken besetzt waren, sondern daß sogar einige Fahrtlustige auf die nächste Gelegenheit vertröstet werden mußten.

Es war eine herrliche Mondnacht und alles wie einst. Die engen, alten Gassen mit ihren spitzgiebligen Häusern, aus deren schmalen Fenstern viele Neugierige winkten, die ehrwürdig krummen, nach Teer und Fisch und Alter riechenden Brücken, die plötzlichen Ausblicke, die sich boten, die Silhouetten der Nicolai- und der Marienkirche, dazu das Glockenspiel der Klosterkirche, ließen die Zeit versinken und gaben die romantische Stimmung des Berlin vor etwa hundert Jahren.

Man lernte die Plätze und Winkel, an denen man sonst in der Straßenbahn oder im Autobus achtlos herumfährt, gründlich kennen. Schüler der Körner-Oberrealschule waren den einzelnen Wagen beigegeben und spielten geschickt den Erklärer. Erstaunlich, was sie alles wußten! Fast von jedem Haus konnten sie etwas erzählen. Wer da gewohnt hat, und was er getan hat, und ob er ein Dichter war oder ein König oder auch – ein Verbrecher.

So wurde Heimatkunde getrieben, so wurden Straßen und Häuser von heute zum Anschauungsmaterial für Geschichte und Kulturgeschichte, und man erkannte, wozu ja sonst so selten Gelegenheit sich bietet: Berlin als eine historische Stadt.

Erstdruck/Druckgeschichte:
ED: *Berliner Börsen-Courier* v. 15. Juni 1932, S. 5 (Abend-Ausgabe).
Gezeichnet: kn.
Belegstück im Nachlass.
Anmerkungen:
Alte Droschken: Koeppen hat das Thema journalistisch ein zweites Mal verwertet. Vgl. auch »O Alt-Berliner Herrlichkeit. In alten Gassen alte Droschken« aus dem *Berliner Börsen-Courier* v. 16. Juni 1933, hier: S. 90f.
Doktor Lederer: Franz Lederer (1882-1945), Studienrat am Luisenstädtischen Reformgymnasium und Stadtführer im Auftrag des Vereins für die Geschichte Berlins. Spezialist für die Berliner Mundart, Buchautor (*Ick lach ma 'nen Ast. Sprache, Wesen und Humor des Berliners*, Berlin 1929).

[Nr. 265]
Badeball der Mannekins

Die Gilde Berliner Mannekins hatte zu einem Sommerball geladen, den der Berichterstatter sich amüsant dachte. Um so mehr wurde er enttäuscht. Im Pavillon Léon fand er viele verzweifelt erwartungsvoll sich langweilende Herren und die kleine Schar von zwanzig Mannekins, die, man sah es ihnen an, gerne unter sich geblieben wären. Da sie aber nun schon da waren und dank ihrer Zahl, wie jede Seltenheit, an Wert gewannen, konnte es keine von ihnen vermeiden, preisgekrönt und photographiert zu werden.

Erstdruck/Druckgeschichte:
ED: *Berliner Börsen-Courier* v. 1. Juli 1932, S. 7.
Nicht gezeichnet. Belegstück im Nachlass.

[Nr. 266]
Berlin verkauft Siedlungsland

Der Grundstücksdezernent Stadtrat Dr. Heuer gab im Vortragssaal im Funkhaus einen Überblick über den verwertbaren Grundbesitz der Stadt Berlin, der heute nach einer Abschreibung von 25 % auf rund 300 Mill. M geschätzt wird. In diesem Grundvermögen sind zahlreiche größere und kleinere Gelände begriffen, die in der Landkarte Berlins sporadisch verstreut sind. Sie sind bekanntlich in den letzten 12 Jahren durch den verstorbenen Dezernenten Busch für den Magistrat erworben worden. Aus diesen Ankäufen sind der Stadtkasse jährlich 10 Mill. M Zinszahlungen erwachsen, neben den großen Schulden, da die Grunderwerbungen nicht durch Barzahlung erfolgt sind.

Um einerseits den Schuldendienst und andererseits die Zinszahlungen herabzudrücken, hat sich der Magistrat, der bekanntlich den Grunderwerbsstock aufgelöst hat, dazu entschlossen, bei einigermaßen zulänglichen Preisangeboten einen größeren Teil seines Siedlungslandes abzustoßen. Auch zum Verkauf der vielen bebauten Grundstücke in der Innenstadt, die seinerzeit aus verschiedenen Gründen erworben wurden, ist der Magistrat entschlossen.
Im Jahre 1931 sind schon aus dem Besitz der Stadt für ungefähr 2 Mill. und im laufenden Rechnungsjahr die Grundstückswerte von über 1 Mill. M veräußert worden.

Es sind Verkäufe, die nicht unmittelbar städtischen Zwekken dienen und deren Verwertung für öffentliche Zwecke auch nicht für die nächste Zukunft in Frage kommen. Der Magistrat verfolgt mit seiner Verkaufspolitik den Zweck, seine immobilen Vermögenswerte ohne zu großen Schaden zu verkaufen. Die städtische Verkaufspolitik muß also anstreben, durch die Verminderung der Schuldenlast den Zinsendienst zu erleichtern. Dabei will sie durch Bereitstellung von Siedlungsgelände der heute noch kaufkräftigen Teile der Berliner Bevölkerung mit dem Grundstücksangebot entgegenkommen.

Erstdruck/Druckgeschichte:
ED: *Berliner Börsen-Courier* v. 2. Juli 1932, S. 5 (Abend-Ausgabe).
Gezeichnet: -n.
Kein Belegstück im Nachlass. Text durch das Verfasserkürzel identifiziert.
Editorischer Bericht:
Überblick: im ED »Ueberblick«

[Nr. 267]
Die neue Universitäts-Frauenklinik

Die Gebäudegruppe der Universitätsfrauenklinik in der Artilleriestraße wurde vor 50 Jahren errichtet und am 15. April 1882 bezogen. Heute entspricht sie nicht mehr den fortgeschrittenen sanitären Ansprüchen. Und als Geheimrat Stoeckel im April 1925 den Ruf erhielt, als Nachfolger von Bumm die Leitung der Klinik zu übernehmen, stellte er die Bedingung, daß die Klinik von Grund auf erneuert werden müsse, um den an sie gestellten Forderungen zu genügen. Das Preußische Ministerium für Wissenschaft, Kunst und Volksbildung erfüllte diesen berechtigten Wunsch und beauftragte Baurat Wolff mit der Schaffung des Neubaus, der in diesen Tagen fertiggestellt worden ist und bald seiner Bestimmung zugeführt werden wird.

Ein moderner, einfacher und zweckbedingter Bau ist entstanden. Peinlich wurde alles Überflüssige vermieden, um das Notwendige besonders gut machen zu können. Helle, luftige Räume bieten schon der eintretenden Patientin ein Bild freundlicher Sauberkeit. Es ist beabsichtigt, auch der ärmsten Frau den Aufenthalt im Krankenhaus leicht zu machen. Der Eindruck einer Massenbehandlung, unter der viele leiden, ist glücklich vermieden worden. Die Untersuchungs- und Aufnahmeräume sind in Kabinen geteilt, so daß

jede Patientin mit dem Arzt allein sein kann.

Auch Massenschlafsäle gibt es nicht. Die Belegung der einzelnen, freundlichen Zimmer ist auf höchstens fünf Frauen beschränkt. Ein sinnreich erdachter technischer Komfort, Licht- und Klingelanlagen, Liege-, Wasch- und Essen-Stützen geben der Kranken das Bewußtsein, in guter Obhut zu sein.

Daß die Operationssäle auf das raffinierteste eingerichtet sind, ist selbstverständlich. Neu ist, daß alle Arbeitsstätten so gelegen sind, daß jeder überflüssige Weg oder Griff vermieden werden kann. Im großen Operationszimmer sind Ärzten, Studenten und Pflegern genau bestimmte Wege vorgeschrieben. Auch eine Anlage, Operationen zu Lehrzwecken im Film festzuhalten, ist vorhanden. Und dann gibt es, da ein natürlicher nicht vorhanden ist, noch einen großen Dachgarten. Eine Schar von Liegestühlen harrt der Rekonvaleszentinnen, die sich erholen wollen.

Erstdruck/Druckgeschichte:
ED: *Berliner Börsen-Courier* v. 15. Juli 1932, S. 5.
Nicht gezeichnet. Belegstück im Nachlass.
Anmerkungen:
Geheimrat Stoeckel: Walter Stoeckel (1871-1961), deutscher Gynäkologe, von 1926 bis 1951 Leiter der Universitätsfrauenklinik in der Berliner Charité. Während des NS behandelnder Arzt von Magda Goebbels.
Bumm: Ernst Bumm (1858-1925), deutscher Gynäkologe, von 1910 bis 1925 Leitung der Universitätsfrauenklinik an der Berliner Charité.
Baurat Wolff: Walter Wolff (Lebensdaten nicht ermittelt).
Editorischer Bericht:
Überflüssige: im ED »Ueberflüssige«
Ärzte: im ED »Aerzte«

[Nr. 268]
Deutsches Schulschiff gekentert.
Schweres Marineunglück vor Kiel –
60 Mann der »Niobe« vermißt

Kiel, 26. Juli. Am Dienstag nachmittag 14.30 Uhr ist das Segelschulschiff »Niobe«, das der Reichsmarine gehört, in einer Gewitterbö östlich vom Fehmarn-Feuerschiff gekentert. An Bord befanden sich etwa 100 Mann (Kadetten und Schiffsjungen). Die Boote des Feuerschiffes begaben sich sofort an die Unfallstelle. Auch der Dampfer »Therese Russ« meldet seine Ankunft an der Unglückstelle. Er hat 40 Gerettete an Bord. Rettungsaktionen der Marine wurden sofort eingeleitet.

Wir erfahren zu dem Unglück weiter: Die »Niobe« kenterte in einem schweren Gewitter infolge einer Bö, kurz nachdem das Flugschiff »Do X« auf seiner Fahrt von Travemünde nach Kiel dem Schiff begegnet war. Der Untergang vollzog sich sehr rasch in etwa drei bis vier Minuten. An der Unfallstelle befanden sich abends die Kreuzer »Königsberg« und »Köln« und vier Boote der ersten Schnellboot-Halbflottille, und der Sperrverband war mit den Rettungsarbeiten beschäftigt.

Die »Niobe« war eine Dreimastschonerbark von 600 t Wasserverdrängung. Sie hatte einen Motor von 240 PS. Die Besatzung bestand aus sechs Offizieren, 50 Offiziersanwärtern, 15 Unteroffiziersanwärtern und 25 Stammunteroffizieren und Mannschaften, zusammen also rund 100 Mann. Die neuen Anwärter waren am 1. Juli d. J. an Bord gegangen. Die »Niobe« befand sich auf einer Ausbildungsreise und war gestern in See gegangen mit dem Ziel Warnemünde. Das Schiff unterstand der Marineinspektion für das Bildungswesen. Kommandant war Kapitänleutnant Ruhfuß.

Die »Niobe«, die erst nach dem Kriege in Dienst gestellt worden war, hatte als ersten Kommandanten den bekannten Grafen Luckner.

Nähere Nachrichten lagen bei Redaktionsschluß noch nicht vor. Dies dürfte darauf zurückzuführen sein, daß die an den Bergungsarbeiten zunächst beteiligten Schiffe zum großen Teil Funkanlagen nicht an Bord haben.

Unter den bisher Geretteten befindet sich der Kommandant des Schiffes, Kapitänleutnant Ruhfuß. Über das Schicksal der Vermißten verlautet nichts, doch kann damit gerechnet werden, daß zahlreiche Mitglieder der Besatzung durch die Boote des Feuerschiffes Fehmarn-Belt gerettet wurden.

Erstdruck/Druckgeschichte:
ED: *Berliner Börsen-Courier* v. 27. Juli 1932, S. 1 (Morgen-Ausgabe).
Nicht gezeichnet. Kein Belegstück im Nachlass. Ermittelt aufgrund von Autorreminiszenz.
Anmerkungen:
Deutsches Schulschiff gekentert: In einem Interview erinnerte sich Koeppen 1975 an die Entstehung dieses Artikels: »Zufällig bewährte ich mich bei einem Unglück. Ich hatte für das Feuilleton, doch auch für den lokalen Teil, gelegentlich, im Wechsel mit den Kollegen, den Schlußdienst des Blattes zu machen, noch nachts für eine wichtige Meldung bereit zu sein, sie in die Morgenausgabe zu bringen. Da ging das Schulschiff ›Niobe‹ unter. Es war, aus der Sicht der Zeitung, die Sensation des Tages. Ich ließ die Druckmaschinen anhalten, machte eine Schlagzeile für die schreckliche Nachricht, schrieb eine erste kurze Stellungnahme, und der *Börsen-Courier* war an diesem Morgen die einzige Zeitung mit dem Untergang des Schulschiffes.« (Vgl. *Der Weltgeist ist Literat. Wolfgang Koeppen im Gespräch mit Heinz Ludwig Arnold*, in: WKW 16/108.)

60 Mann ... vermißt: Bei dem Unglück starben 69 Seeleute. 50 Tote wurden geborgen.
Niobe: Seit 1921 in Diensten der deutschen Reichsmarine. Das Wrack des Schiffes wurde 1933 versenkt.
Editorischer Bericht:
Über: im ED »Ueber«

[Nr. 269]
Tücken der Ostsee

Der furchtbare Untergang des Schulschiffs »Niobe«, dem über sechzig junge, hoffnungsvolle Menschenleben zum Opfer gefallen sind, beschäftigt heute die Gedanken aller und findet über die Grenzen des Reiches die Anteilnahme der ganzen Welt. Sie ist doppelt stark, weil hier das Schicksal junge Menschen getroffen hat, die hoffnungsvoll die erste Fahrt angetreten hatten. Erschreckt fragt man sich, wie es möglich ist, daß ein seetüchtiges Schiff, ein Schulschiff der Deutschen Reichsmarine, das sicher doch geführt wird von dem gewissenhaftesten Kapitän und den erfahrensten Offizieren, ein so schnelles und entsetzliches Ende finden konnte.

Die »Niobe« war eine Dreimastschonerbark. Ihre Bestimmung war es, den Kadetten und Schiffsjungen der Deutschen Marine eine ideale Ausbildungsstätte zu sein. Wenn die Segelschiffe auch keine praktische Bedeutung mehr, weder für den Handel noch für den Krieg, haben, so hat man doch erkannt, daß eine Heranbildung richtiger Seeleute wie sie auch der Dampfer braucht, nur auf einem Segler möglich ist.

Die »Niobe« war, wenn sie alle Segel gesetzt hatte, ein sehr stolzes Schiff. In der Kieler Bucht konnte man sie oft kreuzen sehen. Schon weit in See gegangen, leuchteten immer noch weiß von den hohen Masten ihre vielen Segel zum Lande hin. Sie war vom Deck bis zu den höchsten Rahen mit sehr viel Leinwand behängt. Der Wind fand immer eine große Fläche, sie zu treiben.

Es gibt einen Augenzeugen der Katastrophe. Das ist der Wärter des Leuchtturms Wester-Markelsdorf auf der Nordspitze von Fehmarn. Er sah die »Niobe« hart am Winde liegend das Feuerschiff »Fehmarnbelt« ansteuern. Sie hatte all ihre Segel gesetzt. Der Wind wehte bei Windstärke 5 aus Südsüdost. Der Seegang war ziemlich stark. Aber noch bestand keine Gefahr für das Schiff. Die Gefahr drohte vom Himmel her. Eine Gewitterbö zog herauf.

Die Ostsee ist ein tückisches Gewässer. Ihre kurzen, schnellen Wellen sind oft gefährlicher als die langen, schweren, rollenden der Ozeane. Das weiß der Seemann. Und der Seemann weiß auch um die Gefahren einer Gewitterbö in diesen Gewässern. Vor der Böenfront liegen andere Winde als hinter ihr, und zwischen diesen Winden verschiedener Richtung entsteht ein Raum überaus gefährlicher unkontrollierbarer Luftströmungen. So ist es Kühnheit, einer solchen Front sich mit zu viel gesetzten Segeln zu nahen. Warum raffte die »Niobe« nicht ihre Segel? Irrte sie sich in der Zeit, rechnete sie nicht mit dem schnellen Heraufkommen des Wetters?

Schwer ist es, in einem solchen Fall von Schuld zu sprechen. Ein plötzlicher Windstoß, nicht vorherzusehen und von irgendeiner Seite kommend, kann einem Segler zum endgültigen Verhängnis werden, wie es dieses Mal 69 junge Menschen in wenigen Sekunden aus dem Leben gerissen hat.

Erstdruck/Druckgeschichte:
ED: *Berliner Börsen-Courier* v. 27. Juli 1932, S. 2.
Nicht gezeichnet. Belegstück im Nachlass.
Anmerkungen:
von Schuld zu sprechen: Kommandant Heinrich Ruhfus wurde am 10. November 1932 nach Kriegsgerichtsverfahren von der Anklage der Fahrlässigkeit freigesprochen.

[Nr. 270]
Tagesleistung Klingenberg gegen ein Atom.
Ungeheure Energien für die Krebstherapie

Rote, zackige Blitze auf weißen Emailleschildern warnen den Besucher: Achtung, Hochspannung, Lebensgefahr, Nichtweitergehen! Man steht vor dem Hochspannungslaboratorium im Transformatorenwerk der A.E.G. in Niederschöneweide, vor dem Versuchsraum der Forscher Brasch und Lange, von deren Arbeit die wissenschaftliche Welt spricht. In Cambridge, in Amerika, in Rußland, in China.

Alte Menschheitsträume sollen sich erfüllen: Atome gesprengt, Elemente verwandelt, bisher nicht zu heilende Krankheiten geheilt werden; alles mit Hilfe unheimlich und geheimnisvoll wirkender Strahlen, die aus der plötzlichen Entladung riesiger Elektrizitätsmengen entstehen. Vorläufig allerdings ist man nicht so weit, Zentner künstlichen Goldes herzustellen oder die bösartigen Geschwülste prompt zu heilen. Die Methoden sind noch zu jung, noch nicht genügend erprobt, und der Aufwand ist noch zu groß, die Arbeit noch viel zu teuer, als daß an ihre praktische Anwendung schon zu denken wäre. Aber der Weg ist vorgezeichnet, die Möglichkeit, die vor kurzem noch unmöglich genannt wurde, erkannt, und es wird dem Menschen, dem ja so vieles schon gelungen ist, sicher auch dieses gelingen: den Krebs zu vernichten, die bei der Atomzertrümmerung freiwerdende ungeheure Energie zu nützen und die Elemente nach Gutdünken zu verwandeln.

In dem Laboratorium in Niederschöneweide ist es möglich, Spannungen von 2,4 Millionen Volt zu erzielen und sie in einem »Stoß« in Strahlen zu wandeln, sie gegen das Atom zu schleudern, sie zu entladen. 2,4 Millionen Volt, das ist mehr als die Tagesleistung des Großkraftwerkes Klingenberg! Es hat langer Versuche bedurft, allein um Materialien zu finden, die einer solchen Spannung widerstehen konnten. Früher, bei ihren ersten Anfängen, haben Brasch und Lange unter freiem Himmel, auf dem Monte Generoso gearbeitet und dort mit Hilfe raffinierter Blitzfallen die nötige Spannung aus dem atmosphärischen Gewitterfeld gezogen.

Heute, im Laboratorium, ist das Arbeiten schon leichter. Der Raum sieht wie die Szene eines Fritz Lang Filmes aus. Große, glitzernde Kupferkugeln, Schienen, Stangen, Gitter und Netze erfüllen ihn. Der Besucher erwartet eine Sensation. Er hofft, zu sehen, wie ein Atom gespalten wird. Das kann er aber gar nicht sehen. Statt dessen werden ihm leichter wahrnehmbare Phänomene gezeigt.

Ein kleines Gewitter und der Einschlag eines Blitzes sind hier leicht vorzuführen.

Ein dickes Scheit Holz wird mit einem Draht verbunden, das Laboratorium verdunkelt, es zischt, es knallt wie ein scharfer Kanonenschlag, und ein Blitz springt durch den Raum, schlägt durch das Holz und spaltet es. Das ist eine Schaustellung für den Laien. Für den Wissenschaftler interessanter ist die Vorführung der schnellen Kathodenstrahlen. Wieder wird das Laboratorium verdunkelt. Drei »Stöße« werden losgelassen, dreimal knallt es heftig, und dreimal blitzt es in deutlich sichtbaren Strahlen rötlich violett in einer Kammer unter dem Strahlungsapparat auf.

Das sind die Strahlen, mit denen Dr. Stephan Beck dem Krebs zu Leibe gehen will. Aber ihre Dosierung ist ein noch ungelöstes Problem. Vorläufig ist ihre Intensität eine viel zu starke, und gegen den Menschen gerichtet würden sie furchtbare, ja tödliche Schäden verursachen. Im Laboratorium sind Aluminiumplatten zu sehen, die den Strahlen ausgesetzt waren und verbogen, durchlöchert und zerrieben worden sind. Auch andere, seltsame und noch unerforschte Nebenerscheinungen treten auf: Blut, von den Strahlen berührt, färbt sich in seinen roten Blutkörperchen braun, Marmor, von dem Strahl den Bruchteil einer Sekunde lang getroffen, glüht noch lange in allen seinen Adern.

Die Versuche in dem Hochspannungslaboratorium der A.E.G. sind von größter Bedeutung für die Medizin und die Naturwissenschaften überhaupt. Noch ist alles Versuch. Aber ungeahnte schon erzielte Fortschritte und Erkenntnisse geben die Gewißheit, daß diese Arbeiten die Menschheit weiter bringen werden.

Erstdruck/Druckgeschichte:
ED: *Berliner Börsen-Courier* v. 26. August 1932, S. 5 (Morgen-Ausgabe).
Gezeichnet: Kn.
Belegstück im Nachlass.
Anmerkungen:
Brasch: Arno Brasch (1910-1963), deutscher Physiker. Ging 1936 in die USA.
Lange: Fritz Lange (1899-1987), deutscher Physiker. Antifaschistisch engagiert. Emigrierte 1933 zunächst nach Großbritannien,

dann in die Sowjetunion. Seit 1937 sowjetischer Staatsbürger. Hatte wesentlichen Anteil an der Entwicklung einer sowjetischen Atombombe.
Editorischer Bericht:
widerstehen: im ED »wiederstehen«

[Nr. 271]
Sonnabend und Sonntag

Der Sonnabend und der Sonntag brachten eine Reihe von Veranstaltungen außerhalb des gewöhnlichen Berliner Programms. Keinen neuen Dichter, kein neues Stück, keine erregenden Uraufführungen wie zur Zeit der Jungen Bühne, keine Diskussion und keine Bewegung, sondern nur die schlechte Sache der Nachtvorstellung eines schon wiederholt durchgefallenen Stückes, die harmlose, oft familiäre, aber auf filmkünstlerische Möglichkeiten hinweisende Vorführung von Schmalfilmen in der Kamera und den Vortrag von zehn durch Zeitung und Kabarett bekannten Autoren im Schubertsaal.

Die nächtliche Aufführung der *Dirnentragödie* von Wilhelm BRAUN im Zentraltheater in der Alten Jakobstraße war kein Experiment, sondern eine Spekulation auf die Zugkraft des Titels. Eine Spekulation, die ein halbvolles und offensichtlich gelangweiltes Haus nicht mal geschäftlich rechtfertigte. Die Unmöglichkeit des Stückes haben schon frühere Aufführungen bewiesen. Diesmal ließ die Regie Richard MILEWSKYS, wenigstens im Aufbau der Bühne, das kleinbürgerliche Lastermilieu erschreckend deutlich werden. Die alte Dirne Auguste, die dank Asta Nielsens Filmgestalt theatergeschichtlich geworden ist, spielte Helene KONCZEWSKA mit viel Routine. In den übrigen Rollen kämpften Gertrud ANGERSTEIN, Fred BERTHOLD und der junge Michael PIEL (der von Hilpert für die zweite Besetzung der »Ratten« engagiert wurde) auf verlorenem Posten gegen die Tücken des Dialogs.

Am Sonntag mittag wurden in der Kamera die ersten Amateurfilme öffentlich gezeigt. Sie waren auf dem billigen Schmalfilm aufgenommen und konnten in normaler Größe erstaunlich klar projiziert werden. Vielleicht werden die Amateur-Kamera und der Schmalfilm mal eine junge Begabung einen Film gegen die Schablone der Industrie drehen lassen. Was gestern gezeigt wurde, blieb in den Anfängen stecken. Es waren mehr bewegte Familienphotos als Filme. Manchmal zeigte der Zufall einer Einstellung Neues: den Reiz der einfachen Vorgänge, das Gesicht eines Kindes im Spiegel, der zu nah photographierte und so sehr »sprechende« Kopf eines Wolfshundes. Als besonders gelungen wurde der längere München-Film von Willy ZIELKE vorgeführt. Zielke kann sehr viel, er ist ein hervorragender Operateur, aber er sollte sich vor der kunstgewerblichen Manier des Reklametrickfilms hüten.

Am Abend stellte Leo Hirsch, der Leiter der »Wespen«, zehn Autoren im Schubertsaal vor. Walter Kiaulehn (Lehnau), Paul Nikolaus, Roda Roda, Erich Mühsam, Norbert Schiller, Margarete Voß, Karl Schnog und Erich Weinert lasen Satiren und gereimte Polemiken. Erich WEINERT sprach eindrucksvoll, prophetisch und mahnend seine Vision vom Ausbruch des nächsten Krieges. Der ausverkaufte Saal forderte die Autoren zu immer neuen Zugaben auf.

Erstdruck/Druckgeschichte:
ED: *Berliner Börsen-Courier* v. 3. Oktober 1932, S. 2f. (Abend-Ausgabe).
Gezeichnet: W. Koe.

Kein Belegstück im Nachlass. Text durch das Verfasserkürzel identifiziert.
Anmerkungen:
Dirnentragödie: Bühnenstück von 1850, übersetzt aus dem Schwedischen.
Wilhelm BRAUN: d.i. Wilhelm von Braun (1813-1860), schwedischer Autor und Dramatiker.
dank Asta Nielsens Filmgestalt: DIRNENTRAGÖDIE (Dt. 1927, R.: Bruno Rahn mit Asta Nielsen und Werner Pittschau).
Hilpert: Heinz Hilpert (1890-1967), deutscher Theaterregisseur und Schauspieler. 1932 Intendant der Berliner Volksbühne. Von 1934 bis 1944 Intendant des Deutschen Theaters, Nachfolger des exilierten Max Reinhardt.
Ratten: Tragikomödie (1911) von Gerhart Hauptmann.
Willy ZIELKE: (1902-1989), deutscher Fotograf, Regisseur, Kameramann, Filmproduzent. Später Kameramann bei Leni Riefenstahls OLYMPIA-Film (Dt. 1938).
Leo Hirsch: d.i. Leon Hirsch (1886-1954), deutsch-jüdischer Verleger und Kabarettveranstalter. Zeitweilig der Verleger Erich Mühsams. Emigrierte 1933 in die Schweiz.
Wespen: 1926 von Hirsch als fliegendes politisch-satirisches Kabarett gegründet. Noch vor der Machtübernahme der Nationalsozialisten auf Grundlage der »Preußischen Notverordnung« zwangsgeschlossen.
Schubertsaal: Bülowstr. 104 am Nollendorfplatz in Berlin-Schöneberg.
Walter Kiaulehn: d.i. Walther Kiaulehn (1900-1968), deutscher Journalist. 1930-1933 bei *B.Z. am Mittag*. Später Drehbuchautor von NS-Kulturfilmen, von 1940-1944 Kriegsberichter und Redakteur bei der NS-Auslandsillustrierten *Signal*. Nach dem Krieg Schauspieler und Kabarettist, seit 1950 Kulturredakteur beim *Münchener Merkur*. Biograph seines Verlegers Ernst Rowohlt (1967).
Paul Nikolaus: (1894-1933), deutscher Kabarettist und Conferencier. 1921-1925 bei Trude Hesterbergs »Wilder Bühne«, 1925-1927 im »Kabarett der Komiker«, 1927-1930 in Friedrich Hollaenders

»Tingel-Tangel«; Conferencier für Agitprop-Bühnen im Piscator-Theater. Nahm sich 1933 im Schweizer Exil das Leben.
Roda Roda: d.i. Alexander Roda Roda (1872-1945), österreichischer Journalist und Schriftsteller. 1914-1917 Kriegsberichter für die Wiener *Neue Freie Presse*. Kabarettist, Verfasser humoristischer Bücher. Erste Werkausgabe 1932. Hatte im Mai 1932 Carl v. Ossietzky demonstrativ bei Antritt von dessen Haftstrafe begleitet. Emigrierte 1938 von Österreich in die Schweiz.
Norbert Schiller: (1899-1988), österreichischer Schauspieler, 1928-1931 am Renaissance Theater Berlin, 1932 am Rose-Theater. Emigration in die Schweiz 1933, später in die USA.
Karl Schnog: (1897-1964), deutscher Schriftsteller, Kabarettist, Rundfunksprecher und Hörspielpionier. Satirische Beiträge in Münzenbergs *Arbeiter-Illustrierte-Zeitung* und für *Lachen links*. Emigrierte 1933 in die Schweiz, später nach Luxemburg. 1940 von der Gestapo verhaftet und in den KZs Dachau, Sachsenhausen und Buchenwald inhaftiert. Nach 1945 in der Sowjetzone Redakteur der Satirezeitschrift *Ulenspiegel*. In der DDR Redakteur beim Berliner Rundfunk.
Erich Weinert: (1890-1953), deutscher Schriftsteller und Journalist. Seit 1924 Mitarbeiter zahlreicher kommunistischer Blätter. 1930 Reise in die Sowjetunion. 1933 Emigration in die Schweiz und Frankreich, 1935 nach Moskau. 1937/38 Teilnahme am Spanischen Bürgerkrieg. 1943-45 Präsident des »Nationalkomitee Freies Deutschland«. Nach 1945 Rückkehr nach Ost-Berlin. Kulturfunktionär in der DDR.

[Nr. 272]
Affentheater

In den achtziger Jahren gab es in Berlin ein berühmtes Affentheater. Später wurden im selben Haus Possen mit Gesang gespielt. Ein Provinzler, der von der Wandlung des Theaters nichts wußte und sich die Affen ansehen wollte, sagte nach der Posse zu seiner Gattin:

»Vor die Affen is det eigentlich allerhand.«

Erstdruck/Druckgeschichte:
ED: *Berliner Börsen-Courier* v. 15. Oktober 1932, S. 5 (Abend-Ausgabe).
Gezeichnet: W. K-n.
Kein Belegstück im Nachlass. Text durch das Verfasserkürzel identifiziert.
Anmerkungen:
Erschienen in der täglichen Rubrik »Nebenbei«.
Affentheater: Brockmanns »Affen-Theater« in der Friedrichstr. Nr. 12.

[Nr. 273]
Historisch getreues Potsdam.
Stadtschloss und
Sanssouci werden restauriert

Nachdem in diesem Sommer die Treppenanlagen an den Terrassen des Schlosses Sanssouci vollkommen erneuert wurden, geht jetzt, wie wir bereits hier berichteten, die Verwaltung der staatlichen Schlösser und Gärten daran, den überalterten Baumbestand an den Terrassen durch junge Bäume zu erneuern.

Die dort stehenden Koniferen und Taxusbäume können ihre stilmäßigen Barocke, Pyramiden- und Kugelformen nicht mehr halten. Auch sind sie im Wuchs nicht mehr maßstäblich. Viele der Bäume haben durch die großen Fröste der letzten Jahre so gelitten, daß sie zum Teil abgestorben sind. Deshalb hat sich die Gartenverwaltung dazu entschlossen, die Terrassen durch Neubepflanzung wieder gärtnerisch und stilgerecht zu machen. Die dazu notwendigen Gewächse wurden schon vor mehreren Jahren angekauft und für den Zweck der Neubepflanzung in den Gewächshäusern von Sanssouci zurechtgezogen.

Gleichzeitig wird im Potsdamer Stadtschloß der Marmorsaal einer gründlichen Renovierung unterzogen. Die vom ehemaligen Kaiser bewohnten Räume hatten verschiedenen Inhalt, der für moderne Zwecke herbeigeschafft worden war, und es wurden auch wertvolle Stücke aus der fridericianischen Zeit ohne Stil- und Sachkenntnis zur Benutzung umgebaut. Jetzt werden im Schloß die alten fridericianischen Kandelaber und Lüster in ihren Urzustand versetzt und an ihren richtigen Platz gehängt. Die Decken- und Wandgemälde des Marmorsaals wurden gereinigt, die alten echten Vergoldungen an Rahmen und Kartuschen in mühseliger Restaurationsarbeit wieder ans Tageslicht gebracht. Im klassischen Gewande wird sich der fridericianische Prunksaal demnächst neben den vielen klassischen Wohnräumen der Hohenzollern, in denen die Neuordnung bereits in vorbildlicher Weise gelungen ist, sehen lassen können.

Erstdruck/Druckgeschichte:
ED: *Berliner Börsen-Courier* v. 29. Oktober 1932, S. 5 (Morgen-Ausgabe).
Gezeichnet: -n.
Kein Belegstück im Nachlass. Text durch das Verfasserkürzel identifiziert.

[Nr. 274]
Das Portefeuille

Man zerbricht sich den Kopf darüber, wie die Befugnisse der »beiden« preußischen Regierungen verteilt sind. Dabei ist es so einfach... Zwei der kommissarischen Minister sind Reichsminister »ohne Portefeuille«. Portefeuille heißt: Aktenmappe. Die Minister ohne Mappe haben die Akten. Die Braun-Minister haben – die Mappe.

Erstdruck/Druckgeschichte:
ED: *Berliner Börsen-Courier* v. 1. November 1932, S. 3.
Gezeichnet: -n.
Kein Belegstück im Nachlass. Text durch das Verfasserkürzel identifiziert.
Anmerkungen:
Erschienen in der täglichen Rubrik »Nebenbei«.

[Nr. 275]
Das arme Opfer

Eine Katastrophe hat das Dorf heimgesucht. Der Wohlfahrtskommissar prüft die Schäden. Auch der Dorfschnorrer kommt zu ihm und will was haben.

»Ist dir auch das Haus abgebrannt?«, fragt der Kommissar.

»Nein«, sagt kläglich der Schnorrer.

»Hast du Verwandte verloren?«

»Nein«.

»Oder ist dir vielleicht Vieh abhanden gekommen?«

»Nein.«

»Ja, wenn du nichts verloren hast, wie willst du dann deine Ansprüche begründen?«

»Ich hab mich doch so erschrocken, Herr Kommissar.«

Erstdruck/Druckgeschichte:
ED: *Berliner Börsen-Courier* v. 8. November 1932, S. 3.
Gezeichnet: Kn.
Kein Belegstück im Nachlass. Text durch das Verfasserkürzel identifiziert.
Anmerkungen:
Erschienen in der täglichen Rubrik »Nebenbei«.

[Nr. 276]
Ein Rat

In einer Bar in einer Nebenstraße des Kurfürstendamm sitzt Molnar ganz allein. Nur ein Pärchen tanzt, und zwar ein Berufstänzer mit einer Dame.

Der Oberkellner tritt an Molnars Tisch und sagt:

»Bitte Herr Molnar, Sie sind doch schon viel in der Welt gereist und haben viele Lokale gesehen, können Sie mir nicht raten, wie ich in diesem Lokal etwas mehr verdienen kann?«

»Ein kluger Ober«, sagt Molnar, »stellt die Wein- und Sektflaschen vor den Spiegel, damit entweder der Gast oder der Ober die Flaschen doppelt sehen!«

Erstdruck/Druckgeschichte:
ED: *Berliner Börsen-Courier* v. 21. November 1932, S. 3.
Gezeichnet: kn.
Kein Belegstück im Nachlass. Text durch das Verfasserkürzel identifiziert.
Anmerkungen:
Erschienen in der täglichen Rubrik »Nebenbei«.

[Nr. 277]
In Berlin trafen ein:
Vier Fragezeichen von den Philippinen

Ein Trost in unserer ernsten Zeit ist eine Einladung, die so aussieht:

»Seit Monaten ist Berlin, ebenso wie die ganze Welt, vom Yo-Yo-Fieber erfaßt. Ist der Höhepunkt der Yo-Yo-Begeisterung erreicht – oder gar schon vorüber? Vielleicht hat diese Begeisterung hier noch gar nicht richtig eingesetzt, denn die wenigsten ahnen, welche wirklichen Kunststücke man mit dem Yo-Yo-Spiel zustande bringen kann; die meisten glauben, daß die ganze Kunst des Yo-Yo im Auf- und Abbewegen der Spule besteht. Ein großer Irrtum! Diejenigen, die dem Yo-Yo-Spiel den ersten Anstoß zu seiner Weltpopularität gaben, die eigentlichen Erfinder dieses Spiels sind die Philippinen. Vier philippinische Flores-Yo-Yo-Meister halten sich jetzt zum ersten Male in Berlin auf. Im Rahmen eines Empfanges wollen die vier Meisterspieler einen Einblick in ihre Kunst geben, und sie erlauben sich deshalb, Ew. Hochwohlgeboren zu dem am Dienstag, dem 22. November, 4 Uhr nachmittags, im Terrassen-Saal des Hotel Bristol stattfindenden Empfang der vier philippinischen Flores-Yo-Yo-Meister ergebenst einzuladen. Einführende Worte spricht Werner Fink. In der sicheren Erwartung, Sie begrüßen zu können, bleiben wir

mit dem Ausdruck ganz vorzüglicher
    Hochachtung
Guilliermo Somera, Adriano Agabao,
Gorgonio Castillio, Sergio Aeosta.«

Und am Dienstag nachmittag um 4 Uhr erschienen im Terrassen-Saal des Bristol, angeführt von Werner Finck, wirklich die vier Meister mit den romantischen Namen und stellten sich als nette kaffeebraune Jungen vor. Die bunten Spulen ihrer Yo-Yo-Spiele umflatterten sie wie zahme Vögel. Im Takt der Musik ließen sie die Räder nicht nur auf- und abrollen: Sie schleuderten sie in die Höhe oder in die Weite, ließen sie in Spiralen und in Kurven gleiten, führten sie die verschlungensten Pfade und benahmen sich überhaupt wie die Rastellis des Spindelspiels.

Was sie können, ist erstaunlich. Aber noch erstaunlicher ist dies: die Meisterspieler kommen von den Philippinen über New York, London und Paris zu uns nach Berlin, um hier vier eigene Flores-Yo-Yo-Schulen zum kostenlosen Unterricht im Flores-Yo-Yo-Spiel zu errichten. Was heißt das? Sind die Herren so große Menschenfreunde, daß sie weder Mühen noch Kosten gescheut haben, die sorgenbeladenen Berliner ihre heitere Kunst zu lehren? Schon haben sie in der Alexanderstraße, in der Leipziger, in der Ritter- und in der Tauentzienstraße Unterrichtsräume gemietet. Ein Flores-Yo-Yo-Club soll in den nächsten Tagen schon an die Öffentlichkeit treten. Ist es eine Verschwörung, uns abzulenken? Sind die vier nach Berlin gekommen, um die Erfinderprovision zu kassieren von allen, die bei uns dem Spiele frönen?

Die vier von den Philippinen geben keine Antwort darauf. Sie weisen den Verdacht nicht von sich. Sie sagen nicht: »Nein – nein.« Sie spielen nur Yo-Yo.

Erstdruck/Druckgeschichte:
ED: *Berliner Börsen-Courier* v. 23. November 1932, S. 5.
Nicht gezeichnet. Belegstück im Nachlass.
Anmerkungen:
Hotel Bristol: Grand Hotel (1891-1944), Unter den Linden 5-6.
Werner Finck: (1902-1978), deutscher Kabarettist und Schauspieler. Mitbegründer des Kabaretts *Die Katakombe* 1929.
Editorischer Bericht:
Öffentlichkeit: im ED »Oeffenlichtkeit«
frönen: im ED »fröhnen«

[Nr. 278]
Kurort zwischen Eis und Schnee

Statt Kurort wäre richtiger Sommerfrische zu schreiben, denn es gibt ja auch Winterfrischen, Kurorte speziell für die Erholung im Winter, während hier von der Verwandlung der Bäder die Rede sein soll, die ausschließlich im Sommer ihre Saison erleben.

Die Badeorte der Inseln Usedom-Wollin und Rügen, ganz zu schweigen von denen der Nehrung, würde der Badegast in ihrem Winterkleid nicht wieder erkennen. Während Swinemünde, Heringsdorf und Saßnitz sich noch als kleine Provinzstädte präsentieren, sind die Bäder Bansin, Ahlbeck, Göhren, Baabe, Binz, Sellin nichts anderes als verschlafene Fischerdörfer, die durch die stumme Reihe ihrer geschlossenen Hotels und Pensionen noch verlassener wirken, als sie es von Natur aus schon sind.

Wenn Schnee fällt, sind die Orte ganz verschneit und Schnee verweht. Der Seewind baut weiße Dünen, und niemand kehrt sie fort. Göhren zum Beispiel kann an einem solchen Tag den Eindruck eines Gebirgsdorfes geben. Der Strand, die weiten Wiesen, die Waldhänge vor der See bieten sich als ideales Skigelände. Und wirklich sieht man auch die Läufer. Aber nicht die Eingeborenen üben den Sport, sondern die zugewanderten Einheimischen, Offiziere im Ruhestand, die Besitzer von Pensionen und deren Kinder.

Die eigentlichen Ureinwohner verlassen kaum ihr Haus. Sie leben von den Ersparnissen der Saison. Die Frau, die für den Sommergast kochte, bereitet jetzt der Familie das Mahl. Die Fischer sitzen im Dorfkrug und politisieren. Mit dem Fang ist es auch nichts. Manchmal fährt ein Boot raus, aber es lohnt sich kaum. Besser ist es schon, die Netze zu flicken. Mittags im Schein der Wintersonne stehen sie vermummt in Joppen und Sweater und blicken mit dem scharfen Blick der Küstenleute über das Meer.

Hin und wieder kommt auch ein Fremder ins Dorf. Er muß im Gasthof für die Geschäftsreisenden logieren und wird im allgemeinen für irre gehalten. Was gar nicht stimmt. Der Wintergast der Sommerbadeorte ist ein kluger Mann. Wo findet er größere Ruhe, sich zu erholen, und wo das Bild einer so weiten und erhabenen Landschaft, wie das der See mit Eisbergen, Eisgletschern in der Brandung und den schaurig kalten, bleigrauen Wellen unter dem frostigen Himmel im Hintergrund des Horizonts?

Aber es gibt ja nicht nur Seebäder. Auch die Kurorte des Taunus, des Spessart, die Thüringens und der Lahn erleben den Winter und die tote Saison, die hier aber niemals ganz tot ist. Wenn die ganz großen Hotels auch geschlossen sind, die kleinen haben auf und versuchen, für den Wintersport Propaganda zu machen. Das gelingt, wenn Schnee da ist und Städte in der Umgebung sind. Man kann die Hügel schon zum Skilauf und zum Rodeln benutzen, und die Bewohner der nahen Städte kommen für ein paar Tage in den Ort. Schwieriger wird das Problem des Winters, wenn er keinen Schnee bringt. Dann ist der Kurort auf den Besuch einiger älterer Personen angewiesen. Sie wohnen in kleinen Pensionen und gehen fast den ganzen Tag über spazieren. Im Kurpark sieht man sie mit den zahmen Rehen innige Freundschaft schließen.

Die Kurorte mit besonderen Heilbädern und Sprudeln haben es gut. Kranke müssen sie besuchen und oft auch im Winter ihre Kur machen. Hallen und geschützte Wandelgänge nehmen sie auf, die nur ihrer Gesundheit leben und auf den Betrieb der Saison verzichten wollen. Der Pavillon der Kurkapelle bleibt verschneit und leer. Manchmal kommt eine Theatertruppe oder ein Rezitator in den Ort. Dann versammelt sich alles im Saal des Kurhauses, und ein langer Abend wird weniger lang.

Natürlich gibt es Orte, auf die dies alles nicht zutrifft, die auch im Winter ihre Hotelhallen, Bars und Kabaretts, ihre Festspiele und Theater haben. Wiesbaden zum Beispiel. Die Bäder sehen sich nach besonderen Attraktionen um. Das Beispiel Zoppot lockt. Ein Kasino kann selbst in einer Eiswüste bestehen.

Erstdruck/Druckgeschichte:
ED: *Berliner Börsen-Courier* v. 27. November 1932, S. 5.
Gezeichnet: – n.
Belegstück im Nachlass.

[Nr. 279]
Das Lebenszeichen

Eine bekannte Pariser Schauspielerin hat soeben eine Erbschaft gemacht. Von einem Onkel in Amerika, dessen Existenz ihr bis dahin völlig unbekannt gewesen war.

»Da müssen Sie doch aber sehr zufrieden sein!«, meinte ein Kollege.

»Das bin ich auch!«, erwiderte die Schauspielerin. »Denken Sie doch nur! Ich wußte ja gar nicht, daß ich einen Onkel in Amerika hatte! Die Todesanzeige war das erste Lebenszeichen von ihm!«

Erstdruck/Druckgeschichte:
ED: *Berliner Börsen-Courier* v. 10. Dezember 1932, S. 5 (Abend-Ausgabe).
Gezeichnet: -n.
Kein Belegstück im Nachlass. Text durch das Verfasserkürzel identifiziert.
Anmerkungen:
Erschienen in der täglichen Rubrik »Nebenbei«.

[Nr. 280]
Lasst Blumen sprechen

»Ja, die Blümchens liebe ich zu sehr«, warf Max Liebermann ein, als der Zeichner Michel Fingesten lange vor einem hübschen Blumenstrauß stehen blieb, der in des Meisters Atelier stand.

»Sie haben aber noch nie einen Blumenstrauß gemalt, Herr Professor!«

»Kommse man«, erwiderte Liebermann und führte den Gast in sein Monet-Kabinett. Vor dem berühmten Blumenstück Monets fuhr er fort:

»Sehnse mal, wer Blumen nicht so malen kann wie Monet, soll lieber die Hände von lassen.«

Erstdruck/Druckgeschichte:
ED: *Berliner Börsen-Courier* v. 28. Dezember 1932, S. 3 (Morgen-Ausgabe).
Gezeichnet: -n.
Kein Belegstück im Nachlass. Text durch das Verfasserkürzel identifiziert.
Anmerkungen:
Erschienen in der täglichen Rubrik »Nebenbei«.

[Nr. 281]
Wohnprobleme?

Am Vortragstisch des Kunstgewerbe-Museums stand W. Luckhardt, einer von dem Architekten-Brüderpaar, die sich in Berlin mit Kosmetik an alten Häusern befassen, indem sie Gesimse, Stuckornamente und Erker von den Fassaden herunterrupfen und die Bauten durch eine neue glatte Außenhaut aus keramischem Material verjüngen. Luckhardt hat in den Funden der auf der Insel Kreta vor Jahren entdeckten Königssiedlung (minoische Kultur) und im modernen japanischen Wohnhaus scheinbar verblüffende Ähnlichkeiten mit der Raumanordnung gefunden, wie sie von den radikalen Architekten in Frankreich und Deutschland bei Verwendung von Stahlskeletten, Eisenbetonkonstruktionen und Glas bei Neuschöpfungen exklusiver Wohnhäuser angestrebt werden.

In der Tat kann man, wenn man radikal eingestellt ist und die Grundrisse, die von den englischen Archäologen auf Kreta rekonstruiert wurden, studiert, eine gewisse systematische Planung herauslesen, die auf eine hohe Wohnkultur schließen läßt und aus der inneren Bestimmung des Hauses erfolgt sein kann. Ähnlich, wie heute modern eingestellte Architekten das Wohngebilde aus der inneren Funktion heraus planen, lassen die kretischen Grundmauern aus ihren Anordnungen auf eine gewisse Sorglosigkeit um durchgehende Achsen und Symmetrieentfaltungen, sowohl in der inneren Raumgestaltung wie im äußeren Aufbau, erkennen. Da aber mit wenigen Ausnahmen die Zweckbestimmung der verfallenen Häuser nicht bekannt ist, bleiben sowohl die archäologischen Rekonstruktionen wie das Aufbauschema, in das der Architekt des zwanzigsten Jahrhunderts die Funde hineinzwängen will, sehr zweifelhaft. Richtig ist nur, daß das Kretische Haus in der insulanischen

Landschaft vor feindlichen Überfällen durch das Meer geschützt war und infolge der Sicherheit, in der sich seine Bewohner wiegten, auf alle strategischen Befestigungen verzichten konnte und daß es dem kretischen Klima und seinen Sonnenverhältnissen vollwertig angepaßt war. Und dies ist die erste Voraussetzung jeder primitiven menschlichen Siedlung, muß deshalb bei einem komfortablen Königspalast nicht besonders betont werden. Die Parallele zwischen dem japanischen Wohnhaus und einem modernen Skelettbau ist handgreiflich, da es aus Holz gebaut ist und sowohl der Eisenbetonfachwerk- wie der Skelettbau ihr Tragesystem dem Holzbau verdanken. Gewiß, die innere Aufgelöstheit des Japanhauses hat mit den Schöpfungen von Le Corbusier und Mies Verwandtschaften. Das Haus von Kreta, Japan und das neuzeitliche Versuchshaus Deutschlands entfalten sich nach dem Garten, wenden sich von der Straße ab.

Die von Luckhardt gefundenen Zusammenhänge zwischen den insulanischen Wohnbauten haben den Kernpunkt unseres Wohnproblems nicht getroffen. Der Titel des Vortragsabends »Probleme des Wohnens« hat ein größeres Höreraufgebot in den Vortragssaal gelockt, ein Zeichen, daß dieses Thema immer noch zugkräftig ist; man ging aber enttäuscht auseinander. Die gezeigten Lichtbilder waren keine rechte Entschädigung für die erhoffte interessante Darbietung.

Erstdruck/Druckgeschichte:
ED: *Berliner Börsen-Courier* v. 20. Januar 1933, S. 5.
Gezeichnet: -n.
Kein Belegstück im Nachlass. Text durch das Verfasserkürzel identifiziert.
Anmerkungen:
W. *Luckhardt*: Wassili Luckhardt (1889-1972). Deutscher Archi-

tekt. Lebenslange Bürogemeinschaft mit seinem Bruder Hans (1890-1954).
Editorischer Bericht:
indem sie Gesimse: im ED »indem Gesimse«
Ähnlichkeiten: im ED »Aehnlichkeiten«
Ähnlich: im ED »Aehnlich«
Überfälle: im ED »Ueberfälle«

[Nr. 282]
Das Pferd

Ob es nur die späte, doch, wie sich bald zeigte, nicht zu späte Erfüllung eines galanten Versprechens, oder ob es ursprünglich doch der Ärger über eine Äußerung gewesen ist, die eine Mahnung hätte sein können, sollte immer unklar bleiben; jedenfalls stellte der alte Herr von T. seiner geliebten Gattin am Morgen ihres fünfzigsten Geburtstages ein junges Pferd als Geschenk vor die Haustür in der Hardenbergstraße in Berlin. Voraufgegangen war vor Wochen ein Gespräch über die Anschaffung eines Autos. Man hatte nach dem Abendessen die Wagentypen gewogen und zu teuer gefunden, bis, von den technischen Details ermüdet und ein Gähnen unterdrückend, die alte Dame so unwillig wie beiläufig gemeint hatte: Vor unserer Hochzeit hattest du mir ein Pferd versprochen!

Nun stand es da, ein junger Fuchs mit weichem Fell und munteren, blanken Augen, von einem Knecht an einem einzigen grauen Halfter gehalten, und schnupperte prüfend den Geruch seiner neuen Herrin (Lavendel und ein wenig Staub auf dem Samtkleid) in seine rosig weichen Nüstern ein, während der sanfte Druck ihrer Hand auf seinem Hals ihm nicht unangenehm war. Dies war in der geschäftig nüchternen Straße, neben dem Gebrumm des Zwanziger-Autobus, ein Anblick von so romantisch versunkener Eleganz (ach, die bunten englischen Stiche: Shakespeares Königin umarmt den Derbysieger!), daß dem Herrn von T. das Herz vor Stolz und Liebe bebte und er freudig den Befehl gab, den zur Garage bestimmten Hofraum zum Stall von komfortabler Wohnlichkeit umzubauen.

Das Pferd wurde dann Hans gerufen, denn die Pferde der Herren Offiziere, die einst in bunten Uniformen der Dame den Hof gemacht hatten, bevor die Ehe mit dem Bibliotheksrat sie in die Dürre der Schriftgelehrtheit entführt hatte, hatten alle Hans geheißen. Was aber konnte mit Hans geschehen, der doch nicht nur wohnen, essen oder geliebkost werden wollte? Die Frage war ein Problem. Weder Herr noch Frau von T. fühlten sich rüstig genug, in den Sattel zu steigen und hoch zu Roß die Morgenluft des Tiergartens zu genießen. Ebensowenig kam ein Kutschieren in Frage. Der lebenslustige Hans, vor einem leichten Einspänner gespannt, wäre auf dem Lande eine Freude, in Berlin aber eine gefährliche Unordnung im grün-gelb-roten Verkehr geworden. Bewegung aber mußte ihm doch werden, und ihn zum Reiten zu verleihen oder ihn von einem Beauftragten reiten zu lassen, dagegen sträubten sich alle guten Gefühle der alten Herrschaften.

Folglich wurde eine Wiese gemietet, ein Laubengrundstück draußen am Lietzensee, und jeden Morgen führte nun Herr von T., auf dem Bürgersteig von seiner Gattin und ihren ermunternden Zurufen begleitet, Hans am langen Zügel hinaus zum Lietzensee, wo er grasen und springen konnte nach Herzenslust, und abends ging es wieder heimwärts.

Die tägliche Prozession erregte, natürlich, die Aufmerksamkeit der Nachbarn. Das Gerücht, T.'s hätten eigentlich zur Bequemlichkeit ihrer alten Tage ein Auto kaufen wollen und wären dann auf (oder besser neben) ein Pferd gekommen, verbreitete sich und wurde als beachtliche Altersnarrheit viel belacht. Ein dummer Irrtum der nicht gerade tief denkenden Allgemeinheit! Ein Auto, und wäre es noch so schön gewesen, hätte der Familie von T. nie die Freude und auch nie den Nutzen und den Wert bedeutet, den das Pferd Hans ihr täglich schenkte. Verordnen nicht die Ärzte dem Alter Bewegung in frischer Luft? Sagen sie nicht, daß zu Fuß gehen gesünder ist als gefahren werden? Und wahrlich, die Herrschaften von T. wären ohne Hans nie auf den Einfall gekommen, ein Hirtenleben zu führen, ihre Tage im Freien und im Wettlauf mit einem ausgeruhten Pferd zu verbringen. Die Nachbarn hatten dumm lachen, die Herrschaften waren sonnengebräunt und sprunggewandt. Auch hatten sie nicht nur in Hans das dankbare Objekt für ihr Bedürfnis, zu lieben und zu streicheln gefunden, sondern waren darüber hinaus noch in Beziehungen zur jüngsten Generation geraten, hatten die amüsante Bekanntschaft von Kreisen gemacht, die ihnen sonst naturgemäß verschlossen geblieben wären. Eine Schar von zehn- bis fünfzehnjährigen Kindern hatte sich um Hans und seine Wiese gefunden und bildete den »Klub um den roten Mustang«, einen Patronatsverein für das hippomanische Unternehmen der Herrschaften von T., der sich in mancher Weise als nützlich erwies, zumal ja das Alter immer von der Jugend lernen kann. Dafür durften einige Auserwählte aus den Kreisen des Vorstandes gelegentlich den Rücken des Pferdes besetzen, das sich diese Anmaßung in einem gerade noch friedlichen Trab gefallen ließ.

Das Ende der viel herum erzählten Geschichte war feierlich. Die alten Herrschaften starben betagt und ruhig, nachdem ein Notar ihren letzten Willen aufgenommen hatte: Geleit des Pferdes hinter den Särgen und seine Versorgung bis zu seinem natürlichen Ende. So geschah es, daß auf dem Wege zum Waldfriedhof Spaziergänger zwischen bürgerlich schlichten Trauerzügen einen Kondukt sahen, der durch den langsamen Hufschlag eines Pferdes, das seinen schlanken Hals wie trauernd gesenkt hielt, in allen die erhebenden Gedanken von Sieg und Tod und Reiterkämpfen und vom Glück dieser Erde auf dem Rücken der Pferde weckte.

Erstdruck/Druckgeschichte:
ED: *Berliner Börsen-Courier* v. 15. Februar 1933, S. 7 (Express-Morgen-Ausgabe).
ND[1]: *GW* 5/57-59.
ND[2]: *Muss man München nicht lieben?* Hg. v. Alfred Estermann. Frankfurt a. M. 2002, S. 55-58.
Gezeichnet: Wolfgang Koeppen.
Belegstück im Nachlass.
Editorischer Bericht:
Ärger: im ED »Aerger«
Äußerung: im ED »Aeußerung«
Ärzte: im ED »Aerzte«

[Nr. 283]
Am Dschungel vorbei

In diesen Tagen ist, wie man hört, der große deutsche Frachtdampfer »Saarland« mit einer eigentümlichen Ladung aus dem Hamburger Hafen nach Ostasien abgegangen. Vom untersten Unterdeck bis zum obersten Oberdeck ist er von Tieren aller Art besetzt. Eine Arche Noah bereist die Meere. Die Welt hat seit der Sintflut keine größere gesehen. Der Zirkus Hagenbeck will in Japan seine Zelte aufschlagen. Was werden seine Tiere fühlen?

Das ist eine Frage von größter psychologischer Bedeutung. Ich empfehle sie dem Studium der Zoologen und der Seelenforscher. Ein Ereignis von wahrhaft elementarer Gewalt beginnt sich abzuspielen. Die Tiere werden ihre Heimat wiedersehen; die Heimat, die sie einst, gefesselt und zitternd im Chock des eben böse Eingefangenen, verlassen mußten, die Heimat, die viele, die in Stellingen geboren, nie gekannt haben.

Was werden die Kamele empfinden, die Dromedare, die Löwen, die Giraffen, wenn ihr Schiff langsam durch die schmale Gasse des Roten Meeres gleiten und der Wind von der Wüste her trocken, hitzig, scharf und sandkörnig über das Deck und durch die Luken wehen wird? Wer ahnt die Kraft der Bilder, der Erinnerungen, des unbewußten Erbes von den Ahnen her, die aufsteigt im erhabenen Haupt des großen indischen Elefanten oder im brutal klugen Schädel des gestreiften Tigers während der Kohlenrast des Dampfers vor Bombay, wenn der Gluthauch der trägen, schwülen Luft der Regenzeit alle Gerüche des Dschungel um die Ställe und Käfige unter Deck treiben wird? Ganz zu schweigen von den stummen Gedanken eines Gorillas im Angesicht der Urwälder Borneos, wenn sie vorbeigleiten eines Nachts, zurück bleiben hinter der Fahrt, schattenhaft, erlebnisverwoben, ein Küstenstrich, von dem ein Rufen gellt und lockt, tausendstimmig, Echo gebend, der Schrei der freien Brüder!

Eine große Unruhe wird sich bald des Dampfers »Saarland« bemächtigen, und die Herren des Unternehmens sollten über seine Gefährlichkeit wachen! Leicht ist es in Hamburg, ein Kinderspiel, den Kopf in den Rachen des Löwen zu stecken, und friedlich ist er wie ein Lamm, wenn über die Manege kalt die Scheinwerfer gleiten und der Kreis der weißen Zuschauer sich ausweglos um seine Schaustellung schließt. Wie anders wird er sich zu Hause geben in seiner Tropenluft. Wie anders müssen auch die Gitter ärgernd peinigen, wenn vor der Nase fast, eine Sehnsucht, die im Hirn brennt, der Väter Weg zur alten Tränke liegt.

Man erzählt von Forschern und Jägern, die Jahre verschollen waren im Busch bei Neger- oder Indianerstämmen, daß sie der plötzliche, schon nicht mehr erhoffte, beinahe schon vergessene Anblick eines weißen Menschen in einen Rausch, in eine Art von Raserei versetzt habe –; was, wenn der Tiger aus der Stadt Hamburg die Spur seines Blutes in Indien wittert?

Erstdruck/Druckgeschichte:
ED: *Berliner Börsen-Courier* v. 18. Februar 1933, S. 5 f. (Morgen-Ausgabe).
ND: *GW* 5/60-62.
Gezeichnet: Wolfgang Koeppen
Belegstück im Nachlass.

[Nr. 284]
»Siechen« im »Rheingold«

Durch eine glückliche gastronomische Fusion hat heute das populäre Etablissement »Rheingold« in der Potsdamerstraße seine seit zwei Jahren geschlossenen Pforten wieder geöffnet.

Das von Professor Bruno Schmitz um die Jahrhundertwende erbaute Weinhaus »Rheingold« bedeutete, um ein Menschenalter der Entwicklung der Weltstadt Berlins vorauseilend, einen Wendepunkt in der Geschichte der Gastronomie. Der große Baumeister Schmitz hat am wichtigsten Brennpunkt der City unter der Mitarbeit des verstorbenen Bildhauers Metzner einen neuen Typ von Gaststätten geschaffen, der damals einen großen künstlerischen Erfolg bedeutete. In den Räumen des Rheingold wurde den Gästen bei aller

Behaglichkeit und Beschaulichkeit beim Genuß des Weines auch die Stileinheit der künstlerischen Innenausstattung beschert. Dieser neue Weg der künstlerisch ausgestatteten Gaststätte ist ein Jahrzehnt später, als in Berlin das Wort »Diele« geprägt wurde, im sogenannten »Amüsierstil« ausgebaut und dabei verflacht worden.

Vier Jahre nach der Grundsteinlegung des Rheingold ist gegenüber am Potsdamer Platz der erste repräsentative Bierpalast »Siechen« entstanden. Das lange Jahre beliebte Haus mußte später seine Bestimmung ändern, weder die städtebauliche und architektonisch einwandfreie Lösung, noch die hervorragende Verkehrslage konnte in der Not der Nachkriegszeit den schönen Bierpalast retten. Er mußte öfters seine Räume verschiedenen Zwecken vermietbar machen.

Jetzt haben im Zeichen der Ankurbelung der Wirtschaft die Aschinger AG und die Nürnberger Brauerei Reiff sich vereinigt und die beliebten Räume des Rheingolds ihren gemeinsamen gastronomischen Zwecken dienstbar gemacht. Zu der berühmten in die Kunstgeschichte bereits eingegangenen Ausstattung der Rheingold-Säle sind neue Gemälde des Nürnberger Malers, Professor Hans Blum, hinzugekommen, die sich der alten Ausstattung trefflich anpassen.

Der gestern stattgefundenen feierlichen Eröffnung wohnte der bayerische Gesandte, zahlreiche Vertreter der Staats- und Kommunalbehörden und der gastronomischen Verbände neben den alten Freunden des Etablissements bei. Während der Aufsichtsratsvorsitzende der Aschinger AG, Kommerzienrat Lohnert die Gäste begrüßte, nahm Direktor Schilinsky die Glückwünsche der Freunde des populären Hauses entgegen. Berlin hat seit gestern seine volkstümlichste Gaststätte in der City wieder.

Erstdruck/Druckgeschichte:
ED: *Berliner Börsen-Courier* v. 22. Februar 1933, S. 7.
Gezeichnet: -n.
Kein Beleg im Nachlass. Text durch das Verfasserkürzel identifiziert.
Anmerkungen:
um die Jahrhundertwende: Das Weinhaus Rheingold wurde zwischen 1905 und 1907 erbaut.
Bruno Schmitz: (1858-1916), deutscher Architekt. Entwarf u.a. das Leipziger Völkerschlachtdenkmal (1913).
Metzner: Franz Metzner (1870-1919), österreichischer Bildhauer und Steinmetz. Gestaltete im Auftrag von Schmitz die Bildhauerarbeiten am Leipziger Völkerschlachtdenkmal.

[Nr. 285]
Eine Frage, die keine sein durfte

Es ist bezeichnend für die Epoche, in der wir leben, daß sie die Frage, wie verbringt die Jugend ihre freie Zeit, was tut sie, wenn sie nichts zu tun hat, womit beschäftigt sie sich, wenn sie unbeschäftigt ist, überhaupt als Problem diskutiert. Einerseits zeigt dies unser brennendes Interesse an allem, was die Jugend betrifft, andererseits ist es aber auch ein Zeichen dafür, daß wir der Jugend nicht zutrauen, von selbst das Richtige zu tun.

Die Generationen vor dem Krieg kümmerten sich weniger um solche Dinge. Sie lebten mehr in den Tag hinein, wie sie ja überhaupt sorgenloser existierten. Der einzelne nützte seine Muße, wie es ihm grade gefiel. Er las diese und jene Bücher und bildete seinen Geschmack. Er besuchte auch die Museen, die Theater, hörte Vorträge, zufällig nach Lust und Neigung. Auch versuchten sich viele selbst in den Künsten.

Das Reimen war ein Schulfach, die Poesie, die Musik, die Malerei und auch die Schauspielerei (in der Familie, im Sommergarten) wurden gepflegt und in einer noblen, ein wenig leidenschaftslosen Weise geübt. Und wenn er Geld hatte, reiste der junge Herr nach Italien oder gar um die Welt. Das Ergebnis solcher Bildung, die nach der Schule und neben dem Studium oder der Berufsvorbereitung, erst den Charakter, die Persönlichkeit schafft, war nicht unerfreulich: Der Erwachsene hatte selber etwas erfahren und verstand es, darüber zu berichten.

Heute hat es den Anschein, als ob dem jungen Menschen das Recht der freien Wahl von Fall zu Fall, des Suchens nach dem ihm Gemäßen, genommen und er in Organisationen eingespannt ist. Vor kurzem war es (nach den Stadien der Jugendbewegung) der Sport, der natürlich nur in Vereinen geübt werden konnte. Schon der Schüler trat in eine Fußballriege ein, wurde, ohne daß er es zu merken brauchte, im Gruppengeist seiner Mannschaft erzogen und lebte zum Teil nicht sein, sondern ihr Leben. Er las, wenn er überhaupt las, die Vereinsbibliothek, wie er auch die Theater besuchte, die dem Verein Ermäßigungen gewährten. Und kaum geschah es, daß er irgendwo andere Menschen außerhalb seines Kreises kennenlernte. Mönchisch gradezu (wenn auch berechtigter) wurde dies Leben, sobald der Junge wirklich ein Sportler war, einer, der mit Leib und Seele einem Rekord, einem Sieg nachjagte.

In der letzten Zeit hat der Sport zugunsten der Politik etwas nachgelassen. Das kann ein Vorteil sein. Politik, richtig betrieben und gedacht, ist zweifellos eine bildende, allgemein menschlich und weltanschaulich aufbauende Tätigkeit. Sie verführt leicht zum Studium der Geschichte, gibt ein Weltbild und einen Charakter. In Gruppen geübt, lehrt sie die Diskussion, die Schlagfertigkeit, die Erkenntnisfähigkeit.

Aber es werden nicht alle die gleiche Lust am Politischen finden. Was macht die Jugend wirklich? Die Bibliotheken, die Buchhändler klagen, daß sie zu ihnen nicht kommt. Die Theater versichern dasselbe. Die Schwimmbäder dagegen sind voll von jungen Menschen und auch die Sommerwiesen. Lieben sie das Dolce far niente, das Nur-in-die-Sonne-Blinzeln, das Braunwerden und das Gefühl der schlummernden Kraft? Die Welt begegnet ihnen in der anschaulichen, mühelos aufzunehmenden Form der illustrierten Zeitung. Im Fernen Osten kämpfen Generale; auf den Bildern stehen sie, freundlich lächelnd vor ihren Kanonen; darunter ist ein unaussprechlicher Name zu lesen; was braucht man mehr von China zu wissen? Die alten Weisen kommen da nicht mit. Oder Amerika? Das Kino, das am Abend besucht wird, hat so oft das Treiben am Broadway gezeigt, daß man gut und gerne auf die Lektüre Franklins, Emersons oder Whitmans verzichten kann. Von Deutschland ganz zu schweigen, in dem man lebt und dessen Geschichte man nur im Auszug der Schule kennt. Dieses, von den Dingen nicht mehr als ihre flachste Oberfläche wissen wollen, das einen Teil, einen zahlenmäßig großen Teil der Jugend kennzeichnet, ist vielleicht ihr Schutz, ihre Flucht in die Ruhe vor dem Andrang der großen Unruhe um sie herum. Im übrigen darf man nicht vergessen, daß der Vergleich mit der Jugend vergangener Zeiten hinkt, insofern hinkt, als uns nur von einer qualitativen Auswahl der nicht mehr Lebenden Berichte über die Tage ihres Jungsein überliefert sind.

Die Synthese ist anzustreben. Die Vereinigung von Geist und Körperlichkeit. Kein Buchwissen ist das Wünschenswerte; nicht der wird das Leben bestehen, der am meisten in sich hinein gelesen hat. Aber bestimmt auch der nicht, der die 100 Meter am raschesten läuft. Der Deutsche ist ein Mensch, der dem Ideal der Antike auf seine deutsche Weise oft sehr nahe gekommen ist. Der harmonische Mensch scheint hier trotz aller nordischen Zerrissenheit möglich zu sein. Die besten Deutschen haben sich um ihn bemüht, Goethe wie Hegel, ganz abgesehen von so liebenswerten Schwärmern wie Winckelmann. Wir sollten in unsere Bibliotheken Schwimmbäder bauen und in den Stadien Bibliotheken errichten, und möglich wäre es dann, daß eine preußische Akademie der Jugend die alte platonische in Philosophie und Schönheit überflügeln könnte.

Die Vereinigkeit ist zu begrüßen und nicht der Verein. Ein edles Streben, ein Wettstreit nicht nur auf der Aschenbahn sollte überall einsetzen, eine Aktivität, die dem einzelnen jede Freiheit gestattet, in seiner besonderen Weise seine Persönlichkeit zum Besten aller heranzubilden.

Erstdruck/Druckgeschichte:
ED: *Berliner Börsen-Courier* v. 16. April 1933, S. 5.
Gezeichnet: W. Koe.
Belegstück im Nachlass.
Anmerkungen:
Erschienen auf einer Themenseite zu »Jugend von heute – Wie beschäftigt sie sich? – Wie verbringt sie ihre freie Zeit?«
Editorischer Bericht:
Whitmans: im ED »Whitmanns«
Winckelmann: im ED »Winkelmann«
Stadien: im ED »Stadionen«

[Nr. 286]
Wieder Lunapark. Gestern war Eröffnung

Gestern nachmittag wurde der Lunapark eröffnet. Seit vielen Jahrzehnten besucht der Berliner den Park. In diesem Jahr wird er ein anderes Bild vorfinden; viele alte Gebäude sind abgerissen worden, und neue, luftige, lustig angestrichene Anlagen sind entstanden. Man kann jetzt sagen, daß der Lunapark auch eine Erholungsstätte geworden ist. Am hinteren Ende des Parkes hat man eine Konditorei mit einer großen Liegewiese eröffnet. Bequeme Stühle und weiche Kissen bieten hier dem Besucher die angenehme Möglichkeit, mit einem Blick auf den See sich der Ruhe hinzugeben.

Im eigentlichen Vergnügungspark ist wieder die Gebirgsbahn die Hauptattraktion. Die Kulisse zeigt Garmisch-Partenkirchen. Neu ist auch gleich am Eingang das Gebirgsdorf. Ein netter oberbayerischer Kirchplatz mit Musik und Tanz. Nach der Seite des Parkes zu sind hier neue weite Terrassen angelegt. Auf dem Mittelpodium zeigen Artisten ihre hier immer besonders waghalsigen Künste. In jeder Woche konzertieren fünf verschiedene Kapellen.

Im Mai sind das die Kapelle Fuhsel, eine SA-Standarte, eine Stahlhelmkapelle und die Kapelle des Obermusikmeisters Ahler. Riesenlautsprecher werden die Klänge der Kapellen über den ganzen Park verteilen. Und wer sich das Ganze von oben ansehen will, der kann leicht bekleidet auf dem Sonnendach des Wellenbades seine Blicke auf das bunte, über den See niedergehende Feuerwerk werfen.

Erstdruck/Druckgeschichte:
ED: *Berliner Börsen-Courier* v. 14. Mai 1933, S. 8 (Morgen-Ausgabe).
Gezeichnet: -n.
Kein Belegstück im Nachlass. Text durch das Verfasserkürzel identifiziert.
Anmerkungen:
Lunapark: Am Ostufer des Berliner Halensees. Seinerzeit der größte Vergnügungspark Europas (1909-1934), betrieben von dem Gastronomen August Aschinger.

[Nr. 287]
Großer Garten Berlin.
Nach einem Gespräch mit Erwin Barth,
Professor an der
Landwirtschaftlichen Hochschule

Das Bild der Karte von Berlin zeigt viele grüne Inseln in der Stadt. In dem gelben Meer der Häuser sind sie eine ansehnlich hervorspringende Fläche und eingesponnen in das rote Netz des Verkehrs. Ein Blick vom Flugzeug aus zeigt noch anschaulicher, wie viel Grün es in der Reichshauptstadt gibt. Die gärtnerischen Anlagen der Plätze und Parke bilden aus der Höhe betrachtet mit den Bäumen der Straßenzüge die Einheit eines riesigen Gartens, der Berlin ist. Die Erinnerung der Alten denkt zurück an Kinderspiel und Sonntagnachmittage im Tiergarten, und die Gegenwart der Jungen schätzt die Lagerwiesen der Jungfernheide und die Laufbahnen des Stadions. Berlin war immer eine Stadt, in der die Bäume zwar nicht in den Himmel, aber doch kräftig in die Höhe wuchsen.

Die grünen Anlagen sind aber als öffentliche Idee nicht hier geboren. Die Gärten der Semiramis waren früher da. Auch die des Plinius und Pirro Ligorios Villa d'Este. Der ganze höfisch-französische Stil, wie er in Versailles mit Wasserkünsten und Points-de-vue seinen großartigsten Ausdruck gefunden hat, blieb für Berlin, wenn auch nicht für den Hof in Potsdam, ohne Bedeutung. Den Renaissance-, Barock- und Rokoko-Garten als Gegensatz, nicht als Ersatz der Natur kennen wir hier kaum. Erst nachdem in England die Reaktion gegen den artistischen Stil einer überspitzten Gartenarchitektur einsetzte, erst nachdem Repto die englische Epoche in der Gartenkunst eingeleitet hatte (die Sekell im englischen Garten in München zum ersten Mal in Deutschland anwandte), begann auch in Berlin die romantische Forderung, zur Natur zurückzukehren, Folgen zu zeitigen. Der Berliner Bürger wollte seinen Park. Lenné schuf den Tiergarten, der in seiner Weite und Schönheit zur Freude des Bürgers auch von der Hofgesellschaft besucht wurde. Der Tiergarten war in seinen Anfängen durchaus eine soziale Tat, dazu angetan, die Gegensätze zwischen Adel und Bürgertum zu überbrücken. (Die spätere Tiergartengesellschaft in den Villen an seinem Rande war nur eine logische Folge dieses Anfangs.)

Aber wenn auch der Tiergarten da war und der Schloßpark in Charlottenburg, die Straße Unter den Linden und der Lustgarten, so war Berlin vor dem Kriege doch keine Gartenstadt. London war das bei weitem mehr, und auch mit Paris konnte die deutsche Metropole auf diesem Gebiet nicht konkurrieren. Erst nach dem Kriege und dem latent gewordenen Erholungsbedürfnis des ganzen Volkes änderte sich dies grundsätzlich. Eine größere Freiheit in der Nutzung des zur Verfügung stehenden Raumes brach sich Bahn. Man kam ab von dem Prinzip des Ziergartens, der eingefaßten Beete und der schrecklichen Warnungstafel, die das Betreten des Rasens unter Strafe stellte. Keine Mutter traute sich, ihr Kind von einer bildlichen Leine zu lassen, und ein Ball, der ins Gebüsch fiel, war verloren. Nun dagegen

nahm man sich den Hydepark zum Vorbild,

den englischen Volksgarten mit seinen Wiesen, seinen Planschbecken, seinen Spiel- und Lagerplätzen. Das Publikum sollte nicht mehr zum Spaziergang, es sollte zur wirklichen Erholung in den Park kommen; es sollte in den Grenzen der notwendigen Erhaltung der Anlage und auch der öffentlichen Sitte, tun und lassen können, was es wollte.

Ein Gespräch mit dem früheren Berliner Stadtgartendirektor, dem Professor an der Landwirtschaftlichen Hochschule

Erwin Barth sagt, daß in Berlin viele solcher Volksparks entstanden sind. Sie sind in den einzelnen Stadtbezirken so verteilt, daß es eigentlich jedem ohne Mühe möglich sein sollte, hinaus ins Grüne zu gehen, sich in die Sonne zu legen oder Sportspiele zu treiben. Der eigentliche schreckliche Spaziergang, artig zwei Schritte vor den Eltern, hat für die Kinder sein Ende gefunden. Sie können sich im Gras, wie auch im Sande oder im Wasser herumwälzen nach bester Lust.

Aber nicht nur Erholung, sondern auch sympathische Belehrung will der moderne Stadtgarten der Bevölkerung bieten. Der Großstädter soll den Sinn für das Wirken der Natur nicht verlieren. Besonders das Gefühl der Heimat soll in ihm wachbleiben oder, wo es schon verschüttet ist, geweckt werden. So gibt es Parke, z. B. den Sachsenpark, die ausschließlich die Flora der Mark Brandenburg, die ganze Feld-, Wald-, Wiesen-, Heide-, Moor- und Wasservegetation der Provinz bringen. Das Kind, das in diesem Park seine Jugend erlebt, weiß, dies wächst in dieser Erde.

Man kultiviert also heute Nutz- statt Zieranlagen,

und man kann von einem sachlichen, nämlich sachbedingten Stil der modernen Gartenarchitektur sprechen. Nicht mehr der schöne Anblick ist es, um den es geht, nicht mehr der Sonnenuntergang vom Pavillon gesehen, die Träume der Prinzessin und das Schäferspiel, auch nicht der kiesbestreute Morgenweg einer geheimrätlichen Familie, sondern Licht, Luft und Leben für alle, die Bewohner sind dieser Stadt, heißt die Forderung: Nutzung des Raumes! Aus dieser Forderung entwickelt sich zwangsläufig der neue zweckbedingte Stil, der nicht der von Nymphenburg (o teure Wasserspiele!) und für unsere Anschauung nicht schlechter ist.

Der Architekt sieht sich heute stets einer begrenzten Aufgabe gegenüber. Er weiß: hier entsteht eine Siedlung, ein Häuserblock mit soundsoviel Menschen, ein Platz von dieser oder jener Größe steht für einen Park zur Verfügung, und meine Auftraggeber verlangen von mir, daß ich jeden zufriedenstelle, einen Spielplatz für die Kinder, einen Sportplatz für die Jugend, einen Ruheplatz für die Erwachsenen und alles in allem einen schönen Anblick in beruhigenden Formen schaffe.

Unser Gefühl ist gegen den Irrgarten. Wir pfeifen auch auf Überraschungen. Wir wollen wissen, wie wir schnellstens zur Wiese kommen. Wir haben es eilig, und wir haben auch Sorgen. Beides haben wir leider. Aber, ob wir vom Flugzeug aus, ankommend oder abfliegend, sie sehen, oder ob wir mitten in ihr gehen, im Tiergarten, im Friedrichshain, im Stadtpark Schöneberg, unter den Bäumen des Kurfürstendamms oder den blühenden Kastanien am Lützowufer, Berlin ist eine schöne, grüne Stadt.

Erstdruck/Druckgeschichte:
ED: *Berliner Börsen-Courier* v. 21. Mai 1933, S. 5.
Gezeichnet: Kpn.
Kein Belegstück im Nachlass. Text durch das Verfasserkürzel identifiziert.
Anmerkungen:
Erwin Barth: (1880-1933), deutscher Gartenarchitekt. 1912-1926 Direktor des Gartens Schloss Charlottenburg. 1926-1929 Stadtgartendirektor von Groß-Berlin.
Editorischer Bericht:
Points-de-vue: im ED »Points-des-vues«
Überraschungen: im ED »Ueberraschungen«

[Nr. 288]
   Und wieder neue Zoobewohner

Es ist für die Tiere immer ein entscheidender und für den Betrachter ein rührender Moment, wenn die Neuerwerbungen des Zoologischen Gartens zum erstenmal einem geladenen Publikum vorgeführt werden.

Hinter den Tieren liegt die Freiheit, liegen die Steppe, der Wald, der Schreck des Gefangenwerdens und die Reise über das Meer im Bauch der großen, fremden Schiffe. Vor sich aber haben sie das Gitter des Tierparks oder den Graben der Freianlage, und noch wissen sie nicht, was mit ihnen geschehen wird. Sie zittern in berechtigter Furcht vor den vielen fremden Menschen, die im Kreis sie umzingeln und deren Vorhaben dunkel ist und unergründlich. Später werden sie sich gewöhnen, werden es hinnehmen, daß dies nun der Tage Lauf ist, dies Vorwärts- und dies Rückwärtsgehen im abgesteckten Raum. Und sie werden dann das Angestarrtwerden ertragen und werden ihren Kompromiß mit dem Menschen schließen. Der Mensch ist ja nicht von der Art des Tigers, der übersieht oder tötet. Der Mensch bleibt ja stehen, betrachtet und teilt Zucker aus oder Nüsse, wenn das Tier ihm gefällt. Und das Tier wird sich dem anpassen, wird hübsche kokette Augen machen und wird sich füttern lassen.

Unter den eben im Zoo angekommenen Neulingen befinden sich ein paar europäische Seltenheiten. Zum Beispiel zwei indische Schabrackentapire, die vorne spitz und schwarz und hinten oval und silberfarben und im ganzen so nett wie komisch sind. Ferner Kaninchenmäuse, die in Europa noch niemals lebend zu sehen waren. Und eine weiße abessinische Tota-Meerkatze, von der der Zoo behauptet, sie sei ein einzigartiges Tier. Eine wahre Pracht bilden zwanzig knallrote

Flamingos aus Kuba; sie sollen den Teich am Konzertplatz bevölkern, und man verspricht sich von ihnen ein wirkungsvolles Bild im Abendlampenschein.

Es sind noch viele andere Tiere angekommen. Auch im Stelzvogelhaus, im Hirschrevier, im Pinguinbecken und im Pferdehaus gab es große Begrüßungsszenen. In der Seelöwenanlage verdient eine Pelzrobbe die allergrößte Beachtung. Sie ist sehr kostbar und die Mutter des echten Seal, den wir imitiert und feierlich von den Damen getragen sehen.

Erstdruck/Druckgeschichte:
ED: *Berliner Börsen-Courier* v. 24. Juni 1933, S. 5.
Nicht gezeichnet. Belegstück im Nachlass.
Editorischer Bericht:
imitiert: im ED »imittiert«

[Nr. 289]
Die Schönheit Ostpreußens

Für die meisten Deutschen westlich der Oder ist Ostpreußen leider noch immer eine terra incognita. Die Reise durch den Korridor, die lange Fahrt von Deutschland nach Deutschland, das nicht auszurottende Gerücht von der Rauheit der Sitten und des Klimas schrecken den Vergnügungsreisenden. Die Hauptstadt Königsberg kennen einige, weil sie geschäftlich dort zu tun hatten. Andere wenige kennen die Schönheit der Bäder auf der Nehrung. Was südlicher und östlicher liegt, die eigentliche Provinz Ostpreußen kennt nur der Ostpreuße.

Zu Unrecht. Das Land ist schön, und die Landschaft hat hier noch den ganzen Reiz eines etwas weniger von der Zivilisation nivellierten Zustandes. Ob man im Samland, im Ermland, in Masuren oder im Gebiet des Pregelstroms reist, überall wird etwas Ursprüngliches, etwas Wild-Romantisches das Auge erfreuen. Riesige Wälder, weite Seen, Berge und Täler von tausend Flüssen durchschnitten, machen das ganze Gebiet zu einem idealen deutschen Naturschutzpark. Der Amerikaner fährt tagelang nach Kanada, um in der Einsamkeit der großen Wälder sich beim Fischfang zu erholen. Der Deutsche brauchte zum gleichen Tun nur einen halben Tag lang nach Nikolaiken beispielsweise zu fahren. In diesem im Wald versteckten Fischerdorf am großen Spirdingsee könnte er gut sein ganzes Jahrhundert vergessen und sich einzig dem Erleben einer starken Natur hingeben.

Wer einmal in Ostpreußen war, wird wiederkommen. Wenn am Abend die Sonne über dem kleinen Dorf versinkt, wenn der Tannenwald eine schwarze Mauer wird, die den guten Geruch von Harz, Waldbeeren und Kattick hält, wenn der See einem dunkeln Spiegel gleicht, in dem die nackten jungen Burschen, die die Pferde schwemmen, versinken –, dann ist das eine Schönheit, die man nie vergißt.

Ein Kulturland

Ein höhnender Spruch sagt: »Wo sich aufhört der Kultur, da sich anfängt das Masur.« Einem Beamten, der nach Ostpreußen versetzt wird, kondoliert man, als ginge es in die Verbannung. Man hat allgemein eine falsche und ungerechtfertigte Vorstellung von diesem Land.

Ostpreußen war eine Kolonie. Eine Kolonie des Preußentums. Die Ritter des deutschen Ordens haben sie geschaffen und haben sie kultiviert. Heute noch stehen ihre Burgen in den Städten, die von den Rittern ihre Namen tragen. Aber wenn Ostpreußen auch eine Kolonie war und seinen kolonialen Charakter im gewissen Sinne nie verleugnet hat, so war es doch nie ein Land der Unkultur oder der Barbarei. Die Ritter waren Pioniere und waren Lehrer. Sie führten nicht nur das Schwert, sondern auch den Pflug, das Ackergerät und den Schreibstift des Gelehrten. Wo sie sich niederließen, entstanden Siedlungen, Schulen, Kirchen, Markt- und Handelsplätze, waren Arbeit, Verantwortung und Bemühung. Eine Bemühung, der früh schon Erfolg beschieden war. Seit Jahrhunderten ist Ostpreußen in so selbstverständlichem Besitz jeder deutschen Kultur, daß man sich wundert, es manchmal betonen zu müssen. Eine Reihe von Namen bedeutender Männer bestätigt das Land und seine Bewohner in der Geschichte des menschlichen Geistes.

Erstdruck/Druckgeschichte:
ED: *Berliner Börsen-Courier* v. 26. Juni 1933, S. 12.
Nicht gezeichnet. Belegstück im Nachlass.
Anmerkungen:
Kattick: volkssprachl. für Wacholder.
»*Wo sich aufhört der Kultur, da sich anfängt das Masur*«: Vgl. *Es war einmal in Masuren*, S. 9.
Editorischer Bericht:
Nikolaiken: im ED »Nickolaiken«

[Nr. 290]
Die Brücke gen Pergamon

Der Messelsche Entwurf für die Museumsbauten auf der Museumsinsel in der Spree stellte das Pergamon-Museum so dar, daß vom völlig umzugestaltenden Kupfergraben eine prunkvolle Brücke, ein Rialto der Kunst, in den weiten

Ehrenhof des Museums zu führen habe. Die Ausführung hinderte der Krieg. Die Bauarbeiten ruhten; und als nach dem Kriege die Erben des Messelschen Plans, der Berliner Stadtbaurat Hoffmann und der aus dem Felde heimkehrende Architekt Wille, das Werk vollenden wollten, da fehlte es überall an den Mitteln für das Notwendigste, und der bekannte Museumskrieg begann. An den Bau der Brücke war nicht zu denken.

Es war die Situation eines Witzes. Vom Kupfergraben aus konnte man jenseits des Spreearmes den Ehrenhof und das weite Tor sehen, das zu dem Altar von Pergamon führen sollte, aber wer diesen Weg (den einzig richtigen zum Altar, statt des den Eindruck mindernden Umweges durch die Gänge des Museums) gehen wollte, der mußte erst mal den Fluß durchschwimmen. Kein Steg führte hinüber. Ein Fährmann hätte sich niederlassen und in seiner Tätigkeit ein antikes Bild schon vor den Sammlungen der Antike geben können.

Nun aber hat man sich plötzlich und in aller Heimlichkeit entschlossen, den unwürdigen Zustand zu ändern. Reichen die Mittel auch heute noch nicht zu einer Brücke von Stein, so scheint ein Eisenbogen doch erschwinglich zu sein. In Schlesien hat man ihn bestellt. Auf 30 gekoppelten Eisenbahnwagen wurde er zum Westhafen transportiert, dort auf Lastkähnen zum Brückengerippe montiert, um gestern fertig zum Ort seiner Bestimmung getragen zu werden.

Rot ruht er auf seinen Pfeilern und verbindet in makellosem Schwung die beiden Ufer. Beschreiten kann man ihn noch nicht, die Füllung, um den Schritt sicher zu leiten, fehlt. Aber es ist zu hoffen, daß, wenn die Lücken gefüllt, nicht mehr viel an diesem Brückensteg zu tun ist, daß er den kargen und edlen zweckdienlichen Charakter seiner rohen Form behält, um, ein Ersatz zwar, aber doch ein dem Stil ge-

fällig sich anpassender, nun bald das verwunschene Portal
auf der Insel dem Wege zu öffnen.

Erstdruck/Druckgeschichte:
ED: *Berliner Börsen-Courier* v. 22. Juli 1933, S. 5.
Nicht gezeichnet. Belegstück (mit Vermerk von anderer Hand:
»Börsen-Courier, W. Koeppen«) im Nachlass.
Anmerkungen:
Der Messelsche Entwurf: Alfred Messel (1853-1909), deutscher Architekt, der vor allem für seine Warenhausbauten bekannt war
(z.B. Warenhaus Wertheim am Leipziger Platz, Berlin, 1896-1906).
Entwurfsplanung für das zweite Pergamonmuseum (1906-1908).
Berliner Stadtbaurat Hoffmann: Ludwig Hoffmann (1852-1932);
als Berliner Baustadtrat der Kaiserzeit u.a. Architekt des Virchow-Krankenhauses, des Märkischen Museums und des Märchenbrunnens im Volkspark Friedrichshain. Beauftragt, das Pergamonmuseum nach dem Entwurf Messels nach dessen Tod zu Ende zu
bauen (1909-1930).
Wille: Wilhelm Wille (Lebensdaten nicht ermittelt) war gemeinsam
mit Walter Andrae (1875-1956) für die Errichtung der Vorderasiatischen Abteilung des Pergamonmuseums zuständig.

[Nr. 291]
Tempelspuk am Königsplatz

Am Königsplatz in München spukt's am hellen Tage. Da
spielt einer augenblicklich: »Größter Baumeister aller Zeiten«. Auf dem Fundament eines der gesprengten »Ehrentempel« wurde ein Phantom aus Gips und Holz errichtet,
wie zu Adolf Hitlers Zeiten: ein antiker Tempel. Zum Unterschied von Adolf Hitlers Tempel ist er nicht offen, sondern
geschlossen, im übrigen genau so scheußlich.

»Was geht hier vor?«, fragt sich der Besucher der ehemaligen »Hauptstadt der Bewegung«, und man kann ihm zunächst nur antworten: Hier geht etwas nach, nämlich die Uhr der Zeit. Darüber hinaus ist es eine komplizierte Sache, wie alles in Bayern.

Nach dem Kontrollratsbeschluß müssen die Denkmäler des Nationalsozialismus und des Militarismus entfernt werden. Dafür wurde ein Termin gesetzt, der im Anfang dieses Jahres lag. Die Ehrentempel am Königsplatz fielen zweifelsfrei unter diesen Beschluß. Die *Neue Zeitung* machte damals darauf aufmerksam, daß es vielleicht genügen würde, die Tempel umzubauen. Es ist nämlich ein teures Unterfangen, sie zu entfernen, weil Adolf Hitler sie sehr massiv hat unterkellern lassen, wie er in seinem baumeisterlichen Stumpfsinn überhaupt den ganzen Platz mit einer dicken Betondecke überziehen ließ, ehe er ihn mit Steinplatten schloß. Umbauen, sagten wir damals, kostet nicht mehr als sprengen, denn mit dem Sprengen des Oberteils der Tempel ist es nicht getan, es müssen auch die Fundamente herausgerissen werden, eine kostspielige und zeitraubende Arbeit.

Die Überlegungen der *Neuen Zeitung* gingen damals auf eine Anregung des Baumeisters Dr. Sattler zurück, der zu dieser Zeit als Architekt im »Collecting Point« arbeitete, einer amerikanischen Stelle, die in den sogenannten »Führerbauten« hinter den »Ehrentempeln« untergebracht ist. Die Öffentlichkeit reagierte auf die Veröffentlichung der *Neuen Zeitung* zum Teil zustimmend, teils sagte sie aber auch, man sollte doch einen Wettbewerb ausschreiben, um zu der besten Lösung der Sache zu kommen.

Der bayerische Ministerrat jedoch reagierte ganz anders. Er ließ die Tempel sprengen und hatte zwei Fliegen mit einer Klappe geschlagen. Erstens hatte er seine loyale und antifaschistische Haltung bewiesen und zweitens hatte er gezeigt, daß er sich nicht dreinreden läßt, in überhaupt nichts dreinreden.

Gut! In der weiteren Folge jedoch trat die Regierung zurück, und die neue Regierung holte den Baumeister Sattler als Staatssekretär ins Kultusministerium. Sattler, um das Schicksal des Königsplatzes besorgt, berief ein Gremium von zwanzig Baumeistern, eine Art von beschränktem Wettbewerb: und stellte ihm die Aufgabe zu sagen: ob man die Tempel wieder aufbauen sollte oder nicht, denn die vier Meter tiefen Fundamente können ja so nicht liegenbleiben wie sie liegen. Dieser interne Wettbewerb ist noch nicht abgeschlossen. Inzwischen ist aber bekannt geworden, daß zehn Architekten, und zwar meist die Vertreter der modernen Richtung, sich gegen die Bebauung ausgesprochen haben. Sie wollen die Fundamente beseitigt wissen und den Platz an dieser Seite bepflanzen. Die Baumkulisse soll auch die »Führerbauten« zurückdrücken und so dem Ganzen wenigstens in etwa seine ursprüngliche Schönheit zurückgeben. Ein endgültiger Spruch aber ist von den zwanzig Baumeistern noch nicht abgegeben worden.

Wahrscheinlich, um diesem Spruch zuvorzukommen und um zu beweisen, daß ihm niemand etwas hineinzureden habe, aber auch gar nichts hineinzureden, hat der bayerische Ministerrat beschlossen, auf die Fundamente zwei Gebäude zu setzen. Er hat einen bayerischen Regierungsbaumeister beauftragt, Entwürfe auszuarbeiten, und dieser Mann nun ist es, der da mit reinen antiken Phantomen am Königsplatz herumspukt.

In Bayern geschehen am laufenden Band verwunderliche Dinge, die aus der Nähe besehen nur von gravitätischer Komik sind, die aber im übrigen Deutschland nicht als so harmlos verstanden werden. Die Frage des Königsplatzes in München ist keine lokale Angelegenheit, wie es der bayerische Ministerrat wohl ansieht. Die Geschichte des schönen Platzes und seine barbarische Verschandlung waren dem übrigen Deutschland, ja der kunstliebenden Welt, ebenso schmerzlich wie den Bayern. Seine Wiederherstellung ist eine Angelegenheit, mit der Bayern vor Deutschland und vor der Welt bestehen muß. Das kann aber nur geschehen, wenn man die Sache in demokratischen Formen betreibt, wenn man die Öffentlichkeit an den Bausorgen des bayerischen Ministerrates beteiligt. Sprengen und Wiederaufbauen. Beschluß gegen Beratung. Desavouierung des eigenen Staatssekretärs und vor allem die mißtrauische Reaktion auf jede Äußerung der Öffentlichkeit, dieses »Rin und raus aus die Kartoffeln«, nur um sich selbst als Herrn im Haus zu beweisen, damit amüsiert man seinen Ludwig Thoma, wenn man das Glück hat, ihn zu haben, aber Häuser und gar königliche Plätze baut man damit nicht.

Erstdruck/Druckgeschichte:
ED: *Neue Zeitung* v. 21. November 1947.
Gezeichnet: W. K.
Kein Belegstück im Nachlass. Text durch das Verfasserkürzel ermittelt.
Anmerkungen:
Dr. Sattler: Carl Sattler (1877-1966), deutscher Architekt und Hochschullehrer. U. a. Planung des Sanatoriums und Erholungszentrums Elmau (1914-1916) wie des Harnack-Hauses, Berlin-Dahlem (1928-1929). Von 1945 bis 1953 Wiederaufbau des Palais Porcia für die Bayerische Vereinsbank, München.
Editorischer Bericht:
waren dem übrigen Deutschland: im ED »war dem übrigen Deutschland«

Anhang

Vorbemerkung

Diese Ausgabe der *Werke* von Wolfgang Koeppen präsentiert zum ersten Mal sämtliche literarischen Arbeiten des Autors (Romane, Erzählungen, Feuilletons, journalistische Arbeiten, Texte für den Rundfunk, Film und Fernsehen, Gedichte, Interviews), soweit sie nicht als vom Autor verworfene Vorstufen gelten müssen.
Für die Edition konnte der Nachlass herangezogen werden, der sich im Wolfgang-Koeppen-Archiv, Greifswald, befindet. Dort werden auch, unter anderem, 4500 Seiten unpublizierte Manu- und Typoskripte aufbewahrt. Sie werden entweder im Textteil oder im Anhang der entsprechenden Bände wiedergegeben. Auf den Abdruck von Varianten wird – mit der Ausnahme von *Jugend* – verzichtet.
Die *Werke* folgen bei den Romanen und Reisebüchern in der Bandaufteilung dem Prinzip, die Zusammenfassung von selbständigen Buchpublikationen in einem Band zu vermeiden, reservieren also für die fünf Romane, die drei Reisebücher und *Jugend* jeweils einen Band. Die übrigen Texte werden nach Gattungskriterien in einzelnen Bänden zusammengestellt.
Jeder Band enthält zusätzlich einen Anhang. Er zeichnet die Entstehung des oder der Texte nach, beschreibt deren Wirkungsgeschichte und erläutert im »Editorischen Bericht« detailliert die Entscheidungen, die zur präsentierten Textgestalt geführt haben. Die *Werke* folgen, mit Ausnahme von offensichtlichen Satzfehlern, den Erstdrucken in Orthographie, Zeichensetzung sowie den wichtigen typographischen Merkmalen. Hinweise auf Parallelstellen in anderen Werken, Sacherläuterungen und Worterklärungen erfolgen aus Umfangsgründen nur in Ausnahmefällen.

Kommentar

Als Hitler am 30. Januar 1933 zum Reichskanzler ernannt wurde, war der sechsundzwanzigjährige Wolfgang Koeppen »Mitglied der Feuilleton- und Theaterredaktion« des *Berliner Börsen-Courier*. Seit wann genau er dort fest angestellt war, darüber gibt es außer einem Presseausweis, der auf den 1. September 1932 datiert ist, keine – von seinen späteren Selbstaussagen unabhängige – Quelle (vgl. Abb. 1). Fest steht indes, dass diese Beschäftigung beim *Berliner Börsen-Courier* lebenslang Koeppens einzige Festanstellung bleiben sollte. Wie es dazu kam, erzählte Koeppen – wie so oft, wenn er in der Rückschau autobiographische Details thematisierte – in vielen Variationen. Mal gab er an, der Feuilletonchef des *Börsen-Courier*, der berühmte Theaterkritiker Herbert Ihering (1888-1977), sei schon während Koeppens Zeit als Regieassistent am Würzburger Theater 1926/27 auf ihn aufmerksam geworden.[1] Bei anderer Gelegenheit erzählte er, Ihering habe ihn Anfang der 1930er Jahre brieflich zum Vorstellungsgespräch eingeladen und anschließend sofort fest engagiert.[2] Ein etwas weniger schmeichelhaftes, für journalistische Karrieren indes typischeres Rekrutierungsmuster scheint angesichts der Quellenlage glaubwürdiger: Im Gespräch mit Walter Schmitz 1984 räumt Koeppen ein, er habe »damals aus Geldnot angefangen«, sich »in Berlin journalistisch zu betätigen«[3], mal für kommunistische, mal für Boulevard-Blätter geschrieben und sich damit durchgeschlagen, bis ihn Ihering anhand dieser Publikationen als journalistisches Talent identifiziert und zur Mitarbeit beim *Berliner Börsen-Courier* eingeladen habe.

In dem hier vorliegenden Band sind alle bisher bekannten

---

1 *WKW* 16/194.
2 *WKW* 16/645.
3 *WKW* 16/280.

journalistischen Texte Koeppens aus dieser Zeit versammelt. Es zeigt sich, dass Koeppen zuerst im September 1930 im *Börsen-Courier* publizierte, das Jahr 1931 hindurch sporadisch, nach einer Episode von November 1931 bis Mitte Januar 1932, in der er vor allem als Filmkritiker für das Boulevard-Blatt *B. Z. am Mittag* (aus dem Ullstein Verlag) schrieb, spätestens ab April 1932 dann als regelmäßiger Beiträger ausschließlich für den *Börsen-Courier* tätig war, teils auch mehrmals am Tag, sodass eine feste, auch vertraglich geregelte Mitarbeit wahrscheinlich ist. Sie bestand ohne Unterbrechung bis Ende Dezember 1933, bis der *Börsen-Courier* sein Erscheinen einstellen musste und von der NS-Kultusbürokratie mit der linientreuen *Berliner Börsen-Zeitung* zwangsfusioniert wurde. Für den Mitarbeiter Koeppen gab es danach keine Verwendung mehr. Der reiste vielmehr nach Italien – mit einem Vorschuss des jüdischen Verlegers Bruno Cassirer – und schrieb seinen ersten Roman *Eine unglückliche Liebe*, der 1934 im Deutschland des ›Dritten Reiches‹ erscheinen konnte. Fortan und bis zuletzt sah Koeppen sich in erster Linie als Romanschriftsteller. Der vorliegende Band dokumentiert, dass er bereits zuvor mindestens drei Jahre lang vom Schreiben gelebt hatte – vom journalistischen Schreiben.

Mit Blick auf den 30. Januar 1933 sind das hier versammelte Korpus und der hier angedeutete werkbiografische Abriss in zweierlei Hinsicht bedeutsam:

1) Koeppen verdankte seinen journalistischen Aufstieg nicht erst der zwangsweisen Demission jüdischer Mitarbeiter bei einer liberalen Tageszeitung nach der Machtübernahme der Nationalsozialisten. Festgeschrieben beim *Berliner Börsen-Courier* hatte sich der Jungjournalist schon Monate vorher. Nicht ausgeschlossen indes, dass er ab Februar 1933 mehr zu tun hatte, weil die jüdischen Mitarbeiter des *Börsen-Courier* ins Exil getrieben oder nicht mehr offiziell beschäftigt werden durften.

2) Der quantitativ bedeutendste Anteil der hier versammel-

ten journalistischen Texte Koeppens fällt in die Jahre 1932 und 1933. An seiner Karriere als Journalist lässt sich auch das Ende der Weimarer Republik und der Übergang in die Diktatur aus der Perspektive des hauptstädtischen Feuilletons nachvollziehen. Und das gleichsam von der Hinterbank aus. Denn unabhängig von der Frage, ob Koeppen tatsächlich verantwortlicher Redakteur oder nur fester Mitarbeiter des *Börsen-Courier* war, gehörte er dort ohne Zweifel nicht in die erste Reihe des Feuilletons. Kulturpolitische Leitartikel, die ein Bekenntnis zu den neuen Machthabern des ›Dritten Reiches‹ abgaben, waren ihm nicht abverlangt. Dafür waren die prominenten Edelfedern des *Börsen-Courier*, Hans Baumgarten, Josef Adolf Bondy, Oscar Bie oder Herbert Ihering, zuständig. Koeppen hingegen betrieb weiter das feuilletonistische Tagesgeschäft: berichtete über Varieté-Premieren im Wintergarten (vgl. Nr. 86, S. 209 f.), glossierte Ufa-Filme im Atrium (vgl. Nr. 230, S. 494 ff.), rezensierte das neue Buch von Ortega y Gasset über die Liebe (vgl. Nr. 162, S. 344 ff.) oder huldigte einem Pferd namens Hans im Berliner Tiergarten (vgl. Nr. 282, S. 591 ff.). Und dennoch schreibt sich die neue Zeit – mal subkutan, mal unüberhörbar – immer weiter in seine Zeitungstexte ein. Koeppens journalistisches Werk nach dem 30. Januar 1933 zeigt nicht zuletzt auch, wie das weltberühmte Berliner Hauptstadtfeuilleton der Weimarer Republik im Laufe des Jahres 1933 unfrei und zum Sprachrohr der Diktatur wurde.

Koeppen hat später sein Schreiben für die Zeitung als einen seiner vielen »Umwege zum Ziel«[1] bezeichnet. Sein Ziel, vom guten Ende aus retrospektiv betrachtet, sollte immer schon gewesen sein: als freier Schriftsteller zu arbeiten: »Ich wusste, ich würde ein Buch schreiben. Eines Tages.«[2] Demgegenüber wird das frühere journalistische Schreiben eher als bisweilen unterhaltsame Brot-, Fleiß- und Routinetätig-

---

1 *GW* 5/250-252.
2 *GW* 5/311.

keit qualifiziert: »Der *Börsen-Courier* war meine fleißige Zeit. Ich schrieb über alles und viel [...] Befriedigte es mich? Es machte mir Spaß! Zuweilen sah ich meine Tage als verloren an und blieb im Bett. Ich wollte Bücher schreiben, ich sagte, sehr dicke Bücher, neunhundert Seiten schwer, es war mein Aufstand gegen das Feuilleton.«[1] Das schrieb Koeppen 1974. Als sich dann die Herausgeber der ersten Werkausgabe – Marcel Reich-Ranicki, Hans-Ulrich Treichel und Dagmar von Briel – in den frühen 1980ern erstmals konkret und mit Wiederveröffentlichungsinteresse für diese Zeitungstexte interessierten, war Koeppen auf beredte Weise zurückhaltend. Fürchtete er die Wiederbegegnung mit diesen Texten, nicht die eigene in erster Linie, aber die seiner Leser? Sah er seinen Ruf als nonkonformistischer Autor, als zorniger Kritiker der Nachkriegs-BRD in Gefahr, wenn Zeitungstexte aus dem Jahr 1933 bekannt würden? An Marcel Reich-Ranicki schrieb er am 10. Januar 1981 und schildert eine fast topische Fundszene: den Dachboden mit dem staubigen Koffer, voll mit vorgeblich Vergessenem. Auch dies eher ein Stück autobiographische Prosa:
»[I]ch habe nun doch getan, wovor Sie mich warnten, den Koffer im Speicher unter Gerümpel gefunden, das Schloß gesprengt, und herausbrach ein gelebtes Leben, eine begrabene Zeit, nicht glücklose Anfänge vertan, verspielt. Ich sitze betroffen, verstört vor einem Scheiterhaufen, den ich anzünden würde, hätte ich eine Feuerstelle [...]. Also der Börsen-Courier. Vergilbtes Papier, von Mäusen angenagt. Mädchen, die mir wichtig waren. Ich betrachte das alles kalt. Anfälle von Wehmut und Wut, nicht aus den Arbeiten, nur aus den Ereignissen um sie herum. Ein munteres Schreiben für den Tag. Kleine Polemik gegen längst Tote. Am besten gefallen mir noch die Theater- und Filmkritiken. Warum habe ich das aufgegeben? Skizzen, Erzählungen, eher Fragmente nicht geschriebener Romane. Ein paar Reporta-

---

1 *GW* 5/312.

gen, die Spaß machten. Kein großer Literaturartikel. Wiedergabe exzentrischer Empfindungen bei der Lektüre einiger Bücher. Vorlieben oder Träume auf fremden Seiten. Groteske Situation: ich kritisiere einen belanglosen Theaterabend und die Hauptzeile des Blattes ›Löbe im Konzentrationslager‹[1]. Es gab noch Schlimmeres. Zuletzt redigierte ich das Literaturblatt. Anständig unter den Verhältnissen von 1933. Mitarbeiter noch Erich Franzen, Günter Stern (Günter Anders), Hans Sahl und andere. Aber die Anlässe interessieren nicht mehr.
Die meisten BC-Beiträge sind kurz, 1-2 Schreibmaschinenseiten. Ich werde 3 oder 4 der längeren aussuchen und Ihnen Copien schicken. Vielleicht sollte man nichts nehmen.«[2]
Wie viel Ambivalenz kann eine solche Dachbodenerzählung ertragen? Erst will der Herausgeber und Briefempfänger Reich-Ranicki Koeppen sogar gewarnt haben, da hinaufzugehen. Der also, der doch gerade Auskunft über dieses Zeitungswerk wünscht. Dann möchte Koeppen seine journalistischen Texte am liebsten sofort dem Scheiterhaufen übergeben, eine Zeile weiter wieder alles ganz »kalt« betrachtet haben. »Wehmut und Wut«, die ihn bei der Wiederbegegnung mit diesen Zeitungsausrissen befallen haben sollen, dann wieder konzediert er sich selbst ein ganz »munteres Schreiben für den Tag«, gelungene Polemik, »Reportagen, die Spaß machten«. Vor allem: »Anständig« geblieben sei er 1933 (merkwürdig, dass diese seit Himmlers Posener

---

[1] Am 28. Juni 1933 berichtet der *Börsen-Courier* (Nr. 296, S. 2) über dem Strich über die Verhaftung sieben führender SPD-Funktionäre. Unter dem Strich bespricht Herbert Ihering in einem Dreispalter die Funkdichtung *Eine preußische Komödie* von Hans Rehberg. Koeppen daneben auf 25 Zeilen einen Kammerspielabend der Werkgemeinschaft für Wortkunst im Harnack-Haus in Berlin-Dahlem: »Ein Ensembleabend« (vgl. Nr. 91, S. 217). Merkwürdig, dass genau dieser Zeitungsausriss, auf den Koeppen hier brieflich hinweist, in seinem Nachlass 1996 dann nicht mehr auffindbar war.
[2] *WKA* KB 20-24063.

Rede kontaminierte Formel aus dem Vokabular der »Banalität des Bösen«[1] nicht gemieden wird ...), dann wieder ist es ihm lieber, gar »nichts« dieser frühen journalistischen Texte zu »nehmen« für die Werkausgabe.

Kaum erklärlich dann auch, dass Koeppen im Anhang zu diesem Brief dem Herausgeber keineswegs nur »3 oder 4 der längeren« Zeitungsartikel aussucht, sondern eine ganze Liste von vor allem Literaturrezensionen (vgl. Abb. 2) für die Werkausgabe vorschlägt, darunter auch einen Text vom April 1933 über den Blut-und-Boden-Dichter Emil Gött (vgl. Nr. 163, S. 348 ff.). In dem sich Sätze finden wie: »Emil Gött, der das Volk suchte, es über alles liebte und sein ganzes Dichtertum in seinen Dienst stellte, ist vom Volk vergessen worden [...]. Es war ein deutscher Dichter, ein Poet der Heimat und der Scholle, ein reiner Streiter gegen den Geist der großen Städte [...]. Und Gött bearbeitet mit dem Pflug den Boden. Sein Bauer-Werden ist ihm so ernst wie sein Dichter-Sein.« Der jüdische Herausgeber Reich-Ranicki – ein Holocaust-Opfer und zeitlebens Koeppens größter publizistischer Förderer – war so taktvoll, diesen Vorschlag nicht aufzugreifen, und ersparte der ersten Werkausgabe (die 1986 ff. erschien) den Abdruck dieser Rezension aus den ersten Monaten der NS-Diktatur. Hatte Koeppen ihn überhaupt wiedergelesen? Wie viel Ambivalenz kann eine solche Dachbodenerzählung ertragen?

Die vorliegende Werkausgabe versammelt alle bislang ermittelten Koeppen-Texte für die Zeitung bis 1948. Seinen ersten schrieb Koeppen schon als 17-Jähriger 1923 im heimischen Greifswald (vgl. Nr. 34, S. 129), eher ein längerer Leserbrief denn ein Artikel, in dem der kunstbeflissene Schüler für eine Verlängerung der Theaterspielzeit auch in den Sommermonaten plädiert – und das ausdrücklich auch im Namen der Theaterbeschäftigten (kein Wunder: seine Mutter

---

[1] Vgl. Hannah Arendt: *Eichmann in Jerusalem. Ein Bericht von der Banalität des Bösen*. München 1986.

war am Greifswalder Theater seinerzeit als Souffleuse beschäftigt). Der zweite aus dem gleichen Jahr ist dann schon ein kleines Traktat zur Verteidigung der Avantgarde: »Mode und Expressionismus« (vgl. Nr. 1, S. 9 ff.), in welchem den Lesern der *Greifswalder Zeitung* erklärt wird, warum der expressionistische Stil ein »symbolisches Bild der Zeit« erzeugt. Die emphatische Hinwendung des Schülers zum großstädtisch empfundenen Expressionismus (auch als Protest gegen den wilhelminisch-provinziellen Kunstgeschmack seiner Heimatstadt) hat Koeppen stets betont: »Mein Gesangbuch waren die schwarzen Hefte der expressionistischen Dichter im *Jüngsten Tag*. Die Familien lasen das schwarz-weiß-rote Provinzblatt oder den *Lokalanzeiger*. Ich kaufte am Bahnhof die *Weltbühne*, das *Berliner Tageblatt*, den *Vorwärts*, die *Rote Fahne*. Die Mitschüler marschierten im Ludendorff-Bund. Ich marschierte nicht. Ich jagte allein.«[1] Über den Artikel »Mode und Expressionismus« schrieb Koeppen später: »Ich veröffentlichte von der Schulbank in unserer Stadtzeitung einen Aufsatz über den poetischen Expressionismus und wurde meinem Deutschlehrer unheimlich«[2] (vgl. Abb. 3). Dass dieser einsame Jäger im Zeitungsdschungel der Greifswalder Bahnhofsbuchhandlung dann, als er später in der Hauptstadt journalistisch-literarisch Fuß zu fassen versuchte, tatsächlich selbst einzelne Artikel in den lesebiografisch offenbar so bedeutsamen Journalen wie der *Roten Fahne* (vgl. Nr. 2, S. 11 ff. u. Nr. 3, S. 17 ff.) und in Ossietzkys *Weltbühne* (vgl. Nr. 193, S. 439 ff.) platzierte, wird ihm große Genugtuung verschafft haben.

Als eine weitere Vorschule des feuilletonistischen Schreibens darf man Koeppens Intermezzo als Dramaturgie- und Regieassistent am Würzburger Theater in der Spielzeit 1926/27 ansehen. Dort publizierte er fürs örtliche Programmheft und übte sich sowohl im literarischen Porträt (von Lenz

---

1 *GW* 5/251.
2 *GW* 5/310.

und Grabbe, vgl. Nr. 133, S. 283 ff. u. Nr. 134, S. 287 ff.) als auch in der Stückebeschreibung (Schillers *Tell* und Grillparzers *Medea*, vgl. Nr. 38, S. 136 ff. u. Nr. 39, S. 139 ff.), vor allem aber in der schneidigen Polemik: sein Text »Schund« (vgl. Nr. 37, S. 133 ff.), eine Kritik am »Gesetz zur Bewahrung der Jugend vor Schmutz- und Schundschriften«, das der Reichstag am 3. Dezember 1926 verabschiedet hatte (»Pfui! Unanständiger Götz, schamlose Stella, gefallenes Gretchen! Die moralische Zeit verachtet Euch! [...] Hütet Euch: im Parkett wacht die Polizei!«), wurde »auf Betreiben des Stadtrats aus dem Verkehr gezogen und eingestampft. Es war eine schöne Zeit«[1], schrieb Koeppen 1978 in »Als ich in Würzburg am Theater war«. An diesen Theaterskandal in der Provinz habe der Großkritiker Herbert Ihering sich erinnert, als Koeppen dann in Berlin journalistisch zu reüssieren versuchte, so Koeppen später in Interviews.
Koeppen ging auch deshalb 1927 nach Berlin, weil das Würzburger Theater ihn nicht weiterbeschäftigen konnte. Wovon er dort lebte, bleibt undurchsichtig. Er volontierte – wie so viele zugereiste Adepten des progressiven Theaters – an der Piscator-Bühne am Nollendorfplatz. Zu verdienen gab es da nichts. Am wahrscheinlichsten ist, dass Koeppen in den Jahren 1927 bis 1931 vor allem von seiner Lieblingstante Olga Köppen und ihrem Mann Theodor Wille, die in Reinfeld/Holstein lebten, finanziell über Wasser gehalten wurde.[2] Im Nachlass Koeppens hat sich ein Notizbuch Willes erhalten, in dem verschiedene Berliner Adressen des jungen Wolfgang Koeppen als möblierter Herr und seine Kontonummer überliefert sind (vgl. Abb. 4). Welche Faszination trotz aller Prekarität die Metropole Berlin auf den kaum

---

1 *GW* 5/337.
2 Zu den beiden und ihrem Verhältnis zu Koeppen vgl. Jörg Döring: »Kommentar« in *WKW* 2/325-343; Hiltrud u. Günter Hänztschel: »*Ich wurde eine Romanfigur*«. *Wolfgang Koeppen 1906-1996*. Frankfurt a. M. 2006, S. 39 ff.

23-Jährigen ausübte, das hat Koeppen in vielen Interviews und autobiografischen Texten beschrieben – »Eine schöne Zeit der Not«:

»[N]ur in der Hauptstadt, allein in Berlin waren Geist und Gesellschaft von alten Fesseln befreit, die Künste nutzten ihre Chance, neue Ideen wurden produziert, neue Techniken entwickelt, die Literatur korrespondierte mit der Welt, nach einem Wort von Gottfried Benn fanden die abendlichen Kulissenverschiebungen statt, glanzvolle Aufführungen, eine neue Moral wurde diskutiert, Berlin war liberal und provokant, ich wollte teilhaben, ich atmete diese Luft, Berlin entzückte den Kopf, aber es füllte den Magen nicht. Überall der letzte Schrei; doch ein junger Mensch galt nichts. Wovon leben? Es gab keine Möglichkeit eines Jobs. Und hätte es einen Job gegeben, Tausende wären ihm nachgelaufen […]. Die Zeitungen wollten Redakteure mit Lebenserfahrung, und alle Stühle waren besetzt. Ich schrieb für den Tag, ich wurde gedruckt, ich wanderte zehnmal zu Fuß durch Berlin zu den großen Pressehäusern, um endlich das Honorar zu empfangen.«[1] An anderer Stelle: »Ich lebte von nichts und entwickelte mich zu einem Gespenst zwischen Charlottenburg und dem Bülowplatz. Ich liebte Berlin, ich liebte seine Wärme und seine Kälte, ich liebte die Schönheit seiner häßlichen preußischen Straßen […].«[2]

Wenn Koeppen den viel beschworenen großen autobiographischen Roman fertig geschrieben hätte, an dem er zeit seines Lebens gescheitert ist,[3] dann würde dieser Roman sehr wahrscheinlich auch eine Textstelle enthalten, die sich auf einem unbetitelten und nicht datierten Typoskript im Nachlass befindet. Es erzählt von seiner Ankunft im Berliner Zei-

---

1 *GW* 5/311.
2 *GW* 5/251.
3 Vgl. dazu *WKW* 11: *Romanfragmente*. Hrsg. v. Walter Erhart u. Hans-Ulrich Treichel. Berlin 2024; Walter Erhart: *Wolfgang Koeppen. Das Scheitern moderner Literatur*. Konstanz 2012.

tungsviertel Ende der 1920er Jahre und dem Milieu, das er dort antraf – eine fast Balzac'sche Szenerie, geschildert im typischen Koeppen-*Sound* der schwebenden, kaum enden wollenden Satzperioden, hier erstmals veröffentlicht:

»Der Autobus Nr. 2 fuhr vom Grunewald über den Kurfürstendamm zur Friedrichstadt und erreichte das Zeitungsviertel, die Theater, die Büros der kleinen und großen Filmproduktionen, und am Vormittag, nicht zu früh, ich war früher auf, was ein Nachteil war, so um 10 herum saßen auf seinem Oberdeck die jungen Journalisten, die jungen freien Mitarbeiter der Zeitung, die Filmeschreiber und gingen oder jagten ihrem Broterwerb und vielleicht dem Ruhm nach. Ich bewunderte sie, als ich sie noch nicht kannte, aber sie genügend lange beobachtet hatte, um zu wissen, daß sie der oder jener waren und ihr Name in den Blättern des Boulevards erschien, Verfasser von Glossen, Reportagen, kleinen Kritiken und im Klatsch der Kaffeehäuser, wendige Burschen, zugereist aus Galizien und Pommern, viele sind als deutsche, französische, englische, amerikanische Soldaten gefallen, manche in Lagern umgekommen, wenige haben Villen vor Hollywood am Meer. Ich, als ich sie, wie gesagt, nicht kannte, sah in ihnen die Helden der ›verlorenen Illusionen‹, des ›Glanz und Elend der Kurtisanen‹ von Balzac. Keiner von ihnen besaß ein Auto. Man konnte sie überall zu Fuß und in den städtischen Verkehrsmitteln treffen, abends in Theatern, nachts auf Brücken, im Morgengrauen vor den Toren der Fabriken. Sie schrieben Gedichte, sie waren fasziniert von Berlin, der Stadt, der geliebten, dem Untier. Auch ich begann in möblierten Zimmern Geschichten für die Mittags- und Abendblätter zu schreiben, ich ging nicht auf die Redaktionen, ich schickte meine Manuskripte ein, ich bekam sie zurück. Erst als eine gedruckt wurde, ›Straßen, Mädchen, Melancholie‹[1], gehörte ich zu den jungen Leuten und

---

1 Gemeint ist die Erzählung »Beschwingte Melancholie«, die unter dem Titel »Der letzte Tag« am 25. März 1930 in der *Neuen Berliner*

war aufgenommen in die Gesellschaft des Autobusses am Morgen. Die Kurtisanen blieben aus; sie gingen mit den Börsianern.«[1]

Anhand der überlieferten Texte lässt sich zwar nicht zweifelsfrei rekonstruieren, wie Koeppen zwischen 1927 und 1931 finanziell über die Runden gekommen ist. Wohl aber, wie sich sein Weg in den Journalismus gestaltete. Nach allem, was die Chronologie der hier versammelten Quellenbelege zu erkennen gibt, im Wesentlichen über drei Textgattungen: a) die lange, erzählungsähnliche Form der Reportage; b) die ganz kurze Form der Zeitungsanekdote; c) und vor allem die Filmkritik. Seine beiden Stücke von 1928 für die *Rote Fahne*, dem Zentralorgan der KPD (die am Bülowplatz ihren Redaktionssitz hatte, wohin Koeppen, das junge Gespenst, sich zu Fuß aufmachte, um sein karges Honorar einzutreiben) sind schon seit der ersten Werkausgabe bekannt. Koeppen hat sie im Gespräch mit Marcel Reich-Ranicki als »Reportagen [...] mit poetischer Verbrämung«[2] bezeichnet. Beide sind sie jedenfalls autobiografisch grundiert: »Ein Heizer wird toll« (vgl. Nr. 2, S. 11 ff.) verarbeitet Erlebnisse, die Koeppen als Schiffsjunge auf einem Ostseefrachter (wahrscheinlich 1925) gemacht hat. »Kartoffelbuddler in Pommern« (vgl. Nr. 3, S. 16 ff.) beschreibt den Arbeitstag akkordschuftender Tagelöhner auf den Äckern pommerscher Gutsbesitzer (vgl. Abb. 5). Beiden Reportagen für die *Rote Fahne* ist der gewünschte Adressatenbezug ablesbar: Koeppen wollte weltanschaulich zuverlässig erscheinen und schließt in der KPD-Zeitung die Reportage vom Kartoffelacker mit den Landarbeitern, die auf der Heimfahrt »die Lieder unserer revolutionären Überzeu-

---

Zeitung. Das 12 Uhr Blatt erstgedruckt wurde. Vgl. *Phantasieroß*, S. 58 f.
1 *WKA* M 26-60/61.
2 *WKW* 15/549.

gung« singen. Wenn er dagegen für die Rubrik »Nebenbei« eine Anekdote für den bürgerlich-liberalen *Berliner Börsen-Courier* schreibt (vgl. Abb. 6), tarnt sich der (kaum 25-jährige) Erzähler etwas betulich als altväterlicher Beobachter des diplomatischen Parketts: »Die Tausende von Händedrücken, die der amerikanische Präsident Hoover hat verabfolgen müssen, bringen folgendes Geschichtchen in Erinnerung: [...]« (vgl. Nr. 249, S. 542). Die Rubrik »Nebenbei« erschien täglich, so dass die Veröffentlichungschancen für einen Nachwuchsautor, der sich mit (mal mehr, mal weniger wirkungsvoll formulierten) Anekdoten bewährt hatte, gar nicht so schlecht gewesen sein dürften. Wie viel man mit diesen zwischen 6 und 25 Zeilen langen Texten verdienen konnte, ist nicht überliefert. Aber der Kontakt eines freien Mitarbeiters zum Blatt ließ sich auf diese Weise gut halten, auch dies ein Sprungbrett für seinen späteren journalistischen Aufstieg beim *Börsen-Courier*.

Langfristig am wichtigsten dafür, dass Koeppen sich journalistisch etabliert, sprich: dass er von seinem Schreiben schließlich leben konnte, sind aber seine Filmkritiken. Das überrascht. Denn was hat ihn – den Schulabbrecher aus der Provinz, früheren Schiffsjungen, Theaterassistenten, Gelegenheitsjobber und Kaffeehausliteraten – dazu qualifiziert, Filme zu besprechen? Vielleicht vor allem seine Jugend – und die vermeintliche Geringschätzung der etablierten Feuilletonisten für das Kino? Denn bis heute lässt sich beobachten, dass die jeweils neuesten Kunst- und Aufführungsformen (gegenwärtig sind es im Feuilleton z.B. Computerspiele und Social Media) in den Feuilletons von Novizen, Praktikanten oder altersmäßig jungen Mitarbeitern besprochen werden, den man zwar nicht unbedingt Expertise, aber wenigstens generationell eine gesteigerte Affinität zu den jeweils jüngsten (unbürgerlichen) Künsten nachsagt. Koeppen hat diese Chance ersichtlich genutzt. Seine erste Filmkritik platziert er am 4. März 1930 gleich in der berühmten *Weltbühne* (vgl. Nr. 193, S. 439 ff.), und auch hier gelingt es ihm,

zielgruppengenau den schnoddrigen Feuilleton-Ton der radikaldemokratischen Linken zu treffen: Eingebettet ist sein Verriss des Ufa-Films *Haitang* in den Bericht eines Kinobesuches im Capitol – in Gegenwart des Filmproduzenten Richard Eichberg, der sich die saalöffentlichen Missfallensbekundungen des Filmkritikers Koeppen nicht gefallen lassen mochte. Bis hin zu Handgreiflichkeiten und Polizeiverhör. Ein blasierter Bericht über eine Kinokeilerei und zugleich Polemik gegen die deutschnationale Filmelite und deren Publikumsempfinden. Liest man die Filmkritiken Koeppens für den *Börsen-Courier* in der Folgezeit, dann wird deutlich, dass er sich vielleicht nicht nur durch seine Jugend, sondern gerade auch durch Talent zum Verriss und launiger Polemik für die Filmkritik qualifizierte (1931 über den Film *Manuela* im Tauentzien: »Natürlich ist erst die letzte Frau die richtige ... Sie wird von Mona Maria gespielt, die erstmals in einem deutschen Film ihr Debut gab. Sie ist in Hollywood nicht begabter geworden.« Vgl. Nr. 195, S. 442 f.). Insbesondere die Filmkritik im Feuilleton der Weimarer Republik gab Gelegenheit zum unterhaltsam geschriebenen Verriss – unter dem Strich seitenräumlich nicht selten direkt neben z. B. der emphatisch lobenden Theaterkritik des tonangebenden Großkritikers. So war auch im Rahmen der Berichtspflicht eines Metropolenfeuilletons sprachlich einigermaßen für Abwechslung gesorgt. Die Filmeverächter unter den bürgerlichen Lesern konnten ihre Vorurteile kultivieren, während ein junger Polemiker wie Koeppen seine Begabung unter Beweis stellte. Dass er seinen Aufstieg zur Festanstellung bei der Zeitung tatsächlich vor allem der Filmkritik verdankte, das zeigt der Teil seines journalistischen Werks, der bislang vollständig unbekannt war und hier erstmals dokumentiert wird: seine Artikel für das Ullstein-Boulevardblatt *B. Z. am Mittag*.
In Interviews war Koeppen bisweilen darauf zu sprechen gekommen: Gegenüber Reich-Ranicki behauptete er, »ohne dort jemanden zu kennen«, habe er seine Artikel dort hinge-

schickt, »und fast jeden dritten Tag waren sie im Blatt«.[1] Attraktiv als Veröffentlichungsort sei der Boulevard vor allem wegen des Zeilenhonorars gewesen: »Meine ersten Sachen waren bei der *Roten Fahne*. Das scheiterte daran, dass die *Rote Fahne* für eine Arbeit zwanzig Mark zahlte. Und man mußte sich sehr bemühen, das Geld überhaupt zu kriegen, während die *BZ am Mittag* hundert Mark zahlte für eine Arbeit von gleicher Länge. Davon konnte ich leben.«[2] In Koeppens Nachlass hat sich kein einziger dieser Texte erhalten. Aber im Zeitungsarchiv lassen sich – für die relativ kurze Zeit zwischen dem 28. November 1931 und dem 12. Januar 1932 – insgesamt zehn mit dem Kürzel »koe.« gezeichnete Artikel nachweisen. Allesamt Filmkritiken. Nimmt man eine weitere Interviewbemerkung Koeppens hinzu, er habe für den Boulevard »über verschiedene Schauspielerinnen geschrieben, die ich nur von der Bühne oder vielleicht auch nur von einem Foto kannte«[3], dann kommen in der *BZ am Mittag* auch die ungezeichneten Korpora in Frage: z. B. die Bildrubrik »Neue Gesichter auf Berliner Bühnen« (vgl. Abb. 7, 8), die in regelmäßiger Folge erschien, oder die teils ausführlichen Bildunterschriften unter den zahlreichen Schauspielerfotos. Aber das bleibt spekulativ. Für den vorliegenden Band der Werkausgabe konnten nur die gezeichneten Texte berücksichtigt werden. Und hier fällt auf, dass Koeppens Autorschaft um den Jahreswechsel 1931/32 ausschließlich mit Filmkritik in Zusammenhang steht – und zwar ab jetzt in sämtlichen Tonlagen: nicht nur las man von »koe.« weiterhin den gepflegten Verriss der Ufa-Unterhaltungsproduktionen, sondern nun auch Nachdenkliches, Lobendes zum Film: z. B. eine Würdigung von Curt Bois, dem »Buster Keaton vom Kurfürstendamm« (vgl. Nr. 198, S. 446 ff.), ein Lob des amerikanischen *action-*

---

1 *WKW* 16/550.
2 *WKW* 16/666.
3 *WKW* 16/550.

Kinos (vgl. Nr. 200, S. 449 ff.), Besprechungen eines interaktiven Filmexperiments (vgl. Nr. 206, S. 458 f.) und von Avantgarde-Abenden mit Rudolf Arnheim, die den Weg »zum Film als Kunstwerk« weisen sollen (vgl. Nr. 207, S. 460 f.). Bedenkt man, dass Koeppen später Hoffnungen damit verband, selbst filmschöpferisch tätig zu werden,[1] dass er nach seiner Rückkehr aus dem holländischen Exil 1938 sich bis zum Ende des ›Dritten Reiches‹ als Drehbuchautor beim NS-Film unterstellte[2] und dass er noch in der Nachkriegszeit – parallel zu seinem Aufstieg als Romanautor – Drehbücher und Szenarien für den BRD-Film schrieb, dann kann dieses Intermezzo als Kritiker für die *BZ am Mittag* um 1932 als frühester Hinweis auf ein mehr als nur instrumentelles Interesse am Film gewertet werden.

In dieser Periode zwischen November 1931 und Februar 1932 schreibt er gar nicht für andere Zeitungen. Danach dann auffälligerweise bis Dezember 1933 – also bis zum Ende seiner Zeit im Journalismus – nur noch für den *Börsen-Courier*. Das spricht, was die Frage seiner Festanstellung angeht, am ehesten für folgendes Szenario: Durch die relativ hochfrequente Veröffentlichungstätigkeit in der *BZ am Mittag* hatte sich der 25-Jährige für eine feste Mitarbeit in der Feuilletonredaktion des *Berliner Börsen-Courier* gleichsam qualifiziert. Wenn es Ihering war, der ihn verpflichtete, dann sehr wahrscheinlich, weil Koeppen sich – in der harten Schule des Boulevards – vor allem als Filmkritiker für das journalistische Tagesgeschäft als tauglich erwiesen hatte (vgl. Abb. 9).

Für Koeppens Zeit beim *Börsen-Courier* ist seither vor allem das Zitat seines Kollegen Hans Sahl überliefert, der in seinen *Memoiren eines Moralisten* behauptete: »Wolfgang

---

[1] Vgl. seine Briefe an Herbert Ihering aus dem holländischen Exil. Zit. in Jörg Döring: »*Ich stellte mich unter, ich machte mich klein.*« Wolfgang Koeppen 1933-1948. Frankfurt 2003, S. 158-164.
[2] Ebd., S. 173-235.

Koeppen [...] saß, ein verstörter Jüngling, an seinem Tisch und schrieb Berichte über Theateraufführungen zweiten Grades, zu denen Herbert Ihering aus Prestigegründen nicht gegangen war.«[1] Das stimmt allenfalls, was die Theaterrezensionen Koeppens anbetrifft. Nicht die Premieren an den großen Häusern wie dem Deutschen Theater, der Volksbühne, dem Schauspielhaus am Gendarmenmarkt oder dem Theater am Schiffbauerdamm durfte er besprechen. Das war beim *Börsen-Courier* 1932/33 neben Ihering noch den renommierten Theaterkritikern Oscar Bie und Emil Faktor (dem früheren Chefredakteur des *Börsen-Courier*-Feuilletons, der aber aufgrund von Differenzen mit der Besitzerfamilie schon 1931 zum Rücktritt gedrängt worden war und seitdem als freier Mitarbeiter zumeist nur noch mit seinen Initialen »E. F.« zeichnete) vorbehalten. Koeppen hingegen rezensierte Aufführungen im Schauspielhaus Steglitz, am Rose-Theater im Friedrichshain, an der Bunten Bühne Moabit in der Turmstraße (die er im September 1933 noch als den Berliner »Montmartre« bezeichnete, vgl. Nr. 102, S. 234 f.) oder im Sommer auch mal vom Naturtheater Friedrichshagen.

Zumeist waren seine Rezensionen sehr knapp und protokollarisch: Einträge in der Chronik einer gegen Ende der Weimarer Republik und auch noch zu Beginn der ›Dritten Reiches‹ immer noch phantastisch weitläufigen Berliner Theater- und Bühnenlandschaft. An die größeren Häuser wurde Koeppen tatsächlich erst im Laufe des Jahres 1933 geschickt – gegen Ende seiner Tätigkeit als fest beschäftigter Journalist. Und mit der Bedeutung der Häuser stieg dann auch die Zeilenzahl, die man seiner Theaterkritik genehmigte. Die Rezension der Premiere der *Fahnenweihe* (vgl. Nr. 105, S. 239 ff.), einem naturalistischen Volksstück des (von Koeppen als »bayerischen Aristophanes« bezeichne-

---

1 Zit. n. Hiltrud u. Günter Hänztschel: »*Ich wurde eine Romanfigur*«, S. 41.

ten) Josef Ruederer am Theater am Nollendorfplatz vom 7. Oktober 1933 – in einer Inszenierung von Karl Heinz Stroux, der 1944 auf der »Gottbegnadeten«-Liste von Goebbels' Reichsministerium für Volksaufklärung und Propaganda geführt werden sollte – ist dann schon fast so lang und meinungsstark wie die Rezension von Ihering, die gleich danebensteht – und beide, nicht nur der Großkritiker, unterzeichnen mit vollem Namen (vgl. Abb. 10). Auch als Theaterkritiker in einem der führenden Berliner Feuilletons war er im Herbst 1933 offenbar satisfaktionsfähig geworden. Drei Monate später gab es dann den *Börsen-Courier* nicht mehr.

Profiliert war Koeppen im Bühnen-Feuilleton des *Börsen-Courier* aber weniger für seine Theaterkritik, sondern für seine Rezensionen der so genannten Kleinkunst: Regelmäßig besprach er Kabarett und Varieté. Allein siebenmal in kaum mehr als zwei Jahren rezensierte er Programme des weltberühmten Wintergartens, berichtete aus dem Kabarett der Komiker am Lehniner Platz und oft aus Werner Fincks Katakombe, auch noch nachdem das politische Kabarett sich mit der NS-Zensur arrangieren musste (vgl. Nr. 103 mit dem bezeichnenden Programm-Titel »Unter dem Schwert des Damokles«, S. 235 ff.). Die Katakombe wurde erst 1935 geschlossen. Einer ihrer künstlerischen Leiter, Werner Finck, kam vorübergehend ins KZ Esterwegen, während der andere, R. A. Stemmle, später als Drehbuchautor und Regisseur für den NS-Film Karriere machte (für die erste Verfilmung der *Feuerzangenbowle* mit Heinz Rühmann von 1934 hat er Regie geführt). Liest man, wie in der vorliegenden Edition ermöglicht, die bühnenkritischen Texte Koeppens für die Zeitung chronologisch, dann ist nicht nur die schiere Fülle der Berliner Bühnen und Aufführungsereignisse in den Jahren 1932/33 beeindruckend, sondern auch der Umfang der Berichterstattung im Feuilleton. Es war seinerzeit offenbar der Anspruch einer Zeitung wie des *Berliner Börsen-Courier*, nicht allein die staatstragenden Premieren der Preußischen Staatstheater und großen Bühnen zu rezensieren – also gleichsam das feuilletonistische Stadtgespräch –, sondern auch auf die neueste Premiere des ›Kabarett für alle‹ im Femina-Palast (vgl. Nr. 58, S. 167 ff.), eine Schülervorstellung der Bühnen für höhere Lehranstalten von Wolfgang Goetz' *Neidhardt v. Gneisenau* im Schiller-Theater (Nr. 65, S. 178) oder auf eine Revue im Blauen Saal des Eden-Hotels (vgl. Nr. 115, S. 253 f.) erstreckte sich die Berichtspflicht. Für einen jungen Journalisten wie Koeppen war das eine gute Gelegenheit, fleißig zu sein. Viele Termine in kurzer Zeit, manchmal mehrere Artikel pro Tag (und damit das nicht so auffiel, dass ein und derselbe Autor auf einer Zeitungsseite gleich mehrmals vertreten war, unter verschiedenen Kürzeln veröffentlicht …).

Koeppen hat seine Zeitung später vor allem mit einer schmissigen Formel charakterisiert (hier zitiert aus einem Interview mit Margit Knapp-Cazzola aus dem Jahr 1989, stellvertretend für viele ähnlich lautende Aussagen): »[…] in seinem politischen Teil demokratisch liberal, im Wirtschaftsteil hochkapitalistisch und im Feuilleton kulturbolschewistisch.«[1] Bei anderer Gelegenheit war er ausführlicher:

»Der *Berliner Börsen-Courier* war ein altes Berliner Blatt und war ausgesprochen das, was die Nazis in ihrer Propaganda ein ›Judenblatt‹ nannten. Es war großartig in seinem Handelsteil, daher der Titel, politisch war es demokratisch-republikanisch-liberal, im Lokalteil bemühte es sich, anregend zu sein und aus der Stadt zu berichten, und im Feuilleton waren wir, wie man damals sagte, ›kulturbolschewistisch‹. Die *Vossische* war feiner, und das *Berliner Tageblatt*, das einer unserer wesentlichen Konkurrenten war, hatte statt Ihering Kerr. Kerr schilderte das Theater doch eher als eine lukullische Angelegenheit, wohin man ging, um einen schönen Abend zu erleben, während Ihering, we-

---

1 WKW 16/412.

sentlich jünger als Kerr, nach dem Kriege sah, daß dieses Theater eigentlich gestorben und damit nun eine wichtige Institution geworden war, um über die Zeit und über sich selbst nachzudenken.«[1]

Liest man – nicht nur – die Theaterkritik im *Börsen-Courier* in der Zeit von Koeppens Mitarbeit, stellt sich heraus, dass sie kaum je wirklich kulturkämpferisch tönt, vielmehr Koeppen mit der Selbstbeschreibung »kulturbolschewistisch« eine Schmähung durch den politischen Gegner *ex post* in einen Ehrentitel zu verwandeln versucht. Und der Stolz ist ihm anzumerken, zum modernistischen Segment des Berliner Zeitungsfeuilletons gehört zu haben – wenngleich das in seiner eigenen Theaterkritik – auch der vor dem 30. Januar 1933 – nur in Spurenelementen nachweisbar ist. Auflagenzahlen des *Börsen-Courier* für die frühen 1930er Jahre sind nicht mehr überliefert. Aber gegen Ende der 1920er wurden immerhin 40 000 Exemplare der zweimal täglich erscheinenden Zeitung verkauft.[2] Profitabel war sie dennoch nicht: Die Verleger, die Druckereifamilie H. S. Hermann, mussten die Unterbilanzen aus dem Zeitungsgeschäft des Öfteren ausgleichen. Das gelang ihnen vor allem durch einen äußerst lukrativen Dauerauftrag, um den sie von der halben Berliner Zeitungswelt beneidet wurden: »das Monopol für sämtlich-anfallende Druckaufträge der Berliner Verkehrs-Gesellschaft (BVG), aus deren Überschüssen sie den *Berliner Börsen-Courier* finanzieren konnten.«[3] Von dem Verleger erzählte Koeppen, dass der ihn irrtümlich für tüchtig gehalten habe: »Ich war immer Frühaufsteher, meine Kollegen in der Redaktion kamen kaum vor elf Uhr mor-

---

1 WKW 16/299.
2 Ulla C. Lerg-Kill: »Berliner Börsen-Courier«. In: Heinz-Dietrich Fischer (Hrsg.): *Deutsche Zeitungen des 17. – 20. Jahrhunderts*. Berlin/New York 1972, S. 283-298, hier: S. 296.
3 Klaus Täubert: *Emil Faktor – ein Mann und (s)eine Zeitung*. Berlin 1995, S. 36.

gens zum Dienst, während ich schon seit neun Uhr am Tisch saß und das, was ich zu erledigen hatte, schrieb: die Kritik vom Theaterbesuch des Vorabends und ähnliches; und da ging einmal der Verleger durch die Redaktion und war wütend, daß er außer mir niemanden fand, und von diesem Moment an hielt er mich für einen fleißigen und tüchtigen Mann, was ein Irrtum war, ich bin nur ein Morgenmensch.«[1]

Auch die so typische Koeppen'sche Schreibszene – Hemmung, Aufschub, Zwangsmaßnahmen, eruptive Produktivität –, in der später alle seine Romane erschienen, zeichnet sich beim *Börsen-Courier* schon ab. Nur dass das journalistische Schreiben – anders als das literarische – ihm wenig Gelegenheit zum Prokrastinieren gab. Wenn für den Redaktionsschluss der Abendausgabe bis 12.00 mittags ein Text fertig sein musste, ließ er sich mitunter einsperren (so wie im Sommer 1934 sein jüdischer Verleger Bruno Cassirer ihn in den Verlagsräumen in der Derfflingerstraße in Berlin-Tiergarten einschloss, damit der Debütroman *Eine unglückliche Liebe* fertig werden konnte): »Es war aber gut, daß dieses Feuilleton bis 12.00 Uhr mittags von mir verlangt wurde, denn unter diesem Zwang und unter diesem Druck habe ich es geschrieben.«[2]

Die Chronologie seiner Zeitungstexte für den *Börsen-Courier* zeigt, dass Koeppen sich – wie viele journalistische Novizen – nicht zuletzt durch Artikel für den Lokalteil profilierte und damit erst für höhere Feuilletonaufgaben empfahl. »Ich habe viel geschrieben, anfangs auch für den Lokalteil, was mir besonderen Spaß machte. Ich bin gern irgendwo hingegangen, wo was los war, und habe zum Beispiel über Radrennen und alles mögliche geschrieben.«[3] Gemeint ist hier der Text »Sensation vor den Toren Berlins«

---

1 *WKW* 16/108.
2 *WKW* 16/10.
3 *WKW* 16/566.

über ein Steherrennen in der Jungfernheide (vgl. Nr. 6, S. 26 ff.) von 1932, mit dem Koeppen sich in die große Tradition feuilletonistischer Reportagen über großstädtisches Radrennen während der Weimarer Republik einschrieb[1] und der seit der ersten Werkausgabe bekannt ist. Bislang völlig unbekannt hingegen sind seine Sommerstücke über eine Berliner Kunsteisfabrik (vgl. Nr. 7, S. 28 ff.), einen Probeflug am Flughafen Tempelhof (vgl. »Jedermann ein Sportflieger«, Nr. 8, S. 32 f.), über den (enttäuschenden) Badeball der Mannequins (vgl. Nr. 265, S. 563), eine lange Gerichtsreportage über den Berlin im April 1932 in Atem haltenden Fälscherprozess um den Kunsthändler Otto Wacker, der – mit Hilfe der Expertise vermeintlicher Sachverständiger wie Julius Meier-Gräfe – unechte van Goghs in Umlauf gebracht hatte (vgl. »Wacker schweigt weiter«, Nr. 260, S. 553 ff.). Und auch wenn der Berliner Grundstücksdezernent Dr. Heuer über den Verkauf städtischer Grundstücke zur Schuldentilgung referiert, berichtet Lokalreporter Koeppen (vgl. »Berlin verkauft Siedlungsland«, Nr. 266, S. 563 f.). Nachlesen im Rahmen der vorliegenden Edition lässt sich nun auch die *Scoop*-Geschichte um das in der Ostsee gesunkene Schulschiff Niobe, auf die Koeppen im Gespräch mit Heinz Ludwig Arnold 1975 nicht ohne Journalistenstolz hingewiesen hatte:
»Zufällig bewährte ich mich bei einem Unglück. Ich hatte für das Feuilleton, doch auch für den lokalen Teil, gelegentlich, im Wechsel mit den Kollegen, den Schlußdienst des Blattes zu machen, noch nachts für eine wichtige Meldung bereit zu sein, sie in die Morgenausgabe zu bringen. Da ging das Schulschiff ›Niobe‹ unter. Es war, aus der Sicht der Zei-

---

1 Vgl. z. B. Eo Pejus (d. i. Erich Kästner): »6-Tage-Rennen« (1924). In: Erich Kästner: *Die Montagsgedichte*. Zürich 2012, S. 169-171; Alfred Polgar: »Sechstagerennen (1929)«. In: ders.: *Kleine Schriften* Bd. 1: Musterung. Hg. v. Marcel Reich-Ranicki. Reinbek 1982, S. 396-398.

tung, die Sensation des Tages. Ich ließ die Druckmaschinen anhalten, machte eine Schlagzeile für die schreckliche Nachricht, schrieb eine erste kurze Stellungnahme, und der *Börsen-Courier* war an diesem Morgen die einzige Zeitung mit dem Untergang des Schulschiffes.«[1] (Vgl. Nr. 268, S. 567 ff.; Abb. 11.) In der Abendausgabe desselben Tages durfte Koeppen, der in Küstennähe aufgewachsene Vorpommer in der Berliner Redaktionsstube, dann noch fachmännisch über die »Tücken der Ostsee« referieren, denen das stolze Schulschiff zum Opfer gefallen war (vgl. Nr. 269, S. 569 ff.).
Betrachtet man die im Nachlass überlieferten Fotos des Autors aus der *Börsen-Courier*-Zeit, dann drängt sich der Eindruck auf, dass sie nicht nur Koeppens »fleißige Zeit«, sondern auch eine abwechslungsreiche, in Teilen ausgelassene, von vielen Sozialkontakten begleitete Periode seines Lebens darstellte. Ungewohnte Posen eines Autors, der sich später zumeist als scheuer und schwermütiger Einzelgänger inszenierte (vgl. Abb. 12, 13, 14). Für einen, der jahrelang von der Hand in den Mund und den Zuwendungen seiner Tante Olga aus Reinfeld gelebt hatte, bedeutete die Arbeit für die Zeitung auch das Privileg des Reisens und der Spesen. Eine Spezialität von Koeppens journalistischen Texten zum Film wurden Reportagen vom Set. Reisen an die Produktionsstätten der Filme und Berichte von Dreharbeiten, auf Tuchfühlung mit Regisseuren und Schauspielern. Die Ufa organisierte solche Journalistenreisen, und so fuhr Koeppen z. B. Ende September 1932 zusammen mit Siegfried Kracauer und anderen Filmkritikern gemeinsam per Schlafwagen nach Göhren auf Rügen, um vom Set der Erich-Pommer-Filmproduktion *F. P. 1 antwortet nicht* (Regie: Karl Hartl, mit Hans Albers, Peter Lorre, Sybille Schmitz u. a.) zu berichten. Die Reportage darüber geriet so unterhaltsam und literarisch gelungen, dass der *Börsen-Courier* sie auch

---

[1] WKW 16/108.

an andere Zeitungen verkaufen konnte (z. B. an die *Neue Badische Landeszeitung* aus Mannheim, wo Koeppens Geschichte vom Filmset auf der Ostseeinsel Oie am 2. Oktober 1932 erschien). Nicht ins Blatt kamen dabei die Fotos, die der Bildreporter Koeppen mit seiner Spesenkamera machte: semitouristische Schnappschüsse eines jungen Berufsanfängers von einer Journalistenreise. Fotos, die er artig beschriftete und bis an sein Lebensende aufbewahrte. »[U]nd dieser Posten befriedigte mich auch in bewegten Tagen, ich war gern Journalist«[1] (vgl. Abb. 15 bis 24).

Von den bewegten Tagen vom Sommer 1932 an, in denen Koeppen in Berlin sich als Journalist etabliert hatte, dem »Todesmarsch der Demokratie«[2], von dem in Koeppens publizierten Texten wenig vorkam, nicht nur weil er vor allem fürs Feuilleton und die Lokalseite schrieb, sondern auch weil das Ende der Weimarer Republik von vielen Zeitgenossen in der Alltagsperspektive nicht als solches empfunden wurde, könnte man in Form einer doppelten Chronik erzählen, so wie es vielbeachtete historische Sachbücher der letzten Jahre vorgeführt haben.[3] Einer Chronik, in der die – in retrospektiver Gewissheit – dramatischen politischen Ereignisse engeführt werden mit dem journalistischen Alltag des jungen *Börsen-Courier*-Mitarbeiters Wolfgang Koeppen. Dann hätte Koeppen kurz vor der Entlassung Brünings durch Hindenburg am 30. Mai 1932 die Schwankoperette *Frauen haben das gern ...* im Kreuzberger Zentraltheater besprochen (vgl. Nr. 55, S. 155 f.). Einen Tag nach der Aufhebung des SA-Verbots am 14. Juni verfasste er fürs Lokale einen Bericht über die »Sensation von Heute«: »Alte Drosch-

---

[1] WKW 16/226.
[2] Andreas Kilb: »Die Halswehzeit vor Hitler«. In: *Frankfurter Allgemeine Sonntagszeitung* v. 13. Mai 2018.
[3] Vgl. z. B. Rüdiger Barth/Hauke Friedrichs: *Die Totengräber. Der letzte Winter der Weimarer Republik*. Frankfurt am Main 2018; Uwe Wittstock: *Februar 33. Der Winter der Literatur*. München 2021.

ken fahren durch Alt-Berlin« (vgl. Nr. 264, S. 561f.). Kurz nach dem Staatsstreich gegen die sozialdemokratisch geführte Regierung in Preußen und der Reichstagswahl am 31. Juli 1932, aus der die NSDAP als stärkste Partei hervorging, besprach Koeppen im *Börsen-Courier* in einer Sammelrezension zwei Romane über »das Leben armer und unglücklicher Menschen«: P. C. Ettighoffers *Servus Kumpel* und Gustav Reglers *Wasser, Brot und blaue Bohnen* (vgl. »Landstraße und Gefängnis«, Nr. 140, S. 302 ff.). Rund um die Reichstagswahl am 6. November, die für die NSDAP starke Stimmenverluste brachte und kurzzeitig die Hoffnung nährte, die Partei Adolf Hitlers hätte ihren Zenit schon überschritten, beklagte Koeppen das »Mittelmaß« auf der Varieté-Bühne Scala in der Schöneberger Lutherstr. (vgl. Nr. 68, S. 181 f.) und besprach die filmische Militärklamotte *Annemarie, die Braut der Kompagnie* im Atrium-Kino mit Paul Hörbiger in der Hauptrolle (vgl. Nr. 217, S. 476 f.). Sein erster Text nach dem 30. Januar 1933, an dem Hindenburg Hitler zum Reichskanzler ernannte, waren lange literaturkritische »Meditationen über die Liebe. José Ortega y Gasset contra Stendhal« (vgl. Nr. 162, S. 344 ff.). Und am 27. Februar 1933, als der Reichstag brannte, besprach Koeppen eine Szenenfolge der Jungen Volksbühne im Kino Babylon: »Es geht nicht um die Wurst« (vgl. Nr. 83, S. 205 f.). Viel mehr aber als dieses irre Nebeneinander von über und unter dem Strich, die Kopräsenz von dramatischer Staatsaktion und Großstadtbühnenallerlei auf einer gemeinsamen Zeitungsseite, lässt sich auf diese Weise kaum beobachten.

Den realen Ambivalenzen, denen ein Autor wie Koeppen in diesen »bewegten Tagen« auch auf den Hinterbänken des Feuilletons ausgesetzt war, wird man eher gewahr, wenn man insbesondere solche Texte ins Auge fasst, die den Journalisten Koeppen von den Bühnen, Kinos, Lesecafés hinaus auf die Straße führen. Und das nicht nur für ein gepflegtes Feuilleton über die Tauben vom Wittenbergplatz (vgl.

Nr. 10, S. 40ff.) oder die Weinkeller der südlichen Friedrichstr. (vgl. Nr. 17, S. 62ff.), sondern auch auf die Straßen der politischen Auseinandersetzung. Dort wo auch sein Schreiben die Augen nicht verschließen kann vor der Agonie der Republik. Bislang unbekannt ist ein Zeitungsstück, das Koeppen als Reporter über den großen B.V.G.-Streik Anfang November 1932 geschrieben hat, bei dem zur Überraschung vieler die NSDAP und die KPD in einer »Einheitsfront von unten« erstmals (und einmalig) gemeinsame Sache machten:[1] »Momentbilder vom Streik« (vgl. Nr. 12, S. 47ff. u. Abb. 25). Für diesen Text ist der junge Reporter den ganzen Morgen unterwegs und versammelt kurze Impressionen von verschiedenen Orten der Stadt. Dabei vollzieht sich eine interessante, in mancher Hinsicht bezeichnende Erzählbewegung: Zuerst wird der Streik nur aus der Perspektive der genervt-distanzierten Großstadtbewohner wahrgenommen, deren Alltagswege gestört sind. Dann gilt das Augenmerk den Krisengewinnlern: Fahrradfahrer, die ihr Sommerrad wieder aus dem Keller hervorholen; Autobesitzer, die sich zu Fahr(not)gemeinschaften zusammenschließen; Taxifahrer, die das beste Geschäft seit langem machen. Bis hierher kein Wort zu den Akteuren des Streiks und ihren politischen Motiven. Doch diese *Desinvolture* lässt sich nicht durchhalten: In der Usedomer Str. nähert sich der Reporter einem Streiklokal. Zunächst noch in der blasierten Haltung des Voyeurs, der die Straßenschlacht erwartet und sich dann enttäuscht zeigt, wie höflich und gesittet alles zugeht. Hier erst – in Gegenwart der politischen Subjekte – sieht sich der Reporter genötigt, auch den Grund für die Außeralltäglichkeit dieses Streiks zu bezeichnen: »Die Überraschung ist allgemein, daß die Nationalsozialisten mitstreiken.« Hier erst – ganz am Schluss dieser »Momentbilder« – ist auch

---

[1] Klaus Rainer Röhl: *Die letzten Tage der Republik von Weimar. Kommunisten und Nationalsozialisten im Berliner BVG-Streik von 1932.* Frankfurt a. M. 1994.

der Reporter in die Streikwirklichkeit dieses Tages verstrickt. Er schildert die (wenig frequentierten) und mühsam von der Polizei zu schützenden Streikbrecherwagen und deren Zusammenstoß mit den Massen der Streikenden. Es scheint, als sei dem Erzählenden im Laufe seines Textes die politische Wirklichkeit immer näher zu Leibe gerückt.
Dieses Zeitungsstück und die darin geschilderten Wahrnehmungen gewinnen noch an Bedeutung, wenn man die Fragmente zu Koeppens legendärem, bis zuletzt ungeschriebenem ›großen Roman‹ berücksichtigt, die sich verstreut in Koeppens Nachlass erhalten haben. Koeppen hat stets betont, dass dieser Roman vor allem seine Erfahrungen während der Zeit des Nationalsozialismus zum Gegenstand hätte haben sollen. Deshalb kann man das folgende (undatierte) Fragment, das der Nachlassbegutachter – der von Suhrkamp bestellte Alfred Estermann, der die Zettelgebirge in Koeppens Münchner Wohnung nach dessen Tod im Jahr 1996 als Erster erklommen hat und auf dessen Konvolutsortierung die Koeppen-Forschung seither vertraut – als zusammengehörig betrachtete, getrost dazuzählen. Es handelt von Koeppens Zeit beim *Berliner Börsen-Courier*, und viele der hier erprobten Formulierungen kennen wir aus Koeppen-Interviews, wenn er sich zu seiner *Börsen-Courier*-Zeit äußerte. So als hätte er gesprächsweise auf den Stehsatz seiner literarischen Fragmente zurückgegriffen – oder umgekehrt: erprobte er in Interviews Formulierungen, die sich auch für den großen Roman hätten eignen können.[1] Das Fragment beginnt so:

»Ich war ~~damals~~ beim Berliner Börsen-Courier der junge Mann von Herbert Ihering. Die Zeitung war politisch liberal, republiktreu, im Handelsteil kapitalistisch wie es sich für ein Börsenblatt gehörte, und unser Feuilleton nannten unsere Feinde kulturbolschewistisch. Zuweilen schickte mich Ihering zu den ›abendlichen Kulissenverschiebungen‹ wie

---
1 Vgl. auch *WKW* 11: *Romanfragmente*.

Ben [sic] die Berliner Theateraufführungen nannte. Es war gut im Theater zu sein, aber ich hatte immer mehr das Gefühl, daß das wirkliche, das große Theater auf der Straße geschah. Auf dem Bülowplatz stand die Volksbühne gegenüber dem Bürohaus der Kommunistischen Partei und dem Verlag der Roten Fahne. Dazwischen war bei jeder großen Premiere Polizei aufgefahren. Die Polizisten saßen und warteten auf den langen harten Bänken der Lastwagen. Sie hatten den Helm festgebunden und in ihren Gesichtern stand Ratlosigkeit und Angst. Es war nun nicht so, daß Volksbühnen-Besucher und Angestellte des Roten Hauses gegeneinander vorgehen wollten. Der gefürchtete Feind kam seinerseits auf Lastwagen, braunen, es war Hitlers Schlägertruppe, die SA, die weder Kommunisten noch Volksbühnen mochten und zum Dreinschlagen entschlossen waren. Die kleinen ostjüdischen Geflügelhändler, die an der dritten Seite des Platzes in Baracken hausten, hatten ihre Geschäfte und ihre Wohnungen mit Brettern verrammelt. Hinter dem Holz hörte ich die Enten, Gänse und Hühner in Angstträumen stöhnen, und jeder Jude, dem ich begegnete, war ein Wunderrabbi.«[1]

In dem Fragment gibt es noch wenige weitere ausgearbeitete Prosapassagen, z. B. über den alten Berliner Westen und Koeppens Perspektive dort als möblierter Herr:

»Am Kurfürstendamm hatten die Reichsten ihre Prachtwohnungen schon verlassen. Die weiten großen Räume standen leer. Ganze Häuser waren nicht mehr zu vermieten. Es wurden Leerzimmer an Leute vergeben, die von den alten Hausbewohnern nicht empfangen worden wären. Auch ich hatte auf einmal eine gute Adresse. Berlin-W-Kurfürstendamm. Ich blickte aus hohen Fenstern auf die berühmte Straße und sah wie sie unten auf Lastwagen vorbeifuhren, rote Fahnen schwenkend, Hakenkreuzbanner in den Wind hoben und einander den Tod wünschten. Die Toten der

---
[1] *WKA* M169.

Nacht starben schnell und standen schon am Morgen in der Zeitung. Junge Helden, alte Verbrecher, je wie die Redakteure sie sahen.«[1]
Zum überwiegenden Teil aber besteht das Fragment aus losen Notaten und Strichaufzählungen, offenbar Gedächtnisstützen für die spätere Prosaausarbeitung.[2] Und folgt man diesen Notaten, dann hätte der BVG-Streik im November 1932, bei dem die NSDAP und die KPD taktisch paktierten und den Koeppen als Reporter für den *Berliner Börsen-Courier* beobachtete, in Koeppens großem Roman eine gewichtige Rolle gespielt:
»Die neue Volksgemeinschaft«.
»Die NSDAP unterstützt jeden gerechten Streik«.
»Gegen den Hugenberg-Kapitalismus, gegen Standesdünkel und Klassenhaß«.
»Dr. Göbels [sic]: ›Das Volk geschlossen gegen die Lohnräuber‹«.
»Reichsbanner-Leute in Schupo-Uniform«.
»SA-Leute in Frack und Zylinder, Blumengeschmückt, stören Deutsch-Nationale Wahlversammlung. Antikapitalistisch gegen Hugenberg«.
»Schießereien in Schöneberg. Kämpfe im Morgengrauen zu Arbeitsbeginn«.

---

1 Ebd.
2 Die Notate für die eben zitierte ausgearbeitete Stelle sind auch überliefert und lauten (verfasst in erregter, unregelmäßiger Kleinschreibung):
»Paläste aus der Kaiserzeit, das Bühnenbild zum ›Schlaraffenland‹ wie die lastwagen vorbeifuhren mit Menschenfracht,
parolenbeschrieben
die erregten schwenkten fahnen schwarzweißrot, reichskriegsflagge mit
schwarzem adler, untergegangene Schiffe, getaucht gebliebene unterseeboote, rote fahnen, hakenkreuzfahnen, hakenkreuz am stahlhelm, baltikum, oberschlesien, fememorde in pommern und meklenburg [sic]« (ebd.).

»Unter den Krakelern nicht ein einziger BVG-Mann«.
»Zusammenstoß am Stadtpark Schöneberg. Nacht zum 4.11. [...]«.
»Vorwärts 5.11.«.
»SA über Putsch KPD«.
»Die neue Technik des Faschismus«.
»Vorgestern war in Berlin Verkehrsstreik, gestern war SA-Putsch zur Verhinderung der Arbeitsaufnahme. Die SA hat die Führung übernommen, sie hat die KP überputscht [...]«.
»Berlin seit dem 3.11. ohne öffentliche Verkehrsmittel«.
»Keine Streikmehrheit bei der Berliner Verkehrsgesellschaft«.[1]
Das Fragment ist nicht datiert – es kann auch aus verschiedenen Zeitschichten stammen, weil es ersichtlich mit zwei distinkten Schreibmaschinentypen geschrieben ist. Es lässt sich also nicht genau ermitteln, wann Koeppen diese Notate für seinen großen Roman verfasste. (Manches spricht für um 1980, weil er in diesem Jahr im Interview mit Hans Abich in ganz ähnlichen Formulierungen vom BVG-Streik 1932 erzählt.[2]) Aber die vielen Notate dazu belegen, dass er seine Augenzeugenschaft offenbar über den journalistischen Anlass hinaus als dringlich und literaturwürdig erachtete. Die Politisierung des Wahrnehmenden, die sich in den journalistischen Text von 1932 erst sukzessive einzuschreiben scheint, ist in diesen Notaten – erst recht mit retrospektivem Blick auf das Geschehen und die Zeitzeugenschaft des Erzählers – voll entwickelt. Und man kann abermals zutiefst bedauern, dass Koeppen diesen Roman nie schrieb. Es wäre auch ein Berlin-Roman über das Ende der Weimarer Republik geworden.
Veränderte sich Koeppens journalistisches Schreiben nach dem 30. Januar 1933? Nach der Flucht seines großen Repor-

---

1 Ebd.
2 Vgl. *WKW* 16/208.

terkollegen bei der *Frankfurter Zeitung*, Joseph Roth, nach Paris? Nach den Verhaftungen Ossietzkys und Egon Erwin Kischs Ende Februar, die in Berliner Journalistenkreisen rasch bekannt waren? Nach den ersten Bücherverbrennungen im Reich im März? Nach der großen Bücherverbrennung in Berlin am 10. Mai? Wie angepasst, wie opportunistisch, wie gegebenenfalls einverständig zeigt sich Koeppens Zeitungswerk des Jahres 1933 mit der Machtübernahme des Nationalsozialismus? Darum hat es schon zu Lebzeiten des Autors eine Kontroverse gegeben, an der Koeppen selbst teilhatte. Der Germanist Karl Prümm (der schon als missverstandener Kritiker der Neuauflage von *Die Mauer schwankt* 1982 auffällig geworden war[1]) hatte in einer Rezension der gesammelten *Berichte und Skizzen* Koeppens im Rahmen der ersten Werkausgabe anlässlich der 1990 bekannt gewordenen, noch von Koeppen selbst zum Wiederabdruck ausgewählten *Börsen-Courier*-Texte wie vor allem »Paris in diesem Frühjahr« (vgl. Nr. 23, S. 80 ff.), dem »Moeller van den Bruck«-Porträt (Nr. 164, S. 350 ff.) und »Vom Beruf des Schriftstellers« (Nr. 177, S. 394 ff.) von einer »Phase des illusionären Einverständnisses mit der Macht« gesprochen. Einer kurzzeitigen »Faszination« des jungen Koeppen für den NS, die »aus der Perspektive des moralischen Rigorismus«, den der Nachkriegsautor »in den fünfziger Jahren wie kein anderer verkörperte« als »unerbittlicher Streiter gegen Verleugnung und Verdrängung«, seinerseits hätte »verleugnet« werden müssen. Nur so habe Koeppen weiterhin den Erwartungen seiner Leser entsprochen und gleichsam den Markenkern seiner Autorschaft geschützt.[2] Die Redaktion der *ZEIT* wusste um die Debattentauglichkeit dieser Kritik und gab Koeppen noch in der gleichen Ausgabe die Gelegenheit zur Replik. Selten hat Koeppen unge-

---

1 Vgl. die Hintergründe zu dieser Kontroverse um die Neuauflage von *Die Mauer schwankt* in *WKW* 2/390-396; *WKW* 16/713-719.
2 Karl Prümm: »Ambivalenz«. In: *Die Zeit* v. 21. Februar 1992.

haltener auf Vorwürfe reagiert als in diesem Fall: »Ich teilte nicht die allgemeine Aufbruchstimmung, schritt nicht fröhlich hinter der SA. Mich bedrückte die Zukunft. Der *Berliner Börsen-Courier* glaubte, mit vorsichtiger Anpassung weiterhin erscheinen zu können. […] Es gab in der Redaktion drei Linke: Herbert Ihering, vielleicht Heinrich Strobel und mich. Ich besprach noch im Feuilleton Bücher von Juden und Verfemten. Ich dachte über die Position von Schriftstellern und Intellektuellen nach. Schlechte Aussichten.«[1]

Die vorliegende Edition, die erstmals alle journalistischen Texte Koeppens des Jahres 1933 versammelt, gibt Gelegenheit, diese Kontroverse noch einmal in größerem Kontext zu revidieren. Koeppen selbst räumt ein, dass der *Börsen-Courier* unter den neuen Machthabern zu Anpassungsleistungen gezwungen war. Dass das auch sein eigenes Schreiben betraf, obwohl er nur von der Hinterbank des Feuilletons aus publizierte, kann man z.B. seiner Filmkritik deutlich ablesen: Noch im November 1932 feiert er die Verfilmung von Hauptmanns *Weber* (Regie: Friedrich Zelnik) als »deutschen Potemkin« (vgl. Nr. 218, S. 477f.) – also mit einer Verbeugung vor Eisensteins sowjetischem Revolutions-Klassiker *Panzerkreuzer Potemkin* (1925). Wenige Monate später feiert er dann die Ufa auf ihrem Weg zum NS-Staatskonzern, der das neue Regime mit Filmen wie *Hitlerjunge Quex* beschenkt: »Filme entstehen in Neubabelsberg«. Koeppens Drehberichte vom Set waren offenbar auch 1933 noch gefragt: »Wenn Filmateliers Schornsteine hätten, müßten die in Neubabelsberg rauchen […,] [n]eben den mehr oder minder großen Wagen der Schauspieler bevölkern die Fahrräder der Hitlerjugend die Straßen, die nach Babelsberg führen. Die Jungen sind die Hauptdarsteller des Films *Der Hitlerjunge Quex* […]« (vgl. Nr. 226, S. 488ff.).

Dass es bei diesem ideologischen Vorher-Nachher freilich nicht immer so plakativ und historisch zäsurkonform zu-

---

1 Wolfgang Koeppen: »Widerspruch«. In: Ebd.

geht, zeigt das Beispiel von Koeppens Literaturkritik (Textbeispiele allesamt Lesungs- und Buchkritik in einem Zeitraum von nur vier Wochen im November/Dezember 1932): einerseits lauscht er interessiert dem »preußischen Nihilismus« der Nationalrevolutionäre Franz Schauwecker und Friedrich Hielscher (vgl. »Die Nation greift an!«, Nr. 146, S. 314 ff.) und beklagt sich andererseits ein paar Tage später darüber, dass bei der Lesung der jüdischen Kleist-Preisträgerin Else Lasker-Schüler im Schubertsaal die Sektion Dichtkunst der Preußischen Akademie der Künste es nicht für nötig gehalten habe, anwesend zu sein (vgl. Nr. 149, S. 319 f.). Drei Tage danach schreibt Koeppen über die junge Autorin Elisabeth Langgässer: »Der Stil der Frauen in der modernen Literatur ist der Stil von Kämpfern, von Kameraden, von Leuten, die ganz vorn Posten stehen. Es gibt ein halbes Dutzend junger Mädchen und Frauen, die hinter ihrer Schreibmaschine bewußt mutig sind. Elisabeth Langgässer ist eine von ihnen« (Nr. 151, S. 322 f.). Wenn wiederum nur zwei Tage später im Bechsteinsaal die vier ›Asphalt-Literaten‹ Axel Eggebrecht, Ernst Glaeser, Peter Flamm und Erich Kästner Stellen aus ihren Werken über Mädchen vorlesen, glossiert Koeppen das hohe Girl-Aufkommen im Publikum wieder ganz im Stil des neusachlichen Weimar-Feuilletons: »[S]iehe da, der Saal war übervoll von Mädchen, die man sonst nicht sieht, und die nun alle wissen wollten, was mit ihnen los ist. Kein Wunder, daß die Autoren diesem Ansturm ein wenig ratlos gegenüber standen« (vgl. Nr. 152, S. 323 f.). Wie soll man dieses Nebeneinander des tonlich-stilistisch wie weltanschaulich fast Unvereinbaren erklären? Durch ideologische Verunsicherung eines Mittzwanzigers in den Wechselbädern des metropolitanen Kulturlebens? Mit stilistischen Fingerübungen? So als würde er verschiedene Feuilletontöne einüben, je nach Sujet und Tagesform? Oder ist die Ambivalenz, die Prümm diagnostiziert und die sich schon vor dem 30. Januar 1933 auch in Koeppens journalistischem Schreiben nachweisen lässt, eine, die konstitutiv ist für den »Text der Stadt«[1], den ein zweimal pro Tag erscheinendes weltanschaulich ungebundenes Qualitätsfeuilleton im ideologisch zerklüfteten Berlin am Ende der Weimarer Republik produziert? Wahrscheinlich von allem ein bisschen.

Dazu kommt, dass Koeppen auch im Januar 1933 noch immer im amourösen Ausnahmezustand lebte. Nach wie vor liebte er unglücklich die Schauspielerin Sybille Schloss[2], die sich Erika Manns neu gegründetem Kabarett »Die Pfeffermühle« angeschlossen hatte. Koeppen hatte ihr dafür sogar extra ein Couplet geschrieben (»Komplexe«[3]) und war zur Premiere des zweiten Programms nach München gereist, die am 1. Februar 1933 stattfand und bei der auch der berühmte Vater Thomas Mann anwesend war. Wenn Koeppen später darüber sprach und schrieb, wie er die Machtübernahme Hitlers erlebt habe, dramatisierte er leicht den zeitlichen Ablauf:

»In der Nacht vom 30. zum 31. Januar fuhr ich von München nach Berlin. Ich hatte in München der Premiere von Erika Manns ›Pfeffermühle‹ beigewohnt. In München sprach

---

1 Vgl. Michael Bienert: *Berlin. Wege durch den Text der Stadt*. Stuttgart 2004; Erhard Schütz/Jörg Döring (Hrsg.): *Text der Stadt – Reden von Berlin*. Berlin 1999.

2 Vgl. Jörg Döring: *»Ich stellte mich unter, ich machte mich klein.« Wolfgang Koeppen 1933-1948*. Frankfurt a.M./Basel 2001, S. 75-158; Andrea Köhler: Ein Besuch bei Koeppens »Unglücklicher Liebe«. In: *Neue Zürcher Zeitung* v. 1. Juni 2002; Sabine Mahr: *»Nehmen Sie mich, ich bin vollkommen hemmungslos.« Die Schauspielerin und Kabarettistin Sybille Schloß*. Rundfunkfeature. SWR 2 v. 24. August 2002; Günter u. Hiltrud Hänztschel: *Wolfgang Koeppen. Leben, Werk, Wirkung*. Frankfurt a.M. 2006, S. 18-32; Wolfgang Koeppen: *Eine unglückliche Liebe*. Hrsg. v. Jörg Döring (WKW 1). Frankfurt a.M. 2007, S. 170-189. Hiltrud Hänztschel: »Eine unglückliche Liebe. Wolfgang Koeppen und Sybille Schloss«. In: *literaturkritik.de*, Nr. 6, Juni 2016.

3 Wiederabgedruckt zuletzt in: *WKW* 16/737 ff.

man nicht von Hitler. In Berlin meldeten die Morgenzeitungen Hitlers Kanzlerschaft. Ich erschrak, ich mochte Hitler nicht, ich fuhr zur Redaktion, traf im Umbruchssaal den Chefredakteur, einen bekannten, klugen Leitartikler, ich erwartete Bestürzung, aber nein, der Leitartikler war guter Laune und meinte, in drei Monaten ist der Hitler parlamentarisch erledigt. Ich teilte diese Meinung nicht.«[1]
Weil die Premiere tatsächlich erst zwei Tage, nachdem Hitler zum Reichskanzler ernannt wurde, stattfand,[2] ist es nicht sehr wahrscheinlich, dass Koeppen davon erst nach seiner Rückkehr nach Berlin erfahren haben will. Die Episode mit dem Chefredakteur (in Interviews nannte er gelegentlich auch den Namen: Josef Adolf Bondy[3]) indes erscheint nicht unglaubwürdig, weil solche politischen Fehleinschätzungen gerade der Intellektuellen vielfach überliefert sind. Wenn Koeppen davon erzählte, schob er bisweilen noch ein atmosphärisches Detail nach, das auch seine eigene Fehleinschätzung dokumentiert (und das man gern auch in seinem großen Roman literarisch ausgeführt gelesen hätte): »Der Verlag der Zeitung beschäftigte Botenjungen, Radfahrer, die das Blatt zu den Händlern brachten, doch auch in der Redaktion Papiere von einer Stube in die andere. Wir, die Gescheiten, liebten die jungen Berliner der kessen Schnauze, hielten sie für Erzkommunisten und führten in krisenhaften Zeiten politische Gespräche mit ihnen. Am 30. Januar erschienen sie in SA-Uniformen, jedenfalls in braunen Hemden zum Dienst.«[4]
Wie Koeppen den Februar 1933 – den Monat, in dem sich das Schicksal der Republik entschied – verbrachte, das kann

---

1 Koeppen: »Widerspruch«.
2 Helga Keiser-Hayne: *Erika Mann und ihr politisches Kabarett »Die Pfeffermühle« 1933-1937*. Reinbek b. Hamburg 1995, S. 48-64.
3 WKW 16/280; WKW 16/567.
4 WKW 16/404.

man der Chronologie seiner Zeitungstexte (und deren Wortlaut) nun entnehmen: er saß nicht zuletzt in seinem möblierten Zimmer und las den zweiten Band von Musils *Mann ohne Eigenschaften*, den Spitzentitel bei Rowohlt im Frühjahr 1933. Der Reichstag brannte, die »Notverordnung zum Schutze von Volk und Staat« setzte die Grundrechte der Weimarer Verfassung außer Kraft und legalisierte den Terror gegen die Regimegegner. Und Koeppen sinniert derweil über das »Abenteuer« der Lektüre eines dicken Romans. Seine Musil-Rezension erschien am 10. März 1933 (vgl. Nr. 159, S. 337 ff. u. Abb. 26):
»Welch ein Abenteuer ist das Lesen! Man sitzt in seinem Zimmer und weiß, es ist der soundsovielte des Monats So. Man ist ein ziemlich normaler Mensch und lebt in leidlich geordneten Verhältnissen. Und da ist man unvorsichtig genug, die erste Seite eines unbekannten Buches aufzuschlagen, sich einem Geist hinzugeben, den man nicht kennt, und der nun beginnt, in Worten, Sätzen, Seiten, endlos, fesselnd auf einen einzureden […].«
Man kann sich vorstellen, dass es ihm als jungem Nachwuchskritiker schmeichelte, von Ihering mit der Rezension eines so gewichtigen Romans beauftragt worden zu sein (vielleicht auch nur, weil der Roman den arrivierten Redakteuren zu dick war – auch von solchen Motiven bei der Rezensionsvergabe hat man schon gehört …). Der Hinweis auf die gefühlte Ambition des Rezensenten sei hier gestattet – nicht nur weil Koeppens Musil-Text selbst auffällig viel vom Kritiker und der Situiertheit seiner Lektüre handelt. Das Beispiel mag verdeutlichen, dass Koeppens Schreiben für die Zeitung im März 1933 unter Umständen auch ganz selbstbezogen und -genügsam sein konnte: buchstäblich ohne Rücksicht auf die ihn umgebenden politischen Umstände.
Dennoch ist auch mit Blick auf die hier erstmals vollständig versammelten Zeitungstexte des Jahres 1933 dem Urteil Karl Prümms unbedingt zuzustimmen, dass das Schreiben

unter Hitler auch einen Journalisten von den Hinterbank wie Koeppen zu Konzessionen nötigte. Zumeist wird als Beleg dafür Koeppens Porträt des völkisch-nationalistischen Publizisten Arthur Moeller van den Bruck angeführt, das am 30. April 1933 veröffentlicht und in mindestens vier weiteren Zeitungen reichsweit nachgedruckt wurde (vgl. Nr. 164, S. 350 ff.). Insofern handelt es sich dabei wahrscheinlich um einen der reichweitenstärksten Artikel, die Koeppen in der *Börsen-Courier*-Zeit verfasste (vgl. Abb. 27). Den anderen Zeitungen wurde er unter dem Titel »Ein Wegbereiter des Dritten Reiches« oder als Teil einer Serie »Männer, die Deutschland schufen« angeboten:

»Seine Liebe war Deutschland, und sie war nicht nur das natürliche warme Gefühl des Mannes für sein Vaterland, sondern vor allem auch ein politisch-philosophischer Impetus von seltener Stärke [...]. Heute, sieben Jahre nach seinem Tode, gilt Moeller van den Bruck als einer der wichtigsten geistigen Wegbereiter des neuen Nationalismus sozialer Prägung. Er war der Denker, der, lange bevor es deutlich wurde, das Schicksal Deutschlands, Italiens und Rußlands voraussah, hierin einem anderen Theoretiker des Faschismus gleichend, dem großen Sorel.«

Prümm hat diesen Text als eine »Huldigung« verstanden, die – einem »Bauplan« gleich – auf den späteren Roman *Die Mauer schwankt* (1935) und seine Mittelpunktsfigur, einen preußischen Baurat, vorausweist: »Der Essay versammelt alles, was der Roman nur noch großformatig ausführt: das ›Ringen‹ um die ›idealistische deutsche Revolution‹, der heroische Untergang, der auf das Kommende verweist, die reinigende Katastrophe, die ungeduldig erwartet wird und die Republik zum Menetekel, zum Schreckbild einer chaotischen Pluralität macht.«[1] Koeppen schwinge sich zum »Sprecher einer Jugend« auf, die »einen revolutionären, mitreißenden Konservatismus propagiert. Alle Ambivalen-

---
1 Prümm: »Ambivalenz«.

zen werden hier zusammengeführt, die Moderne soll mit dem Preußentum, die ›volkhaften Anfänge‹ mit der Avantgarde versöhnt werden. Koeppen war damals ohne Zweifel empfänglich für die hervorgekehrte Jugendlichkeit der ›Bewegung‹, für den Aufbruch, für das entschlossene Abschütteln einer alten Welt, für ein Handeln mit vermeintlich klarem Ziel.«[1]

Damit gemeint ist nicht zuletzt die Schlusspassage von Koeppens Porträt: »Und endlich 1923 erscheint dann Moellers Buch *Das Dritte Reich*. Es bringt die große Auseinandersetzung mit der Zeit und Moellers politisch-völkisches Bekenntnis. Diesmal ganz nackt, ohne die kulturhistorische Fundierung, die ja aber – und zum Glück – in dem Verfasser lebendig war. Ein Buch für die Jugend. ›Wir wollen die Revolution gewinnen!‹ Wie ein Fanal beginnt das erste Kapitel. Aber die Zeit war noch nicht reif, die Zeit sollte erst werden […].«

Prümms Lesart bestritten hat der Koeppen-Forscher Josef Quack, der in dem Artikel nur ein »sachliches Referat über Moellers geistige Entwicklung« erkennen möchte, eines, das sich »weitgehend des eigenen Urteils« enthalte. Koeppen könne man »gewiss nicht als Sympathisanten der referierten Ideologie« betrachten: »Der Artikel informiert über einen Vertreter der Konservativen Revolution, der in mancher Hinsicht den nationalsozialistischen Zeitgeist von 1933 beeinflusst hat. Der Artikel ist aber keine Konzession an diesen Zeitgeist. Man findet darin nicht einen euphorischen Ton über den politischen Umschwung in Deutschland, nicht einmal die kühlste Zustimmung zu dem Ereignis.«[2]

Vielleicht reichen schon die hier zitierten Passagen aus dem

---

1 Ebd.
2 Josef Quack: »Schreiben unter Hitler: Zwei Artikel von 1933«. In: Ders.: *Wolfgang Koeppen in der Diskussion. Zu einigen Problemen der Forschung*. In: www.j-quack.homepage.t-online.de (vom 7. Februar 2007), S. 2-12, hier: S. 5 ff.

Koeppen-Text, um diese Apologie zurückzuweisen. Und dennoch macht Quack im Kontext dieser Lektüre auf eine wichtige Quelle aufmerksam, die auch in Koeppens Notaten zu seinem großen Roman vielfach erwähnt wird: Herbert Iherings Denkschrift *Die getarnte Reaktion* von 1930, in der Koeppens späterer Chef im Feuilleton des *Berliner Börsen-Courier* der linken Intelligenz »verhängnisvolle Fehler« vorwarf, die »sachliche Auseinandersetzung« mit den nationalkonservativen Autoren vermissen zu lassen und stattdessen nur »fades, ironisches Zeug« gegen diese vorzubringen.[1] Dass Ihering Koeppen für den *Börsen-Courier* zu Lesungen von Franz Schauwecker schickte oder ihn mit einem Moeller-van-den-Bruck-Porträt beauftragte, könnte auch in diesem Sinne zu verstehen sein: als nachgeholte Auseinandersetzung mit der Literatur der Konservativen Revolution, die für Ihering mit zur Berichtspflicht eines bürgerlichen Feuilletons zählte (vielleicht auch aus Gründen der Zielgruppenmaximierung auf dem heiß umkämpften Berliner Zeitungsmarkt der Weltanschauungen besprochen werden sollte). Hinreichend unironisch und gar nicht fade fiel Koeppens Text ja aus. Nur dass die Zeitläufte unterdessen dafür gesorgt hatten, dass aus der »sachlichen Auseinandersetzung« mit den nationalkonservativen Autoren inzwischen eine Genealogie des ›Dritten Reiches‹ geworden war.

Der nicht studierte Rezensent Koeppen hatte für diesen Text viel Lesezeit zur Vorbereitung aufwenden müssen. Dass er sich in diesem April 1933 autodidaktisch Moeller van den Bruck aneignete, findet dann auch merkwürdigen Niederschlag in einem *Börsen-Courier*-Text, der zeitlich im unmittelbaren Umkreis entstand. In »Eine Frage, die keine sein durfte« vom 16. April 1933, erschienen auf der Themenseite

---

1 Herbert Ihering: »Die getarnte Reaktion« (1930/1948). In: Hans Mayer (Hg.): *Deutsche Literaturkritik*. Bd. 3. Frankfurt a. M. 1978, S. 640-675, hier: S. 647f.

zu »Jugend von heute – Wie beschäftigt sie sich? – Wie verbringt sie ihre freie Zeit?« (vgl. Nr. 285, S. 598 ff.), beklagt sich der Feuilletonist Koeppen – reichlich altklug kulturkritisch – über die Launen der Jugend:
»Was macht die Jugend wirklich? Die Bibliotheken, die Buchhändler klagen, daß sie zu ihnen nicht kommt. Die Theater versichern dasselbe. Die Schwimmbäder dagegen sind voll von jungen Menschen und auch die Sommerwiesen. Lieben sie das Dolce far niente, das Nur-in-die-Sonne-Blinzeln, das Braunwerden und das Gefühl der schlummernden Kraft? Die Welt begegnet ihnen in der anschaulichen, mühelos aufzunehmenden Form der illustrierten Zeitung [...] Das Kino, das am Abend besucht wird, hat so oft das Treiben am Broadway gezeigt, daß man gut und gerne auf die Lektüre Franklins, Emersons oder Whitmans verzichten kann. Von Deutschland ganz zu schweigen, in dem man lebt und dessen Geschichte man nur im Auszug der Schule kennt. Dieses, von den Dingen nicht mehr als ihre flachste Oberfläche wissen wollen, das einen Teil, einen zahlenmäßig großen Teil der Jugend kennzeichnet, ist vielleicht ihr Schutz, ihre Flucht in die Ruhe vor dem Andrang der großen Unruhe um sie herum.«
Das geschrieben von einem 26-Jährigen, den man fast noch hätte dazuzählen können. Von der zeitgleich erfolgten Moeller-Lektüre inspiriert zeigt sich dann aber das Remedium, das der kulturkritische Rezensent der Berliner Schwimmbad-Jugend angedeihen lassen will:
»Die Synthese ist anzustreben. Die Vereinigung von Geist und Körperlichkeit. Kein Buchwissen ist das Wünschenswerte; nicht der wird das Leben bestehen, der am meisten in sich hinein gelesen hat. Aber bestimmt auch der nicht, der die 100 Meter am raschesten läuft. Der Deutsche ist ein Mensch, der dem Ideal der Antike auf seine deutsche Weise oft sehr nahe gekommen ist. Der harmonische Mensch scheint hier trotz aller nordischen Zerrissenheit möglich zu sein [...]. Wir sollten in unsere Bibliotheken Schwimmbä-

der bauen und in den Stadien Bibliotheken errichten, und möglich wäre es dann, daß eine preußische Akademie der Jugend die alte platonische in Philosophie und Schönheit überflügeln könnte.«
Josef Quack hat auch den anderen in die Kritik geratenen Koeppen-Text, »Paris in diesem Frühjahr« vom 4. Juni 1933 (vgl. Nr. 23, S. 80 ff.), vehement verteidigt. Koeppen hatte für diese Reportage aus der französischen Hauptstadt erstmals nach Paris reisen dürfen. Was das für ihn bedeutete, hat er in Interviews oft wiederholt: So sehr berauschte ihn die Erfahrung der fremden Metropole, die er zuvor nur aus Büchern gekannt hatte, dass ihm augenblicklich der Wunsch vor Augen stand, für den *Börsen-Courier* als ständiger Kulturkorrespondent aus Paris berichten zu wollen.[1] So wie es der berühmte Kollege Friedrich Sieburg für die *Frankfurter Zeitung* tat. Der hatte sich im Frühjahr 1933 durch einen staatstragenden Artikel aus Paris hervorgetan, in dem er sich bitterlich über die antideutschen Ressentiments in Frankreich nach Hitlers Machtübernahme beklagte und von den Schwierigkeiten berichtete, seinerzeit als deutscher Patriot in Paris zu leben: »Persönliches und etwas mehr. Von den Pflichten eines Auslandsdeutschen«: Seit den Märzwahlen würden »täglich fast zehntausend Fragen« an ihn gerichtet, die sich »wie Gewehrläufe« gegen seine Brust richteten.[2] Dem patriotischen Auslandsdeutschen war es auch deshalb ungemütlich geworden, weil Paris zum Anlaufpunkt der deutschen Emigranten geworden war: Neben Joseph Roth waren auch Siegfried Kracauer, Johannes R. Becher, Gustav Regler, Alfred Kantorowicz, Leopold Schwarzschild, Lotte Lenya und viele andere im Laufe des Frühjahrs 1933 nach Paris geflohen. Klaus Mann traf dort am 26. Mai ein. Einen Tag zuvor hatte ihm Gottfried Benn in der *Deutschen Allgemeinen Zeitung* seine

---

1 Vgl. z. B. *WKW* 16/49 oder *WKW* 16/108.
2 In: *Frankfurter Zeitung* v. 9. April 1933.

»Antwort an die literarischen Emigranten« entgegengeschleudert.¹ Koeppens Journalistenreise nach Paris fand also in einem sehr aufgeladenen Moment statt. Der *Berliner Börsen-Courier* schickte ihn nicht zuletzt dorthin, um in der sehr erregt geführten öffentlichen Debatte um das deutsch-französische Verhältnis und die deutsche Emigration im Frühjahr 1933 mit einem Augenzeugenbericht vertreten zu sein.

Was schreibt man dann als enthusiasmierter Paris-Novize, der am liebsten gleich dortbleiben will, weil ihm die Seine, die Bouquinisten, die Kinos und die Liebenden in der Metro so gut gefallen? Was schreibt man in einem nationalpolitisch aufgeheizten Moment diplomatisch auch in eigener Sache? (Vgl. Abb. 28.)

»Jedenfalls sind die Gerüchte über eine deutsche Emigration in Paris genauso übertrieben wie die Gerüchte über Deutschland unter diesen Emigranten. Eine wirkliche deutsche Emigration im Sinne der russischen z. B. gibt es in Paris überhaupt nicht. Die Deutschen, die sich zur Zeit dort aufhalten, haben fast alle die Absicht, in ihre Heimat zurückzukehren. Ihre Gespräche handeln nicht vom Aufbau ihrer Existenz in Frankreich, sondern von der aus irgendwelchen Gründen besonderen Situation für sie in Deutschland und der Möglichkeit der Rückkehr, der in den meisten Fällen nichts als eine Verwirrung entgegensteht.«

Es ehrt den sehr kenntnisreichen Koeppen-Verteidiger Quack, dass er mit einer an Gadamer geschulten Hermeneutik des Wohlwollens Belegstellen dafür beizubringen versucht, dass einzelne literarische Emigranten im Frühjahr 1933 tatsächlich bisweilen mit Rückkehrphantasien beschäftigt waren. Er vertritt die These, dass Koeppens Urteil über die »Verwirrung« der Emigranten nur als »nüchternes Understatement« zu verstehen sei.² Genau dieses Understatement hingegen würde ich nach wie vor als »kalkulierten Oppor-

---

1 In: *Deutsche Allgemeine Zeitung* v. 25. Mai 1933.
2 Quack: »Schreiben unter Hitler«, S. 9.

tunismus eines kaum 27-jährigen« bezeichnen, der »von Hitler-Deutschland aus in Paris Kulturkorrespondent werden will«:
»Wenn Koeppen im *Börsen-Courier* die Emigranten scheinbar gelassen zur Rückkehr auffordert, dann will er damit gleich zweierlei demonstrieren: Dass Sieburgs Hysterie über antideutsche Tendenzen in Frankreich ebenso übertrieben war wie die Auffassung der Emigranten über die Zustände im nationalsozialistischen Deutschland. Damit glaubte Koeppen, sich seiner Zeitung gegenüber als abgeklärter Diplomat zu profilieren«, dem man auch in politisch stürmischen Zeiten die Kulturberichterstattung aus der französischen Hauptstadt würde anvertrauen können.[1] Dass daraus nichts wurde, hat Koeppen in Interviews und in seinem »Widerspruch« zu Prümm lakonisch berichtet: »Der vom Regime eingesetzte kommissarische Chefredakteur rief mich, hatte meinen Artikel in der Hand und schimpfte: ›Wollen Sie die Juden zurückführen?‹«[2]
Ab Sommer 1933 mehren sich die Textsignale, dass Koeppen trotz seiner Etablierung als Feuilletonist, dem immer längere Buchrezensionen, Theaterkritiken, Essays zugestanden werden, mit dem journalistischen Schreiben unter den Bedingungen des ›Dritten Reiches‹ unzufrieden wird. Einerseits registriert er die zunehmend totalitäre Formierung des Kulturlebens. Besonders spürbar wird das in jenem Feuilletonressort, für das er immer noch zuständig ist: dem Kabarett. Dass es in der heraufziehenden Diktatur witzlos und unfrei geworden ist, kann er nicht schreiben. Dafür schreibt er dann (in dem Text »Das Kabarett gestern und heute«, vgl. Nr. 101, S. 229 ff.):
»Die letzten Jahre waren Jahre des politischen Kampfes. Die Parodie verschmähte natürlich diesen ihr besonders gemäßen Vorwurf nicht. Sie bemühte sich (meist mißverstan-

---
[1] Döring: »Ich stellte mich unter«, S. 38 f.
[2] Koeppen: »Widerspruch«.

den) aktuell zu sein und glossierte die Leitartikel der Tagespresse. Nachdem nun der Kampf sich entschieden hat, glauben viele, daß die Zeit des politisch-kritischen Kabaretts zu Ende sei. Das trifft nur bedingt zu. Die Politik, soweit sie Parteipolitik war, ist verschwunden und somit auch kein Objekt des Spottes mehr. Und die verbliebene Politik ist im höchsten Maße Sache der Staatsautorität. Daß die Satire sich dieser neuen Zeit gegenüber anders zu verhalten hat, ist selbstverständlich. Aber es ist dies nur eine Sache der Form und genauer noch des Taktes. Daß es nicht unmöglich ist, dem Kabarett weiter den politischen Tageswitz zu geben (soweit es ihn braucht), zeigte schon das Frühjahrsprogramm der ›Katakombe‹, das gerade in den Tagen der Revolution von einer ausgezeichneten Sicherheit des Humors war, die aber nirgends Anstoß erregte.«

Man spürt förmlich, wie unbefriedigend derlei opportunistisches Schreiben gewesen sein muss. Vierzehn Tage danach denkt Koeppen dann in einem langen Artikel über den »Beruf des Schriftstellers« (vgl. Nr. 177, S. 394 ff.) nach und die Gefahren, die dem Autor aus dem täglichen Schreiben für die Zeitung erwachsen. Der Text wird zumeist als Reflexion Koeppens über seinen angekündigten Ausstieg aus dem professionellen Journalismus gelesen, um fortan sich lieber als freier Schriftsteller im Schreiben von Romanen zu versuchen:

»Wenn der bürgerliche Beruf nun der Entwicklung des Schriftstellers im Wege ist, warum, meint man dann, verdient der junge Mann, der schreiben will, sich nicht durch das Schreiben von Artikeln für Zeitungen und Zeitschriften seit Brot? Er verdient es sich. Das Artikelschreiben, der Journalismus, ist meist der Ausweg. Er ist ein Ausweg, der dem Schriftsteller die Mittel gibt, zu leben. Überdies ist er eine Gefahr. Nicht jeder Schriftsteller ist ein Journalist. Ein Buch zu schreiben ist eine Sache anderer Art, als das Verfassen eines Artikels. Nicht daß das Letztere geringer zu achten wäre als das andere. Ein guter Artikel ist eine genau so schwierige

Sache wie ein gutes Buch. Aber es ist die Gefahr der Handfertigkeit, der Glätte, der Fixigkeit, des Abgeschliffenwerdens, des Vielschreibenmüssens, der Abhängigkeit vom Tag mit seinen Ablenkungen, die den Schriftsteller im Journalismus bedroht. [...] Der bürgerliche Beruf ist eine Bedrükkung, der journalistische birgt eine Gefahr. Das tägliche Brot zu erwerben wird immer schwieriger. Ein Leben der Boheme ist nicht mehr möglich. Der junge Schriftsteller (vorausgesetzt, er ist einer!) steht in einer harten und kämpfenden Welt, die er hart und kämpfend erlebt. Was soll er tun, um nicht unterzugehen und um das Aufschreiben zu können, was er fühlt? Die Frage ist nicht zu lösen. Sie ist so wenig zu lösen, daß man sie im Anblick unseres Jahrhunderts nur so beantworten kann: Er soll ein Soldat sein!«
Als der Artikel in der Prümm-Kontroverse wegen dieses letzten Satzes inkriminiert wurde, wehrte sich Koeppen: »Das war purer Zynismus, Hohn, ein schlechter Witz. Damals verstanden die Leser es so. Heute scheint man den Ausruf mir unbegreiflicherweise ernst zu nehmen. Ich war nicht einen Tag Soldat.«[1]
Dass Koeppen jedenfalls im Laufe des Jahres 1933 die Lust verlor, zu Zeiten des Nationalsozialismus als Journalist Karriere zu machen, das ist am deutlichsten in einem nachgelassenen Dokument ausgedrückt: einem Briefentwurf an seine Tante Olga, den er in einer langen Redaktionsnacht in der Beuthstr. im Berliner Zeitungsviertel auf *Börsen-Courier*-Papier schrieb, undatiert, und es gibt auch keinen Beleg dafür, dass der Brief jemals abgeschickt wurde. Aber die im Brief geschilderten Umstände machen wahrscheinlich, dass der Brief am Samstag, den 24. Juni 1933, entworfen wurde, einen Tag nach seinem 27. Geburtstag (vgl. Abb. 29). Es wäre ein Dankesbrief geworden:
»Meine liebe Tante Olla, da ich hier mal wieder eine halbe Nacht absitzen muss und sonst morgen am Sonntag viel-

---
1 Koeppen: »Widerspruch«.

leicht doch wieder nicht dazu komme, will ich Dir schon hier aus der Redaktion einen Brief schreiben.

Also meinen Geburtstag habe ich gut verlebt, soweit man überhaupt von einem besonderen Verleben sprechen kann. Das ist ein ganz merkwürdiges Thema und als Thema genommen auch ein merkwürdiger Tag. Am Donnerstag mittag erhielt ich in der Redaktion die 20 Mark von Reinfeld. Ich war sehr froh darüber (und ich bitte dich, dementsprechend, herzlich zu danken!). Erstens hatte ich nur 10 erwartet und zweitens war ich auch schon seit Tagen ohne Geld. Das war also eine schöne und angenehme Ueberraschung. Ich rief dann bei Heisgen an, um mich nach dem Paket zu erkundigen, und sie sagte mir, dass auch das angekommen sei.

Am Freitag bin ich dann sehr früh aufgestanden. Ich hatte vom B. B. C. eine Einladung mitgenommen zum Empfang eines Tiertransportes und zu einem Frühstück im Zoo. Da die Zoofrühstücke immer großartig sind und den besten Karlsbader Kaffee servieren, den es in Berlin gibt, kam mir die Sache gelegen. Auch sehe ich ja Tiere immer gern. Ich öffnete erst dein Paket, probierte den schönen Kuchen und las deinen Brief. Es hat mich tief gerührt, dass du auf besserem Papier geschrieben hast. Wie ich überhaupt das alles sehr rührend fand (ich wäre fast versucht, darüber zu schreiben) und dir von Herzen danke. Im Zoo war es dann so, wie ich es mir gedacht hatte. Ich blieb nach dem Frühstück noch etwas da, schloss mit einer Ostafrika-Ziege Freundschaft und fuhr so gegen Mittag in die Zeitung. Dort musste ich schnell ein paar Zeilen über den Zoo schreiben[1] und schrieb daran anschliessend noch zwei kurze Ostpreußensachen[2], die gerade gebraucht wurden, worauf ich mich aus dem Staube machte.

Der Tag lag nun eigentlich vor mir. Ich hätte in verschiedene

---

1 »Und wieder neue Zoobewohner« (vgl. Nr. 288, S. 607f.).
2 »Die Schönheit Ostpreußens« (vgl. Nr. 289, S. 608ff.).

Kinos oder Theater gehen können, deren Karten ich mir für alle Fälle eingesteckt hatte. Ich habe dann aber keine benutzt und sie teils verfallen lassen, teils verschenkt, wie ich es meistens tue, denn was heute so gespielt wird, lockt mich in den wenigsten Fällen. Ich fuhr schließlich rum, um mir Wohnungen anzusehen. Ich habe das Möbliertwohnen wieder mal gründlich satt, und da dieser unangenehme Zustand mir von Fall zu Fall peinlicher wird, werde ich ihn ändern. Wahrscheinlich werde ich in das Apartment-Haus am Kurfürstendamm ziehen. Die Wohnung kostet zwar mehr (10 Mark) als eine ähnliche am Hochmeisterplatz, doch hat sie dafür eingebaute Schränke, Lichtkörper und viel mehr Komfort. Es handelt sich um einen Raum mit einer breiten Bettnische, um eine kleine Küche, um ein Bad, das an Brausen und Duschen jeden Luxus bietet und um eine ganz geräumige Diele. Das Ganze ist natürlich völlig abgeschlossen und wird nach meinen Wünschen tapeziert und renoviert werden. Ich werde es mir bis Montag noch überlegen, aber ich werde es wohl nehmen. Gewiss, die Miete ist hoch. Aber, wenn ich bedenke, dass ich dann nicht ins Kaffee getrieben werde, dass meine Nerven Ruhe finden, dass ich ungestört arbeiten, dass ich baden und schließlich auch einige Leute, die mir wichtig sind, empfangen kann. Ich werde dann sehr sparsam leben, meist selbst kochen, selbst waschen und bügeln (das ja bei dem ständigen Warmwasser keine Schwierigkeit ist), wenig ausgehen und für den B.B.C. ein Strassenbahnabonnement nehmen. Was ich von dir brauche, weiss ich noch nicht. Jedenfalls wohl Betten, Handtücher und vor allem, was an Vorhängen (Leinen) und Decken überhaupt zu haben ist. Würdest du mir, falls Rupfen zu teuer sein sollte, für den provisorischen Gebrauch um die Bettnische abzudecken die grüne Ortelsburger Portiere senden können? Richtig einrichten werde ich mich wohl erst später können. Ich möchte Stahlmöbel haben.

Gegen ½ 7 war ich mit dem Wohnungsbesehen fertig und eigentlich planlos. Ich ging ins Café, traf aber nichts Rech-

tes. Dann dachte ich daran, mit einem Mädchen essen zu gehen. Die sehr reizvolle Maria Ritzki, die mir über den Weg lief, war aber schon verabredet, und erst zu telefonieren, z. B. mit der Moos, war ich zu faul. Im Grunde hatte ich auch keine Lust. Ich ging schliesslich fast aus einem Gefühl von Pflichtbewusstsein zu Kempinski und ass sehr hochmütig einen Rehbraten, der mir nicht besonders schmeckte, und trank dazu eine halbe Flasche Wein, den ich anderswo schon besser getrunken habe. In einem in jeder Beziehung nüchternen Zustand verliess ich schon früh das Lokal. Ich kann sogar sagen, dass ich mich ärgerte, mir nicht doch irgend ein junges Mädchen zur Gesellschaft bestellt zu haben, und auch, nicht in ein besseres und kleineres Restaurant gegangen zu sein. Ich liebe ja Kempinski gar nicht und war nur der relativen Billigkeit wegen hingegangen.
Ich begab mich dann nach Hause und schrieb einen Artikel ›Novellen‹, der wohl am Montag erscheinen wird,[1] und fing eine Geschichte (die sehr kompliziert ist) an. Dazwischen ass ich von den Marzipanerdbeeren und von dem Kuchen.
Der Kuchen ist gross. Wer soll ihn essen? Ich habe keine Leute, die ich einlade. Ich lebe mit Bewusstsein isoliert. Meine Beziehungen zu andern halte ich, soweit sie mir erträglich sind. Das ist nur selten der Fall. Ausser zu dir und vielleicht zu Sybille unterhalte ich überhaupt keine menschliche Verbindung. Da die Stadt gross ist, muss man manchmal etwas Lebendiges um sich haben. Diese schönen Mädchen, die mich zuweilen erfreuen, empfinden es sehr bald, dass ich sie gar nicht liebe und dass ein Hund oder eine Katze mir eine eben so gute Gesellschaft wäre. Vielleicht eine bessere, aber ein Hund oder eine Katze bedeuten Verantwortung, die ich mir nicht leisten kann. Zu den Mädchen aber kann man herzloser sein. Die Folge ist meist, dass sie mich für unheimlich halten.
Was ich hier mache, ist Dreck. Was ich machen will, ist mehr.

---
1 »Alte und neue Novellen« (vgl. Nr. 169, S. 373 ff.).

Die Kunst des Schreibens ist keine gesellige, freundliche oder gar anziehende Eigenschaft. Wer sein Talent wie ein schmückendes Teil trägt, ist alles andere als ein Künstler, wenn wir dieses Wort mal aussprechen wollen. Die Kunst ist keine Sache des Schlapphuts, der Samtjacke oder der langen Locken. Im Grunde ist es eine Bürde, eine Qual, ein Abseitsgehen (und auf einem Wege, den es vielleicht garnicht gibt) und eine Leidenschaft ausserhalb der menschlichen Wärme. Ein guter Satz, ein wirklich guter Satz, kann das Ergebnis einer monatelangen Bemühung sein.
Ich grüsse dich herzlichst!
Und für die Taschentücher, die heute morgen kamen, danke ich dir.
Dein Wolfgang«
Auch wenn der Brief vielleicht gar nicht abgeschickt wurde, ist er ein wichtiges Dokument: eine dichte Beschreibung von Koeppens Journalistenleben im ersten Sommer der Diktatur; eine Beziehungsminiatur, die verdeutlicht, dass seine Tante Olga ihm die vermutlich vertrauteste Person dieser Jahre war, und ein Schlaglicht auf seine psychosoziale Befindlichkeit an der Schwelle zum Schriftstellerdasein; nicht zuletzt ein poetologisches Fragment, das seinen Überdruss am journalistischen Schreiben dokumentiert. Auch verdeutlicht der Briefentwurf seine immer noch angespannte finanzielle Situation – trotz fester Mitarbeiterschaft beim *Berliner Börsen-Courier* und hochfrequenter Veröffentlichungstätigkeit. Immer noch muss ihn seine Tante (zusammen mit ihrem Lebensgefährten Theodor Wille) finanziell und materiell unterstützen. Ein zweites von Koeppens autobiographischen Auskünften unabhängiges Dokument hat sich im Nachlass erhalten: eine Gehaltsquittung vom November 1933, einen Monat, bevor der *Berliner Börsen-Courier* sein Erscheinen einstellen musste und Koeppen den Journalismus verließ (vgl. Abb. 30). Koeppen verdiente brutto 250 Mark, wovon ihm 50 Mark schon als Vorschuss gewährt worden waren.

In Interviews hat Koeppen des Öfteren angedeutet, ihm sei nach dem Ende des *Börsen-Courier* eine Stelle als Theaterkritiker bei der *B. Z. am Mittag* (dort wo er im Winter 31/32 schon als Filmkritiker publiziert hatte) angeboten worden. Ein Beleg dafür ist nicht überliefert. Wohl aber das Interesse Max Taus, Lektor im jüdischen Cassirer Verlag, dem Koeppen aufgrund seiner Feuilletons als literarisches Talent aufgefallen war. Aus diesem Verlagsscouting entstand im Jahr 1934 schließlich Koeppens Romanerstling *Eine unglückliche Liebe*. Insofern hatte er tatsächlich über den Journalismus zum literarischen Schreiben gefunden.

Nach vier Jahren im holländischen Wahl-Exil zwischen 1934 und 1938, in denen sein zweiter Roman *Die Mauer schwankt* (1935) entstand, kehrte Koeppen nach NS-Deutschland zurück, um für den Film als Drehbuchautor zu arbeiten. In dieser Zeit setzte er sporadisch auch sein journalistisches Schreiben fort – zunächst mit einem Artikel für *Das Reich*, der reichweitenstärksten Wochenzeitung während des NS (erschienen zwischen 1940 und 1945), die mit Goebbels' Unterstützung gegründet worden war, um der Monotonie des gelenkten Zeitungsjournalismus ein Qualitätsblatt entgegenzusetzen, das der »geistigen Vertiefung des Nationalsozialismus« dienen sollte.[1] Während in NS-Deutschland der Überfall auf die Sowjetunion geplant wurde, der Balkanfeldzug der Wehrmacht begann und die Zwangsarbeit für Juden angeordnet worden war, schrieb Koeppen am 9. März 1941 im *Reich* eine lange Rezension über Suzukis »Einführung in den Zen-Buddhismus« (vgl. Nr. 187, S. 421 ff.). Im April desselben Jahres erschien in der Illustrierten *Die Woche* (die bis 1944 im Scherl Verlag erschien) eine Besprechung von Egon Viettas Reisebericht »Romantische Cyrenaica« – das Buch zum Heeresbericht aus Nordafrika, wo das deutsche Afrika-Korps gerade ge-

---

1 Norbert Frei/Johannes Schmitz: *Journalismus im Dritten Reich*. München 1999, S. 108.

meinsam mit den Italienern bemüht war, die an die Briten gefallene Cyrenaika zurückzuerobern. Ein Buch für das *Armchair-Traveling* der bildungsbürgerlichen Heimatfront an die Kriegsschauplätze – Krieg auch als Reise im Kopf –, einfühlsam besprochen von Koeppen für die reich bebilderte Wochenillustrierte (vgl. Nr. 188, S. 425 f.).
Für die *Woche* besprach er dann ein Jahr später auch noch ein nationalsozialistisches Aufklärungsbuch: »Worte an junge Menschen. Zu J. H. Schultz: *Geschlecht–Liebe–Ehe*« (vgl. Nr. 189, S. 426 f.), eine Rezension, die pikanterweise nicht von der Koeppen-Forschung entdeckt wurde, sondern von Neonazis. Anlässlich von Koeppens 80. Geburtstag erschien im rechtsradikalen *Deutschen Anzeiger* am 20. Juni 1986 der Schmähartikel »Der NS-Sex des Wolfgang Koeppen«, in dem der angeblich »meistprämierte Kulturschaffende deutscher Zunge« für seine Buchbesprechungen während des NS in der *Woche* denunziert wurde.
In der Nachkriegszeit musste Koeppen einen zweiten Anlauf zum freien Romanschriftsteller unternehmen. Und wieder wählte er den Weg über das Schreiben für die Zeitung. Die hier vorliegende Edition wird beschlossen mit den zehn Artikeln, die Koeppen zwischen Januar 1947 und Januar 1948 für die Münchner *Neue Zeitung* geschrieben hat. Das Feuilleton der *Neuen Zeitung* stand unter der Ägide von Erich Kästner, der wie Koeppen die Kriegsjahre im Wesentlichen mit Schreiben für den NS-Film überstanden hatte. Koeppen schrieb wieder wie schon während der *Börsen-Courier*-Zeit: über Film, über Filmdreharbeiten, Theater- und Kabarettkritik (vgl. Abb. 31). Ausstellungskritik, Schriftstellerporträts, sogar einen Beitrag über die Wiederaufbaudiskussionen in Münchens Innenstadt (vgl. den allerletzten Text »Tempelspuk am Königsplatz« der hier vorgelegten Sammlung, Nr. 291, S. 612 ff.). Auch stilistisch ist er bemüht, an den frech-schnoddrigen Feuilleton-Ton von vor 1933 anzuknüpfen – wieder mit einer Vorliebe für den Verriss, der auch die Anerkennung für die nach der Diktatur

wiedergewonnene kritische Urteilskraft des Publikums miteinschließt. Über die Aufführung von Anton Günther Zills »Theatralischem Zwischenspiel« *Es hat sich nichts geändert* schreibt er am 2. Juni 1947 unter dem Titel »Historische Pfiffe« (vgl. Nr. 130, S. 274 ff.):
»Es hat sich in München sehr viel geändert! Das geduldige Publikum geht wieder aus seiner Reserve heraus, ein Schmarrn wird wieder als ein Schmarrn empfunden […]. Der Abend könnte totgeschwiegen werden, glaubte falscher Ehrgeiz und zweifelhafte Sentimentalität nicht, eine verunglückte Platitüde für ein förderungswürdiges junges deutsches Dichtwerk halten zu müssen. Der siebenundzwanzigjährige Autor bekennt von sich, er wäre brennend gern ein guter Fußballspieler geworden, hätte sich aber leider den Knöchel gebrochen. Schade.«
Ein neuer Anfang mit den alten bewährten Mitteln.
Im Januar 1948 bricht Koeppen das journalistische Schreiben plötzlich wieder ab, um einen bemerkenswerten Schreibauftrag auszuführen. Ein Verleger beauftragt ihn, die Geschichte eines jüdischen Shoah-Überlebenden, des Münchner Briefmarkenhändlers Jakob Littner, so umzuschreiben, dass diese dem Verleger tauglich erschien für den westdeutschen Nachkriegsbuchmarkt. Daraus wurden Jakob Littners *Aufzeichnungen aus einem Erdloch*. Die Geschichte dieser in vieler Hinsicht bedenklichen anonymen (Mit-)Autorschaft wird in Band 3 der *Wolfgang Koeppen Werke* rekonstruiert werden.

Siglen und Kurztitel

ED = Erstdruck
ND = Nachdruck

Es war einmal in Masuren: Wolfgang Koeppen: *Es war einmal in Masuren*. Frankfurt am Main: Suhrkamp 1991

Eulenspiegels Wege: Wolfgang Koeppen: *Ich ging Eulenspiegels Wege. Ein Lesebuch*. Herausgegeben von Dagmar von Briel. Frankfurt am Main: Suhrkamp 1996

GW: Wolfgang Koeppen: *Gesammelte Werke in sechs Bänden*. Herausgegeben von Marcel Reich-Ranicki unter Mitarbeit von Hans-Ulrich Treichel und Dagmar von Briel. Frankfurt am Main: Suhrkamp 1986 (zitiert: *GW* Bandnummer/Seitenzahl)

Nach der Heimat gefragt: *Nach der Heimat gefragt. Texte von und über Wolfgang Koeppen*. Herausgegeben von Gunnar Müller-Waldeck. Redaktion: Andrea Beu. Greifswald: Hans-Fallada-Verein 1995

Phantasieroß: Wolfgang Koeppen: *Auf dem Phantasieroß. Prosa aus dem Nachlaß*. Herausgegeben von Alfred Estermann. Frankfurt am Main: Suhrkamp 2000

WK: *Wolfgang Koeppen*. Herausgegeben von Eckart Oelenschläger. Frankfurt am Main: suhrkamp taschenbuch materialien 1987

WKW: *Wolfgang Koeppen Werke*. Herausgegeben v. Hans-Ulrich Treichel. Berlin: Suhrkamp (seit 2006)

Bildteil

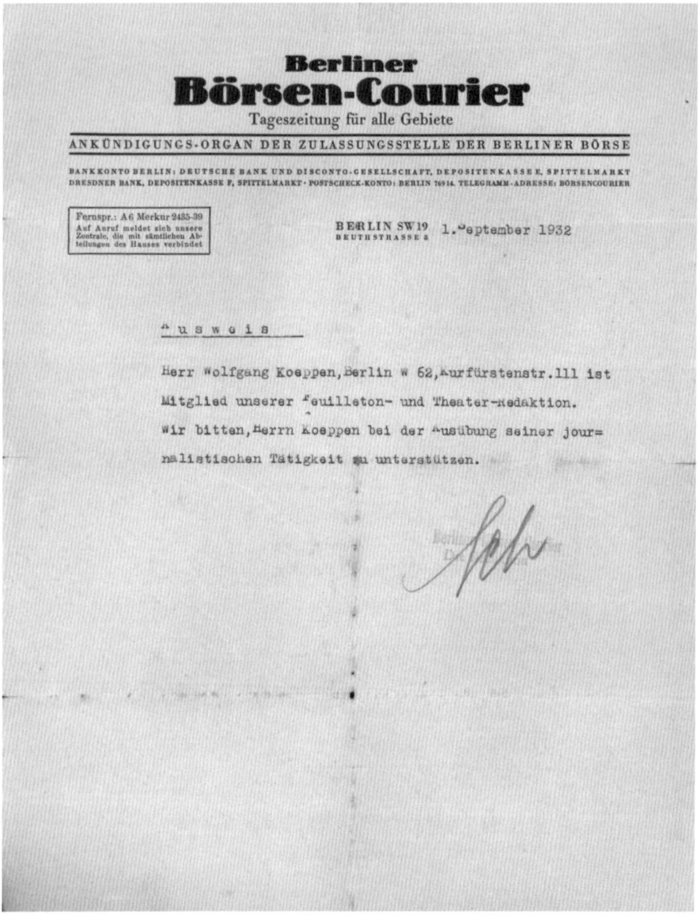

Berliner

Börsen-Courier

Tageszeitung für alle Gebiete

ANKÜNDIGUNGS-ORGAN DER ZULASSUNGSSTELLE DER BERLINER BÖRSE

BANKKONTO BERLIN: DEUTSCHE BANK UND DISCONTO-GESELLSCHAFT, DEPOSITENKASSE E, SPITTELMARKT
DRESDNER BANK, DEPOSITENKASSE F, SPITTELMARKT · POSTSCHECK-KONTO: BERLIN 76914. TELEGRAMM-ADRESSE: BÖRSENCOURIER

Fernspr.: A 6 Merkur 2435-39
Auf Anruf meldet sich unsere Zentrale, die mit sämtlichen Abteilungen des Hauses verbindet

BERLIN SW 19
BEUTHSTRASSE 8

1. September 1932

Ausweis

Herr Wolfgang Koeppen, Berlin W 62, Kurfürstenstr. 111 ist Mitglied unserer Feuilleton- und Theater-Redaktion.
Wir bitten, Herrn Koeppen bei der Ausübung seiner journalistischen Tätigkeit zu unterstützen.

Abb. 1: Koeppens Presseausweis v. 1. September 1932.

Berliner Börsen-Courier

Nachruf Albert Londres

Farben zu einer Kinderlandschaft
(Eric Graf Wickenburg)

Talleyrand von Franz Blei

Die Welt der Gärten und der Bäume

Der eine Hamsun

Die Nation greift an
(über Franz Schauwecker, Friedr.Wilh. Heinz und
 Friedrich Hielscher)

Kinder und junge Liebende

Unendlich weit ist die Welt
(2 Flugbücher)

Meditationen über die Liebe
(José Ortega y Gasset)

Emil Gött
(zum 25. Todestag des Dichters)

Noch ein Goethe-Film?

Landstraße und Gefängnis
(P.C. Ettighoffer/Gustav Regler)

Der Goethepreis und Hermann Stehr

Rudolf Pannwitz in der Akademie

Der mehr schwache als starke Mensch
(Hans Henny Jahnn)

Die erste Lulu (Wedekind)

Der Joseph-Roman von Thomas Mann (der 1. Band)

Roman um Reden
(Musil 2. Band)

Jugend, die nie schreiben würde
(Reportage und Sozialpädagogik)

Moeller van den Bruck

Abb. 2: Koeppens Auswahl seiner Texte aus dem
Berliner Börsen-Courier für die erste Werkausgabe.

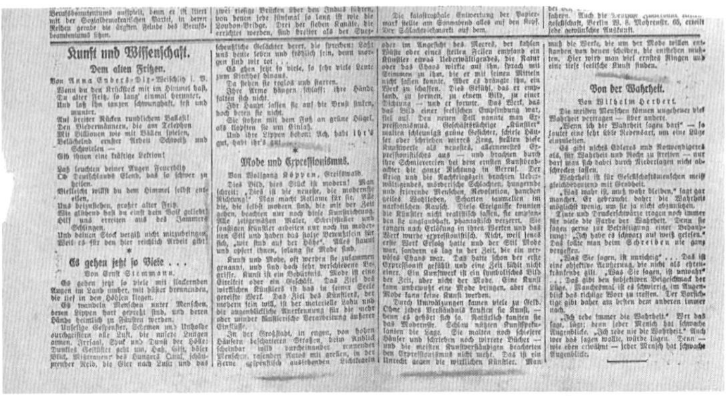

Kunst und Wissenschaft.

Dem alten Fritzen.

Es gehen jetzt so Viele . . .

Mode und Expressionismus.

Von der Wahrheit.

Abb. 3: Wolfgang Köppen, Greifswald: »Mode und Expressionismus«. In: *Greifswalder Zeitung* v. 6. November 1923.

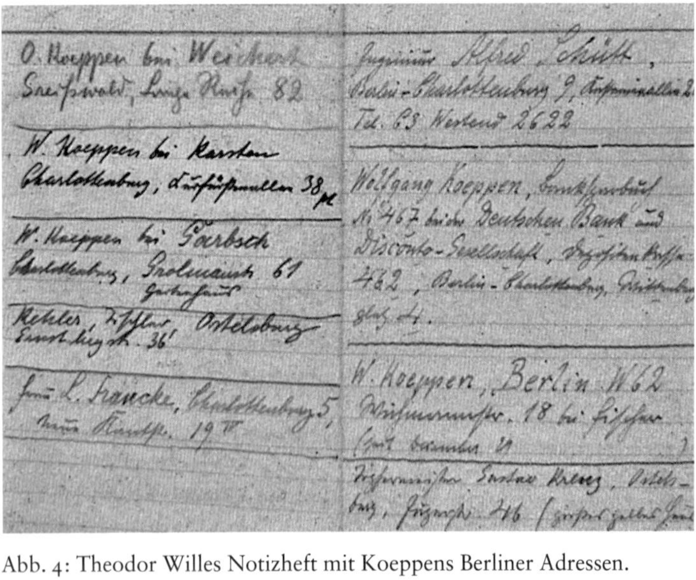

Abb. 4: Theodor Willes Notizheft mit Koeppens Berliner Adressen.

Abb. 5: Koeppens »Kartoffelbuddler in Pommern« in der *Roten Fahne* v. 30. September 1928.

Nebenbei

Shakehands

Die Tausende von Händedrücken, die der amerikanische Präsident Hoover am Neujahrstag hat verabfolgen müssen, bringen folgendes Geschichtchen in Erinnerung:

Gladstone, schon hochbetagt, besucht das Dominion Australien. Zahllose Farmer sind am Bahnhof zusammengeströmt, der greise Premier, am Wagenfenster, verteilt „Shakehands". Da ihm bald der Arm erlahmt, beauftragt er den hinter ihm stehenden riesigen Polizisten, durch seinen, Gladstones, weiten Pelerinenärmel zu greifen und mit dem Händeschütteln fortzufahren. Die Täuschung gelingt so gut, daß ein wackerer Ire, schmerzlich seine gepreßte Hand reibend, zum neben ihm stehenden Freunde sagt: „Alle Achtung, hat der alte Herr noch eine Kraft..!" „Sehr wahr," meint der andere; „aber — hast du seine Fingernägel gesehen?"

— n.

Die Katakombe ahmt sich nach

Der Geist der Improvisation, der diesem Kabarett den eigenartigen Reiz verleiht, schwebte bereits in Gefahr, zur Manier, steril durch einstudierte Zufälligkeiten zu werden. In diesem Programm nun ist man ins andere Extrem verfallen, hat sich ganz der wirklich zufälligen, also der echten Improvisation überlassen. Es ist ein Kabarettpro-

Neuwahlen des Vorsteherkollegiums

Stadtväter in

Die Arbeit der Berliner Stadtverordnetenversammlung wird in einer ordentlichen Sitzung wieder aufgenommen werden, die auf Donnerstag, den 8. Januar, festgesetzt worden ist. An erster Stelle der Tagesordnung, die insgesamt 58 Punkte umfaßt, steht die Wahl des Stadtverordnetenvorstehers und der drei Vorsteherstellvertreter. Wie wir aus kommunalpolitischen Kreisen erfahren,

dürfte sich an der Zusammensetzung des Präsidiums kaum wesentlich etwas ändern,

da die sozialdemokratische Fraktion als stärkste Partei dieses Hauses, wieder den Posten des Stadtverordnetenvorstehers für sich in Anspruch nehmen und, wie bisher, als Kandidaten den Vorsteher Haß vorschlagen wird. Die Stellvertreter werden dann von den Deutschnationalen, der Volkspartei und den Demokraten gestellt, und auch hier wird kaum eine Aenderung der Personen eintreten, so daß Granß (dntl.), Dr. Caspary (Volkspartei) und Dr. Meyer (Dem.) wiedergewählt werden dürften. Die Kommunisten und Nationalsozialisten werden sicherlich aus Gründen der Opposition, wie dies in den Vorjahren jedesmal geschehen ist, eigene Kandidaten aufstellen, die aber mit Rücksicht auf die Parteiverhältnisse nur sehr wenig Aussicht haben.

Auf der Tagesordnung steht dann noch die Fortsetzung zweiten Lesung über die Geschäftsführung und Verkehrspolitik der B.V.G. die im Dezember nicht zu Ende geführt

Abb. 6: Eine Anekdote für den *Berliner Börsen-Courier*: »Shakehands« v. 3. Januar 1931.

Kulturkampf mit eingeleitet. Und so muß zu für jede dieser Schichten eine andere „Wahrheit" gelten. Für die eine, die alte, die — so weit sie noch existiert — gesicherte und kultivierte Bürgerschicht gelten Döblins Zweifel nicht. Doch für die andern, die Kämpfenden, wirtschaftlich und politisch Ringenden gelten seine Zweifel wohl und gelten voll. Man kann nicht im wirklichen Leben tagaus, tagein kämpfen und nichts als kämpfen, und in der Kunst „besinnlich" sein. Sondern für diese neuen Schichten wird das Tafelbild entweder Kampfbild werden müssen, oder — für diese Schichten — verschwinden.

So stellte sich heraus, daß Döblin und Gold nicht Auge in Auge, sondern Rücken an Rücken miteinander diskutierten. Döblin sah dabei nach Norden, auf den „Alexanderplatz"; Gold aber nach — Westen, in den „alten" und in den neuen Westen, Visierstellung Dahlem, Grunewald . . .
            Deri.

Halb Greta, halb Marlene: Zarah

Diese junge Dame, Zarah Leander, vom Tasa-Theater in Stockholm, hat Max Reinhardt während seines schwedischen Gastspiels gesehen und als Attraktion seiner Berliner und Wiener Bühnen in Aussicht genommen. Sie wird zuerst nach Wien kommen, um dort Sprachstudien zu treiben und sich in der Reinhardtschule zu vervollkommnen. Auch Tonfilm-Engagements liegen schon vor — kein Wunder. Fräulein Leander scheint den Zeittyp in ziemlich vollkommener Weise zu verkörpern

sofort engagiert. Heinz Loewenfeld ist mit Theaterspielen erblich belastet; erstens durch seinen verstorbenen Vater, dem Direktor Hans Loewenfeld, sodann von seinem Großvater her, dem seinerzeit sehr bekannten Schauspieler Max Loewenfeld.

      *

Rossinis „Angelina", die nächste Einstudierung der Städtischen Oper, ist in den Hauptrollen mit den Damen Friedrich, Schöne, Bassth und den Herren Hüsch, und Kandl besetzt. Musikalische Leitung: Dengler, Regie: Otto Krauß.

Robert Blum, der Bearbeiter vieler französischer Bühnenwerke, unter denen sich das gegenwärtig an allen Bühnen gespielte und von Ralph Benatzky vertonte musikalische Lustspiel „Meine Schwester und ich" befindet, wird heute 50 Jahre alt.

Abb. 7: o. N.: »Halb Greta, halb Marlene: Zarah«.
In: *BZ am Mittag* v. 17. April 1931.

Operetten-Weihnachten. Die in diesem Jahr notwendige Feiertags-Aufheiterung wird durch eine Anzahl von Bühnen und Lichtspielhäusern besorgt, die sich Operetten verschrieben haben. Im Metropol-Theater große Premiere: an der Seite Taubers singt Anni **Ahlers** (links) das „Lied der Liebe" von E. W. Korngold nach Motiven von Johann Strauß. Die lustigeren Strophen dieses Liebesliedes tanzt und singt Olly **Gebauer**, die zugleich die Soubrette in Kálmáns Film-Operette „Ronny" im Gloria-Palast ist. U. a. feiert noch die gute, alte „Fledermaus" ihre Auferstehung, und zwar als Tonfilm im Capitol. Adele ist Anni **Ondra** (Mitte).

Abb. 8: o. N.: »Operetten-Weihnachten«. In: *BZ am Mittag* v. 22. Dezember 1931.

Abb. 9: koe.: »Bobby geht los. Im Tauentzien-Palast«.
In: *BZ am Mittag* v. 4. Dezember 1931.

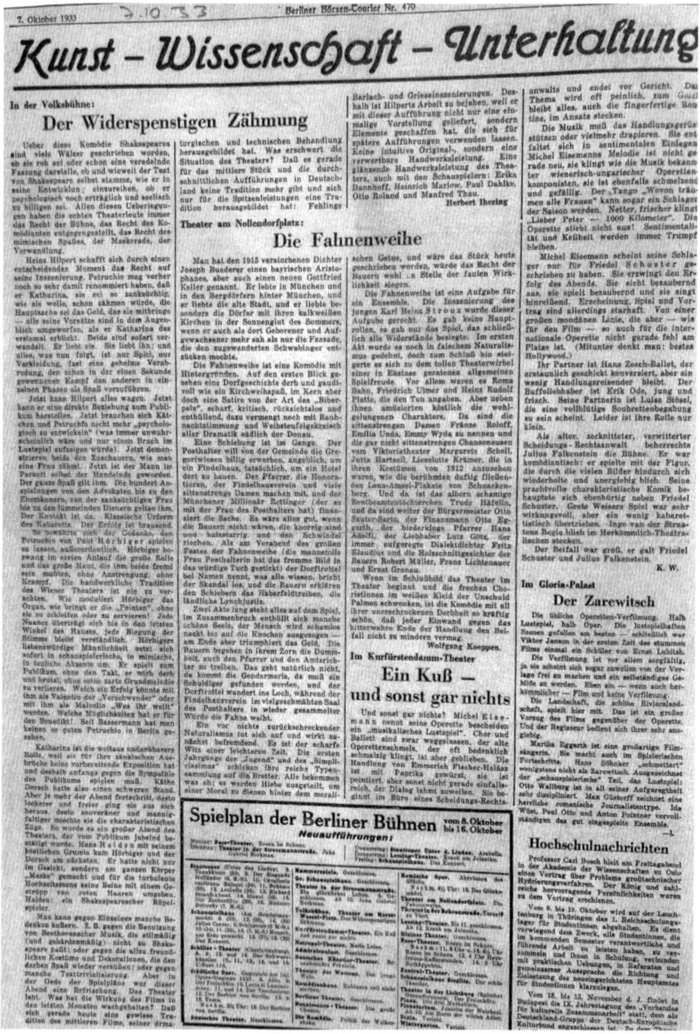

7. Oktober 1933 7.10.33 Berliner Börsen-Courier Nr. 470

Kunst – Wissenschaft – Unterhaltung

In der Volksbühne:

Der Widerspenstigen Zähmung

Ueber diese Komödie Shakespeares sind viele Wälzer geschrieben worden, ob sie roh sei oder schon eine veredelnde Fassung darstelle, ob und wieweit der Text von Shakespeare selbst stamme, wie er in seine Entwicklung einzureihen, ob er psychologisch noch erträglich und seelisch zu billigen sei. Allen diesen Ueberlegungen haben die echten Theaterleute immer das Recht der Bühne, das Recht des Komödianten entgegengestellt, das Recht des mimischen Spaßes, der Maskerade, der Verwandlung.

Heinz Hilpert schafft sich durch einen entscheidenden Moment das Recht auf seine Inszenierung. Petruchio mag vorher noch so sehr damit renommiert haben, daß er Katharina, sie sei so zanksüchtig, wie sie wolle, schon zähmen würde, die Hauptsache sei das Geld, das sie mitbringe — alle seine Vorsätze sind in dem Augenblick umgeworfen, als er Katharina das erstemal erblickt. Beide sind sofort verwandelt. Er liebt sie. Sie liebt ihn; und alles, was nun folgt, ist nur Spiel, nur Verkleidung, fast eine geheime Verabredung, den schon in der einen Sekunde gewonnenen Kampf den anderen in einzelnen Phasen als Spaß vorzuführen.

Jetzt kann Hilpert alles wagen. Jetzt kann er eine direkte Beziehung zum Publikum herstellen. Jetzt brauchen sich Kätchen und Petruchio nicht mehr „psychologisch zu entwickeln" (was immer unwahrscheinlich wäre und nur einen Bruch im Lustspiel aufzeigen würde). Jetzt demonstrieren beide den Zuschauern, wie man eine Frau zähmt. Jetzt ist der Mann im Parkett selbst der Handelnde geworden. Der ganze Spaß gilt ihm. Die hundert Anspielungen von den Advokaten bis zu den Ehemännern, von der zanksüchtigen Frau bis zu den lümmelnden Dienern gelten ihm. Der Kontakt ist da. Klassische Urform des Kabaretts. Der Erfolg ist brausend.

So bewährte sich der Gedanke, den Petruchio von Paul Hörbiger spielen zu lassen, außerordentlich. Hörbiger bezwang im ersten Anlauf die große Rolle und das große Haus, die ihm beide fremd sein mußten, ohne Anstrengung, ohne Krampf. Die handwerkliche Tradition des Wiener Theaters ist nie zu verachten. Wie moduliert Hörbiger das Organ, wie bringt er die „Pointen", ohne sie zu schleifen oder zu servieren! Jede Nuance überträgt sich bis in den letzten Winkel des Hauses, jede Biegung der Stimme bleibt verständlich. Hörbigers liebenswürdige Männlichkeit setzt sich sofort in schauspielerische, in mimische, in tonliche Akzente um. Er spielt zum Publikum, ohne den Takt, er wirb derb und brutal, ohne seine zarte Grundmelodie zu verlieren. Welch ein Erfolg könnte mit ihm als Valentin der „Verschwender" oder mit ihm als Malvolio „Was ihr wollt" werden. Welche Möglichkeiten hat er für den Benedikt! Seit Bassermann hat man keinen so guten Petruchio in Berlin gesehen.

Katharina ist die weitaus undankbarere Rolle, weil sie für ihre zänkischen Ausbrüche keine vorbereitende Exposition hat und deshalb anfangs gegen die Sympathie des Publikums spielen muß. Käthe Dorsch hatte also einen schweren Stand. Aber je mehr der Abend fortschritt, desto lockerer und freier ging sie aus sich heraus, desto souveräner und mannigfaltiger mischte sie die charakteristischen Züge. So wurde es ein großer Abend des Theaters, der vom Publikum jubelnd bestätigt wurde. Hans Halden mit seinem köstlichen Grumio kam Hörbiger und der Dorsch am nächsten. Er hatte nicht nur im Gesicht, sondern am ganzen Körper „Maske" gemacht und für die turbulente Hochzeitsszene seine Beine mit einem Gestrüpp von roten Haaren umgeben. Halden: ein Shakespearescher Rüpelspieler.

Man kann gegen Einzelnes manche Bedenken äußern. Z. B. gegen die Benutzung von Beethovenscher Musik, die stilmäßig (und gebärdenmäßig) nicht zu Shakespeare paßt; oder gegen die allzu freundlichen Kostüme und Dekorationen, die den derben Spaß wieder versüßen; oder gegen manche Texttrivialisierung. Aber in der Oede der Spielpläne war dieser Abend eine Erfrischung. Das Theater lebt. Was hat die Wirkung des Films in den letzten Monaten wachgehalten? Daß sich gerade heute eine gewisse Tradition des mittleren Films, seiner dramaturgischen und technischen Behandlung herausgebildet hat. Was erschwert die Situation des Theaters? Daß es gerade für das mittlere Stück und die durchschnittlichen Aufführungen in Deutschland keine Tradition mehr gibt und sich nur für die Spitzenleistungen eine Tradition herausgebildet hat: Fehlings Barlach- und Grieseinszenierungen. Deshalb ist Hilperts Arbeit zu bejahen, weil er mit dieser Aufführung nicht nur eine einmalige Vorstellung geliefert, sondern Elemente geschaffen hat, die sich für spätere Aufführungen verwenden lassen. Keine intuitive Original-, sondern eine verwertbare Handwerksleistung. Eine glänzende Handwerksleistung des Theaters, auch mit den Schauspielern: Erika Dannhoff, Heinrich Marlow, Paul Dahlke, Otto Roland und Manfred Thau.

Herbert Ihering

Theater am Nollendorfplatz:

Die Fahnenweihe

Man hat den 1915 verstorbenen Dichter Joseph Ruederer einen bayrischen Aristophanes, aber auch einen neuen Gottfried Keller genannt. Er lebte in München und in den Bergdörfern hinter München, und er liebte die alte Stadt, und er liebte besonders die Dörfer mit ihren kalkweißen Kirchen in der Sonnenglut des Sommers, wenn er auch als dort Geborener und Aufgewachsener mehr sah als nur die Fassade, die den zugewanderten Schwabinger entzücken mochte.

Die Fahnenweihe ist eine Komödie mit Hintergründen. Auf den ersten Blick gesehen eine Dorfgeschichte derb und gaudivoll wie ein Kirchweihspaß, im Kern aber doch eine Satire von der Art des „Biberpelz", scharf, kritisch, rücksichtslos und enthüllend, dazu vermengt noch mit Rauhnachtstimmung und Weibsteufelgekreisch aller Dramatik südlich der Donau.

Eine Schiebung ist im Gange. Der Posthalter will von der Gemeinde die Gregoriwiesen billig erwerben, angeblich, um ein Findelhaus, tatsächlich, um ein Hotel dort zu bauen. Der Pfarrer, die Honoratioren, der Findelhausverein und viele sittenstrenge Damen machen mit, und der Münchener Millionär Rettinger (der es mit der Frau des Posthalters hat) finanziert die Sache. Es wäre alles gut, wenn die Bauern nicht wären, die knorrig sind und halsstarrig und den Schwindel riechen. Als am Vorabend des großen Festes der Fahnenweihe (die mannstolle Frau Posthalterin hat das fromme Bild in das würdige Tuch gestickt) der Dorftrottel bei Namen nennt, was alle wissen, bricht der Skandal los, und die Bauern erklären den Schiebern das Haberfeldtreiben, die ländliche Lynchjustiz.

Zwei Akte lang steht alles auf dem Spiel, im Zusammenbruch enthüllt sich manche schöne Seele, der Mensch wird schamlos nackt bis auf die Knochen ausgezogen — am Ende aber triumphiert das Geld. Die Bauern begehen in ihrem Zorn die Dummheit, auch den Pfarrer und den Amtsrichter zu treiben. Das geht natürlich nicht, da kommt die Gendarmerie, da muß ein Schuldiger gefunden werden, und der Dorftrottel wandert ins Loch, während der Findelhausverein im vielgeschmähten Saal des Posthalters in wieder gesammelter Würde die Fahne weiht.

Ein vor nichts zurückschreckender Naturalismus tut sich auf und wirkt zunächst befremdend. Es ist der scharfe Witz einer leichteren Zeit. Die ersten Jahrgänge der „Jugend" und des „Simplicissimus" schicken ihre reiche Typensammlung auf die Bretter. Alle bekommen was ab; es werden Hiebe ausgeteilt, um einer Moral zu dienen hinter dem moralischen Getue, und wäre das Stück heute geschrieben worden, würde das Recht der Bauern wohl an Stelle der faulen Wirklichkeit siegen.

Die Fahnenweihe ist eine Aufgabe für ein Ensemble. Die Inszenierung des jungen Karl Heinz Stroux wurde dieser Aufgabe gerecht. Es gab keine Hauptrollen, es gab nur das Spiel, das schließlich alle Widerstände besiegte. Im ersten Akt wurde es noch in falschem Naturalismus gedehnt, doch zum Schluß hin steigerte es sich zu dem tollen Theaterwirbel einer in Ekstase geratenen allgemeinen Spielfreude. Vor allem waren es Roma Bahn, Friedrich Ulmer und Heinz Rudolf Platte, die den Ton angaben. Aber neben ihnen amüsierten köstlich die wohlgelungenen Charaktere. Da sind die sittenstrengen Damen Fränze Roloff, Emilia Unda, Emmy Wyda zu nennen und die gar nicht sittenstrengen Chansoneusen vom Viktoriatheater Margarete Schell, Jutta Hartsell, Lieselotte Krämer, die in ihren Kostümen von 1912 anzusehen waren, wie die berühmten duftig fließenden Lena-Amsel-Plakate von Schnackenberg. Und da ist das albern schamige Rentbeamtentöchterchen Trude Häfelin, und da sind weiter der Bürgermeister Otto Sauter-Sarto, der Finanzmann Otto Eggerth, der biederkluge Pfarrer Hans Adolfi, der Liebhaber Lutz Götz, der immer aufgeregte Dialektdichter Fritz Klaudius und die Holzschnittgesichter der Bauern Robert Müller, Franz Lichtenauer und Ernst Gronau.

Wenn im Schlußbild das Theater im Theater beginnt und die frechen Choristinnen im weißen Kleid der Unschuld Palmen schwenken, ist die Komödie mit all ihrer unerschrockenen Derbheit so kräftig schön, daß jeder Einwand gegen das bitterwahre Ende der Handlung den Beifall nicht zu mindern vermag.

Wolfgang Koeppen.

Im Kurfürstendamm-Theater

Ein Kuß — und sonst gar nichts

Und sonst gar nichts? Michel Eisemann nennt seine Operette bescheiden ein „musikalisches Lustspiel". Chor und Ballett sind zwar weggelassen, der alte Operettenschmelz, der oft bedenklich schmalzig klingt, ist aber geblieben. Die Handlung von Emmerich Fischer-Holász ist mit Paprika gewürzt, sie ist pointiert, aber sonst nicht gerade einfallsreich, der Dialog lahmt zuweilen. Sie beginnt im Büro eines Scheidungs-Rechtsanwalts und endet vor Gericht. Das Thema wird oft peinlich, zum Glück bleibt alles, auch die fingerfertige Routine, im Ansatz stecken.

Die Musik muß das Handlungsgerüst stützen oder vielmehr drapieren. Sie entfaltet sich in sentimentalen Einlagen. Michel Eisemanns Melodie ist nicht gerade neu, sie klingt wie die Musik bekannter wienerisch-ungarischer Operettenkomponisten, sie ist ebenfalls schmelzend und gefällig. Der Tango „Wovon träumen alle Frauen" kann sogar ein Schlager der Saison werden. Netter, frischer klingt „Lieber Peter — 1000 Kilometer". Die Operette stirbt nicht aus! Sentimentalität und Keßheit werden immer Trumpf bleiben.

Michel Eisemann scheint seine Schlager nur für Friedel Schuster geschrieben zu haben. Sie erzwingt den Erfolg des Abends. Sie sieht bezaubernd aus, sie spielt bezaubernd und sie singt hinreißend. Erscheinung, Spiel und Vortrag sind allerdings starhaft. Von einer großen mondänen Linie, die aber — wie für den Film — so auch für die internationale Operette nicht gerade fehl am Platze ist. (Mitunter denkt man: bestes Hollywood.)

Ihr Partner ist Hans Zesch-Ballot, der erstaunlich geschickt konversiert, aber ein wenig Handlungsreisender bleibt. Der Buffoliebhaber ist Erik Ode, jung und frisch. Seine Partnerin ist Luise Stösel, die eine vollblütige Soubrettenbegabung zu sein scheint. Leider ist ihre Rolle nur klein.

Als alter, zerknitteter, verwitterter Scheidungs-Rechtsanwalt beherrschte Julius Falkenstein die Bühne. Er war komödiantisch: er spielte mit der Figur, die durch die vielen Bilder hindurch sich wiederholte und unergiebig blieb. Seine prachtvolle charakteristische Komik behauptete sich ebenbürtig neben Friedel Schuster. Grete Weisers Spiel war sehr wirkungsvoll, aber ein wenig kabarettistisch übertrieben. Inge van der Straatens Regie blieb im Herkömmlich-Theatralischen stecken.

Der Beifall war groß, er galt Friedel Schuster und Julius Falkenstein.

K. W.

Im Gloria-Palast

Der Zarewitsch

Die übliche Operetten-Verfilmung. Halb Lustspiel, halb Oper. Die lustspielhaften Szenen gefallen am besten — schließlich war Viktor Janson in der ersten Zeit des stummen Films einmal ein Schüler von Ernst Lubitsch.

Die Verfilmung ist vor allem sorgfältig, ja sie scheint sich sogar zuweilen von der Vorlage frei zu machen und ein selbständiges Gebilde zu werden. Eben ein — wenn auch herkömmlicher — Film und keine Verfilmung.

Die Landschaft, die schöne Rivieralandschaft, spielt hier mit. Das ist ein großer Vorzug des Films gegenüber der Operette. Und der Regisseur bedient sich ihrer sehr ausgiebig.

Martha Eggerth ist eine großartige Filmsängerin. Sie macht auch im Spielerischen Fortschritte. Hans Söhnker „schmettert" wenigstens nicht als Zarewitsch. Ausgezeichnet der „schauspielerische" Teil, das Lustspiel: Otto Wallburg ist in all seiner Aufgeregtheit sehr diszipliniert. Max Gülstorff zeichnet eine herrliche romanische Journalistentype. Ida Wüst, Paul Otto und Anton Pointner vervollständigen das gut eingespielte Ensemble.

—l.

Hochschulnachrichten

Professor Carl Bosch hielt am Freitagabend in der Akademie der Wissenschaften zu Oslo einen Vortrag über Probleme großtechnischer Hydrierungsverfahren. Der König und zahlreiche hervorragende Persönlichkeiten waren zu dem Vortrag erschienen.

Vom 9. bis 19. Oktober wird auf der Leuchtenburg in Thüringen das 1. Reichsschulungslager für Studentinnen abgehalten. Es dient vorwiegend dem Zweck, alle Studentinnen, die im kommenden Semester verantwortliche und führende Arbeit zu leisten haben, zu versammeln und ihnen in Schulung, verbunden mit praktischen Uebungen, in Referaten und gemeinsamer Aussprache die Richtung und Zielsetzung des neueingerichteten Hauptamtes für Studentinnen klarzulegen.

Vom 12. bis 15. November d. J. findet in Budapest die IX. Jahrestagung des „Verbandes für kulturelle Zusammenarbeit" statt, dem als Deutschland-Gruppe der Deutsch-Europäische Kulturbund angeschlossen ist. Zu dem Thema …

Spielplan der Berliner Bühnen vom 8. Oktober bis 16. Oktober

Neuaufführungen:

Abb. 10: Wolfgang Koeppen: »Theater am Nollendorfplatz: Die Fahnenweihe«. In: *Berliner Börsen-Courier* v. 7. Oktober 1933.

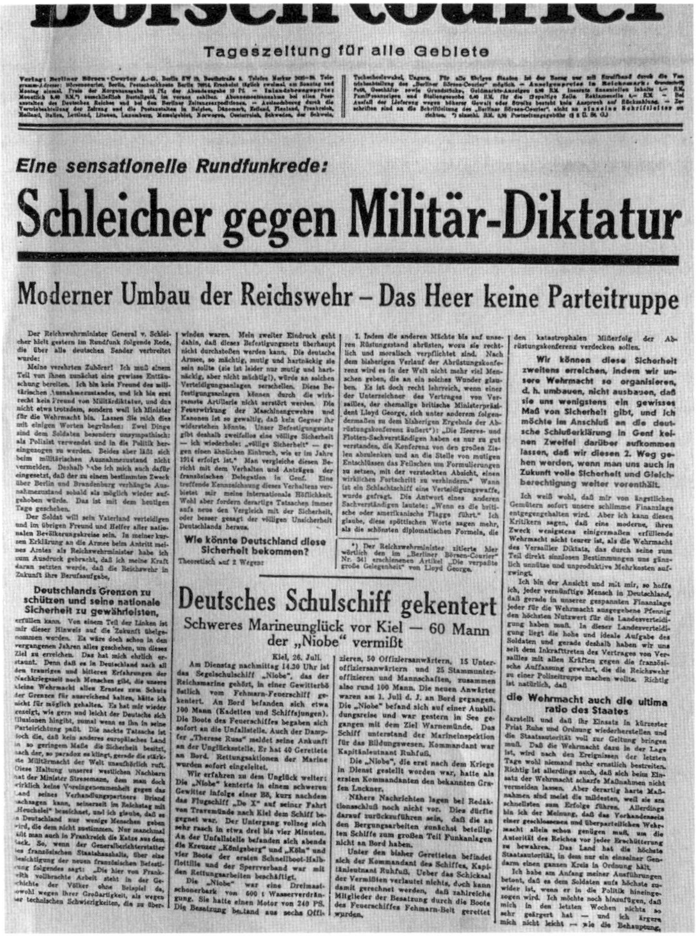

Tageszeitung für alle Gebiete

Eine sensationelle Rundfunkrede:

Schleicher gegen Militär-Diktatur

Moderner Umbau der Reichswehr – Das Heer keine Parteitruppe

Der Reichswehrminister General v. Schleicher hielt gestern im Rundfunk folgende Rede, die über alle deutschen Sender verbreitet wurde:

Meine verehrten Zuhörer! Ich muß einem Teil von Ihnen zunächst eine gewisse Enttäuschung bereiten. Ich bin kein Freund des militärischen Ausnahmezustandes, und ich bin erst recht kein Freund von Militärdiktatur, und das nicht etwa trotzdem, sondern weil ich Minister für die Wehrmacht bin. Lassen Sie mich dies mit einigen Worten begründen: Zwei Dinge sind dem Soldaten besonders unsympathisch: als Polizist verwendet und in die Politik hereingezogen zu werden. Beides aber läßt sich beim militärischen Ausnahmezustand nicht vermeiden. Deshalb habe ich mich auch dafür eingesetzt, daß der zu einem bestimmten Zweck über Berlin und Brandenburg verhängte Ausnahmezustand sobald als möglich wieder aufgehoben würde. Das ist mit dem heutigen Tage geschehen.

Der Soldat will sein Vaterland verteidigen und im übrigen Freund und Helfer aller nationalen Bevölkerungskreise sein. In meiner kurzen Erklärung an die Armee beim Antritt meines Amtes als Reichswehrminister habe ich zum Ausdruck gebracht, daß ich meine Kraft daran setzten werde, daß die Reichswehr in Zukunft ihre Berufsaufgabe,

Deutschlands Grenzen zu schützen und seine nationale Sicherheit zu gewährleisten,

erfüllen kann. Von einem Teil der Linken ist mir dieser Hinweis auf die Zukunft übelgenommen worden. Es wäre doch schon in den vergangenen Jahren alles geschehen, um dieses Ziel zu erreichen. Das hat mich ehrlich erstaunt. Denn daß es in Deutschland nach all den traurigen und bitteren Erfahrungen der Nachkriegszeit noch Menschen gibt, die unsere kleine Wehrmacht allen Ernstes zum Schutz der Grenzen für ausreichend halten, hätte ich nicht für möglich gehalten. Es hat mir wieder gezeigt, wie gern und leicht der Deutsche sich Illusionen hingibt, zumal wenn es ihn in seine Parteirichtung paßt. Die nackte Tatsache ist doch die, daß kein anderes europäisches Land in so geringem Maße die Sicherheit besitzt, nach der, so paradox es klingt, gerade die stärkste Militärmacht der Welt unaufhörlich ruft. Diese Haltung unseres westlichen Nachbarn hat der Minister Stresemann, dem man doch wirklich keine Voreingenommenheit gegen das Land seines Verhandlungspartners Briand nachsagen kann, seinerzeit im Reichstag mit „Heuchelei" bezeichnet, und ich glaube, daß es in Deutschland nur wenige Menschen geben wird, die dem nicht zustimmen. Nur manchmal läßt man auch in Frankreich die Katze aus dem Sack. So, wenn der Generalberichterstatter des französischen Staatshaushalts, über eine Besichtigung der neuen französischen Befestigung folgendes sagt: „Die hier von Frankreich vollbrachte Arbeit steht in der Geschichte der Völker ohne Beispiel da, sowohl wegen ihrer Großartigkeit, als wegen der technischen Schwierigkeiten, die zu überwinden waren. Mein zweiter Eindruck geht dahin, daß dieses Befestigungsnetz überhaupt nicht durchstoßen werden kann. Die deutsche Armee, so mächtig, mutig und hartnäckig sie sein sollte (sie ist leider nur mutig und hartnäckig, aber nicht mächtig!), würde an solchen Verteidigungsanlagen zerschellen. Diese Befestigungsanlagen können durch die wirksamste Artillerie nicht zerstört werden. Die Feuerwirkung der Maschinengewehre und Kanonen ist so gewaltig, daß kein Gegner ihr widerstehen könnte. Unser Befestigungsnetz gibt deshalb zweifellos eine völlige Sicherheit – ich wiederhole: „völlige Sicherheit" – gegen einen ähnlichen Einbruch, wie er im Jahre 1914 erfolgt ist." Man vergleiche diesen Bericht mit dem Verhalten und Anträgen der französischen Delegation in Genf. Eine treffende Kennzeichnung dieses Verhaltens verbietet mir meine internationale Höflichkeit. Wohl aber fordern derartige Tatsachen immer aufs neue den Vergleich mit der Sicherheit, oder besser gesagt der völligen Unsicherheit Deutschlands heraus.

Wie könnte Deutschland diese Sicherheit bekommen?

Theoretisch auf 2 Wegen:

1. Indem die anderen Mächte bis auf unseren Rüstungsstand abrüsten, wozu sie rechtlich und moralisch verpflichtet sind. Nach dem bisherigen Verlauf der Abrüstungskonferenz wird es in der Welt nicht mehr viel Menschen geben, die an ein solches Wunder glauben. Es ist doch recht lehrreich, wenn einer der Unterzeichner des Vertrages von Versailles, der ehemalige britische Ministerpräsident Lloyd George, sich unter anderem folgendermaßen zu dem bisherigen Ergebnis der Abrüstungskonferenz äußert*): „Die Heeres- und Flotten-Sachverständigen haben es nur zu gut verstanden, die Konferenz von den großen Zielen abzulenken und an die Stelle von mutigen Entschlüssen das Feilschen um Formulierungen zu setzen, mit der versteckten Absicht, einen wirklichen Fortschritt zu verhindern." Wann ist ein Schlachtschiff eine Verteidigungswaffe, wurde gefragt. Die Antwort eines anderen Sachverständigen lautete: „Wenn es die britische oder amerikanische Flagge führt." Ich glaube, diese spöttischen Worte sagen mehr, als die schönsten diplomatischen Formeln, die den katastrophalen Mißerfolg der Abrüstungskonferenz verdecken sollen.

Wir können diese Sicherheit zweitens erreichen, indem wir unsere Wehrmacht so organisieren, d. h. umbauen, nicht ausbauen, daß sie uns wenigstens ein gewisses Maß von Sicherheit gibt, und ich möchte im Anschluß an die deutsche Schlußerklärung in Genf keinen Zweifel darüber aufkommen lassen, daß wir diesen 2. Weg gehen werden, wenn man uns auch in Zukunft volle Sicherheit und Gleichberechtigung weiter vorenthält.

Ich weiß wohl, daß mir von ängstlichen Gemütern sofort unsere schlimme Finanzlage entgegengehalten wird. Aber ich kann diesen Kritikern sagen, daß eine moderne, ihren Zweck wenigstens einigermaßen erfüllende Wehrmacht nicht teurer ist, als die Wehrmacht des Versailler Diktats, das durch seine zum Teil direkt sinnlosen Bestimmungen uns gänzlich unnütze und unproduktive Mehrkosten aufzwingt.

Ich bin der Ansicht und mit mir, so hoffe ich, jeder vernünftige Mensch in Deutschland, daß gerade in unserer gespannten Finanzlage jeder für die Wehrmacht ausgegebene Pfennig den höchsten Nutzwert für die Landesverteidigung haben muß. In dieser Landesverteidigung liegt die hohe und ideale Aufgabe des Soldaten und gerade deshalb haben wir uns seit dem Inkrafttreten des Vertrages von Versailles mit allen Kräften gegen die französische Auffassung gewehrt, die die Reichswehr zu einer Polizeitruppe machen wollte. Richtig ist natürlich, daß

die Wehrmacht auch die ultima ratio des Staates

darstellt und daß ihr Einsatz in kürzester Frist Ruhe und Ordnung wiederherstellen und die Staatsautorität voll zur Geltung bringen muß. Daß die Wehrmacht dazu in der Lage ist, wird nach den Ereignissen der letzten Tage wohl niemand mehr ernstlich bestreiten. Richtig ist allerdings auch, daß sich beim Einsatz der Wehrmacht scharfe Maßnahmen nicht vermeiden lassen. Aber derartig harte Maßnahmen sind meist die mildesten, weil sie am schnellsten zum Erfolge führen. Allerdings bin ich der Meinung, daß das Vorhandensein einer geschlossenen und überparteilichen Wehrmacht allein schon genügen muß, um die Autorität des Reiches vor jeder Erschütterung zu bewahren. Das Land hat die höchste Staatsautorität, in dem nur ein einzelner Gendarm einen ganzen Kreis in Ordnung hält.

Ich habe am Anfang meiner Ausführungen betont, daß es dem Soldaten aufs höchste zuwider ist, wenn er in die Politik hineingezogen wird. Ich möchte noch hinzufügen, daß mich in den letzten Wochen nichts so sehr geärgert hat – und ich ärgere mich nicht leicht – wie die Behauptung,

*) Der Reichswehrminister zitierte hier wörtlich den im „Berliner Börsen-Courier" Nr. 341 erschienenen Artikel „Die verpaßte große Gelegenheit" von Lloyd George.

Deutsches Schulschiff gekentert

Schweres Marineunglück vor Kiel – 60 Mann der „Niobe" vermißt

Kiel, 26. Juli.

Am Dienstag nachmittag 14.30 Uhr ist das Segelschulschiff „Niobe", das der Reichsmarine gehört, in einer Gewitterbö östlich vom Fehmarn-Feuerschiff gekentert. An Bord befanden sich etwa 100 Mann (Kadetten und Schiffsjungen). Die Boote des Feuerschiffes begaben sich sofort an die Unfallstelle. Auch der Dampfer „Therese Russ" meldet seine Ankunft an der Unglücksstelle. Er hat 40 Gerettete an Bord. Rettungsaktionen der Marine wurden sofort eingeleitet.

Wir erfahren zu dem Unglück weiter: Die „Niobe" kenterte in einem schweren Gewitter infolge einer Bö, kurz nachdem das Flugschiff „Do X" auf seiner Fahrt von Travemünde nach Kiel dem Schiff begegnet war. Der Untergang vollzog sich sehr rasch in etwa drei bis vier Minuten. An der Unfallstelle befanden sich abends die Kreuzer „Königsberg" und „Köln" und vier Boote der ersten Schnellboot-Halbflottille und der Sperrverband war mit den Rettungsarbeiten beschäftigt.

Die „Niobe" war eine Dreimastschonerbark von 600 t Wasserverdrängung. Sie hatte einen Motor von 240 PS. Die Besatzung bestand aus sechs Offizieren, 50 Offiziersanwärtern, 15 Unteroffiziersanwärtern und 25 Stammunteroffizieren und Mannschaften, zusammen also rund 100 Mann. Die neuen Anwärter waren am 1. Juli d. J. an Bord gegangen. Die „Niobe" befand sich auf einer Ausbildungsreise und war gestern in See gegangen mit dem Ziel Warnemünde. Das Schiff unterstand der Marineinspektion für das Bildungswesen. Kommandant war Kapitänleutnant Ruhfuß.

Die „Niobe", die erst nach dem Kriege in Dienst gestellt worden war, hatte als ersten Kommandanten den bekannten Grafen Luckner.

Nähere Nachrichten lagen bei Redaktionsschluß noch nicht vor. Dies dürfte darauf zurückzuführen sein, daß die an den Bergungsarbeiten zunächst beteiligten Schiffe zum großen Teil Funkanlagen nicht an Bord haben.

Unter den bisher Geretteten befindet sich der Kommandant des Schiffes, Kapitänleutnant Ruhfuß. Ueber das Schicksal der Vermißten verlautet nichts, doch kann damit gerechnet werden, daß zahlreiche Mitglieder der Besatzung durch die Boote des Feuerschiffes Fehmarn-Belt gerettet wurden.

Abb. 11: Schlussredakteur Koeppen: »Deutsches Schulschiff gekentert«. In: *Berliner Börsen-Courier* v. 27. Juli 1932 (Morgen-Ausgabe).

Abb. 12: Koeppen links mit *Börsen-Courier*-Kollegen Kurt Pritzkoleit.

Abb. 13: Koeppen rechts mit noch nicht identifizierten *Börsen-Courier*-Kollegen.

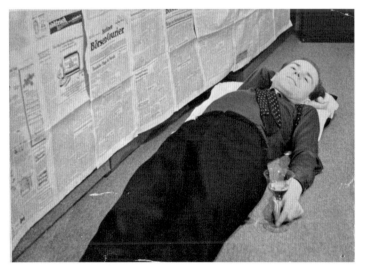

Abb. 14: Koeppen liegend; ein Foto aus dem Privatbesitz von Sybille Schloss, Koeppens unglücklicher Liebe dieser Jahre.

Abb. 15: »F.P. 1 antwortet nicht« (Dt. 1932; R.: Karl Hartl).

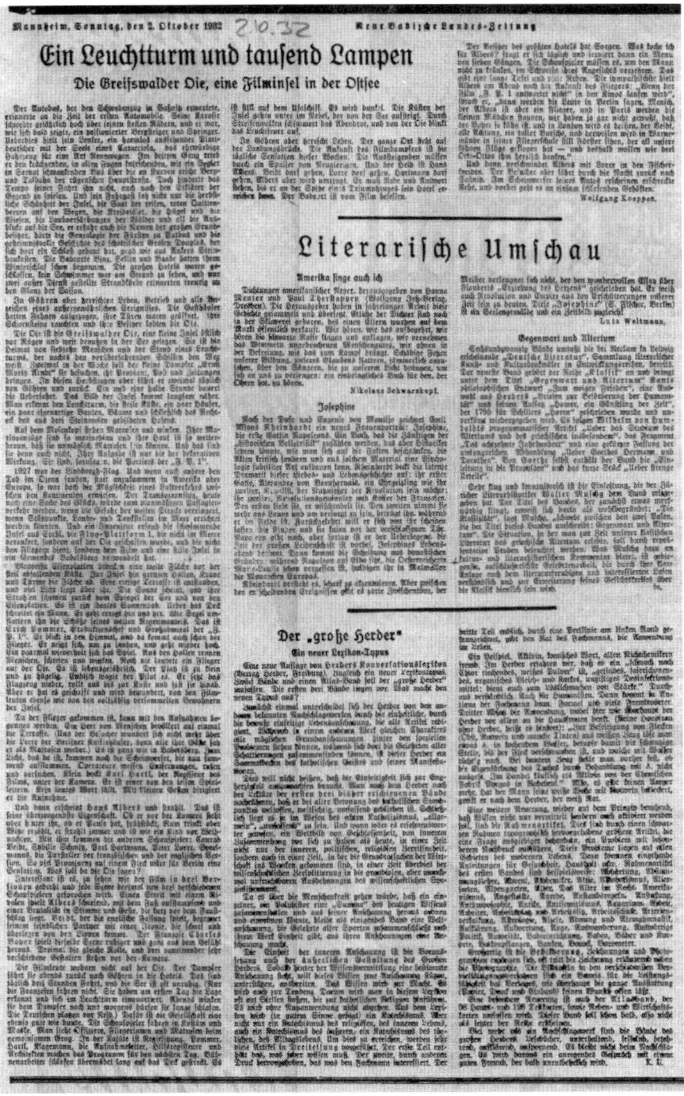

Mannheim, Sonntag, den 2. Oktober 1932 — Neue Badische Landes-Zeitung

Ein Leuchtturm und tausend Lampen

Die Greifswalder Oie, eine Filminsel in der Ostsee

Wolfgang Koeppen

Literarische Umschau

Amerika singe auch ich

Nikolaus Schwarzkopf

Josephine

Luis Waltmann

Gegenwart und Altertum

Der „große Herder"

Ein neuer Lexikon-Typus

K. E.

Abb. 16: Wolfgang Koeppen: »Ein Leuchtturm und tausend Lampen«. In: *Neue Badische Landes-Zeitung* v. 2. Oktober 1932.

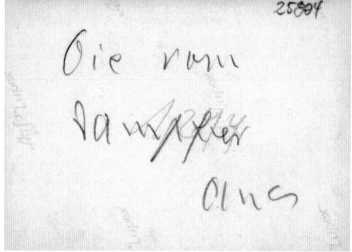

Abb. 17 bis Abb. 24, jeweils Vorder- und Rückseite: Koeppen als Fotoreporter auf der Insel Oie.

Abb. 18a

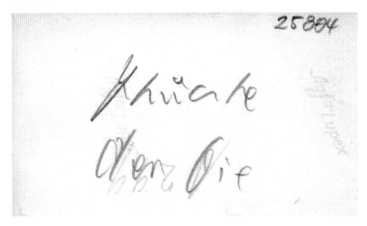

Abb. 18b

Abb. 19a

Abb. 19b

Abb. 20a

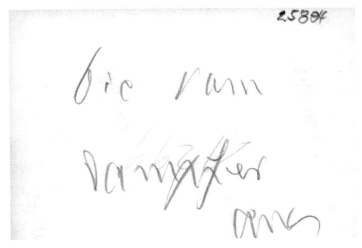

Abb. 20b

Abb. 21a

Abb. 21b

Abb. 22a

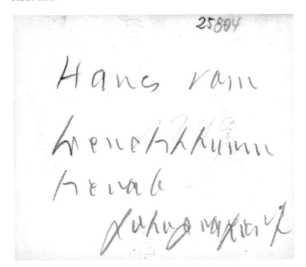

Abb. 22b

Abb. 23a

Abb. 23b

Abb. 24a

Abb. 24b

Momentbilder vom Streik

Die Ueberraschung war groß und unangenehm. Man war zur gewohnten Stunde aus dem Haus gegangen, wollte zur Untergrundbahn, zur Straßenbahn, zur Autobusstation — und stand vor einem Streikposten.

„Wie komme ich in mein Büro, wie zu meiner Arbeit?" fragten sich die Vielen, und die meisten fragten auch noch den Schupo. Der meinte „Stadtbahn". Und die war überfüllt, wenn man regennaß und abgehetzt auf dem Bahnsteig stand.

*

Relativ günstig war die Lage der Fahrradbesitzer. Sie eilten von ihrer Haltestelle nach Hause, holten das schon für den Winterschlaf verpackte Rad vom Boden aus dem Keller, pumpten die Reifen auf und fuhren los.

Die Autobesitzer, die Einzigen, die der ganze Streik eigentlich nichts angeht, konnten sich wieder einmal fühlen! Ihr Telephon läutete und läutete. „Lieber Freund, Sie fahren doch in die Stadt; könnten Sie mich da nicht bis zum Potsdamer Platz . . . ?" Der Autobesitzer wußte bis heute gar nicht, wievie liebe Freunde er hat.

*

Die Nutznießer des Streiks aber sind die Taxis. Die Schoffŏre freuen sich. So gut haben sie seit langem nicht verdient. Die ältesten Wagen sind aus der hintersten Ecke der Garage geholt wurden. Die aus dem Straßenbild verschwundenen elektrischen Droschken mit dem rot-weißen Streifen sieht man wieder in großer Zahl. Ebenso die Pferdedroschken.

Aber der Dienst der Fahrer ist nicht leicht. Sie müssen sehr vorsichtig fahren. Die Straßen sind naß und überfüllt., Auto fährt neben Auto. Dazwischen Motorräder, Fahrräder, Pferdefuhrwerke.

Wie sieht Berlin vom Fenster eines Taxis heute aus?

Natürlich hat das Straßenbild sich gewaltig geändert. Aber im Grunde hat man sich einen Verkehrsstreik aufregender gedacht. Wo bleiben die Notomnibusse, die Lastwagen mit von stehenden Passagieren? Man sieht sie nicht. Dafür ein lebensgefährliches Gedränge auf dem Fahrdamm und auf dem Bürgersteig. Besonders schlimm ist es im Norden und Osten. Völkerwanderungen ziehen auf und ab. Wäre der Regen nicht, würde man die Sache mit Humor tragen. Aber in diesem Regen? Man schimpft.

In der Usedomer Straße liegt ein Bahnhof der Aboag. Man erwartet ein Aufgebot von Schutzpolizei und die Möglichkeit von Kämpfen. In Wirklichkeit stehen ein Hauptmann und zwei Wachtmeister vor dem Depot. Zwei Streikposten und eine Anzahl junger Leute und Beamte der B.V.G. stehen vor dem Tor. Ein Schild, mit Blaustift geschrieben, hängt an der Klinke: „Hier Streik der B.V.G. gegen Lohnraub. — Das Streiklokal befindet sich Usedomer Straße 14". Von Zeit zu Zeit tritt ein Schupo zu der Gruppe um den Streikposten und sagt höflich, daß der Eingang frei bleiben müsse und daß, wer nicht zur B.V.G. gehört, weiter zu gehen habe.

Etwas lebhafter geht es im Streiklokal selbst zu. Es ist überfüllt. Mann steht neben Mann. Fahrer und Schaffner. Die Luft riecht nach Bier, Zigarren und regennassem Zeug. Es wird eifrig diskutiert, die Lage besprochen, wie sie auf den anderen Bahnhöfen ist, wie lange es wohl dauern wird, und ob es zu Unruhen gekommen ist. Die Ueberraschung ist allgemein, daß die Nationalsozialisten mitstreiken.

*

Aufregender ist schon der „Streikbrecherwagen". Die Linie 75 und ein Wagen der 58 fahren. Aber sie sind leer. Die Fahrgäste wagen nicht recht, sie zu benutzen. An den Haltestellen stehen Sprechchöre. Sie empfangen den Wagen nicht gerade freundlich. Drohungen schwirren durch die Luft. Die Polizei muß Platz schaffen, denn die Streikposten stellen sich auf die Schienen, um dem Wagen die Weiterfahrt unmöglich zu machen.

Abb. 25: anon. (d. i. Wolfgang Koeppen): »Momentbilder vom Streik«. In: *Berliner Börsen-Courier* v. 3. November 1932.

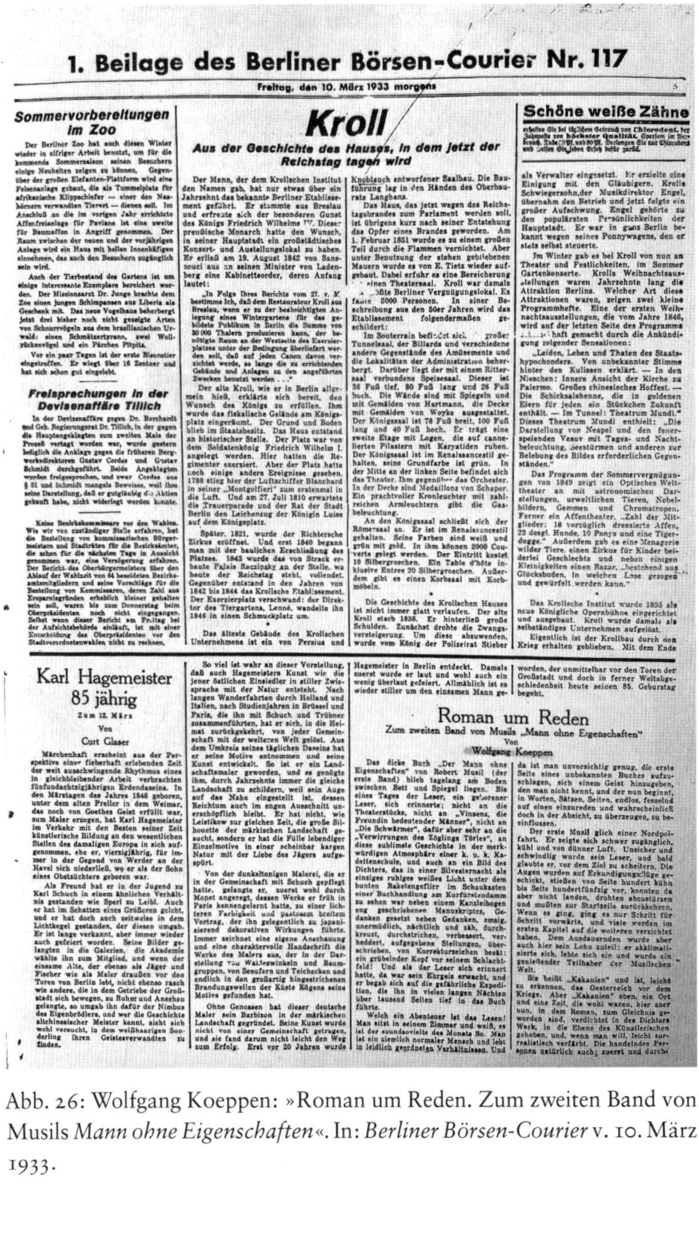

1. Beilage des Berliner Börsen-Courier Nr. 117

Freitag, den 10. März 1933 morgens

5

Sommervorbereitungen im Zoo

Der Berliner Zoo hat auch diesen Winter wieder in eifriger Arbeit benutzt, um für die kommende Sommersaison seinen Besuchern einige Neuheiten zeigen zu können. Gegenüber der großen Elefanten-Plattform wird eine Felsenanlage gebaut, die als Tummelplatz für afrikanische Klippschiefer — einer den Nashörnern verwandten Tierart — dienen soll. Im Anschluß an die im vorigen Jahr errichtete Affenfreianlage für Paviane ist eine zweite für Baumaffen in Angriff genommen. Der Raum zwischen der neuen und der vorjährigen Anlage wird ein Haus mit hellen Innenkäfigen einnehmen, das auch den Besuchern zugänglich sein wird.

Auch der Tierbestand des Gartens ist um einige interessante Exemplare bereichert worden. Der Missionsarzt Dr. Junge brachte dem Zoo einen jungen Schimpansen aus Liberia als Geschenk mit. Das neue Vogelhaus beherbergt jetzt drei bisher noch nicht gezeigte Arten von Schnurrvögeln aus dem brasilianischen Urwald: einen Schmätzertyrann, zwei Wollrückenvögel und ein Pärchen Pitpita.

Vor ein paar Tagen ist der erste Bisonstier eingetroffen. Er wiegt über 16 Zentner und hat sich schon gut eingelebt.

Freisprechungen in der Devisenaffäre Tillich

In der Devisenaffäre gegen Dr. Borchardt und Geh. Regierungsrat Dr. Tillich, in der gegen die Hauptangeklagten zum zweiten Male der Prozeß vertagt worden war, wurde gestern lediglich die Anklage gegen die früheren Bergwerksdirektoren Gustav Cordes und Gustav Schmidt durchgeführt. Beide Angeklagten wurden freigesprochen, und zwar Cordes aus § 51 und Schmidt mangels Beweises, weil ihm seine Darstellung, daß er gutgläubig die Aktien gekauft habe, nicht widerlegt werden konnte.

Keine Bezirkskommissare vor den Wahlen. Wie wir von zuständiger Stelle erfahren, hat die Bestellung von kommissarischen Bürgermeistern und Stadträten für die Bezirksämter, die schon für die nächsten Tage in Aussicht genommen war, eine Verzögerung erfahren. Der Bericht des Oberbürgermeisters über den Ablauf der Wahlzeit von 64 besoldeten Bezirksamtsmitgliedern und seine Vorschläge für die Bestellung von Kommissaren, deren Zahl aus Ersparnisgründen erheblich kleiner gehalten sein soll, waren bis zum Donnerstag beim Oberpräsidenten noch nicht eingegangen. Selbst wenn dieser Bericht am Freitag bei der Aufsichtsbehörde einläuft, ist mit einer Entscheidung des Oberpräsidenten vor den Stadtverordnetenwahlen nicht zu rechnen.

Kroll

Aus der Geschichte des Hauses, in dem jetzt der Reichstag tagen wird

Der Mann, der dem Krollschen Institut den Namen gab, hat nur etwas über ein Jahrzehnt das bekannte Berliner Etablissement geführt. Er stammte aus Breslau und erfreute sich der besonderen Gunst des Königs Friedrich Wilhelms IV. Dieser preußische Monarch hatte den Wunsch, in seiner Hauptstadt ein großstädtisches Konzert- und Austellungslokal zu haben. Er erließ am 19. August 1842 von Sanssouci aus an seinen Minister von Ladenberg eine Kabinettsorder, deren Anfang lautet:

„In Folge Ihres Berichts vom 27. v. M. bestimme Ich, daß dem Restaurateur Kroll aus Breslau, wenn er zu der beabsichtigten Anlegung eines Wintergartens für das gebildete Publikum in Berlin die Summe von 30 000 Thalern produzieren kann, der benötigte Raum an der Westseite des Exerzierplatzes unter der Bedingung überliefert werden soll, daß auf jeden Canon davon verzichtet werde, so lange die zu errichtenden Gebäude und Anlagen zu den angeführten Zwecken benutzt werden ...“

Der alte Kroll, wie er in Berlin allgemein hieß, erklärte sich bereit, den Wunsch des Königs zu erfüllen. Ihm wurde das fiskalische Gelände am Königsplatz eingeräumt. Der Grund und Boden blieb im Staatsbesitz. Das Haus entstand an historischer Stelle. Der Platz war von dem Soldatenkönig Friedrich Wilhelm I. angelegt worden. Hier hatten die Regimenter exerziert. Aber der Platz hatte noch einige andere Ereignisse gesehen. 1788 stieg hier der Luftschiffer Blanchard in seiner „Montgolfieri“ zum erstenmal in die Luft. Und am 27. Juli 1810 erwartete die Trauerparade und der Rat der Stadt Berlin den Leichenzug der Königin Luise auf dem Königsplatz.

Später, 1821, wurde der Richtersche Zirkus eröffnet. Und erst 1840 begann man mit der baulichen Erschließung des Platzes. 1843 wurde das von Strack erbaute Palais Raczinsky an der Stelle, wo heute der Reichstag steht, vollendet. Gegenüber entstand in den Jahren von 1842 bis 1844 das Krollsche Etablissement. Der Exerzierplatz verschwand: der Direktor des Tiergartens, Lenné, wandelte ihn 1846 in einen Schmuckplatz um.

•

Das älteste Gebäude des Krollschen Unternehmens ist ein von Persius und Knoblauch entworfener Saalbau. Die Bauführung lag in den Händen des Oberbaurats Langhans.

Das Haus, das jetzt wegen des Reichstagsbrandes zum Parlament werden soll, ist übrigens kurz nach seiner Entstehung das Opfer eines Brandes geworden. Am 1. Februar 1851 wurde es zu einem großen Teil durch die Flammen vernichtet. Aber unter Benutzung der stehen gebliebenen Mauern wurde es von E. Tietz wieder aufgebaut. Dabei erfuhr es eine Bereicherung [illegible] einen Theatersaal. Kroll war damals [illegible]ßte Berliner Vergnügungslokal. Es faßte 5000 Personen. In einer Beschreibung aus den 50er Jahren wird das Etablissement folgendermaßen geschildert:

Im Souterrain befindet sich [illegible] großer Tunnelsaal, der Billards und verschiedene andere Gegenstände des Amüsements und die Lokalitäten der Administration beherbergt. Darüber liegt der mit einem Rittersaal verbundene Speisesaal. Dieser ist 36 Fuß tief, 80 Fuß lang und 26 Fuß hoch. Die Wände sind mit Spiegeln und mit Gemälden von Hartmann, die Decke mit Gemälden von Woyke ausgestattet. Der Königssaal ist 78 Fuß breit, 100 Fuß lang und 40 Fuß hoch. Er trägt eine zweite Etage mit Logen, die auf cannelierten Pilastern mit Karyatiden ruhen. Der Königssaal ist im Renaissancestil gehalten, seine Grundfarbe ist grün. In der Mitte an der linken Seite befindet sich das Theater. Ihm gegenüber das Orchester. In der Decke sind Medaillons von Schaper. Ein prachtvoller Kronleuchter mit zahlreichen Armleuchtern gibt die Gasbeleuchtung.

An den Königssaal schließt sich der Römersaal an. Er ist im Renaissancestil gehalten. Seine Farben sind weiß und grün mit gold. In ihm können 2000 Couverts gelegt werden. Der Eintritt kostet 10 Silbergroschen. Ein Table d'hôte inklusive Entree 20 Silbergroschen. Außerdem gibt es einen Korbsaal mit Korbmöbeln.

•

Die Geschichte des Krollschen Hauses ist nicht immer glatt verlaufen. Der alte Kroll starb 1855. Er hinterließ große Schulden. Zunächst drohte die Zwangsversteigerung. Um diese abzuwenden, wurde vom König der Polizeirat Stieber als Verwalter eingesetzt. Er erzielte eine Einigung mit den Gläubigern. Krolls Schwiegersohn, der Musikdirektor Engel, übernahm den Betrieb und jetzt folgte ein großer Aufschwung. Engel gehörte zu den populärsten Persönlichkeiten der Hauptstadt. Er war in ganz Berlin bekannt wegen seines Ponnywagens, den er stets selbst steuerte.

Im Winter gab es bei Kroll von nun an Theater und Festlichkeiten, im Sommer Gartenkonzerte. Krolls Weihnachtsausstellungen waren Jahrzehnte lang die Attraktion Berlins. Welcher Art diese Attraktionen waren, zeigen zwei kleine Programmhefte. Eine der ersten Weihnachtsausstellungen, die vom Jahre 1846, wird auf der letzten Seite des Programms [illegible]haft gemacht durch die Ankündigung folgender Sensationen:

„Leiden, Leben und Thaten des Staatshypochonders. Von unbekannter Stimme hinter den Kulissen erklärt. — In den Nieschen: Innere Ansicht der Kirche zu Palermo. Großes chinesisches Hoffest. — Die Schicksalshenne, die in goldenen Eiern für jeden ein Stückchen Zukunft enthält. — Im Tunnel: Theatrum Mundi.“ Dieses Theatrum Mundi enthielt: „Die Darstellung von Neapel und den feuerspeienden Vesuv mit Tages- und Nachtbeleuchtung, Seestürmen und anderen zur Belebung des Bildes erforderlichen Gegenständen.“

Das Programm der Sommervergnügungen von 1849 zeigt ein Optisches Welttheater an mit astronomischen Darstellungen, urweltlichen Tieren, Nebelbildern, Gemmen und Chromatropen. Ferner ein Affentheater, „Zahl der Mitglieder: 18 vorzüglich dressierte Affen, 22 desgl. Hunde, 10 Ponys und eine Tigerdogge.“ Außerdem gab es eine Menagerie wilder Tiere, einen Zirkus für Kinder beiderlei Geschlechts und neben einigen Kleinigkeiten einen Bazar, „bestehend aus Glücksbuden, in welchen Lose gezogen und gewürfelt werden kann.“

•

Das Krollsche Institut wurde 1895 als neue Königliche Opernbühne eingerichtet und ausgebaut. Kroll wurde damals als selbständiges Unternehmen aufgelöst.

Eigentlich ist der Krollbau durch den Krieg erhalten geblieben. Mit dem Ende

Karl Hagemeister 85 jährig

Zum 12. März

Von

Curt Glaser

Märchenhaft erscheint aus der Perspektive einer fieberhaft erlebenden Zeit der weit ausschwingende Rhythmus eines in gleichbleibender Arbeit verbrachten fünfundachtzigjährigen Erdendaseins. In den Märztagen des Jahres 1848 geboren, unter dem alten Preller in dem Weimar, das noch von Goethes Geist erfüllt war, zum Maler erzogen, hat Karl Hagemeister im Verkehr mit den Besten seiner Zeit künstlerische Bildung an den wesentlichen Stellen des damaligen Europa in sich aufgenommen, ehe er, vierzigjährig, für immer in der Gegend von Werder an der Havel sich niederließ, wo er als der Sohn eines Obstzüchters geboren war.

Als Freund hat er in der Jugend zu Karl Schuch in einem ähnlichen Verhältnis gestanden wie Sperl zu Leibl. Auch er hat im Schatten eines Größeren gelebt, und er hat doch auch zeitweise in dem Lichtkegel gestanden, der diesen umgab. Er ist lange verkannt, aber immer wieder auch gefeiert worden. Seine Bilder gelangten in die Galerien, die Akademie wählte ihn zum Mitglied, und wenn der einsame Alte, der ebenso als Jäger und Fischer wie als Maler draußen vor den Toren von Berlin lebt, nicht ebenso rasch wie andere, die in dem Getriebe der Großstadt sich bewegen, zu Ruhm und Ansehen gelangte, so umgab ihn dafür der Nimbus des Eigenbrödlers, und wer die Geschichte altchinesischer Meister kennt, sieht sich wohl versucht, in dem weißhaarigen Sonderling ihren Geistesverwandten zu finden.

So viel ist wahr an dieser Vorstellung, daß auch Hagemeisters Kunst wie die jener östlichen Einsiedler in stiller Zwiesprache mit der Natur entsteht. Nach langen Wanderfahrten durch Holland und Italien, nach Studienjahren in Brüssel und Paris, die ihn mit Schuch und Trübner zusammenführten, hat er sich, in die Heimat zurückgekehrt, von jeder Gemeinschaft mit der weiteren Welt gelöst. Aus dem Umkreis seines täglichen Daseins hat er seine Motive entnommen und seine Kunst entwickelt. So ist er ein Landschaftsmaler geworden, und es genügte ihm, durch Jahrzehnte immer die gleiche Landschaft zu schildern, weil sein Auge auf das Nahe eingestellt ist, dessen Reichtum auch im engen Ausschnitt unerschöpflich bleibt. Er hat nicht, wie Leistikow zur gleichen Zeit, die große Silhouette der märkischen Landschaft gesucht, sondern er hat die Fülle lebendiger Einzelmotive in einer scheinbar kargen Natur mit der Liebe des Jägers aufgespürt.

Von der dunkeltonigen Malerei, die er in der Gemeinschaft mit Schuch gepflegt hatte, gelangte er, zuerst wohl durch Monet angeregt, dessen Werke er früh in Paris kennengelernt hatte, zu einer lichteren Farbigkeit und pastosem breitem Vortrag, der ihn gelegentlich zu japanisierend dekorativen Wirkungen führte. Immer zeichnet eine eigene Anschauung und eine charaktervolle Handschrift die Werke des Malers aus, der in der Darstellung von Waldeswinkeln und Baumgruppen, von Seeufern und Teichecken und endlich in den großartig hingestrichenen Brandungswellen der Küste Rügens seine Motive gefunden hat.

Ohne Genossen hat dieser deutsche Maler sein Barbizon in der märkischen Landschaft gegründet. Seine Kunst wurde nicht von einer Gemeinschaft getragen, und sie fand darum nicht leicht den Weg zum Erfolg. Erst vor 20 Jahren wurde Hagemeister in Berlin entdeckt. Damals zuerst wurde er laut und wohl auch ein wenig überlaut gefeiert. Allmählich ist es wieder stiller um den einsamen Mann geworden, der unmittelbar vor den Toren der Großstadt und doch in ferner Weltabgeschiedenheit heute seinen 85. Geburstag begeht.

Roman um Reden

Zum zweiten Band von Musils „Mann ohne Eigenschaften“

Von

Wolfgang Koeppen

Das dicke Buch „Der Mann ohne Eigenschaften“ von Robert Musil (der erste Band) blieb tagelang am Boden zwischen Bett und Spiegel liegen. Bis eines Tages der Leser, ein geborener Leser, sich erinnerte; nicht an die Theaterstücke, nicht an „Vinzenz, die Freundin bedeutender Männer“, nicht an „Die Schwärmer“, dafür aber sehr an die „Verwirrungen des Zöglings Törles“, an diese sublimste Geschichte in der merkwürdigen Atmosphäre einer k. u. k. Kadettenschule, und auch an ein Bild des Dichters, das in einer Silvesternacht als einziges ruhiges weißes Licht unter dem bunten Raketengeflirr im Schaukasten einer Buchhandlung am Kurfürstendamm zu sehen war neben einem Kanzleibogen eng geschriebenen Manuskriptes, Gedanken gesetzt neben Gedanken, emsig, unermüdlich, nächtlich und zäh, durchkreuzt, durchstrichen, verbessert, verheddert, aufgegebene Stellungen, überschrieben, von Korrekturzeichen besät: ein grübelnder Kopf vor seinem Schlachtfeld! Und als der Leser sich erinnert hatte, da war sein Ehrgeiz erwacht, und er begab sich auf die gefährliche Expedition, die ihn in vielen langen Nächten über tausend Seiten tief in das Buch führte.

Welch ein Abenteuer ist das Lesen! Man sitzt in seinem Zimmer und weiß, es ist der soundsovielte des Monats So. Man ist ein ziemlich normaler Mensch und lebt in leidlich geordneten Verhältnissen. Und da ist man unvorsichtig genug, die erste Seite eines unbekannten Buches aufzuschlagen, sich einem Geist hinzugeben, den man nicht kennt, und der nun beginnt, in Worten, Sätzen, Seiten, endlos, fesselnd auf einen einzureden und wahrscheinlich doch in der Absicht, zu überzeugen, zu beeinflussen.

Der erste Musil glich einer Nordpolfahrt. Er zeigte sich schwer zugänglich, kühl und von dünner Luft. Unsicher und schwindlig wurde sein Leser, und bald glaubte er, vor dem Ziel zu scheitern. Die Augen wurden auf Erkundigungsflüge geschickt, stießen von Seite hundert kühn bis Seite hundertfünfzig vor, konnten da aber nicht landen, drohten abzustürzen und mußten zur Startzeile zurückkehren. Wenn es ging, ging es nur Schritt für Schritt vorwärts, und viele werden im ersten Kapitel auf die weiteren verzichtet haben. Dem Ausdauernden wurde aber auch hier sein Lohn zuteil: er akklimatisierte sich, lebte sich ein und wurde ein genießender Teilhaber der Musilschen Welt.

Sie heißt „Kakanien“ und ist, leicht zu erkennen, das Oesterreich vor dem Kriege. Aber „Kakanien“ eben, ein Ort und eine Zeit, die wohl waren, hier aber nun, in dem Roman, zum Gleichnis geworden sind, verdichtet in des Dichters Werk, in die Ebene des Künstlerischen gehoben, und, wenn man will, leicht surrealistisch verfärbt. Die handelnden Personen natürlich auch; zuerst und durch-

Abb. 26: Wolfgang Koeppen: »Roman um Reden. Zum zweiten Band von Musils *Mann ohne Eigenschaften*«. In: *Berliner Börsen-Courier* v. 10. März 1933.

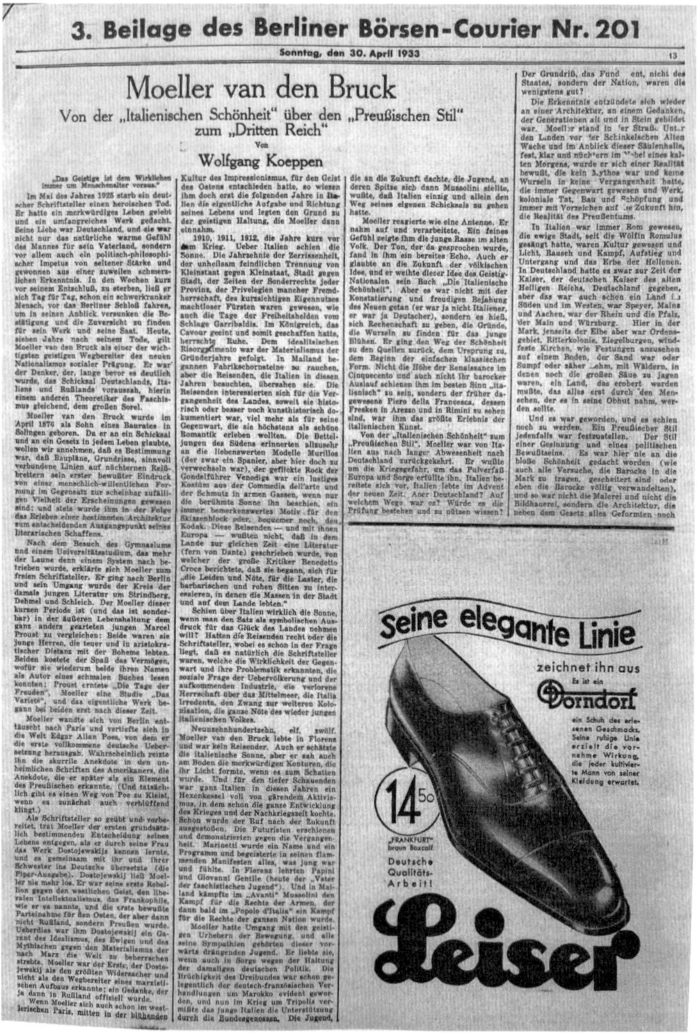

3. Beilage des Berliner Börsen-Courier Nr. 201

Sonntag, den 30. April 1933 — 13

Moeller van den Bruck

Von der „Italienischen Schönheit" über den „Preußischen Stil" zum „Dritten Reich"

Von

Wolfgang Koeppen

„Das Geistige ist dem Wirklichen immer um Menschenalter voraus."

Im Mai des Jahres 1925 starb ein deutscher Schriftsteller einen heroischen Tod. Er hatte ein merkwürdiges Leben gelebt und ein umfangreiches Werk gedacht. Seine Liebe war Deutschland, und sie war nicht nur das natürliche warme Gefühl des Mannes für sein Vaterland, sondern vor allem auch ein politisch-philosophischer Impetus von seltener Stärke und gewonnen aus einer zuweilen schmerzlichen Erkenntnis. In den Wochen kurz vor seinem Entschluß, zu sterben, ließ er sich Tag für Tag, schon ein schwerkranker Mensch, vor das Berliner Schloß fahren, um in seinen Anblick versunken die Bestätigung und die Zuversicht zu finden für sein Werk und seine Saat. Heute, sieben Jahre nach seinem Tode, gilt Moeller van den Bruck als einer der wichtigsten geistigen Wegbereiter des neuen Nationalismus sozialer Prägung. Er war der Denker, der, lange bevor es deutlich wurde, das Schicksal Deutschlands, Italiens und Rußlands voraussah, hierin einem anderen Theoretiker des Faschismus gleichend, dem großen Sorel.

Moeller van den Bruck wurde im April 1876 als Sohn eines Baurates in Solingen geboren. Da er an ein Schicksal und an ein Gesetz in jedem Leben glaubte, wollen wir annehmen, daß es Bestimmung war, daß Baupläne, Grundrisse, sinnvoll verbundene Linien auf nüchternen Reißbrettern sein erster bewußter Eindruck von einer menschlich-willentlichen Formung im Gegensatz zur scheinbar zufälligen Vielheit der Erscheinungen gewesen sind: und stets wurde ihm in der Folge das Erleben einer bestimmten Architektur zum entscheidenden Ausgangspunkt seines literarischen Schaffens.

Nach dem Besuch des Gymnasiums und einem Universitätsstudium, das mehr der Laune denn einem System nach betrieben wurde, erklärte sich Moeller zum freien Schriftsteller. Er ging nach Berlin und sein Umgang wurde der Kreis der damals jungen Literatur um Strindberg, Dehmel und Schleich. Der Moeller dieser kurzen Periode ist (und das ist sonderbar) in der äußeren Lebenshaltung dem ganz anders gearteten jungen Marcel Proust zu vergleichen: Beide waren sie junge Herren, die teuer und in aristokratischer Distanz mit der Boheme lebten. Beiden kostete der Spaß das Vermögen, wofür sie wiederum beide ihren Namen als Autor eines schmalen Buches lesen konnten: Proust erntete „Die Tage der Freuden", Moeller eine Studie „Das Varieté", und das eigentliche Werk begann bei beiden erst nach dieser Zeit.

Moeller wandte sich von Berlin enttäuscht nach Paris und vertiefte sich in die Welt Edgar Allan Poes, von dem er die erste vollkommene deutsche Uebersetzung herausgab. Wahrscheinlich reizte ihn die skurrile Anekdote in den unheimlichen Schriften des Amerikaners, die Anekdote, die er später als ein Element des Preußischen erkannte. (Und tatsächlich gibt es einen Weg von Poe zu Kleist, wenn es zunächst auch verblüffend klingt.)

Als Schriftsteller so geübt und vorbereitet, trat Moeller der ersten grundsätzlich bestimmenden Entscheidung seines Lebens entgegen, als er durch seine Frau das Werk Dostojewskijs kennen lernte, und es gemeinsam mit ihr und ihrer Schwester ins Deutsche übersetzte (die Piper-Ausgabe). Dostojewskij ließ Moeller nie mehr los. Er war seine erste Rebellion gegen den westlichen Geist, den liberalen Intellektualismus, das Frankophile, wie er es nannte, und die erste bewußte Parteinahme für den Osten, der aber dann nicht Rußland, sondern Preußen wurde. Ueberdies war ihm Dostojewskij ein Garant des Idealismus, des Ewigen und des Mythischen gegen den Materialismus der nach Marx die Welt zu beherrschen strebte. Moeller war der Erste, der Dostojewskij als den größten Widersacher und nicht als den Wegbereiter eines marxistischen Aufbaus erkannte; ein Gedanke, der ja dann in Rußland offiziell wurde.

Wenn Moeller sich auch schon im westlerischen Paris, mitten in der blühenden Kultur des Impressionismus, für den Geist des Ostens entschieden hatte, so wiesen ihm doch erst die folgenden Jahre in Italien die eigentliche Aufgabe und Richtung seines Lebens und legten den Grund zu der geistigen Haltung, die Moeller dann einnahm.

1910, 1911, 1912, die Jahre kurz vor dem Krieg. Ueber Italien schien die Sonne. Die Jahrzehnte der Zerrissenheit, der unheilsam feindlichen Trennung von Kleinstaat gegen Kleinstaat, Stadt gegen Stadt, der Zeiten der Sonderrechte jeder Provinz, der Privelegien mancher Fremdherrschaft, des kurzsichtigen Eigennutzes machtloser Fürsten waren gewesen, wie auch die Tage der Freiheitshelden vom Schlage Garribaldis. Im Königreich, das Cavour geeint und somit geschaffen hatte, herrschte Ruhe. Dem idealitsischen Risorgimento war der Materialismus der Gründerjahre gefolgt. In Mailand begannen Fabrikschornsteine zu rauchen, aber die Reisenden, die Italien in diesen Jahren besuchten, übersahen sie. Die Reisenden interessierten sich für die Vergangenheit des Landes, soweit sie historisch oder besser noch kunsthistorisch dokumentiert war, viel mehr als für seine Gegenwart, die sie höchstens als schöne Romantik erleben wollten. Die Betteljungen des Südens erinnerten allzusehr an die liebenswerten Modelle Murillos (der zwar ein Spanier, aber hier doch zu verwechseln war), der geflickte Rock der Gondelführer Venedigs war ein lustiges Kostüm aus der Commedia dell'arte und der Schmutz in armen Gassen, wenn nur die berühmte Sonne ihn beschien, ein immer bemerkenswertes Motiv für den Skizzenblock oder, bequemer noch, den Kodak. Diese Reisenden — und mit ihnen Europa — wußten nicht, daß in dem Lande zur gleichen Zeit eine Literatur (fern von Dante) geschrieben wurde, von welcher der große Kritiker Benedetto Croce berichtete, daß sie begann, sich für „die Leiden und Nöte, für die Laster, die barbarischen und rohen Sitten zu interessieren, in denen die Massen in der Stadt und auf dem Lande lebten."

Schien über Italien wirklich die Sonne, wenn man den Satz als symbolischen Ausdruck für das Glück des Landes nehmen will? Hatten die Reisenden recht oder die Schriftsteller, wobei es schon in der Frage liegt, daß es natürlich die Schriftsteller waren, welche die Wirklichkeit der Gegenwart und ihre Problematik erkannten, die soziale Frage der Uebervölkerung und der aufkommenden Industrie, die verlorene Herrschaft über das Mittelmeer, die Italia Irredenta, den Zwang zur weiteren Kolonisation, die ganze Nöte des wieder jungen italienischen Volkes.

Neunzehnhundertzehn, elf, zwölf. Moeller van den Bruck lebte in Florenz und war kein Reisender. Auch er schätzte die italienische Sonne, aber er sah auch am Boden die merkwürdigen Konturen, die ihr Licht formte, wenn es zum Schatten wurde. Und für den tiefer Schauenden war ganz Italien in diesen Jahren ein Hexenkessel voll von gärendem Aktivismus, in dem schon die ganze Entwicklung des Krieges und der Nachkriegszeit kochte. Schon wurde der Ruf nach der Zukunft ausgestoßen. Die Futuristen erschienen und demonstrierten gegen die Vergangenheit. Marinetti wurde ein Name und ein Programm und begeisterte in seinen flammenden Manifesten alles, was jung war und fühlte. In Florenz lehrten Papini und Giovanni Gentile (heute der „Vater der faschistischen Jugend"). Und in Mailand kämpfte im „Avanti" Mussolini den Kampf für die Rechte der Armen, der dann bald im „Popolo d'Italia" ein Kampf für die Rechte der ganzen Nation wurde.

Moeller hatte Umgang mit den geistigen Urhebern der Bewegung, und alle seine Sympathien gehörten dieser vorwärts drängenden Jugend. Er liebte sie, wenn auch in Sorge wegen der Haltung der damaligen deutschen Politik. Die Brüchigkeit des Dreibundes war schon gelegentlich der deutsch-französischen Verhandlungen um Marokko evident geworden, und nun im Krieg um Tripolis vermißte das junge Italien die Unterstützung durch die Bundesgenossen. Die Jugend, die an die Zukunft dachte, die Jugend, an deren Spitze sich dann Mussolini stellte, wußte, daß Italien einzig und allein den Weg seines eigenen Schicksals zu gehen hatte.

Moeller reagierte wie eine Antenne. Er nahm auf und verarbeitete. Ein feines Gefühl zeigte ihm die junge Rasse im alten Volk. Der Ton, der da gesprochen wurde, fand in ihm ein bereites Echo. Auch er glaubte an die Zukunft der völkischen Idee, und er weihte dieser Idee des Geistig-Nationalen sein Buch „Die Italienische Schönheit". Aber es war nicht mit der Konstatierung und freudigen Bejahung des Neuen getan (er war ja nicht Italiener, er war ja Deutscher), sondern es hieß, sich Rechenschaft zu geben, die Gründe, die Wurzeln zu finden für das junge Blühen. Er ging den Weg der Schönheit zu den Quellen zurück, dem Ursprung zu, dem Beginn der einfachen klassischen Form. Nicht die Höhe der Renaissance im Cinquecento und auch nicht ihr barocker Auslauf schienen ihm im besten Sinn „italienisch" zu sein, sondern der früher dagewesene Piero della Francesca, dessen Fresken in Arezzo und in Rimini zu sehen sind, war ihm das größte Erlebnis der italienischen Kunst.

Von der „Italienischen Schönheit" zum „Preußischen Stil". Moeller war von Italien aus nach langer Abwesenheit nach Deutschland zurückgekehrt. Er wußte um die Kriegsgefahr, um das Pulverfaß Europa und Sorge erfüllte ihn. Italien bereitete sich vor, Italien lebte im Advent der neuen Zeit. Aber Deutschland? Auf welchem Wege war es? Würde es die Prüfung bestehen und zu nützen wissen? Der Grundriß, das Fund[am]ent, nicht des Staates, sondern der Nation, waren die wenigstens gut?

Die Erkenntnis entzündete sich wieder an einer Architektur, an einem Gedanken, der Generationen alt und in Stein gebildet war. Moell[e]r stand in [d]er Straß[e] Unt[e]r den L[i]nden vor [d]er Schinkelschen Alten Wache und im Anblick dieser Säulenhalle, fest, klar und nüch[t]ern im [N]ebel eines kalten Morgens, wurde er sich einer Realität bewußt, die kein [M]ythos war und keine Wurzeln in keine Vergangenheit hatte, die immer Gegenwart gewesen und Werk, koloniale Tat, Bau und [S]chöpfung und immer mit Vorzeichen auf [d]ie Zukunft hin, die Realität des Preußentums.

In Italien war immer Rom gewesen, die ewige Stadt, seit die Wölfin Romulus gesäugt hatte, waren Kultur gewesen und Licht, Rausch und Kampf, Aufstieg und Untergang und das Erbe der Hellenen. In Deutschland hatte es zwar zur Zeit der Kaiser, der deutschen Kaiser des alten Heiligen Reichs, Deutschland gegeben, aber das war auch schon ein Land [i]m Süden und im Westen, war Speyer, Mainz und Aachen, war der Rhein und die Pfalz, der Main und Würzburg. Hier in der Mark, jenseits der Elbe aber war Ordensgebiet, Ritterkolonie, Ziegelburgen, windfeste Kirchen, wie Festungen anzusehen auf einem Boden, der Sand war oder Sumpf oder zäher [L]ehm, mit Wäldern, in denen noch die großen Säue zu jagen waren, ein Land, das erobert werden mußte, das alles erst durch den Menschen, der es in seine Obhut nahm, werden sollte.

Und es war geworden, und es schien noch zu werden. Ein Preußischer Stil jedenfalls war festzustellen. Der Stil einer Gesinnung und eines politischen Bewußtseins. Es war hier nie an die bloße Schönheit gedacht worden (wie auch alle Versuche, die Barocke in die Mark zu tragen, gescheitert sind oder eben die Barocke völlig verwandelten), und so war nicht die Malerei und nicht die Bildhauerei, sondern die Architektur, die neben dem Gesetz alles Geformten noch

Abb. 27: Wolfgang Koeppen: »Moeller van den Bruck. Von der *Italienischen Schönheit* über den *Preußischen Stil* zum *Dritten Reich*«. In: *Berliner Börsen-Courier* v. 30. April 1933.

3. Beilage des Berliner Börsen-Courier Nr. 257

Sonntag, den 4. Juni 1933 — 13

Voltaire und Friedrich der Große

Von

Lytton Strachey

Aus dem Nachlaß

Friedrichs Bibliothek, bis zum heutigen Tag in Potsdam aufbewahrt, zeigt deutlich, was in jenen Tagen einem gebildeten Manne Literatur hieß: sie besteht ausnahmslos aus den französischen Klassikern, den Werken Voltaires und den Meisterwerken des Altertums, übertragen ins Französische des 18. Jahrhunderts. Aber nicht nur gutheißen wollte Friedrich, sondern selbst schöpferisch sein: Verse schreiben nach Art Racines und Madrigale nach dem Vorbild von Chaulieu. Friedrich fühlte selbst, daß hier eine Kleinigkeit nicht stimmte, eine Kleinigkeit, nicht eben viel. Alles was nottat, war ein wenig Unterweisung; und offensichtlich war Voltaire der Mann, sie angedeihen zu lassen — Voltaire, der einzig wahre Erbe des Großen Zeitalters. Und, tat er das, was verschlug es dann, daß er ein zweifelhafter Ehrenmann war. Denn darüber kann kein Zweifel bestehen: Friedrich hielt ihn rund heraus für einen Finsterling. Aber er würde den denkbar besten Lehrmeister der französischen Sprachkunst abgeben; also mußte er nach Berlin kommen und dort bleiben. Mochte auch Voltaire ein „Wicht" sein, ein „Affe" (so hatte er ihn in seinen Briefen an Freunde benannt), so würde er ihn doch jederzeit in Zucht zu halten wissen. Ein Knall mit der Peitsche, ein Hinweis auf Einstellung der Pension — und der Affe würde alsbald seine Bosheiten bleiben lassen. Dies war Friedrichs großer, sein grundlegender Irrtum. Denn nicht mit einem Affen hatte er es zu tun, sondern mit einem Teufel — was etwas wesentlich anderes ist.

Einem Teufel — oder einem Engel? Niemand kann es genau sagen. Denn, bei der Vielfältigkeit dieses außergewöhnlichen Geistes, in dem Gut und Böse sich so geheimnisvoll verwoben, Licht und Finsternis in so unrätselbarer Zweideutigkeit durcheinandergemischt lagen, Kluft an Kluft, folgt auf jede Beurteilung der Zweifel. Eins aber ist gewiß: dieser Geist, ob er nun bewunderungswürdig oder anrüchig war, wurde angetrieben von einer unerhörten Kraft. Dies hatte Friedrich nicht begriffen; und in der Tat: obwohl Voltaire 56 Jahre alt geworden war, als er nach Berlin aufbrach, und obwohl sein ganzes Leben sich in breitester Oeffentlichkeit abgespielt hatte, gab es doch noch keinen unter seinen Zeitgenossen, der die wahre Natur seines Genies begriffen hätte. Er war angekommen an der Altersgrenze, und sein Lebenswerk lag noch vor ihm. Nicht als Tragödienschreiber oder Epiker sollte er seinen Platz in dieser Welt einnehmen: War er sich, im Tiefsten seines Unterbewußtseins, dessen bewußt? Trieb ihn ein dunkler Urtrieb an, in letzter Stunde die Bindungen eines ganzen Lebens zu durchreißen, um vorwärtszuschreiten ins Unbekannte? . . .

Die zwei nachfolgenden, von allen Geschichtsschreibern immer erneut wiederholten Aussprüche sind nur um ihrer knappen Form willen bezeichnend: „Man wirft die Schale weg, wenn man die Orange ausgepreßt hat" — hatte Friedrich geantwortet, als ihn jemand fragte, wie lange er noch die Grillen des Dichters zu dulden gedenke. Und Friedrich seinerseits wurde hinterbracht, daß Voltaire, als ihm ein Pack der königlichen Verse zur Verbesserung vorgelegt wurde, in den Ruf ausgebrochen sei: „Erwartet denn der Mann von mir, daß ich ihm ewig seine schmutzige Wäsche wasche?"

Es war Voltaires Geldgier, die den ersten ernstlichen Sturm heraufbeschwor. Drei Monate nach seiner Ankunft in Berlin hatte er der Versuchung nicht widerstehen können, sein Vermögen durch eine gesetzwidrige Spekulation zu vermehren. Er wurde in eine Reihe anrüchiger Finanzgeschäfte mit einem Juden verwickelt. Der Jude wurde zwar auf Grund eines Formfehlers verurteilt, aber auch der Dichter verließ den Richtertisch nicht unbefleckt. Mehr noch: es scheint fast sicher, daß er eine Fälschung beging, um einen Meineid zu decken. Der König war wütend und einen Augenblick lang nahe daran, Voltaire aus Berlin zu verweisen. Aber ein paar Wochen später schien die Sonne der königlichen Grade heller denn je, und Voltaire freute sich erneut ihrer Strahlen. Fast war seiner Eitelkeit Genüge getan. Fast, nicht ganz. Denn war auch sein Ruhm groß, stand er auch im Mittelpunkt der allgemeinen Bewunderung, hofiert vom Adel, geschmeichelt von Prinzessinnen, konnte alltäglich die glänzende Unterhaltung des Königs genießen — so fand sich, trotz allem, doch ein verschrumpftes Rosenblatt zwischen den seidenen Bettlaken — und er lag wach alle Nächte: Er war nicht der einzige Franzose an Friedrichs Hof!

Der Monarch hatte sich mit einem Häuflein Personen umgeben — Ausländern meist —, deren Aufgabe es war, ihn zu belehren, wenn er Belehrung verlangte, und ihn zu unterhalten, wenn er mißgestimmt war. Kaum einer von ihnen war nicht ausgesprochen zweitrangig. Algarotti war ein eleganter Schwätzer über wissenschaftliche Dinge — er hatte ein Buch geschrieben, um Newton der Damenwelt verständlich zu machen. D'Argens ein liebenswürdiger, vielseitiger Schriftsteller von verschwommen freidenkerischer Richtung. Chasot, ein ehemaliger Militär mit zuvielen Schulden und vielen Liebeshändeln. La Mettrie war ein Arzt und Pöllnitz ein alter Baron. In Darget, ein gutgearteter Sekretär mit zu diesem Kreis gab es einen einzigen Mann, dessen Haltung und Achtbarkeit in schroffem Gegensatz zum Rest stand: Maupertuis, seit 1745 Präsident der Berliner Akademie der Wissenschaften. Er besaß bemerkenswerte wissenschaftliche Gaben, war ehrenhaft, war tatkräftig, aber von beschränkter Urteilsfähigkeit. Vor etlichen Jahren nun hatte Maupertuis ein — seiner Meinung nach — bedeutendes mathematisches Gesetz entdeckt: „das Prinzip der letzten Bewegung". Das Gesetz war in der Tat wichtig. Aber, wie Jourdain nachgewiesen hat, wandte Maupertuis es fälschlich an und erkannte nicht seine wahre Bedeutung. Jedenfalls war er reichlich stolz auf seine Entdeckung und deshalb nicht wenig ärgerlich, als — kurz nach Voltaires Ankunft — ein Schweizer, Koenig, in einer höflichen Denkschrift sowohl Genauigkeit als Erstmaligkeit angriff unter Bezugnahme auf eine unveröffentlichte Schrift von Leibniz, in der dieser dasselbe Gesetz genauer umreißt. Anstatt nun den Fall mit geistigen Waffen auszutragen, berief Maupertuis die Akademie ein und wollte sie veranlassen, Koenig als einen Fälscher und den Brief von Leibniz als unterschoben und unecht zu erklären. Die Mitglieder der Akademie erschraken: sie hingen mit ihren Pensionen vom guten Willen des Präsidenten ab, und sogar der berühmte Euler schämte sich nicht, diesen unbilligen Urteilsspruch zu unterzeichnen.

Hier nun sah Voltaire die Gelegenheit gekommen, seinem verhaßten Nebenbuhler eins auszuwischen. Eines nur ließ ihn zögern: Maupertuis in dieser Angelegenheit angreifen, hieß den König selbst angreifen. Denn bestimmt stand Friedrich hinter Maupertuis, war zudem sehr empfindlich in bezug auf den Ruf seiner Akademie und würde also zweifellos jede Einmischung als offenen Treubruch vermerken. Trotzdem beschloß Voltaire, das Wagnis einzugehen. Als erste Maßnahme zog er seine gesamten Ersparnisse aus Berlin und legte sie beim Großherzog von Württemberg an. Dann, im September 1752, erschien in den Zeitungen ein kurzer Artikel: „Antwort eines Berliner Akademikers an einen Akademiker aus Paris." Es war eine Zusammenfassung, vernichtend in ihrer nackten Einfachheit, ihrer durchdachten Kühle, ihrer gedrängten Kraft, des Falles Koenig gegen Maupertuis. Der furchtbare Hieb konnte nur von einem Manne geführt worden sein — und dieser Mann strich eine königliche Jahresrente von 800 Livres ein und trug den goldenen Schlüssel eines Kämmerers mit sich herum. Friedrich flog zum Schreibtisch und verfaßte ein Pamphlet, das er die Zeitungen auf der Titelseite veröffentlichen hieß. Eins aber stand jetzt fest: der König hatte den Handschuh aufgenommen. Voltaires Blut war in Wallung geraten. Eine Art Ueberspanntheit überkam ihn: von jetzt ab stand seine Stellungnahme fest: er würde soviel Schaden anrichten als möglich und dann Preußen verlassen für immer.

Einstweilen nahm das Leben am Hof — das sich zumeist im Potsdamer kleinen Lusthaus Sanssouci abspielte — seinen gewohnten Lauf. Kam der Abend, so war es an der Zeit, sich umzukleiden und im Pomp gepuderter Perücken und blitzender Diamanten Einzug zu halten in den kleinen Musikraum, darinnen der König, nach des Tages Last und Mühe, sich erlustieren wollte auf der Flöte. Das Orchester versammelte sich, und das Konzert begann. Und dann flossen und verwoben sich die Töne, und der königliche Meister ließ den Ton in einer langen und wohlgeübten Kadenz ausklingen; das Adagio setzte ein, das wunderbare Adagio, und der Sieger von Roßbach entlockte dem Verfasser des „Candide" Tränen.

Aber unterirdisch grollte der Vulkan. Und dann kam der Ausbruch. Voltaires Feind hatte ein Buch geschrieben: gelehrten Mischmasch zum Volksgebrauch. Das Ganze war reichlich unbedeutend. Aber Voltaire stürzte sich darauf wie der Bussard auf die Maus. Seine Gegenschrift „Diatribe du Docteur Akakia" ist heute noch berühmt. Mit welch teuflischer Kunst sind die Ungereimtheiten in des armen Maupertuis Traumgespinsten aufgedeckt und an den Schandpfahl ewiger Lächerlichkeit gezerrt. Die Handschrift wurde Friedrich gezeigt, dem die Tränen vor Lachen herunterliefen. Aber, zwischen den Atempausen, verbot er Voltaire die Veröffentlichung. Selbstredend sparte Voltaire nicht an Versprechungen — und ein paar Tage später erschien das Büchlein im Druck! „Ihre Herausforderung erstaunt mich", wettert Friedrich in einem aufgebrachten Schreiben. „Ich fordere Gerechtigkeit oder den Tod", kritzelte Voltaire auf dasselbe Blatt Papier. Eine letzte Woche kam mit Soupers in Potsdam — „Damokles-Soupers" nannte sie Voltaire — und dann, am 26. März 1753, trennten sich die beiden Männer für immer.

Nach mehreren Monaten ließ Voltaire sich am Genfer See nieder. Dort flammten die Feuer auf, die so lange in den Tiefen seines Geistes geglommen hatten, und loderten über Europa, hochragend und unauslöschlich. Einige Jahre später begannen Briefe aus Berlin zu kommen und dorthin zu gehen. Erst grollte in ihnen noch der alte Hader. Mit der Zeit aber geriet das Vergehen an Maupertuis in Vergessenheit. Zwanzig Jahre verstrichen, und der König von Preußen unterbreitete seine Verse wie je Voltaire, dessen Lobeserhebungen und Neckereien sich in gewohntem Strom ergossen. Aber ihre Beziehung war nicht länger die von Lehrer zu Schüler, Hofmann zu König; sie war die zweier unabhängiger und gleicher Mächte. Sogar Friedrich der Große mußte zuletzt in dem Patriarchen von Ferney etwas anderes erkennen lernen als einen Affen mit Begabung für französische Verse. Er lernte den Verfasser des „Akakia" hochachten und sein Gedächtnis ehren. „Ich schließe ihn jeden Morgen in mein Gebet ein", gestand er d'Alembert, als Voltaire seit zwei Jahren im Grabe ruhte. „Ich sage ihm: Göttlicher Voltaire — ora pro nobis!"

(Einzig berechtigte Uebertragung von Hans B. Wagenseil.)

Paris in diesem Frühjahr

Von

Wolfgang Koeppen

Der dreißigste Januar; der fünfte März; der Tag der Reichstagseröffnung; die Maifeier; die Hitler-Rede für den Frieden: in Deutschland ist das Frühjahr neunzehnhundertdreiunddreißig ein Frühjahr des politischen Geschehens gewesen. Die Ereignisse, die sich überstürzten, Schlag auf Schlag kamen und atemraubend waren, haben auch den Verträumtesten, Abseitigsten zur Stellungnahme gezwungen, haben die Nation bis zum letzten Mann in einem sehr weitgehend politischen Sinn umgewandelt und aktiviert. Eine Mehrheit begrüßt die Entwicklung der Dinge. Niemand wird leugnen können, daß das Gesicht Deutschlands, des deutschen Landes und der deutschen Städte ein anderes geworden ist. Die Straßen des Nachjanuar sind nicht mehr die des Vorjanuar. Zumindest ist eine starke Bewegtheit zu konstatieren, ein dauernder Strom, eine kräftige Unruhe wider alle Trägheit.

Unruhe herrscht auch in der Welt. Die Interessen der Länder gehen hart gegen einander, bis sie sich in der gemeinsamen Tat gegen den gemeinsamen Todfeind, die große Krise, finden werden. In Deutschland greift man die Arbeitslosigkeit an; in Amerika gibt es die Roosevelt-Aktionen; in Genf kämpft man um die Rüstungen und somit auf lange Sicht um Krieg und Frieden; in London wird die Weltwirtschaftskonferenz sich versammeln; in Asien diktieren die Japaner vor den Toren des alten Pekings ihren Frieden; aus Rußland kommt die Nachricht, daß die Komintern Trotzki aus der Verbannung zurückrufen wollen. Die Historie unserer Zeit ist so eminent, daß sie, im Gegensatz vielleicht zu anderen Epochen, auch dem in ihr Lebenden täglich bewußt wird.

In Paris war der Bastillesturm, geschah ein Ereignis, das bis in unsere Tage hinein in allen Ländern Folgen gezeitigt hat. Aber wenn auch in Paris die Bastille gestürmt und die Rechte eines neuen menschlichen Selbstbewußtseins verkündet wurden, so war Paris doch immer eine konservative Stadt. In seinen Gewohnheiten hing man dort stets am Alten, wenn das Herz auch zuweilen für die Zukunft schlug. Paris ist eine Stadt der Ueberlieferung, der heiligen Tradition. Sie ist wie ein Schneckenkreis gewachsen, ruhig und stetig, und Jahr für Jahr hat sie immer neue Ringe um ihren Kern, die Ile de la Cité, das alte Lutetia, die Heimat der Parisii, gelegt. Es ist vielleicht das Geheimnis dieser Stadt, daß sie niemals zerstörte, was sie in der Vergangenheit begonnen, sondern mit klugem, lateinischem Maß von ihrem Ursprung aus weiter gebaut, sich entwickelt hat, das Neue stets so selbstverständlich sich einverleibend, daß es gar keine Gelegenheit hatte, sich feindlich zum Alten zu stellen, daß aus den tausend Stilen, die in Paris wirkten, schließlich das einige Wunder wurde, die Stadt Paris mit ihren Straßen, Plätzen, Bauten vom Jahre einundfünfzig bis heut.

Und so könnte es nur den gänzlich Ununterrichteten überrascht haben, daß diese Stadt, so fest ruhend in ihrer in jedem neuen Tag sich beweisenden Geschichte, die alte, sogar die vom vorigen Jahr (das gilt heut mehr), geblieben ist und für den ersten Blick fast unsichtbar nur die Zeichen unseres politischen Frühjahrs trägt. Das soll nicht heißen, daß die Zeit an Paris vorüberginge, die Zeit ist da und ihre Spuren werden auch einmal Paris werden, aber vorläufig ist noch der Eindruck stärker, daß auf dem Platz Saint-Michel noch der alte Brunnen plätschert, aus dem Balzacs armer Dichter Rafael sich am Morgen sein Wasser schöpfte, daß die Glocken von Notre Dame zur Messe läuten, daß im Quartier die alten gestromten Katzen wie zu Villons Zeiten in den Türen schnurren und daß am Quai die Antiquare vor ihren Schätzen sitzen.

Das ist das alte Paris. Aber das alte Paris ist kein stiller Winkel außerhalb der Welt. Es ist zu sehen, wie es in Beziehung steht zur großen Stadt um sich herum und in Beziehung auch zur Welt. Da fällt bei den Bouquinisten auf, daß ihre Zahl kleiner geworden ist als sie vor einem Jahr es noch war. Damals war noch Kasten neben Kasten aufgestellt und lockte mit seinem flatternden Regensegel die Liebhaber alter Bücher. Heute ist kaum jeder dritte Stand besetzt, und die Kunden schmökern nur ein bißchen rum, statt zu kaufen. Man zucke nicht die Achseln und meine: „nun, ein Antiquar . . .", es ist die Krise, die hier deutlich wird, es ist ein Barometer, das nach unten weist. Wenn in Paris die Bouquinisten der Seine-Quais ihre Plätze räumen, dann weiß man, daß in den Vorstädten die Arbeitslosen stehen, daß die Börse schlecht geht, daß die Theater leer sind, daß die Künstler hungern, daß irgendwo etwas gründlich falsch läuft im Zivilisationsgetriebe.

Wenn die Antiquare auch klagen, so werden doch Bücher gekauft. Ueberraschend viele sogar und mehr als in Deutschland (der alte Vorteil des französischen Buches: es ist broschiert und

Abb. 28: Wolfgang Koeppen: »Paris in diesem Frühjahr«.
In: *Berliner Börsen-Courier* v. 4. Juni 1933.

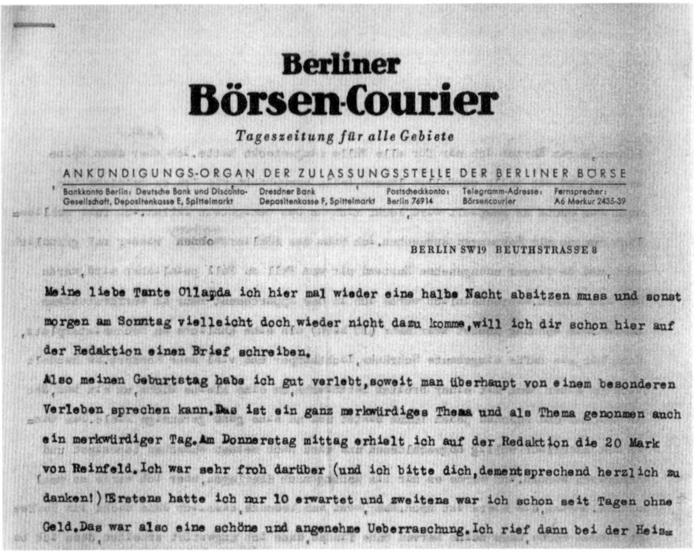

**Berliner
Börsen-Courier**

Tageszeitung für alle Gebiete

ANKÜNDIGUNGS-ORGAN DER ZULASSUNGSSTELLE DER BERLINER BÖRSE

| Bankkonto Berlin: Deutsche Bank und Disconto-Gesellschaft, Depositenkasse E, Spittelmarkt | Dresdner Bank Depositenkasse F, Spittelmarkt | Postscheckkonto: Berlin 76914 | Telegramm-Adresse: Börsencourier | Fernsprecher: A6 Merkur 2435-39 |

BERLIN SW 19 BEUTHSTRASSE 8

Meine liebe Tante Ollapda ich hier mal wieder eine halbe Nacht absitzen muss und sonst morgen am Sonntag vielleicht doch wieder nicht dazu komme, will ich dir schon hier auf der Redaktion einen Brief schreiben.

Also meinen Geburtstag habe ich gut verlebt, soweit man überhaupt von einem besonderen Verleben sprechen kann. Das ist ein ganz merkwürdiges Thema und als Thema genommen auch ein merkwürdiger Tag. Am Donnerstag mittag erhielt ich auf der Redaktion die 20 Mark von Reinfeld. Ich war sehr froh darüber (und ich bitte dich, dementsprechend herzlich zu danken!) Erstens hatte ich mir nur 10 erwartet und zweitens war ich schon seit Tagen ohne Geld. Das war also eine schöne und angenehme Ueberraschung. Ich rief dann bei der Heis=

Abb. 29: Briefentwurf an Olga Koeppen v. 24. Juni 1933.

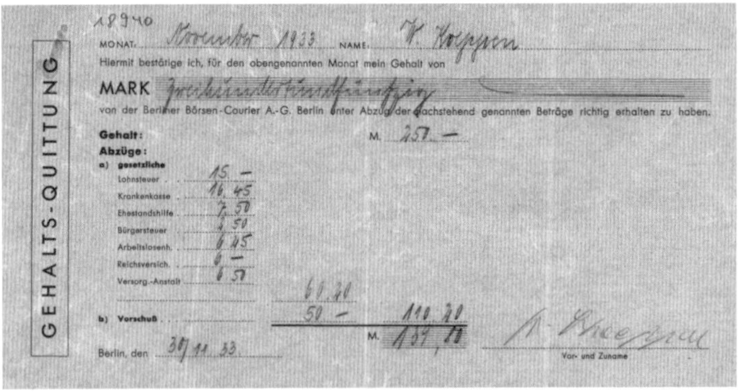

Abb. 30: Gehaltsquittung *Berliner Börsen-Courier* November 1933 (WKA 18940).

Abb. 31: W.K.: »Die Hinterbliebenen«. In: *Neue Zeitung* v. 7. Juli 1947.

Editorische Notiz

Der Band versammelt alle im weitesten Sinn feuilletonistischen bzw. journalistischen Texte, die Koeppen in Zeitungen, Zeitschriften (oder vereinzelt auch in Programmheften) publizierte, bevor er sich – nach dem überraschenden Erfolg von *Tauben im Gras* im Jahr 1951 – in erster Linie als freier Schriftsteller verstand. Die Texte, die er danach – als etablierter Autor – für Zeitungen und Zeitschriften schrieb (viele z. B. für die *Frankfurter Allgemeine Zeitung*, beauftragt durch seinen großen Förderer Marcel Reich-Ranicki), finden sich in anderen Bänden der *Werke*. Es handelt sich im vorliegenden Band also um solche journalistischen Arbeiten, die er zwischen 1923 und 1948 schrieb, einer Zeit, in der noch nicht ausgemacht war, ob er sich als freier Schriftsteller würde durchsetzen können. In dieser Zeit war er u. a. auch als Dramaturg beim Theater, als freier Mitarbeiter verschiedener Zeitungen tätig, bevor er zwischen 1932 und 1934 zeitweise hauptamtlich als Journalist beim renommierten *Berliner Börsen-Courier* beschäftigt war. Die Texte aus dieser Zeit bilden das Kernstück des vorliegenden Bandes. Nach seiner Rückkehr aus dem freiwilligen Exil in Holland schrieb er Anfang der 1940er Jahre noch vereinzelt journalistische Texte. Vor allem aber arbeitete er von 1939 bis 1944 als Drehbuchautor für den NS-Film. Diese mischkalkulierte Autorschaft aus Gründen des Broterwerbs wiederholte sich in der Nachkriegszeit: Der vorliegende Band wird beschlossen mit allen journalistischen Texten, die Koeppen 1947/48 für die Münchner *Neue Zeitung* geschrieben hat, bevor er sich als *Ghostwriter* für einen Holocaust-Überlebenden verdingte (*Jakob Littners Aufzeichnungen aus einem Erdloch*), Drehbuchentwürfe für den Nachkriegsfilm lancierte und seinen dritten Roman (*Tauben im Gras*) schrieb, der ihm schließlich den Durchbruch als freier Schriftsteller bescherte.

Von den hier versammelten insgesamt 297 Texten ist der weit überwiegende Teil erstmals wieder für diese Ausgabe von Koeppens *Werken* zusammengestellt und kommentiert. 48 von ihnen hatten – vom Autor seinerzeit mitausgewählt – Eingang in den *Band 5: Berichte und Skizzen II* und *Band 6: Essays und Rezensionen* der *Gesammelten Werke* Koeppens von 1990 gefunden. Die übrigen sind ihrem Wortlaut nach überwiegend vollständig unbekannt. Gelistet waren allenfalls die Titel vieler dieser journalistischen Arbeiten Koeppens in der Bibliographie von Alfred Estermann aus dem Jahr 1987.[1] Diese Bibliographie konnte jetzt vervollständigt werden zum einen durch die im Nachlass überlieferten Textzeugen, zum anderen durch Recherchen des Herausgebers in Zeitungsarchiven:
Vollständig durchgesehen wurden die *B. Z. am Mittag* zwischen Januar 1929 bis März 1933; der *Berliner Börsen-Courier* zwischen Januar 1930 und Dezember 1933; die *Berliner Börsen Zeitung* zwischen Januar 1934 und Juli 1934; die *Deutsche Allgemeine Zeitung* von Januar 1931 bis Dezember 1931; das *Berliner Tageblatt* zwischen Juli 1934 und Dezember 1938; *Das Neue Tagebuch* zwischen Januar 1934 und Dezember 1938; die *Frankfurter Zeitung* zwischen Juni 1936 und Dezember 1939; die *Kölnische Zeitung* von September 1940 bis Juli 1941; das *Reich* zwischen Mai 1940 und Dezember 1941; die *Woche* zwischen Januar 1941 und Dezember 1944; die *Neue Zeitung* von Oktober 1945 bis Januar 1949.
Die Auswahl der Periodika und Untersuchungszeiträume war geleitet durch Aussagen des Autors in verschiedenen Interviews.[2] Es ist nicht unwahrscheinlich, dass sich künftig vereinzelt noch weitere journalistische Texte Koeppens in

---

1 Alfred Estermann: »Wolfgang Koeppen. Eine Bibliographie«. In: *Wolfgang Koeppen*. Hg. v. Eckart Oehlenschläger. Frankfurt 1987, S. 385-470.
2 Vgl. dazu Wolfgang Koeppen *Werke: Band 16 Gespräche und Inter-*

Zeitungsarchiven werden finden lassen. Denn längst nicht alle Zeitungen, von denen der Autor gesprächsweise behauptete, für sie geschrieben zu haben, sind bislang vollständig durchgesehen (wie z. B. *Berlin am Abend*, *Berlin am Morgen*, *Berliner Volkszeitung*, *Die Welt am Abend*, *Zwölf-Uhr-Blatt*). Manchmal täuschte Koeppen auch seine Erinnerung, oder er erinnerte sich strategisch: So ist entgegen seiner Behauptung[3] während der Zeit in Holland zwischen 1934 und 1938 kein Text in einer der Exilzeitschriften unter seinem Namen oder mit einem der von ihm benutzten Kürzel nachweisbar.

Nicht alle der hier edierten Texte sind auch im Nachlass überliefert. Bei den nur im Zeitungsarchiv recherchierbaren, die nicht mit vollem Namen unterzeichnet sind, wurde die Textauswahl nach dem folgenden Prinzip vorgenommen:

Berücksichtigt werden konnten nur solche Kürzel, für deren Verwendung es Belege an anderer Stelle in Koeppens Nachlass gibt (Koe, koe, koe., W. Koe, w. k., -n., -en., kn., Kn., W. K-n.). Ungezeichnete Texte wurden nur dann aufgenommen, wenn sie sich im Nachlass befanden. Die Überlieferungsform der journalistischen Arbeiten Koeppens im Nachlass ist ganz überwiegend der Zeitungsausschnitt oder -ausriss. Vorstufen von journalistischen Texten in Typoskriptform oder solche mit handschriftlichen Verbesserungen sind bis auf einige wenige Ausnahmen nicht vorhanden. Die meisten der hier versammelten journalistischen Texte veröffentlichte Koeppen im *Berliner Börsen-Courier* (zwischen September 1930 und Dezember 1933). Nicht in allen Fällen konnte ermittelt werden, ob der edierte Text Koeppens in der Morgen- oder in der Abend-Ausgabe des *Ber-*

---

views. Herausgegeben von Hans-Ulrich Treichel, Berlin: Suhrkamp 2018. Hier abgekürzt: *WKW* 16/Seitenzahl.

3 »Ich hatte ja auch, wenn auch ganz klein, aber aus Notgründen, für Emigrantenzeitungen geschrieben.« In: *WKW* 16/489.

liner Börsen-Courier erschienen ist. Der *Berliner Börsen-Courier* erschien im Untersuchungszeitraum Montag bis Samstag zweimal pro Tag, am Sonntag nur einmal.
Für diesen Band wurden die ermittelten Texte aus Gründen der besseren Lesbarkeit thematisch gruppiert. Einer ersten Abteilung mit »Reportagen und Feuilletons« (Nr. 1-34), in der viele der bereits aus der früheren Werkausgabe bekannten Koeppen-Texte für Zeitungen versammelt sind, folgt eine Abteilung mit »Kritiken, Berichten zum Theater« (Nr. 35-138), eine mit »Kritiken, Berichten zur Literatur« (Nr. 139-198), »Kritiken, Berichte zum Film« (Nr. 199-249), schließlich eine Abteilung mit »Anekdoten, Lokalberichten« (Nr. 250-297). In sich ist jede dieser Abteilungen wiederum chronologisch sortiert. Jeder Text ist mit einem schlanken Kommentarteil versehen, der die Druckgeschichte und das verwendete Kürzel dokumentiert. Wo immer nötig, werden in den Anmerkungen einzelne Textstellen knapp erläutert. Nicht zuletzt um den Arbeitszusammenhang der journalistischen Tätigkeit Koeppens zwischen 1923 und 1948 zu dokumentieren, wird der Band mit einer Gesamtchronologie aller Texte beschlossen, der man das Nebeneinander und den Abwechslungsreichtum (oder auch: die professionelle Abwechslungsnotwendigkeit bzw. -zumutung) der journalistischen Alltagspraxis ablesen möge: der »fließende Text« der Zeitung[4] am Beispiel der Feuilletons, Kritiken und Berichte Wolfgang Koeppens.

Der Herausgeber dankt herzlich für Auskunft, Rat, Korrekturen, Recherchehilfe, Beherbergung: Anahit Bagradjans (Berlin), Stephan Braese (Aachen), Heinrich Detering (Göttingen), Thomas Elsaesser † (Amsterdam), Raimund Fellin-

---

4 Vgl. Erhard Schütz: »Gut, viel, billig, dazu noch schnell. Berlin und das Feuilleton«. In: Ders.: *Echte falsche Pracht. Kleine Schriften zur Literatur*. Hrsg. v. Jörg Döring u. David Oels. Berlin 2011, S. 256-261, hier: S. 256.

ger † (Frankfurt/Berlin), Patrick Garitz (Arbeitsstelle für Geschichte der Publizistik Universität zu Köln), Andrej Hermlin (Berlin), Katharina Krüger (Wolfgang-Koeppen-Archiv, Greifswald), Hendrik Liersch (Berlin), Beate Lücke (Institut für Zeitungsforschung, Dortmund), David Oels (Berlin), Doris Plöschberger (Berlin), Till van Rahden (Montreal), Stefan Scherer (Karlsruhe), Erhard Schütz (Berlin), Monika Traut (Siegen), Hans-Ulrich Treichel (Berlin), Andrea Werner (Wolfgang-Koeppen-Archiv, Greifswald), Stephan Wuthe (Berlin) sowie den Siegener Studierenden Jessica Berger, Ann-Kathrin Brocks, Stefanie Frühauf, Kristin Funk, Kevin Hofius, Mirca Jürgens, Sarah Kersten, Maximilian Lindenberg, Jessica Schmidt, Antonia Sehmsdorf, Marina Uelsmann, Eva Weißhaupt, Petra Wendler und Verena Wöbking.

Chronologische Titelliste

Verlängerung der Theaterspielzeit (Theater)
Greifswalder Zeitung; 4. Mai 1923
W. K.
(hier: S. 129).

Mode und Expressionismus (Reportagen, Feuilletons)
Greifswalder Zeitung; 6. November 1923
Wolfgang Köppen
(hier: S. 9).

Lenz (Literatur)
Fränkischer Volksfreund; 19. November 1926
Wolfgang Koeppen.
(hier: S. 283).

Englische Gesellschaftskomödie (Theater)
Blätter des Stadttheaters Würzburg; 1926/27
Wolfgang Koeppen
(hier: S. 130).

Siegfried Jacobsohn (Theater)
Blätter des Stadttheaters Würzburg; 1926/27
Nicht gezeichnet.
(hier: S. 132).

Schund (Theater)
Blätter des Stadttheaters Würzburg; 1926/27
Wolfgang Koeppen
(hier: S. 133).

Grabbe (Theater)
Blätter des Stadttheaters Würzburg; 1926/27
Wolfgang Koeppen
(hier: S. 287).

Über die Entstehung der Freilichtspiele (Theater)
Programmzettel zur Aufführung von Friedrich Schillers Wilhelm Tell bei den Freilichtspielen auf der Festung Marienberg; Juli 1927
Wolfgang Koeppen
(hier: S. 136).

Zur Aufführung der Medea (Theater)
Programmzettel zur Aufführung von Franz Grillparzers Medea bei den Freilichtspielen auf der Festung Marienberg; Juli 1927
Wolfgang Koeppen
(hier: S. 139).

Richard Eichberg zörgiebelt (Film)
Die Weltbühne; 4. März 1930
Wolfgang Koeppen
(hier: S. 439).

Der Wetterprophet (Anekdote)
Berliner Börsen-Courier; 2. September 1930
-n.
(hier: S. 533).

Berlins neue Synagoge (Lokalbericht)
Berliner Börsen-Courier; 16. September 1930
-n.
(hier: S. 533).

Durch den Äther auf die Spur. Berlin – Mitteleuropas Polizeifunk-Zentrale (Lokalbericht)
Berliner Börsen-Courier; 28. September 1930
-n.
(hier: S. 535).

Der »Kaftan« (Theater)
Berliner Börsen-Courier; 14. Oktober 1930
n.
(hier: S. 141).

Im Restaurant (Anekdote)
Berliner Börsen-Courier; 15. November 1930
-n.
(hier: S. 540).

Der Diener zweier Herren in den Kammerspielen (Theater)
Berliner Börsen-Courier; 5. Dezember 1930
w. k.
(hier: S. 142).

Nacht für Grünecker (Theater)
Berliner Börsen-Courier; 12. Dezember 1930
n.
(hier: S. 143).

»Wirkungszensur« (Anekdote)
Berliner Börsen-Courier; 13. Dezember 1930
-n.
(hier: S. 541).

Nebenbei – Shakehands (Anekdote)
Berliner Börsen-Courier; 3. Januar 1931
-n.
(hier: S. 542).

Im U.-T. Kurfürstendamm: *Geld auf der Straße* (Film)
Berliner Börsen-Courier; 4. Januar 1931
w. k.
(hier: S. 441).

Michael Schugalté im Café Berlin (Theater)
Berliner Börsen-Courier; 9. Januar 1931
-n–
(hier: S. 144).

Im Theater des Westens: *Der Zarewitsch* (Theater)
Berliner Börsen-Courier; 31. Januar 1931
w. k.
(hier: S. 145).

Manuela im Tauentzien (Film)
Berliner Börsen-Courier; 15. Februar 1931
w. k.
(hier: S. 442).

Paul Grätz im Beethovensaal (Theater)
Berliner Börsen-Courier; 20. Februar 1931
w. k.
(hier: S. 146).

Universum: *Schatten der Manege* (Film)
Berliner Börsen-Courier; 22. Februar 1931
w. k.
(hier: S. 443).

Universum: *Die Blumenfrau von Lindenau* (Film)
Berliner Börsen-Courier; 26. April 1931
w. k.
(hier: S. 445).

Hineingelegte (Anekdote)
Berliner Börsen-Courier; 8. Mai 1931
-n.
(hier: S. 544).

Straßengespräch (Anekdote)
Berliner Börsen-Courier; 9. Oktober 1931
-n.
(hier: S. 545).

Der Flirt (Anekdote)
Berliner Börsen-Courier; 2. November 1931
-n.
(hier: S. 546).

Der Schlemihl Curt Bois. Im Atrium (Film)
B. Z. am Mittag; 28. November 1931
koe.
(hier: S. 446).

Bobby geht los. Im Tauentzien-Palast (Film)
B. Z. am Mittag; 4. Dezember 1931
koe.
(hier: S. 448).

Helden der Luft. Im Ufa-Pavillon (Film)
B. Z. am Mittag; 5. Dezember 1931
Koe.
(hier: S. 449).

Eine Nacht im Grand Hotel. Im Capitol (Film)
B. Z. am Mittag; 9. Dezember 1931
Koe.
(hier: S. 451).

Viktoria und ihr Husar. Im Primus-Palast (Film)
B. Z. am Mittag; 16. Dezember 1931
koe.
(hier: S. 452).

Kadetten. Im Titania-Palast (Film)
B.Z. am Mittag; 22. Dezember 1931
koe.
(hier: S. 453).

Chevalier, der Straßensänger. Marmorhaus (Film)
B.Z. am Mittag, 31. Dezember 1931
koe.
(hier: S. 455).

Der Stolz der 3. Kompagnie. Titania und Tauentzien (Film)
B.Z. am Mittag, 5. Januar 1932
koe.
(hier: S. 456).

Mal was anderes. Der erste »gehorchende Film« im Universum (Film)
B.Z. am Mittag, 9. Januar 1932
koe.
(hier: S. 458).

Abbruch und Neubau. Basse-Uraufführung in der Kamera (Film)
B.Z. am Mittag, 12. Januar 1932
koe.
(hier: S. 460).

Die Zigarre (Anekdote)
Berliner Börsen-Courier, 18. Februar 1932
-n.
(hier: S. 547).

Der Beifall (Anekdote)
Berliner Börsen-Courier, 17. März 1932
-n.
(hier: S. 549).

Jeder einmal Schupo! Eine mutige Tat – und ihre Kehrseite
(Lokalbericht)
Berliner Börsen-Courier, 7. April 1932
Nicht gezeichnet.
(hier: S. 549).

Wieder Schule – und zum ersten Mal Schule (Lokalbericht)
Berliner Börsen-Courier, 7. April 1932
Nicht gezeichnet.
(hier: S. 551).

In der Benzinkiste von Südamerika nach Berlin (Lokalbericht)
Berliner Börsen-Courier, 8. April 1932
Nicht gezeichnet.
(hier: S. 552).

Wacker schweigt weiter. Immer noch Debatten um den mysteriösen Russen (Lokalbericht)
Berliner Börsen-Courier, 8. April 1932
Nicht gezeichnet.
(hier: S. 553).

Verkehrswissenschaft in der Schule (Lokalbericht)
Berliner Börsen-Courier, 9. April 1932
Nicht gezeichnet.
(hier: S. 556).

Wilhelm Busch bei Wertheim (Lokalbericht)
Berliner Börsen-Courier, 14. April 1932
kn.
(hier: S. 558).

Ein Salto will gelernt sein. Die Universität der Varietésterne (Theater)
Berliner Börsen-Courier, 17. April 1932
W. Koe.
(hier: S. 147).

André Baillon † (Literatur)
Berliner Börsen-Courier, 19. April 1932
Nicht gezeichnet.
(hier: S. 290).

Ein neues »Kohlkopp«-Programm (Theater)
Berliner Börsen-Courier, 21. April 1932
W. Koe.
(hier: S. 151).

Weiß-Ferdl-Film im Ufa-Pavillon (Film)
Berliner Börsen-Courier, 29. April 1932
W. Koe.
(hier: S. 461).

Berlin wirkliches Seebad. 25 Jahre Freibad Wannsee (Lokalbericht)
Berliner Börsen-Courier, 30. April 1932
W. Koe.
(hier: S. 559).

Farben zu einer Kinderlandschaft (Literatur)
Berliner Börsen-Courier, 1. Mai 1932
Wolfgang Koeppen.
(hier: S. 291).

Frühling in den Varietés. »Schöner Mai« im Wintergarten (Theater)
Berliner Börsen-Courier, 4. Mai 1932
W. Koe.
(hier: S. 152).

Ein süßes Geheimnis im Primus-Palast (Film)
Berliner Börsen-Courier, 8. Mai 1932
W. Koe.
(hier: S. 462).

Tanz aus Japan und Amerika (Theater)
Berliner Börsen-Courier, 10. Mai 1932
W. Koe.
(hier: S. 154).

Albert Londres † (Literatur)
Berliner Börsen-Courier, 25. Mai 1932
W. Koe.
(hier: S. 293).

Frauen haben das gern ...! (Theater)
Berliner Börsen-Courier, 27. Mai 1932
–en.
(hier: S. 155).

Berlin – zwei Schritte abseits. Sehnsucht nach Kinoromantik führt eine Jugend zusammen (Reportage)
Berliner Börsen-Courier, 12. Juni 1932
W. Koe.
(hier: S. 20).

Sensation von Heute: Alte Droschken fahren durch Alt-Berlin (Lokalbericht)
Berliner Börsen-Courier, 15. Juni 1932
kn.
(hier: S. 561).

Ein toller Einfall im Lustspielhaus (Theater)
Berliner Börsen-Courier, 21. Juni 1932
W. Koe.
(hier: S. 156).

Wieder Kurort Berlin (Feuilleton)
Berliner Börsen-Courier, 21. Juni 1932
-n
(hier: S. 25).

Sensation vor den Toren Berlins (Feuilleton)
Berliner Börsen-Courier, 24. Juni 1932
W. Koe.
(hier: S. 26).

Erfolg im Rose-Theater (Theater)
Berliner Börsen-Courier, 29. Juni 1932
W. Koe.
(hier: S. 157).

Frankreich, die Geißel der Welt (Literatur)
Berliner Börsen-Courier, 29. Juni 1932
-n.
(hier: S. 294).

Badeball der Mannekins (Lokalbericht)
Berliner Börsen-Courier, 1. Juli 1932
Nicht gezeichnet.
(hier: S. 563).

Berlin verkauft Siedlungsland (Lokalbericht)
Berliner Börsen-Courier, 2. Juli 1932
-n.
(hier: S. 563).

Grillparzer auf der Freilichtbühne (Theater)
Berliner Börsen-Courier, 11. Juli 1932
koe.
(hier: S. 158).

Der mehr schwache als starke Mensch. Ein Versuch über
Hans Henny Jahnn und seinen Roman *Perrudja* (Literatur)
Berliner Börsen-Courier, 15. Juli 1932
Wolfgang Koeppen
(hier: S. 296).

Die neue Universitäts-Frauenklinik (Lokalbericht)
Berliner Börsen-Courier, 15. Juli 1932
Nicht gezeichnet.
(hier: S. 565).

Im Paradies der Kühle. Berlin, minus 20 Grad im Juli (Feuilleton)
Berliner Börsen-Courier, 17. Juli 1932
Kn.
(hier: S. 28).

Deutsches Schulschiff gekentert. Schweres Marineunglück
vor Kiel – 60 Mann der »Niobe« vermißt (Bericht)
Berliner Börsen-Courier, 27. Juli 1932
Nicht gezeichnet.
(hier: S. 567).

Tücken der Ostsee (Bericht)
Berliner Börsen-Courier, 27. Juli 1932
Nicht gezeichnet.
(hier: S. 569).

Landstraße und Gefängnis (Literatur)
Berliner Börsen-Courier, 2. August 1932
Wolfgang Koeppen
(hier: S. 302).

Jedermann ein Sportflieger (Feuilleton)
Berliner Börsen-Courier, 5. August 1932
Kn.
(hier: S. 32).

Lesewut in Berlin? Ein Kind der Krise und eine rettende Idee
(Literatur)
Berliner Börsen-Courier, 7. August 1932
Kn.
(hier: S. 34).

Sechzig Tauben ohne Engagement. Zirkus auf dem Wittenbergplatz (Feuilleton)
Berliner Börsen-Courier, 11. August 1932
Kn.
(hier: S. 40).

Die sieben Rotterbühnen. Die ersten Premieren – Hansen und Pallenberg in einem Stück (Theater)
Berliner Börsen-Courier, 12. August 1932
Nicht gezeichnet.
(hier: S. 159).

Tagesleistung Klingenberg gegen ein Atom. Ungeheure Energien für die Krebstherapie (Lokalbericht)
Berliner Börsen-Courier, 26. August 1932
Kn.
(hier: S. 571).

»Apollo« am Kurfürstendamm (Theater)
Berliner Börsen-Courier, 2. September 1932
Kn
(hier: S. 163).

Das neue Wintergartenprogramm (Theater)
Berliner Börsen-Courier, 3. September 1932
W. Koe.
(hier: S. 164).

Die Jugendfreunde in Steglitz (Theater)
Berliner Börsen-Courier, 24. September 1932
Kn.
(hier: S. 166).

Ein Leuchtturm und tausend Lampen. Die Greifswalder Oie, eine Filminsel in der Ostsee (Film)
Berliner Börsen-Courier, 30. September 1932
Wolfgang Koeppen
(hier: S. 463).

Sonnabend und Sonntag (Lokalbericht)
Berliner Börsen-Courier, 3. Oktober 1932
W. Koe.
(hier: S. 574).

»Kabarett für Alle«. Schaeffers zweites Programm (Theater)
Berliner Börsen-Courier, 4. Oktober 1932
W. Koe.
(hier: S. 167).

Uraufführung im Kabarett der Komiker (Theater)
Berliner Börsen-Courier, 6. Oktober 1932
-en.
(hier: S. 169).

Talleyrand (Literatur)
Berliner Börsen-Courier, 9. Oktober 1932
W. Koe.
(hier: S. 304).

Morgenfeier im Schaeffers-Studio: *Die Laune des Verliebten* (Theater)
Berliner Börsen-Courier, 12. Oktober 1932
W. Koe.
(hier: S. 170).

Berliner Theater-Erinnerungen (Theater)
Berliner Börsen-Courier, 13. Oktober 1932
-n.
(hier: S. 172).

Schauspielhaus Steglitz: *Sylvia kauft sich einen Mann* (Theater)
Berliner Börsen-Courier, 15. Oktober 1932
Wolfgang Koeppen
(hier: S. 173).

Theodor Körner im Primus Palast (Film)
Berliner Börsen-Courier, 15. Oktober 1932
W. Koe.
(hier: S. 469).

Affentheater (Anekdote)
Berliner Börsen-Courier, 15. Oktober 1932
W. K-n.
(hier: S. 577).

Kammerspiele: Ein heiterer Thoma-Abend (Theater)
Berliner Börsen-Courier, 17. Oktober 1932
Wolfgang Koeppen
(hier: S. 175).

Der Erwerbslosenausschuss der Bühnenangehörigen (Theater)
Berliner Börsen-Courier, 17. Oktober 1932
Nicht gezeichnet.
(hier: S. 177).

Rudolf Pannwitz in der Akademie (Literatur)
Berliner Börsen-Courier, 18. Oktober 1932
Nicht gezeichnet.
(hier: S. 306).

Jugend, die nie schreiben würde. Zwei Bücher zwischen
Reportage und Sozialpädagogik (Literatur)
Berliner Börsen-Courier, 20. Oktober 1932
Wolfgang Koeppen
(hier: S. 307).

Schülervorstellung *Neidhardt von Gneisenau* (Theater)
Berliner Börsen-Courier, 21. Oktober 1932
koe.
(hier: S. 178).

Dazu pathetische Programme? (Theater)
Berliner Börsen-Courier, 22. Oktober 1932
koe.
(hier: S. 179).

Im Marmorhaus: *Das letzte Paradies* (Film)
Berliner Börsen-Courier, 26. Oktober 1932
Koe.
(hier: S. 471).

Kontradiktorische Diskussion über Zola (Literatur)
Berliner Börsen-Courier, 28. Oktober 1932
koe.
(hier: S. 311).

Historisch getreues Potsdam (Lokalbericht)
Berliner Börsen-Courier, 29. Oktober 1932
-n.
(hier: S. 578).

Trenck im Atrium (Film)
Berliner Börsen-Courier, 29. Oktober 1932
Koe
(hier: S. 472).

Waldmenschen in der Kamera (Film)
Berliner Börsen-Courier, 29. Oktober 1932
kn.
(hier: S. 473).

Faradayweg, Nr. 4. Villa, Fabrik oder Kloster (Reportage)
Berliner Börsen-Courier, 30. Oktober 1932
Kn.
(hier: S. 42).

Schauspielhaus Steglitz: *Der dunkle Punkt* (Theater)
Berliner Börsen-Courier, 1. November 1932
w. koe.
(hier: S. 180).

Fünf Millionen Pinguine im Capitol (Film)
Berliner Börsen-Courier, 1. November 1932
Koe
(hier: S. 474).

Der Schützenkönig im Primus Palast (Film)
Berliner Börsen-Courier, 1. November 1932
kn
(hier: S. 475).

Das Portefeuille (Anekdote)
Berliner Börsen-Courier, 1. November 1932
-n.
(hier: S. 580).

Momentbilder vom Streik (Feuilleton)
Berliner Börsen-Courier, 3. November 1932
Nicht gezeichnet.
(hier: S. 47).

Mittelmaß in der Scala (Theater)
Berliner Börsen-Courier, 5. November 1932
W. Koe.
(hier: S. 181).

Annemarie, die Braut der Kompagnie (Film)
Berliner Börsen-Courier, 8. November 1932
koe
(hier: S. 476).

Das arme Opfer (Anekdote)
Berliner Börsen-Courier, 8. November 1932
Kn.
(hier: S. 580).

Literarischer Abend der Ortsgruppe Berlin-Brandenburg im SDS (Literatur)
Berliner Börsen-Courier, 11. November 1932
Kn.
(hier: S. 312).

Schauspielhaus Steglitz: *Die heilige Flamme* (Theater)
Berliner Börsen-Courier, 12. November 1932
W. Koe.
(hier: S. 183).

Was fehlt dem Fremden? (Feuilleton)
Berliner Börsen-Courier, 13. November 1932
-n.
(hier: S. 50).

Die Weber (Film)
Berliner Börsen-Courier, 14. November 1932
Kn.
(hier: S. 477).

Noch ein Goethe-Film? (Film)
Berliner Börsen-Courier, 15. November 1932
Kn.
(hier: S. 478).

Die neue Katakombe (Theater)
Berliner Börsen-Courier, 15. November 1932
W. Koe.
(hier: S. 184).

»Die Nation greift an!« (Literatur)
Berliner Börsen-Courier, 19. November 1932
Kn.
(hier: S. 314).

Andorranische Abenteuer (Literatur)
Berliner Börsen-Courier, 20. November 1932
Nicht gezeichnet.
(hier: S. 317).

Winke, bunter Wimpel (Literatur)
Berliner Börsen-Courier, 20. November 1932
kn.
(hier: S. 318).

Ein Rat (Anekdote)
Berliner Börsen-Courier, 21. November 1932
kn.
(hier: S. 581).

In Berlin trafen ein: Vier Fragezeichen von den Philippinen
(Lokalbericht)
Berliner Börsen-Courier, 23. November 1932
Nicht gezeichnet.
(hier: S. 582).

Ein U-Boot in Neubabelsberg (Film)
Berliner Börsen-Courier, 26. November 1932
W. Koe
(hier: S. 479).

Kurort zwischen Eis und Schnee (Bericht)
Berliner Börsen-Courier, 27. November 1932
-n.
(hier: S. 584).

Else Lasker-Schüler im Schubertsaal (Literatur)
Berliner Börsen-Courier, 1. Dezember 1932
Kn.
(hier: S. 319).

Das Buch der Zeit (Literatur)
Berliner Börsen-Courier, 3. Dezember 1932
Kn.
(hier: S. 320).

Elisabeth Langgässer (Literatur)
Berliner Börsen-Courier, 4. Dezember 1932
Wolfgang Koeppen
(hier: S. 322).

Vom eigenen Stall zum Tattersall. Reiten war gesellschaftliche Repräsentation und wurde Sport (Feuilleton)
Berliner Börsen-Courier, 4. Dezember 1932
-en.
(hier: S. 52).

»Mädchen« im Bechsteinsaal (Literatur)
Berliner Börsen-Courier, 6. Dezember 1932
kn.
(hier: S. 323).

Schluck und Jau als Puppenspiel (Theater)
Berliner Börsen-Courier, 7. Dezember 1932
-n.
(hier: S. 188).

Weihnachtskabarett für Alle (Theater)
Berliner Börsen-Courier, 7. Dezember 1932
W. Koe.
(hier: S. 186).

Der Kampf um die Universität (Literatur)
Berliner Börsen-Courier, 9. Dezember 1932
-en.
(hier: S. 324).

Das Lebenszeichen (Anekdote)
Berliner Börsen-Courier, 10. Dezember 1932
-n.
(hier: S. 587).

Geliebte und verlassene Frauen (Literatur)
Berliner Börsen-Courier, 11. Dezember 1932
Kp.
(hier: S. 326).

Ein Bob im Rennen (Feuilleton)
Berliner Börsen-Courier, 11. Dezember 1932
W. Koe
(hier: S. 57).

... und Dolittles Abenteuer (Theater)
Berliner Börsen-Courier, 13. Dezember 1932
-n.
(hier: S. 188).

Kampf der Tertia gespielt und diskutiert (Theater)
Berliner Börsen-Courier, 15. Dezember 1932
W. Koe.
(hier: S. 189).

Welt – wohin? Zu Huxleys Roman einer Utopie (Literatur)
Berliner Börsen-Courier, 16. Dezember 1932
Wolfgang Koeppen
(hier: S. 328).

Kinder und junge Liebende (Literatur)
Berliner Börsen-Courier, 18. Dezember 1932
W. Kpn
(hier: S. 331).

Jürg Jenatsch im Rundfunk (Theater)
Berliner Börsen-Courier, 24. Dezember 1932
-n.
(hier: S. 191).

Prinzenbabies aus Wachs (Feuilleton)
Berliner Börsen-Courier, 25. Dezember 1932
-n.
(hier: S. 60).

Gift und Drogen unter Glas. Die Zahnbürste Livingstones und die Apotheke des Chinesen (Feuilleton)
Berliner Börsen-Courier, 25. Dezember 1932
Wolfgang Koeppen
(hier: S. 65).

Lasst Blumen sprechen (Anekdote)
Berliner Börsen-Courier, 28. Dezember 1932
-n.
(hier: S. 588).

Schaeffers Januar-Programm (Theater)
Berliner Börsen-Courier, 6. Januar 1933
Kn.
(hier: S. 196).

Hänsel und Gretel im Theater am Schiffbauerdamm (Theater)
Berliner Börsen-Courier, 6. Januar 1933
-n.
(hier: S. 198).

»Der Kampf der Republik« (Literatur)
Berliner Börsen-Courier, 7. Januar 1933
Kn
(hier: S. 334).

Blutauffrischung bei der Ufa (Film)
Berliner Börsen-Courier, 10. Januar 1933
Kn.
(hier: S. 481).

Richard Sturzenegger (Theater)
Berliner Börsen-Courier, 18. Januar 1933
-n.
(hier: S. 199).

Wohnprobleme? (Lokalbericht)
Berliner Börsen-Courier, 20. Januar 1933
-n.
(hier: S. 589).

Meditationen über die Liebe. José Ortega y Gasset contra Stendhal (Literatur)
Berliner Börsen-Courier, 31. Januar 1933
Wolfgang Koeppen
(hier: S. 344).

Bunter Wintergarten (Theater)
Berliner Börsen-Courier, 4. Februar 1933
-n.
(hier: S. 200).

Dichter und Sprecher am Breitenbachplatz (Literatur)
Berliner Börsen-Courier, 14. Februar 1933
Kpn.
(hier: S. 335).

Ein Jahr Kollektiv im Zentraltheater. Feier mit der Uraufführung eines Volksstücks (Theater)
Berliner Börsen-Courier, 15. Februar 1933
-en.
(hier: S. 202).

Das Pferd (Lokalbericht)
Berliner Börsen-Courier, 15. Februar 1933
Wolfgang Koeppen.
(hier: S. 591).

Keinen Tag ohne dich (Film)
Berliner Börsen-Courier, 18. Februar 1933
kn.
(hier: S. 483).

Am Dschungel vorbei (Lokalbericht)
Berliner Börsen-Courier, 18. Februar 1933
Wolfgang Koeppen
(hier: S. 594).

»Siechen« im »Rheingold« (Lokalbericht)
Berliner Börsen-Courier, 22. Februar 1933
-n.
(hier: S. 596).

Die erste Lulu (Theater)
Berliner Börsen-Courier, 24. Februar 1933
Wolfgang Koeppen
(hier: S. 203).

Einmal Deutsch – Einmal Französisch (Film)
Berliner Börsen-Courier, 24. Februar 1933
kn.
(hier: S. 484).

Es geht nicht um die Wurst (Theater)
Berliner Börsen-Courier, 27. Februar 1933
kn.
(hier: S. 205).

Abwechslungsreicher Wintergarten (Theater)
Berliner Börsen-Courier, 4. März 1933
kn.
(hier: S. 206).

Roman um Reden. Zum zweiten Band von Musils
Mann ohne Eigenschaften (Literatur)
Berliner Börsen-Courier, 10. März 1933
Wolfgang Koeppen
(hier: S. 337).

Witz in der Katakombe (Theater)
Berliner Börsen-Courier, 10. März 1933
kn.
(hier: S. 208).

Der Park von Veitshöchheim (Feuilleton)
Berliner Börsen-Courier, 12. März 1933
Wolfgang Koeppen
(hier: S. 68).

Der Hut aus Glas (Literatur)
Berliner Börsen-Courier, 16. März 1933
Wolfgang Koeppen
(hier: S. 341).

Zum Tag des Buches (Literatur)
Berliner Börsen-Courier, 22. März 1933
Kn.
(hier: S. 342).

Der stille Kompagnon (Theater)
Berliner Börsen-Courier, 25. März 1933
Koe
(hier: S. 209).

Die Tochter des Regiments (Film)
Berliner Börsen-Courier, 1. April 1933
kn
(hier: S. 485).

Grock, ernst und traurig (Theater)
Berliner Börsen-Courier, 2. April 1933
Kpn.
(hier: S. 211).

Wintergarten im April (Theater)
Berliner Börsen-Courier, 4. April 1933
Kn.
(hier: S. 212).

Emil Gött (Literatur)
Berliner Börsen-Courier, 13. April 1933
Wolfgang Koeppen
(hier: S. 348).

Eine Frage, die keine sein durfte (Bericht, Kommentar)
Berliner Börsen-Courier, 16. April 1933
W. Koe.
(hier: S. 598).

Die erste Fahrt nach Werder (Feuilleton)
Berliner Börsen-Courier, 23. April 1933
kn.
(hier: S. 70).

Moeller van den Bruck. Von der *Italienischen Schönheit* über den *Preußischen Stil* zum *Dritten Reich* (Literatur)
Berliner Börsen-Courier, 30. April 1933
Wolfgang Koeppen
(hier: S. 350).

Scala im Mai – ausgezeichnet (Theater)
Berliner Börsen-Courier, 5. Mai 1933
kn.
(hier: S. 214).

Der sündige Hof im Atrium (Film)
Berliner Börsen-Courier, 13. Mai 1933
kn.
(hier: S. 486).

Berlin schickt Götter in die Welt (Feuilleton)
Berliner Börsen-Courier, 14. Mai 1933
Kpn.
(hier: S. 73).

Wieder Lunapark. Gestern war Eröffnung (Lokalbericht)
Berliner Börsen-Courier, 14. Mai 1933
-n.
(hier: S. 601).

Carl-Hauptmann-Feier im Staatlichen Schauspielhaus
(Literatur)
Berliner Börsen-Courier, 15. Mai 1933
Kn.
(hier: S. 359).

Roman und Unterhaltung (Literatur)
Berliner Börsen-Courier, 16. Mai 1933
Wolfgang Koeppen.
(hier: S. 361).

Großer Garten Berlin. Nach einem Gespräch mit
Erwin Barth, Professor an der Landwirtschaftlichen
Hochschule (Lokalbericht)
Berliner Börsen-Courier, 21. Mai 1933
Kpn.
(hier: S. 603).

Paul-Ernst-Feier im Harnack-Haus (Literatur)
Berliner Börsen-Courier, 23. Mai 1933
kn.
(hier: S. 369).

Das Saargebiet, vom Zug gesehen (Reportage)
Berliner Börsen-Courier, 1. Juni 1933
Wolfgang Koeppen
(hier: S. 76).

Paris in diesem Frühjahr (Reportage)
Berliner Börsen-Courier, 4. Juni 1933
Wolfgang Koeppen
(hier: S. 80).

Das Leben geht weiter (Literatur)
Berliner Börsen-Courier, 11. Juni 1933
-en.
(hier: S. 370).

Die Lust, in Berlin früh aufzustehen (Feuilleton)
Berliner Börsen-Courier, 11. Juni 1933
-n.
(hier: S. 88).

O Alt-Berliner Herrlichkeit. In alten Gassen alte Droschken (Feuilleton)
Berliner Börsen-Courier, 16. Juni 1933
Kn.
(hier: S. 90).

Taifun jetzt im Deutschen Künstler-Theater (Theater)
Berliner Börsen-Courier, 21. Juni 1933
-n.
(hier: S. 216).

Und wieder neue Zoobewohner (Lokalbericht)
Berliner Börsen-Courier, 24. Juni 1933
Nicht gezeichnet.
(hier: S. 607).

Die Schönheit Ostpreußens (Bericht)
Berliner Börsen-Courier, 26. Juni 1933
Nicht gezeichnet.
(hier: S. 608).

Alte und neue Novellen (Literatur)
Berliner Börsen-Courier, 26. Juni 1933
Wolfgang Koeppen
(hier: S. 373).

Ein Ensembleabend (Theater)
Berliner Börsen-Courier, 28. Juni 1933
-pen.
(hier: S. 217).

Ein »Fünfer-Kollektiv« spielt Klabund (Theater)
Berliner Börsen-Courier, 30. Juni 1933
-en
(hier: S. 218).

Die Lust am Fabulieren (Literatur)
Berliner Börsen-Courier, 2. Juli 1933
Wolfgang Koeppen.
(hier: S. 377).

Im Wintergarten: Clowns und ein Diabolokünstler (Theater)
Berliner Börsen-Courier, 4. Juli 1933
-n.
(hier: S. 219).

Im weißen Rössl in der Lichtburg (Film)
Berliner Börsen-Courier, 6. Juli 1933
-en.
(hier: S. 220).

Die Jugend und die schönen Künste (Feuilleton)
Melos. Zeitschrift für Musik, 7. Juli 1933
Wolfgang Koeppen
(hier: S. 93).

Stefan George (Literatur)
Berliner Börsen-Courier, 12. Juli 1933
Wolfgang Koeppen.
(hier: S. 380).

Filme entstehen in Neubabelsberg (Film)
Berliner Börsen-Courier, 12. Juli 1933
-en.
(hier: S. 488).

Sommer am Thursee und der Riviera (Literatur)
Berliner Börsen-Courier, 16. Juli 1933
-en.
(hier: S. 383).

Meiseken im Rose-Theater (Theater)
Berliner Börsen-Courier, 17. Juli 1933
Kn.
(hier: S. 221).

Nana in der Kamera (Film)
Berliner Börsen-Courier, 17. Juli 1933
-en.
(hier: S. 490).

Die Brücke gen Pergamon (Lokalbericht)
Berliner Börsen-Courier, 22. Juli 1933
Nicht gezeichnet.
(hier: S. 610).

Betragen ungenügend – Anny Ondra im Atrium (Film)
Berliner Börsen-Courier, 29. Juli 1933
kn.
(hier: S. 491).

Die Freier auf der Gartenbühne (Theater)
Berliner Börsen-Courier, 31. Juli 1933
kn.
(hier: S. 223).

Cavalcade im deutschen Atelier (Film)
Berliner Börsen-Courier, 1. August 1933.
Kn.
(hier: S. 492).

Großes Programm im Rose-Garten (Theater)
Berliner Börsen-Courier, 2. August 1933
kn.
(hier: S. 224).

Komische Oper: *Die große Trommel* (Theater)
Berliner Börsen-Courier, 3. August 1933
Kn.
(hier: S. 225).

Kurfürstendamm-Theater: *Der Schlafwagenkontrolleur* (Theater)
Berliner Börsen-Courier, 4. August 1933
Wolfgang Koeppen
(hier: S. 227).

Morgen beginnt das Leben – Ein Versuch im Atrium (Film)
Berliner Börsen-Courier, 5. August 1933
Kn.
(hier: S. 494).

Fünfzig Jahre Ringelnatz (Literatur)
Berliner Börsen-Courier, 6. August 1933
-n.
(hier: S. 383).

Ein Ostpreußen-Film (Film)
Berliner Börsen-Courier, 9. August 1933
-n.
(hier: S. 496).

Masuren, August 1914. Die Zerstörung der Stadt Ortelsburg, die Russenflucht und der Sieg von Tannenberg (Reportage)
Berliner Börsen-Courier, 11. August 1933
Nicht gezeichnet.
(hier: S. 98).

Das alte Kap Horn (Literatur)
Berliner Börsen-Courier, 13. August 1933
Kn.
(hier: S. 387).

Eine Komödie Friedrich des Großen (Theater)
Berliner Börsen-Courier, 17. August 1933
-n.
(hier: S. 228).

Heimkehr ins Glück (Film)
Berliner Börsen-Courier, 19. August 1933
Wolfgang Koeppen
(hier: S. 498).

Neuenkirchen (Feuilleton)
Berliner Börsen-Courier, 22. August 1933
Wolfgang Koeppen.
(hier: S. 107).

Im Atrium: Ein netter Ondra-Film (Film)
Berliner Börsen-Courier, 26. August 1933
Kn.
(hier: S. 500).

Die Gabe, zu gestalten (Literatur)
Berliner Börsen-Courier, 31. August 1933
Wolfgang Koeppen.
(hier: S. 389).

Die Furchtbarste. Beim Anblick der Sybillen des Michelangelo (Feuilleton)
Berliner Börsen-Courier, 5. September 1933
Wolfgang Koeppen.
(hier: S. 109).

Das Kabarett gestern und heute (Theater)
Berliner Börsen-Courier, 5. September 1933
Kn.
(hier: S. 229).

Milieu: Rokoko (Film)
Berliner Börsen-Courier, 6. September 1933
kn
(hier: S. 502).

»Bunte Bühne Moabit« (Theater)
Berliner Börsen-Courier, 13. September 1933
-n.
(hier: S. 234).

Der letzte Inflationsroman (Literatur)
Berliner Börsen-Courier, 14. September 1933
kn.
(hier: S. 393).

Die Wiege der Reformation. Die Lutherstadt Wittenberg zwischen den Feiern (Feuilleton)
Berliner Börsen-Courier, 17. September 1933
Nicht gezeichnet.
(hier: S. 111).

Vom Beruf des Schriftstellers (Literatur)
Berliner Börsen-Courier, 19. September 1933
Kn.
(hier: S. 394).

Joseph Conrad (Literatur)
Berliner Börsen-Courier, 21. September 1933
Wolfgang Koeppen.
(hier: S. 399).

Unter dem Schwert des Damokles (Theater)
Berliner Börsen-Courier, 21. September 1933
kn.
(hier: S. 235).

Reifende Jugend – Der neue Fröhlich-Film im Capitol (Film)
Berliner Börsen-Courier, 23. September 1933
Wolfgang Koeppen.
(hier: S. 505).

Unendlich weit ist die Welt (Literatur)
Berliner Börsen-Courier, 29. September 1933
Kn.
(hier: S. 402).

Frühstück am Lehniner Platz (Feuilleton)
Berliner Börsen-Courier, 30. September 1933
Wolfgang Koeppen
(hier: S. 117).

Der Zirkus Krone (Theater)
Berliner Börsen-Courier, 2. Oktober 1933
-n.
(hier: S. 238).

Proserpina (Literatur)
Berliner Börsen-Courier, 5. Oktober 1933
kn.
(hier: S. 404).

Theater am Nollendorfplatz: *Die Fahnenweihe* (Theater)
Berliner Börsen-Courier, 7. Oktober 1933
Wolfgang Koeppen
(hier: S. 239).

Puppenkopf-Mary (Film)
Berliner Börsen-Courier, 18. Oktober 1933.
kn.
(hier: S. 507).

Der *Joseph*-Roman von Thomas Mann (Literatur)
Berliner Börsen-Courier, 19. Oktober 1933
Kn.
(hier: S. 406).

Berliner Theater: *Der Pfarrer von Kirchfeld* (Theater)
Berliner Börsen-Courier, 19. Oktober 1933
W. Koe.
(hier: S. 242).

Der Goethepreis und Hermann Stehr (Literatur)
Berliner Börsen-Courier, 20. Oktober 1933
-n.
(hier: S. 409).

»Wissen Sie schon ...?« (Theater)
Berliner Börsen-Courier, 21. Oktober 1933
koe.
(hier: S. 243).

Harald Kreutzberg (Theater)
Berliner Börsen-Courier, 23. Oktober 1933
-n.
(hier: S. 244).

Die drei Dorfheiligen (Theater)
Berliner Börsen-Courier, 24. Oktober 1933
-n.
(hier: S. 246).

Die Hausbibliothek unserer Zeit (Literatur)
Berliner Börsen-Courier, 24. Oktober 1933
-n.
(hier: S. 120).

Wieder *Kai aus der Kiste* (Theater)
Berliner Börsen-Courier, 27. Oktober 1933
-n.
(hier: S. 247).

Europäisch tanzende Japaner (Theater)
Berliner Börsen-Courier, 28. Oktober 1933
-n.
(hier: S. 248).

Die Falconetti und die Bergner (Film)
Berliner Börsen-Courier, 28. Oktober 1933
-n.
(hier: S. 509).

Habent sua fata... Berliner Autos und ihre Schicksale (Feuilleton)
Berliner Börsen-Courier, 29. Oktober 1933
-n.
(hier: S. 123).

Gelegentlich eines Märchenspiels (Theater)
Berliner Börsen-Courier, 30. Oktober 1933
koe.
(hier: S. 249).

Wieder Kabarett der Komiker (Theater)
Berliner Börsen-Courier, 30. Oktober 1933
-n.
(hier: S. 251).

Du sollst nicht begehren ... (Film)
Berliner Börsen-Courier, 1. November 1933
Wolfgang Koeppen.
(hier: S. 510).

Wieder *Der Staatskanzler* (Theater)
Berliner Börsen-Courier, 2. November 1933
-n.
(hier: S. 252).

Marie Luise Kaschnitz (Literatur)
Berliner Börsen-Courier, 2. November 1933
Kn.
(hier: S. 411).

Revue im Eden: *Nachtaufnahme* (Theater)
Berliner Börsen-Courier, 4. November 1933
-n
(hier: S. 253).

Skandal in Budapest (Film)
Berliner Börsen-Courier, 4. November 1933
kn.
(hier: S. 512).

Palucca (Theater)
Berliner Börsen-Courier, 6. November 1933
kn.
(hier: S. 254).

Ein Märchenspiel von Sigmund Graff (Theater)
Berliner Börsen-Courier, 6. November 1933
-n.
(hier: S. 255).

Und wieder mal *Der müde Theodor* (Theater)
Berliner Börsen-Courier, 15. November 1933
-n.
(hier: S. 256).

Ufa Palast im Zoo – *Abel mit der Mundharmonika* (Film)
Berliner Börsen-Courier, 17. November 1933
Kn.
(hier: S. 513).

Renaissance-Theater: *Ein Mantel, ein Hut, ein Handschuh*
(Theater)
Berliner Börsen-Courier, 18. November 1933
Wolfgang Koeppen.
(hier: S. 257).

Ein Schwank im Kabarett der Komiker (Theater)
Berliner Börsen-Courier, 21. November 1933
-n.
(hier: S. 260).

Reportage über einen Film – Und Gründgens sagt: Die Seele ... erst die Seele (Film)
Berliner Börsen-Courier, 25. November 1933
Wolfgang Koeppen
(hier: S. 515).

Trude Hesterbergs Musenschaukel (Theater)
Berliner Börsen-Courier, 28. November 1933
-n.
(hier: S. 261).

Von Myrons Kuh und des Gelehrten Affen (Literatur)
Berliner Börsen-Courier, 28. November 1933
kn
(hier: S. 413).

Theater in der Stresemannstraße: *Die erste Frau Selby* (Theater)
Berliner Börsen-Courier, 2. Dezember 1933
Wolfgang Koeppen
(hier: S. 262).

Wie Peterchen die Wunderblume fand (Theater)
Berliner Börsen-Courier, 5. Dezember 1933
-n.
(hier: S. 264).

Wintergarten: Kühnheit und Grazie (Theater)
Berliner Börsen-Courier, 5. Dezember 1933
-n.
(hier: S. 265).

Ein gutes Volks-Kabarett (Theater)
Berliner Börsen-Courier, 8. Dezember 1933
-n.
(hier: S. 267).

Ein Hans-Sachs-Spiel (Theater)
Berliner Börsen-Courier, 11. Dezember 1933
-n.
(hier: S. 268).

Die Welt der Gärten und der Bäume (Literatur)
Berliner Börsen-Courier, 13. Dezember 1933
-en.
(hier: S. 417).

Sketsch auf Sketsch (Theater)
Berliner Börsen-Courier, 13. Dezember 1933
-n.
(hier: S. 269).

Der eine Hamsun (Literatur)
Berliner Börsen-Courier, 14. Dezember 1933
-en.
(hier: S. 419).

Theater im parfümierten Raum (Theater)
Berliner Börsen-Courier, 14. Dezember 1933
Wolfgang Koeppen
(hier: S. 270).

Dionysos. Gefangen unter der Friedrichstraße in tausend Fässern (Feuilleton)
Berliner Börsen-Courier, 25. Dezember 1933
Wolfgang Koeppen
(hier: S. 62).

Die große Befreiung. Zu einer Einführung in den Zen-Buddhismus (Literatur)
Das Reich, 9. März 1941
Wolfgang Koeppen
(hier: S. 421).

Vision der Antike (Literatur)
Die Woche, 16. April 1941
Wolfgang Koeppen
(hier: S. 425).

Worte an junge Menschen. Zu J.H. Schultz: *Geschlecht-Liebe-Ehe* (Literatur)
Die Woche, 13. Januar 1943
Wolfgang Koeppen
(hier: S. 426).

In jenen Tagen. Der erste Spielfilm in der britischen Zone fertiggestellt (Film)
Neue Zeitung, 24. Januar 1947
wgk.
(hier: S. 524).

Deutsches Buchschaffen. Die Vier Zonen-Buchausstellung in Bielefeld (Literatur)
Neue Zeitung, 17. Februar 1947
–wgk.
(hier: S. 428).

Monologisches Theater (Theater)
Neue Zeitung, 17. Februar 1947
W.K.
(hier: S. 271).

Erinnerung an Roda Roda (Literatur)
Neue Zeitung, 18. April 1947
W.K.
(hier: S. 431).

Drehbeginn in Geiselgasteig (Film)
Neue Zeitung, 25. April 1947
W.K.
(hier: S. 526).

Historische Pfiffe. Publikumsproteste im Theaterstudio der Schaubude (Theater)
Neue Zeitung, 2. Juni 1947
W.K.
(hier: S. 274).

Die Hinterbliebenen (Theater)
Neue Zeitung, 7. Juli 1947
W.K.
(hier: S. 276).

Kinder der Zeit. Deutsche Erstaufführung in München (Theater)
Neue Zeitung, 18. Juli 1947
W.K.
(hier: S. 278).

Tempelspuk am Königsplatz (Lokalbericht)
Neue Zeitung, 21. November 1947
W.K.
(hier: S. 612).

Vicki Baum sechzig Jahre (Literatur)
Neue Zeitung, 25. Januar 1948
W.K.
(hier: S. 433).

Inhalt

Abteilung I: Reportagen, Feuilletons 7
Abteilung IIa: Kritiken, Berichte zum Theater 127
Abteilung IIb: Kritiken, Berichte zur Literatur 281
Abteilung IIc: Kritiken, Berichte zum Film 437
Abteilung III: Anekdoten, Lokalberichte 531

Anhang 617
Vorbemerkung 619
Kommentar 620
Siglen und Kurztitel 671
Bildteil 673
Editorische Notiz 674
Chronologische Titelliste 679